Liberté • Égalité • Fraternité
RÉPUBLIQUE FRANÇAISE

AMBASSADE DE FRANCE
EN CORÉE

Cet ouvrage, publié dans le cadre du Programme d'aide à la Publication Sejong,
a bénéficié du soutien de l'Ambassade Français de Corée du Sud.

이 책은 주한 프랑스 대사관의 세종 출판 번역 지원 프로그램의 도움으로 출간되었습니다.

절대 잊지 마

달콤한 책

이 책에 쏟아진 찬사

심리스릴러 팬들에게 전하는 미셸 뷔시의 놀라운 선물. 기교와 절제와 높은 기량이 돋보이는 작품! **〈엘르〉**

미셸 뷔시는 전혀 예측할 수 없는 내용으로 다시 한번 우리를 놀라게 한다. **〈아방타주〉**

풀기 어려운 방정식처럼 낯선 인물들이 계속해서 나타나 의혹의 중심에 선다. 수사의 전말을 예측하지 못한 사람들조차도 고도의 흥미를 주는 이 독서에 흠뻑 빠져들 것이다. **〈파리지앵〉**

풍경에 대한 묘사와 능숙한 플롯! 사건의 전모를 이해하려면 마지막 페이지까지 쉼 없이 달려야 한다. **〈렉스프레스〉**

《내 손 놓지 마》의 저자 미셸 뷔시가 심리스릴러로 돌아왔다. 예상치 못한 놀라운 이야기에 빠지지 않을 도리가 없다. **〈팜므 악튀엘〉**

빠른 속도, 영리한 전략, 예기치 않은 사건들. 시계공의 정밀함이 돋보이는 스릴러! **〈피가로〉**

"당신은 나를 믿는가?" 자말은 독자에게 단도직입적으로 묻는다. 우리는 뷔시를 믿는다! **〈푸앵〉**

미셸 뷔시는 이 소설로 또다시 두근거리는 시간을 선사한다. 준비된 서스펜스! **〈메트로뉴스〉**

절벽에서 여인을 밀어 추락사시켰다고 의심받는 한 남자의 목숨 건 변론! **〈파리마치〉**

영국 드라마 〈브로드처치〉의 미스터리한 분위기와 히치콕 영화의 서스펜스를 지닌 소설! 읽는 동안 숨을 헐떡이지 않을 수 없다. **〈텔레 루아지르〉**

의혹과 감동과 서스펜스가 가득한 스릴러! **〈프랑스앵포〉**

지략과 권모술수를 넘나드는 핫한 스릴러! **〈RTL 라디오〉**

작가의 재능이 유감없이 발휘된 굉장한 작품! **〈부아 뒤 노르〉**

의심을 부추기며 끝없이 미스터리로 몰고 가는 심리스릴러! **〈망도르〉**

가슴을 뛰게 하는 서스펜스, 선과 악의 치열한 두뇌싸움! 첫 페이지부터 열광의 도가니에 사로잡힌다! **〈악튀알리테 리테레르〉**

책장을 넘길수록 신경은 날카로워지고 손끝은 뜨거워지며 뱃속이 부대낀다. 밀려오는 의혹 속을 질주하다가 어느덧 폭포수처럼 쏟아지는 엄청난 비밀에 놀라게 된다! 꼭 읽어야 할 책! **〈문화웹진 카페 포웰〉**

미셸 뷔시는 가파른 절벽과 자갈해변이 있는 오트노르망디로 독자를 이끌어가고, 전혀 예상하지 못한 사건들로 긴장감 넘치는 서스펜스를 완성한다! **〈브랑슈 퀼튀르〉**

절대 잊지 말아야 할 소설! 첫 페이지부터 조여드는 서스펜스에 끝까지 달릴 수밖에 없다! **〈프낙 서점〉**

단 한순간도 지루할 틈이 없는 진정한 스릴러! **〈크리티크 리브르〉**

매력적인 구성, 긴장과 속도감 넘치는 전개. 미셸 뷔시는 우리를 흥분시키고 미궁 속으로 끌고 간다. 마지막까지 헐떡이며 삼켜야 하는 책! **〈이브르 드 리르〉**

프랑스 추리소설의 거장, 미셸 뷔시가 보장하는 아찔한 서스펜스! **〈프랑스 루아지르〉**

조작, 음모, 사랑, 가족의 비밀, 서스펜스, 감동. 이 모든 요소가 소용돌이치며 우리의 마음을 사로잡는다. 작가는 우리 눈앞에 수많은 단서를 던지며 뜻밖의 사건들로 다른 의혹을 만들어낸다. 결말은 믿을 수 없을 만큼 놀랍다! **〈부아야주 앙 보테〉**

차 례

노르망디 지도
영불해협
에트르타_코끼리절벽과 바늘바위
생마르쿠프 제도
라르주섬
테르섬
코탕탱 반도
(노르망디 반도)
N13
생마르쿠프
이즈니
그랑캉프메지
그랑드 카리에르
N13
캉
A84
N158

뉴헤이븐
영불해협
이포르_라시렌 호텔
페캉_베네딕트 궁전
디에프
페캉
이포르
투르빌
뇌프샤텔
에트르타
보코트 계곡
A29
이브토
르아브르
옹플뢰르
A29
A13
루앙
도빌
A13
엘뵈프
뇌프샤텔_노르망디 전통가옥
투르빌_이프 역
파리

자말 살라우이

생탕투안 청소년치료센터

제롬 피넬리 인사부장
이부 자말 친구
오펠리 파로디 센터 소속 여학생

이포르 마을

마갈리 베롱 제약회사 인턴
모나 살리나스 화학 박사
크리스티앙 르메데프 증인 1
드니즈 주뱅 증인 2
아놀드 드니즈 주뱅의 강아지
피로즈 페캉 경찰서 소속 형사
부관 피로즈 형사의 부하직원
앙드레 조지악 라시렌 호텔 주인
우체부
마르탱 드냉 모나의 논문지도교수

뇌프샤텔 마을

모르간 아브릴 의과대학 학생
카르멘 아브릴 어머니
오세안 아브릴 자매
질베르 아브릴 외삼촌

필립 그리마 페캉 경찰서 형사
막심 바롱 경찰후보생
로케 판사
소냐 튀로 증인 1

믹키 증인 2
뱅상 카레 증인 3
니콜라 모르간 친구 1
클라라 모르간 친구 2
마티유 모르간 친구 3

엘뵈프 마을

미르티 카뮈 캠프 교사
알리나 마송 미르티 친구
프레드 생미셸 약혼자
샤를 카뮈 아버지
루이즈 카뮈 어머니
자닌 뒤부아 할머니

레오 바스티네 캉 사법경찰청 수사팀장
엘렌 닐송 범죄심리학자
폴 라가드 판사
라로셸 경찰서 수사과장
빅토르 투베 신고인
샤리에 의사
루스탐 트리폰 곡예사

그 외

알렉상드르 다코스타 청년 1
올리비에 루아 청년 2
제라르 칼메트 국립과학수사국 국장
베르트랑 도나디외 에트르타 경찰서 서장
베스만 루앙 사법경찰청 수사팀장
에밀 케이블카 직원
에르베 법무국 간부

벼랑 끝에 아름다운 여인이 서 있다 해도

절대 손을 내밀지 마라.

당신이 밀었다고 생각할 테니.

수신 : 국립과학수사국 법의학과
제라르 칼메트 국장
발신 : 센마리팀, 에트르타 지방경찰서
베르트랑 도나디외 서장
날짜 : 2014년 7월 13일

국장님께

2014년 7월 12일 새벽 2시 45분경, 노르망디 해안의 에티그 절벽 일부가 붕괴됐습니다. 이포르 마을에서 서쪽으로 3킬로미터 떨어진 이 해안에서 절벽이 붕괴되는 현상은 그리 드문 일이 아닙니다. 한 시간 내로 구조대가 도착하여 곧바로 사고현장을 수습했으며 인명 피해는 없었습니다. 그런데 해변에 떨어진 석회암 덩어리들 속에서 세 구의 백골 시신을 발견했습니다.
현장에 급파된 경찰이 주위를 샅샅이 수색했지만 신원을 확인할 만한 유류품은 전혀 없었습니다. 처음에는 사고로 절벽 동굴에 갇힌 관광객의 유골일 거라고 추정했습니다. 카르스트지형인 이곳은 석회동굴로 유명한 지역이어서 동굴탐사를 하는 사람들도 꽤 있기 때문입니다. 그러나 이와 관련한 실종신고는 최근 몇 년간 들어오지 않았습니다. 그보다 더 오래된 유골일 수 있지만 육안으로 볼 때 그렇지는 않은 것 같습니다.

유골은 절벽이 붕괴될 때 떨어져 약 40미터 반경의 해안으로 흩어졌습니다. 흩어진 뼈들은 지방경찰서 수사과에서 수습하여 분석 중입니다. 분석결과는 예상했던 바와 비슷합니다. 부패 정도로 볼 때 각 유골의 사망시기가 다름을 알 수 있으며, 세 사람은 놀랍게도 같은 동굴 안에서 몇 년의 시차를 두고 숨진 걸로 보입니다. 아직 사망원인은 밝히지 못했습니다. 뼈나 두개골에서 사망에 이르게 할 정도의 치명적인 외상 흔적도 찾아볼 수 없었습니다.

지금으로선 수사방향을 설정할 만한 단서가 전혀 없습니다. 따라서 세 구의 유골에 대해 신원과 사망시기, 사망원인 등 조사해야 할 사항이 많습니다.

지역 주민들은 몇 달 전에 일어난 살인사건의 충격에서 아직 벗어나지 못했습니다. 그 사건과 신원미상의 백골 세 구가 서로 관련은 없어 보이지만 언론보도가 나오면 주민 사이에 큰 동요가 일어날 것입니다.

국장님의 업무가 과중하고, 최근에 사망한 가족들의 신원을 확인하기 위해 검시결과를 애타게 기다리는 유족들의 의뢰도 많다는 사실을 잘 알고 있습니다. 그러나 앞서 말한 바와 같이 사회적 반향을 줄이기 위해 이번에 발견한 유골들의 신원을 신속하게 밝힐 수 있도록 이 건을 우선적으로 처리해주시기 바랍니다.

국장님과 법의학과의 건승을 기원합니다.

에트르타 지방경찰서

베르트랑 도나디외 서장

다섯 달 전, 2014년 2월 19일

"조심해, 자말! 풀이 얼어서 절벽이 미끄러워."

라시렌 호텔 주인 앙드레 조지악은 괜한 말을 했나 싶어 곧 후회했다. 그는 트렌치코트를 걸치고 호텔 식당 입구에 서 있었다. 메뉴판 위쪽에 걸어둔 온도계의 수은주가 '0'을 가리키는 푸른색 눈금을 간신히 넘어섰다. 바람은 거의 불지 않는다. 지붕 위의 범선 모양 풍향계마저 밤새 얼어붙은 듯하다.

앙드레는 눈앞에 펼쳐진 광경을 두 눈에 담았다. 해변 위로 동트는 하늘, 카지노 앞에 세워진 살얼음 낀 차들, 거대한 맹금이 버려둔 알처럼 추위에 떨며 서로 꼭 달라붙은 자갈들. 아침 해가 졸린 눈을 비비며 바다 위로 힘겹게 얼굴을 내밀었다. 태양은 정동향으로 100킬로미터 떨어진 피카르디의 해안절벽을 거쳐 달려온 참이다.

자말이 잰 걸음으로 멀어졌다. 호텔 주인은 카지노 앞을 지나 오르막길로 달려가는 청년을 물끄러미 바라보았다. 언 손에 입김을 불었다.

몇 안 되는 호텔 손님들은 영불해협에서 겨울 휴가를 보내려고 이곳을 찾았다. 이제 슬슬 아침식사를 준비할 시간이다.

처음에는 장애인의 몸으로 매일 아침 산책로를 뛰는 아랍 청년이 이상해 보였다. 근육이 잘 발달한 한쪽 다리와 달리, 고강도 탄소 소재로 만든 의족이 다른 쪽 다리를 대신한 청년. 하지만 이제는 서른 살의 이 젊은 친구에게 애정이 느껴졌다. 그 자신도 자말의 나이였을 때, 일요일 아침마다 자전거를 타고 이포르에서 이브토까지 갔다가 다시 돌아오곤 하지 않았던가! 온전히 혼자가 되어 세 시간 동안 100킬로미터 이상을 달렸다.

파리에서 온 청년은 날이 밝자마자 불편한 다리로 해안절벽을 뛰며 땀 흘리기를 마다하지 않았다. 앙드레는 그 열정을 이해했다.

자말의 그림자가 절벽으로 올라가는 계단 모퉁이에 잠깐 나타났다가 카지노의 쓰레기수거함 뒤로 사라졌다. 호텔 주인은 한 발짝 앞으로 나가 윈스톤 한 개비에 불을 붙였다. 이 추위에 밖으로 나온 용감한 사람은 앙드레뿐이 아니었다. 저 멀리 젖은 모래에 두 형체가 어른거렸다. 그중 한 명은 우스울 정도로 조그만 강아지에게 목줄을 매고 아침 바닷가를 산책하는 할머니다. 강아지가 갈매기를 보고 건방지게 왈왈 짖었다. 또 다른 한 명은 그들로부터 200미터쯤 뒤에 있는 거구의 사내다. 그는 낡은 갈색 가죽잠바 주머니에 두 손을 찌르고 우두커니 서서 바다를 보았다.

앙드레는 담배꽁초를 던지고 얼른 호텔로 들어갔다. 머리도 엉망인데다가 면도도 안 했고 옷도 제대로 입지 않았다. 오래전에 아내가 도망쳐버리고 동굴에서 혼자 지내는 크로마뇽인 같았다. 이런 꼬락서니를 손님들이 본다면 호텔 주인으로서 위신이 서지 않을 건 당연했다.

자말 살라우이는 일정한 속도로 페이스를 유지하며 유럽에서 가장 높은 절벽을 뛰어올라갔다. 해발 120미터. 마지막 주택들을 지나자 길이 좁아지면서 산책로로 바뀌었다. 10킬로미터가량 떨어진 에트르타까지 전경이 파노라마로 펼쳐졌다. 자말은 해변 끝에 도렷하게 드러난 두 형체를 보았다. 강아지를 산책시키는 할머니와 바다 앞에 선 남자. 시추 강아지가 짖어대는 날카로운 소리에 절벽 밑에 있던 갈매기 세 마리가 황급히 날아올랐다. 갈매기들은 자말을 앞지르며 그의 머리보다 십여 미터 높은 창공으로 달아났다.

자말이 리바주 캠핑장 표지판을 지났다. 그때 붉은색 스카프를 보았다. 철조망에 걸린 스카프는 위험을 경고하듯 바닷바람에 세차게 펄럭였다. 위험. 자말의 머리에 처음 떠오른 생각이었다.

낙석, 붕괴, 침수, 동물 사체에 대한 경고….

하지만 그런 생각은 곧바로 사라졌다. 누군가 잃어버린 스카프가 바람에 날려 철조망에 걸렸을 뿐이다.

달리던 속도를 늦추고 늘어진 천 조각을 살펴볼까 하는 마음이 들었다. 그냥 지나칠 수도 있었다. 그랬더라면 모든 일이 전부 달라져 다른 방향으로 흘러갔을 것이다.

하지만 자말은 멈춰 섰다.

스카프는 새것 같았다. 빨간색이 선명히 빛났다. 스카프의 부드러운 촉감을 느끼며 라벨을 찾아 읽었다.

캐시미어, 버버리…. 값비싼 제품이다. 조심스럽게 철조망에 걸린 스카프를 풀었다. 호텔로 가져가야겠다고 생각했다. 라시렌의 주인 앙드레 조지악은 이포르에 모르는 사람이 없다. 그라면 스카프 주인을 찾아 돌려줄 수도 있지 않을까? 임자가 나타나지 않으면 가져도 된다. 뛰면서 천을 만지작거렸다. 운동복 위에 두르고 지금 살고 있는 임대아파트 단지를 활보하는 건 안 될 말이다. 500유로짜리 캐시미어 스카프를 하고 돌아다니다가는 목이 달아날 수도 있으니까. 하지만 마음에 드는 예쁜 아가씨가 이 스카프를 두르겠다고 선뜻 나설지도 모른다!

콘크리트 요새 근처를 달릴 때 오른편에 있던 십여 마리의 양 떼가 동시에 고개를 돌려 자말을 쳐다보았다. 얼어붙은 풀이 녹기만 기다리듯 멍한 눈빛이었다.

요새를 지나는 순간 여자를 보았다.

반사적으로 여자가 서 있는 지점과 절벽 끄트머리 사이의 거리를 가늠했다. 1미터도 채 되지 않는다. 100미터 높이의 까마득한 벼랑과 그 끝에 선 여자. 머리가 빠른 속도로 돌아갔다. 무의식적으로 여러 가지 다른 변수를 계산했다. 절벽 끝은 살짝 비탈졌고 풀은 얼어 있다. 30층 빌딩 꼭대기에 선 것보다 훨씬 위험하다!

"괜찮아요?"

질문이 얼음처럼 차가운 공기 속으로 사라졌다. 대답은 없었다.

여자와의 거리는 대략 10미터.

그녀는 매서운 추위에도 헐렁한 빨간색 원피스만 걸치고 있었다. 옷은 두 갈래로 찢어져 한 쪽은 배꼽에서 허벅지 위로 나부꼈고 다른 쪽은 보라색 브래지어를 드러내며 목 윗부분에서 가슴팍까지 벌어졌다.

여자가 몸을 떨었다.

아름다웠다. 에로틱한 이미지는 아니었다. 그녀의 아름다움은 사람을 놀라게 하고 떨리게 하고 불안하게 했다. 관능미라고 할 수는 없었다.

훗날 다시 생각했을 때, 가장 적절한 비유는 갈가리 찢긴 예술작품의 이미지였고, 아름다움에 대한 용서할 수 없는 모독이자 모욕이었다.

"괜찮아요?" 자말이 다시 물었다.

여자가 고개를 돌렸다. 그가 다가갔다.

수풀이 정강이까지 올라왔다. 왼 다리의 의족을 보지 못했을 거라 짐작했다. 이제 5미터. 둘이 마주 봤다. 여자가 허공을 등지고 벼랑 끝으로 더 물러섰다.

너무 많이 울어서 눈물샘마저 마른 듯했다. 거뭇하게 흘러내린 눈화장은 이미 말라붙었다. 머릿속을 혼란스럽게 오고 가는 모순된 기호들을 어떻게 정의할 수 있을까?

위험.

위급.

그리고 떨림….

마음이 송두리째 흔들렸다. 이토록 아름다운 여인은 이제껏 본 적이 없었다. 단 한 번만 보아도 영원히 잊지 못할 모습이었다. 두 줄기 폭포수처럼 쏟아지며 완벽한 타원형의 얼굴을 감싸 안은 흑단 같은 머리, 눈처럼 흰 얼굴에 별처럼 박힌 까만 눈동자, 숯과 피를 묻힌 손가락으로 단번에 그은 듯 가늘고 선명한 눈썹과 입술.

자말은 너무 놀라 자신이 이 상황을 제대로 파악한 건지 알 수 없었다. 누군지도 모르는 여인의 깊은 슬픔에 마음이 동해 저도 모르게 한 발짝 다가섰다. 한참 후에 자신이 왜 그랬는지 생각해봤지만 답은 찾을 수 없었다.

"저기요…."

자말이 말을 걸었다.

"가까이 오지 말아요."

명령이 아닌 간청이었다. 숯처럼 새까만 눈동자에서는 작은 불씨 하나 찾아볼 수 없었다.

"알았어요. 그럴게요. 그쪽도 움직이지 말아요. 급할 거 없잖아요."

자말이 더듬더듬 말했다.

찢어진 옷이 눈에 들어왔다. 여자가 절벽 밑의 카지노에서 나오는 모습을 상상했다. 시뷰 공연장은 밤에는 클럽으로 변한다.

혹시 클럽에서 안 좋은 일이 있었나? 늘씬하고 아름다운 여자는 욕망의 대상이 되기 마련이다. 세상 어디서든 클럽은 미인을 낚으려는 사내들로 바글거린다!

자말은 최대한 차분하게 말을 걸었다.

"천천히 갈게요. 그리고 손을 내밀 테니 내 손을 잡아요."

여자의 시선이 처음으로 아래를 향하더니 의족에 머물렀다. 눈이 동그래졌다. 그러나 곧 원래의 표정을 되찾았다.

"한 발짝이라도 움직이면 뛰어내릴 거예요."

"알았어요, 알았다고요! 가만있을게요!"

자말은 조각상처럼 꼼짝하지 않았다. 숨조차 쉬지 않았다. 오로지 눈동자만 쉼 없이 내달리며 홀연히 나타나 열 걸음 앞에 서 있는 여자와 수평선 끝을 물들인 주홍빛 여명을 두 눈에 담았다.

춤추는 여자의 몸짓을 지켜보며 침 흘리는 만취한 사내들. 그들 중에 악질적인 변태가 적어도 한 명 혹은 여러 명 있어 그녀를 겁탈하고 폭행을 저질렀을지 모른다.

"혹시… 안 좋은 일을 당했어요?"

검은 진주가 투명한 눈물이 되어 방울방울 떨어졌다.

"상관 말아요. 가세요! 어서요!"

그러는 게 나을까?

자말은 천천히 손을 올려 목덜미를 꾹꾹 눌렀다. 그러나 그 동작마저도 너무 빨랐는지 여자가 움찔하며 뒤로 물러섰다. 한 발이 거의 허공에 닿았다.

깜짝 놀란 자말의 몸이 그대로 굳었다. 그녀는 손을 모아 감싸줘야 할 겁에 질린 작은 새였다. 둥지에서 떨어져 날 수 없는 새.

"좋아요. 움직이지 않을게요. 그냥 스카프만 던질게요. 내가 한쪽 끝을 잡을 테니 다른 쪽을 잡아요. 놓을지 말지는 그 다음에 결정해요."

당황한 기색이었다. 자말은 이때다 싶어 빨간 캐시미어 스카프 한쪽을 던졌다. 자살 직전의 여자와 자말의 거리는 2미터.

스카프가 여자의 발밑으로 떨어졌다.

그녀는 찢어진 옷 사이로 훤히 드러난 가슴을 가리며 조심스레 허리를 숙여 스카프를 집었다.

"천천히요. 스카프를 손으로 감으면서 당길게요. 이쪽으로 2미터만, 거기서 2미터만 오면 돼요."

여자가 스카프를 꽉 쥐었다.

자말은 해냈다는 걸 알았다. 조심스럽게 스카프를 잡아당겼다. 구명튜브를 던져 줄이 끊어지지 않도록 신경을 곤두세우고 물에 빠진 이를 끌어내는 선원처럼 신중히 행동했다.

"천천히 오세요. 이쪽으로…."

그 짧은 순간, 세상에서 가장 아름다운 여인과 마주하고 있다는 사실을 깨달았다. 그 여인을 구했다는 사실도.

집중이 흐트러졌다.

갑자기 여자가 스카프를 휙 잡아당겼다. 전혀 예상치 못한 반응이었다. 단호하고 재빨랐다.

스카프가 자말의 손에서 빠져나갔다.

1초도 걸리지 않았다.

여자의 시선이 그의 가슴으로 쏜살같이 날아왔다. 영원히 잊지 못할 눈길. 그 시선은 떠나는 기차에 앉아 창밖을 내다보는 여인의 눈빛이자 비극적인 운명에 체념하는 눈빛이었다.

"안 돼!" 자말이 절규했다.

마지막으로 본 것은 여자의 손가락 사이로 나부끼는 붉은 캐시미어 스카프였다. 다음 순간, 그녀의 몸이 기우뚱하며 허공으로 떨어졌다.

자말의 인생도 마찬가지였다.

그러나 아직은 그 사실을 깨닫지 못했다.

I

예심

자말 살라우이의 일기

나는 오랫동안 운이 없었다.

동전은 언제나 같은 쪽으로 떨어졌다. 내게 유리한 쪽은 결코 아니었다. 이 세상에는 나를 미워하는 사람뿐이며 그들이 합심하여 괴롭힌다는 생각마저 들었다. 신은 학급에서 가장 약한 아이를 못살게 구는 가학적인 선생의 얼굴을 하고 있었다. 내게 모든 걸 떠넘기고 희희낙락하는 다른 친구들 역시 나를 죽자고 괴롭히는 가해자였다. 그들은 혹시나 똥물이 튀지 않을까, 불운이 전염되지 않을까 염려하며 나와 거리를 두었다.

세월이 흐른 후에 깨달았다.

그건 착각에 지나지 않았음을.

우리는 살면서 악질 선생만큼이나 사악한 신을 무수히 만난다. 그들은 우리가 어떻게 되든 상관하지 않는다. 우리는 그저 투명인간이고 혼자일 뿐이니까.

원하는 쪽으로 동전이 떨어지게 하려면 다시 동전을 던져야 한다. 그것도 자주, 아주 많이. 쉼 없이 던지고 또 던져야 한다.

이것은 확률의 문제다. 결국에는 운의 문제일지도 모른다.

내 이름은 자말이다.

자말 살라우이.

행운을 부르는 이름이 아닌 건 분명하다.

그러나….

혹시 눈치챘는지 모르겠지만 영화 〈슬럼독 밀리어네어〉의 주인공 이름도 자말이다. 자말 말릭. 이름만 같은 게 아니다. 둘 다 무슬림이고 비이슬람 국가에 살며 그 사실에 별로 개의치 않는다. 자말 말릭은 뭄바이의 빈민가에서 자랐고 나는 파리 근교의 임대아파트에서 자랐다. 사실 자말 말릭과 나를 비교하는 게 가능한지 잘 모르겠다. 돌출 귀에 겁먹은 참새 얼굴의 주인공은 잘 생긴 편이 아니다. 나도 그렇다. 그런데 나는 온전한 다리가 하나밖에 없다. 정확히 말하면 한 개 반. 다리 한쪽은 무릎에서 끝나고 그 아래는 탄소 소재로 만든 금속 의족이다. 그 사정에 대해서는 나중에 말하겠다.

이것도 동전이 안 좋은 쪽으로 떨어진 경우였다.

그래도 자말 말릭과 나는 매우 중요한 공통점을 가지고 있다. 자말 말릭이 받은 상금은 수백만 루피가 아니라 태양처럼 아름다운 라티카였다. 그에게 잭팟은 영화 마지막 장면에서 노란 사리 차림의 라티카를 뭄바이 역에서 다시 만난 일이다.

나도 그랬다.

나 역시 믿을 수 없을 정도로 아름다운 여인을 마주했다. 깊이 파인 파란색 실크 원피스 안에서 둥근 가슴이 춤을 췄다. 내겐 원하는 만큼 들여다볼 권리가 있었다. 어떻게 설명할 수 있을까? 그녀는 무수한 밤마다 꿈에 나타나 날 유혹하던 여인이었다. 그런데 어느 날 거짓말처럼 내 앞에 나타났다.

우리는 저녁식사를 했다.

그녀 집에서였다.

흰 얼굴을 보듬듯 벽난로 불꽃이 너울거렸다.

샴페인도 마셨다. 2005년산 파이퍼 하이직 샴페인. 조금 있다가 우리는 사랑을 나눌 예정이다. 아니, 식사를 마치기 전에 서로를 탐할 수도 있다.

적어도 오늘밤 우리는 사랑을 한다.

어쩌면 여러 밤 동안.

어쩌면 남은 내 인생의 모든 밤 동안.

날이 밝으면 연기처럼 사라지는 꿈이 아니다. 함께 샤워를 하고 함께 임대아파트의 불결한 엘리베이터를 타고 내려가 교외선 전철역까지 걸어가는 실제의 연인이다.

그녀가 미소 지으며 샴페인 잔을 입으로 가져간다. 목을 타고 내려간 샴페인 기포가 몸 안에서 폭죽처럼 터지고, 우리는 살며시 입술을 포갠다. 파이퍼 하이직으로 촉촉해진 입술이 박하사탕처럼 상큼하다.

그녀는 분위기 있는 바닷가 레스토랑보다 오붓하게 단 둘이 집에서 식사하는 걸 더 좋아한다.

장애인 아랍 청년과 데이트하는 장면을 다른 이에게 보이고 싶지 않을 것이다. 마을에서 가장 예쁜 여자이니 그런 마음도 한편으로는 이해할 수 있다. 나야 질투 어린 고약한 시선 따위는 상관하지 않지만…. 내겐 세상 그 누구보다 이 순간을 누릴 자격이 있다. 모든 걸 걸었고 동전이 반대쪽으로 떨어질 때마다 다시 던졌다. 절대 희망을 잃지 않았다.

이번에는 동전이 내 편이 되었다.

닷새 전 이포르에서 천사를 만났다. 상상도 못 한 곳이었다.

그동안 죽을 고비를 여러 번 겪었다.

하지만 살아남았다.

그동안 살인죄로 고발당했다. 그것도 연쇄살인범으로. 황당하게도 나조차 그게 사실이라고 믿을 뻔했다.

나는 죄가 없다.

함정에 빠져 재판을 받고 유죄판결을 받았다.

나는 자유다.

불구인 아랍 청년의 헛소리 같은가? 기적을 못 믿는 사람들에겐 경찰이 하는 얘기가 훨씬 그럴 듯하다. 내 얘기를 믿지 못하리란 것도 안다.

그래서 처음으로 돌아와 다시 이 글을 읽으며 미친 내가 혼자 계략을 꾸몄거나 이야기를 전부 지어냈다고 생각할 것이다.

나는 아무것도 지어내지 않았다. 계략도 없고 미치지도 않았다. 끝까지 나를 믿어야 한다.

다 잘 될 거다. 분명 알게 된다.

오늘은 2014년 2월 24일. 모든 것은 열흘 전, 2월 14일 금요일 저녁에 시작되었다. 생탕투안 청소년치료센터 아이들이 집으로 돌아가는 날이었다.

끝까지 나를 믿어야 한다?

3헥타르 부지에 세워진 생탕투안 청소년치료센터의 벽돌건물 세 개 동에 차가운 비가 내렸다. 이전 세기의 부유하고 유명한 기증자를 기리는 흰 조각상들도 비에 젖었다. 십여 개의 그림자가 일사분란하게 움직였다. 마치 흰 조각상들이 살아나 움직이는 듯했다. 의사, 간호사, 하얀 작업복을 입은 직원들이 흰색 수의가 젖을까 겁내는 유령들처럼 비를 피해 달렸다.

어떤 이들은 처마 밑으로 몸을 피했고, 어떤 이들은 자갈길에 줄지어 선 이십여 대의 자동차와 밴과 미니버스 안으로 뛰어들었다. 문을 열어놓은 차 안에 아이들이 타고 있다.

혼자 움직일 수 있는 아이들은 금요일 저녁마다 가족과 주말을 보내기 위해 집으로 간다. 이번 주말에는 겨울 휴가 보름이 더해져 한참 있다 돌아온다.

나도 비를 피해 뛰었다. 그레고리를 밴의 뒷좌석에 밀어넣고 휠체어는 빗속에 놔둔 채 건물 처마 밑으로 들어갔다. 저만치 떨어진 구급차 경광등이 비를 맞으며 돌아갔다. 나는 오펠리를 찾다가 포기하고 직원 휴게실로 향했다.

크로스컨트리 스키 여행을 다녀온 후라 휴게실은 산장 분위기였다. 생탕투안 센터에서 일하는 간호사, 특수교사, 심리치료사들은 대부분 여자다. 이들 모두 언 손을 녹이기 위해 찻잔이나 커피 잔을 부여잡았다. 내가 들어와도 눈길조차 주지 않았다. 나를 흘깃 쳐다본 사람들도 있긴 했다. 가장 젊은 교사 사라와 파니만 내게 미소를 지었다. 심리치료 팀장인 니콜은 언제나 그랬듯이 뻣뻣한 내 다리를 한참 쳐다보았다. 대다수의 여자동료들은 나를 좋아한다. 나이에 따라, 그날 기분에 따라, 직업정신에 따라 정도는 다르겠지만 모두 나를 좋아한다. 메릴린 먼로보다는 마더 데레사에 가까운 사람들이다.

꼴통으로 악명 높은 제롬 피넬리가 내 뒤를 이어 휴게실로 들어왔다. 청소년치료센터 인사부장이다. 피넬리는 범인을 쳐다보는 형사처럼 나를 위아래로 훑어보았다.

"오펠리를 다시 데려왔어. 이제 됐나?"

천만에.

마당에 있던 구급차 경광등이 생각났다. 그냥 내버려두라고 소리 질렀을 오펠리가 떠올랐다. 몇 초 동안 대답할 말을 생각하며 머리를 굴렸다. 변명이라도 해야 나를 괴롭히지 않는다. 별다른 기대 없이 내 편이 되어줄 사람이 있나 둘러보았다. 물론 없었다. 동료들 모두 고개를 숙였다.

"휴가 끝나고 다시 얘기하지." 피넬리가 결론을 내렸다.

항상 괴롭힐 대상을 찾는 고문자 명단에 사악한 신과 악질 교사는 이미 넣어두었다. 거기에 변태 상사도 추가하자. 제롬 피넬리. 53세. 인사부장. 지난 6개월 동안 한 번의 불륜, 두 번의 우울증 발작, 세 번의 해고를 만들어낸 장본인이다.

피넬리는 내가 붙여놓은 몽블랑 포스터 앞으로 갔다. '몽블랑'설산, '몽모디'저주받은 산, '에귀뒤미디'정오의 바늘, '당뒤제앙'거인 이빨 등 몽블랑 산맥의 봉우리들이 전부 나와 있는 가로 2미터 세로 1미터의 커다란 포스터다.

"드디어 미친 애새끼들로부터 해방이야! 만세라도 부르고 싶군. 열 시간 후면 쿠르슈벨에서 스키를 타고 있겠지?"

피넬리는 여자들이 자신의 옆모습을 감상하도록 몸을 천천히 돌리다가 심술궂은 눈길로 내 의족을 쳐다봤다.

"자네는? 자네도 스키 타러 가? 좋겠어. 스키를 하나만 빌리면 되니까! 어차피 다른 한쪽은 쇳덩이잖아."

피넬리가 웃음을 터뜨렸다. 위험한 농담이었다. 간호사들은 웃을까 말까 주저했고 메릴린 먼로들은 낄낄거렸고 마더 테레사들은 분개했다.

주접을 더 떨고 싶었겠지만 그의 주머니에서 〈아이 고타 필링〉의 첫 소절이 울려퍼졌다. 피넬리는 "또 뭐야!"라고 짜증을 내며 휴대전화를 꺼내들었다. 휴게실을 나가면서 나를 꼬나보는 것도 잊지 않았다.

"휴가가 끝나면 이 문제를 해결해야 해. 오펠리는 미성년자야. 자네를 언제까지나 봐줄 수는 없다고."

망할 새끼!

때마침 들어온 이부는 피넬리가 나가자마자 휴게실 문을 쾅 닫았다.

이부는 직장에서 유일한 내 편이다. 센터에서 구급차 담당자로 일한다. 환자들에게 억압복을 입히거나 아이들이 싸우면 말리는 것도 그의 일이다. 나를 도와 종종 관리 업무를 하기도 한다. 비계를 올리거나 기물을 옮길 때 혹은 봉고차 바퀴를 갈 때 기꺼이 힘을 보태주는 사람은 이부밖에 없다. 그는 바오바브나무로 만든 장롱처럼 듬직하다. 잘생기고 쿨하고 재미있고 박식하고 운동도 잘해서 메릴린 먼로들과 마더 데레사들 모두에게 인기가 많다. 억세게 운이 좋은 놈이다. 이부와 나는 목요일마다 공원에서 숲까지 15킬로미터를 달린다. 마지막 스프린트에서 반 바퀴나 앞서 들어오는 사람은 언제나 나다. 그러나 여자 동료들은 이 사실을 모른다.

이부가 내 손을 쳤다.

"그 미친 새끼가 스키 어쩌고 하며 개소리하는 거 들었어. 그런데 농담이 아니라 진짜 휴가 가는 거야?"

이부의 눈이 알프스 산맥의 포스터로 향했다. 그가 벽에 붙은 빙하의 만년설을 자세히 들여다보았다.

"어. 이포르에 가. 자네 덕분이야!"

"이포르? 와! 이포르에 스키장이 있어?"

"노르망디의 작은 마을이야. 에트르타 근처에 있지. 레이스 코스는 총연장 10킬로미터, 고도차는 1,000미터나 돼. 눈도 없고 리프트도 없긴 하지만 말이야."

이부는 놀랍다는 듯 휘파람을 불었다. 그리고 여직원들을 향해 목소리를 높였다.

"자말이 아무 말 안 해서 그렇지 프로예요, 프로! 패럴림픽에 참가하면 메달도 따고 우리 센터에 영광과 명예도 가져다줄 텐데! 하지만 몽블랑 울트라트레일에 참가할 생각밖에 없다니까요. 결승점을 처음으로 통과한 외다리 주자가 되는 게 일생일대의 목표예요."

나를 보는 여자들의 시선이 사뭇 달라졌다. 사려 깊은 이부는 거기서 멈추지 않고 계속 치켜세웠다.

"몽블랑 울트라트레일은 세계에서 가장 힘든 코스예요. 정말이지, 자말은 무서운 게 없어! 안 그래, 자말?"

호기심 가득한 여자들의 눈이 내 얼굴과 몽블랑 포스터를 오고 갔다. 내 시선은 해발 3,000미터 고도에 머물렀다. 메르드글라스, 발로르신, 에귀뒤미디의 케이블카…. 몽블랑 울트라트레일은 총길이 168킬로미터, 고도차 9,600미터, 46시간의 레이스다. 다리 하나로 완주할 수 있을까? 고통도 잊고 끝까지 나를 밀어붙일 수 있을까? 착한 간호사들이 한층 촉촉해진 눈으로 날 보았다. 숫기 없는 사내처럼 얼굴이 달아올랐다. 나는 흰 회벽에 묻은 얼룩과 천장에 핀 곰팡이와 녹 자국으로 얼른 눈을 돌렸다.

"게다가 자말은 싱글이라고요. 같이 갈 사람 없어요? 세상에, 이포르에 간대요!"

이부가 눈을 찡긋했다.

"자, 자. 어서요. 지원자 없어요? 올림픽 메달리스트와 황홀한 일주일을 보내실 분?"

고마워 이부. 나는 연습할 때처럼 진지하게 말했다.

"사실 농담이 아니에요, 여러분. 이번에는 꼭 해내고야 말 겁니다."

고통도 잊고 끝까지?

내 발치에 누운 시신은 자갈밭에서 잠들었다.

보이지 않는 손이 붉은 비단실을 잡아당기듯 머리에서 천천히 피가 흘렀다. 진홍색 파도가 바다로 물러섰다.

죽어서도 여자는 아름다웠다. 검은 머리채가 바위에 들러붙은 해초처럼 차갑게 식은 파리한 얼굴을 뒤덮었다. 자갈밭에 박힌 여자의 몸은 절벽에서 떨어져나간 돌덩이에 지나지 않았다. 오랜 세월 동안 파도에 깎이고 쓸려 해변 풍경의 일부가 될 돌이었다.

깎아지른 석회절벽을 우러러봤다. 이포르에서 사흘을 보냈지만 절벽이 이렇게 무시무시하게 느껴진 적은 없었다. 위에서 진흙이 떨어지면서 물때와 녹과 앙금 자국이 절벽에 남았다. 인간을 가두기 위해 신이 세운 거대한 감옥의 벽. 탈출하기 위해 뛰어내리면 목숨은 사라진다.

시계를 봤다.

오전 8시 28분.

달리기 연습을 하려고 라시렌 호텔에서 출발한 지 15분도 채 안 됐다. 호텔에서 나올 때 주인이 했던 말이 떠올랐다.

'조심해, 자말! 풀이 얼어서 절벽이 미끄러워.'

철조망에 걸려 있던 빨간 스카프와 양 떼와 요새. 수많은 이미지가 스쳐갔다. 벼랑 끝에 서 있던 여자가 보였다. 찢어진 옷, '상관 말아요'라던 여자의 마지막 말, 끝 모를 슬픔이 출렁이던 눈, 내가 건네준 버버리 캐시미어 스카프를 꽉 잡은 손….

심장이 마구 뛰었다. 여자가 몸을 던진 후 해변으로 정신없이 뛰어 내려갔다. 미친 듯이 달려가면 여자보다 먼저 도착해 생명을 구할 수 있을 것 같았다.

말도 안 되는 생각이었다.

"떨어지는 걸 봤어요." 등 뒤에서 저음의 느릿한 목소리가 들렸다.

갈색 가죽잠바를 입은 남자였다. 성가신 사건에 휘말렸다는 듯 발을 끌며 내 옆으로 다가왔다.

그가 피곤한 목소리로 말을 이었다.

"비명 소리를 들었어요. 그래서 고개를 돌렸는데 이 여자가 돌멩이처럼 뚝 떨어지더군요."

땅에 부딪히는 장면을 직접 봤는지 몸을 부르르 떨었다. 남자 말이 맞았다. 여자가 몸을 날릴 때 나는 허공을 향해 울부짖었다. 이포르 주민 전체가 들을 수 있을 만큼 큰 소리였다.

"떨어진 게 아니라 뛰어내린 거예요." 나는 분명히 해야겠다고 생각했다.

남자는 아무 말이 없었다. 내 말의 의미를 알아채지 못했을까?

“저런… 어쩌다가!” 오른쪽에서 할머니가 다가왔다.

이 사건의 세 번째 증인이다. 이름이 드니즈 주뱅이라는 건 나중에 알았다. 드니즈 할머니는 시신이 떨어진 지점과 100미터 정도 되는 곳에 있었다. 나는 있는 힘을 다해 뛰어왔고 그들보다 몇 초 먼저 도착했다. 베이지색 원피스에 회색 외투를 걸친 할머니가 시추 강아지를 꽉 끌어안았다. 시추는 빨간 줄무늬의 베이지색 니트를 입고 있다. 할머니가 신은 고무장화 위쪽으로 노란 양말이 보였다.

“얌전히 있어, 아놀드.” 할머니가 개의 귀에 대고 속삭였다. “고운 아가씬데…. 혼자 절벽에서 뛰어내린 게 맞수?”

어처구니가 없었다.

자기 스스로 뛰어내린 게 아니면 뭐야?

하지만 이내 깨달았다. 여자의 투신을 목격한 사람은 나밖에 없다는 걸. 할머니와 남자는 바닷가에서 산책하다가 내 비명 소리에 고개를 돌렸을 뿐이다.

왜 그런 말을 하지? 자살이 아니라고 생각하나?

뛰어내리기 전, 여자의 천사 같은 얼굴은 서늘한 슬픔으로 얼룩져 있었다. 그 모습이 다시 떠올라 마음을 후벼팠다.

“물론이죠. 위에서 제가 말도 걸었어요. 말리려고….”

할머니가 미심쩍은 눈으로 나를 보았다. 내 피부색, 말투, 의족. 이 모두가 경계해야 마땅한 이유다.

도대체 무슨 생각을 하는 거야? 투신한 게 아니면 내가 밀기라도 했다는 거야?

변명하듯 말을 이었다.

"순식간이었어요. 갈 수 있는 만큼 가까이 다가갔어요. 손을 잡으려고. 그래서 들고 있던…."

갑자기 숨통이 막혀 말이 나오지 않았다.

1미터 앞에 널브러진 시체. 처음으로 보았다. 믿을 수 없었다.

말도 안 돼!

여자가 몸을 던진 순간이 영화의 한 장면처럼 펼쳐졌다.

아름다운 여인의 고통스러운 눈빛.

손끝에서 나부끼는 빨간 스카프.

텅 빈 수평선.

제길! 이건 뭐가 잘못된 거야.

빨간 스카프에서 시선을 뗄 수 없었다.

그럴 만한 이유가 있을 것이다.

그럴 만한….

"이러고들 있을 거야?"

할머니 소리에 몸을 돌렸다. 나한테 말하는 건가?

"맞아요. 경찰을 불러야죠." 갈색 가죽잠바도 맞장구쳤다.

담배를 많이 피운 듯 목소리가 걸걸했다. 녹색 털모자가 길게 웃자란 듬성듬성한 머리칼을 가려주었고, 모자 아래 비죽 나온 귓불은 차가운 바람을 맞아 빨개졌다. 직업도 없이 혼자 사는 이혼남처럼 보였다. 아니면 아침 댓바람부터 바닷가를 쏘다녀도 걱정하는 사람 하나 없이 추레하게 살아가는 독신남인지도…. 그를 보자마자 '뽕쟁이'라고 불리던 중학교 1학년 때 수학 선생님이 떠올랐다. 초점 잃은 눈에 늘 우울한 표정으로 다녀서 얻은 별명이다. 그 별명은 이 남자에게도 썩 잘 어울렸다. 진짜 이름은 크리스티앙 르메데프. 그때만 해도 이 사람을 다음 날 같은 시각 같은 장소에서 다시 보리라곤 상상하지 못했다. 그가 오늘보다 더 우울한 얼굴로 나타날 거고, 함께 정보를 공유하며 동지애마저 느낄 거라는 사실을 말이다.

아놀드가 주인의 가슴팍에서 연신 짖어댔다.

경찰을 부른다고?

오싹한 기운이 손바닥을 쓱 훑고 지나갔다. 음흉한 뱀처럼 빠져나가던 빨간 스카프의 촉감이 다시 느껴졌다. 눈이 말을 듣지 않았다. 다른 데를 보려고 해도 시선은 자연스레 스카프에 멈춘 채 꼼짝하지 않았다. 할머니와 뽕쟁이가 나를 이상하게 쳐다보았다.

나한테 원하는 게 있나?

경찰을 부른다고?

두 사람 모두 휴대전화가 없었다. 나를 쳐다본 이유가 그 때문이라는 걸 겨우 깨달았다. 아이폰을 꺼내 17번을 눌렀다.

"페캉 경찰서입니다." 몇 초 후에 남자 목소리가 들렸다.

나는 자살한 여자와 사고 장소, 현재 상황에 대해 얘기했다.

여자는 죽은 게 분명하다. 120미터 높이에서 자갈밭으로 투신했다. 뛰어내리는 걸 목격한 사람은 한 명이고, 추락 장면을 본 사람은 두 명이다.

수화기 건너편에서 메모하는 소리가 났다. 경찰은 장소를 다시 한번 묻고 전화를 끊었다.

할머니와 뽕쟁이에게 미소를 지었다.

"경찰이 10분 내로 온대요."

두 사람은 고개를 끄덕였다. 자갈이 바닷물에 떠밀려 굴러다녔다.

뿅쟁이는 파도가 칠 때마다 손목시계를 보았다. 죽은 여자한테 일말의 동정심도 일지 않는 듯했다.

할머니가 강아지를 내려놓고 내 팔을 잡았다.

"경찰은 도대체 언제 오는 거야? 이봐, 총각! 어여, 윗옷 좀 벗어봐."

머? 윗옷을 벗으라고? 이렇게 추운 날씨에?

할머니가 다시 힘주어 말했다.

"추리닝 좀 벗으라고!"

추리닝? 노스페이스 바람막이 윈드월 점퍼가 추리닝이라니!

얼떨결에 방풍점퍼를 벗어 건네자 할머니가 점퍼로 시신의 얼굴과 상체를 가렸다.

왜 그러지? 종교적 신념 때문인가? 미신? 불쌍한 아놀드가 시체를 보고 트라우마라도 생길까 봐?

시신의 얼굴이 점퍼로 덮이기 전에 빨간 스카프를 다시금 보았다. 머리가 지끈거렸다.

도대체 어떻게 된 거야?

조금 전부터 이 생각뿐이었다. 아침에 일어난 일들을 세세하게 되짚어봤지만 합리적인 설명은 불가능했다.

자갈 위에 널브러진 시신은 붉은 버버리 캐시미어 스카프를 목에 두르고 있었다.

어떻게 된 거야?

살을 에는 차가운 바람이 몰아쳤다. 절벽 뒤에서 잠깐 얼굴을 내민 태양도 이내 구름 속으로 사라졌다. 몸을 덥히기 위해 주위를 뛰어다녔다. 체감온도는 이미 영하였지만 시신에게서 점퍼를 돌려받을 수는 없는 노릇이다. 전화를 한지 10분이 넘었으니 경찰이 도착할 때가 됐다. 우리 세 사람은 아무 말 없이 서 있었다. 갈매기들이 머리 위를 맴돌았다.

강아지 아놀드는 주인 할머니 옆에 앉아서 두려움과 놀라움이 섞인 눈으로 갈매기 떼를 쳐다보았다.

두려움과 놀라움….

시신의 목을 감싼 붉은 버버리 캐시미어 스카프.

납득할 수 있는 이유를 찾기 위해 생각하고 또 생각했다. 분명히 기억하는 건 여자가 스카프를 세게 잡아당기는 동시에 절벽 아래로 몸을 던졌다는 것이다.

나는 한적한 제방, 인적 없는 카지노 주차장, 겨울이라 방치된 삼십여 개의 해수욕장 탈의실을 차례차례 둘러보았다. 경찰은 아직도 오지 않았다.

누가 시체의 목에 스카프를 둘렀을까? 가장 먼저 달려온 사람은 나다. 주위에는 할머니와 뽕쟁이밖에 없었다. 더구나 두 사람 모두 여자가 추락한 순간에는 멀리 떨어져 있었다. 시체에게 스카프를 두르고 안 그런 척 멀리 달려갔다가 헐떡이지 않고 다시 천천히 걸어오는 건 불가능하다. 더욱이 그렇게 행동할 이유도 전혀 없다!

말이 안 된다!

그렇다면 누가?

그럴 사람은 아무도 없다. 드넓은 해변에서 노인과 뽕쟁이의 눈에 띄지 않고 시체에 다가갈 수는 없다. 두 사람은 여자가 절벽에서 떨어지는 순간을 목격했고 시체에서 눈을 떼지 않은 채 사고지점으로 다가왔다.

손이 떨렸다. 추위에 두려움과 공포가 합세했다. 가능한 추론은 단 하나. 여자는 제 손으로 스카프를 둘렀다. 절벽에서 떨어지는 동안….

미친 소리다.

하지만 다른 답이 없었다. 낙하시간은 기껏해야 3~4초. 그 시간이면 목에 스카프를 두를 수 있지 않을까?

물론 물리적으로 그렇다는 얘기다.

높은 데서 떨어지면 팔도 허우적거릴 테고 바람 때문에 눈조차 제대로 뜰 수 없을 것이다. 그렇게 하려면 미리 계획을 세워야 한다. 불굴의 의지로 두려움을 떨치기 위해 수천 번, 수만 번 연습해야 한다. 땅에 떨어지기 4초 전에 그 빌어먹을 스카프를 목에 두르겠다는 목표를 가지고!

미친 소리다.

수천 번 수만 번 연습한다고? 스카프는 애초에 그 여자 것도 아니었다. 내가 발견했고 얼떨결에 여자에게 건넸다. 벼랑 끝에 섰던 천사는 자기 손에 스카프가 들어오리라고 생각도 못 했을 것이다.

할머니와 뽕쟁이를 다시 보았다. 뽕쟁이가 담배에 불을 당기자 할머니는 개한테 연기가 올까 봐 목줄을 급히 잡아당겼다.

불가능한 요소는 모두 제거하자. 그렇다면 다른 답은 뭐가 있을까? 뛰어난 반사신경 덕에 떨어지면서 스스로 스카프를 둘렀다 해도 의문은 남는다.

굳이 그럴 이유가 있나?

순식간에 태양이 나타나 절벽으로 빛이 쏟아졌다. 절벽의 갈색 진흙과 하얀 석회암이 금빛 은빛으로 반짝였다.

경찰차가 도착했다. 카지노 주차장에 차를 세우고 경찰 두 명이 내렸다. 앞장서서 구둣발로 자갈을 저벅저벅 밟으며 다가오는 남자는 은퇴할 날이 얼마 안 남은 베테랑처럼 보였다. 떡 벌어진 상체와 불룩한 배. 하나로 묶은 희끗희끗한 긴 머리. 주름이 굵게 파인 넓은 이마. 입술 끝에 걸린 거만함. 노년의 말론 브란도였다. 가까이 다가올수록 그런 인상은 더욱 짙어졌다.

뒤에서 따라오는 경찰은 40대로 보였다. 잠을 제대로 못 잔 듯 푸석푸석한 얼굴을 잔뜩 찌푸렸다. 커피를 마실 새도 없이 아침부터 시신을 거둘 생각에 짜증이 났는지도 모른다. 그는 축축한 해초에 발이 미끄러질 때마다 욕설을 내뱉었다.

말론 브란도가 시신 옆으로 왔다. 젊은 형사는 사건에는 관심도 없다는 듯 십여 미터 떨어져 어슬렁거렸다.

"피로즈 형사입니다. 노르망디 다리가 건설된 다음에는 이곳에서 자살한 사람이 없었는데…. 죽을 사람들은 다리로 가거든요."

피로즈 형사가 이마를 문지르며 말을 이었다.

"아는 사람입니까?"

우리는 고개를 저었다.

"정확히 뭘 봤지요?"

뽕쟁이가 나서서 여자가 허공에서 흔들리더니 아래로 뚝 떨어졌다고 했다. 할머니와 내가 동시에 고개를 끄덕였다.

"세 사람 모두 이곳에 있었어요? 절벽 위에서 본 사람은 없나요?"

불안하게 흔들리는 동공을 감지한 듯 형사가 나를 보았다. 나는 재빨리 대답했다.

"제가 봤어요. 해안절벽을 따라 달리고 있었는데…. 전 아침마다 조깅을 하거든요. 이 여자가 요새 근처의 벼랑 끝에 서 있어서 말을 걸었어요. 막으려고 했지만…."

형사의 시선이 의족으로 내려왔다. 장애를 가진 사람이 매일 조깅을 한다는 게 가능한지 생각하는 눈치다.

"저는… 저는 매일 아침 연습을 해요. 운동선수거든요. 패럴림픽이라고 들어보셨어요? 보시다시피…." 나도 모르게 말을 더듬었다.

형사는 무표정한 얼굴로 시신에 몸을 숙이고 내 노스페이스 점퍼를 들어올렸다.

기적은 없었다. 그 빌어먹을 스카프는 여전히 여자의 목에 달라붙어 있었다.

내 눈에는 스카프만 보였다. 형사는 스카프에 관심이 없었다. 찢어진 원피스를 자세히 살피다가 절벽 위를 올려다봤다. 혹시 추락하면서 옷이 걸려 찢길 만한 나무가 있는지 찾는 것 같았다. 그가 우리 쪽으로 돌아섰다.

"떨어지면서 옷이 찢어진 건 아니네요."

내가 끼어들었다.

"절벽 위에서도 이미 찢어진 옷을 입고 있었어요. 얼굴은 눈물 때문에 화장 범벅이었고. 무서워하는 것 같았는데…."

할머니와 뽕쟁이가 날 힐끔 보았다. 형사는 연신 이마를 문질렀고, 또 다른 형사는 주위를 두리번거렸다. 파도와 새로 페인트칠한 해수욕장 탈의실과 멀리 보이는 풍력발전기….

피로즈가 자갈밭에 무릎을 꿇고 시체를 살피며 중얼거렸다.

"흐음…, 자살을 했다면 이유가 있을 텐데…."

훗날에야 생각한 거지만, 바로 이 순간, 형사에게 말해야 했다. 내가 스카프를 주웠다는 사실과 투신 직전에 어떤 일이 있었는지 그리고 이 여자가 내게서 스카프를 낚아챘다는 얘기까지. 형사가 믿건 안 믿건 무조건 말해야 했다.

그러나 형사가 곧바로 여자의 옷을 들춰보는 바람에 말할 새가 없었다.

"니기럴!" 형사가 눈살을 찌푸렸다.

우리의 시선이 모두 시신으로 향했다.

여자는 옷 속에 아무것도 입지 않았다.

레이스 팬티건 끈팬티건….

허벅지는 보라색 멍투성이였고, 아랫배부터 음모를 완전히 밀어버린 치골 오른쪽까지 기다란 손톱자국이 네 줄로 나란히 그어져 있었다.

할머니가 눈을 감고 아놀드를 꽉 껴안았다. 뽕쟁이의 얼굴은 납빛으로 변했다. 의족이 자갈 사이에 박혀 균형을 잡기 힘들었다.

피로즈 형사는 입술을 깨물며 들췄던 옷을 내렸다.

"저런… 쯧쯧. 겁탈을 심하게도 당했군. 길어봤자 몇 시간 전이야. 몸을 날릴 이유가 충분하구먼."

형사는 주변 풍경을 압도하는 석회절벽을 다시금 응시했다. 그리고 시체 목에 눌린 빨간 스카프를 손끝으로 천천히 풀었다.

내 눈동자가 흔들렸다. 형사는 겁탈이란 단어를 입에 올렸다. 스카프에는 내 지문이 가득하다. 스카프에 땀이 눈곱만큼이라도 묻어 있으면 DNA를 채취하는 건 일도 아니다.

너무 늦었다. 뭐라고 하지? 날 믿어줄 사람이 있을까?

형사가 스카프와 여자의 목 사이에 손가락을 천천히 넣었다.

"이런, 목이 졸렸잖아!"

전기에 감전된 듯 강한 충격이 온몸을 강타했다. 나도 모르게 말이 튀어나왔다.

"저 위에서… 위에서 말을 걸었어요. 그땐 살아… 살아 있었는데…. 혼자 뛰어내렸어요. 혼자…."

피로즈가 말을 끊었다.

"그렇다면 목을 조르던 중이었는지도 모르죠. 범인이 여자 목을 조르다가 사람이 나타나서 도망친 걸 수도 있어요. 청년이 여자 목숨을 구했네. 아니, 구할 수도 있었다는 거지."

구할 수도 있었다고?

기묘한 표현이었다. 뉘앙스도 기묘하긴 마찬가지였다.

사람이 다가오는 소리에 강간범이 요새 안으로 몸을 숨겼을 수도 있다. 하지만 이상하다? 그렇다면 이 여자는 왜 내게 아무 말도 하지 않았지? 손을 내밀었을 때 나는 왜 목덜미의 손자국을 보지 못했지? 얼굴만 보느라? 찢어진 옷을 보느라?

"뭐 하는 거요?"

엎드려 시신의 냄새를 맡는 형사에게 할머니가 물었다. 그가 고개를 들며 만족한 미소를 지었다.

"살에서 소금 냄새가 나네요."

초현실주의 연극이 펼쳐지는 무대에서 배우들이 애드리브를 내뱉고 있다. 뒤쪽에 있던 다른 형사는 파트너의 말을 감흥 없이 들었다. 역할을 나눠 한 사람은 연기를 하고 다른 사람은 관객의 반응을 살피기로 미리 작전을 짠 걸 수도 있다.

"소금 냄새요?" 뽕쟁이가 이해가 안 된다는 듯 형사의 말을 반복했다.

"네에. 설명은 간단해요." 피로즈가 잠깐 말을 멈추고 목격자들의 반응을 살폈다.

"피해자가 해수욕을 한 거죠."

우리 셋은 동시에 바다를 보았다.

2월에 해수욕을 한다고? 그것도 캄캄한 새벽에? 물속은 적어도 영하 10도는 되지 않나?

"옷이 젖지 않은 걸 보면 다 벗고 한 거죠." 형사가 덧붙였다.

할머니가 내 옆으로 왔다. 지친 표정이었다. 한 팔을 내주었다.

"발가벗고 수영하는 예쁜 여자를 보고 범인이 그냥 놔두지 않았겠죠."

형사가 손가락으로 머리를 쓸어넘겼다.

"현장을 봉쇄하고 검시관을 부를 거예요. 세 분 모두 연락처 좀 부탁합니다. 번거로우시겠지만 오후에 페캉 경찰서로 와주세요. 그전까지는 피해자 신원을 파악할 수 있을 겁니다."

할머니가 내 팔에 온몸을 의지했다. 옷 속으로 파고 드는 추위에 몸이 덜덜 떨렸다. 피로즈가 나를 빤히 보더니 바닥에 있던 점퍼를 집어서 건네주었다.

"받아요. 본인 것 같은데 어서 입어요. 청년의 진술이 필요한데 감기 들면 안 되지."

날 믿어줄 사람이 있을까?

바다 오른편에 바늘바위가 우뚝 솟아 있다. 해안절벽에서 떨어져나간 조각처럼 절벽의 빈틈과 합쳐지면 기계장치가 작동해 비밀의 동굴 문이 스르르 열릴 듯하다.

사건이 발생한 해변을 떠나 한 시간 정도 달렸다. 이포르에서 출발해 보코트 계곡과 에티그의 좁은 길을 지나 에트르타까지 12킬로미터 남짓한 거리였다. 평소보다 적게 달린 셈이다.

하지만 머리를 식히고 생각을 정리하고 상황을 좀더 잘 파악하는 데는 충분했다.

영상 3도의 추운 날씨였지만 땀이 흘렀다. 석회절벽 위의 풀들이 서서히 녹기 시작하면서 가늘고 차가운 물줄기가 흰 절벽에 갈색 고랑을 이루며 떨어졌다.

변하지 않는 이 풍경은 환상에 불과하다. 절벽은 물, 얼음, 비, 바다의 파상공격을 받고, 풍경의 변화를 전혀 인식하지 못하는 수백만 관광객의 무관심 속에 저항하고 복종하고 항복하며 스러져간다.

완전 범죄.

몸이 떨렸다.

한 시간 전, 경찰이 작업하는 걸 보고 이포르 해변을 떠난 뒤로 사건에 관한 생각이 떠나지 않았다. 피로즈의 추리는 사건 경위를 명확하게 드러낸 것처럼 보였다.

동이 틀 무렵, 한 여자가 빨간 원피스를 벗고 알몸으로 수영을 한다. 웬 남자가 자기를 지켜보는 걸 알아챈 여자는 깜짝 놀라 물에서 나와 옷을 입는다. 범인은 해안절벽 산책길로 올라가는 여자를 따라간다. 가는 도중 스카프를 잃어버린 범인은 요새 근처로 여자를 몰아 겁탈하고 목을 조른다. 교살 직전, 범인은 내가 다가오는 소리를 듣고 요새로 숨는다. 하지만 상황을 되돌리기에는 너무 늦은 때다.

공포에 질린 여자는 절벽 아래로 몸을 던진다.

해안 저쪽, 맞은편으로 다리가 하나 보였다. 에트르타 절벽에 있는 '아가씨들의 방'이란 이름의 동굴과 연결된 다리다. 개미만 한 사람들이 미끄러지지 않도록 조심하며 다리를 건넜다. 손목시계를 보았다.

오전 11시 3분. 돌아갈 시간이다.

여러 계곡을 쏜살같이 달려 이포르까지 45분 만에 주파했다. 보코트 계곡에서는 사이클 주자와 당나귀 한 마리 외에는 아무도 마주치지 않았다. 마지막 언덕을 올라 발레트 평야까지 달렸다. 저 멀리 잠잠한 바람에 멈춰 선 풍력발전기, 안개에 휩싸인 송신탑, 요새, 여기저기 흩어져 풀을 뜯는 양 떼들이 보였다.

불안으로 목이 메었다.

피로즈 형사의 가설이 맞는다면 범인은 요새에 숨어서 나를 보았다. 유일한 목격자였던 나를.

완만한 내리막길이 나왔다. 의족이 견딜 수 있을 만큼 속도를 최대한으로 높였다.

유일한 목격자?

리바주 캠핑장을 지났다. 아침 햇살에 잠긴 이포르 만이 눈부시게 빛나고 달 표면 같은 갯벌을 드러내며 바닷물이 서서히 물러간다. 울퉁불퉁한 돌들에 달라붙은 녹색 해초들은 사막의 오아시스처럼 보인다.

형사가 틀렸다면?

범인이 여자를 폭행하고 강간하고 목을 조른 후 해변에 버려두고 떠난 거라면? 여자가 충격을 받은 채 절벽으로 올라가다가 중간에 스카프를 떨어뜨렸고 절망한 나머지 내 만류에도 불구하고 허공으로 몸을 던진 거라면?

카지노로 이어진 계단이 의족과 부딪혀 소리가 났다.

성폭행을 해변에서 당했든 절벽에서 당했든 죽은 여자에게 달라지는 건 없다. 하지만 나한테는 다른 문제다. 해안과 절벽 사이에 중요한 질문 하나가 남는다. 형사가 괴롭히기 전에 잘 생각해야 한다.

내가 범인과 마주쳤을까?

계단 세 개가 남았다. 콘크리트 제방에 발을 딛기 위해 카지노에서 내놓은 쓰레기봉투들을 성큼 건너뛰었다. 라시렌 호텔이 바로 코앞이다.

내가 범인과 마주쳤을까?

이 질문이 머리를 떠나지 않았다. 하지만 그 이면에는 더 어려운 질문이 숨어 있다. 형사가 그냥 지나칠 리 없는 질문이다.

그 빌어먹을 빨간 스카프가 어떻게 여자 목에 감겨 있지? 내 유전자 정보가 잔뜩 묻은 그 버버리 스카프가.

매일 아침 트레이닝을 하고 난 후에는 호텔 테라스 나무 난간을 이용해 스트레칭을 한다. 테이블과 의자를 세팅하기 전이고 손님도 없어 누구의 방해도 받지 않고 몸을 풀 수 있기 때문이다. 호텔 주인 앙드레가 직접 쓴 메뉴판에는 바닷고둥샐러드, 홍합찜, 일 플로탕트커스터드크림 위에 계란 흰자로 만든 머랭을 얹은 프랑스 디저트가 포함된 12.90유로의 세트 메뉴와 함께 오늘의 날씨도 고지되어 있다.

흐림

해발 400미터 이상 고지대에 눈 소식

영하 15도의 아주 추운 날씨

"자말!"

앙드레 조지악이 나를 보고 다가왔다. 이른 아침에 식사를 가져다줄 때는 원시인 같더니 어느새 깨끗하게 면도하고 머리를 빗고 향수를 뿌려 문명인으로 변신했다. 이 시골까지 내려온 파리 관광객들을 맞이하기 위해 흰 와이셔츠에 재킷까지 완벽하게 걸치고 있었다.

외지인인 앙드레는 이포르에 정착하기 전까지 벨기에 국경 근처의 해안마을 브레뒨에서 호텔 레스토랑을 경영했다고 한다. 태양을 찾아 따뜻한 남쪽으로 내려갈 거라는 말을 늘 입에 달고 다니는 그였다. 그리고 날씨 때문에 우울한 사람들을 조금이라도 위로하기 위해 프랑스에서 가장 날씨가 안 좋은 지역의 일기예보를 찾아 아침마다 메뉴판에 적어놓았다. 매일 밤 인터넷을 뒤져 홍수나 폭풍우 예보가 있는 곳, 혹은 가장 추운 곳을 찾아냈다. 오늘 아침은 쥐라 산맥에 있는 산골마을 쇼뇌브의 일기예보였다.

주인에게 절벽에서 뛰어내린 여자 얘기를 해야겠다고 생각했다. 벌써 15년째 라시렌 호텔을 운영 중이라 마을 사람들을 모두 알았다. 더구나 그렇게 예쁜 여자가 이포르에서 살았다면 모를 리 없지 않은가.

그런데 입을 열기도 전에 주인이 두툼한 갈색 봉투를 내밀었다.

"택배 왔어!"

방으로 올라가 침대에 앉았다. 지붕 아래 꼭대기 층에 있는 7호실이 내 방이다. 창밖으로 바다가 보였다. 라시렌에 예약하면서 허름한 호텔일 거라 생각하고 별 기대는 하지 않았다.

하지만 객실은 깔끔했고 나름 매력이 있었다. 최근에 리모델링을 한 실내는 하늘색 바탕에 조개껍질 패턴이 들어간 벽지를 붙였고, 커튼에는 닻줄을 달아 바다 느낌을 강조했다. 창문을 열면 페캉 등대도 보였다.

아무래도 오늘 아침 절벽에서 일어난 일이 머리에서 떠나지 않았다.

봉투를 여는 데 손이 살짝 떨렸다.

누가 보냈을까? 이부, 오펠리, 여직원 몇 명 빼고는 내가 이포르에 온 걸 아는 사람은 없다. 그들도 내가 묵는 호텔은 모른다.

봉투에 발신인은 없이 내 이름과 주소만 있었다. 여자 글씨체였다.

자말 살라우이
라시렌 호텔 레스토랑
알렉상드르 뒤몽 길 7번지
76111 이포르

페캉 우체국 소인이다.

이 근처에서 보낸 거네?

침대 위로 종이들이 쏟아졌다.

스무 장 남짓했다. 제일 위에 있는 종이를 집어들었다. 페캉의 지역 신문 〈쿠리에 코슈아〉의 기사 사본이었다. 굵은 기사제목을 보았다.

이포르 해안절벽 아래서 변사체로 발견된 19세 여성

별안간 창문 너머의 절벽이 흔들렸다.

종이를 잡은 손이 오그라들었다. 지역신문이 어떻게 벌써? 여자가 뛰어내린 지 겨우 세 시간이 지났을 뿐이다. 경찰은 아직도 조사 중일 텐데….

심장이 쿵쾅거렸다. 시선을 고정하고 기사에 집중했다. 갑자기 숨쉬기가 편해졌다. 그건 오래전 기사였다.

10년 전, 2004년 6월 10일 목요일 자 기사.

세상에!

옛날 기사를 왜 내게 보낸 거지?

의아한 마음으로 다른 종이도 뒤적였다. 나머지도 열아홉 살 여자가 이포르 절벽 아래에서 숨진 채 발견되었다는 기사였다. 이 지역의 신문뿐 아니라 다른 지역신문과 중앙지들에서도 관련 기사를 실었다. 기밀 문서처럼 보이는 서류, 심문 내용, 경찰의 수사자료, 예심판사와 담당형사 사이의 서신도 보였다.

하나하나 읽어가면서 누가 우편물을 보냈는지는 사소한 문제가 되어버렸다.

발신인 불명의 자료들은 분명 실화처럼 보였으나 기사나 문서에 나온 사건의 내용은 10년이 지난 지금 도저히 믿기 힘든 것들이었다.

범인과 마주쳤을까?

모르간 아브릴 사건 • 2004년 6월 6일 일요일

경찰후보생 막심 바롱은 생전 처음 시체를 봤다. 10대 아이들이 몰려와서 소매를 잡아끌었다.

"아저씨, 경찰 아저씨! 바닷가에 죽은 사람이 있어요!"

아이들에게 자신은 페캉 경찰서에서 연수를 받는 경찰후보생일 뿐이라고 말할 겨를도 없었다. 막심 바롱이 그 시각에 이포르의 장 폴 로랑스 광장에 있었던 것은 순전히 우연이었다. 근무 중도 아니었다. 단지 담배를 사러 가게에 들어간 필립 그리마 상관을 기다렸을 뿐이다.

막심 바롱은 아이들에게 떠밀려 따라갔다.

변사자의 머리는 으깨져 있었다.

절벽에서 떨어진 듯했다. 머리가 먼저 떨어져서 뇌의 끈적끈적한 물질이 예쁜 얼굴을 뒤덮었다.

그 장면을 보자마자 아침식사를 자갈 위에 모두 게워냈다. 같이 온 아이들이 놀란 얼굴로 쳐다봤다. 막심은 소매로 입을 닦고 상관에게 전화를 걸었다.

"선배님, 해변에 시체가 있어요. 라시렌 호텔 레스토랑과 카지노 근처 해변입니다."

고개를 들었다.

카지노 벽에 거대한 포스터가 붙어 있었다.

절벽 록페스티벌

오후 7시~오전 4시

절벽을 배경으로 한 은색 기타 그림과 지방에서 활동하는 록그룹 명단이 인쇄된 포스터다.

빈 맥주 캔과 술병이 나뒹구는 콘크리트 제방으로 시선을 돌렸다.

이포르는 술에서 완전히 깨지 못한 채 아침을 맞았다.

필립 그리마 형사과장이 즉시 현장에 도착했다. 사람들이 모여들었다. 경찰후보생은 한 번 더 토했다. 그는 상관이 시체를 다룬 경험이 자기보다 많은지 확신할 수 없었다. 겨우 다섯 살 위인 데다가 경찰대학을 졸업한 지 얼마 되지 않았기 때문이다. 필립 그리마는 상관이자 벗이었다. 어제도 페캉의 스쿼시클럽에서 같이 땀을 흘렸고 바닷가 바에서 두 시간 동안 술을 마시며 축구, 사이클, 여자 얘기로 수다를 떨다가 헤어졌다.

둘 사이에 다른 점이 있다면 막심 바롱이 아직 미혼인데 반해 필립 그리마는 이미 결혼을 해서 아이도 있다는 점이었다. 다섯 살 차이지만 인생 경험은 상관이 훨씬 많은 셈이다.

토하지 않는 것만 봐도 그랬다. 역시 상관다웠다. 경찰후보생과 허물없이 지내던 상관은 이제 눈짓을 하거나 등을 철썩 치지도 않았다. 명확하고 냉철하게 지시를 내렸고 바롱 역시 상관의 차가운 태도에 기분 상하는 일 없이 성실하게 그의 명령을 수행했다. 오히려 그런 모습이 더욱 든든했다. 5년 후의 자신을 비춰주는 롤모델 아닌가!

필립은 후보생에게 입에 묻은 토사물부터 닦고, 구경꾼들을 뒤로 물러서게 하라고 지시했다. 그리고 주머니에서 휴대전화를 꺼내 서른 방정도 사진을 찍은 다음, 대부분 10대 사내애들인 스무 명 남짓한 구경꾼들을 향해 소리를 질렀다.

"이 여자 아는 사람 있어요?"

금색 단추가 달린 빨간 조끼를 입은 남자가 나섰다. 절벽에 설치한 엘리베이터 운행담당자였다. 가슴에 달린 노란 불꽃 모양의 카지노 마크에는 '제레미'라는 이름이 황금실로 수놓아져 있었다.

"제가 알아요. 기억 못 할 수가 없죠. 어제 시뷰 클럽에서 밤새 춤을 췄던 여자예요."

한 시간도 안 돼 시신의 신원이 밝혀졌다.

모르간 아브릴

19세

루앙 의과대학 1학년 재학생

뇌프샤텔에서 '당나귀 등' 민박을 운영하는 어머니와 거주

필립 형사는 사건이 발생하기 전의 상황을 수월하게 재구성했다.

모르간 아브릴은 록페스티벌에 가기 위해 자매인 오세안과 친구인 니콜라, 클라라, 마티유와 함께 뇌프샤텔을 떠나 어제 저녁 이포르에 왔다. 이들은 니콜라의 차를 타고 이포르에서 십여 킬로미터 떨어진 뇌프샤텔에서 저녁 6시경 출발했다. 모르간의 엄마는 딸들이 록페스티벌에 가는 걸 못 마땅해했다.

과잉보호거나 노파심 때문이었을 수도 있다. 아니면 안 좋은 예감이 들었을까?

두 딸이 클럽에 간 건 난생처음이었다. 의과대학생인 모르간은 최근 몇 달 동안 밤낮을 안 가리고 열심히 공부한 덕분에 의과 1학년 과정을 38등이라는 괜찮은 성적으로 무사히 이수할 수 있었다. 엄마 입장에서 무작정 못 가게 할 수만은 없었다.

현장에 온 검시관은 사망시간을 새벽 5시에서 6시 사이로 추정했고, 범인이 피해자를 성폭행하고 목을 조른 후 이포르 절벽에서 떨어뜨렸다는 결론을 내렸다.

피해자의 얼굴은 퉁퉁 부은 데다가 추락의 충격으로 사지가 뒤틀렸다. 옷은 찢어지고 속옷은 없었다. 모르간 아브릴의 보라색 끈팬티는 다음 날 절벽 아래서 발견되었다. 팬티에는 체액의 흔적과 강간범의 체모가 있었다. 모르간의 몸에서 확보한 체모와 동일했다. 그러나 모르간의 가방은 발견되지 않았다. 시뷰의 옷보관소에도 절벽에도 바닷가 바위들 속에도 없었다. 경찰 세 명이 이틀 동안 수색했지만 아무것도 찾지 못했다.

모르간 아브릴의 시신이 발견된 지 약 열 시간이 지난 오후 4시, 필립 형사는 증인 스물세 명을 조사했다. 대부분 이포르 거주자들로 시뷰에서 밤새 놀았던 남자 열다섯 명과 여자 여덟 명이었다.

절벽 록페스티벌에 참가한 천여 명의 사람들은 대부분 마지막 그룹의 공연이 끝난 후, 시뷰가 기획한 댄스파티에서 놀았다. 증인 모두 모르간 아브릴을 정확하게 묘사했다.

아름답고 관능적이고 화끈한 소녀.

필립 형사는 현장에서 수집한 증언 녹취록을 몇 시간 동안 다시 읽었다. 진술을 읽으며 때때로 눈살을 찌푸렸다. 클럽에서 피해자를 훔쳐봤던 남자들의 증언을 듣는 건 유쾌한 일이 아니었다. 그렇지만 모르간 아브릴에 대한 진술은 남녀 증인 모두 일치했다.

도발적이고 뜨겁고 팬티까지 섹시한 여자.

증인들의 말에 따르면, 피해자는 시뷰의 나무 기둥 근처에서 즉흥적으로 랩댄스를 췄다. 원피스가 땀에 흠뻑 젖어 가슴에 찰싹 달라붙었고 치마가 펄럭이면서 미끈한 몸매가 드러났다. 허벅지와 어깨를 손으로 더듬으며 춤출 때 옷은 올라갔다가 미끄러지고 스르르 열렸다. 그녀의 시선은 저격수의 총구처럼 남자들을 겨눴다.

얌전하던 의대생은 자신의 끼를 유감없이 발휘했다.

새벽 5시 이후 모르간을 본 사람은 없었다. 누구도 모르간이 시뷰에서 나가는 걸 보지 못했다. 혼자 나갔는지 다른 사람과 함께 나갔는지 정확하게 말할 수 있는 사람도 없었다.

저녁 6시쯤, 모르간의 모친 카르멘 아브릴이 경찰서에 도착했다. 필립은 바로 나가지 않고 일부러 기다리게 했다. 우선적으로 처리해야 할 일이 많다고 이유를 댔지만 사실은 만신창이가 된 시신과 몇 시간 전에 많은 남자들의 뜨거운 시선을 받았던 젊은 육체가 눈앞에 겹쳐 혼란스러웠다. 더욱이 딸을 잃은 엄마와 얘기할 생각을 하니 두려움이 앞섰다.

카르멘 아브릴이 들어왔다. 강철 금고….

필립 형사가 받은 첫인상이었다.

흡사 온몸을 자물쇠로 채운 것만 같았다. 스웨이드 재킷에 달린 금속 단추로 단단히 여민 퉁퉁한 몸, 워커화 끈으로 졸라맨 굵은 다리, 금속 체인이 달린 안경다리, 금속 고리로 꽉 닫은 가죽가방.

필립은 이 여자의 재킷 속에 열쇠가 매달려 있지 않을까 상상했다.

강철 같은 마음의 문을 여는 열쇠. 절대 잃어버려서는 안 될 열쇠. 오늘 아침 우물 속으로 던져버린 열쇠….

같이 온 남자는 삶의 무게를 온몸에 짊어진 사람처럼 보였다. 긴 얼굴에 턱은 뾰족했고, 기다란 두 팔은 고무처럼 축 늘어져 있었다.

형사는 어울리지 않는 한 쌍이라고 생각하며 의자를 권했다.

"모르간 아브릴 양의 부모 되십니까?"

"질베르는 모르간의 외삼촌이에요. 함께 왔어요." 강철 금고가 말했다.

"남편분은 안 오셨나요?"

"모르간은 아버지가 없어요."

"남편분께서…."

돌아가셨어요? 사망했어요? 이 세상 사람이 아닌가요? 어떤 단어를 사용해야 할지 몰라 머뭇거리는데 아브릴 부인이 다시 말했다.

"모르간은 아버지가 없어요."

"그러니까…."

이번에도 적절한 말이 떠오르지 않아 말끝을 흐렸다.

"25년 동안 뇌프샤텔에서 혼자 민박을 운영했고 아이들도 혼자 키웠어요."

그녀가 남동생 쪽으로 몸을 돌렸다.

"오늘은 동생에게 같이 와달라고 부탁했지만 평소에는…."

이번에는 필립 형사가 말을 거들었다.

"힘든 일을 혼자 견뎌내셨다는 말씀이죠? 알겠습니다."

빈말이 아니었다. 카르멘은 비바람에도 끄떡없을 바위처럼 보였다. 몇 마디 나눠보지 않아도 금방 알 수 있었다. 나중에 조사를 했을 때도 마찬가지였다. 뇌프샤텔에서 그녀를 모르는 사람은 없었다. 이삭 세 개의 인증마크를 받은 유명한 민박을 운영 중이고 브레의 지역개발협회 부회장과 관광문화위원회 위원 직함을 가지고 있다. 15년 전에는 시의원을 지내기도 했다. 강하고 활동적이고 의지가 굳센 여자였다. 그런 그녀의 인생에 남자는 없었다.

유제품 운반용 냉동트럭을 운전하는 남동생 질베르 아브릴은 디에프와 뉴헤이븐을 오가는 페리선에서 인생의 절반을 보내고 있다.

형사가 피해자의 엄마를 멀거니 쳐다보았다. 재킷의 단추들은 옛 성벽의 화살구멍처럼 한 줄로 늘어서 있었다.

"따님의 아버지에 대해서 말씀해주시겠어요?"

카르멘은 이해할 수 없다는 듯 미간을 찌푸렸다.

"또요? 모르간은 아버지가 없어요."

"혼자 키우셨어도 생물학적인 아버지는 있을 것 아닙니까?"

"인공수정으로 아이들을 낳았어요."

필립은 잠시 생각에 잠겼다. 인공수정은 결혼한 부부나 적어도 2년 이상 사실혼 관계에 있는 커플에게만 가능하다.

"인공수정은 커플들만 할 수 있지 않나요?"

"벨기에에서는 그렇지 않아요!"

세상에! 혼자 두 아이를 만들다니…. 다른 상황이었다면 매우 이기적인 행동이라고 말했을 것이다. 자신으로 말하자면, 넉 달 전부터 매일 밤 세 시간마다 일어나 딸 롤라에게 분유를 먹이고 있다. 벌거벗은 상체에 작고 여린 몸의 온기가 전해지면 마음이 녹아내렸고, 배우자인 사라가 수유하기 싫다고 말할 때마다 하늘에 감사했다.

아브릴 부인이 안경을 벗어들고 화장지로 닦았다. 안경알에 물기가 서린 모양이다. 눈물일까? 사실, 이 사람의 사생활과 양육방식은 이번 사건과 아무런 관련이 없다. 피해자 엄마의 심리상태는 수사만 복잡하게 할 뿐이다.

"따님에 대해 몇 가지 물어보겠습니다. 사적인 질문도 해야 합니다."

형사는 문득 자신이 너무 어리다는 생각이 들었다. 경찰후보생 막심 바롱보다 나을 게 없었다. 앞에 있는 부인보다 스무 살이나 어렸고 겨우 몇 달 전에야 부모가 되는 기쁨을 알았다.

"그러세요."

"19세 모르간 양이 클럽에 간 건 어젯밤이 처음이었어요. 다수의 사람이 증언한 바에 따르면, 따님은 어젯밤에… 그게…."

형사는 의미의 무게를 덜어줄 적당한 말을 찾았다.

"어… 저기… 도발적이었다고 그러던데…."

"네? 도발적… 이라뇨?"

부인이 쥐고 있던 핸드백이 불에 달궈진 쇳조각처럼 구겨졌다. 몸이 천천히 부풀어올랐다. 그러나 무쇠빗장은 끊어지지 않고 잘 버텨냈다. 안경다리에 달린 체인이 성벽처럼 견고한 두꺼운 안경알을 간신히 지탱하는 듯했다. 다만 극심한 고통이 축축한 동공 뒤편에서 그녀를 무너뜨리고 있었다.

필립 형사가 조심스럽게 말을 이었다.

"유혹적이었다고요. 너무 예뻐서 남자들의 시선을 한 몸에 받았다더군요. 물론 시선만 끈 건 아니겠죠. 따님도 그 사실을 잘 알았어요. 어머님이나 저처럼요."

자물쇠가 끊어졌다. 트럭 운전사가 비쩍 마른 손을 누나의 어깨에 얹었다. 그녀가 몸을 들썩였다.

"무슨 뜻이에요? 내 딸이 그런 짓을 당해도 싸다는 말인가요? 내 딸은 살해됐어요! 강간당하고 목이 졸려 숨진 채 절벽 꼭대기에서 쓰레기처럼 내던져졌어요. 그런데 지금 나한테 내 딸이 꼬리나 치고 다녔다고 말하는 건가요?"

필립은 딸 롤라를 생각했다. 4개월밖에 안 됐지만 미치도록 사랑스럽다. 롤라 역시 도발적이다. 물론 4개월 아이답게….

"저는 어머님 편이에요. 함께 따님의 살인자를 잡아야죠. 1분 1초가 중요해요. 따님은 잔혹한 범죄의 희생잡니다. 하지만 살인자를 잡으려면 어떤 증언이라도 들어야 해요."

"내 딸이 그런 짓을 당해도 싸다고 한 자들의 증언을요?"

형사가 자리에서 일어났다.

"지금은 두 가지 가능성밖에 없습니다. 하나는 사이코패스가 범인인 경우예요. 카지노 주차장이나 가로등 불빛이 비치는 해변에서 따님을 보고 우발적으로 범행을 저질렀다면, 범인을 잡을 확률은 희박합니다. 목격자가 없으니까요. 두 번째는 범인을 어젯밤 클럽에서 만난 경우입니다. 같이 춤을 추고 대화도 나눈 후, 두 사람은 함께 밖으로 나가죠. 따님 본인의 의지로요. 따님은 괴물 같은 범인에게 걸린 피해잡니다.

만일 두 번째 경우라면 용의자 수는 확연히 줄어들어요."

카르멘은 아무 말도 하지 않았다. 가죽가방을 열어 다시 휴지를 꺼냈지만 눈물을 닦기 위해 손을 올릴 힘도 없어 보였다. 필립은 증인들의 일치된 증언을 다시 생각했다.

참나무 기둥에 몸을 밀착시킨 채 허리를 뒤로 꺾는 선정적인 춤사위. 흐트러진 옷 사이로 보이는 팬티와 가슴. 클럽에서 가장 예쁜 여자. 그러나 차마 그런 말을 들려줄 수는 없었다. 적어도 지금 이 자리에서 할 말은 아니었다. 형사가 몸을 돌렸다.

"더 확실하게 말씀드릴게요. 따님의 지인들은 한결같이 따님이 공부도 잘 하고 영리하고 얌전한 모범생이었다고 하더군요. 록페스티벌에 간 건 1년 동안 열심히 공부한 것에 대한 보상이었고요. 따님이 이 페스티벌에 특별히 의미를 둔 거 같지 않으세요? 혹시… 첫 경험을 기대하고…."

카르멘이 형사를 죽일 듯 노려봤다.

"무슨 짓을 해서라도 처녀성을 잃고 싶어 했다는 뜻인가요? 말 돌리지 말고 확실하게 말하세요. 아무나 처음 걸리는 남자에게 몸을 줬다는 거예요?"

필립은 고개를 끄덕이고 보충설명을 했다.

"그러다가 나쁜 놈에게 걸려든 거죠…. 합의하에 모르는 남자를 따라갔다면 범인을 식별하기 쉬울 겁니다."

분노한 괴물이 단단히 잠근 상의 밑에서 폭발하기 직전이었다. 형사는 진지하고 부드러운 말이 괴물을 달랠 수 있으리라 생각했다.

"따님은 미인이에요. 아주 아름다운 아가씨죠. 그날 밤, 클럽에서 가장 눈에 띄었을 거예요. 제 얘기를 끝까지 들어주세요. 중요한 거니까.

마음에 드는 사람을 고르기만 하면 어떤 남자든 넘어왔을 거예요. 만약 모르간 양이 상대를 골랐다면 범인을 찾는 건 어렵지 않아요."

카르멘이 벌떡 일어섰다. 간신히 억제했던 분노가 터져나왔다.

"살인자를 골랐다고요? 내가 제대로 들은 건가요? 살인자를 선택했다니! 내 말 잘 들으세요! 내 딸은 합의를 한 게 아니라 강간을 당하고 목이 졸려 죽은 개처럼 버려졌다고요!"

필립 그리마는 롤라의 작고 따뜻한 몸을 생각했다. 열아홉 해 동안 기른 딸을 하루아침에 잃는다면….

그는 당연히 그 심정을 이해했다.

"저는 범인을 어서 빨리 잡고 싶을 뿐이에요."

남동생이 긴 팔을 뻗어 누나의 소매를 잡아끌었다. 그러나 카르멘은 남동생의 손을 뿌리치고 이글거리는 눈으로 필립을 노려봤다.

"당신은 무능한 애송이일 뿐이야!"

부검은 다음 날 시행됐다.

이미 밝혀진 사항들을 확인하는 차원이었다. 모르간 아브릴은 새벽 5시에서 6시 사이에 강간을 당했고 목이 졸려 피살된 후 이포르 절벽에서 던져졌다. 전문가들은 절벽 밑으로 떨어지기 전에 이미 사망했다고 확신했다. 모르간의 체내에서 체액이 검출됐다. 사건의 시간적인 흐름을 볼 때 강간범의 것이 분명했다. 범인을 밝힐 수 있는 중요한 단서였다.

필립 형사에게는 좋은 소식이었다. 록페스티벌과 시뷰 클럽에 있었던 남자들과 이포르에 사는 성인 남자들의 DNA만 확인하면 되니까. 언론은 1996년 브르타뉴에서 발생한 영국 여대생 캐롤라인 디킨슨의 강간사건과 유사하다고 보도했다. 플렌 푸제르 마을에 사는 남자들 모두 자신의 정액을 경찰에 제출했다. 그들뿐 아니라 브르타뉴 지방과 그 주변 지역에 등록된 성범죄자를 포함해 3,500여명의 용의자들도 검사를 받았다. 그런데 8년 후, 노르망디 지방에서 그 같은 대대적인 작업을 승인할 용감한 판사가 있을까?

부검에서 두 가지 정보가 추가로 밝혀졌다. 놀랄 만한 사실이었다. 그리고 두 정보 모두 필립의 추론에 힘을 실어주었다.

하나는 모르간 아브릴이 바다에서 알몸으로 수영을 했다는 사실이다. 검시관들은 요오드와 소금의 흔적으로 미루어볼 때, 해수욕이 확실하다고 결론 내렸다. 수영을 한 후에 옷을 입었고 그후 성폭행을 당했다. 필립은 보고서를 읽다가 페캉 항구로 시선을 돌렸다. 이 정보는 그가 맞추고자 하는 퍼즐의 한 조각이 되었다. 모르간은 시뮤 클럽에서 만난 남자를 따라간다. 새롭게 추가된 사실에 의하면 두 사람은 한밤중에 사람들의 눈을 피해 나체로 수영을 한다. 비극은 다음에 일어난다. 모르간이 수영을 마치고 옷을 챙겨 입은 다음, 여기서 그만두자고 남자에게 말하며 뒤돌아선다. 그 순간 남자는 이성을 잃는다.

두 번째 단서는 더 이상했다. 강간범이 모르간 아브릴을 교살할 때 사용한 것은 손이 아닌 스카프였다. 부검에서 밝혀진 정확한 정보에 따르면 목에서 채취한 섬유는 붉은색 계열의 캐시미어였다. 뛰어난 품질의 최고급 제품.

425유로.

빨간 버버리 스카프.

필립 형사는 휘파람을 불었다.

범인을 특정할 수 있는 단서다. 이포르 젊은이 중에 고급 스카프를 두를 수 있는 사람이 과연 얼마나 될까?

타이핑한 서류, 신문기사, 경찰 보고서…. 필립 그리마 형사과장의 서명이 있는 수사기록을 다시 읽었다.

> 2004년 6월, 범인은 19세 여성을 성폭행 후 목 졸라 살해하고 절벽에서 내던졌다. 피해자는 바다에서 알몸으로 수영했다. 그후 범인이 버버리 캐시미어 스카프로 목을 졸라 살해한 것으로 추정된다.

방이 빙글빙글 돌았다. 테이블 위의 노트북이 눈에 들어왔다.

여전히 정신을 못 차린 상태로 몇 가지 키워드를 넣고 검색했다.

모르간 아브릴. 강간살인. 이포르.

구글은 1분도 안 되어 답을 쏟아냈다. 모르간 아브릴 사건과 관련한 수십여 개의 기사가 떴다. 대충 훑은 기사들은 방금 읽은 우편물의 내용과 정확히 일치했다.

일어서서 창가로 갔다. 창밖에 보이는 절벽이 조롱하는 것만 같았다. 양들은 아무 일도 없었다는 듯 조용히 요새 주위를 돌았다. 혹여 내가 몇 시간 전이 아닌 10년 전의 일을 꿈속에서 본 걸까?

미칠 것 같았다.

다시 봉투를 집어들고 우체국 소인을 보았다.

페캉

17시 43분

2014년 2월 18일

프랑스

페캉에서 어제 발송한 우편물이다! 이튿날 내가 절벽에서 떨어져 죽을 여자와 마주치리란 걸 이미 알고 있었다는 건가? 그 여자가 10년 전에 살해당한 여자와 거의 같은 방식으로 죽는다는 걸 알았다고? 물론 오늘 죽은 여자는 모르간 아브릴과는 달리 자신의 의지로 절벽에서 뛰어내렸다. 하여튼.

미치겠군! 말이 안 되잖아!

그걸 누가 예상했다는 거야? 어떻게, 왜?

침대로 시선을 돌렸다. 반듯하게 펴진 침구, 하늘색 벽지에 기대어 얌전히 놓인 베개.

아니, 이건 꿈이 아니다! 절대로! 알람시계의 밝은 녹색 숫자판이 오후 12시 53분을 가리켰다.

페캉 경찰서에 가려면 1시 15분 버스를 타야 한다.

버버리 캐시미어 스카프로 목을 졸라 살해?

계단 세 개를 올라가 페캉 경찰서 안으로 들어갔다. 안내데스크에 앉은 여순경이 승무원처럼 환한 미소를 지었다.

"피로즈 형사님을 뵈러 왔는데요."

"오른쪽 끝 사무실입니다. 문에 이름이 표시되어 있어요. 쉽게 찾으실 거예요."

여순경의 목소리는 신화 속 세이렌처럼 매혹적이었다. 목소리에 홀린 동네 양아치들이 경찰의 그물망으로 저절로 끌려올 거라는 생각마저 들었다.

경찰서 로비에는 서류 더미 때문에 금방이라도 무너질 듯한 철제선반과 복사기가 놓여 있고, 벽에는 '당신도 경찰이 될 수 있다'는 문구가 인쇄된 경찰홍보포스터가 붙어 있다.

복도 벽을 따라 한 줄로 늘어선 의자들을 보며 피로즈 형사의 사무실로 향했다.

20미터쯤 앞에 뽕쟁이가 보였다. 그는 아침에 입었던 갈색 가죽잠바 차림으로 의자에 앉아 있었다. 다가가 옆에 앉자 그가 웃음으로 인사를 대신했다.

"드니즈 할머니는 일찌감치 강아지 아놀드를 데리고 와서 벌써 면담 중이에요. 이제 내 차렙니다."

나도 미소로 답했다. 그리고 서로 입을 다물었다. 저 사람 이름이 뭐였더라? 나는 가죽잠바의 이름을 떠올리려고 이마를 찌푸렸다. 아침에 분명히 들었는데…. 잠시 후 생각났다. 크리스티앙 르메데프. 아, 맞아. 그 이름이었어.

우리는 마냥 기다렸다. 낮은 탁자와 잡지 몇 권만 있으면 좋으련만…. 아이폰으로 인터넷을 검색해보고 싶어 좀이 쑤셨다. 모르간 아브릴 사건에 대해 더 알고 싶었다. 누가 호텔로 우편물을 보냈는지 모르지만 경찰이 오늘 일어난 사건과 10년 전 사건의 공통점을 찾으리란 건 분명했다.

빨간 스카프 살인범이 10년 만에 다시 돌아왔다.

뽕쟁이는 짜증이 났는지 손목시계를 자주 들여다봤다. 경찰들이 빠른 걸음으로 복도를 오갔다. 복도 한쪽의 커피자판기 앞에 한 여자가 등을 보이고 서 있었다. 남자들만 있는 곳이라 한눈에 들어왔다. 여자는 동전이 먹히지 않고 도로 나오는지 신경질을 냈다. 달라붙은 스키니진은 둥글고 예쁜 엉덩이의 윤곽을 고스란히 드러냈고 하나로 묶은 빨강머리는 목 뒤에서 찰랑거렸다. 눈길이 자꾸 여자에게 쏠렸다. 얼굴이 궁금해서 뒤를 돌아볼 때까지 계속 쳐다봤다.

실패! 여자가 돌아보기 전에 피로즈 형사의 사무실 문이 열렸다. 할머니가 빨간색과 파란색의 니트 옷을 입힌 아놀드를 안고 나왔다. 옷을 갈아입은 증인은 아놀드가 유일하다. 피로즈 형사가 따라 나왔다.

"르메데프 씨! 들어오세요."

피로즈 형사는 뽕쟁이가 들어가자 사무실 문을 닫았다. 할머니는 꼭 껴안은 아놀드를 어루만지며 파란 눈으로 나를 보았다.

"15분 정도는 기다려야 할걸? 질문이 많더라고. 보지도 않은 것까지 물어본다니까."

주름진 손이 시추의 긴 털을 연신 쓰다듬었다. 강아지는 오줌이 마려운지 쉬지 않고 발을 떨어댔다.

할머니가 천천히 내게 몸을 기울이며 사무실을 오가는 경찰들의 눈치를 살폈다.

"총각, 미안해. 사실을 말할 수밖에 없었어."

사실?

어리둥절했다.

"무슨 사실이요?"

할머니가 몸을 더 기울였다.

"아침에 한 말 기억나? 총각이 경찰에게 그랬잖아. 여자가 절벽에서 떨어지는 것을 봤다고. 우리 셋이 모두 말이지. 그 부분에 대해 하도 꼬치꼬치 물어보기에 사실대로 말할 수밖에 없었어."

경찰 한 명이 우리 앞을 지나갔다. 할머니는 아놀드의 옷을 만지작거리다가 나직한 소리로 다시 말을 이었다.

"나는 여자가 뛰어내리는 건 못 봤어. 떨어지는 것만 봤지. 그건 확실하다고. 지금 경찰 방에 들어간 사람도 그랬을걸? 난 정말 못 봤거든.

우리가 있던 곳에선 절벽 위에서 무슨 일이 벌어지는지 보이지 않아. 형사도 그걸 잘 알더라고."

드니즈 할머니는 내 눈치를 계속 살폈다. 마치 게슈타포에 유대인을 고발하고 나서 겉으로만 미안한 척하며 내 할 일을 했을 뿐이라고 강변하는 것 같았다.

"뭔 소린지 알지? 달리 방법이 없잖아."

나는 유순한 아이처럼 대답했다.

"물론이죠. 걱정 마세요. 조사는 금방 끝날 거예요. 자살한 거니까."

할머니는 몸을 바로 하고 미심쩍은 눈길로 나를 훑어봤다. 이렇게 순진한 사람을 봤나 하는 눈초리였다. 이윽고 할머니는 강아지를 땅에 내려놓고 입구를 향해 걸어갔다. 강아지가 뒤따랐다.

뻣뻣해진 다리를 폈다. 머리가 복잡했다.

자판기 앞에 있던 빨강머리는 마침내 성공한 모양이다. 뒤돌아선 여자의 얼굴에 희색이 가득했다. 짧은 순간 눈이 마주쳤다. 그녀는 내 무릎 밑까지 시선을 내리지 않았다. 드문 일이다. 남자의 시선이 여자 가슴까지 내려오지 않는 것만큼이나.

그녀는 종이컵을 들고 동그란 엉덩이를 흔들며 내 앞을 지나 복도 모퉁이로 사라졌다. 주근깨가 뿌려진 귀여운 얼굴. 팡팡 튀기는 반항적인 매력에 경찰들도 꽤나 마음이 설레지 않을까?

"살라우이 씨?"

들어간 지 20분 후에 뽕쟁이가 나왔다. 우리는 말없이 문 앞에서 지나쳤다. 사무실 안으로 들어갔다.

"앉아요."

나는 얌전히 자리에 앉았다. 돛이 세 개 달린 거대한 범선 모형이 책상 위에서 위용을 자랑했다. 피로즈 형사가 우쭐댔다.

"멋지지 않소? 이건 '크리스마스의 별'호를 완벽하게 재현한 겁니다! 1920년에 건조한 쌍돛대 범선이죠. 이차대전 이전에 페캉에서 캐나다 뉴펀들랜드로 떠난 마지막 대구잡이 어선이라오. 우리 증조할아버지가 탔던 뱁니다! 정말 대단하죠?"

형사가 직접 만들었을까?

나는 얼빠진 표정으로 모형을 보았다. 학교 구내식당에서 일하던 엄마가 직장에서 받아온 크리스마스 선물이 떠올랐다. 바닥에 놓고 엄지와 검지로 잡아 뒤로 당겼다 놓으면 앞으로 달리는 오토바이. 얼마나 근사하던지! 나는 오토바이의 매력에 푹 빠졌고, 열두 살에 이미 사촌형의 야마하 오토바이도 수리할 만한 실력을 갖추었다.

"300시간이나 걸렸어요! 이걸 보고 해양박물관에서 다른 걸 만들어달라고 하지 뭡니까. 페캉의 마지막 트롤선인 돌고래호를 제작해달라나! 돌고래호는 페캉 주민들의 눈물이 녹아 있는 배거든요. 하지만 내년에 은퇴한 후에나 가능하니, 원…. 1년도 안 남았으니 그쪽에서 기다려줄 법하지 않소?"

딱히 할 말이 없어 고개만 끄덕였다. 형사가 손으로 뒤통수를 문질렀다.

"하긴 뭐, 내 모형 배에 관심이 있을 리 없지. 늙다리 형사가 내뱉는 바보 같은 말에 신경 쓰지 말아요."

나는 대답하지 않고 다음 말을 기다렸다. 실없는 소리를 지껄이는 것 같아도 분명 만만한 사람은 아니다. 원양어선 모형 뒤에 서류들이 쌓여 있었다. 맨 위쪽 녹색 서류철 표지에 적힌 제목을 흘끔거렸지만 잘 보이지 않았다. 형사가 이마를 찡그리며 돌연 화제를 바꿨다.

"자살이 아니에요. 살라우이 씨."

느닷없이 날아온 한 방…. 허를 찌르듯 완벽한 타이밍이었다. 그가 숨 쉴 틈도 없이 계속 몰아붙였다.

"피해자의 신원을 확인했지."

형사는 서류철을 열어 신분증 사본을 내밀었다.

"자, 봐요. 비밀도 아니니까."

신분증의 앞면과 뒷면을 복사한 종이로 내 눈이 쏠렸다.

마갈리 베롱

출생지 : 퀘벡, 샤를부르

생년월일 : 1995년 5월 10일

신장 : 173센티미터

특이사항 : 없음

나는 재빨리 정보들을 머릿속에 입력했다.

"모르는 사람이에요."

피로즈는 내 말에 아랑곳하지 않고 서류로 눈을 돌렸다.

"대형 제약회사 르아브르 지사의 인턴입니다. 어제 페캉과 크리크토에서 십여 명의 의사들을 만났더군요. 수첩의 일정을 보면 만나야 할 의사가 더 있었죠. 아마 이포르나 그 근처에서 묵었을 텐데 어떤 호텔에도 숙박기록이 없어요."

형사는 다음 장을 넘긴 후 고개를 들어 내 표정을 살폈다.

"하지만 마갈리 베롱의 오늘 아침 행적은 명확해요. 새벽 5시쯤 바다에서 수영을 했고, 그후 한 시간이 채 지나기도 전에 성폭행을 당했고…. 검시관이 확인한 사실이죠. 질에서 정액이 검출됐으니까. 온몸에 멍이 들고 옷은 찢어지고. 하지만 팬티는 발견되지 않았어요. 보라색 브래지어와 세트가 아닐까 추정하고 있죠. 계속 수색 중입니다. 핸드백도 아직 찾지 못했고."

그의 말이 하나씩 머리로 날아와 부딪쳤다.

물론 형사 역시 10년 전에 일어난 모르간 아브릴 사건을 알고 있을 것이다. 두 사건은 너무나 흡사했다. 성폭행, 숨진 장소, 시간, 피해자의 나이, 해수욕, 사라진 팬티….

단지 죽음의 방식만 다르다.

나는 아브릴 사건에 대해 말하려고 목청을 가다듬었다. 형사가 손을 흔들며 내 말을 가로막았다.

"마갈리 베롱은 성폭행당한 후에 목이 졸려 피살됐어요." 형사는 이 말을 하고 잠시 입을 다물었다. "시신 목에 있던 스카프… 기억나죠? 붉은색 캐시미어 스카프. 나는 그게 버버리 브랜드라는 걸 오늘에야 알았지. 가격이 어마어마하더구먼. 가격을 말해도 믿지 못할걸?"

믿지 못할걸?

피로즈 형사는 손가락에 침을 묻혀 범선 모형의 먼지를 닦아냈다.

나는 되묻지 않았다.

검시관들의 분석결과가 확실하냐고, 마갈리 베롱이 절벽에서 떨어지기 전에 빨간 스카프로 목이 졸렸다는 게 분명하냐고 묻지 않았다.

괜한 질문에 의심만 살까 봐 입을 다물었다. 대신 오늘 아침에 있었던 일을 하나하나 빠짐없이 떠올렸다. 절벽 산책로 철조망에 걸려 있던 빨간 버버리 스카프. 주저하며 스카프를 풀던 나. 여자에게 스카프를 던지던 순간. 스카프를 붙잡은 여자의 손. 그리고 120미터 절벽 아래로 뛰어내린 여자. 스카프를 목에 휘감고….

어서 말해!

마음 깊은 곳에서 낯익은 목소리가 속삭였다.

어서 스카프 얘기를 해! 형사에게 말하라고! 스카프에는 강간범의 흔적뿐 아니라 네 흔적도 남아 있어. 곧 경찰도 알게 될 거야.

"피로즈 형사님…."

침을 꿀꺽 삼켰다.

뭐라고 할 건데?

마갈리 베롱이 절벽에서 떨어지면서 스카프를 목에 둘렀다고? 스카프를 마지막으로 만진 사람이 나라고? 그러면 내가 성폭행범, 살인범이 되는 건데? 아니라고 증명할 수 있어?

"네에?"

형사의 이마에 뇌전도 같은 곡선이 그려졌다. 차가운 눈이 내 입에서 나올 말을 기다렸다.

"제가…."

결정을 내릴 수 없었다. 입이 떼어지지 않았다. 입을 다물 수많은 이유들이 맴돌았다. 피로즈는 시신의 몸속에서 정액을 검출했다. 그의 말에 따르면 온몸에 멍이 들었다고 했다. DNA 검사결과는 일주일도 안 걸린다. 10년 전 모르간 아브릴을 죽였던 살해범의 DNA와 다르다는 사실이 밝혀져서 내 무죄가 입증될 것이다. 그때 내가 본 것을 말해도 늦지 않는다.

그래서 방향을 선회하기로 결심을 했다. 차라리 선제공격을 해서 적을 교란하자.

"한 가지 물어볼 것이 있어요. 이 사건이 모르간 아브릴 사건과 거의 똑같다고 생각하지 않아요? 2004년 6월 이포르에서 일어났던 사건 말이에요. 그 사건 아시죠?"

피로즈 형사는 역습을 당했다. 이렇게 빨리 10년 전 애기가 나오리라곤 예상하지 못한 모양이다. 하지만 형사도 가만있지 않았다.

"살라우이 씨도 그 사건을 아시오?"

"10년이 지났는데도 이포르 사람들이 그 얘기를 하더군요! 우연이라고 하기에는 너무 비슷하지 않나요, 형사님? 성폭행, 해수욕, 찢어진 빨간 원피스…"

나는 더 열거하지 않고 거기서 멈췄다. 형사가 내 눈을 똑바로 보았다.

"빨간 캐시미어 스카프. 두 사건에서 공통적으로 사용된 도구지. 살라우이 씨, 우리도 모르간 아브릴 사건을 염두에 두고 조사를 하고 있어요. 걱정 말아요. 하지만 그건 아시다시피 10년 전 사건이잖소? 그래서 지금 당장은 마갈리 베롱의 살인사건에 집중하고 있죠." 피로즈 형사가 말했다.

형사는 내게 생각할 시간을 주기라도 하듯 서류를 넘겼다. 나는 바로 말을 이었다.

"마갈리 베롱을 절벽에서 봤을 때는 살아 있었어요. 내가 갑자기 나타나는 바람에 범인이 그 여자를 죽이지 못했을 거예요."

형사가 오랫동안 나를 쳐다보았다. 화살표처럼 아래를 향한 이마의 주름이 손에 쥔 의료기록을 가리켰다.

"검시관들은 다르게 생각하던데. 범인이 마갈리 베롱을 질식시켜 죽인 후에 절벽 아래로 던졌다고 보고 있거든."

피로즈 형사는 살짝 미소를 짓고는 말을 이었다.

"하지만 미심쩍은 부분이 없지 않아요. 질식사든 추락사든, 두 사인은 거의 몇 분 차이에 불과하니까. 나중에 다시 이야기할 기회가 있을 겁니다. 검시관들의 조사가 끝난 게 아니니까. 우리도 마찬가지고. 가능한 한 마갈리 베롱 사건에 관한 구체적인 정황이 필요해요. 오늘 아침 만났을 때 어땠소?"

정확한 장소, 찢어진 옷, 마갈리가 했던 말…. 형사는 내가 한 말은 아무리 사소한 것이라도 빼놓지 않고 꼼꼼히 받아 적었다.

가까이 오지 말아요.

한 발짝이라도 움직이면 뛰어내릴 거예요.

상관 말아요. 가세요! 어서요!

나는 마갈리의 시선과 행동을 자세히 얘기했고, 피로스 형사는 전부 기록했다.

"흐음, 좋아요."

형사는 몸을 숙여 검지 끝으로 범선 모형 안에 있는 5밀리미터 크기의 항해사 위치를 수정했다.

"그러면 지금부터는 살라우이 씨에 대해 얘기해봅시다."

형사가 서류철에서 종이 한 장을 꺼내들었다. 익숙한 로고가 눈에 들어왔다.

생탕투안 청소년치료센터의 로고.

빌어먹을!

"정신병원에서 일하시나?"

"정신병원이 아니라 치료센터예요. 정신 나간 애들이 아니라 성격장애나 행동장애를 겪는 아이들을 치료하고 교육하는 곳이죠."

"교사?"

"아뇨."

"그럼 치료사?"

"관리업무를 맡고 있어요. 차, 문손잡이, 수도꼭지 같은 시설물이 고장 나면 제가 고칩니다. 시설물의 보수와 유지를 책임지고 있죠. 250평 건물과 그보다 세 배는 넓은 정원, 여섯 대의 봉고차가 있는 주차장이 제 담당이에요."

형사는 펜을 멈췄다. 이런 정보에는 관심이 없어 보였다.

"그곳에 오래 있었소?"

그는 '오래 일했느냐'고 묻지 않고 '오래 있었느냐'고 물었다. 나는 그 질문이 암시하는 바를 즉각 깨달았다. 숨바꼭질을 더는 하고 싶지 않았다. 뻣뻣해진 다리가 신경질적으로 사무실 바닥을 득득 긁어댔다.

"확실히 할 것이 있어요, 형사님. 저는 생탕투안 청소년치료센터에서 어린 시절을 보내지 않았어요. 열여덟 살이 되어 퇴소를 시키면서도 사람 구실을 할 수 있을지 미심쩍어 하는 미친놈이 아니라고요. 주택관리사 자격증도 있을 뿐더러 이곳에선 6년 전부터 근무하고 있어요."

피로즈 형사는 배의 먼지를 털려는 듯 입김을 불다가 부풀어오르는 돛을 힐끗 보고 다시 수첩으로 돌아왔다.

"좋아요! 장애인의무고용제도를 통해 2008년도에 고용된 건 압니다. 센터에서 관련 자료를 받았어요."

이 새끼가 날 조사했군. 형사의 태도를 봤을 때 내 프로필 중에서 유일하게 신경 쓴 부분은 형광펜으로 줄을 친 다음 사항이 틀림없었다.

> 자말 살라우이
>
> 아랍인, 장애인, 정신병원 근무….
>
> 강간범의 전형적인 프로필

날마다 나를 괴롭히는 고문자 명단에 사악한 신, 악질 교사, 변태 상사뿐 아니라 어용 경찰도 추가해야 한다.

형사는 포기할 줄 몰랐다.

"오늘 아침부터 정신없이 바빴지만 그 와중에도 살라우이 씨의 직속 상관 제롬 피넬리 씨와 통화를 했지."

"지금 휴가 중인데요?"

피로즈가 처음으로 누런 이를 드러내며 씩 웃었다.

"쿠르슈벨에 계시더구먼. 스키를 타려던 중이라던데. 그 사람이 확인해줬어요."

그 작자가 뭘 확인해줬다는 거야?

이번에는 내가 그를 쏘아보았다.

"살라우이 씨의 신원과 직장에서 하는 일과 전과기록이 없다는 건 확인했어요. 물론 전과가 있었다면 청소년치료센터에서 일할 수 없겠지. 그런데…."

문득, 갑판에 멍하니 서 있는 인형들을 손가락으로 튕겨내고 싶었다.

"그런데 뭐죠?"

"피넬리 씨가 몇 가지 의혹을 얘기하던데…."

그 개자식이 또 무슨 말을 꾸며냈지?

"의혹이요?"

"오펠리 파로디 말이죠. 18개월 전부터 생탕투안 센터에 다니는 열여섯 살 여학생…."

개자식! 냄새나는 발에 스키화를 신고 고약한 얼굴에 고글이나 낀 주제에 내 험담을 해?

피넬리와 피로즈는 죽이 척척 맞았을 것이다.

"그 사람 말로는 살라우이 씨가 오펠리와 아주 친하다던데. 심리상담가들조차 둘이 너무 가까운 건 문제가 있다고 생각해서 여러 번 주의를 주었고…."

인형들만 손가락으로 튕길 게 아니라 모형 배의 돛대 세 개를 손바닥으로 뭉개버리고 피로즈의 낯짝이 어떻게 변하는지 보고 싶었다.

하지만 놀랍게도 나는 전혀 흥분하지 않았다. 어쩌면 마음을 다독여주는 오펠리의 얼굴이 떠올랐기 때문일 수도 있다.

"피넬리 부장의 말은 제삼자에게 확인할 필요가 있어요. 직장상사가 아랫사람을 항상 정확하게 평가하는 건 아니니까요. 제 동료들은 피넬리 부장과 다르게 말할 겁니다. 그건 그렇고… 제 직장과 마갈리 베롱의 죽음이 무슨 관계가 있다는 거죠? 제가 용의잔가요? 그렇다면 확실히 말해주세요. 죄목이 뭐죠? 제가 여자를 절벽으로 밀었습니까? 성폭행했습니까?"

형사는 천천히 머리칼을 쓰다듬었다. 이 자식은 아까부터 내가 이런 식으로 반응하기를 기다린 게 분명했다. 그가 굼뜬 동작으로 녹색 서류철을 닫았다.

"흥분할 것 없어요, 살라우이 씨. 지금으로선 이번 사건의 중요한 증인일 뿐이니까. 유일하게 마갈리 베롱이 절벽에서 뛰어내리는 걸 보았고 마지막으로 말한 사람이잖소. 물론 전문가들은 자살이라고 보지 않지만…."

"지금으로선?"

"잘 생각해봐요. 지금까지 수집한 정보를 종합해보면 형사로서 취해야 할 조치는 당연히 당신을 체포하는 거 아니겠소?"

가슴이 덜컥 내려앉았다.

"잘 달리잖아요? 다리 하나로도 말이지. 서류에 나와 있어요. 만약 당신이 범인인데 내가 놓아준다면…."

그는 기선을 잡았다고 생각했는지 계속 밀어붙였다.

"내가 협박하는 것 같아요? 상황 파악부터 하는 게 좋을 겁니다. 위험 부담은 있지만 일단 당신을 풀어줄 거예요. 지문 감식결과가 나올 때까지 기다려보죠. 내일 오후 2시에 경찰서로 다시 오세요."

형사가 녹색 서류철을 들고 벌떡 일어섰다. 그리고 책상을 한 바퀴 휙 돌아 내 뒤에 섰다.

"어떻게 된 거요?"

"뭐가요?"

"살라우이 씨 다리."

형사의 눈빛이 마음에 들지 않았다.

책상 위로 종이 한 장이 날리더니 서류 더미에 떨어졌다. 호기심이 일었다. 흰 종이에는 여덟 개의 숫자가 기입된 네 칸짜리 표가 그려져 있었다.

2/2	3/0
0/3	1/1

숫자퍼즐일까? 스도쿠가 취미인가?

"대답 안 할 겁니까?"

나는 고개를 한껏 돌려 그를 쳐다보았다.

"실수였죠. 파리 5구에서 은행을 털고 나오다가 경찰한테 총을 맞았어요. 그때도 빨리 달렸지만 총알을 피할 정도는 아니었어요. 전과기록이 없는 건 사람들이 저를 못 알아봤기 때문이에요. 베티 부프 가면을 쓰고 있어서…."

형사의 얼굴이 변했다.

"지금 장난합니까?"

"특별한 사연이 없어서 지어낸 거예요."

형사는 어깨를 으쓱하더니 책상 앞으로 가서 서랍을 하나 열었다.

"이거 받아요. 베티 부프 말이 나왔으니 말인데…."

그는 오래된 〈플레이보이〉 잡지를 내 앞에 던졌다.

"옆방에 가서 시간 좀 보내다가 이 시험관에 채워 와요."

"정액이요?"

"그래요. 콧물 말고."

어이가 없었다.

"통상적인 절차인가요?"

"원하는 게 있어요? 도와주기라도 하리까?"

"거부하면요?"

형사가 한숨을 내쉬었다.

"거절한다고 뭔 이득이 있겠소? 마갈리 베롱의 질에서 채취한 정액이 당신 게 아니라면 더욱 협조해야지. 손도 좀 내밀어봐요. 손톱하고 머리카락도 잘라야 하니까."

〈플레이보이〉를 말아쥐었다. 형사 말이 맞았다. 나는 잘못한 게 없다. 나와 범인의 DNA를 비교하면 다 해결된다. 그러면 피로즈 형사와 피넬리 부장, 그리고 나를 모욕한 모든 자에게 본때를 보여줄 수 있다.

나는 그렇게 생각했다.

달리 어떻게 생각할 수 있을까?

정액, 머리카락, 손톱….

그중 어느 것도 자살한 여자와 접촉하지 않았다.

모르간 아브릴이 자살했다고 말했을 때, 나를 쳐다보던 드니즈의 눈이 생각났다. 나의 순진함에 황당해하던 눈….

노인의 말이 맞았다.

나는 순진했다.

범죄를 저지르지 않고, 나쁜 짓을 하지 않고, 잘못한 게 전혀 없어도 그것만으로 충분하지 않다. '아니 땐 굴뚝에 연기 날까'라며 의심한다. 내가 아무리 무죄를 주장해도 명백한 증거나 진실마저 외면한다. 그 모든 사실에도 불구하고….

하긴, 정신병원에서 일하는 아랍계 장애인이 하는 말과 경찰이나 전문가의 의견 중에 누구 말을 믿겠는가?

아니 땐 굴뚝에 연기 날까?

“5상팀은 뱉어내고 20상팀 동전은 그냥 먹어요. 다 해봤어요. 1유로 동전만 돼요. 잔돈은 안 나오지만.”

나는 자판기에 동전을 넣다가 포기하고 목소리의 주인공을 확인하기 위해 몸을 돌렸다.

“경찰은 전부 도둑이에요!” 그녀가 덧붙였다.

빨강머리 여자였다. 햄스터 같이 앙증맞은 얼굴이 웃고 있었다. 반짝이는 검은 눈동자, 살짝 들린 자그마한 코, 장밋빛 입술, 양 볼을 뒤덮은 주근깨….

나도 웃었다.

“맞아요.”

여자의 조언대로 1유로 동전을 넣고 블랙커피 버튼을 눌렀다. 그녀가 자기 컵을 내 앞으로 내밀었다. 컵을 살짝 부딪치고 건배했다.

"벌써 45분이나 기다렸어요! 그쪽은요?"

"전 끝났어요. 적어도 오늘 볼일은요. 하지만 분위기로 봐서는 회원권을 끊어야 할지도 몰라요."

여자는 작은 핑크빛 혀로 컵을 핥으며 호기심 어린 눈으로 나를 쳐다봤다.

"무슨 볼일로 오셨어요?"

나는 잠시 망설였다.

"목격자예요. 어떤 여자가 이포르 절벽에서 투신했는데 거기 있었거든요. 하지만 손쓸 새도 없이 여자가 몸을 던졌어요."

여자가 입술을 깨물었다. 햄스터 같은 눈망울이 흐려졌다.

"즐거운 소식은 아니군요. 왜… 왜 그랬는지 알아요?"

"모르죠. 경찰은 자살하기 전에 성폭행을 당했다고 하는데… 목도 졸렸고…."

"세상에…."

햄스터는 매우 놀랐다는 듯 손을 입으로 가져갔지만 곧바로 원래 표정으로 돌아와 농담을 던졌다.

"그쪽이 범인은 아니죠?"

나이스 샷! 여자의 유머감각이 마음에 들었다. 이부와 낄낄대던 그런 농담, 짓궂음과 블랙유머가 완벽하게 결합된 농담이었다.

"아닐걸요? 경찰이 내 정액을 가져갔으니 결과도 곧 나오겠죠."

여자는 옆 사무실 커튼 뒤에서 자위하는 남자를 상상하는 듯 잠시 아무 말도 하지 않았다. 그러더니 시선을 내려 내 다리 사이를 빤히 쳐다보았다. 그러나 무릎 밑의 금속 다리는 못 본 체했다.

멋진 여자였다. 그러나 내 장애가 그녀의 눈길을 끌었다는 건 확실했다. 남들과 다른 것, 평범하지 않은 걸 좋아하는 그런 여자다. 까만 구슬 두 개가 내 눈을 응시했다.

"그럼, 좋은 소식이네요! 그쪽이 강간범이라면, 적어도 몇 분 동안은 같이 있어도 걱정할 필요가 없겠어요. 사자는 이미 배를 채웠으니까."

손목시계를 들여다봤다. 그녀가 말을 이었다.

"하지만 경찰서 안에서 강간당하면 그것도 꽤 근사하겠는데요. 안 그래요?"

웃음이 터졌다. 그러나 아닌 척해도 살짝 불안해하는 모습이 엿보였다. 햄스터 아가씨가 작은 이빨로 플라스틱 컵 끝을 잘근잘근 씹었다. 나는 그녀가 쥐구멍으로 사라질까 봐 얼른 주제를 바꿨다.

"그쪽은요?"

"뭐가요?"

"왜 이 험한 경찰서에서 45분이나 기다리고 있어요?"

그녀는 몸을 비틀고 바지 뒷주머니에서 구겨진 종이를 꺼냈다.

"도장을 받아야 해요. 바닷가 자갈을 가져가도 된다고 허락하는 도장요."

"네?"

여자가 웃음을 터뜨렸다.

"이번에는 내가 그쪽을 놀라게 했네요!"

여자는 악수를 청하고 자신을 소개했다.

"모나 살리나스예요. 원래 나는 좀 재미없고 진지한 사람이에요. 화학공학 포스트닥터 과정에 있어요. '판시테크놀로지'라고 컴퓨터 전자부품을 생산하는 다국적기업에서 지원을 받고 있고요."

"자갈은 왜요?"

모나가 플라스틱 컵을 손으로 만지작거렸다. 강간범 얘기 때문인지 긴장한 것처럼 보이기도 했다.

"맞춰보세요."

컴퓨터와 자갈? 무슨 관계지?

곰곰이 생각하는 척했다. 이상하게도 난 언제나 가방끈이 길거나 공부를 잘하는 여자들에게 끌렸다. 친했던 녀석들은 그런 여자를 만나면 전염병 환자 보듯 줄행랑을 쳤지만 나는 반대였다. 똑똑한 여자들은 의외로 재밌는 구석이 많은 데다가 도도하지도 않았다. 더욱이 화학공학 포스트닥터 과정이라니!

"포기한 거예요?" 햄스터가 대답을 재촉했다.

나는 머쓱한 표정으로 고개를 주억거렸다.

"알았어요. 간단하게 설명할게요. 규소는 컴퓨터에 들어가는 반도체의 중요한 소재예요. 미국의 실리콘밸리에 대해 들어봤죠? '실리콘'은 규소를 뜻하는 '실리시움'이란 단어에서 왔어요. 실리콘을 넣어 유방확대 수술을 하는 병원들이 모인 동네가 아니란 말이죠."

그 말을 듣자마자 내 눈이 블라우스 앞섶에 0.3초간 머물렀다. 하얀 살결에 뿌려진 주근깨와 작고 납작한 가슴.

아슬아슬하게 대화의 끈을 다시 붙잡았다.

"내가 바보라서 그런가? 자갈이 컴퓨터와 뭔 상관인지 아직도 모르겠는데요."

햄스터 아가씨는 나의 당황하는 모습에 재밌어했다.

"기다려요. 곧 설명할게요. 실리시움, 즉 규소는 자연에서는 밀도가 높은 상태로만 존재해요. 그게 자갈이죠. 영불해협에 있는 자갈이 세계에서 가장 많은 양의 규소를 함유하고 있어요."

"정말요?"

"과학적으로 증명된 거예요. 규소를 함유한 자갈로 세계에서 가장 유명한 곳은 피카르디 지방에 있어요. 카이외라는 곳이죠. 하지만 노르망디 사람들은 이곳 자갈이 훨씬 순도가 높다고 주장해요. 노르망디가 질적으로나 양적으로 지구에서 가장 큰 규소의 보고라는 거죠."

바닷물에 쓸려 매끈해진 자갈들과 그 위를 무심히 밟고 지나가는 사람들이 언뜻 떠올랐다. 흔하디흔한 자갈이 하이테크의 보고라니 놀라지 않을 수 없었다.

"자갈을 가져가려면 경찰의 허락이 필요해요?"

"그럼요. 100년 전에는 수천 톤의 자갈을 채취해서 도로도 만들고 집도 짓고 교회도 세웠어요. 하지만 자갈이 절벽을 보호한다는 걸 알게 된 이후에는 함부로 캘 수 없게 됐죠. 특별허가 없이 자갈을 채취할 수 없어요."

"지역에 대단위 투자를 할 여력이 있는 다국적기업은 특별허가를 받기 쉽겠네요?"

"이해하셨군요. 반도체를 만드는 규소는 순도가 99.9999999퍼센트여야 해요."

모나는 비눗방울을 부는 것처럼 '9'라는 숫자를 연방 불어대다가 말을 이었다.

"표준이 그 정도예요. 하지만 판시테크놀로지에서는 더 높은 순도를 요구해요. '9'가 두세 개 더 붙어야 하죠. 그게 내가 하는 일이에요. 페캉, 이포르, 에트르타 지역의 자갈로 소수점 이하의 '9'라는 숫자를 늘리는 거죠."

"그럼 땅 파는 도구들도 가지고 다녀요?"

"물론이죠! 망치, 집게, 시험관, 현미경, 복잡한 소프트웨어로 가득 찬 노트북…."

이 햄스터 아가씨는 꽤 흥미로웠다. 규소와 99.9999999퍼센트에 대한 설명을 모두 이해하진 못했고, 설령 전부 꾸며낸 얘기라 할지라도 마음에 썩 들었다. 자갈같이 평범한 물체에 귀한 보물이 숨어 있다는 사실이 무척 근사했다.

우리는 아무 말 없이 컵을 비웠다. 이 시점에서, 만일 모나가 불씨를 유지하기 원한다면 내 이름을 물어보고 이포르에서 무엇을 하는지 물어봐야 한다. 나는 몽블랑 울트라트레일에 관한 안내책자를 펼치고 장애인 최초라는 역사를 쓰게 될 내 웅장한 꿈에 대해 설명할 마음의 준비를 마쳤다.

침묵이 길어졌다.

휴지통에 플라스틱 컵을 던졌다.

골인!

그녀도 따라했다.

성공!

관계를 발전시킬 생각은 없는 모양이다.

"모나, 만나서 반가웠어요. 또 보겠죠? 혹시 도장을 받으려고 내일까지 기다리는 거 아니에요? 난 수갑을 차고 있을지도 모르겠네요."

그녀가 내 어깨에 손을 얹고는 귀에 대고 속삭였다.

"내 더듬이가 그러는데, 오늘이 가기 전에 또 보게 될 거래요."

나는 잠자코 어깨에 닿은 부드러운 손길을 만끽했다. 난데없이 여자의 입에서 수수께끼 같은 말이 흘러나왔다.

"내 더듬이는 강력해요. 이포르에서 숙박하고 있다는 것도 말해주네요. 라시렌 호텔 7호실."

뭐지? 햄스터의 탈을 쓰고 나를 감시하는 마녀인가? 경찰처럼 호기심 많은 생쥐였나?

"그걸 어떻게 알아요?"

그녀가 몸을 더 기울였다. 오렌지색 손톱이 내 쇄골로 올라와 햄스터의 발처럼 어깨 위를 달렸다.

"더듬이가 알려줬다니까요! 나처럼 불쌍한 가젤이 당신 같은 포식자에게 먹히지 않으려면 무엇보다 정보수집이 중요하죠."

여자가 뒤로 휙 물러서서 시계를 보았다.

"13분! 그만 가야겠어요. 사자가 곧 깨어날 시간이네요. 당신과 같이 있으면 더는 안전하지 않아요."

"경찰서에서는 잡아먹지 못할 텐데요."

"여기서는 아니겠죠. 하지만 이따가는요?"

이따가?

이번에도 설명은 없었다. 모나는 세 발짝쯤 걸어가 어느 사무실 앞에 멈춰 섰다.

"먼저 가서 미안해요. 하지만 도장을 꼭 받아야 하거든요!"

"행운을 빌어요."

나는 경찰서를 나가기 위해 복도로 걸어갔다. 모나가 사무실에 들어가다 말고 고개를 돌렸다. 그러고는 아무렇지도 않은 표정으로 기묘한 말을 던졌다.

"오늘 저녁에 봐요! 늦지 말아요."

오늘 저녁에 봐요?

버스를 타고 장 폴 로랑스 광장까지 가는 데는 15분밖에 걸리지 않는다. 그러나 페캉에서 45분이나 버스를 기다렸다. 그동안 피로즈 형사가 말했던 내용을 곰곰이 생각했다. 걱정할 건 없었다. 강간범의 정액과 지문, 10년 전 모르간 아브릴 살인사건과의 유사성. 이 모든 게 내가 사건과 무관하다는 걸 증명해줄 열쇠니까. 당연한 일 아닌가!

어둠 속에 숨어 있다가 고개를 내미는 불안은 일부러 생각하지 않았다.

그 어둠도 곧 환해질 일만 남았다. 나와 마주한 저녁 햇살의 마지막 광선이 점점이 흩어진 구름을 무지갯빛으로 환히 비추듯이 말이다.

해변을 걸으면서 모나를 떠올렸다. 석양빛에 투명하게 새겨진 얼굴이 나를 따라다녔다. 그 얼굴은 마갈리 베롱의 비탄에 젖은 우아함, 가슴을 서늘하게 저미는 비극적인 아름다움과는 거리가 멀었다. 모나는 맥주를 함께 마시거나 가벼운 마음으로 잠자리도 하고 싶은 친구 같은 여자였다. 어쩌면 이런 마음도 사랑이 아닐까?

어쩌면 남자들은 가뿐한 사랑을 바라는지도 모른다.

정육점을 지나쳤다. 유리창 뒤에 서 있던 여주인이 곁눈질로 힐끔거렸다. 내 다리 때문에 가게 앞 보도가 망가지지 않을까 경계하는 눈초리다.

빌어먹을!

모나의 얼굴이 정육점 여주인의 얼굴을 쫓아냈다.

왜 내게 관심을 보였지?

왜 내게 접근했지?

낯선 곳에서 우연히 만난 같은 또래의 청춘남녀에게 생기는 자연스러운 현상일까? 왜 나한테 먼저 다가왔지? 시장에는 물건이 넘쳐나잖아! 나보다 훨씬 좋은 물건이….

맞은편에서 노인 두 명이 지팡이를 짚고 걸어왔다. 길을 양보하려고 한쪽으로 비켜섰다. 나보다 몸이 더 불편한 사람들이다.

2월의 이포르는 양로원과 흡사하다. 수백 동의 별채로 이루어진 바닷가의 근사한 양로원. 아니, 그보다는 늙은 여자에 더 가깝다. 화창한 날이나 일요일, 또는 방학 때만 찾아가는 할머니. 부모들은 할 말이 없을까 봐 아이들을 데려간다. 할머니 집 정원에는 잡초가 무성하고 1년 내내 방치된 그네는 녹슬어 있다.

나의 할머니, 자밀라. 파리 외곽의 작은 마을 드랑시에 사는 할머니에게도 정원이 있었다. 그건 임대아파트 6층에서 내려다보이는 커다란 놀이터였다. 초등학교에 들어가기 전, 사촌들과 할머니 댁에 가면 아파트 놀이터에서 놀았다. 우리에겐 놀이공원이었다. 마지막으로 할머니 댁에 갔을 때 옛날 모습 그대로인 놀이터를 보았다. 목마와 구름다리도 그대로였다. 놀고 있는 아이들은 없었다. 벤치에는 노인들만 앉아 있을 뿐. 만약 어린아이가 그곳에 온다면 희귀한 동물이라도 본 듯 노인들의 눈이 휘둥그레졌을 것이다.

왠지 모르게 자밀라 할머니를 생각하니 내 어린 시절의 추억도 함께 되살아났다.

바다를 바라보며 걸었다. 차가운 바닷바람이 얼굴에 부딪혔다. 20미터 더 걸어서 라시렌에 도착했다.

호텔 문을 열고 들어서자 주인 앙드레 소지악이 빙그레 웃으며 다가왔다. 손에 봉투를 들고 있었다.

벽을 짚은 손이 저절로 오그라들었다. 또? 우편물 위에 UPS 택배사 소인이 보였다. 앙드레가 껄껄 웃었다.

"뜯어보지도 않고 반송하는 사람에게 우편물을 보내는 거야? 소설을 써서 온갖 출판사에 다 보냈는데 다들 거절했나?"

그가 봉투를 내밀었다. 내 이름이 보였다. 아침에 받은 우편물처럼 똑같은 파란색 잉크의 똑같은 글씨체다.

호텔 주인이 계속 놀려댔다.

"아니면 새로 생긴 애인 때문에 옛날 애인이 연애편지를 돌려보내는 거 아냐?"

나는 봉투를 받아들고 계단으로 향했다.

"고마워요."

그는 포기하지 않았다.

"오라! 시험지를 채점하는 거구나! 자네 교사 자격증 있잖아. 문제반 아이들이야?"

나는 뒤돌아서서 그가 원하는 대답을 해주었다.

“통신판매 카탈로그와 의학 잡지예요. 왼쪽 고무다리 사진만 있죠.”

앙드레가 계단이 떠나가도록 웃었다.

“저녁식사는 7시야!”

봉투 속 내용물을 침대 위에 펼쳤다.

신문기사, 필립 그리마의 보고서, 진술서…. 오늘 아침에 받은 우편물과 비슷했다.

모르간 아브릴 사건의 2탄이다. 발송인은 서스펜스를 아는 게 분명하다. 읽기 시작했다. 내 호기심을 자극하는 것이 목적이라면 그자의 즐거움을 빼앗을 생각은 없다.

모르간 아브릴 사건 • 2004년 6월~8월

필립 그리마 형사과장은 아직 젊고 경험이 부족해도 놀라운 능력을 보여주었다. 모르간 아브릴이 죽은 지 사흘 만에 이포르에 사는 15세와 75세 사이의 남성 90퍼센트를 경찰의 유전자검사에 응하게 했다. 절벽 록페스티벌에 놀러왔던 남성들은 거의 70퍼센트가 응했다. 정확히 323개의 정액 샘플을 채취했다. 그러나 강간범과 일치하는 DNA는 없었다.

사실, 많은 사람의 시간을 뺏은 DNA 검사는 어리석은 짓이었다. 범인이 경찰의 수사에 기꺼이 협조하여 정액을 내준다면 모를까 실효가 없었다. 그래도 피해자 주변 사람들의 혐의를 벗기고 그물망을 조이듯 용의자를 압축하는 나름의 성과가 있었다고 로케 판사는 주장했다.

필립 형사는 주요 증인들을 직접 취조했다. 유전자검사로 용의선상에서 벗어난 사람들도 예외가 아니었다. 처음에는 경찰서에서 하루에 열두 시간씩 일을 했고, 집에 와서는 한 팔에 롤라를 안은 채 다른 손으로 밥을 먹었다. 증인들의 진술서에 코를 박고 자거나 넉 달 된 딸의 팔을 베고 잠이 들었다. 급기야는 보다 못한 아내 사라가 사건이 해결될 때까지 집에 들어오지 말라고 하는 바람에 2004년 6월 21일부터 7월 12일까지 3주 동안 경찰서 카페테리아에 침낭을 깔고 잤다. 그래도 사흘에 한 번꼴로 크루아상을 사들고 집에 들어갔다.

필립 그리마의 가설은 점점 더 견고해졌다. 그날 밤 피해자의 정확한 행적도 도움을 주었다. 모르간 아브릴은 열아홉 살이었지만 2004년 6월 5일, 생애 처음으로 클럽에 갔다. 엄마 카르멘은 니콜라 그라베가 같이 간다는 말에 허락해주었다. 모르간보다 연상인 니콜라는 스물세 살로 마지막 학기만 남은 산림관리학과 학생이었다. 이포르에 갈 때 그가 클리오를 운전했다. 카르멘은 모르간을 감시하라고 또 다른 딸인 오세안도 딸려 보냈다. 어린이집에서 보조교사로 일하는 열아홉 살의 클라라 바르텔레미, 의대 3학년 스물한 살 마티유 피카르도 함께 갔는데, 그들 역시 믿을만한 아이들이었다.

모두 친한 사이였고 얌전한 아이들이었다.

모르간과 동행한 네 사람이 진술한 그날의 행적은 서로 일치했다. 그들 동네인 뇌프샤텔에서 오후 6시에 출발했고 약 한 시간 후에 이포르에 도착했다. 페스티벌에 놀러온 여느 젊은이들처럼 카지노 앞의 자갈해변에 앉아 케밥으로 저녁식사를 하고 공연장으로 향했다. 콘서트는 축제 분위기에서 진행되었지만 과하지 않았고 한껏 들뜬 모르간의 행동도 도를 넘지 않았다.

꽤 괜찮은 록밴드 히스토리 A가 콘서트 피날레를 장식한 후 디제이가 다시 마이크를 잡았다. 이때가 새벽 1시였다.

니콜라와 마티유의 증언에 따르면 이즈음부터 모르간이 사람들의 이목을 끌기 시작했다.

모르간이 추는 랩댄스는 야릇하고 관능적이었다.

두 사람은 모르간을 진정시키려고 했지만 이미 맥주 몇 잔이 들어간 후라 쉽지 않았다. 사실 모르간은 술을 많이 마시지 않았다. 분석결과, 혈중알코올농도는 0.04퍼센트였다. 하지만 열아홉 살의 얌전하던 모르간이 이성을 팽개치기에는 충분한 양이었다.

니콜라 그라베와 클라라 바르텔레미는 또 다른 정보를 제공했다. 두 사람은 새벽 2시부터 아침까지 시뷰 클럽의 소파에서 껴안고 한시도 떨어지지 않았다. 다 같이 축제에 간다던 말은 변명일 뿐이었고 함께 간 세 친구는 알리바이였다. 니콜라와 클라라는 몇 주 전부터 아무도 모르게 연애를 시작했다. 새벽 6시쯤 한 남자가 클럽에 들어와 소파 주위를 뛰어다니며 해변에 사람이 죽어 있다고 고래고래 소리를 질러댔다. 두 사람은 그때까지 모르간이 사라졌다는 걸 알지 못했다.

모르간의 들러리로 이포르까지 온 마티유와 오세안은 새벽 3시까지 춤을 추다가 더는 재미가 없어 스테이지를 떠났다. 그러고는 귀를 찢는 소음 속에서 얘기를 하다가 졸다가 했다. 새벽 3시와 4시 사이였다. 두 사람 모두 모르간을 신경 쓰지 않았다. 새벽 3시 30분경 스테이지에서 춤을 추는 모르간을 본 게 마지막이었다. 마티유는 모르간이 남자를 만나 함께 나간 거라고 생각했다. 눈에 안 보여도 걱정할 이유가 없었다. 시뷰 클럽 앞의 해변은 한마디로 소돔과 고모라였다. 그 역시 오세안을 꼬시려 했다고 고백했다. 오세안은 평소보다 술을 더 마시기는 했지만 마티유의 유혹에 넘어가지 않았다. 마티유는 결국 포기했다. 유치원 때부터 친구였던 오세안은 하룻밤 불장난을 하는 타입이 아니었다. 오세안은 모르간과 달랐다. 엄마 카르멘을 더 많이 닮았다. 남자 같은 여자. 그게 오세안에 대한 마티유의 평가였다.

결론적으로 새벽 3시 30분부터 5시 30분까지 두 시간의 구멍이 생겼다. 모르간이 클럽에서 사라진 후 시체로 발견되기까지의 시간이다.

정확히 두 시간은 아니었다. 시뷰의 옷보관소에서 일하는 소냐 튀로는 새벽 3시 40분쯤 담배를 피우러 밖에 나가는 모르간을 봤다고 했다. 소냐는 키는 작지만 금발머리 바비인형 같은 외모에 고딕 스타일의 음침한 분위기를 풍기는 여자였다. 자기가 본 사람은 모르간이 확실하다고 밝힌 소냐의 진술에 따르면, 모르간은 그날 밤 가장 눈에 띄는 손님이었다. 얼굴은 땀으로 흠씬 젖었고 몸에 찰싹 달라붙은 원피스는 말려 올라가 허벅지가 다 드러났다. 원피스가 옅은 색이어서 보라색 팬티가 보일 정도였다.

"그때까지는 팬티와 브래지어를 하고 있었어요." 소냐의 목소리는 확신에 차 있었다.

"관찰력이 좋군요!" 필립 형사가 칭찬을 해주었다.

"당연하죠! 입술이 하도 귀여워서 꽉 깨물어주고 싶을 정도였는데!"

대답과 동시에 형사의 몸을 면밀히 관찰하는 시선은 그녀가 하나의 성만으로 만족하지 않는 사람임을 말해주었다. 필립은 소냐와의 다음번 면담을 자기보다 훨씬 연장자인 상사에게 맡겼다.

'담배를 피우러 나갔다….'

소냐 튀로의 진술이 머리에 남았다.

모르간은 담배를 피우지 않는데….

또 벽에 부딪혔다.

필립 형사는 이 사건을 다른 방향에서 봐야 한다고 직감했다. 증인들을 계속 만나거나 모르간 아브릴의 행적을 1분 간격으로 재구성하는 것에 그치지 말고 살인도구에 좀더 집중해야 한다.

버버리 스카프.

2004년 7월 19일, 로케 판사는 필립 그리마가 주장한 단서를 통해 수사가 큰 진전이 있었다고 격려하는 메시지를 보냈다.

400유로가 넘는 스카프.

필립은 시간을 들여 증인들의 진술을 모두 확인하고 대조했다. 신뢰할 수 없는 진술은 제외했고 버버리 스카프에 대한 가장 믿을 수 있는 증언 세 가지를 추려냈다.

처음에 소냐 튀로는 다시 조사를 나온 늙은 형사에게 바쁜데 귀찮게 한다는 듯 땍땍거렸지만 결국에는 부잣집 도련님같이 생긴 손님을 기억해냈다. 진술서에는 '햇볕에 그을린 얼굴'로 써달라고 요구했다. '갈색 피부', '아랍인', '혼혈인' 등 형사가 제안한 단어들은 모두 인정하지 않았다.

"형사님, 미러볼이 번쩍거리면서 돌아가는데 제가 그 남자의 피부색을 어떻게 알겠어요?"

햇볕에 그을린 부잣집 도련님은 마 재킷과 캐시미어 스카프를 옷보관소에 맡겼다. 록페스티벌에 어울리는 의상이 아니다. 소냐가 그 남자를 기억하는 이유도 그 때문이었다.

"빨간색 스카프였어요? 버버리 스카프?"

브랜드 명까지는 확인하지 못했지만 버버리일 수 있다고 소냐가 대답했다. 소냐는 도련님이 클럽을 나가는 것까지는 보지 못했다. 아마 다른 동료가 옷을 내주었을 테지만 도련님을 기억하는 사람은 아무도 없었다. 필립 형사는 부잣집 도련님이 소냐 뤼로가 지어낸 인물일 수도 있다고 생각했다. 얼마 지나지 않아 언론은 아브릴 사건을 '빨간 스카프 살인사건'이라고 불렀다. 인정하지 않을 이유가 없었다.

소냐 뤼로는 루앙 대학에서 비교유럽법을 공부하는 법학도로 시뷰에서 아르바이트를 했다. 소냐의 증언을 뒷받침해주는 또 다른 증언도 있었다.

축제기간 동안 안전요원으로 일했던 믹키는 6월 5일 밤과 6일 새벽, 음악 소리를 덮을 정도로 우렁찬 파도 소리를 들으며 주차장 순찰을 돌고 있었다. 처음에는 잘 기억하지 못했지만 경찰이 끈질기게 물어보자 카지노 쓰레기장 옆에서 담배를 피우던 그림자를 생각해냈다. 재킷을 입고 스카프를 둘렀던 것 같은데 스카프 색깔까지는 기억나지 않는다고 말했다. 시간도 기억하지 못했다. 쉬는 시간에 본 건 확실하니 새벽 3시 이후인 것만은 분명하다고 했다. 그리고 남자가 혼자 있었다고 진술했다.

"누구를 기다리는 것 같지는 않았어요?" 필립이 물었다.

"어쩌면요."

"여자?"

"글쎄요…. 친구를 기다린 걸 수도 있고. 저는 계속 순찰을 다녔어요."

믹키에게 얻은 정보는 그게 다였다. 가로등과 손전등 불빛에 비친 남자의 그림자가 소득의 전부였다. 반면 새벽 3시 이후면 모르간 아브릴이 시뷰를 떠난 시간과 일치했다. 그 시간 이후 모르간을 본 사람은 없었다.

세 번째 증인 뱅상 카레는 화학을 전공하는 스물한 살의 학생이었다. 그는 오후 5시에 이포르 근처의 브레오테 기차역에서 내려 페스티벌 장소까지 가는 셔틀버스를 기다렸다. 이포르에는 탁구동아리 친구들이 이미 도착했고 자신도 곧 합류할 예정이었다. 10분 정도 셔틀버스를 기다리다가 옆에 있는 자기 또래의 남자를 보았다. 정장을 빼입고 있었다. 흰 와이셔츠, 번쩍이는 가죽구두, 어깨에 걸친 마 소재 재킷, 목에 두른 빨간 스카프, 록페스티벌을 구경 온 다른 젊은이들과 확연히 비교되는 차림새였다. 두 사람은 몇 마디 대화를 나눴다.

"젠틀맨처럼 차려 입으셨네요!" 뱅상이 먼저 말을 걸었다.

"여자들이 좋아하잖아요."

"여자를 만나러 콘서트에 가요?"

뱅상 카레는 남자의 대답을 정확하게 기억했다.

"여자 만나는 거 아니면 거길 뭐 하러 가요? 설마 음악 들으러? 이포르에서 좋은 음악을 듣겠다고요? 제2의 핸드릭스라도 출연하나요? 하지만 여자는… 여자는 세상 어디에서나 아름답죠!"

버스가 도착했다. 뱅상은 젠틀맨과 따로 앉았다. 친해지고 싶은 타입이 아니었다. 두 사람 모두 저마다 이어폰을 꽂고 음악을 들었다. 그게 전부였다.

뱅상은 스카프 남자를 시뷰에서 다시 봤다. 그는 사람들과 섞여 춤을 추기도 했지만 대부분은 그날 밤 가장 아름다운 모르간 옆에 딱 달라붙어 있었다. 그때는 모르간의 이름을 몰랐으나 젠틀맨이 그녀에게 작업 중이었다는 건 확실했다.

물론 춤을 출 때는 스카프를 하지 않았다. 모르간 주위를 맴도는 남자가 있었다는 건 많은 사람이 증언했다. 오세안과 마티유도 그 남자를 기억했다. 그래서 뱅상을 비롯해, 남자를 목격한 사람들이 모여 몽타주를 작성했다. 사각형의 잘생긴 얼굴, 갈색 눈, 확실하지는 않지만 북아프리카 사람이라고 여겨질 정도로 진한 갈색 피부…. 화가가 이틀에 걸쳐 평범하고 애매한 몽타주를 완성했다. 경찰은 그 몽타주를 배포했고 뒤이어 제보가 잇달았다. 그때마다 달려가서 확인을 했지만 모두 허사로 끝나고 말았다. 필립 형사는 그 몽타주를 신뢰하지 않았다. 클럽의 어두운 불빛 아래서, 사건이 일어나기 전에 얼핏 본 남자를 증인들이 제대로 기억할 리 없었다.

뱅상 카레는 페스티벌 이튿날 아침, 길에서 우연히 빨간 스카프 남자와 만났다. 이포르의 분위기는 영 말이 아니었다. 젊은 여성의 시신이 발견됐고 작은 마을에 경찰이 쫙 깔렸다. 남자는 장 폴 로랑스 광장의 빵집 앞에서 재킷을 어깨에 걸치고 서 있었다. 뱅상은 살인사건 소식을 듣고 숙소에서 나온 참이었다. 새벽 2시에 녹초가 되어 숙소로 돌아가서 잠을 잤는데, 아침에 친구들이 들이닥쳐 그를 깨우고는 해변에서 여자 시신이 발견되었다고 알려주었다. 뱅상도 다른 남자들처럼 신분증을 제시하고 DNA 검사를 하러 경찰서로 가는 중이었다. 스카프 남자를 만났을 때만 해도 사건에 대해 아는 바가 거의 없었다. 누가 어떻게 죽었는지도.

이번에는 스카프 남자가 뱅상을 알아보고 손 인사를 했다. 그가 먼저 아는 체를 하지 않았더라면 뱅상은 그냥 지나쳤을 것이다. 뱅상은 스카프 남자가 해변에서 발견된 시신에 대해 아무 말이 없어 이상했지만 아직 소식을 듣지 못해서 그런 거라고 짐작했다. 아니면 전혀 관심이 없거나….

"콘서트 좋았어?"

뱅상의 질문에 스카프 남자가 웃음을 터뜨렸다.

"그걸 말이라고 해?"

"여자들은 어땠어?"

"예뻤어. 아주 예뻤어."

"어젯밤에 나도 봤어. 그 여자 괜찮던데."

"게다가 아주 섹시하지. 무슨 말인지 알지?"

뱅상은 잘난 척하는 남자가 비위에 거슬렸다. 그만 가려다가 빨간 스카프가 없는 걸 알아채고 다시 말을 걸었다.

"어, 스카프가 안 보이네?"

"여자한테 줬어. 기념으로."

"다시 만날 거야?"

"그럴 리가 있겠어?"

스카프 남자가 다시 웃음을 터뜨렸다. 후에 심리상담가들은 어떤 느낌의 웃음이었는지 그에게 수백 번도 넘게 물었다.

자연스러운 웃음? 억지웃음? 냉소적인 웃음? 웃을 때 가학적인 느낌은 없었나?

뱅상은 알 수 없었다. 하지만 자신이 던진 마지막 질문에 빨간 스카프가 어떤 대답을 했는지는 정확히 기억했다.

"버스 기다려?"

"아니. 부모님 댁에 가. 노르망디 해안에 별장이 있거든."

아브릴 사건을 해결해주는 확실한 열쇠였다!

뱅상 카레의 증언을 확인한 후, 신뢰할 만하다고 결론 내렸다. 물론 그의 행적에 구멍이 없지는 않았다. 탁구동아리 친구들을 놔둔 채 새벽 2시에 잠을 자러 갔다는데 그의 성격과 맞는 행동은 아니었다. 뱅상은 힘든 한 주를 보내고 너무 피곤해서 그랬다고 말했지만 필립 형사가 계속 추궁하자 자신이 수사를 진전시킬 유일한 단서를 제공했는데도 도리어 자기를 의심한다고 화를 냈다. 형사는 뱅상의 말이 맞는다고 생각했다. 뱅상이 시뷰에 있었던 다른 남자들보다 더 의심을 받을 만한 특별한 이유는 없었다. 뱅상과 범인의 DNA도 일치하지 않았다.

경찰은 부모가 노르망디 해안에 별장을 가지고 있는 스무 살가량의 남자를 찾았다. 필립은 이번 사건을 통해 노르망디 해안에 35,000여 채의 주택이 있음을 알았다. 경찰들은 거의 한 달 동안 범인의 몽타주를 손에 들고 가가호호 방문했다. 그러나 범인의 별장을 찾아내는 건 불가능한 일이었다. 먼저 가장 가까운 곳에서 시작하여 에트르타, 생발레리앙코, 옹플뢰르, 도빌, 카부르, 디에프 등 동심원을 그리며 탐문수사를 실시했다.

소득이 없었다.

전혀.

빨간 스카프는 연기처럼 사라졌다.

필립 형사는 2004년 8월 20일, 아브릴 사건에 대한 최종보고서를 로케 판사에게 제출했다. 지난 5주 동안 수사에 진전이 없었고 새 단서도 나오지 않았지만 확신이 있었다.

모르간 아브릴은 클럽에서 줄곧 자신 옆에 달라붙어 춤을 추던 남자를 따라 나간다. 남자는 사람들의 눈에 띄지 않게 옷보관소에서 재킷과 빨간 스카프를 찾아 먼저 주차장으로 가서 모르간을 기다린다. 두 사람은 바다에서 나체로 함께 수영을 한다. 그러나 모르간이 그 이상의 진전을 거부하자 남자가 완력으로 제압하고 그녀를 강간한다. 극렬한 저항에 당황한 남자는 우발적으로 모르간의 목을 조르다가 숨이 끊어진 걸 알고는 절벽으로 끌고 올라가 밑으로 던진다. 자살로 가장해 시간을 벌기 위함이다. 그리고 즉시 그곳을 벗어난다.

필립 형사의 보고서는 확실한 용의자가 없음에도 불구하고 사건을 낙관적으로 전망했다. 용의자가 부분적으로 확인되었다. 시간이 지나면 범인은 경계를 늦추고 노르망디 해안이나 다른 어딘가에서 나타날 것이다. 그러면 범인을 알아보고 신고하는 사람이 있지 않겠는가!

형사는 확신을 가지고 보고서 마지막 장에 다음과 같이 썼다.

> 모르간 아브릴의 살인범은 동일한 범행을 다시는 저지르지 않을 것이다. 상류층 집안의 고등교육을 받은 청년에게 이 사건은 일생일대의 실수였다. 범인은 그 끔찍한 비밀을 무덤까지 가져갈 공산이 크다. 범인이 죽기 전에 잡히지 않는다면….

페캉 경찰서의 보고서에 아브릴 가족은 격노했다.

희생자 엄마인 카르멘 아브릴과 그 가족은 변호사를 통해 필립 그리마의 주장을 정면으로 반박했다.

형사가 주장하는 것처럼 범인은 실수로 살인을 저지른 부잣집 아들이 아니라 사전에 범죄를 계획한 성범죄자다. 뱅상 카레가 증언했던 사건 당일 아침 빨간 스카프의 행동은 이 정황을 뒷받침해준다. 유력한 용의자인 빨간 스카프는 수십 명의 경찰이 순찰을 도는 와중에도 당황하거나 무서워하지 않고 장 폴 로랑스 광장에서 뱅상 카레와 대화를 한다. 잠깐의 실수로 살인을 저지른 사람이라면 이런 식의 태연함을 유지할 수 없다.

경찰, 변호사, 판사 들은 뱅상 카레가 증언한 둘 사이의 대화에 대해 오랫동안 심사숙고했다.

"어, 스카프가 안 보이네?"

"여자한테 줬어. 기념으로."

"다시 만날 거야?"

"그럴 리가 있겠어?"

실수로 사람을 죽이고 두려움에 떠는 자라면, 자기 인생이 걸린 상황에서 이런 식의 대화를 할 수 있을까? 냉혈한 사이코패스처럼 혹은 더 단순하게 아무 죄도 없는 자처럼 말이다. 필립 그리마 형사과장은 8월 23일 〈르아브르 리브르〉 신문에 마지막으로 자신의 의견을 밝혔다.

> 우연히 범행 장소에 있던 사이코패스가 아무도 모르게 피해자에게 접근해 살해했다고는 생각하지 않는다. 만일 그렇다면 해수욕과 버버리 스카프를 어떻게 설명할 수 있겠는가!

그러나 2004년 8월 26일, 필립 그리마의 가설은 산산조각 났다.

그의 신뢰성도 무너졌다.

집에도 못 들어가고 6개월 된 어린 롤라가 자라는 모습을 석 달이나 보지 못하고 끈질기게 매달렸던 수사는 물거품이 되었다.

철없는 젊은이의 일탈. 고의성 없는 우발적인 범죄.

빨간 버버리 스카프 사건은 반나절 만에 필립 그리마가 상상도 못했던 소용돌이를 불러일으키며 전국을 떠들썩하게 만들었다.

사건은 점점 부풀어올라 사법부와 경찰의 최고위층으로 날아갔다.

물론 필립 그리마의 손에서도 벗어났다.

성당 종소리에 정신을 차리고 서류에서 눈을 뗐다.

조종처럼 서글프고 뱃고동처럼 은은한 종소리가 오래도록 귓전에 머물렀다.

복도에서 라시렌 호텔 주인이 소리를 질렀다.

"자말! 식사시간이야!"

침대 탁자에 있는 시계를 봤다.

저녁 7시 17분.

이런, 벌써 시간이 이렇게 됐나?

다시 만날 거야?

2월의 라시렌은 호텔이라기보다는 하숙집에 가까웠다. 저녁식사 시간은 7시로 정해진 데다가 메뉴도 한 가지뿐이었으니 말이다. 오늘 저녁 손님은 몽생미셸로 가기 전에 이포르에서 하루만 머물다 가는 노부부, 아기를 데리고 여행 중인 영국인 부부, 영업사원처럼 보이는 양복 차림의 사내가 전부였다.

계단을 내려갔다.

식당은 서른 명이 한꺼번에 식사할 수 있을 정도로 널찍했고, 커다란 통창을 통해 어느 자리에 앉더라도 바다 풍경을 마음껏 누릴 수 있었다.

안으로 들어서자마자 생각지도 못한 손님을 발견하고 깜짝 놀라 눈이 휘둥그레졌다.

"자말, 늦었네요!"

모나였다.

테이블에 혼자 앉아 저녁을 먹고 있었다. 바닷고둥 요리 앞에 작은 스테인리스 망치가 보였다. 노부부가 몇 테이블 건너에 앉아 조용히 식사를 했고, 그 맞은편에는 영국인 부부가 아기에게 이유식을 먹이느라 부산을 떨었다. 모나는 그들을 흘깃 쳐다보고 내게 물었다.

"혼자 먹을 거예요? 아니면 같이 먹을래요?"

거절할 이유가 있을까?

나는 모나 앞에 앉았다. 앉자마자 앙드레가 달려와 식기를 세팅했다. 주인의 입가에 애매한 미소가 떠올랐다. 우리 둘 중 누구에게 미소를 짓는 건지 가늠할 수 없었다.

"동에 번쩍 서에 번쩍이네요. 이 호텔에는 아침에 왔어요?"

모나의 눈이 반짝였다. 페캉 경찰서에서 보여주었던 자신의 수수께끼 같은 행동에 내가 제대로 걸려들어 신이 난 듯했다.

"맞아요. 어제 빌레로즈 구역을 조사했어요. 이제 앙티페르해변 석유기지와 팔뤼엘원자력발전소 지역을 다녀야 해요. 노르망디 해안에서 고품질 자갈이 가장 많은 곳이죠. 오늘 아침에 그쪽이 조깅을 마치고 호텔로 돌아오는 것을 봤어요. 내가 로비 구석에 있어서 못 봤을 거예요."

앙드레가 첫 우편물을 건네줄 때였으니 모나를 못 본 것도 당연했다.

"도장은 받았어요?"

"네! 경찰서의 경찰 절반과 자야 했지만 말이에요. 자말은 어때요? 또 자살한 사람 없어요?"

"내가 알기로는 아직…."

앙드레가 마요네즈에 버무린 바닷고둥을 가져왔다. '자살한 사람'이라는 말을 들었을 텐데도 별다른 반응이 없었다.

"와인 마실래요? 내가 살게요."

체면을 차리느라 내가 내겠다고 했지만 모나는 자기가 대접하겠다며 우겼다.

"비용으로 처리할 거예요. 판시테크놀로지에선 쩨쩨하게 와인 몇 푼에 뭐라고 하지는 않거든요. 작년 매출이 50억 유로에요. 마이애미의 은퇴자들만 혜택을 누릴 필요는 없잖아요?"

모나는 2009년도산 부르고뉴 샤르도네를 주문했다.

자그마치 75유로나 하는 비싼 와인이었다!

긴 침묵이 이어졌다. 서로를 탐색하는 시간이었다. 아침에 목격한 자살사건과 버버리 스카프, 혹은 모르간 아브릴 사건에 대해 말하고 싶지는 않았다. 고맙게도 모나는 답을 찾을 수 없는 질문들과 말도 안 되는 우연의 연속 속에서 작은 위로가 되어주었다.

레스토랑의 실내장식으로 시선을 옮겼다. 절벽에 몰아치는 폭풍우를 낭만적으로 그린 유화들, '승선 환영'이라고 적힌 파란색 구명튜브, 기둥에 걸린 거대한 나침반. 바다 분위기를 한껏 살린 장식들이다. 모나는 경찰서에서 입었던 블라우스 차림 그대로였다. 단추 하나만 더 풀어놓았다. 깊이 파인 옷 속을 들여다보지 않으려 자질구레한 장식품들로 눈길을 돌렸다.

날 유혹할 셈인가? 아니면 경찰을 유혹하려 했을까?

모나가 먼저 입을 열었다.

"판시테크놀로지 회장이 어떻게 재산을 모았는지 알아요?"

"아뇨."

"정말 굉장한 얘기예요. 들으면 아마 놀랄걸요? 판시 쿠마르 신데는 인도에서 태어났어요. 70년대 중반에 빈손으로 샌프란시스코에 왔는데, 밤에는 시내 사무실을 돌아다니며 화장실 청소를 했고 낮에는 대학에서 경영학 수업을 들었어요. '어떻게 스타트업을 시작할 것인가' 같은 수업 말이에요. 아메리칸드림을 꿈꾸는 외국 학생들 등쳐 먹기 딱 좋은 과정이죠. 수강료가 1년에 10,000달러나 하거든요. 덕분에 3대가 빚에 허덕이게 되고…. 판시 회장은 학기 중간에 논문을 제출해야 했어요. 마케팅플랜, 재무계획 등의 창업계획서를 만드는 거였죠. 하지만 회장은 화장실 청소하느라 한 줄도 쓸 수 없었어요. 논문이고 뭐고 다 포기하고 싶었죠. 그는 똥 묻은 변기를 닦으면서 미국이 어떻게 작동하는지 이해하기 시작했어요. 논문 제출 전날 밤에도 트랜스아메리카 빌딩 48층 화장실을 청소하는 신세였고요. 아무리 가상인 회사라도 어떤 아이템으로 사업을 시작해야 할지 아이디어가 전혀 떠오르지 않았어요. 화장실 휴지가 떨어지면 크리넥스 티슈나 A4용지를 쓰고 버려 변기를 막히게 만든 놈들을 욕하기나 했죠."

모나는 잠시 말을 멈추고 샤르도네로 목을 축였다.

"그 순간 아이디어가 번뜩 떠올랐어요."

"화장실에서요?"

"네. 전 우주를 통틀어 가장 엉뚱한 생각이었죠. 사무실 화장실에 집에서 쓰는 20미터짜리 두루마리 휴지 대신 더 긴 두루마리를 비치하면 좋겠다는 생각이 난 거예요. 금속 케이스에 200미터, 300미터 두루마리를 넣는 거죠. 판시 회장은 화장실을 박차고 나가 날이 샐 때까지 창업계획서를 작성했어요. 그리고 아침이 돼서 수업에 가려고 지하철 L라인을 탔죠. 원래는 시빅센터 역에서 내려야 했어요. 그런데 마지막 순간 다섯 역을 더 가서 웨스트포털 역에서 하차한 거예요. 그 길로 웰스파고은행에 가서 창업계획을 팔고 특허를 신청했어요."

"그래서 성공했어요?"

모나의 얼굴이 밝아졌다.

"1년도 안 되어 억만장자가 됐어요. 세계 100대 부자 중의 한 명이 된 거죠. 두루마리 휴지가 없는 기차역, 호텔, 공공건물을 본 적 있어요? 지구상의 인간이 매일 얼마나 많은 휴지를 쓰는지 상상해보세요!"

모나는 남은 와인을 마저 털어넣고 말을 이었다.

"20세기에 가장 돈을 많이 벌어들인 특허였어요! 판시 회장은 그후 컴퓨터에 투자했고 지금은 미크로네시아의 섬을 하나 사서 1년 내내 홀딱 벗고 야자수 잎으로 밑을 닦으며 지내고 있어요."

"정말요?"

그녀는 소리 내어 웃었다.

"어떨 것 같아요?"

나는 잠시 주저했다.

"전부 지어낸 얘기 아니에요?"

"그럴 수도 있고. 나는 이야기 지어내는 걸 좋아하거든요."

불현듯 모나에게 예쁘다고 말하고 껴안고 싶어졌다. 달빛 아래서 함께 웃으며 제방 위를 달리고 싶었다. 지금까지 세상을 보는 눈이 나와 비슷한 여자는 한 번도 본 적이 없었다. 현실에서 한 발짝 떨어져 관조하는 눈. 창가에 앉아 거리를 달리는 자동차와 하늘에 떠 있는 별들 사이의 허공을 보는 사람. 오늘 두 번째로 자밀라 할머니가 생각났다. 할머니는 드랑시 마을의 세헤라자데이자 텔레비전이었다. 드랑시 임대 아파트 C동 아이들은 토요일마다 할머니 아파트에 모여 눈을 동그랗게 뜨고 입을 벌린 채 이야기를 들었다. 할머니는 블랑메닐에 있는 양로원에 들어간 후에도 이야기를 멈추지 않았지만 간호사들은 치매 노인의 헛소리로 여기고 콧방귀도 뀌지 않았다.

내가 몽상에 잠겨 있는 동안 앙드레가 다가와 꾸물꾸물 바닷고둥 접시를 치우고 홍합찜을 테이블에 내려놓았다. 자살 얘기에 끼어들고 싶은 눈치였다. 이미 온 마을에 소문이 파다하게 퍼졌을지도 모른다.

절벽에서 떨어져 숨진 채 발견된 여자. 어쩌면 그전에 목이 졸려 사망했을 수도 있다!

버버리 스카프 살인범이 10년 만에 다시 나타난 건가?

작은 바닷가 마을의 주민들이 두려움에 떨며 술렁이는 모습이 눈에 선하게 그려졌다.

"그쪽은요?" 모나가 갑자기 물었다.

"저요?"

"네! 이제 당신이 재밌는 얘기를 할 차례에요."

나는 고개를 가로저었다. 화이트와인 소스 속에서 홍합을 골라내는 일에 열중하느라 머리가 돌아가지 않았다. 모나가 다시 재촉했다.

"에이, 빼지 말고요. 재밌는 얘기가 있을 것 같은데…. 기막힌 얘기 하나 해봐요."

나는 냅킨으로 손가락을 닦으며 뜸을 들였다. 세 테이블 건너편에 있는 노부부는 저마다 스마트폰을 들여다봤다.

"좋아요. 끝내주는 얘기 하나 할게요. 실망하지 않을걸요? 나는 여자를 유혹하는 획기적인 방법을 고안했어요. 아름다운 아가씨들과 멋진 밤을 보낼 수 있는 100퍼센트 확실한 방법이죠."

모나가 흥미를 보이며 등을 쭉 폈다. 눈을 크게 뜨고 입을 벌려 웃는 예쁘장한 얼굴을 보니 단어 하나가 머리에 떠올랐다. 주로 노인들이 쓰는 말이라 내 입에서는 한 번도 나오지 않은 단어였다.

곱다.

소녀와 새끼고양이와 다람쥐 얼굴이 겹쳐 보였다. 《라퐁텐 우화》에 나오는 동물들의 얼굴이.

"너무 자신만만한 거 아니에요?"

"내 말을 안 믿는 거예요?"

"계속 해봐요."

뒷주머니에서 지갑을 꺼내 작은 카드를 한 장 빼들었다. 그러고는 카드를 테이블 위에 놓고 모나가 읽지 못하게 손바닥으로 가렸다.

"이게 내 비밀병기에요."

"아…." 모나의 얼굴에 실망하는 표정이 떠올랐다.

카드를 모나 쪽으로 밀었다.

"10년 전부터 카드 없이는 밖에 나가지 않아요. 주머니에 늘 넣고 다니죠. 나는 하루의 많은 시간을 교외선 전철과 파리의 거리에서 보내요. 지하철과 거리에서 마음에 드는 여자를 보면 다가가서 카드를 건네주고 상대방이 내 얼굴을 볼 새도 없이 사라지죠."

나는 손을 떼고 카드를 읽었다.

> 안녕하세요.
>
> 저는 매일 파리의 거리에서 수천 명의 여자들을 지나칩니다. 그리고 매일 그중 한 명에게 카드를 건넵니다. 가끔은 두 명이 되기도 하고 어쩌다 세 명이 될 수도 있지만 절대 그 이상을 넘긴 적은 없습니다.
>
> 수천 명 중 한 명….
>
> 오늘은 그 한 명이 바로 당신입니다.
>
> 당신에게는 특별한 게 있어요. 수많은 여자들 사이에서 당신을 돋보이게 하는 어떤 것.

당신 곁에 당신을 사랑하는 사람이 있고 그 사람과 행복하다 해도 저의 이런 행동이 무례하다고 생각하지는 않으시겠죠? 하지만 당신 곁에 아무도 없다면 저는 무척 속이 상할 것 같습니다. 당신은 그 누구보다도 사랑받아 마땅한 사람이니까요.

제 눈에 당신은 그런 사람입니다.

저에게 잠시나마 행복한 시간을 주어서 감사합니다.

jamalsalaoui@yahoo.fr

카드를 건네자 모나는 보물지도처럼 소중하게 받아들었다.

"와우! 연락하는 여자들이 있어요?"

이번에는 내가 와인 잔을 비웠다. 나는 가격에 맞게 와인을 음미했다. 1센티리터당 1유로.

"성공률 100퍼센트예요! 성공 못 해도 최소한 여자의 기분을 좋게는 해주잖아요. 잘되면 완전히 넘어가죠. 내 카드가 성공하는 이유는 여자의 자존심을 높여주기 때문이에요. 무관심하고 차가운 사람들만 있는 파리에서 하늘에서 뚝 떨어진 깜짝 선물이나 마찬가지거든요. 미팅 사이트에서 이루어지는 가상의 만남과 길거리에서 치근대는 남자들 사이의 이상적인 지점인 거죠."

모나는 내 잔과 자기 잔에 와인을 따랐다.

"수천 명 중에서 어떻게 한 명을 고르죠?"

"그게 문제예요. 어떻게 설명해야 하나? 나는 첫눈에 반한다는 게 이해가 안 가요. 길을 걷다가 갑자기 벼락 맞는 거잖아요. 사람들이 천천히 양쪽으로 갈라지면서 한 여자만 빛이 나고…. 하지만 나는 모든 여자가 자신만의 매력을 가졌다고 생각해요. 어떤 여자든 남자를 사랑에 빠지게 하고 평생 자신을 후회 없이 사랑하게 만드는 특별한 매력을 지니고 있죠. 좋아요. 그것만으로 첫눈에 반할 수 없다고 치죠. 세 명의 여자 중 적어도 한 명은 예쁜 구석이 있어요. 더 열심히 찾으면 열 명 아니 스무 명 중에 한 명은 완벽하고요. 각기 다른 장점으로 완벽한 거죠. 그러니 한눈에 반한다는 건 정말 어처구니없는 말이에요. 정신을 번쩍 들게 하는 여자들이 많아요. 나는 그녀들을 지하철에서도 보고 해가 좋은 날 카페의 테라스에서도 보고 여름 해변에서도 봐요."

보나는 고양이 같은 입에 홍합을 집어넣고 흥미롭게 나를 쳐다보았다.

"당신이 어떤 사람인지 모르겠어요, 자말. 지독한 마초 같기도 하고 포스트낭만주의 창시자 같기도 하고…."

그녀는 내 전략에서 허점을 찾으려는 듯 잠시 생각에 잠겼다.

"정말 하루에 세 사람에게만 주나요?"

나는 나쁜 짓을 하다가 들킨 아이처럼 깜짝 놀란 척했다.

"농담하세요? 수백 장을 나눠준 날도 있어요!"

모나가 크게 웃었다.

"완전 사기군요! 장난은 그만하고 이제 진지한 질문을 할게요. 카드를 받은 여자들이 연락을 해요?"

"정말 진지하게 물어보는 거예요?"

"네."

"응답률은 80퍼센트 정도예요. 한 명의 예외도 없이 세 번쯤 메일을 교환하면 만나자고 하죠. 나는 파리에서 가장 아름답고 섹시한 여자들과 잤어요. 모델에이전시 사장보다 더 쉽게 거리에서 캐스팅한 여자들과 말이에요."

"농담이죠?"

"그렇게 보여요? 나도 이야기를 지어내는 걸 좋아하거든요."

모나가 와인 잔을 들어 내 잔에 부딪쳤다.

"잘했어요, 자말. 무승부에요."

모나는 잠시 주저하다가 내게 물었다.

"만약 거리에서 나를 봤다면 나에게도 카드를 주었을까요?"

이런 상황에서는 빨리 대답하지 않아야 한다. 나는 느긋하게 그녀의 얼굴을 뜯어보았다. 하얀 피부, 분홍빛 볼, 사랑스러운 콧잔등에 드리운 속눈썹 그림자. 모나도 가만있지 않았다. 자신의 옆모습을 잘 감상할 수 있게 바다 쪽으로 고개를 돌려 목을 쭉 뽑으며 자세를 잡아주었다.

마침내 내가 입을 열고 한마디 한마디에 힘을 주었다.

"주었을 거예요. 그리고 그날은 카드를 한 장만 사용했을 테고."

모나는 얼굴을 붉혔다.

"거짓말 말아요." 그녀가 또박또박 말했다.

그러고는 대화의 주제를 바꾸기 위해 숨을 크게 내쉬었다.

"그런데… 다리 말이에요…. 사고였어요?"

그녀도 남들과 다르지 않았다. 결국 호기심을 떨치지 못했다. 내 대답은 수년 전부터 언제나 같았다.

"네. 사고였어요. 포르트마이요 역에서 전철을 기다리고 있었죠. 그런데 맞은편 플랫폼에 세상에서 가장 아름다운 여인이 서 있지 뭐예요. 그냥 보낼 수 없었어요. 카드를 줘야 했죠. 그래서 무작정 선로로 뛰어들었는데, 그 순간 전철이 들어왔어요."

모나가 웃었다.

"말도 안 돼! 언젠가 사실대로 말해줄 거죠?"

"좋아요. 약속할게요."

"정말 재밌는 분이네요. 웃기지만 거짓말도 잘 하고! 아뇨. 내게 카드를 주지 않았을 거예요. 당신이 어떤 여자를 좋아하는지 맞춰볼까요? 로맨틱하고 치명적인 아름다움을 지닌 여자, 손에 잡히지 않는 여자들이 당신 타입이죠. 나처럼 직설적인 여자가 아니라. 그 방식에는 문제가 있어요. 당신은 매혹적인 이미지를 수집하는 거예요. 마치 피규어 인형을 수집하듯 말이죠. 하지만 정작 자기에게 필요한 여자는 붙잡지 않아요."

"새겨 들을게요."

보나는 미묘한 시선으로 나를 바라보았다.

"실례합니다." 등 뒤에서 소리가 났다.

주인이 디저트로 준비한 일 플로탕트 두 접시를 양손에 들고 서 있었다. 그는 커스터드크림 위에 섬처럼 떠 있는 머랭이 무너지지 않도록 접시를 조심조심 내려놓았다. 그러고는 결심했다는 듯 입을 열었다.

"자말, 누가 자살했다고 했잖아. 저기… 최근에 일어난 일이야?"

앙드레가 오늘 아침에 일어난 사고를 아직 모른다는 게 조금 이상했다.

나는 간단하게 설명했다. 하지만 절벽 위 철조망에 걸려 있던 버버리 스카프를 내가 발견했고 어떻게 된 일인지 그 스카프가 자살한 여자의 목에 둘려 있었다는 건 말하지 않았다. 내가 말을 할수록 앙드레의 눈은 점점 커졌고 얼굴이 식탁보처럼 하얘졌다. 그가 입술을 움직거렸다.

"자네… 자네 이야기는…."

내가 선수를 쳤다.

"10년 전의 모르간 아브릴 사건과 비슷하다는 거죠?"

그가 고개를 끄덕였다.

"내가 죽은 애를 직접 봤어. 라시렌 호텔 코앞이었거든. 절벽 록페스티벌 덕분에 아주 대박이 났지. 제방 위에 테이블을 쫙 펴고는 홍합, 감자튀김, 케밥을 신나게 팔아치웠고 말이야. 사방에서 젊은이들이 몰려왔는데, 날씨까지 끝내주게 좋았지. 이포르에서 처음이자 마지막으로 열린 큰 행사였어."

"그랬군요."

나는 딱히 할 말이 없었다.

"솔직히 말하면 그 사건 덕에 난 재미를 좀 봤어. 6개월 동안 호텔에 빈방이 없었거든. 기자, 경찰, 전문가, 증인, 변호사 들이 끊이지 않고 드나들었으니까."

"잘 됐군요. 또 누가 죽었으니 호텔이 꽉 차게 생겼네요!"

나는 모나의 위험한 농담에 주인이 화를 낼까 봐 내심 걱정했다. 그러나 앙드레는 한참 동안 입만 다물고 있었다.

"그저 아무 일도 벌어지지 않길 바랄 뿐이야."

"무슨 일이요?"

"살인사건 말이야."

"10년에 한 번씩 발생하니까 시간은 아직 있어요."

앙드레가 모나를 쳐다보았다. 하지만 기이하고 공허한 시선은 모나가 투명인간이라도 된 듯 그녀를 뚫고 나가 바다와 별 사이 어딘가에서 헤매는 것처럼 보였다. 모나의 부적절한 농담을 무시한다기보다 자신의 염려를 우리가 이해해줬으면 하는 눈빛이었다.

나는 몸을 돌려 그에게 물었다.

"그게 무슨 말이에요? 또 다른 살인이 일어날 수 있다는 거예요?"

그는 다른 테이블 의자를 끌어와 우리 옆에 앉고는 한참 동안 검은 바다를 바라봤다. 그리고 낮은 소리로 말했다.

"자네가 잘 몰라서 그래. 자넨 모르간 아브릴 사건만 아니까."

식당에 내려오기 전에 읽었던 신문기사의 마지막 줄이 생각났다. 산산조각 난 필립 그리마 형사의 가설과 전 국민의 관심을 촉발한 사건.

"모르간 아브릴 사건이 나고 3개월 후, 여름방학이 끝나갈 무렵이었는데 두 번째 살인사건이 일어났어. 루앙 근처 엘뵈프 마을에 살던 여자가 또 당한 거야. 죽은 사람은 청소년캠프 선생님이었어. 동일범의 소행이었지. 같은 정액이 검출됐고 같은 빨간 버버리 스카프에 목이 졸려 숨졌거든. 노르망디가 아주 난리가 났어. 모두들 살인사건이 계속 일어날까 봐 두려워했고. 그런데 살인자는 거기서 멈췄어. 여자 둘로 말이야…."

주인은 잠깐 침묵했다가 혼잣말처럼 중얼거렸다.

"그런데 오늘 아침에 또 사건이 일어났군."

나는 합리적인 설명을 찾으려고 머리를 굴렸다.

"살인마가 10년 만에 출소해서 다시 범죄를 저질렀다는 말인가요?"

"그때 범인은 잡히지 않았어."

주인은 기억을 떠올리는 듯 입을 다물었다. 머랭이 커스터드크림의 바닷속으로 서서히 가라앉았다. 이윽고 앙드레는 영국인 부부가 앉았던 자리를 치우러 갔다.

디저트는 온난화로 녹아버린 빙산처럼 변했다.

"끔찍한 얘기군요." 모나가 중얼거렸다.

나는 생각에 빠져들었다.

두 건의 살인….

살인범이 10년 동안 숨어 살다가 오늘 아침 또 범행을 저질렀다.

하지만 이번에는 살인을 저지르지 않았다.

마갈리 베롱은 절벽에서 스스로 뛰어내렸다. 자기 손으로 스카프를 목에 두르고.

내 지문이 묻은 스카프로….

그걸 아는 누군가가 정보를 조금씩 던져주면서 날 가지고 노는 중이다.

왜 하필 나야? 도대체 나하고 무슨 상관인데?

모나가 카드를 만지작거리며 말했다.

"일어날까요?"

나는 대답하지 않았다. 모나는 식사가 끝날 즈음 난데없는 분위기 전환에 실망한 것처럼 보였다. 그녀가 카드의 문장 하나를 큰 소리로 읽었다.

"'저에게 잠시나마 행복한 시간을 주어서 감사합니다.' 자말, 비밀인데요, 교외선 전철 플랫폼에서 낯선 사람이 이런 말이 적힌 카드를 내 손에 쥐어줬으면 좋겠어요. 그러면 나는 그 사람이 누구든 쫓아갈 것 같아요."

모나는 창밖으로 시선을 돌렸다. 가로등 불빛 속에서 밧줄로 매어둔 어선들이 물결에 흔들렸다. 비어 있는 어선들. 어쩌면 유령들이 키를 잡고 있는지도 모른다. 모나의 말이 이어졌다.

"바다가 보이는 레스토랑에서 카드를 받아도 나쁘지 않겠네요."

그녀가 의자를 뒤로 밀고 일어났다. 나는 눈을 비볐다. 아침부터 연속으로 일어난 믿기지 않는 일들이 마음을 휘저었다. 모나에게 미소를 지었다.

"자말, 내겐 한 가지 원칙이 있어요. 마음에 드는 남자가 생기면 바로 그날 같이 자요."

왜 하필 나야?

모나가 창문을 열었다. 파도에 구르는 자갈 소리가 방 안에 가득 찼다. 모나는 두 커튼 사이에 알몸으로 섰다. 제방에 부딪혀 하얗게 부서지는 파도의 포말이 그녀의 살갗에서 어룽댔다.

침대에 누워 모나의 뒷모습을 감상했다. 동그스름한 엉덩이까지 미끈하게 내려간 허리, 바다를 포기한 인어의 두 다리. 달은 어두운 밤을 교교한 빛살로 다독였다. 인적 없는 해변을 밝힌 불빛들이 모나의 하얀 육체에 달려들었다.

카지노의 붉은 네온등, 할로겐 가로등의 노란 조명….

진한 송진 내음을 퍼뜨리는 해송.

모나가 뒤를 돌았다. 흰 젖무덤에 솟은 갈색 유두. 면도한 치골에 돋아난 갈색 음모의 뿌리.

찬란한 몸이었다.

침대에 앉아 하나로 묶은 머리를 풀자 어깨 위로 머리칼이 우수수 쏟아졌다. 햄스터 같이 작은 얼굴에 볼륨감이 살아났다. 웃음을 터뜨리게 할 만큼 풍성한 머리였다.

모나는 사랑을 나눌 때 웃음을 그치지 않았다.

자연스러운 에너지와 샘솟는 창의력. 그녀와 사랑을 나누는 건 어린 시절 놀이 같았다.

숨바꼭질, 까막잡기….

눈을 감아, 손을 내밀어, 입술을 벌려….

웃음을 끌어내는 섹스. 이런 건 전혀 알지 못했다.

우리 둘 다 콘돔이 없었지만 모나는 개의치 않았다. 모나는 내가 그녀의 몸속에 계속 머무르도록 내 허리 밑을 부드럽게 눌렀다.

그리고 오르가즘에 이르기 전에 말을 놓았다.

시계를 보았다. 새벽 3시 10분.

모나는 창문을 약간 열어놓은 채 몸을 돌려 스스럼없이 침대로 걸어왔다. 나는 모나가 액자틀에 붙은 조개껍질을 떼어 보티첼리의 비너스처럼 음부에 가리는 상상을 했다.

"난 보코트에도 숙소가 있어. 보코트 알아?"

물론 안다. 매일 아침 보코트 계곡을 지나 조깅을 하니까. 노르망디 해안을 통틀어 가장 아름다운 숲이다. 19세기 바로크 양식으로 지어진 빌라 몇 채가 숲이 우거진 계곡과 작은 해변을 독차지하는 곳….

"논문지도교수가 그곳에 빌라를 가지고 있어. 열쇠를 줘서 언제든 가도 돼. 아직 가보진 않았지만…. 사진을 보니까 근사하긴 한데 으스스하고 낡은 집이더라고. 〈사이코〉 영화에 나오는 저택 같아. 고마운 제안이지만 별로…."

"그 교수랑 잤어?"

모나는 내 질문에 놀란 표정을 지었다.

"농담하지 마! '일은 철저히, 섹스는 재밌게'가 내 모토야. 그 둘을 섞기 시작하면…. 어휴!"

모나가 침대로 뛰어들었다. 나는 침대 가장자리에 앉았다. 그녀가 내 등을 쓰다듬었다.

"벌써 피곤해진 거야? 아침 일찍 뛰어? 그런데 우리 어머니가 말씀하시길, '운동선수와는 절대 자지 마라!'고 하셨는데 말이야."

나는 모나에게 키스를 하고 그녀의 오른쪽 가슴을 만졌다.

"딱 몇 분만. 알았지?"

나는 대답을 기다리지 않았다. 팬티를 입고 침대 맞은편 책상에 있는 노트북을 열었다. 예상대로 모나의 냉소가 날아왔다.

"사이코한테 제대로 걸렸네. 지금 뭐하는데? 노르망디 해안에서 가장 핫한 여자에게 동정을 잃었다고 트윗질하려고?"

나는 미소를 지었다.

"아니, 아까 저녁 때 호텔 주인이 한 얘기 말이야. 두 번 있었다는 살인사건…."

"10년 전 사건? 아니면 오늘 아침 네 성폭행사건?"

"10년 전 사건."

"좀 있다 하면 안 돼?"

안 돼…. 난 당장 알아야 한다고!

"잠깐이면 돼. 바로 끝내고 세상에서 가장 황당한 얘기를 해줄게."

나는 모나에게 전부 말하기로 결심했다. 철조망에 걸려 있던 버버리

스카프가 절벽 아래로 투신한 젊고 아름다운 여자 목에 둘려 있었다는 사실까지.

구형 노트북이라 부팅 시간이 한정 없이 걸렸다.

“나 좀 도와줄래? 겉옷 주머니에 지갑이 있어. 지갑에서 호텔 와이파이 비밀번호 좀 꺼내주면 좋겠는데….”

침대에서 옷을 잡으려고 모나가 몸을 비틀었다. 덮고 있던 시트가 그녀의 몸에서 흘러내렸다. 그녀가 비밀번호의 숫자와 글자를 큰 소리로 읽었다.

인터넷이 연결되자마자 생각나는 단어들을 구글 검색창에 입력했다.

연쇄살인

노르망디

2004년

버버리 스카프

백여 개의 결과가 나왔다. 대부분 유사한 내용이었다. 구글 검색 페이지에 올라온 굵은 제목과 그 아래 요약된 몇 줄의 내용들 속에서 동일하게 반복된 단어 몇 개가 눈에 들어왔다.

미르티 카뮈

2004년 8월 26일 목요일

이즈니 청소년캠프

성폭행

살해

단어 하나가 머리에 꽂혔다.

이즈니.

이상하게도 이 마을이 노르망디 해안 어디쯤 있는지 생각나지 않았다. 미간을 찌푸린 채 기억을 더듬었다. 그 순간 모나의 목소리가 등 뒤에서 날아왔다.

"이 거짓말쟁이! 너, 경찰이었잖아!"

경찰이라고? 내가?

이 여자가 미쳤나? 나는 당황해서 몸을 돌렸다.

"무슨 말이야?"

노란색 보안관 별이 코앞에서 흔들렸다.

내 별이다!

모나는 지갑만 꺼낸 게 아니라 주머니를 샅샅이 뒤진 모양이다.

"어린 시절 기념품이야?" 모나가 물었다.

"응. 다시 주머니에 넣어줘. 부탁이야."

가을날 그 아침이 머릿속에 펼쳐졌다. 그날 나는 하킴과 그의 친구들을 위해 망을 보고 있었다. 그걸 본 거리전담교사가 날 붙잡아 집으로 데려갔다. 일곱 살 때였다. 엄마는 야단치지 않았다. 오히려 날 데리고 쇼핑센터의 장난감가게로 갔다. 당시 나는 카멜 삼촌의 수집품인 옛날 서부영화 비디오들을 보며 시간을 보내곤 했다. 엄마는 5프랑도 안 되는 황금색 보안관 별을 사서 윗옷에 꽂아주었다. 그러고는 집에 돌아와 나를 텔레비전 앞에 앉히고 카우보이 영화를 틀었다. 내용은 중요하지 않았다. 엄마는 단지 내가 법의 어느 편에 서야 하는지 알려주기 원했다.

"이 글자들, 네가 썼어?"

황소고집인지 모나는 내 말을 못 들은 체하고 보안관 배지를 꼼꼼히 들여다봤다.

"별에 가지마다 동사를 적어놨네. 가지 하나에 동사 하나. 도합 다섯 개." 그녀가 말했다.

그리고 사인펜 잉크가 반쯤 지워진 단어들을 천천히 읽었다.

되자

하자

갖자

얻자

갚자

나는 한숨을 쉬었다.

"내 원칙이야. 살아가야 할 방향. 나침반 같은 거지."

"자세히 말해봐!"

모나의 눈이 반짝였다. 보안관 배지를 뺏기에는 너무 늦은 감이 들었다. 시트가 완전히 미끄러져 작고 귀여운 엉덩이가 드러났다. 하지만 나는 훨씬 더 벌거벗겨진 느낌이었다. 들은 척 만 척하고 인터넷으로 다시 눈길을 돌렸다.

〈베셍 통신〉

이즈나 마을 입구. 늦은 오후. 옛 석회가마 근처에서 시신 발견.

"진지하게 묻는 거야. 이 다섯 단어가 무슨 뜻이야?" 모나는 포기하지 않았다.

"나침반이라고 했잖아…."

나는 무심하게 모니터에 집중했다. 모나는 계속 지갑을 뒤졌다. 그리고 잠시 후, 회심의 미소를 지으며 넷으로 접힌 종이를 꺼내들고는 큰 소리로 외쳤다.

"찾았다!"

지금껏 이렇게 내 물건을 뒤진 사람은 없었다. 누구도 이 다섯 단어 뒤에 숨은 의미를 알지 못했다. 그러나 나는 그녀의 행동을 막지 않았다. 큰 소리로 읽는 모나의 가슴 밑에서 심장이 팔딱대는 소리가 들리는 듯했다.

되자_몽블랑 울트라트레일에 참가하는 최초의 장애인 선수가 되자.

하자_나보다 아름다운 여자와 사랑하자.

갖자_아이를 갖자.

얻자_내가 죽었을 때 울어주는 여자를 얻자.

갚자_죽기 전에 빚을 갚자.

그녀가 입을 다물고 나를 한참 쳐다보았다.

"이게 다 뭐야?"

나는 다른 기사를 클릭했다.

프랑스 서부. 〈바유 신문〉

성폭행살인범에 대한 추적이 강화되고 있다. 캉 사법경찰청의 레오 바스티네 수사팀장이 아브릴과 카뮈 사건을 맡았다. 내무부 장관이 특별 파견한 범죄심리학자가 바스노르망디에 곧바로 도착했다.

"말해줘." 모나가 또 말했다.

어쩔 수 없이 모니터에서 고개를 들었다.

"정말 짓궂네. 다 알면서 그래. 내 인생을 살아가는 원칙 같은 거야. 야망이라고 할 수도 있고. 나의 신체적 장애를 뛰어넘기 위한 지침이야. 가능하면 이 다섯 가지 목표를 달성하기 전에는 죽지 말자고 결심했어. 이 목표만 달성한다면 언제 죽어도 상관없어…."

"미쳤군!"

"그래서 나한테 끌렸던 거 아냐?"

나는 다시 입을 다물고 웹페이지를 열었다.

〈프랑스 수아르〉

노르망디를 공포에 몰아넣은 연쇄살인범. 파란색 아디다스 캡모자를 쓴 20대 남성으로 추정.

"몽블랑에서 뛴다는 1번 지침은 알겠어. 그래서 매일 아침 훈련을 하는 거고. 대회는 8월 말에 열리지 않아? 아직 시간이 있잖아. 그럼, 1번 목표는 달성한 거나 마찬가지네." 모나가 덧붙였다.

피식 웃음이 나왔다. 모나는 이 대회의 어려움과 내가 달성하려는 업적의 크기를 조금이라도 알 수 있을까? 세계에서 가장 험난한 레이스인 몽블랑 울트라트레일은 어릴 때부터 내 꿈이었다. 8월 본선대회가 있기 몇 달 전부터 예선대회가 시작된다.

"오케이. 2번 지침, 나보다 아름다운 여자와 사랑하기. 이건 어젯밤 달성!" 재미있다는 듯 모나가 말했다.

그러고는 자기 말이 맞는지 물어보려는 것처럼 발로 시트를 걷어차고 몸을 쭉 폈다. 인정하지 않을 이유는 없었다. 모나는 지금까지 함께 잤던 여자 중 가장 근사했고 가장 아름다웠다.

그녀의 말이 계속 이어졌다.

"지침 3번과 4번. 아이와 비탄에 잠긴 과부. 오케이. 하지만 그 밑에 숨겨진 의미가 중요한 거 같은데 말이야. 이 두 목표는 같은 여자와 달성하는 거야? 넘버 투 여자와?"

나는 여전히 모니터에서 눈을 떼지 않았다. 하지만 다른 기사를 클릭하지는 않았다.

"뭐냐니까?" 모나는 포기하지 않았다. "애인, 엄마, 과부. 여자가 하나야, 둘이야? 아니면 셋이야?"

"어떻든 상관없어."

"거짓말!"

"거짓말 아냐. 내가 늙어 죽으면 나의 재를 뿌리면서 우는 여자가 내 딸이 될 수도 있다고."

"좋아, 인정! 그럼 넘버 파이브. 죽기 전에 빚 갚기는 무슨 뜻이야? 누구 죽였어?"

나는 침대로 가서 그녀의 허리에 팔을 둘렀다.

"그건 우리 모두가 가지고 있는 빚이야. 인생에 대한 빚이지. 죽기 전에 쓸모 있는 사람이 되자는 말이야. 내 목숨에 대한 보답으로 다른 생명을 구하자는 거지."

"잘되기는 퍽네! 여자가 절벽에서 뛰어내리는 건 못 막았잖아."

내 손이 그녀의 엉덩이 곡선을 따라 내려갔다. 모나는 말을 가려서 하는 타입이 아니다. 지금까지 누구에게도 내 나침반의 다섯 방향에 대해 말한 적이 없었다. 이부와 오펠리에게도 말하지 않았다. 이렇게 된 바에야 좀더 구체적으로 말해야겠다고 생각했다.

"살인범을 잡는 것도 한 방법이지. 다른 범죄를 막을 수 있게."

"버버리 스카프 강간살인범?"

"그럴 수도 있고."

모나가 내 손을 잡고 자기 몸의 은밀한 곳으로 이끌었다.

"그런 건 잊어…."

탁상시계의 녹색 판이 4시 3분을 표시했다. 우리는 다시 한번 정사를 나누었다. 나는 그녀를 껴안고 전부 말했다. 마갈리 베롱의 목에 둘려 있던 빨간 스카프까지 하나도 남김없이.

내가 모나에게 물었다.

"오후에 경찰서에 가야 해. 다 말해야 할까?"

"모르겠어. 사실 버버리 스카프를 철조망에서 발견한 건 충분히 그럴 법해. 마갈리 베롱을 성폭행한 놈이 사람 발자국 소리에 놀랐겠지. 얼른 숨느라 스카프도 놔둔 거고. 그러다가…."

모나는 이마를 찡그리고 곰곰이 생각했다. 살짝 들린 코도 따라 올라갔다. 그녀가 벌떡 일어섰다.

"알았다! 범인이 가면을 쓴 거야. 복면을 했든지. 아니면 마갈리 베롱이 범인의 얼굴을 자세히 볼 틈이 없었던가. 그런데 얼마 후에 스카프를 들고 다가온 사람을 보고 범인이 돌아왔다고 생각한 거야. 너를 범인으로 착각한 거라고!"

나는 장면을 다시 떠올리며 마갈리가 뛰어내리기 전에 했던 말을 생각했다.

> 가까이 오지 말아요.
>
> 한 발짝이라도 움직이면 뛰어내릴 거예요.
>
> 상관 말아요. 가세요! 어서요!

내가 그렇게 바보였던가? 토끼를 궁지에 몰아넣은 사냥꾼처럼 그녀를 놀라게 했던 걸까? 공포에 떨며 사형집행인의 손에 들어가느니 차라리 스스로 죽는 걸 택하게 만들었을까?

모나의 추리는 나를 얼어붙게 만들었다.

내가 손에 스카프를 들고 다가가지 않았더라면, 마갈리는 몸을 던지지 않았을 수도 있다.

모나는 내가 떠는 모습을 보지 못한 듯, 자신의 가설을 계속 풀어냈다. 완벽한 추리였다.

"자말! 스카프도 충분히 설명할 수 있어. 여자가 뛰어내리면서 목에다가 스스로 두른 거야."

그러고는 잠깐 틈을 두었다가 다시 말했다.

"범인이 너라고 말하기 위해!"

범인이 나라고 말하기 위해?

내 벌거벗은 몸은 얼어버린 고깃덩이에 불과했다. 모나가 아직도 내 살에 몸을 맞대고 있는 게 신기할 정도였다. 몸을 뗐다. 모나는 그제야 내가 떠는 걸 알아채고 어깨를 잡았다.

침대 협탁에 놓여 있는 보안관 배지가 램프 불빛에 반짝였다. 모나의 손길은 부드러웠다.

"걱정하지 마, 자말. 네 책임이 아냐. 다른 방도가 없었잖아."

몸을 일으켰다. 모나의 손가락이 허공을 움켜잡았다.

"넌 잘못한 게 없어! 무죄라고. 경찰을 무서워할 필요 없어. 너와 범인의 DNA가 일치하지 않잖아. 10년 전에 두 여자를 죽인 범인의 것과도 당연히 다르고."

창밖으로 어둠에 잠긴 절벽이 보였다. 모나가 자기의 말을 반복했다.

"경찰을 무서워할 필요 없어, 자말"

하지만 모나는 잘못 짚었다.

완전히 틀린 말이었다.

그 점을 이해하기까지 그리 오래 걸리지 않았다.

사형집행인의 손에?

오전 10시 22분. 십여 척의 작은 어선들은 자갈 위에 잠들어 있다. 벤치에 봉투를 내려놓았다. 썰물 때가 되어 바닷물이 빠져나갔다. 배들이 접근하기 쉽게 갯벌에 파놓은 수로에서 윈드서퍼 두 명이 서핑 준비에 한창이었다. 두 사람은 서핑보드 돛대에 아가미 모양의 조종간을 달았다. 소금기에 탈색된 금발을 덥수룩하게 기른 남자는 옆 사람보다 어려 보였다. 그의 서핑보드 돛에는 뿔 달린 바이킹 투구가 그려져 있었다. 반백의 40대 남자는 빨간 바탕에 노르망디 상징인 황금색 사자 두 마리로 자기 돛을 장식했다.

순수한 모험가들! 물 위로 활강하는 이 스포츠를 즐기려면 혹독한 바람과 성난 파도와 물속에 숨겨진 암초를 극복해야 한다. 버뮤다 해협이나 야자수 우거진 호놀룰루, 시드니에서 윈드서핑을 하는 자들은 일요일마다 울트라트레일 레이스를 뛰는 자들과 같은 성정을 지녔다.

나는 동료애를 느끼며 그들에게 미소를 보냈다. 그리고 서둘러 봉투를 여는 대신 고요한 아침을 음미했다. 7시 30분에 일어나서 제일 처음으로 한 일은 협탁에 있던 보안관 배지를 침대맡에 나동그라진 모나의 셔츠에 꽂아주는 거였다. 정확히 심장 부분이었다.

"가지고 있어, 모나. 네게 맡길게."

잠에서 덜 깬 목소리로 모나에게 속삭였다. 그녀는 뜨거운 몸을 내 몸에 바짝 붙였다.

"야호! 책임감이 막중해지는걸!"

"엄청나지!"

나는 다시 잠에 들었다. 한 시간 후 눈을 떠보니 모나는 사라졌고 간략한 메모만 눈에 띄었다.

〈일하러 가야 해. 바닷가 어딘가에 있을 거야.〉

운동복을 입고 호텔 로비로 내려왔을 때는 이미 9시가 다 된 시간이었다.

"벌써 결심이 흐트러진 거야? 게으른 외다리가 울트라트레일 대회에 나갈 수 있겠어?"

앙드레가 손목시계를 보며 농을 던졌다.

"정상은 참작해주셔야죠. 여자가 예뻤잖아요."

"여자라니?" 앙드레가 눈을 찡긋했다.

라시렌에 묵는 고객들의 평균 나이를 보면 그가 중매쟁이 역할을 할 일은 거의 없어 보인다.

오늘 달릴 코스를 재빨리 머릿속에 그렸다. 에트르타 방향, 그랭발 계곡까지 서쪽으로 15킬로미터. 호텔을 나서기 전에 주인이 적어놓은 오늘의 날씨를 곁눈질했다.

오트알프 지역, 생베랑 마을
눈사태 위험
하루 종일 눈 소식
오전 늦게 돌풍 예상
영하 15도의 강추위

호텔 주인이 매일 재미삼아 적는 일기예보다. 햇살이 환하게 비추는 바깥은 그리 추울 것 같지 않았지만 그 예보를 보자 이상하게도 한기가 들었다.

보폭을 좁게 하고 천천히 출발했다. 해안 산책로에서 빳빳하게 얼어붙은 풀들이 발아래서 바스락댔다. 코스를 절반쯤 달리자 보코트 계곡이 나왔다. 숨을 약간 몰아쉬었다. 이곳의 집들은 도깨비 숲속에서 길 잃은 꼬마정령들의 집같이 기이해 보였다. 어느 집이 모나의 지도교수 집일지 궁금했다. 칼바레 산책로를 통해 이포르로 다시 내려오자마자 우체국 트럭과 맞닥뜨렸다.

우체부가 여자친구 엽서를 기다리는 소년을 보듯 날 보았다.

"우편물요? 자말 살라우이? 아, 하나 있었어요. 이미 라시렌에 전달했는데. 주인한테 물어봐요."

당연히 그랬을 것이다. 문득 좋은 생각이 떠올랐다.

"혹시 우편물 발신자를 찾을 수 있나요? 우표를 붙인 게 아니라 소인을 찍었다면 누가 요금을 납부했는지 확인이 가능해요?"

학생의 질문에 반색하는 선생처럼 우체부 얼굴에 생기가 돌았다.

"이론적으로는 가능하죠. 하지만 그 우편물을 15분 전에 들고 있어서 기억이 나는데, 우편요금자동납부기로 찍은 소인이었어요. 이 지역 회사나 관공서는 다 사용하는 기계죠. 스토킹하는 여인을 찾는다면 다른 방법을 찾아야 할걸요?"

호텔 로비에 들어서자 앙드레가 봉투를 내밀었다.

"정기구독하나 봐? 텔레비전 가이드? 혹시 〈플레이보이〉 아니야?"

"만화잡지예요."

맑은 날씨였다. 방에 처박혀서 봉투를 열고 싶지 않았다. 태양이 끈질기게 쫓아다니며 해변에 강한 빛을 쏟아냈다. 제방 위의 벤치로 발길을 옮겼다. 봉투를 열지 않아도 그 안에 무엇이 들어 있는지 잘 알았다. 법정물 시리즈 후속편이다.

오전 10시 29분. 두 명의 윈드서퍼는 영국 쪽으로 방향을 잡고 바다 위를 달렸다. 페캉 경찰서의 피로즈 형사는 오후 2시에 오라고 했다. 이제 세 시간 반 남았다. 봉투를 찢고 내용물을 꺼냈다. 바람에 종이가 날아가지 않도록 추위에 곱은 손으로 종이들을 꼭 잡고 한 장 한 장 읽기 시작했다.

미르티 카위 사건 • 2004년 8월 26일 목요일

빅토르 투베는 트랙터에 앉아서 바다처럼 드넓은 자신의 옥수수 밭을 굽어보았다. 처음에는 관광객이 버리고 간 쓰레기봉지라고 생각했다. 그런데 찢어진 옷을 보았고 곧이어 여자의 시체라는 걸 알았다.

근처의 이즈니 경찰서에서 두 명의 경찰이 10분 만에 도착했다. 경찰은 곧바로 6월 초에 발생한 모르간 아브릴 사건을 떠올렸다. 현장을 목격한 빅토르 투베와 그의 열다섯 살 아들에게는 함구할 것을 당부하고 상부에 사건을 보고했다. 상부 역시 사건이 새어나가지 않도록 경계하며 언론에도 24시간 동안 보도 자제를 요청했다. 그동안 두 사건의 연관성을 밝히기 위해서였다. 소식이 퍼지면 노르망디 해안마을이 큰 충격에 휩싸일 건 불 보듯 뻔했다.

모든 언론에서 뱉어낼 단어는 '연쇄살인'일 테니까.

경찰은 24시간이면 이를 충분히 입증할 수 있다고 생각했다.

열아홉 살의 미르티 카뮈는 보름 전부터 이즈니 휴양지에 위치한 청소년캠프에서 스태프로 일했다. 피해자가 살아 있을 때 마지막으로 본 사람들은 마을을 빠져나가는 그랑캉프 도로에서 오후 3시쯤 혼자 걸어가는 카뮈와 마주쳤다고 진술했다. 그녀가 쉬는 날이었다.

부검결과는 두 사건이 동일범의 소행일 거라는 경찰의 심증을 뒷받침해주었다.

미르티 카뮈는 강간을 당한 후 목이 졸려 사망했다. 목에는 빨간 캐시미어 스카프, 즉 버버리 브랜드의 스카프를 두르고 있었다.

미르티 카뮈를 성폭행한 자의 정액은 모르간 아브릴 살해범의 DNA와 일치했다. 곧이어 긴급하게 시행한 정밀분석은 두 개의 유전자정보가 유사하다는 결과를 보여주었다.

두 가지 결과만으로도 동일범이라고 결론내리기에 충분했다. 그런데 보고서에는 더 놀라운 사실이 들어 있었다.

성폭행을 당하고 교살되기 전, 미르티 카뮈는 해수욕을 했다. 수영복이 발견되지 않았고 속옷에서 소금기가 전혀 검출되지 않은 걸 보면 알몸으로 수영했다고 추정할 수 있었다. 하지만 이즈니 마을을 벗어나는 걸 목격한 사람은 있어도 바닷가 어디에서도 그녀를 본 사람은 없었다. 미르티는 보라색 히비스커스 꽃무늬가 큼지막하게 박힌 하늘색 여름 원피스를 입고 있었다. 매우 우아한 옷이었는데 길게 찢어졌다.

모르간 아브릴처럼 미르티 카뮈도 보라색 브래지어를 착용했다. 하지만 팬티는 없었다. 다음 날 강간범의 체액이 묻은 팬티를 갯벌에서 발견했다. 또 하나, 미르티가 둘러멨던 크로스백을 찾지 못했다는 것도 두 사건의 공통점이었다. 경찰이 여러 달 동안 수색했지만 찾지 못했다.

동일한 야만성. 동일한 강간범. 동일한 도구. 동일한 수법.

그 수법은 경찰이 절대 발표하지 않은 세세한 사항까지도 동일했다.

삼엄한 경계 속에서 24시간 동안 진행한 수사의 결론은 다음과 같았다.

> 연쇄살인범이 다시 활동하기 시작했다.
>
> 여기서 멈추지 않고 또다시 범행을 저지를 것이다.

정부는 페캉 경찰서의 필립 그리마 형사과장에게 석 달 전부터 열정적으로 수사해준 것에 대해 정중히 감사를 표했다. 그리마가 최종보고서에서 살인범의 재범 위험에 대해 간과했던 사실은 언급하지 않았다. 하지만 수사에서는 손을 떼게 했다. 그리고 내무부와 법무부에서 발탁한 두 사람에게 모르간 아브릴과 미르티 카뮈 두 사건을 모두 맡겼다.

캉의 사법경찰청 소속인 레오 바스티네 수사팀장은 은퇴를 5년 앞둔 베테랑이었다. 뛰어난 전략가인 그는 탁월한 조직능력과 팀워크에 더해 영국식 유머를 구사했고, 윗사람과 아랫사람의 인정을 동시에 받았다. 로케 판사를 대신해 바스티네에게 배정된 판사는 폴 라가드였다. 칼바도스에 부임한 지 얼마 안 된 젊은 판사로 똑똑한 야심가에 언론을 다룰 줄 알았다.

혹시라도 라가드 판사가 너무 앞서 나간다면 그를 진정시킬 사람은 바로 바스티네 팀장이었다. 만일 라가드가 장차 유명해지길 원한다면 공소시효가 끝난 후 이 사건에 대한 책을 써서 베스트셀러를 터뜨리는 방법이 있다. 이를 위해서는 사건의 모든 세부사항을 꼼꼼히 정리해놓아야 한다. 내무부에서는 연쇄살인범의 출현에 놀라 수사팀장과 판사에게 범죄심리학자도 붙여주었다. 엘렌 닐송 박사. 36세. 좋은 학벌과 능력을 갖춘 그녀는 프리랜서로 활동하며 수사에 참여하거나 필요한 곳에 조언을 주곤 했다.

이 삼총사에게 주어진 임무는 분명했고 이를 위해 특별히 세 개의 주문이 내려왔다.

신속한 해결, 최소한의 파장, 범인 체포.

다각도로 수사한 결과, 모르간 아브릴과 미르티 카뮈, 두 피해자 사이에는 아무런 연결고리가 없다는 사실이 밝혀졌다.

살인자는 우연히 마주친 두 사람을 죽였다. 최악이었다.

엘뵈프의 마을 성당에서 열린 장례미사에 5천 명이 넘는 조문객이 참석했다. 주민 열 명 중 한 명인 셈이다.

미르티 카뮈는 아이콘이 되었다. 그럴 만했다.

모두 살인자를 증오했다.

어쩌면 미르티의 가족은 그렇지 않았을 수도 있다.

피해자 부모인 샤를과 루이즈 카뮈는 마을의 유명 인사였고 주민들의 존경도 받았다. 샤를 카뮈는 20년 전부터 엘뵈프 박물관 학예사로 일했다. 20만 년 전의 고고학에서부터 19세기 양모방직기까지 연구에 전념하며 이 지역의 전문가로서 명성을 얻었다. 무용을 가르치는 루이즈는 귀중한 지역문화유산인 서커스연극의 명맥을 지키기 위해 보존운동에 열정을 쏟았다.

두 사람은 휴머니스트이자 진보주의자였고 정치적으로는 중도 성향을 띠었다.

이들 부부에게는 아이가 하나밖에 없었다. 게다가 늦둥이였다. 보물 같은 존재였지만 온실 속에서 키우지 않기 위해 노력했다.

미르티는 엄마의 무용수업과 서커스연극 워크숍에 참여했다. 그러면서도 낙후지역인 퓌쇼 동네의 초등학교를 다녔다. 이곳은 교육지원이나 지역활성화정책을 우선적으로 시행하는 동네였다. 그들은 센 강가의 아파트들 사이에 있는 작은 주택에서 살았다. 생일 때면 이 작은 집에 엘뵈프에서 가장 부유한 집안의 자녀, 실직한 노동자의 딸, 아프리카 이민자의 아들 들을 초대했고 모두가 함께 어울렸다.

루이즈와 샤를의 의도적인 선택이었다. 정치적인 선택이 아닌, 살아가는 방식에 대한 선택으로 이들을 초대했다. 미르티는 부모의 사랑을 듬뿍 받고 자랐다. 부모는 미르티가 예쁜 아이가 되기를, 외모가 아니라 내면이 아름다운 사람이 되기를 바랐다. 얼굴이야 워낙 예쁘게 태어나서 더 보탤 것도 없었다. 생각해보면 이기적이고 조금 잘난 척하는 걸 수도 있다. 그러나 아이에게 가치와 배려와 나눔과 용서를 가르치고 싶었다. 그래서 언젠가 미르티가 가정을 갖게 되면 자기 아이들에게도 이런 덕목을 가르치며 살기 원했다.

카뮈 부부는 미르티가 태어나기 전에 이미 엘뵈프의 소외계층 아이들을 위해 '황금이불'이라는 협회를 만들었다. 1964년이었는데 직물산업의 침체로 실업자가 양산되어 지역의 수입이 절반으로 줄어들 때였다. 센 강가에 르노 자동차 공장이 세워졌지만 지역경제는 나아지지 않았다. '황금이불'은 매년 여름휴가를 떠나지 못하는 아이들과 청소년들을 위해 여름캠프를 조직했다. 카뮈 부부는 30년 넘게 직접 캠프를 운영했다. 미르티 역시 걷기도 전에 캠프에 참가했다. 꼬마 미르티는 여름이면 캠프 기숙사에서 제멋대로 구는 반항아들에게, 그리고 나머지 계절에는 길에서 마주치는 사람들에게 마스코트가 되었다. 카뮈 부부는 1999년에 청소년문화센터 소장인 프레드 생미셸에게 캠프 운영권을 넘겼다. 생미셸은 미르티가 열일곱 살이 되자마자 캠프 스태프로 불러들였다.

프레드 생미셸은 사람들이 '시생'이라고 불러주는 걸 좋아했다. 80년대 프랑스 팝 록 듀오 리타 미츠코의 기타리스트인 프레드 시생의 이름에서 따온 별명이다.

긴 머리에 거뭇거뭇한 수염, 낮은 목소리가 인상적인 생미셸은 늘 세련된 영국 신사 분위기를 풍겼다. 엄격한 가정교육과 10년 동안의 스카우트 활동 덕분에 도덕에 대한 확실한 기준을 가진 사람이기도 했다. 샤를과 루이즈가 높이 산 것도 그 부분이었다. 스무 살이 되기 전에는 혼자 세계여행을 했다. 여자들은 그가 지닌 열정에 매력을 느꼈다. 그는 특히 자기보다 어린 여자들에게 인기가 많았다.

미르티도 프레드 생미셸을 좋아했다.

나이 차가 많이 났지만 미르티와 프레드는 자연스럽게 사랑에 빠졌다.

열여덟 살의 미르티와 서른일곱 살의 프레드. 미르티의 부모는 굳이 반대하지 않았다.

프레드 역시 아름다운 사람이었다.

2004년 10월 4일로 결혼식 날짜를 잡았다. 숨진 채 발견된 미르티의 약지에는 약혼반지가 끼워져 있었다.

결혼식장에도 많은 축하객이 왔을 테지만 장례식에는 그보다 훨씬 많은 추모객이 몰렸다.

판사, 수사팀장, 범죄심리학자. 삼총사 수사팀이 일을 시작했다.

처음에 라가드 판사는 수사팀장의 결정에 고개만 주억거렸고 범죄심리학자가 내미는 끝없는 유전자 리스트에 하품을 했다. 주민, 피서객, 해변에서 캠핑하는 사람들의 DNA 정보가 모르간 아브릴 사건 이후에 구축된 노르망디 유전자은행에 더해졌다.

그러나 유전자검사를 완료한 사람들을 용의선상에서 제외시키는 것 외에는 소득이 없었다.

필립 그리마 형사가 만든 용의자 몽타주도 대대적으로 배포했다. 빨간 버버리 스카프를 두르고 이포르에 출현했던 청년의 몽타주. 그의 부모는 노르망디 해안의 별장 소유주로 추정.

별다른 용의자가 나타나지 않았으므로 현재로서는 그 청년이 제일 유력한 용의자였다.

유령 같은 용의자.

그를 봤다는 사람은 아무도 없었다. 아니면 몽타주가 틀렸을까?

모르간의 엄마, 카르멘 아브릴은 형사들을 다그쳤다. 9월에는 한 여성지에 카르멘과의 인터뷰 기사가 실렸다. 인터뷰에서 가장 인상적인 문장이 표지에도 박혔다.

〈내 말을 들었더라면, 미르티 카뮈는 죽지 않았을 것이다!〉

카르멘 아브릴은 딸을 죽인 범인이 성범죄자가 확실하다고 기자에게 말했다. 범인은 우연히 모르간 아브릴을 선택했고 우연히 미르티 카뮈를 선택했다. 범인이 잡히지 않으면 우연히 선택된 또 다른 희생자가 나온다는 요지였다. 필립 그리마 형사는 당황한 남자가 그날 밤에 만난 여자의 목을 너무 세게 잡아 우발적으로 살인했다고 결론 내렸다. 말도 안 되는 가설을 입증하느라 허송세월을 보내지 않았더라면 범인은 이미 잡혔을 게 분명하며 미르티 카뮈도 죽지 않았을 것이다.

바스티네 수사팀장은 모르간의 엄마를 만났다. 모든 경찰력을 동원해서라도 이 사건을 해결하겠다고 약속했다.

괜한 소리가 아니었다.

라가드 판사와 바스티네 수사팀장은 노르망디 전체를 덮는 그물을 짰다. 집집마다 탐문수사를 하는 동시에 대대적으로 증언을 수집하며 전산자료를 비교했다. 레오 바스티네는 살인범과의 기나긴 싸움을 예상했고 무엇보다 몇 기가바이트에 이르는 정보 속에서 하나의 단서라도 찾아내야 한다고 생각했다. 충성심 강하고 유능한 개미들의 작업에 사활을 걸 수밖에 없었다. 사실, 필립 그리마 형사의 수사방식도 이와 비슷했다. 하지만 지금은 수사 인력이 그때보다 열 배가 넘었다.

범죄심리학자인 엘렌 닐송 박사는 진저리를 쳤다. 바스티네 수사팀장과 달리 박사는 단 하나의 증언에 모든 것을 걸었다.

모르간 아브릴과 미르티 카뮈 사건 사이에는 근본적인 차이가 있었다. 미르티 카뮈는 살해되기 며칠 전부터 위협을 느꼈다. 그리고 그녀와 가까운 사람들은 그 위협이 누구로부터 왔는지 알고 있었다.

고개를 들었다. 조금만 더 읽으면 끝이다. 하지만 100미터쯤 떨어진 곳에서 낯익은 형체를 발견하고는 글에 집중할 수 없었다.

뽕쟁이다!

제2의 피부라도 되는지 여전히 갈색 가죽잠바 차림이었다. 지치고 우울한 얼굴을 보니 절벽에서 뛰어내릴지도 모른다는 생각이 들었다. 그가 바다를 향해 걷고 있었다. 파도가 물러나고 바위에 물이 빠진 다음 발을 내딛는 것처럼 굼뜬 걸음이었다.

그가 나타나면 모두 도망친다. 심지어 파도마저도.

신경쇠약에 걸릴 만하다.

나는 봉투에 서둘러 자료를 넣고 그를 향해 달려갔다.

마갈리 베롱의 자살을 목격한 사람은 단 세 명. 그중에 뽕쟁이와 내가 있다. 두 번의 살인 후 10년이 지난 시점에서 빨간 스카프 살인자가 다시 활동을 시작했다는 건 틀림없어 보였다. 어쩌면 뽕쟁이는 믿기 힘든 이 우연의 연속에 대해 자기 나름의 해석이 있지 않을까?

다시 활동하기 시작했다?

"크리스티앙? 크리스티앙 르메데프 씨!"

나는 파도가 지나간 바위를 밟으며 빠르게 걸어갔다. 황량한 풍경이 사방을 에워쌌다. 수많은 봉우리와 계곡, 수천 년 동안 바람이 만들어 낸 동굴. 자연은 제멋대로 잘리고 깎여도 그 자체로 빛이 난다.

왼 다리가 돌부리에 걸려 넘어질 뻔했다. 욕설이 튀어나왔다. 미끄러운 바위에서 균형을 잃기라도 하면 고장 난 다리로 몽블랑의 눈 덮인 비탈을 오르는 건 생각도 말아야 한다.

"르메데프 씨!"

또다시 뽕쟁이의 이름을 불렀다.

그는 그제야 고개를 돌려 흐릿한 눈으로 나를 쳐다보았다.

"아… 당신이네요."

내 이름이 기억나지 않는 모양이다. 다가가서 손을 내밀었다.

"자말. 자말 살라우이입니다."

뽕쟁이는 내 윈드월 점퍼를 유심히 보았다.

"정말 날마다 뛰나 봐요?"

"그렇죠, 뭐."

내가 어떻게 훈련하는지 뽕쟁이에게 자세히 떠들고 싶지는 않았다. 마갈리 베롱의 자살 얘기를 꺼낼 방법만 궁리했다.

"조금 있다가 페캉 경찰서에 가요. 2시에 약속이 잡혀 있어요. 르메데프 씨는 몇 시에 가나요?"

그가 움찔하며 놀란 표정을 지었다.

"나는 안 가는데…. 어제 진술서에 서명했어요. 단순 증인 자격으로. 필요하면 다시 연락하겠다고 형사가 말했고요. 귀찮은데 잘됐죠, 뭐."

그는 나의 예외적인 상황에 대해 생각하는지 고개를 갸우뚱했다. 절벽 발치에 끝없이 펼쳐진 자갈밭에서 검은 그림자로 보이는 수십 명의 이포르 주민들이 두세 명씩 모여 조개를 캤다.

"저러면 안 돼요." 르메데프가 슬쩍 얘기했다.

"뭐가요?"

"조개를 캐는 건 금지돼 있어요. 채집하지 말라는 경고문이 있는데도 저러고 있네. 그런데도 경찰은 신경도 안 쓰고…. 정말 짜증나!"

르메데프는 조개 캐는 사람들 들으라는 듯 목소리를 높였다.

"조개 채집이 위험하면 법을 지키게 하든지, 위험하지 않으면 조개를 캐도 된다고 하든지 해야 할 것 아냐! 조개를 못 캐게 해놓고 관리도 안 하는 건 앞뒤가 안 맞잖아! 안 그래요?"

"글쎄요…. 조개를 캐본 적이 없어서…."

"경찰이 위선적이라고 생각하지 않아요?"

"범죄자죠!"

나는 인상을 찌푸렸다. 반나절 동안 햇빛을 받아 뜨듯해진 돌에서 끈적끈적한 어패류를 떼어내 먹는다는 생각만으로도 구역질이 났다. 내 말에 르메데프의 얼굴이 조금 펴졌다.

"피로즈 형사가 다시 보자고 했다고요?" 르메데프가 물었다.

"네…."

"어찌 보면 당연한 건지도 몰라요. 나와 드니즈 할머니와 착한 아놀드 멍멍이는 제대로 본 게 없으니까. 절벽에 있었던 사람은 형씨였고."

르메데프의 눈이 다시 조개를 캐는 사람들로 향했다.

"세균이 득시글한 조개나 게를 먹고 저 사람들이 식중독으로 죽는다고 생각해봐요. 모두 죽든 단 한 명만 죽든…. 노인이나 어린애가 말이죠. 여기는 유조선이 지나가고 원자력발전소가 가까이 있으니 공상과학 영화에나 나오는 얘기는 아니잖아요?"

50여 미터 떨어진 곳에서 간간이 비명과 웃음소리가 들려왔다. 노란색 고무장화를 신고 '헬로 키티' 양동이를 든 두 꼬마와 그들의 할아버지가 조개를 캐는 중이다.

"이상하지 않아요? 그죠?" 르메데프가 말을 이었다.

그가 다시 마갈리 베롱 사건을 말한다고 생각했다.

"뭐가요?"

"피로즈 형사도 말했겠지만 경찰은 자살이라고 생각하지 않아요. 여자애가 성폭행을 당하고 목이 졸려 살해됐다고 생각하지. 그런데 형씨 얘기는 좀 다르잖아. 안 그래요?"

답할 새도 없이 그의 말이 이어졌다,

"사실 그 얘기를 듣고 좀 놀랐어요. 여자가 절벽에서 혼자 뛰어내렸다니. 그래서 마갈리 베롱에 대해서 찾아봤어요."

르메데프가 다가와 목소리를 낮췄다. 고인 물에 신발이 젖어도 개의치 않았다.

"뭔가 발견했는데 믿기 어려운 얘기들이 있어요. 시간이 있어서 하루 종일 조사를 했거든요."

"하루 종일요?"

"난 실업자예요. 이혼도 했고. 아이들은 멀리서 학교에 다니고 있어요. 자주는 못 봐요."

젠장! 마갈리 베롱에 대한 정보를 기대했는데 자기 인생 얘기나 하고 있다. 그가 면도하지 않은 턱을 내 어깨로 들이밀었다.

"팔뤼엘 원자력발전소에서 일했어요. 실력 있는 엔지니어였다우! 쉬운 자리가 아니에요. 특히 나처럼 환경 문제에 신경을 쓰는 사람이라면 더욱 그렇죠. 8년 전에 회사를 그만두고 풍력발전에 투자했어요. 미래의 에너지니까! 아내도 동의했고요. 환경주의자거든요. 아니 환경주의자였지. 처음에는 잘 나갔어요. 회사도 차리고 기술자 두 명과 영업사원 한 명도 고용했죠. 우리는 농장을 돌아다니며 바람을 팔았어요. 그때처럼 내 이름이 빛을 발한 적이 없었는데…."

르메데프가 피식 웃으며 숨을 들이쉬었다.

나는 아니었다. 싸구려 향수 냄새가 바닷바람에 섞여 참을 수 없었다. 그의 목소리는 점점 더 멜로드라마가 되어갔다. 그리고 부자연스러웠다. 그때는 별다른 신경을 쓰지 않았는데 나중에 아주 나중에 이 순간을 기억해냈다.

"그런데 갑자기 대기업이 시장에 뛰어든 거예요!" 르메데프의 목소리에 짜증이 묻어났다. "노르덱스, 베올리아, 스웨즈 이런 회사들이 말이죠. 개인이 풍력발전기를 설치하는 걸 금지한 법안이 통과된 시점에 딱 맞춰서! 공익성 조사와 환경영향평가 없이는 단 하나의 발전기도 세울 수 없게 된 거예요. 어떻게 됐을지 안 봐도 그림이죠? 6개월 만에 중소기업은 다 파산하고 다국적 기업들이 시장을 가져갔어요. 나도 파산했어요. 마누라는 팔뤼엘에 내 후임으로 온 놈하고 도망쳐버렸고. 애들 학비 대느라 빚이 턱까지 찼어요. 매달 대출상환 청구서가 오는데 아이들한테는 1년에 한 번 연락이 올까 말까죠."

르메데프는 임대아파트 벤치에 죽치고 앉아 밑도 끝도 없이 자기 얘기만 늘어놓는 남자들 같았다. 아무나 붙잡고 신세한탄을 하면 자신의 불행이 그 사람에게 옮겨간다고 생각하는 걸까? 르메데프의 얘기는 계속 이어졌다.

"1년 전까지 거의 노숙자 신세였어요. 그러다가 운이 좋게도 자기 집을 관리해줄 사람을 찾는 노인을 만났어요. 그리고 나한테 작은 별장을 빌려준 거죠. 그 영감은 한 번도 그 집에 와본 적이 없대요. 그렇다고 팔 생각도 없고. 끝내주지 않아요? 고장 난 거 있으면 고치고 잔디도 깎고 청소를 해주는 대신 공짜로 잠자리를 제공받는 거죠. 여기서 재기를 꿈꾸고 있어요. 사실 말이지 불만은 없어요. 다시 도약하는데 이곳이 나쁜 동네는 아니니까."

르메데프가 숨을 들이마셨다. 나는 말을 끊기 위해 일부러 손목시계를 들여다봤다. 내 행동에 르메데프는 화제를 바꿨다.

"도약 말이 나왔으니 말인데, 다시 마갈리 베롱 이야기로 돌아가자면 피로즈 형사가 그 여자에 대해 뭐라고 해요?"

"제약회사 인턴이고 관할지역의 일반의들을 만나고 다녔다고 했어요. 아마도 이포르에서 잤을 텐데 어딘지는 모른다고…"

르메데프는 또다시 노인과 아이들을 바라보았다. 마치 그들이 끔찍한 위험을 앞둔 것처럼 공포에 찬 눈빛이었다.

"나한테도 그렇게 말했어요. 그래서 여기저기 쑤셔봤죠. 발전소에서 일할 때 주변 병원들과 같이 일했거든요. 의사들도 잘 알았고. 대기오염관리도 했고, 방사능 측정기나 요오드 알약을 나눠줬으니까. 의사 열 명 정도에게 전화해봤죠. 모두 그 아가씨를 알았어요. 바이엘 프랑스에서 일했다는데, 대단한 미인인 데다가 유능해서 기꺼이 약을 주문했다고 하더라고요. 형씨야 그 아가씨가 살아 있을 때 봤으니 나보다 더 잘 알겠지. 그렇게 예쁘다고 하니 독버섯을 방사능치료제라고 우겨도 박스째 구입하지 않았겠어요? 그거 말고는 별다른 사연은 없는 여자라고 할 수 있죠. 적어도 겉으로만 봐서는…."

르메데프는 말재간이 좋았다. 주변의 비둘기조차 넋 놓고 자기 얘기를 듣게 할 수 있을 것 같았다.

"겉으로 봐서는?"

그가 바위 위로 한 발짝 움직였다. 신발 밑창에서 시커멓게 물이 올라왔다.

"이런, 신발이 젖었네! 마을로 돌아가야겠어요. 같이 갈래요?"

나는 그 자리에서 움직이지 않고 다시 질문했다.

"마갈리 베롱에 대해 알아낸 게 뭐예요? 다른 사연이 있었나요?"

"같이 가요. 그래야 알 수 있어요."

달리 할 수 있는 것도 없어 그를 따라 갔다. 제방으로 걸어가면서 크리스티앙 르메데프가 이 지역에서 10년 넘게 살고 있다는 생각이 떠올랐다. 그 역시 마갈리 베롱의 자살과 모르간 아브릴 그리고 미르티 카뮈 살인사건이 비슷하다고 생각할 것이다. 빨간 스카프도…. 물어볼까

했지만 결국은 아무 말 하지 않고 그를 뒤따랐다.

라시렌 호텔 앞을 지나쳤다. 르메데프는 이포르의 번화가인 엠마뉘엘 푸아 가로 들어섰다.

"아무리 생각해도 정말 믿기지 않는단 말이야!"

그는 신문판매점 앞에서 의심이 가득 찬 표정으로 멈춰 섰다.

"이것 봐요. 가판대에 있는 이 신문들요!"

〈파리 노르망디〉, 〈르아브르 프레스〉, 〈쿠리에 코슈아〉 등의 신문에 실린 기사제목을 찬찬히 살펴보았다. 눈에 띄는 건 없었다. 의아한 눈으로 르메데프를 쳐다봤다.

"글쎄…, 특별한 건 없는 거 같은데요?"

"바로 그거예요! 아직 모르겠어요? 그러니 놀랍다는 거예요. 여자가 절벽에서 떨어졌는데, 강간당하고 목이 졸려 죽었는데, 다음 날짜 신문에 한 줄도 안 나왔잖아요. 단 한 줄도!"

무슨 말인지 바로 알아들었다. 그러나 다른 이유를 찾으며 반박했다.

"자살이잖아요. 1면에 나진 않죠."

스포츠 잡지를 팔에 끼고 나오는 남자에게 길을 비켜주었다. 〈쿠리에 코슈아〉는 주변의 행정구역을 개편하여 페캉 시에 통합한 기사를 1면에 실었고, 〈르아브르 프레스〉는 포르제롬 원유정제공장의 고용 축소를, 〈파리 노르망디〉는 해안지역의 부동산 가격 상승을 실었다.

"1면 기사감이 아니라고요? 형씨도 옛날 사건을 떠올렸잖아요. 동네 사람들한테 이미 얘기했을 거고. 안 그래요? 당연히 알고 있죠? 연쇄살인범이 다시 돌아왔다고요! 젊은 여자가 강간당하고 빨간 스카프로 목이 졸려 죽었어요. 월 최저임금에 맞먹는 그 빌어먹을 스카프로 말이죠! 10년 전 사건이어도 어제 일처럼 기억나는데…. 여섯 달 동안 모든 신문이 그 사건만 떠들어댔어요. 그런데 이것 봐요! 기사가 전혀 없잖아요! 전혀!" 르메데프가 목소리를 높였다.

"얼마 안 됐잖아요. 어제 일이라서 그런 거 아닐까요?" 내가 다시 반론을 제기했다.

"말도 안 돼! 이건 특종이라고요! 어떻게 언론이 새카맣게 모를 수 있느냐 말이죠!"

혹시 단신으로 나왔는지 보려고 일간지들의 1면을 꼼꼼히 뜯어보았다. 그래봤자 소용없다는 듯 르메데프는 확신에 찬 얼굴이었다. 이미 모든 신문을 훑어본 것 같았다.

나는 다른 이유를 들었다.

"경찰이 아무 정보도 안 줬나보죠. 그래서 기다리는 거고. 예를 들어… 원자력발전소에서 사고가 나면 해결된 다음에 발표하잖아요."

르메데프는 동의하지 않았다.

"경찰이 정보를 어떻게 막아요? 목격자만 벌써 세 명인데. 나는 아는 사람들에게 벌써 다 말했어요. 형씨도 그러지 않았소? 드니즈 할머니도 그랬을 거야. 가뜩이나 말 많게 생겼던데…. 어제 아침에 경찰이 시체를 조사하는 걸 본 사람들도 있고. 그런데 기자가 아무에게도 물어보지 않았다고? 무슨 일이 생기기만 하면 노인들이 신나게 떠벌리고 다니는 이 손바닥만 한 이포르에서?"

크리스티앙 르메데프가 옳았다. 어떤 기자도 소식을 듣지 못했다는 건 말도 안 되는 소리였다. 그리고 정보를 입수한 이상, 10년 전에 일어난 아브릴과 카뮈의 두 사건과 비교하지 않는 건 불가능했다. 우리 말고 아무도 알지 못한다는 건 있을 수 없었다.

하지만 그게 현실이었다.

"또 다른 이유가 있어요?" 르메데프가 의기양양하게 물었다.

나는 고개를 가로저었다.

"그렇지? 내 말이 맞아. 냄새가 나. 냄새가."

르메데프는 자연스럽게 말을 놓았다. 마치 상식을 벗어난 경찰 수사에 맞서 자기편이 되어줄 사람을 찾는 것 같았다. 그가 몸을 돌려 손가락으로 작은 집을 가리켰다. 파란 덧창, 붉은 벽돌로 장식한 흰 규석 벽, 청회색 기와. 노숙자가 될 뻔한 사람이 사는 집치고 나쁘지 않았다.

"내 숙손데 커피 한잔 하겠어?"

시간이 없었다. 피로즈 형사와의 약속이 세 시간밖에 남지 않았다.

"말씀은 고맙지만 괜찮아요. 그런데 드니즈 할머니가 어디 사는지 아세요?"

르메데프는 실망한 기색이었다.

"아놀드하고 살겠지?"

그는 혼자 말하고 혼자 웃었다.

"그것 말고는 모르겠는데. 어제 이후로 할머니를 본 적은 없어. 사실, 성이 뭔지도 몰라. 형씨는 라시렌 호텔에 묵고 있지? 앙드레 조지악이 운영하는 호텔."

"네. 일주일 정도 있을 거예요."

"그래. 새로운 소식 있으면 연락할게. 마갈리 베롱이 누구인지 더 파헤쳐볼 거야. 내가 이 침묵을 깨버리겠어. 어제 샤리에라는 의사에게 전화를 했어. 두드빌에서 개인병원을 하고 있는데 마갈리 베롱은 절벽에서 뛰어내리기 전날 그 병원에 들렀더라고. 샤리에도 이 소식을 벌써 알고 있었어! 샤리에는 말이지, 여자에 관해서는 둘째가라면 서러운 인물이야. 데리고 있는 간호조무사들도 완전 끝내준다고. 그런데 마갈리에게도 껄떡댔나 봐. 관심을 끌려고 수다를 떨다가 마갈리가 춤을 춘다는 걸 알아냈대. 그래서 자기도 몸 좀 흔들 줄 안다는 걸 보여주려고 나이트클럽에 같이 가자고 꼬드겼어. 그런데 퇴짜를 맞았다지 뭐야. 마갈리가 추는 춤은 벨리댄스였거든. 이렇게 배 흔드는 거 말이야."

벨리댄스….

머리에서 갑자기 방전이 일어났다. 신경세포가 연결을 시도했지만 허사였다. 나는 말을 그치지 않는 르메데프에게 떠난다는 뜻으로 손짓을 했다.

"그만 갈게요. 또 새로운 얘기를 알게 되면 말해주세요."

그는 내가 황급히 떠나는 걸 보고 눈을 휘둥그레 떴다.

라시렌까지는 불과 100미터 거리다. 마음이 급했다.

벨리댄스라고?

앙드레는 로비에 없었다. 서둘러 계단을 올라가 방으로 들어갔다. 재빨리 노트북을 열고 전원 버튼을 눌렀다. 어찌나 느리게 켜지는지 욕이 튀어나왔다. 윈도우의 동그라미는 내 머릿속 생각보다 훨씬 늦게 돌아갔다.

벨리댄스.

전날 갈색 봉투에서 이 단어를 봤다.

모르간 아브릴의 프로필에서!

노트북이 힘겹게 돌아가는 동안 모르간의 생애에 대해 기술한 모든 자료를 침대 위에 펼쳐놓았다. 신문기사, 경찰 기록, 인터뷰….

드디어 모니터에 화살이 나타났다.

구글 검색창에 재빨리 이름을 쳤다.

마갈리 베롱

십여 개의 결과가 떴다.

'페이스북' '옛 친구 찾기 사이트' '트위터' '링크드인' '데일리모션'

아무 볼펜이나 잡히는 대로 집어들고 백지 가운데에 수직으로 줄을 그었다. 왼 칸은 마갈리, 오른 칸은 모르간. 찾아낸 정보를 차례대로 적고 중요도 순서대로 정리했다.

출생일, 장소, 학교, 음악 취향, 취미, 여행….

양쪽 칸에 단어와 이름을 적어갈수록 놀라움을 금할 수 없었다.

너는 나올 게 없을 때까지 찾고 또 찾았다.

줄줄이 적힌 단어들이 눈앞에서 미친 듯이 춤을 췄다. 가슴이 두방망이질 쳤다.

이 모든 게 우연이라면 과연 믿을 수 있을까?

별다른 사연은 없는 여자?

"여보세요? 모나! 지금 어디야?"

"자말? 일어났네! 그랭발에 갔다가 이제 이포르로 가는 중이야."

"그럼 지금 만나. 할 말이 있어. 당장! 지금 당장! 정말 기막힌 사실을 알아냈어."

"연쇄살인마에 관한 거야?"

"아니, 피해자들에 관한 거."

제방에 도착하자 나를 부르는 소리가 들렸다.

"자말, 여기야!"

모나가 해변 옆 작은 놀이터의 그네에 앉아 손짓했다. 미끄럼틀, 미니 인공암벽, 밧줄다리가 있는 놀이터다. 가슴까지 지퍼를 내린 네오프렌 작업복 차림으로 모나는 천천히 그네를 탔다. 발치에 놓아둔 배낭이 묵직해 보였다. 정보통신산업을 혁신할 소중한 자갈들이 가득 담겼을 것이다.

모나에게 다가갔다. 보안관 배지가 심장 부근에서 반짝였다. 뭉클했다. 이 여자가 아닌 그 누구에게 내가 발견한 이 놀라운 사실을 털어놓을 수 있을까?

작은 물놀이장 근처에 앉아 그녀와 마주 보았다. 좋은 날씨가 드문 이곳에서는 아이들이 이 물놀이장에서 노는 일은 거의 없을 듯했다. 물을 뿜어내야 할 청동 물고기가 텅 빈 입을 벌린 채 우리를 노려봤다.

"말하고 싶은 게 뭔데?" 모나가 물었다.

빼곡하게 적은 종이를 내밀었다.

"잘 봐. 두 칸이야. 한 칸은 어제 죽은 마갈리 베롱, 한 칸은 10년 전에 강간범에게 살해당한 모르간 아브릴. 내가 두 사람에 대해 찾아낸 정보를 여기 다 적었어. 잘 들어봐. 모르간은 70년대 프로그레시브 록밴드를 좋아했어. 핑크 플로이드, 예스, 제네시스 같은 밴드 말이야. 수사 기록에 그렇게 적혀 있어. 그래서 이포르에서 열린 절벽 록페스티벌에 가겠다고 고집한 거지. 마갈리 베롱은 페이스북의 음악 팬 그룹에 속해 있어. 정확히 핑크 플로이드, 예스, 제네시스!"

"그런 밴드의 팬들은 수천 명이 넘을걸? 안 그래?"

그녀가 움직이며 불평하는 새처럼 끽끽댔다. 나는 다시 종이로 시선을 옮겼다.

"또 있어. 모르간은 뇌프샤텔에서 벨리댄스를 췄어."

"벨리댄스 나도 알아. 발리우드 버전의 오리엔탈 댄스. 요즘 유행이야."

"마갈리도 르아브르에서 벨리댄스를 배웠어."

"유행이라고 했잖아."

"그럼 우연이라고? 과연 그럴까? 이제 시작이야. 심장 단단히 붙들어 매! 모르간 아브릴은 고향인 뇌프샤텔에서 1988년부터 2003년까지 학교를 다녔어. 내가 학교 이름을 다 적어놨지. 샤를 페로 유치원, 클로드 모네 초등학교, 알베르트 슈바이처 중학교, 조르주 브라상 고등학교. 이거는 놀랄 게 없어. 뇌프샤텔에 사는 아이들이라면 누구나 이 학교를 다녔을 테니까. 마갈리 베롱은 파리 남쪽의 발드마른에서 살았으니 이런 학교들과는 아무 상관이 없어. 마갈리는 2006년 9월에 초등학교를 졸업하고 당연히 크레테유에 있는 중학교에 들어갔지. 그런데 이 중학교 이름이 뭔 줄 알아?"

대답 대신 그네가 끼익끼익 쇳소리를 냈다. 나는 큰 소리로 외쳤다.

"알베르트 슈바이처 중학교!"

모나가 갑자기 그네를 멈췄다. 나는 모나의 놀란 눈을 무시하고 계속 말했다.

"이것도 우연일까? 물론 우연이겠지? 마갈리는 고등학교를 크레테유에서 몇 킬로미터 떨어진 쿠르쿠론에서 다녔어. 학교 이름이 뭐였을 것 같아?"

"조르주 브라상?"

"빙고! 확인해봤더니 프랑스에 조르주 브라상 고등학교는 열 개가 안 돼. 그 중 하나는 뇌프샤텔에 있고, 또 하나는 쿠르쿠론에 있어."

"이상한 건 맞지만…."

나는 모나가 숨 쉴 틈도 주지 않고 받아쳤다.

"고등학교를 졸업하고 모르간과 마갈리, 두 사람 모두 의과대학에 갔어. 모르간은 루앙 대학, 마갈리는 에브리 발 데손 대학에서 공부했다고!"

모나는 발로 땅을 짚으며 그네를 멈췄다.

"혹시 친척 아닐까? 아니면 친구?"

"모르간 아브릴에 관한 신문기사와 수사기록을 다 뒤져도 마갈리 베롱의 흔적은 없어. 게다가 모르간이 살해됐을 때 마갈리는 아홉 살에 불과했고 노르망디에도 살지 않았어."

차가운 바닷바람이 불어왔다. 모나는 그네에서 내리고 작업복의 지퍼를 끝까지 올렸다. 심장에서 노란 별이 빛났다.

"좋아, 찬찬히 생각해 보자고. 네 말대로 우연이라고 하기에는 공통점이 너무 많아. 두 여자 사이에 관계가 있는 게 분명해. 네 조사에 따르면 모르간은 마갈리를 몰랐을 거야. 열 살이나 어리고 사는 곳도 달랐으니까…."

모나가 얼굴을 찡그렸다. 냄새를 맡는 겁 많은 토끼처럼 작은 코가 살짝 들리며 움직거렸다. 갑자기 그녀의 눈이 반짝였다.

"하지만 그 반대는 가능해, 자말! 마갈리는 틀림없이 모르간 아브릴 사건과 빨간 스카프 살인범에 대해 들었을 거야. 열 살밖에 안 된 때라 그 얘기에 큰 충격을 받았는지도 몰라. 그리고 그 사건에 대해 하도 많이 생각하다보니 살해된 모르간과 자신을 동일시했을 수도 있어. 그래서 취향과 취미뿐만이 아니라 모르간이 다녔던 중고등학교와 같은 이름의 학교들을 선택한 거야! 말이 되지 않아?"

나는 회의적이었다.

"10년 후에 같은 방식으로 자살할 정도로? 강간당하고 버버리 스카프로 목을 조르고?"

빨개진 모나의 코가 거친 숨을 내뿜었다.

"그래, 그건 좀 말이 안 돼."

모나 옆으로 더 바싹 다가갔다. 다시 말을 잇기 전에, 그녀의 축축한 작업복에 몸을 붙이고 껴안을지 말지 망설였다.

"그게 다가 아냐, 모나. 마갈리 베롱이 모르간 아브릴의 죽음만 베낀 게 아니라고! 마갈리 생일이 언젠지 알아? 1995년 5월 10일. 정확하게 모르간 아브릴이 태어난 지 10년 후야. 하루도 틀리지 않아." 내 목소리가 두 옥타브 정도 내려갔다.

"모르간이 1985년 5월 10일에 태어났다고?"

"그래. 뇌프샤텔의 페르낭 병원에서."

모나는 딸꾹질을 했다.

"그러면… 마갈리 베롱은 어디서 태어났어?"

"노르망디에서 6,000킬로미터 떨어진 퀘벡의 북쪽 마을…."

나는 모나에게 숨을 삼킬 시간을 주었다가 다시 말했다.

"태어난 동네 이름을 상상할 수 있겠어?"

목이 막힌 듯 대답은 좀처럼 나오지 않았다.

"… 뇌프샤텔?"

"맞았어! 믿기지 않겠지만 뇌프샤텔에서 태어났어. 샤를부르와 로레트빌 사이에 있는 마을이야."

이성적으로 생각하기를 포기한 듯 모나의 얼굴에 있던 모든 근육이 스르륵 풀어졌다. 그녀가 한 발 다가왔다. 네오프렌 작업복이 내 윈드월 점퍼에 끈끈한 연체동물처럼 달라붙었다. 나는 다시 입을 열었다.

"마갈리 베롱은 모르간 아브릴의 죽음만 베낀 게 아냐. 출생도 베꼈다고! 전 세계에 뇌프샤텔이라는 이름의 도시는 총 다섯 개야. 프랑스에 네 개, 캐나다에 하나. 마갈리 베롱은 일곱 살 때 프랑스로 왔고 그 이후 크레테유에서 살았어."

"자말! 도대체 무슨 말을 하는 거야?"

"나도 몰라, 나도 모른다고! 하지만 뭔가가 있어. 합당한 설명이 분명 있을 텐데 지금은 그걸 모를 뿐이야."

나는 그녀의 귀에 입을 바싹 대고 속삭였다.

"타인의 인생을 모방하는 거야. 시작부터 마지막까지 인생의 모든 과정을…. 두 사람은 멀리 떨어져 살았지만 취향이나 자주 가던 장소까지 거울처럼 똑같아. 홀로그램처럼 말이야. 제기랄, 이게 가능해?"

모나가 자신 없는 목소리로 자기 생각을 피력했다.

"혹시 연쇄살인범이 서로 비슷한 피해자들을 찾아다니는 게 아닐까? 왜 그런 거 있잖아. 엄마나 옛 애인을 닮은 여자, 아니면 자기 이상형. 그런 여자들만 찾아서 죽이는 놈도 있을 수 있으니까."

"하지만 이 경우는 그 반대야! 마갈리 베롱은 스스로 먹이가 되어 희생자를 대신하려는 것처럼 보여. 자기를 찾아내도록 포식자를 유인하는 것처럼 말이야."

"목표를 달성할 때까지? 죽기 직전에 자기 목에 살인도구를 직접 두를 정도로?"

나는 대답하지 않았다. 바위에 부딪혀 되밀려오는 파도 소리에 귀를 기울이다가 모나의 입술에 부드럽게 내 입술을 포갰다. 돌고래 살갗 같은 옷 위를 헤매던 손이 엉덩이까지 내려갔다. 모나의 숨이 가빠졌다. 내 손은 작업복의 얇은 주머니 속으로 들어가 부풀어오르는 육체의 열기를 만끽했다. 그 안에 있던 노란색 실크 스카프가 탐험을 계속하던 손가락에 걸려들었다.

무심코 손을 올려 모나의 턱 밑에 스카프를 내밀었다.

느리게 아주 느리게….

"이걸 목에 두르는데 얼마나 걸릴까?"

스카프를 목에 더 가까이 댔다. 모나의 눈동자가 돌연 흐릿해졌다. 그 눈은 공포로 가득 차 있었다. 느닷없고 격렬한 공포에 동공이 텅 비어버린 듯했다.

이런 바보!

얼른 팔을 내렸지만 이미 엎질러진 물이었다.

눈물로 모나의 목소리가 뿌예졌다.

"자말, 그런 장난치지 마…."

나는 말을 더듬었다.

"미… 미안해. 이러려던 게 아닌…."

모나가 내 손에서 노란 스카프를 홱 낚아챘다.

"아니야. 내가 미안해. 바보같이 무서워했어."

모나는 손에 쥔 스카프를 물끄러미 바라보았다.

"자말, 내 생각을 말해줄까?"

"어떤 생각?"

"그건 불가능해."

모나는 절벽과 요새와 양들, 전날 마갈리가 몸을 던진 바로 그 자리를 우러러보았다.

"저렇게 높은 곳에서 떨어지면서 목에 스카프를 감는다는 건 불가능해."

그러고는 갑자기 두 손을 머리 뒤로 넘겨 노란 스카프를 목에 둘렀다.

얼마나 걸렸을까? 1초?

"시간의 문제가 아니야, 자말!" 모나의 목소리가 높아졌다. "물리적으로는 가능할 수도 있겠지. 하지만 공중에 떠서, 아니 돌처럼 떨어지면서 그렇게 하는 게 가능하겠어? 아무리 생각해도 그건 불가능해. 그게 내 생각이야. 하지만 난 자말을 믿어. 절벽에서 뛰어내릴 때 마갈리 목에 스카프가 없었는데, 바닥에서는 스카프를 두르고 있었다는 거."

"분명… 분명히 합당한 설명이 있을 거야."

"그건 네가 이미 말했어."

입을 다물었다. 모나가 옳았다. 이 모든 이야기는 도무지 말이 되지 않았다.

하지만….

모나는 스카프를 주머니에 집어넣고 용수철 미니 오토바이로 가서 앉았다. 그러고는 말 안 듣는 환자를 앞에 둔 간호사처럼 나를 빤히 쳐다보았다.

"정리하자면, 연쇄살인범은 2004년에 두 여자를 강간하고 살해했어. 모르간 아브릴과 미르티 카뮈. 10년 후에 또 한 여자가 비슷하게 죽었어. 두 가지 추정이 가능해. 먼저 괴상한 버전이야. 이 여자는 모르간 아브릴의 운명을 똑같이 모방했어. 인생 전체를 말이야. 음악 취향, 학교, 취미까지. 동일한 방식으로 자살까지 했고!"

"태어난 날짜와 태어난 장소도 똑같아! 진짜 오싹해!" 나도 맞장구쳤다.

"그러니까! 완전 소름 돋아! 좋아. 이제 두 번째 추정은 좀더 논리적이야. 살인범이 다시 범죄를 저질렀어. 하지만 이번에는 아무렇게나 피해자를 고른 게 아니야. 마갈리 베롱에 대해 모든 걸 알고 있었어. 그래서 희생자를 골라서 강간하고 목을 졸라 죽인 거야. 경찰은 아마 이렇게 생각하겠지? 안 그래?"

"마갈리는 살해된 게 아니야. 자살했어."

모나는 천천히 고개를 끄덕이고 무언가를 골똘히 생각했다.

"조금 있다가 피로즈 형사를 만나야 해. 사실, 너무 두려워. 지금… 지금 내 상황은 범인으로 몰리기에 딱 좋잖아…."

"경찰이 너를 어떻게 하지 못할 거야. 네 정액이 아니잖아! 혹시 전과가 있어?"

"아니!"

"누구를 죽인 적 없어? 강간한 적도?"

모나가 오토바이를 앞뒤로 흔들었다. 풀어헤친 머리가 바람에 날렸다. 라텍스 작업복 차림의 모나는 할리데이비슨 미니어처를 타고 달리는 폭주족처럼 보였다. 나는 축 처진 기분에도 억지로 미소를 띠었다.

"도둑질은 한 적 있어. 학비를 내려고. 하지만 잡힌 적은 없어. 성공률 100퍼센트의 방법을 알고 있거든."

모나의 눈동자가 반짝했다. 대화 주제가 바뀌어 반색하는 표정이었다.

"그게 뭔데?"

"여름에만 훔치는 거야. 주로 타른 협곡이나 아르데슈 협곡의 강가에서. 카누와 카약으로 유명한 곳이거든. 관광객들이 신분증, 시계, 휴대전화 등 귀중품을 보관해두는 통에 손을 댔어. 급류를 타려고 배를 정박시켜 놓은 바위 위가 가장 좋아. 캠핑장이나 해변에서는 모두가 모두를 지켜보고 있어서 가방을 뒤지는 건 불가능해. 하지만 노란 구명조끼를 입은 서른 명의 사람들 속에 섞여 있으면 다들 비슷비슷해서 아무도 신경 쓰지 않지."

모나가 오토바이에서 기우뚱했다.

"어머! 기막힌 생각인데! 정말 도둑질을 했어?"

그녀가 말똥말똥한 눈으로 쳐다봤다.

"글쎄…. 나는 이야기 지어내는 걸 좋아하거든."

"그럼 스카프 얘기도 지어낸 거야?

난데없이 뒤통수를 후려 맞은 듯 정신이 번쩍 들었다.

모나의 입에서 반사적으로 튀어나온 말이었다. 그 순간에는 적어도 그렇게 생각했다. 깊이 생각하고 한 말이 아니라고….

얼굴이 굳었다.

"젠장! 너는 그러면 안 돼!"

"안 되다니? 뭐가?"

"모나, 잘 들어. 나는 그 여자의 죽음에 대해선 농담하지 않아. 강간당해 죽은 사람에 대해서 장난하지 않는다고. 다섯 살짜리 아이도 농담할 만한 것과 하면 안 되는 걸 구분할 수 있어. 그걸 모르진 않잖아."

나는 그녀의 눈을 똑바로 처다봤다.

"내가 지금 너 말고 누굴 믿을 수 있겠어?"

모나는 자존심이 상한 듯 입을 삐죽였다. 그러고는 미니 오토바이에서 내려 마음을 가라앉히려고 심호흡을 했다.

"그만해, 자말. 너를 믿으니까 진정하라고."

심장이 제멋대로 날뛰었다. 내 말에는 한 치의 거짓도 없었다. 다만 시시각각 나를 향해 조여 오는 이 미친 사건을 혼자 헤쳐 나갈 자신이 없었다.

모나가 나를 믿지 않는다면….

모나가 나를 믿지 않는다면 누가 나를 믿어줄까?

경찰?

앙드레? 크리스티앙 르메데프? 드니즈 할머니와 강아지 아놀드?

당신은?

이것도 우연일까?

우리 사이에 침묵이 흘렀다. 어느 쪽도 입을 열지 않았다.

록그룹 지지 탑의 반복적인 〈라그랑주〉 리듬이 폭발하듯 울려퍼졌다.

휴대전화 벨소리였다. 문자다. 신경질적으로 주머니 깊숙이 들어 있는 전화기를 꺼냈다.

"애인이야?" 모나가 호기심을 보였다.

벗어나고 싶었던 거미줄을 때마침 끊어준 벨소리다.

나는 문자를 확인하고 마음을 가라앉혔다.

"그렇다고 해야 하나 아니라고 해야 하나…."

"젊어? 예뻐?"

"예뻐. 그리고 아주 젊어."

"몇 살인데?"

"열여섯 살…."

모나의 눈이 동그래졌다.

"이름은 오펠리. 생탕투안 청소년치료센터에 있어. 아버지한테 성폭행을 당했거든. 여덟 살 생일선물로 말이지. 후유증이 심해. 폭력성향에 성격장애와 성적장애를 갖게 됐으니까. 교사든 심리치료사든 의사든 아무도 오펠리를 다룰 수가 없었어. 그런데 나와는 잘 지냈어."

"휴가 중에 전화하는 사이야?"

"응. 센터에서는 그것 때문에 날 못 잡아먹어 안달이야. 내가 오펠리와 너무 가까워서 치료에 방해가 된다고…."

"맞는 말이잖아. 각자 역할이 있으니까. 안 그래? 무슨 문자야?"

휴대전화를 내밀고 오펠리가 전송한 사진을 보여주었다. 코에 피어싱을 한 건장한 흑인 남자 옆에 오펠리가 찰싹 붙어 있었다. 짧은 문자도 함께 왔다. 두 글자였다.

〈몇 점?〉

"몇 점? 무슨 뜻이야?"

"우리 둘이 하는 게임이야. 주말이나 휴가 중에 남자를 만나면 나에게 사진을 보내줘. 나는 남자가 어떤지 평가하고. 선생님이 시험지를 채점하는 거와 비슷해. 점수를 매기고 코멘트를 다는 거지. '괜찮아 보임', '좀더 신중히 선택할 것', '영 꽝임' 그런 거 말이야. 나도 가끔 여자 사진을 보내."

모나는 안심을 했는지 그제야 웃음을 터뜨렸다.

"센터 교사들이 자말을 비난한다는 게 놀랍네!"

나는 오펠리에게 빠른 속도로 답문을 보냈다.

〈20점 만점에 5점. 상상력 부족. 똑같은 남자들 복사해서 붙이기는 피할 것.〉

전송 버튼을 눌렀다. 제방과 해변 탈의실 사이로 칼바람이 불어왔다. 추운 날씨에도 아랑곳 않고 모나가 갑자기 작업복 지퍼를 내렸다. 그 사이로 해방된 가슴이 살짝 내비쳤다.

"나는 어때? 몇 점이야?"

정말 이해할 수 없는 여자다.

"내 어린 여친의 의견을 듣고 싶다 이거지?"

아이폰 카메라의 줌렌즈로 거리를 조절하여 모나의 얼굴을 찍었다.

"보냈어. 너무 기대하지 마. 오펠리는 심술이 이만저만이 아니거든. 지금까지 평균점수 이상을 준 여자는 한 명도 없어."

모나에게 다가갔다.

"감기 걸리기 전에 지퍼 올려. 난 이제 경찰서에 가야 해."

내가 직접 지퍼를 올렸다. 훤히 드러난 가슴이 지금은 목까지 올라간 옷 속에서 얌전히 있어야 한다.

경찰서로 가는 페캉행 버스를 타기 전에 호텔에 들렀다. 옷을 갈아입고 샌드위치라도 먹을 시간은 충분했다.

호텔 로비에 들어서자 베네딕틴 궁전의 안내서를 정리하는 앙드레가 보였다. 그는 하루 종일 프런트 뒤에서 나타났다 사라졌다 하는 게 일이다. 그 뒤에 비밀 문이 있거나 바닥에 문이 달려 있는지도 모르겠다.

새로 도착한 우편물은 없는 것 같았다. 프런트 앞으로 갔다.

"손님 중에 제약회사에 다니는 사람은 없었어요? 마갈리 베롱이라고 르아브르 지역의 의사들을 담당했는데 가끔 호텔에 묵었대요. 어쩌면 그저께도…"

"그 자살한 여자?"

앙드레는 무심하게 다른 브로슈어들을 정리했다. 에트르타의 레일 바이크, 테르뇌바 박물관 등을 소개하는 안내서들이다. 그가 내 질문을 듣자마자 자살한 여자를 곧바로 언급해 의아했다.

"네…"

"모르겠는데. 이포르엔 호텔이 열 개도 넘잖아. 에트르타에 있는 호텔은 빼더라도 말이야. 더구나 이곳의 농부들은 누구나 민박을 하고 있어. 그 여자 사진 없어?"

"없어요."

나는 마갈리 베롱이 어떻게 생겼는지 가능한 한 자세히 설명했다. 그녀의 서늘한 아름다움과 마음을 송두리째 뒤흔든 절망적인 눈빛도 빼놓지 않았다.

앙드레의 대답은 명징했다.

"그렇게 예쁜 여자라면 내가 모를 리 없지…"

그의 말이 옳았다.

나무 계단을 올라가는데 휴대전화가 울렸다.

새로운 메시지.

모나의 사진에 대해 오펠리가 보낸 답이었다.

나의 어린 친구가 질투심에 빨강머리 다람쥐를 신랄하게 비평했으리라 생각하며 문자를 읽었다.

〈20점 만점에 21점. 꽉 잡아. 운명의 여자를 만난 것 같아.〉

방에 들어서자마자 열린 창문으로 시린 바람이 달려들었다.

보통 청소부는 방 정리가 끝나면 환기를 위해 창문을 열어놓는다.

깨끗이 정리된 침대. 교체된 새 수건.

모나와 밤을 보낸 후 어질러졌던 침대가 얼핏 머리에 떠올랐다.

순간, 심장이 덜컥 내려앉았다.

책상 위 노트북 옆에 놓여 있는 건 다름 아닌 갈색 봉투였다. 밀봉된 새 봉투. 이번에는 우표도, 주소도 없었다. 오로지 '자말 살라우이' 내 이름뿐이다.

지난번 우편물들과 똑같은 여자 글씨체.

봉투를 들어올리기 전에 열린 창문으로 밖을 내다봤다.

실내에 들어와 녹았던 몸이 매서운 바람에 다시 싸늘하게 식었다. 밖에서 내 방으로 들어오는 건 어렵지 않다. 라시렌 레스토랑의 평평한 지붕과 차양은 거인을 위한 계단 같다. 하지만 모두의 눈에 띌 위험을 무릅쓰고 내 책상에 봉투를 놓겠다고 올라올 자가 과연 있을까? 저 앞 해변까지 훤히 트인 곳인데….

로비로 내려가서 앙드레에게 청소부 말고 내 방에 들어온 사람이 있는지 물어볼까 하다가 그만두었다.

좀더 나중에….

창문을 다시 닫았다. 마음부터 가라앉혀야 했다. 흡수력이 좋은 윈드월 점퍼를 입었는데도 식은땀이 주르르 흘러내렸다. 침대에 앉아 옷을 벗고 의족 나사를 풀었다. 손도 축축했다. 봉투를 찢자 갈색 손자국이 남았다. 봉투는 이전보다 얇았다. 스테이플러로 찍은 종이 석 장이 전부였다.

가짜 다리를 마룻바닥에 내려놓았다. 프랑스 경찰의 삼색 띠 로고가 곧바로 눈에 들어왔다.

캉 사법경찰청. 미르티 카뮈 사건

2004년 8월 28일 조서

서류번호 27번. 알리나 마송의 증언

나는 팬티만 입고 침대에 누워 하나뿐인 다리를 바닥으로 늘어뜨린 채 폭주하는 신경을 애써 다독였다.

미르티 카뮈 사건 • 2004년 8월 28일 토요일

"미르티는 저와 제일 친한 친구예요."

"알고 있어요." 바스티네 수사팀장이 대답했다.

캉의 사법경찰 수사팀장 레오 바스티네와 범죄심리학자 엘렌 닐송은 참고인으로 미르티 카뮈의 부모와 약혼자 그리고 친구를 소환했다.

살해된 미르티와 가장 친한 알리나 마송의 진술은 결정적이었다.

바스티네 팀장은 수첩을 볼 필요도 없이 사건을 꿰고 있었다. 이즈니 근처 숲에서 강간당하고 목이 졸려 숨진 여자가 발견된 후, 하루에 다섯 시간 넘게 잔 적이 없었다. 그것도 항상 30분씩 쪽잠을 잤다. 그는 요트경주 선수처럼 이 사건에 임했다.

경주.

그렇다.

이건 시간과의 싸움이자 고독한 투쟁이었다.

석 달 만에 또다시 살인을 저지른 범인을 잡기 위한 피 말리는 전투였다.

이포르에서 모르간 아브릴을 살해하고 이번에는 미르티 카뮈를 죽인 사악한 자. 그 악마를 반드시 잡아야 했다.

솔직히 말하면, 바스티네는 법무부에서 붙여준 엘렌 닐송이라는 여자 박사에게 큰 기대를 걸지 않았다. 범죄심리학을 신뢰하지 않는 건 아니었다. 모르는 분야이긴 했지만 미친놈들의 정신 상태를 이해하기 위해 종종 전문가들의 도움을 청했다. 다만 바람 불면 날아갈 듯한 이 금발 여자가 수사에 도움이 될 거라고 확신할 수 없었다. 이 여자의 유일한 무기는 뒤퐁 만년필이었고 유일한 방패는 몽블랑 수첩이었으며 유일한 식사는 액티비아 요거트 하나였다.

"마송 양, 미르티 카뮈가 일했던 청소년캠프를 맡고 있죠?"

알리나 마송이 수긍했다.

바스티네 팀장은 알리나가 어린애에 불과하다고 생각했다.

열아홉 살의 알리나 마송은 미르티 카뮈와 생일도 엇비슷했다. 엘뵈프의 황금이불협회가 주최한 청소년캠프에서 두 소녀는 상하관계가 아니었다. 비록 알리나가 캠프 책임자이긴 했지만 두 사람은 오랜 친구답게 스스럼없이 지냈다.

수사팀장은 빙빙 돌지 않고 곧바로 본론으로 들어갔다.

"미르티는 위협을 느꼈죠? 어떤 남자가 여러 번 위협했다고 하던데, 맞나요?"

"정확하지는 않아요, 수사관님."

바스티네가 눈살을 찌푸렸다. 엘렌 닐송은 에메랄드 반지를 끼고 에메랄드빛 매니큐어를 바른 자기 손가락만 열심히 들여다보다가 수사팀장의 질문을 고쳐서 다시 물었다.

"마송 양, 차근차근 생각해보고 사실을 말해줘요. 사실만요. 그 남자는 누구죠?"

"이즈니 휴양지 호수에서 그 남자를 처음 봤어요. 우리와 100미터 정도 떨어져 있었는데, 그… 그 남자가 미르티를 유심히 살펴봤어요."

"그래서 마송 양은 뭘 했어요?" 이번에는 바스티네가 물었다.

"아무것도 안 했어요. 그때는 별로 신경 쓰지 않아서…. 사실, 그런 일이 자주 있었거든요."

"자주요?"

알리나가 미르티의 약혼자를 힐끔 쳐다보자 프레드 샘미셸은 괜찮다는 뜻으로 손짓을 해보였다. 바스티네 팀장이 알리나를 재촉했다. 그동안 엘렌은 몽블랑 수첩에 무언가를 끼적였다.

"미르티는 아침마다 호숫가에서 청소년들 대상으로 30분씩 아쿠아짐 수업을 했어요. 음악을 틀어놓고 춤을 추면 학생들이 따라하는 거예요. 며칠 만에 캠핑 온 모든 사람이 이 수업에 참가했고요. 가족들, 관광객들, 아이들 모두…."

"미르티가 사람들의 관심을 한 몸에 받았겠군요." 엘렌이 말했다.

"맞아요…."

알리나는 주저하다가 미르티의 엄마 루이즈에게 눈으로 허락을 구하고 떨리는 목소리로 말을 이었다.

"미르티는 정말 예뻤어요. 춤도 잘 췄고 열정이 넘쳐서 모두의 이목을 끌었어요."

루이즈 카뮈의 눈가에 눈물이 맺혔다. 전직 무용 교사는 남편의 주름진 손을 꽉 잡았다.

"미르티를 쳐다봤던 남자는 어떻게 생겼죠? 다른 사람들보다 더 많이 쳐다본 남자요." 바스티네가 물었다.

"가까이서 본 적은 없어요. 보통 키에 젊은 사람이었는데, 우리 또래로 보였어요. 아디다스 삼선 로고가 박힌 파란색 캡모자를 썼고 선글라스도 꼈어요. 얼굴은 햇볕에 탄 것처럼 까무잡잡했고요."

이런, 제길! 바스티네의 입에서 욕설이 튀어나왔다. 알리나의 증언은 이포르에서 세 명의 목격자가 묘사한 빨간 스카프 남자와 일치했다. 바로 모르간 아브릴 사건의 주용의자다. 필립 그리마 형사가 그렇게도 찾으려 애썼던 남자. 하지만 그런 차림의 남자는 너무 흔해서 어디서든 쉽게 찾을 수 있다.

"그 남자를 다시 본 건 언제죠?"

"캠핑장에서 돌아다니는 걸 여러 번 봤어요. 적어도 그 아디다스 모자는 알아봤어요. 제 생각이지만 근처에 머물렀던 것 같아요. 아니면 다른 청소년캠프에서 교사로 일했을 수도 있고. 이즈니 휴양지에는 청소년캠프가 열 개 정도 있거든요."

"정확히 일곱 개죠. 학생 113명, 교사 28명." 바스티네가 구체적으로 숫자를 말했다.

엘렌 닐송 박사는 수사팀장이 너무 까다롭게 따져 질렀다는 듯 시선을 하늘로 향했다.

"두 번째로 그 사람을 확실히 알아본 건 생마르쿠프 해변에 갔을 때였어요." 알리나가 다시 말했다.

바스티네는 수첩을 얼른 확인했다. 노르망디 해안에서 7킬로미터 떨어진 생마르쿠프 제도에는 두 개의 섬이 있다. 코탕탱 반도노르망디 반도 북쪽에서 항구도시 칼레에 이르는 바다에 유일하게 떠 있는 섬들이다. 조약돌 같은 이 두 섬에 나폴레옹은 영국의 침입을 막기 위한 성채를 건설했다. 성채는 국가 소유이고 거기서 잠을 자는 건 금지되어 있지만 정박은 할 수 있다. 생마르쿠프 제도는 뱃놀이에 알맞은 인기 코스다. 황금이불캠프도 생마르쿠프의 두 섬까지 요트를 타고 유람하는 프로그램을 시행했다. 미르티가 피살되기 닷새 전이었다.

"미르티와 다섯 학생들이 한 조가 되어 섬에서 한나절을 보냈어요. 저는 다른 조와 함께 정오쯤 따로 갔고요. 그런데… 그 남자를 봤어요. 같은 모자에 같은 선글라스…. 대여한 거 같은데 작은 고무모터보트를 타고 섬 주위를 맴돌았어요."

"얼마 동안요?" 엘렌이 물었다.

"모르겠어요…. 우리가 섬에 도착했을 때 이미 거기 있었으니까. 섬 주위를 빙글빙글 돌면서 유별나게 미르티만 계속 쳐다봤어요. 누구나 알 수 있을 정도로요. 그러고는 가버렸고요. 사실, 그런 이상한 행동은 5분 정도에 불과했어요. 하지만 그때는…."

"하지만 그때는 걱정이 됐다는 거죠?" 바스티네가 끼어들었다.

엘렌 박사가 대놓고 한숨을 쉬었다.

"꼭 그랬던 건 아니에요. '저 사람이 우리를 귀찮게 하네'라고 생각했어요." 알리나가 말했다.

"이해해요. 단체의 안전을 책임진 사람이라면 당연히 그렇게 생각하겠죠. 그 남자를 마지막으로 본 건 언제예요?"

"이틀 후였어요. 미르티가 쉬는 날이었죠. 미르티는 그랑캉프메지 해변까지 조깅을 했어요. 저는 9인용 승합차를 타고 장을 보러갔고요.

우리는 중간에 만나기로 약속했어요. 약속한 시간에 해변에 갔는데, 미르티는 수영복 차림으로 눈을 스카프로 가린 채 똑바로 누워서 자고 있었어요. 미르티를 깨우다가 그 남자가 30미터 떨어진 곳에 비치 타월을 깔고 누워 있는 걸 봤어요. 미르티는 모래 위에서 세상모르고 두 시간 넘게 잤다고 하더라고요."

알리나는 떨리는 손으로 호주머니에서 손수건을 찾다가 포기하고 다시 말을 이었다.

"그동안 미르티를 훔쳐보고 있지 않았겠어요? 어떻게 할 건지 계획을 짜고 머릿속에서 영화를 찍어댔겠죠."

알리나가 입을 다물고 눈물을 쏟았다. 의자 팔걸이를 꽉 부여잡은 프레드 생미셸의 손이 경련을 일으켰다. 약혼녀를 살해한 자에 대한 증오가 극에 달한 듯했다.

엘렌 닐송이 알리나에게 티슈를 건넸다. 바스티네는 다시 질문했다.

"그자가 어떻게 생겼는지 말해줄 수 있어요?"

알리나는 강한 여자였다. 코를 풀고 헛기침으로 목청을 가다듬고는 말을 이었다.

"아뇨. 배를 깔고 누워 있어서 제대로 못 봤어요. 아디다스 모자와 선글라스는 그대로였고요. 마른 체격인데 근육질이었어요. 운동을 많이 한 사람처럼요. 하지만 얼굴을 보지는 못했어요."

수사팀장은 이포르에서 목격한 용의자의 몽타주 사진을 알리나에게 보여주었다. 포토샵으로 빨간 스카프를 지우고 아디다스 모자와 선글라스를 추가했다.

이 남자일 수도 있어요.

아닐 수도 있고….

바스티네 팀장은 이해한다는 듯 미소를 지었다.

"알겠습니다, 알리나 양. 이제 마지막 질문이에요. 다른 분들에게도 묻는 거고요. 미르티가 일기를 가지고 있었다는데 맞나요?"

"정확히 말해서 일기는 아니에요."

미르티의 부모와 약혼자와 친구는 그녀가 10대 초반부터 써왔던 하늘색 몰스킨 수첩을 차례로 묘사했다. 미르티는 수첩을 늘 들고 다니거나 가방에 넣고 다니며 한시도 손에서 놓지 않았다.

미르티와 수첩 모두 강간범의 손에서 사라졌다.

그녀는 아무도 모르는 자신의 생각을 이 수첩에 늘 적었다. 재기 넘치거나 감성이 묻어나는 짧은 문장들이었다. 미르티는 글쓰기를 몹시 좋아했다.

바스티네가 인터뷰를 마무리하려는데, 엘렌 닐송 박사가 손을 들었다. 박사는 미르티 카뮈의 약혼자에게 마지막 질문을 하려고 했지만 입이 떨어지지 않았다. 왠지 모르게 프레드 생미셸은 불편했다. 미르티와 나이 차가 많아서일까? 그러나 서른일곱 살이라고 해도 유도선수의 몸, 승려처럼 부드러운 눈, 교육자의 카리스마를 지닌 그는 매력적인 사람이었다.

엘렌은 나긋한 목소리로 알리나에게 직접 물었다.

"알리나 양, 사건이 발생한 날, 미르티 카뮈는 옷을 왜 그렇게 잘 차려입었나요?"

알리나가 움찔했다.

"무슨 말씀을 하시려는 겁니까?" 수사팀장이 엘렌에게 물었다.

범죄심리학자가 에메랄드빛으로 반짝이는 손가락을 들어 바스티네에게 끼어들지 말라는 신호를 보냈다.

"미르티는 청소년캠프의 교사였어요. 알리나 양의 지시를 받았고요. 10대 남자아이들을 가르치려면 반바지와 티셔츠, 운동화 같이 편한 옷을 입을 거라고 생각하는데요. 레이스 속옷이나 미니스커트를 입지는 않죠?"

"그날은… 미르티가 쉬는 날이었어요."

알리나의 목소리는 들릴락 말락 했다. 그 얘기는 이미 했는데 범죄심리학자가 그 사실을 기억하지 못한다는 게 놀라웠다.

바스티네가 동료를 쏘아봤다. 프레드 생미셸도 화를 참기 위해 의자 팔걸이를 꽉 움켜쥐었다. 반면 미르티의 부모 루이즈와 샤를은 아무 말 없이 유령처럼 자리에서 일어났다.

수사팀장은 프레드 생미셸이 자리를 뜨는 모습을 지켜보았다. 큰 키에 꼿꼿하고 자존심이 넘치는 남자. 하나로 묶은 길고 검은 머리.

약혼녀의 죽음은 거칠 것 없는 이 젊은이를 몇 달 안에 무너뜨릴 수 있다. 범인을 찾든 못 찾든 생미셸의 얼굴엔 주름이 늘고 머리는 희끗희끗해질 것이다. 너무 익은 과일처럼 곧 상할지도 모른다.

수사기록을 보면 모두가 그를 시생이라고 불렀다.

엉뚱한 생각이 바스티네의 뇌리를 스쳤다.

러브스토리는 늘 안 좋게 끝나지. 보통은….

알리나 마송은 며칠 동안 닐송 박사의 질문을 곱씹었다. 거울에 생긴 균열이 점점 길게 뻗어나가듯 반짝이는 섬광이 기억의 틈을 파고들어 오랜 질주를 이어갔다.

짧은 원피스와 보라색 속옷을 수천 번도 넘게 생각했다.

알리나는 엘렌 닐송에게 얘기를 해야 하나 망설였다. 몇 번이고 휴대전화를 들었지만 명함에 적힌 범죄심리학자의 전화번호를 차마 누르지 못했다. 주름 하나 없이 팽팽한 얼굴의 박사를 완전히 신뢰할 수 없었다.

어쩌면 박사가 바로 봤을 수도 있다.

오로지 그녀 혼자만.

알리나는 입을 다물기로 했다. 매일 후회를 했지만 자신의 의혹을 내비쳐 미르티의 비밀을 드러낼 수는 없었다. 가장 좋은 친구, 단 한 명밖에 없는 친구의 비밀을 지켜줘야 했다.

시간이 흘렀다. 샤를과 루이즈 부부는 카르멘 아브릴과 한층 가까워졌다.

비록 모든 면에서 서로 달랐지만 그들은 힘을 합했다.

샤를과 루이즈는 평화를 원했고 카르멘은 전쟁을 원했다.

샤를과 루이즈는 정의를 구했고 카르멘은 증오를 구했다.

하지만 양측의 목표는 같았다.

진실을 밝히는 것.

모르간 아브릴과 미르티 카뮈를 죽인 범인을 찾아내는 것.

그 이후, 바스티네 수사팀장은 주용의자를 찾는데 총력을 기울이라고 부하들에게 주문했다.

아디다스 모자를 쓴 남자.

수사를 하면서 알리나 마송의 진술이 사실임이 확인됐다. 이즈니 캠핑장에서, 그랑캉프메지 해변에서, 요트 클럽 주위에서 그를 봤다는 사람들이 여럿 있었다.

그를 보았다…. 그러나 누구도 정체를 알지 못했다. 경찰이 그를 고용했을 법한 사람들에게 확인했지만 지역에서 일한 흔적도 전혀 없었다.

고독한 포식자는 피서객들 속으로 사라진 걸까?

증언을 하러 경찰서에 나타나지 않았다는 사실만으로도 바스티네는 그자가 범인이라고 확신했다.

시간이 지날수록 수사팀장은 더욱 초조해졌다. 그자는 경찰의 그물망을 미꾸라지처럼 빠져나갔다. 행운의 여신이 도와주지 않는다면 그가 누구인지 영원히 알지 못한다. 그리고 바스티네는 요행을 믿는 사람이 아니었다.

하지만 그가 틀렸다.

몇 주 후, 정확히 2004년 9월 13일, 수사팀에 행운의 여신이 찾아왔다. 그날, 아디다스 모자를 쓴 남자의 신원이 밝혀졌다.

그러나 불행은 다시 찾아왔다.

카뮈와 아브릴 사건에 이어 또 다른 두 죽음이 발생한 것이다.

행운의 여신이 찾아왔다?

하마터면 페캉으로 가는 버스를 놓칠 뻔했다. 콜랭 길과 크라무아장 거리 교차로에서 간신히 버스를 세워 잡아탔다. 운전수는 규정을 어기고 정류장도 아닌 곳에서 태워주었다. 다리 하나로 버스 뒤를 쫓아 달리니 불쌍했던 모양이다. 때로는 외다리 덕을 볼 때도 있다.

버스를 타고 가는 30분 동안 생각을 정리했다. 떨쳐버리려 했지만, 어느새 마갈리 베롱의 자살과 10년 전에 일어난 모르간 아브릴 살인 사건을 강박적으로 비교하고 있었다. 아마 경찰도 두 사건의 유사성에 당황하기는 마찬가지 아닐까? 하지만 아브릴 사건과 그 다음에 일어난 카뮈 사건을 다른 방향으로 동시에 쫓아가야 한다는 확신이 들었다. 만일 누군가 이 수사의 세세한 사항을 내게 우편으로 보내며 즐기고 있다면, 나는 역으로 거기서 답을 찾고 단서 하나하나를 기억해야 한다. 이 모든 건 단 하나의 동일한 실체로 향한다. 모든 게 긴밀히 연결되어 있고, 각각의 퍼즐 조각은 한 치의 오차도 없이 들어맞는다.

오후 1시 35분에 페캉의 비콩트 강변에서 내렸다. 맞은편 빵집에서 소시지샌드위치를 사서 항구에 앉아 먹은 후, 경찰서로 들어갔다. 안내 데스크에 앉은 여순경이 어제처럼 승무원의 미소를 띠며 인사를 건넸다. 긴장을 누그러뜨리려고 농담을 던졌다.

"피로즈 선생님이 부르셨어요."

나는 교장실에 불려가는 주눅 든 중학생의 모습을 흉내 냈다.

순경은 주먹을 불끈 쥐고 '파이팅'이라고 말하며 복도로 향하는 내게 미소를 지었다.

정각 오후 2시.

사무실 문은 열려 있었다. 안을 들여다보자 피로즈 형사가 들어오라고 손짓했다. 뒤로 넘겨 빗은 반백의 머리칼이 어깨 부근에서 흔들렸다.

"앉아요."

형사는 못된 학생을 혼내려고 작정한 교장 선생님보다는 안 좋은 소식을 환자에게 알려주는 의사 쪽에 더 가까웠다. '크리스마스의 별' 범선 모형 뒤에 잔뜩 쌓인 서류들이 보였다.

"결과가 나왔는데…."

일반의가 아니라 암 전문의다.

"좋지 않아요."

"무슨 뜻이죠?"

형사는 기름진 머리를 손으로 쓸어넘겼다.

"지문이… 살라우이 씨 것으로 확인 됐어요."

예상 못 한 바는 아니었지만 그래도 심장이 쿵 내려앉았다.

"버버리 스카프에서 말입니까?"

형사가 고개를 끄덕였다.

"설명할 수 있어요, 형사님."

요새 근처에서 철조망에 걸린 스카프를 발견했고, 바보같이 마갈리 베롱에게 던졌고, 그녀가 스카프 한쪽 끝을 잡고 허공으로 뛰어내렸다고 말하는 동안, 형사는 예리한 시선으로 나를 관찰했다. 버스 안에서 형사에게 할 말을 생각해두었는데도 그 다음에 일어난 일을 이야기할 때는 말이 두서없이 튀어나왔다.

해변.

자살한 여자의 목을 감싸고 있던 스카프.

나는 모나의 추론을 형사에게 말했다.

범인의 얼굴을 보지 못한 여자는 나를 강간범으로 오인했고 놀라서 절벽 아래로 뛰어내렸다. 나를 피하기 위해, 나를 고발하기 위해. 실은 나 자신도 믿기 힘든 얘기다. 그래도 내가 진실을 말한다고 믿게 해야 했다. 피로즈 형사를 설득하는 건 쉽지 않았다.

"흥미로운 얘기군. 그런데 좀 전에 그 빨간 캐시미어 스카프에 묻은 지문이 본인 거라고 했죠?"

형사가 녹색 서류철을 열었다. 나쁜 예감이 들었다.

"살라우이 씨 지문이 마갈리 베롱의 목에서 나왔던데. 다리와 가슴에서도…. 그건 어떻게 설명할 거죠?"

그 말을 듣자마자 몸은 순식간에 왼 다리처럼 차가운 강철 덩어리로 변해버렸고 목구멍은 호흡하려 기를 썼다.

"말도… 말도 안 돼요. 난 그 여자한테 손도 안 댔어요."

피로즈 형사는 서류에서 눈을 떼고 고개를 뒤로 젖혔다.

"여자가 뛰어내리기 전에 손댄 적이 없다고요? 그러면 해변에서는? 시신에 손댔어요?"

형사가 원하는 대로 끌려갈 수는 없다.

"전혀요! 죽기 전에도, 죽은 후에도 전혀 건드리지 않았어요. 크리스티앙 르메데프 씨와 드니즈 할머니가 분명히 얘기해줄 거예요."

"난 도와주려는 거요, 살라우이 씨."

거짓말….

다시 한번 그 장면을 떠올렸다. 시간을 되돌려 하나도 빠짐없이 낱낱이 되살렸다. 의심의 여지는 없었다. 한순간도 마갈리 베롱의 몸에 손대지 않았다.

왜 이딴 개소리를 하는 거지?

나는 피로즈를 비웃었다.

"그런 정신 나간 말을 나더러 믿으란 건가요? 다음은 뭐죠? 시신의 질 안에서 내 정액이라도 나왔나요?"

피로즈가 엄지와 검지로 앞머리를 만지작거렸다.

"당연히 그렇지 않겠어요? 목을 조른 자가 강간도 했겠지."

나는 폭발하고 말았다. 이글이글 타오르는 내 눈앞에 모형 배가 어른거렸다.

"제기랄! 나는 그 여자를 구하려 했어요! 절벽으로 뛰어내리려는 걸 내가 말렸다고요! 그런데 뭐? 내가 여자를…."

말을 마칠 수 없었다. 피로즈의 미소에 내 몸이 얼어붙었고 극심한 공포가 나를 뿌리째 흔들었다.

이자는 전부 다 말한 게 아냐.

나는 다른 질문을 다급하게 내뱉었다.

"DNA 결과가 나왔나요? 그래요?"

"아니…, 아직. 아마 오늘 저녁에나…."

"그런데 그렇게 넘겨짚는 겁니까?"

"흠…, 추정이라고 할까. 별로 좋은 쪽은 아니죠. 당신은 아주 불리해요!"

개씨발 새끼!

2,000볼트의 전기를 정통으로 맞은 듯 심장이 새카맣게 타들어갔다. 여자한테서 내 정액이 발견됐다고? 지금 이 개자식이 그렇게 말하는 거야?

피로즈의 고요한 얼굴과 달리 내 머리에서는 돌풍이 몰아쳤다.

"다음 일이 궁금하실 텐데…, 오늘 아침 예심판사가 살라우이 씨를 취조하는데 동의하고 서명했어요. 몇 가지 절차가 남아 있긴 해요. 예를 들어 빨리 변호사부터 구한다든가…."

형사는 죽지 않을 정도로 내 얼굴을 잠깐 물에서 꺼냈다가 곧바로 다시 처박았다. 그러나 말을 잇기 전에 약간 주저했다.

"솔직히 말하면, 거기까지 가기 전에 한 가지 얘기할 게 있어요. 베롱 사건이 아니라 모르간 아브릴과 미르티 카뮈의 피살사건에 대해서…. 10년 전 사건인데, 기억하죠?"

기억하냐고?

피로즈가 흔들리는 땅 위로 걷고 있다는 사실을 퍼뜩 깨달았다. 이 자는 예심판사가 승인한 영역을 넘어서고 있다. 나는 의자를 박차고 벌떡 일어섰다.

"그게 무슨 말이죠? 나보고 사람을 죽였다고 하더니 이젠 경찰이 해결하지 못한 10년 전 사건들을 나한테 덮어씌우려는 겁니까?"

형사는 눈 하나 까딱하지 않았다.

"살라우이 씨도 조사를 했을 텐데? 모르간 아브릴과 마갈리 베롱에게 공통점이 많다는 건 알고 있지 않나? 놀랍지 않소? 놀랍다는 말로도 충분치 않지. 안 그래요? 살라우이 씨 말이 맞아요. 그 사건들에 대한 수사는 답보만 거듭하다가 미궁으로 빠져버렸으니까. 허나 적어도 한 가지만은 확신하고 있어요. 세 사건이 연결되어 있다는 거죠."

피로즈의 말 그 어느 것에도 제대로 반응할 수 없었다. 그저 목줄에 묶인 개처럼 지나가는 사람은 누구든지 물어뜯을 기세로 짖어댈 뿐이었다.

"그 공통점을 밝히는 건 경찰의 일이잖아요. 내 일이 아니라고요!"

"그렇죠."

피로즈가 베이지색 서류철을 뒤적였다.

"질문 좀 합시다. 간단한 질문이에요. 하지만 살라우이 씨한테는 아주 중요한 질문이지. 10년 전에는 두 다리 모두 사용했소? 살라우이 씨에 관한 기록을 봐도, 뭐랄까, 그 부분이 불분명해서…."

다른 설명이 없어도 질문의 의미는 명백했다. 10년 전 두 사건의 용의자인 버버리 스카프를 둘렀던 이방인과 아디다스 모자를 쓴 남자의 프로필이 나와 얼추 맞는다는 소리다.

갈색 머리, 중간 키, 운동선수, 그을린 얼굴.

그가 외다리가 아니었다는 사실만 빼면…

적어도 그 문제에 관한 한 내가 진실을 말할 이유가 전혀 없다는 것만 빼면….

"아뇨. 태어날 때부터 이랬어요. 제가 운이 좀 없거든요. 내 요람을 굽어보던 요정의 발음에 문제가 있어서…."

피로즈는 도대체 무슨 말을 하느냐는 표정으로 쳐다봤다. 이자가 나를 평생 두려움에 떨게 만들 수도 있겠지만 복수할 기회를 놓치고 싶지 않았다. 그의 눈이 튀어나올 걸 생각만 해도 기분이 좋았다.

"그 빌어먹을 요정이 요술지팡이를 내 이마에 대고 휘두르며 '수리수리마수리'라고 주문을 외웠죠. 그러고는 '세상에서 아주 잘라진 아이가 되어라'고 한 겁니다. '잘난' 아이가 아니라 '잘라진' 아이라고 말이죠! 정말이에요. 지어낸 얘기가 아니라니까요."

형사의 얼굴이 굳어졌다.

"요정이 말실수를 해서 이렇게 된 거라고요! 정말 웃기지 않아요?"

달랑 칼 한 자루만 손에 들고 탱크로 돌진하는 꼴이었지만 한 방 먹였다는 생각에 머리에서 폭죽이 터졌다.

피로즈가 벌게진 얼굴로 목소리를 높였다.

"장난해요? 제기랄, 난 당신을 도와줄 방법을 찾고 있다고!"

"아니, 나를 함정에 빠뜨리려는 거죠! 장애인에 아랍인에 싱글인 남자. 더구나 정신병원에서 일하니 내가 희생양으로 완벽한 거 아닌가요? 10년 동안 경찰이 찾았던 희생양 말입니다!"

피로즈가 두 팔을 책상 위에 올렸다. 나는 멈추지 않았다.

"그 여자 몸에 손대지 않았어요! 내 지문도 아니고 내 정액도 아니에요. 다른 사람이나 찾아보라고요!"

형사는 마음을 가라앉히려는지 시선을 모형 배의 돛대로 향했다.

"좋은 전략이 아닌걸. 장애인이라고 배심원들이 봐줄 것 같아요?"

미친 새끼! 그럼, 좋은 전략이 뭔데?

온갖 가능성을 생각해보았지만 답은 하나밖에 없었다.

경찰의 음모.

경찰은 그 시간에 우연히 절벽에 있었던 더럽게 재수 없는 놈 하나를 붙잡아 범인으로 만들려 한다.

그게 나였다.

하지만 여기는 북한이나 남아공이 아니라 페캉 경찰서다. 설마 무고한 사람을 범인으로 몰기 위해 거짓 증거를 만들어내지는 않겠지. 이곳 프랑스에서는….

"변호사를 선임하겠습니다."

"그러셔야지. 변호사 없이 심문하는 건 불법이니까."

어렸을 때 임대아파트의 삐거덕거리는 소파에 앉아서 시청했던 드라마가 어렴풋하게 생각났다. 숙제가 하기 싫어 텔레비전 앞을 어슬렁거리다가 엄마가 보던 재미없는 범죄 드라마들을 흘깃대곤 했다.

아브릴과 카뮈 사건은 거의 10년 전으로 거슬러 올라간다. 살인사건의 공소시효는 10년. 광기에 가까운 생각들이 머릿속에서 휘몰아쳤다.

경찰에게 내가 마지막 기회라면?

몇 달 후면 두 사건은 미제로 처리된다. 커튼을 닫기 전에 그 누구든 잡아들이려 하는 걸까?

"아는 변호사 있어요?"

대답하지 않았다. 이제는 모든 게 의심스러웠다. 지금까지 신경 쓰지 않았던 또 다른 사실이 떠올랐다. 옛날에 엄마가 즐겨봤던 범죄 드라마에서는 이렇지 않았다.

"심문할 때는 경찰이 두 명 있어야 하지 않나요?"

"꼭 그렇지는 않아, 살라우이 씨. 간단히 몇 가지만 물어 볼 때는 그럴 필요 없죠."

피로즈는 딱딱한 얼굴로 자리에서 일어섰다.

"한 가지만 말해두죠. 나 말고도 경찰 세 명이 마갈리 베롱 사건을 담당해요. 최근에 만났던 남자들을 모두 찾고 있고 다른 단서들을 파헤치고 있어요. 마갈리 베롱과 모르간 아브릴이 취향과 학업 면에서 보여주는 수많은 공통점도 대조하는 중이고…. 납득하기 힘들 정도로 닮은 점이 워낙 많아서 말이죠. 살라우이, 운이 좋은 줄 알아요. 내가 당신을 담당한 게. 당신의 혐의를 입증할 수 있는 증거는 수도 없이 많거든. 지금도 계속 찾고 있고. 그래도 아직 당신이 범인이라고 100퍼센트 확신하진 않아요. 그러니 일을 망치지 말라고."

피로즈는 짐짓 심각한 얼굴로 일장 연설을 늘어놓았고, 나를 파괴하려는 운명에 맞서 싸워줄 유일한 존재는 자기밖에 없다는 듯 심판관 행세를 자처했다.

함정인가? 또 다른 함정을 파는 건가? 이자는 교활하다.

형사가 내게 몸을 기울였다. 긴 머리채가 목으로 떨어져 턱을 감쌌다.

"다시 한번 묻죠. 중요한 겁니다. 10년 전에는 다리가 멀쩡했소?"

피로즈는 내가 고민하느라 답을 미룬다고 생각했겠지만 내 결심은 이미 확고했다.

그를 믿을 수 없었다.

나는 범인이었다.

그의 눈에 그리고 경찰의 눈에. 증거와 증인과 정황, 모든 단서가 가리키는 건 결국 나였다.

단단한 그들의 확신 앞에서 내 말이 무슨 의미가 있을까?

전혀 없다.

저들이 누구인지 알 수 없다. 그러나 나를 잡으려 함정을 판다는 건 확실하다. 다른 방도는 없다. 무조건 저들이 던진 그물에서 빠져나가야 한다. 지금 당장. 어떤 결과가 발생하든.

1초도 걸리지 않았다. 나는 몸을 숙여 두 손으로 '크리스마스의 별'을 번쩍 들어올리고 그대로 형사의 머리에 내리쳤다.

피로즈는 피할 새도 없이 무너졌다. 버둥대며 허공을 잡아보려 했지만 두 다리는 버티지 못했다.

오만함이 가득했던 눈에 공포가 서렸다.

입가에서 피가 흘렀다.

"살라우이, 안 돼…."

뭐가 안 돼?

설마 아깝다는 거야? 뭐가?

범선 모형? 잡아놓은 먹이? 자기 목숨?

형사는 타일 바닥을 손으로 짚고 일어나려고 기를 썼다. 땡! 진홍색 핏방울이 이마에 송골송골 맺히더니 머리칼을 타고 똑똑 떨어졌다.

마지막으로 '크리스마스의 별'을 힐끔 쳐다봤다. 시계공처럼 정확한 솜씨로 붙인 가느다란 밧줄, 구명대, 세밀하게 색칠한 깃발, 꼼꼼히 배치한 갑판 선원 들은 피로즈의 목에 부딪쳐 박살이 났다.

그가 다시 바닥으로 쓰러졌다. 녹아웃!

몇 초 동안 꼼짝 않고 서 있었다. 우당탕 소리를 듣고 경찰들이 벌떼처럼 달려올 거라 생각했다.

그러나 조용했다. 문을 열고 들어오는 사람은 없었다.

심문 중에 이런 일이 자주 일어나서 익숙한 건가?

나는 재빨리 머리를 굴렸다. 어떻게 여기를 벗어나지? 창문으로 뛰어내려? 경찰서 입구까지 죽자 사자 뛰어? 이자의 목에 편지칼을 대고 질질 끌고 나가?

말도 안 돼!

유일한 방법은 들어올 때처럼 나가는 수밖에 없다. 근심 어린 표정으로 걸어가다가 안내데스크의 여순경에게 잘 해결됐다는 듯 멋쩍은 미소를 짓고 나가기만 하면 된다.

나는 최대한 조용히 창문의 연두색 커튼을 뜯어내 피로즈의 입에 재갈을 물리고 몸을 묶었다.

피로즈는 숨을 쉬고 있었지만 움직이지 않았다. 머리칼은 흐트러졌고 피 묻은 눈은 감은 채였다. 책상에서 마갈리 베롱이라고 적힌 녹색 서류철을 움켜쥐었다.

산처럼 쌓인 서류 중에서 몇 가지 더 가져갈까 생각했지만 고를 시간도 없고, 지고 다닐 수도 없는 노릇이다.

사무실을 나가기 전 서류 더미에서 삐져나온 종이 한 장을 뽑아 서류철에 넣었다. 전날, 내 눈길을 끌었던 종이다.

네 칸 안에 적힌 숫자 여덟 개.

2/2	3/0
0/3	1/1

또 다른 수수께끼인가?

찬찬히 알아보자.

사무실에서 나왔다.

경찰 한 명이 내 옆으로 지나갔다. 오른쪽에서 걸어온 경찰과 어깨가 부딪혔다. 복도 끝에서 허리에 총을 찬 경찰 두 명이 나를 보며 걸어왔다. 나는 두 사람 사이를 지나 뒤도 돌아보지 않고 경찰서 입구까지 걸어갔다.

"무사하네요?" 여순경이 농담을 했다.

웃음에 답하는 게 미안할 정도였다. 아무런 의심도 않고 도망 중인 흉악범과 농담했다고 비난을 받을지도 몰랐다. 그녀는 내가 좋은 사람 같아 보였다고, 정말 살인자처럼 보이지 않았다고, 범인으로 오인한 거 아니냐고 말하게 될까?

경찰은 고도의 음모를 꾸며 나를 옭아매려 했지만 너무 쉽게 내보내고 말았다.

밖으로 나가자 비릿한 바다 냄새를 품은 바람이 얼굴에 부딪혔다.

나는 자유다.

하지만 얼마동안?

빠른 걸음으로 경찰서에서 벗어나 항구로 향했다.

피로즈가 깨어나기 전까지 얼마나 시간이 있을까?

다섯 방향을 가리키는 내 별을 떠올렸다. 몽블랑 울트라트레일에서 외다리 영웅 되기, 세상에서 가장 아름다운 여인과 사랑하기, 자식을 갖기, 죽을 때 나를 위해 울어주는 여인을 얻기, 빚을 갚기….

성공하기는 진즉에 글렀다.

겨우 몇 시간, 잘 해야 며칠 안에 경찰한테 잡힐 게 분명하다. 라시렌에 갈 수는 없다. 아니 이포르 근처에도 갈 수 없다.

난 뭘 기대하는 거지?

스스로 내 무죄를 입증하는 것? 악몽에서 깨어나듯 수수께끼 같은 일들이 저절로 사라지는 것? 경찰이 진짜 범인을 찾는 것?

해변 산책로는 한적했다. 산책을 나온 몇 안 되는 사람들도 매운바람을 뚫고 콘크리트 제방 너머로 갈 생각은 하지 못했다. 해변의 자갈들만이 내 발걸음을 감시했다.

나를 보는 사람은 아무도 없었다.

내 말을 듣는 사람도….

나는 무죄야! 속으로 소리를 질렀다.

나는 무죄라고!

밀려오는 바닷물이 바위를 뒤덮기 전에 빠른 걸음으로 빠져나갔다. 페캉과 이포르를 잇는 10킬로미터 길이의 해안에는 그랭발 해수욕장으로 가는 단 하나의 길과 절벽 밑으로 걷지 말라는 십여 개의 경고문뿐이다. 경찰도 출입이 금지된 해변에서 밀수업자들과 숨바꼭질하는 건 오래전에 그만두었다. 그러니 바다와 석회절벽 사이로 나를 찾으러 오는 사람이 있을 리 없다.

자갈들이 발밑에서 굴러다녔다. 페캉의 건물들은 이미 잿빛으로 희미해져 을씨년스러운 모습으로 변했다. 녹색 서류철을 손에 쥐고 피로즈가 제기한 혐의들을 떠올렸다.

의문이 들었다.

그를 때리고 도망쳤다.

나를 옥죄어오는 거미줄을 제시간에 찢어버린 걸까?

아니면 날 삼켜버릴 수렁으로 한 걸음 더 다가섰나?

II

체포

수신 : 셴마리팀, 에트르타 지방경찰서
베르트랑 도나디외 서장
발신 : 국립과학수사국 법의학과
제라르 칼메트 국장
날짜 : 2014년 7월 22일

서장님께

지난 7월 13일에 보내주신 서신에 대해 답변 드립니다. 요청하신 대로 저희 부서에서는 7월 12일 셴마리팀의 이포르 해변에서 발견한 세 구의 유골에 대한 검시인정을 앞당기기 위해 최선을 다했습니다. 아직 유골의 신원을 밝히지는 못했으나 첫 검시를 통해 몇 가지 정보를 확인했습니다.
먼저, 수습한 유골은 세 구 모두 사망 당시 20세에서 30세로 추정되는 성인 남성입니다.
두 번째, 두개골을 비롯한 다른 모든 뼈에서도 충격을 받은 흔적은 없습니다. 따라서 외부충격이 사인은 아닙니다. 예를 들어 세 사람이 동굴에 갇혀 있다가 무너진 바위에 깔려 숨졌을 가능성은 없습니다. 그러나 유골이 발견된 상황으로 봤을 때 자연사가 아닌 사고사라고 추정됩니다. 추가적인 화학검사를 통해 독극물 중독여부를 밝힐 수 있을 것입니다.

세 사람의 사망시점은 현재 가장 쟁점이 되는 부분입니다. 관례적인 신원확인절차에 따라 세 구의 유골에 임시로 이름을 부여했습니다. 사망시점에 따라 알파벳 순서로 작명한 이름들은 조사기간 동안만 유효합니다.
특별히 설명하기 어려운 점은 세 명이 각기 다른 날짜에 사망했다는 사실입니다. 따라서 '집단'으로 '동시'에 사망했다는 가설은 배제해야 합니다. 예를 들어 단체로 동굴탐험에 나선 사람들이 한꺼번에 사고를 당했거나 동시에 살해됐거나 집단자살을 했다는 추론은 불가능합니다.
좀더 구체적으로 말하면, 알베르라고 명명한 첫 번째 유골의 사망시점은 2004년 여름입니다.
두 번째 유골인 베르나르는 알베르가 숨진 뒤 몇 달 후에 사망한 걸로 보입니다. 2004년 가을과 2005년 겨울 사이입니다.
마지막 사망자인 클로비스는 2014년 2월과 3월 사이에 숨졌습니다. 지금으로부터 약 5개월 전입니다. 피해자들이 머물렀던 규소 석회암 동굴들의 사고를 감안하면 세 번째 시신의 부패가 신속히 진행된 것은 전혀 놀라운 일이 아닙니다.

서장님께서 첫 서신에서 언급하신 것처럼 일명 '빨간 스카프 살인자'와 이 세 구의 유골을 따로 떼어놓고 볼 수는 없을 듯합니다. 2004년 6월, 이 사건으로 희생된 모르간 아브릴의 시신과 세 유골이 발견된 곳이 그리 멀지 않기 때문입니다.

그러나 뼈 조직의 유전자분석 같은 부차적인 검사를 시행하기 전에는 신원불상자인 세 변사자와 젊은 여성 희생자들의 살인범이 어떤 관계가 있는지 밝힐 수 없습니다.

빠른 시일 내에 이 조사를 진행하기 위해 최선을 다할 것을 약속드립니다. 그러나 인력이 감축되었고 긴급한 사안이 산적해 있다는 사실을 말씀드리지 않을 수 없습니다. 또한 알베르와 베르나르의 사망은 10년이라는 법적 시효를 넘어섰기 때문에, 법률적인 엄정한 관점에서 볼 때 더는 고려의 대상이 되지 않는다는 점을 말씀드립니다.

혜량해주시면 감사하겠습니다.

국립과학수사국 법의학과

제라르 칼메트 국장

앞으로 얼마나 더?

오후 내내 동굴에 숨어 밤이 되기를 기다렸다. 보코트 계곡의 절벽에 뚫린 무수한 동굴 중 하나였다. 들이치는 파도를 고스란히 맞으며 바위에 붙은 홍합처럼 동굴 벽에 기대어 앉아 있는 것 외에 달리 할 수 있는 일이 없었다.

온몸이 젖었다.

바다와 석회절벽 사이에는 폭 1미터가량의 자갈밭이 있었다. 그럼에도 무모한 파도는 절벽까지 무람없이 몰려와 그 안에 숨은 무기력한 내게 물을 뿌려댔다. 신은 그런 내가 불쌍했는지 동굴을 벗어나 보코트 계곡으로 올라가기 직전에 가장 장엄하고 가장 아름다운 붉은 노을을 보여주었다.

호그 숲에서 빠져나가기 전에 10분 정도 더 기다렸다. 그 사이 어둠은 더 짙어졌고 축축한 옷은 얼어붙어 버석거렸다.

아직 자유였지만 몸은 꽁꽁 얼었다.

회색빛 밤이었다. 희뿌연 달빛에 둘러싸인 보코트 계곡은 유령이 떠도는 숲처럼 음산했다. 소나무, 호두나무, 참나무 들이 뒤엉킨 정글 속에는 서른 채 정도의 저택이 저주에 걸린 듯 괴괴한 분위기를 자아내며 띄엄띄엄 서 있었다. 스위스 샬레 지붕, 티롤 지방 종탑, 영국식 내닫이창, 이슬람 무어양식 벽면…. 저택들은 저마다의 건축양식을 자랑했다. 나는 지나다니는 차가 있는지 살피고 해안도로를 거슬러 올라갔다. 모나가 일러준 논문지도교수의 저택은 교차로 뒤에 숨어 있었다.

마르탱 드냉.

쿠상 가 123번지.

'헛간 근처에 우물이 있는데, 테두리 벽돌 밑에 열쇠가 있을 거야. 별장을 관리하는 정원사가 열쇠를 그곳에 놔두고 드나들거든. 집이라 생각하고 편하게 쉬고 있어. 되도록 빨리 갈게.'

모나가 전화로 알려줬다. 경찰에 쫓기고 있으며 도움이 필요하다는 말에 더는 묻지 않았다.

멋진 여자였다.

나는 벽돌 밑에서 열쇠를 꺼내 문을 따고 들어가 낯선 이의 집에 몸을 숨겼다.

집이라 생각하고 편하게 쉬고 있어….

뜨거운 물로 샤워부터 하려고 욕실을 찾아 복도를 기웃거렸다. 작은 방들이 많은 3층 저택이었다. 모나의 지도교수인 마르탱 드냉은 자주 들르지 않는 듯했다. 너무 완벽하게 관리가 되어 있어서 오히려 사람 사는 집처럼 보이지 않았다. 정기적으로 잔디를 깎고 나뭇가지를 쳐내는 정원사, 거미줄을 걷어내고 꼭대기 층의 스테인드글라스 창문까지 청소하는 가정부를 고용하려면 꽤 많은 돈이 들 것이다.

저택은 깨끗했지만 공허했다.

황금 잎으로 테두리를 장식한 커다란 거울 앞에서 몸을 비틀며 얼어붙은 청바지를 벗으려고 안간힘을 썼다. 금속 의족이 파란색 타일 바닥에 닿아 딸각거렸다. 그 소리가 텅 빈 저택의 수많은 방으로 퍼져 어둠과 유령이 화르륵 깨어날 듯했다.

샤워기를 틀자 물소리가 작은 성을 가득 채웠다.

샤워기 밑에 한 발로 섰다.

뜨거운 수증기에 벌게진 몸과 외다리.

분홍색 홍학의 꽃단장….

웃음이 났다. 모나가 이 표현을 좋아할 게 틀림없다.

눈을 감고 저택의 내부를 떠올렸다. 마르탱 드냉은 이 별장을 박제했다. 박제…. 이 집을 정확하게 표현하는 단어다. 몇 달 동안 집을 비운 후에도 늘 똑같은 모습을 되찾고 싶어서일까?

흉내 낸 인생!

벽난로와 침대맡에 있는 꽃은 조화였다.

식탁 위에 놓인 과일바구니의 과일 역시 놀라울 정도로 진짜와 흡사했다.

복도 책장에는 포켓판 책, 잡지, 보드게임 들이 오래도록 잊힌 채 무질서하게 쌓여 있었다.

벌거벗은 몸으로 세차게 떨어지는 뜨거운 물을 맞으며 이 집에 대해 생각했다.

작가의 상상에서 바로 꺼낸 듯한 기이하고 비현실적인 유령의 성.

어쩌면 모나와 비슷한지도 모른다.

갑자기 툭 튀어나온 국립과학연구센터 연구원.

발랄하고 예쁘고 독특하고 자유분방한 여자.

소설가의 머리에서나 살고 있을 법한 여자. 아니면 사랑하는 이를 찾는 나 같은 독신 남자가 상상하는 그런 여자.

고개를 들었다. 소나기같이 뿜어져 내리는 물줄기가 얼굴을 적셨다.

아니다. 다시 생각해보니 모나는 나 같은 독신 남자가 상상하는 여자가 아니다. 그녀는 거부할 수 없는 매력을 지녔지만 내가 그리는 나의 이상형은 모나가 아니다.

문득 마갈리 베롱의 창백한 얼굴이 모락모락 오르는 수증기 속에 환영처럼 떠올랐다.

집이라 생각하고 편하게 쉬고 있어….

의족을 끼우고 옷걸이에 걸린 크림색 캘빈클라인 목욕가운을 입었다. 모나에게 전화를 하려다 망설였다. 경찰은 분명 모나와 내 관계를 알아차렸을 것이다. 조심해야 한다. 모나는 아무 말도 않겠지만 경찰이 모나를 의심하고 미행할 수도 있다.

도주 말고는 뾰족한 수가 없다. 내 무죄를 입증할 방법이 없다. 시간을 버는 것 외에 뭘 할 수 있을까? 도무지 알 수 없었다. 머리를 흔들어 상념을 쫓아냈다. 생각하지 않으려 텅 빈 방들을 차례차례 둘러봤다.

30분 정도 지나자 미궁 같은 실내가 눈에 익었다. 상층부만큼이나 널찍할 지하창고를 빼고 전부 들여다봤다. 거실의 철제 선반에 구리 라벨이 붙은 술병들이 한 줄로 진열되어 있었다.

집이라 생각하고 편하게 쉬고 있어….

칼바도스를 한 잔 따랐다.

라벨에 '장기 숙성'이라고 적힌 불라르 브랜드.

이 집처럼 오래된 술이다.

한 모금을 채 넘기기도 전에 목이 타들어갔다. 벽에 부딪혀 정적을 뚫고 튀어오른 기침 소리가 깜짝 놀라 달아나는 소심한 유령처럼 계단 쪽으로 멀어졌다. 어릴 때 임대아파트에서 살았다. 가족의 수가 늘어나면 좀더 큰 임대아파트로 이사를 갔지만 평생 단 한 번도 이곳처럼 큰 집에 발을 들여놓은 적은 없었다.

여기는 너무 커서 겁이 날 지경이다.

모나를 기다릴 장소로 제일 높은 방을 골랐다. 지붕과 굴뚝보다 몇 미터 더 높이 솟은 작은 탑 안의 방이다. '독수리 둥지'라고 내 멋대로 이름도 붙였다. 밖에서 이 탑을 봤을 때는 성의 망루에 대한 건축주의 속물적인 욕망을 서투르게 드러냈다고 생각했다. 그러나 전연 아니었다! 좁은 창이 빙 둘러 나 있는 둥근 방은 로맨틱한 여자살인마의 은신처 같았고, 창밖으로 보이는 보코트 계곡과 해변과 바다의 전망은 숨이 멎을 만큼 아름다웠다.

이곳은 등대였다!

마르탱 드냉은 이 방을 서재로 삼았다. 낮은 책장이 둥근 벽에 기대어 방을 에워쌌고, 두 개의 안락의자와 두툼한 자주색 벨벳이 깔린 참나무 데스크가 중앙을 차지했다.

하늘과 바다 사이에 있는 방. 나는 그곳에서 한 시간쯤 기다렸다. 더는 참지 못하고 눈꺼풀이 감길 무렵 모나가 두 손을 내 어깨에 얹었다.

들어오는 소리도 계단을 올라오는 소리도 듣지 못했다.

요정 같은 여자.

요술지팡이의 별은 심장에 매달려 있다.

나는 고맙다고 말하며 그녀를 오래도록 끌어안았다.

우리는 서로 껴안은 채 하늘의 달과 바다 위에서 어른대는 쌍둥이 달을 바라보았다.

"이제 말해봐." 모나가 먼저 입을 열었다.

나는 피로즈 형사가 나를 범인으로 생각하고 있으며 경찰이 내게 혐의를 덮어씌운다고 숨김없이 말했다. 모나는 묵묵히 내 말을 들었다. 그녀의 입에서 내가 그토록 듣고 싶었던 말이 나왔다.

"나는 널 믿어."

나는 다시 한번 키스를 하고 붉게 빛나는 그녀의 머리를 손가락으로 쓸어내렸다.

"왜지? 왜 나한테 잘해주는 거지?"

그녀의 손이 벌어진 목욕가운 사이로 들어왔다.

"모르겠어? 낯선 남자의 체취? 평범하지 않은 얘기를 미치도록 좋아하는 거? 넌 파리 한 마리도 죽이지 못할 사람이라는 확신?"

"파리는 아닐지 몰라도 형사는 죽일 수 있겠지?"

모나가 웃음을 터뜨렸다.

"만약 지금 변호사에게 전화하고 내일 경찰에 자수하자고 하면 그렇게 할 거야?"

나는 모나를 꽉 끌어안았다.

"아니! 경찰이 친 덫에 걸리지 않을 거야. 내 스스로 알아낼 거야."

"뭘 알아낼 건데?"

"전부. 분명히 방법이 있을 거야. 이 빌어먹을 거울의 방에서 탈출하게 해줄 열쇠가 있을 거라고!"

모나가 주방을 뒤져 푸아그라, 오리고기통조림, 레드와인을 찾아내는 동안 나는 피로즈의 사무실에서 가져온 '마갈리 베롱' 서류철을 열어 내용을 살펴보았다.

모두 알고 있는 정보였다. 실망스러웠다. 내가 인터넷에서 찾아낸 것과 다를 바 없는 개인정보들이다. 캐나다에서 보낸 어린 시절, 발드마른에 정착한 후 다녔던 여러 학교, 바이엘 프랑스 회사…. 나머지 서류는 강간과 사망에 관한 자료였다. 의료기록에는 타박상 흔적, 끔찍한 증거사진들, 혈액형, 유전자정보, '사망원인'이 된 교살에 따른 질식사 정황 등이 자세히 적혀 있었다.

아니야! 너희가 틀렸어! 목이 졸렸다면 기껏해야 몇 분이었겠지! 경찰 조사는 다 엉터리야!

피로즈의 책상에 있던 서류들을 더 뒤졌어야 했다는 후회가 몰려왔다. 모르간 아브릴과 미르티 카뮈의 사건기록을 찾고, 우편물을 통해 조금씩 알게 되는 정보와는 전혀 다른 단서들을 알아내야 했다.

피로즈가 관심을 가진 도표 속 숫자들의 수수께끼도 풀어야 할 숙제다.

2/2	3/0
0/3	1/1

"밥 먹자!"

모나의 활기찬 목소리에 머릿속을 빙빙 돌던 의문들이 저 멀리 달아났다.

마르탱 드냉의 식량저장고는 라시렌의 레스토랑 메뉴만큼 화려했다. 모나는 식탁에 푸아그라를 올려놓고 오리고기통조림을 중탕했다.

"마르탱 드냉을 위해!" 모나가 와인 잔을 높이 들고 말했다. "판시 회사에서 마르탱 드냉 연봉이 얼만 줄 알아? 돈 좀 쓰라고 우리가 좀 비워줘야 한다니까."

모나와 나는 잔을 가볍게 부딪쳤다. 웃음을 지었지만 씁쓸했고 기분이 나지 않았다.

"어떻게 할 거야?" 모나가 갑자기 물었다.

"모르겠어."

"어쩌니…."

모나는 찬장 깊숙한 곳에서 찾아낸 습기 찬 크래커에 푸아그라를 펴 발랐다.

"결국 경찰에 잡히고 말거야. 그러면 넌 다 잃게 된다고. 너의 멋진 얘기들과 인생의 다섯 가지 목표는 어떻게 할 거야?" 모나는 셔츠에 달린 노란 별을 살짝 매만졌다.

"내가 할 수 있는 건 없어, 모나."

그녀가 나를 말없이 쳐다봤다. 설득하는 건 포기한 모양이다. 모나가 끓고 있는 냄비를 가져오려고 일어서는데 휴대전화 벨소리가 요란스레

울렸다.

모르는 번호다.

통화 버튼을 눌렀다.

"살라우이?"

피로즈 형사의 목소리였다!

"끊지 마. 바보 같은 짓은 하지 말라고! 자수하는 게 좋아. 변호사를 구하면 수사기록도 확인 가능하고 변론도 할 수 있다고."

나는 아무 말하지 않고 15초 정도 더 듣기로 했다. 위치추적을 하고 있을 것이다.

"나를 때린 문제는 나중에 얘기하지. 생탕투안 센터에 연락해서 당신 동료들과 얘기를 했어. 교사들과 심리치료사들하고. 당신은 혼자가 아니라고! 우리가 도와줄 테니 어서…."

25초.

전화를 끊고 아예 전원을 꺼버렸다. 손이 덜덜 떨렸다. 모나가 내 손을 잡고 다정한 목소리로 나를 달랬다.

"저 형사도 결국은 나와 같은 말을 한 거야."

자수….

그러나 간단한 문제가 아니다.

"경찰이 나를 살인자로 몰고 있어. 심리치료사 얘기 들었지? 나를 미친 사람으로 몰 거야."

그녀가 내 손을 더 힘껏 잡았다. 내가 계속 말했다.

"내 지문이 시체에서 나올 리 없어! 건드리지도 않았다고! 경찰이 거짓말을 하는 거야. 지금 뭔가를 꾸미고 있어. 왜 아무도 마갈리 베롱의 죽음을 모르는 거지?"

"내가 알잖아. 앙드레 조지악도. 앙드레가 이포르 사람들에게 다 말했을 거야."

"신문에서도 마갈리 베롱 소식은 전혀 찾을 수 없다고!"

"내일 기사가 나오지 않을까? 자말, 경찰이 뭐 하러 증거를 조작하면서까지 너를 범인으로 만들겠어?"

"나도 몰라. 수수께끼를 원해? 문제를 내볼까? 문제는 엄청 많아. 누가 왜 내게 카뮈와 아브릴 사건 자료를 우편물로 보내는 거지? 왜 마갈리 베롱은 모르간 아브릴을 그대로 따라하고 자살했지? 왜 그 빌어먹을 빨간 스카프는 내가 조깅하는 길에 있었던 거지? '날 가져가요' 하는 것처럼 말이야!"

모나는 아직 입에 대지도 않은 푸아그라 접시를 한쪽으로 밀었다.

"그래, 네가 이겼어. 항복!"

모나가 스테인리스 집게로 오리의 다리 살을 집었다. 붉은색 오리조림은 표본병 안에 보관한 신생아의 다리 같았다. 모나는 내가 역겨워한다는 걸 눈치채고 내 어깨에 손을 얹었다.

"내가 아는 건 네가 살인자가 아니란 거야! 상상해본 적도 없어. 하지만 그렇게 생각하는 사람이 있지."

익힌 고기를 보자 속이 울렁거렸다.

"왜 나냐고! 제길!"

모나는 생각할 시간을 가졌다. 골똘히 생각에 잠긴 햄스터의 굳은 얼굴, 벌름거리는 콧구멍, 파닥거리는 눈썹, 아랫입술을 깨문 앞니. 그 얼굴을 보자 잠시나마 마음이 누그러졌다.

"왜 너냐고? 그래, 좋은 질문이야. 자말, 이포르에 한 번이라도 온 적 있어? 예전에?"

"아니…"

나를 물어뜯을 준비가 끝났는지 모나의 앞니가 입술에서 떨어졌다.

"진실을 말해줘, 자말! 나는 경찰이 아니잖아. 내가 도와주길 원한다면 사실대로 말해줘."

"온 적 없어. 하지만… 그럴 뻔했지."

"제발, 자말. 말 돌리지 말고!"

"10년 전에 인터넷에서 마음에 드는 여자를 만났어. 바닷가에서 주말을 보내자고 꼬셨지. 그 여자는 에트르타에 가고 싶어 했는데 돈이 너무 많이 들어서 이포르에 호텔을 예약했어."

"그래서?"

"그래서 만났는데 왕자님이 외다리라는 걸 알고 기겁하더라고. 같이 여행 안 간다고 떠나버렸지."

"미리 말하지 않았어?"

"아니. 책상 밑에 웹캠을 설치할 생각은 못 했거든."

"그러면 이포르에 발도 들여놓은 적이 없다는 거야?"

"하나뿐인 발도 안 들여놨어!"

모나는 크게 웃으며 내 잔에 와인을 따랐다.

"이포르에서 퇴짜 맞은 것도 기묘한 우연 목록에 넣어야겠네! 그러면 이번 휴가엔 왜 이포르에 왔어? 몽블랑 울트라트레일을 대비하는 연습 장소가 설마 여기밖에 없는 건 아니겠지?"

"몇 달 전에 노르망디 관광청의 전화 앙케트에 참가했어. 추첨이 있었는데 거기서 이포르 호텔 숙박권에 당첨됐고. 식사도 제공되고 프랑스 북부에서 가장 높은 트레일 구간이 바로 눈앞에 있는데 거절할 이유가 없잖아. 내가 왜 조금도 주저하지 않고 이 촌구석으로 들어왔는지 알 만하지?"

"응. 알 만해."

모나는 와인 잔을 비웠다. 그러고는 창문으로 가서 지붕에 그림자를 드리운 작은 탑을 올려다봤다.

"이성적으로 행동해야 해, 자말. 난 여기서 잘 수 없어. 경찰이 우리 관계를 의심하고 내일 아침이라도 당장 라시렌에 들이닥칠 거야."

나는 모나에게 다가가 허리를 끌어안았다.

"내일 아침까지 시간 있잖아. 안 그래?"

그녀의 시선이 목욕가운 사이로 미끄러져 짙은 털이 난 내 가슴으로 향했다.

"여기 말고. 저기서…." 독수리 둥지를 가리키며 모나가 속삭였다.

낯선 남자의 체취?

모나가 샤워를 하는 동안 독수리 둥지에 먼저 올라와 창밖을 바라보았다. 눈먼 파도가 더듬거리며 다가와 잠든 절벽을 집요하게 핥아댔다. 계단을 딛는 발자국 소리가 들렸다. 모나가 루비색 캘빈클라인 목욕가운을 걸치고 방으로 들어섰다. 그녀는 내 입에 살짝 키스를 하고 창으로 보이는 전망에 감탄을 연발했다. 그러고는 책장에서 낡은 책을 한 권 꺼내 냉큼 자주색 벨벳 책상 위로 올라가서는 책을 머리 위로 번쩍 들어올리고 큰 소리로 외쳤다.

"모리스 르블랑! 아르센 뤼팽의 아버지야! 이곳 보코트에서 《뤼팽》 시리즈를 처음으로 썼어. 보코트를 배경으로 한 소설도 썼고."

모나의 말이 귀에 들어오지 않았다.

이 세상에 없는 세 여자가 합심한 듯 내 인생을 흔들고 있다.

마갈리 베롱, 모르간 아브릴, 미르티 카뮈.

잊고 싶다.

이들도, 나를 쫓는 경찰도, 이 모든 부조리한 현실도.

붉은 가운 사이로 언뜻 드러난 모나의 하얀 속살 외에는 모두 잊어버리고 싶다.

모나가 책상 위에 한쪽 무릎을 꿇고 앉았다. 목욕가운이 살짝 벌어졌다.

"잘 들어봐. 자말도 재밌어할 만한 내용이야. 리낭이라는 가난한 남자가 있었어. 보코트 저택 앞을 지나가는데 아픈 자식들이 생각난 거야. 이 저택을 털자고 마음먹었지. 그래서 저택 안에 몰래 들어갔어. 그런데 재수가 없으려니까 리낭이 들어가기 몇 분 전에 주인이 거실에서 머리에 총을 쏘고 자살한 거야!"

나는 모나에게 다가가 가운 옷깃을 양쪽으로 슬며시 젖혔다. 상아같이 하얀 젖무덤이 드러났다.

"그래서?"

나는 중얼거리며 모나의 루비색 가운을 천천히 끌어내렸다. 붉은 과일은 껍질을 벗겨 그 속에 숨은 달콤한 과육을 음미해야 한다. 가운이 미끄러져 허리까지 맨살이 드러났다. 내 손이 그녀의 가슴 위를 부드럽게 내달렸다. 모나의 목소리가 가볍게 떨렸지만 이야기는 이어졌다.

"리낭은 하도 놀라서 물건을 쓰러뜨렸어. 그 소리에 하녀가 나타났는데 쓰러진 주인 발치에 리낭이 서 있는 걸 목격한 거야. 그 뒤는 말하지 않아도 알겠지? 체포됐고 재판을 받았어. 다들 가난한 리낭이 저택 주인을 죽였다고 생각했지. 주인이 자살했다고 아무도 믿지 않았어."

내 손은 더 밑으로 내려갔다. 배로 내려간 손은 배꼽 밑에 묶인 루비색 허리끈에서 주춤했다. 나는 그녀의 귀에 입김을 보냈다.

"그래서 어떻게 끝났어?"

모나의 목덜미에 소름이 돋았다. 그녀가 책을 가슴께로 올렸다.

"흐음…, 마지막 부분을 읽어줄까? 배울 게 많아. 자말도 좋아할걸?"

심판의 날이 밝았다.

"마지막을 준비하게, 리낭."

리낭의 얼굴을 씻기고 수의를 입힌 교도관이 그를 묶었다. 리낭은 유순한 짐승처럼 혹은 생명 없는 물건처럼 가만있었다. 이제 단두대까지 가는 일만 남았다.

리낭의 이가 저절로 맞부딪쳤다. 그가 입술을 달싹였다.

"나는 죽이지 않았어요…. 죽이지 않았다고요."

허리끈을 잡아당겼다. 붉은 목욕가운이 첫 햇살에 열리는 장미 꽃송이처럼 벌어졌다.

모나가 숨을 몰아쉬었다.

"《단두대》. 이 글은 1893년 2월 6일 문학잡지 〈질 블라스〉에 게재됐어. 사형 반대를 주장하는 첫 소설이라고 할 수 있지."

모나는 책을 내려놓고 책상에 걸터앉았다. 중학교 때 영어 선생님도 이런 자세였다. 짧은 치마를 입고 교탁에 앉아 남학생들의 마음에 불을 지피곤 했다.

내 손은 이제 엉덩이로 내려갔다.

자살. 무죄. 그에게 붙은 살인범이란 꼬리표.

고마워, 모나. 무슨 말을 하고 싶은지 알겠어.

"내가 자수하길 원해?"

책상에 몸을 기대고 그녀의 목덜미에 입을 맞췄다. 모나의 발이 내 목욕가운의 허리끈을 풀었다. 곧이어 발가락이 크림색 면 가운 밑으로 들어가 탐색을 시작했다.

모나가 두 손을 뒤로 뻗어 자주색 벨벳 책상을 짚고 상체를 뒤로 젖혔다. 젖가슴이 위로 솟았다. 화산 분출로 생겨난 봉우리 한 쌍. 양손으로 두 봉우리를 움켜잡고 혀로는 아랫배를 향해 미끄러져갔다. 술에 취한 듯 갈지자로 이어진 오랜 하강 끝에 내 혀가 안착한 곳은 축축하고 잘 다듬어진 풀밭이었다.

모나는 벨벳 책상 위에서 아이처럼 웅크리고 잠이 들었다. 해가 뜨기 전에 깨워달라는 말도 잊지 않았다. 라시렌으로 달려가야 하니까.

귀여운 악마…. 관능적이고 재기발랄한 여자.

모나를 가장 흥분시키는 것은 무엇일까? 강간살인을 저지르고 도피 중인 범죄자와 사랑을 나누는 것? 아니면 자신의 논문지도교수가 중요한 저작을 썼을 책상 위에서 뜨거운 몸을 남자에게 맡기는 것?

둘 다일 것이다.

나는 잠이 오지 않아 방 안을 빙글빙글 돌았다. 저 멀리 물러나는 바닷물을 비추는 별과 모나의 벗은 몸과 나를 둘러싼 수백 권의 책을 번갈아 쳐다본 지 벌써 몇 시간이 지났다.

오래된 포켓판 책, 사진집, 두꺼운 과학서적 들 사이에 십여 개의 서류함이 뒤섞여 있었다. 내 눈은 자연스럽게 서류함의 라벨로 향했다.

1978, 1983, 1990, 2004.

2004?

모르간 아브릴과 미르티 카뮈가 살해된 해다.

다가가서 상자를 열었다. 강의자료, 학생들의 리포트, 학술지 같은 게 들어 있을 거라고 생각했다.

전혀 아니었다!

나는 소리 지르지 않으려 입술을 깨물었다.

마르탱 드냉 분자화학과 교수가 모아둔 건 모르간 아브릴에 대한 신문기사들이었다!

머리가 핑 돌았다. 옆 의자에 기사들을 놓고 손에 집히는 대로 몇 장을 뽑아 읽었다. 누렇게 변색된 기사들은 모두 같은 이야기를 했다. 내가 받은 우편물과 다를 바 없었다.

새로운 건 없었다. 이미 아는 내용이었다.

그러나….

이포르에 오지도 않는 대학교수가 왜 이 기사들을 수집했을까?

모나를 깨워서 물어볼까 하다가 그만두었다.

나중에 물어보자.

다시 서류함으로 몸을 숙였다.

혹시 어떤 실마리나 모든 걸 설명해줄 열쇠를 찾을 수도 있지 않을까.

얼마나 순진했던가.

십여 개의 기사를 읽은 후에 컬러로 된 전면기사를 펼쳤다.

아브릴 사건

〈쿠리에 코슈아〉 특별판

2004년 6월 17일 목요일

1면 제목, '모르간에게'

믿을 수 없었다.

처음에는 크게 확대된 사진 속의 여인을 알아보지 못했다. 여자는 벨리댄스 공연 중인 듯 미소를 짓고 있었다.

갑자기 세상이 정지했다. 팔이 떨리고 입이 벌어졌다. 모르간 아브릴의 얼굴을 보는 건 처음이었다. 내가 받은 우편물 안에 사진은 없었다. 우편물 속에는 얼굴 사진이 없는 기사들뿐이었다. 간혹 얼굴을 오려낸 기사들도 있었다. 이제야 그 이유를 깨달았다.

나는 미친 사람처럼 비명을 질러댔다.

둥근 방이 막 쏘아올린 로켓발사대처럼 흔들렸다.

"말도 안 돼! 모르간 아브릴이 이 여자일 리 없어!"

경악한 눈으로 다시 신문의 사진을 봤다.

2004년의 신문 1면을 가득 메운 여자는 모르간 아브릴이 아니었다.

마갈리 베롱이다! 모르간 아브릴보다 10년 뒤에 태어나 바로 어제, 내 눈앞에서 허공으로 몸을 던진 마갈리 베롱, 바로 그 여자!

모나가 깜짝 놀라 잠에서 깼다. 그녀는 가운을 걸치고 허리끈도 매지 않은 채 내게 다가왔다.

"악몽을 꿨어?"

신문을 건네는 손이 부들부들 떨렸다.

"맙소사! 이 사진을 봐."

모나가 기사제목을 읽고 사진을 봤다.

"정말 놀랄 만큼 아름답네." 그녀가 중얼거렸다.

"제길, 모나! 넌 내가 미쳤다고 생각할걸?"

"왜?"

"신문에 난 이 여자…. 이 옛날 신문에 모르간 아브릴이라고 나온 여자…. 그제 자살한 여자야. 이 여자가 마갈리 베롱이라고!"

모나는 의아한 얼굴로 한참 나를 쳐다보았다. 가설을 내놓기 전에 머릿속으로 복잡한 수학공식을 풀 방법과 모든 변수를 떠올리는 듯했다. 그녀가 가운을 여몄지만 곧 다시 열렸다.

"두 사람이 닮았나 보지."

"아니야, 모나! 닮은 게 아니라 마갈리 베롱이라니까!"

"마갈리 베롱을 자세히 보지도 못했잖아. 겨우 몇 초…."

"그래. 하지만 그 여자 얼굴은 내 머릿속에 똑똑히 새겨져 있어. 너도 무슨 말인지 알잖아. 안 그래? 얼굴의 세밀한 부분 하나하나 전부 기억한다고!"

"사랑에 빠진 사람처럼 얘기하네?"

차분한 말투였지만 냉소가 묻어났다. 나는 대답하지 않고 뒤로 돌아 서류함을 뒤졌다. 모르간 아브릴의 다른 사진들이 나왔다. 정면사진, 측면사진, 얼굴사진, 전신사진….

바로 그 여자였다! 도저히 있을 수 없는 일이지만 마갈리 베롱이 틀림없었다. 나는 확신했다.

모나는 성가신 듯 가운 앞섶을 목까지 꼭꼭 여미고 주먹 쥔 손을 책상에 댄 채 나를 응시했다.

"자말! 잘 생각해봐. 이 사건에 이해할 수 없는 부분이 많다는 건 우리 둘 다 동의하고 있어. 그래도 두 가지는 확실해. 첫째, 모르간 아브릴이 2004년 6월 6일에 사망했다는 사실. 전 언론이 이 사건을 다뤘고 프랑스 전 경찰이 여러 달 동안 범인을 찾으려고 매달렸어. 두 번째, 마갈리 베롱은 2014년 2월 19일, 바로 이틀 전에 죽었어. 네가 증인이야. 나머지는 전부 불가사의한 일투성이지만 난 자말 말을 믿어. 하지만 두 사람의 죽음은 전제조건이야…."

"전제 뭐?"

"전제조건이라고! 확실하다고 생각하는 사실. 그걸 바탕으로 논리를 펴나갈 수 있는 거야."

"그래서, 네 논리는 뭔데?"

모나는 신문에 난 모르간 아브릴의 사진을 찬찬히 살펴보았다.

"그러니까… 마갈리 베롱은 모르간 아브릴을 닮으려고 했어. 10년 후에. 같은 학교, 같은 취향, 같은 직업…. 심지어 죽는 방법까지도 똑같이 말이야. 모르간 아브릴을 철저히 모방한 마갈리로서는 외모도 닮으려고 한 게 당연한 것 아냐?"

"단순히 닮은 게 아니라니까! 마갈리 베롱이 확실해!"

"단순히 닮은 것 이상이라고?"

모나가 분석을 시작했다. 그녀가 왜 뛰어난 연구원인지 알 것 같았다. 그녀는 어떤 모순에도 설득력 있는 설명을 내놓았다.

"마갈리와 모르간은 서로 몰랐지만 자매일 수 있어. 모르간이 벨기에에서 인공수정으로 태어났다고 했지? 10년 후에 마갈리가 같은 정자로 태어난 거야. 그런데 모르간의 사진을 보게 된 거지. 살인사건이 발생했을 때 텔레비전에서 봤을 수도 있고. 그런데 서로 닮았다는 걸 알고 조사를 한 거야. 그 결과 아빠가 같다는 사실을 알아내고 충격을 받았고….”

“그래서 강간당해 목 졸리고 절벽에서 뛰어내리기까지 했단 말이야?”

“말이 안 될 건 없잖아! 그래, 생각하고 있어. 생각. 합리적인 이유를 생각하고 있다고.”

“이 사건에 이성적인 건 하나도 없어.”

침묵이 무겁게 내려앉았다. 우리는 폭풍우로 바깥세상과 단절된 외로운 등대지기들이었다.

내가 다시 반복했다.

“이성적인 게 하나도 없어. 네 논문지도교수만 해도 그래. 이포르에는 오지도 않는다면서 왜 지역신문의 기사들을 스크랩해서 모아놨지?”

“2004년 드냉 교수는 연구지도 자격 논문을 여기서 썼어. 대학교수가 되려면 꼭 써야 하는 논문이야. 그래서 1년 동안 강의 없이 국립과학연구센터에서 연구를 했지. 이포르에서도 몇 달 동안 지내며 자갈을 채취하고 현미경으로 관찰하고 논문을 썼어. 그러다 지치면 연구를 수행하는 지역에서 벌어진 사건에 흥미가 생길 수도 있지 않을까? 이곳 주민 모두 그 사건에 관심을 가졌잖아.”

이곳 주민 모두….

이번에도 모나는 답을 찾아냈다!

그런데 왠지 외워서 말하는 듯한 느낌이 들었다.

“이상하지 않아? 연구원이 이포르에 자갈을 주우러 올 때마다 여자가 죽잖아!”

말을 끝내기도 전에 실언을 했다고 생각했다. 모나는 머리칼을 뒤로 쓸어넘기며 모리스 르블랑 책을 책장에 다시 끼웠다. 그리고 가운의 허리띠를 졸라맸다.

침착하고 자연스러운 행동이었다.

"옷을 입어야겠어. 벌써 새벽 3시네. 라시렌으로 돌아가야 해. 경찰이 분명히 어젯밤 일을 물어볼 거야. 둘이 같이 식사하고 같이 방을 쓰고 늦잠을 잔 것까지. 나는 네가 하룻밤 상대였을 뿐이고, 이상한 얘기를 하도 많이 해서 정신적으로 문제 있는 사람이 아닌가 생각했다고 말할 거야. 물론 네가 있을 만한 장소는 전혀, 전혀 모른다고 할 거고."

"너만 믿을 게. 넌 이야기를 잘 지어내잖아!"

다른 말은 생각나지 않았다. 모나를 사로잡았던 나의 기막힌 상상력은 어디론가 사라져버렸다. 나는 계단을 내려가는 모나의 뒷모습을 우두커니 바라보았다.

모나가 마지막으로 뒤를 돌아봤다.

"한 가지 말해둘 게 있어, 자말. 우리 연구팀은 매년 이포르에 와서 자갈을 채취해. 연구소가 생긴 후부터 계속…. 정확히 23년 전부터야."

모나가 사라졌다. 등대지기는 이제 나 혼자다.

그녀는 나를 미쳤다고 생각한다. 하긴 달리 어떻게 생각할 수 있을까?

창문 너머로 모나의 뒷모습을 보았다. 시동이 걸린 피아트가 자갈길을 출발해 모퉁이로 사라졌다.

모나 말을 들을까? 다 포기해? 경찰에 전화할까? 경찰이 날 찾으러 올 때까지 기다려?

아니, 아직 안 돼!

아직 내가 가진 카드를 전부 사용하지 않았다. 항복하기는 이르다. 나만 목격자가 아니다. 크리스티앙 르메데프와 드니즈 할머니도 차갑게 식은 마갈리 베롱의 얼굴을 보았다. 분명 모르간 아브릴 얼굴과 비교할 수 있을 것이다.

2004년도 〈쿠리에 코슈아〉 신문에서 모르간 아브릴의 사진을 찢어 냈다.

어떤 논리도 나의 확신을 깨뜨릴 수 없다.

두 사람은 그냥 닮은 것이 아니다.

악몽?

새벽 4시쯤 손전등을 들고 길을 나섰다. 견고한 성벽처럼 이어진 해변의 석회절벽을 따라 이포르까지 2킬로미터를 걸었다. 카지노의 파란색 네온등이 해변 주차장을 비췄다. 다른 곳에 주차했는지 모나의 피아트는 보이지 않는다. 이포르 마을은 여전히 잠들어 있고 라시렌 호텔의 파스텔색 덧창은 굳게 닫혔다.

모나는 혼자 자고 있겠지.

보이지 않는 손이 가슴을 할퀴고 후벼팠다. 내가 이리도 약한 존재였던가. 자괴감이 밀려들었다. 그러나 상념을 쫓아내고 어두컴컴한 제방으로 무거운 발걸음을 옮겼다. 서두르자. 항상 마지막 200미터가 가장 위험하다. 이미 내 목에 현상금이 걸렸을지도 모른다. 여기서 머뭇거릴 수 없다. 크리스티앙 르메데프의 집까지 200미터 남았다.

발소리로 이포르 주민들의 잠을 깨울까 봐 조용히 걸었다. 오랜 세월이 지나면서 의족을 아스팔트에서 몇 밀리미터 살짝 띄워 소리 없이 미끄러지듯 걷는 법을 터득했다.

뒤에서 소리가 들렸다. 기겁한 나는 더욱 빠르게 걷다가 그 자리에 우뚝 섰다. 반복적으로 이어지는 소리는 점점 더 커졌고 점점 더 가까워졌다. 재빨리 부동산 현관에 몸을 숨겼다. 심장이 미친 듯이 뛰었다. 거친 숨을 추운 거리로 쏟아냈다. 발 구르는 소리가 더욱 빨라지더니 내 앞에 멈췄다.

늙은 개다. 어두컴컴한 새벽에 사람과 마주친 개는 나만큼 놀란 듯했다. 개의 노란 눈이 나를 보았다. 조용히 하라고 입술에 검지를 댔다. 개는 말귀를 알아들은 양 자리에 앉았다. 내가 다시 거리로 나서자 몇 미터 간격을 두고 따라왔다. 늙은 개는 세 발로 걸었다. 목발도, 알루미늄 다리도, 의족도 없었다. 어쩌면 나를 비웃느라 다리 하나를 들고 흉내를 내는지도….

뽕쟁이 집 앞에 도착했다. 개는 길 건너편에 앉아 나를 멀거니 쳐다봤다. 조심스럽게 문을 노크했다. 반응이 없었다. 동네 전체가 아닌 르메데프만 깨울 방법을 고심하며 무심코 손잡이를 돌렸다. 예상과 달리 문이 쓰윽 열렸다. 한 발만 들여놓고 낮은 소리로 그를 불렀다.

"크리스티앙 르메데프 씨? 자말 살라우이예요."

대답은 없었다. 계단 위쪽에 2층 불빛이 비쳤다. 소리를 죽이고 살금살금 올라갔다. 계단 난간을 꽉 잡은 손이 축축해졌다. 난간이 심하게 흔들렸다. 집을 관리하는 대가로 여기서 산다더니?

"르메데프 씨?"

인기척이 없어서 살며시 방문을 밀었다. 약을 먹었든 술에 취했든

자고 있을 거라 생각했다. 그런데 없었다.

불 켜진 램프, 책이 놓인 협탁, 말끔히 정리된 침대.

파자마, 티셔츠, 베이지색 스웨터 같은 옷가지 몇 개가 걸린 행거 하나.

혼자 사는 남자의 방.

멍하니 서 있는데 희미한 기계음이 들렸다. 심장이 오그라들었다. 황급히 아래로 내려갔다.

1층은 흰색과 검은색 타일이 깔린 좁은 복도와 작은 거실 겸 주방으로 쓰이는 공간 하나가 전부다. 중앙에 놓인 식탁과 의자 하나가 보였다.

거실 문지방에 멈춰 섰다. 어안이 벙벙했다.

어라? 도대체 어떻게 된 거지?

바싹 구운 고기와 파스타가 가득 담긴 접시, 반쯤 채워진 와인 잔, 빈 와인 병, 나이프, 포크, 냅킨, 바게트…. 식탁 위에 어지럽게 널린 음식들. 사람은 없었다.

"르메데프 씨?" 또다시 이름을 불렀다.

'프랑스 블루, 밤으로의 여행입니다.' 내 부름에 트랜지스터라디오가 응답했다. 다니엘 기샤르의 샹송 〈나의 아버지〉가 뒤를 이었다. 혹시 화장실에 있거나 샤워를 하는 중인가? 조금 더 큰 목소리로 불러봤다. 대답은 여전히 없었다.

어젯밤, 르메데프는 여기서 자지 않았다. 저녁식사도 끝내지 않았다.

제길, 어떻게 된 거야?

몇 분 동안 집 안을 찾아다녔다. 60평방미터의 작은 집이라 숨을 데도 없었다. 옷가지, 책, 노트북, 꽉 찬 냉장고, 지역신문, 약봉지, 항우울제 같은 개인물품은 그대로였다. 아무것도 못 챙기고 부리나케 떠났나?

언제 사라졌을까?

테이블 위의 빵을 만져보았다. 아직 굳지 않았다.

벽난로의 재를 뒤적였다. 온기가 남아 있다.

식사 중이었던 걸로 봐서는 사라진 지 열 시간이 채 안 된 듯하다. 모나가 나를 만나러 보코트 계곡의 저택으로 왔을 때쯤이다.

일곱 살 때 엄마와 함께 유세프 외삼촌 집에 간 적이 있었다. 세 시간 전에 심장마비로 숨진 삼촌의 식탁에는 식은 스프와 먹다 남은 식빵 한 조각이, 의자 밑에는 실내화가 그대로 있었다.

죽었나? 살해? 납치? 도주? 도대체 왜?

어제 신문판매점 앞에서 르메데프가 말했다.

> 기사가 전혀 없잖아요! 전혀!
>
> 마갈리 베롱이 누구인지 더 파헤쳐볼 작정이야.

뭔가 발견했나?

르메데프는 이 사건이 음모라고 생각했다.

침묵하는 언론.

침묵하는 경찰.

혹시 입을 막으려고 경찰이 데려갔나?

말도 안 돼! 프랑스에서는 경찰이 민간인을 오밤중에 데려가는 일은 없다. 더군다나 식사를 마치지도 않은 사람을.

시계가 오전 4시 35분을 가리켰다. 나가기 전에 10분 정도 더 둘러봤다. 서랍장도 열어보고 가구 밑에도 손을 넣어보고 책장의 책을 확인하고 행거에 걸린 옷도 들춰봤다. 아무것도 없었다.

하지만….

전화번호부 안에서 흰 종이를 발견했다. 숫자가 적혀 있었다.

2/2	3/0
0/3	1/1

머리털이 곤두섰다. 르메데프가 피로즈와 동일한 단서를 가지고 있다! 그래서 제거됐나?

겨드랑이에서 땀이 흘러 손목까지 흘러내렸다. 내가 만진 모든 것에 손자국이 났다.

손잡이, 문고리, 스위치….

온통 내 지문 천지다. 크리스티앙 르메데프가 정말로 실종된 거라면 나는 또다시 첫 번째 용의자가 된다.

창밖을 확인했다. 다니는 사람은 없었다. 가로등 밑에 앉아 있는 개 한 마리뿐.

나는 여덟 개의 숫자가 적힌 종이를 주머니에 넣고 집 밖으로 나섰다.

뭔가 발견했나?

휴대전화 소리에 잠이 깬 시각은 오전 10시. 모나가 보낸 문자다.

〈호텔에 경찰이 왔어. 너를 찾더라. 아무 말 안했어. 너를 산 채로 잡고 싶은 것 같아. 윽! 조심해. 보니〉

보코트 계곡에 걸린 태양이 유리창으로 들여보낸 빛살에 하얀 린넨 시트가 금빛으로 물들었다. 멍하니 창밖을 보다가 커다란 쿠션을 등에 대고 모나에게 답장을 보냈다.

〈절대 안 잡혀! 123번째 미스터리: 넘버 투 목격자 크리스티앙 르메데프가 어젯밤부터 실종됨. 함정인 듯! 너도 조심해. 클라이드〉

몇 분 동안 기다렸지만 답은 오지 않았다. 몸을 일으키고 씻고 옷을 입고 정신을 차렸다. 일부러 답하지 않은 거라고 생각했다. 당연하다. 경찰이 호텔로 찾아왔다. 의심을 거두지 않고 계속 모나를 감시할 수도 있다.

11시쯤 비스킷을 커피에 적셔 삼키고 지하창고로 내려갔다. 이 저택에서 아직 가보지 않은 유일한 곳이다. 오랫동안 아무도 들어오지 않았는지 창고에는 먼지가 뽀얗게 쌓여 있었다. 걸을 때마다 회색 시멘트 바닥에 발자국이 선명히 찍혔다. 전깃줄에 매달린 백열전구를 켜자 전구에 붙어 타버린 벌레 냄새가 희미하게 코끝을 간질였다.

자전거, 파라솔, 의자, 바비큐그릴, 정원용 가구, 배드민턴 네트, 셔틀콕, 배드민턴 라켓…. 창고에는 온갖 야외용품이 가득했다. 벽면 선반에 올려둔 상자들도 상당히 많았다.

유혹을 뿌리치지 못하고 제일 위에 있는 상자를 꺼내 갈색 테이프를 뜯었다. 십여 권의 사진첩이 나왔다.

드냉 가족의 역사가 들어 있는 앨범이었다.

〈드냉 패밀리 시즌 1〉 시트콤이라도 시청하듯 마르탱 드냉 교수의 일상을 들여다봤다. 해변의 마르탱, 식탁을 고치는 마르탱, 낚시 중인 마르탱….

에트르타의 코끼리 절벽에서 교수와 그의 부인이 손을 잡고 포즈를 취한다. 미소 짓는 날씬하고 예쁘장한 부인의 탐스러운 금발머리가 바람에 흩날린다. 두 사람 뒤쪽에 오렌지색 르노5 자동차가 세워져 있다. 차종으로 보건데 80년대 사진이다.

드냉 부부가 코끼리 절벽에서 찍은 사진은 다른 앨범에도 있었다. 이번에는 아우디A4가 보였다. 2000년대 사진이다. 머리 길이가 짧아진 금발의 부인은 좀더 강하고 완고한 인상으로 변했다. 마르탱은 서핑하고 골프를 치고 아들과 테니스를 친다. 갈색 머리 아들은 내 또래로 보인다. 사진은 별장에 머물 때마다 아들이 소년에서 어른으로 자라는 모습을 보여주었다.

혹시 모나의 사진도 이 안에 있을까? 수백 장의 사진을 넘기고 있는데 텔레파시가 통한 것처럼 휴대전화가 울렸다. 보니의 답장이다!

〈르메데프는 포기해. 목격자 넘버 쓰리 드니즈 할머니를 찾아봐. 안 그러면 넌 바로 정신병원행이야.〉

피식 웃음이 나왔다. 주머니에 손을 넣어 〈쿠리에 코슈아〉의 전면기사를 만지작거렸다. 모나가 옳았다. 르메데프가 사라졌으니 이젠 오로지 드니즈 할머니만이 증명해줄 수 있다. 마갈리 베롱과 모르간 아브릴의 얼굴이 똑같다는 것과 내가 미치지 않았다는 사실을…. 하지만 내가 알고 있는 건 할머니의 이름과 나이뿐.

드니즈, 76세.

전화번호부를 뒤져 이포르에 사는 모든 드니즈에게 전화를 할 수는 없다. 피로즈 형사에게 주소를 물어볼 수도 없고….

모나라고 뾰족한 수도 없을 테지만 짧은 답문을 보냈다.

〈어떤 드니즈?〉

르메데프는 이포르에서 노인을 다시 보지 못했다고 했다. 그러니 이포르 근방에서 살 가능성이 높다.

계속 창고를 뒤졌다. 가장 높은 선반에 작은 빨간색 상자가 있었다. 상자에 인쇄된 글자는 반쯤 지워졌지만 읽지 못할 정도는 아니었다.

윈체스터 탄약

탄약통이다!

총이 있다는 얘긴데…. 이곳에 숨겨놓지 않았을까?

여기저기 뒤지다가 의자와 탁구대로 막아놓은 서랍장을 열어보았다. 서랍마다 명품 의류들이 헌옷처럼 처박혀 있다. 낡은 루이비통 장갑, 에덴파크 폴로셔츠, 아르마니 주니어 티셔츠, 버버리 넥타이…. 더는 안 입는 옷들이다. 너무 작아서? 유행이 지나서? 물려서? 옷장에 명품을 넣어두는 부자들은 어떤 사람들일까? 그런데 혹시 또다시 우연이 겹쳐 내가 빨간 스카프 살인자의 창고를 뒤지는 게 아닐까? 만일 분자화학 교수인 마르탱 드냉이 범인이라면?

드디어 찾았다! 총은 맨 아래 서랍 속, 옷들 밑에 있었다.

검정색 금속 총신에 흰 글씨로 인쇄된 '킹코브라' 브랜드. 총을 손에 쥐어본 건 난생처음이다. 방아쇠를 만져보는데 문자가 왔다.

〈개에게 물어봐!〉

개? 개라니?

다른 의미가 있나? 한참 머리를 굴리다가 드니즈 할머니의 시추 강아지 아놀드가 떠올랐다.

목격자 넘버 포?

날 놀리나?

'자갈 줍다가 시간 나면 갈매기에게 물어봐줘'라고 대꾸하려 엄지를 움직이는 순간 정신이 번쩍 들었다. 나를 놀리지 않았다! 기막힌 조언이었다. '개에게 물어봐!' 조금만 뻔뻔해진다면, 그리고 운만 따라준다면 개에게 답을 들을 수 있다.

어질러진 지하창고를 그대로 두고 1층으로 뛰어갔다. 서랍이라는 서랍을 모두 열어 전화번호부를 찾았다. 그런데 갑자기 차 소리가 들렸다. 집 앞에 차를 세우는 소리였다. 몸이 뻣뻣해지면서 강철 주먹에 머리를 얻어맞은 듯 생각도 멈춰버렸다.

경찰이다!

반사적으로 몸을 숙였다.

차 문을 여는 소리가 희미하게 들렸다. 여기서 붙잡히는 건가? 조심스레 머리만 들어 창밖을 내다봤다.

한 남자가 차에서 내렸다.

경찰도 아직 못 찾았는데 어떻게 알고 왔지?

어떻게 나를 찾았지?

남자가 담배에 불을 붙이고 저벅저벅 걸어왔다.

우편함 앞에 멈춰 선 남자는 커다란 갈색 봉투를 집어넣고 노란색 밴으로 돌아갔다.

우체부다.

다른 의미가 있나?

자말 살라우이 귀하

마르탱 드냉 교수 댁

쿠샹 가 123번지

보코트

76111 보코트 쉬르 메르

주소를 다시 읽었다. 머릿속이 하얘졌다.

자말 살라우이 귀하

마르탱 드냉 교수 댁

손으로 적은 주소가 눈앞에서 춤을 췄다.

내가 여기 숨어 있는 걸 누가 알 수 있지?

아무도 모른다! 아무도! 이 장소를 제공한 사람 말고는 아무도!

경찰을 피하라고 나에게 은신처를 제공한 사람.

유일하게 나를 믿어준 사람.

모나.

처음부터 의도적인 접근이었나? 페캉 경찰서에서 만난 순간부터?

창문으로 계곡과 해변을 살폈다. 나의 자갈 수집가와 마갈리 베롱의 죽음 사이에 관련이 있나? 모르간 아브릴과 미르티 카뮈는? 말도 안 돼! 이성적으로 생각하면 모나밖에 이 우편물을 보낼 사람이 없다. 그래도 우편물을 보내면 스스로의 정체를 드러내는 거잖아?

이번에도 해답 찾기를 포기했다. 그보다는 우편물의 내용이 훨씬 궁금했다. 왠지 이번에는 인터넷이나 신문에 나오지 않은 내용이 들어 있을 것만 같았다.

거실 벽난로 앞의 안락의자에 앉아 떨리는 손으로 봉투를 찢었다. 종이는 두 장뿐이다.

프레드 생미셸 조서

증거문서 MC-47, MC-48, MC-49, MC-50.

미르티 카뮈 사건 • 2004년 9월 13일 월요일

엘렌 닐송 박사는 미르티 카뮈의 약혼자인 프레드 생미셸을 직접 심문하겠다고 제안했고, 바스티네 수사팀장은 기꺼이 승낙했다. 지금 그의 상태는 말이 아니었다. 서류 더미가 산처럼 쌓여 있는 데다가 판사는 결과를 내라고 지속적으로 압력을 가했다. 더구나 카르멘 아브릴은 경찰이 범인을 잡을 의지가 없다며 변호사와 함께 언론플레이를 해댔다. 뿐만 아니라 이와 비슷한 또 다른 사건이 발생할까 봐 매일 노심초사의 연속이었다.

아침에 자판기 앞에서 즉석 회의를 하면서 바스티네는 닐송 박사의 매끈한 이마와 팽팽한 볼을 보고 자신의 눈가에 자글자글한 주름과 다크서클을 떠올렸다. '5,000유로짜립니다!' 부관 베랑제가 이죽거리며 리프팅 수술의 평균 가격을 알려줬다.

바스티네는 외모에 그렇게 신경을 쓰는 사람이 타인의 가장 깊은 내면의 상태를 알아내는 직업을 가졌다는 게 도통 이해되지 않았다.

"생미셸 씨, 미르티 양의 편지 맞죠?" 닐송 박사가 물었다.

"네, 마지막으로 받은 편지예요. 죽기 전 캠프 기간 중에 보냈어요."

프레드 생미셸 옆에 앉은 알리나 마송이 고개를 끄덕였다. 알리나 마송의 투쟁적인 에너지가 생미셸의 슬픔에 잠긴 눈과 뚜렷이 대비되었다.

"문자를 주고받지는 않았나요?"

"문자를 하긴 했죠…."

생미셸은 아직도 약혼녀의 이야기를 힘들어했다. 담배를 피우고 싶은지 호주머니 안의 담뱃갑을 신경질적으로 만지작거렸다.

알리나 마송이 생미셸을 대신해 말을 이었다.

"미르티는 낭만적이었어요. 편지 쓰고 글 쓰는 걸 좋아했고요. 캠프에서 회의가 밤늦게 끝나도, 심지어 자정 넘어 끝나도 텐트 안에서 랩프를 켜놓고 글을 썼어요."

미르티와 절친했던 친구의 입에서 나오는 이야기에 생미셸은 괴로워했다. 그는 담배를 꺼내 물고 두 손으로 얼굴을 감쌌다. 닐송 박사는 유리컵 안에서 부산하게 움직이는 파리를 관찰하듯 생미셸의 일거수일투족을 예리한 시선으로 좇았다. 바스티네 수사팀장이 참지 못하고 끼어들었다.

"그 편지 한 번 읽어 보시겠소?"

닐송 박사는 리프팅한 이마를 한껏 찌푸리고는 부드러운 목소리로 생미셸에게 말했다.

"두 사람 사이의 사적인 편지라는 건 알아요. 시라고 했죠? 그런데 이 편지는 세상을 뜨기 전 미르티가 마지막으로 남긴 말일 거예요. 우리는 거기서 단서를 찾을 수 있다고 생각…"

"결혼하기로 했어요."

동문서답이었다.

닐송 박사는 긴 속눈썹을 깜박였다. 진짜라고 하기에는 너무 길었다.

"알고 있어요, 프레드. 미르티가 쓴 편지를 읽어줄 수 있나요?"

생미셸은 무거운 책을 꺼내듯 호주머니에서 종이 한 장을 끄집어냈다. 입술이 들썩였지만 소리는 나오지 않았다.

닐송 박사가 빨간 매니큐어를 칠한 손을 바스티네의 무릎에 살짝 올렸다. 수사팀장은 깜짝 놀랐지만 중간에 말을 끊지 말고 가만있으라는 신호임을 이내 깨달았다.

"괜찮아요. 그 편지를 저에게 주세요."

닐송 박사가 종이를 받아들고 낭랑한 목소리로 시를 낭송했다.

내 사랑

시계에게서 바늘을 훔치겠어요
시간이 가지 못하게

아침에게서 목발을 훔치겠어요
태양이 일어나지 못하게

봄에게서 수선화를 훔치겠어요
계절이 시들지 못하게

누에고치에게서 애벌레를 훔치겠어요
나비가 되어 날아가지 못하게

세상에 울타리를 놓겠어요
우리를 가르지 못하게

돈에 누더기를 씌우겠어요
우리를 사지 못하게

여자들을 모두 죽이겠어요
당신을 사랑하지 못하게

생명의 신에게 가족을 달라고 기도하겠어요

우리가 지루해지지 않게

우리 두 사람 주위로 성을 쌓겠어요.
그리고 영원히 그 성을 지키겠어요.

MO4

2004년 8월 24일 새벽 2시 25분
이즈니에서 미르티가

알리나 마송이 티슈를 꺼내 눈가를 닦았다. 생미셸은 망연자실한 얼굴로 새 담배를 꺼내 입에 물고 담배가 끊어질 정도로 힘을 주었다.

"훌륭하군요." 닐송 박사가 감탄사를 내뱉었다.

인사치레가 아니었다. 미르티는 재능이 있었다. 그런데 그 재능이 잘못 쓴 원고지처럼 구겨져 휴지통에 버려졌다.

박사는 미르티를 아는 사람들이 그녀의 죽음에 왜 그렇게 분노하고 절망하는지 이해할 수 있을 것 같았다. 미르티의 부모인 샤를과 루이즈는 그 자리에 없었다. 그들은 조사에 참석해달라는 요청을 거절했다. 더는 경찰과 판사 앞에서 딸의 기억을 떠올리고 싶지 않았다. 미르티는 엘뵈프에 있는 생테티엔 묘지에 묻혔다. 두 사람은 매일 아침 그곳에 가서 기도했다. 경찰에게 미르티에 대해 반복해서 말하는 것은 재를 뿌리듯 딸의 추억을 바람에 날려버리는 일과 같았다.

바스티네는 입을 열지 않았다. 감수성이 없어서가 아니라 아무리 읽어도 시에서 범인의 단서를 찾을 수가 없어 실망했기 때문이다. 그는 애먼 종이만 만지작거렸다.

"여기 'MO4'는 뭐죠?"

"매리지Marriage 옥토버October 포스4th. 10월 4일에 결혼한다는 뜻이에요. 10월 4일, 오리발 성당에서 혼배미사를 올리고 엘뵈프 시청에서 결혼식을 하기로 했어요. 그러고 나서 청소년회관에서 간단히 칵테일파티를 하고 서커스극장에서 저녁을 먹고 공연을 보면서 피로연을 하기로…."

생미셸은 말을 끝맺지 못하고 손바닥에 꽁초를 뱉었다.

알리나는 눈물로 축축해진 티슈를 테이블 위에 놓았다.

"이 시가 정말 도움이 될 거라고 생각하세요?"

수사팀장은 고개를 끄덕일 수 없었다. 그러나 시는 시간낭비고 범인을 잡을 수 있는 유일한 단서는 미르티가 오랫동안 일기를 썼던 하늘색 몰스킨 수첩뿐이라고 말할 수도 없었다. 그 일기에는 피살되기 며칠 전의 내밀한 일들이 적혀 있을 확률이 높았다. 그런데 일기는 범인의 손안에 있다.

바스티네가 일어섰다. 그리고 생미셸을 봤다. 얼굴이 말이 아니었다. 미르티와 캠프에 참석한 여자아이들의 마음을 빼앗았던 기타리스트 시생은 찾아볼 수 없었다.

10월 4일 결혼.

노래 소절 하나가 머리에서 맴돌았다.

〈프레드, 나와 결혼해줘.〉

바보 같으니!

바스티네 수사팀장은 급한 일 때문에 먼저 간다며 양해를 구하고 사무실을 나섰다.

그는 미르티의 시, 사건 당일 미르티가 입은 도발적인 드레스, 취소된 서커스공연 같은 얘기가 사건 해결에 아무런 도움이 안 된다고 생각했다. 동정심은 사건을 해결해주지 않는다. 왜 굳이 피해자에게 관심을 갖는가? 죄책감에서 벗어나려고? 수사는 범인에게 집중해야 한다. 심문이 진행되는 20분 동안 신고 전화가 세 통이나 왔다. 미르티 카뮈가 죽기 전에 그녀 주위를 맴돌던 용의자를 보았다는 내용이었다. 주초부터 치자면 그런 전화는 열 통이 넘었다. 물론 모두 확인할 테지만 수사팀장은 범인이 호락호락 잡힐 거라고 생각하지 않았다.

세 시간 후에 발로뉴 경찰서에서 전화로 바스티네를 찾았다. 바스티네는 지역 내 모든 관광안내사무소에 아디다스 모자를 쓴 남자, 그리고 동일인이 분명한 빨간 버버리 스카프의 몽타주를 붙이기 위해 담당자들과 논의 중이었다. 용의자가 부모의 해안 별장에서 산다고 가정하면 몽타주를 붙이는 장소는 관광지가 제격이다. 그러나 관할관청마다 마뜩잖게 생각했다.

'어디다 붙여도 상관없지만 관광객들이 보는 데는 좀 그렇다'는 것이 그들의 입장이었다.

어이가 없었다. 9월에 관광객이라니!

"팀장님!"

"네에."

"발로뉴 경찰서의 라로셸 수사과장입니다."

"네, 안녕하세요."

라로셸은 바로 입을 열지 않고 승리의 기쁨을 만끽하듯 뜸을 들였다.

"찾았어요!"

"누구를요?"

"아디다스 말이에요. 미르티 카뮈를 쫓아다닌 놈. 이번에는 확실합니다. 범인의 이름과 주소도 확보했어요!"

이름과 주소도?

미르티의 시를 읽고 또 읽었다.

감동적인 시였다.

다시 한번 궁금해졌다. 내가 이 여자의 죽음과 무슨 상관이 있지? 이렇게 자세한 정보를 내게 주는 이유가 뭐지? 미르티 카뮈 사건이 모르간 아브릴 사건을 해결하는데 도움이 되나? 이틀 전에 자살한 여자와 관련이 있을까? 나를 막다른 골목에서 탈출시켜줄까?

발로뉴 경찰이 찾아낸 미르티 카뮈 사건의 용의자가 궁금했지만 조급할 필요는 없었다. 다음 이야기를 곧 보내줄 테니까. 그것이 계획의 일부일 테니. 자리에서 일어나 거실을 맴돌며 시구를 되새겼다. 걸음을 뗄 때마다 마룻바닥이 삐걱거렸다. 어떤 생각이 퍼뜩 떠올랐다.

이 우편물이 나를 잡으려는 함정이 아니라 반대로 사건을 해결하라고 보낸 거라면? 10년 전에 경찰이 놓친 단서를 찾으라는 암시라면? 살인범을 잡아달라는 요청이라면?

미르티 카뮈의 시 역시 수많은 퍼즐 조각 중 하나 아닐까?

창가로 가서 밖을 살폈다. 넥타이를 맨 남자가 휴대전화를 귀에 대고 해변으로 내려갔다. 남자는 걸어가면서 자주 뒤를 돌아봤다.

나는 생각나는 대로 두서없이 십여 개의 질문을 던졌다.

_ 내게 우편물을 보내는 이유는? 내가 이 사건을 해결할 만한 능력이 있나? 이틀 전만 해도 살인사건에 대해 전혀 몰랐던 나인데….

_ 모나 말고도 내가 드냉 교수의 별장에 있다는 사실을 아는 사람이 있을까?

_ 크리스티앙 르메데프는 어디 있지? 납치당했나? 아니면 피살?

_ 르메데프와 피로즈 형사가 가지고 있던 종이 속의 여덟 개 숫자는 무슨 의미지?

창밖으로 아이 둘을 데리고 가파른 길로 내려가는 금발머리 여자가 보였다. 한 아이는 세발자전거를, 다른 아이는 킥보드를 타고 있다.

이 네 가지 질문에 대한 답은 전혀 알 수 없었다. 그러나 충분히 의문을 가질 법한 논리적이고 합당한 질문들이었다. 반면, 다음 질문들은 말도 안 되는 미친 소리에 불과했다.

_ 마갈리 베롱의 시신에서 내 지문을 발견했다고? 나는 머리카락 하나 건드린 적이 없다.

_ 절벽에서 떨어진 여자가 어떻게 자기 목에 빨간 스카프를 둘렀지?

_ 신문은 왜 마갈리 베롱의 자살에 대해 침묵하지?

_ 마갈리 베롱과 모르간 아브릴의 믿기지 않는 공통점을 설명할 방법이 있나? 출생지, 취향, 학교뿐 아니라 얼굴마저 같지 않은가!

_ 10년 전 프랑스 전 언론이 모르간 아브릴의 살인사건을 다루긴 했지만, 혹시 그때 죽지 않았다면?

그리고 마지막으로 지엽적인 질문 하나.

_ 단 한 개의 변수로 열 개의 미지수로 된 방정식을 풀 수 있을까?

질문을 던지는 동안에도 계속 밖을 주시했다. 이번에는 산책을 하는 가족이 보였다. 10대로 보이는 아들은 귀마개만 한 헤드셋을 끼고 터벅터벅 걸었다.

한 가지는 확실했다. 옛날 영화들을 보면 배불뚝이 형사가 의자에 앉은 채로 사건을 해결하지만, 내 아둔한 머리로는 이곳에 틀어박혀 이 모든 수수께끼를 혼자서 풀어내는 건 불가능하다는 사실….

움직여야 했다. 가장 먼저 해야 할 일은 세 번째 증인의 신원을 알아내는 것이다.

드니즈.

모나의 말이 맞았다! 할머니의 개에게 어디 사냐고 물어보면 된다.

마르탱 드냉의 거실을 샅샅이 뒤져 옛날 신문 뭉치 밑에서 전화번호부를 찾아냈다. 동물병원은 반경 20킬로미터 내에 세 개뿐이다. 페캉에서 가장 가까운 아바시알 동물병원부터 시작했다. 직원이 암고양이 목소리로 전화를 받았다.

"여보세요…. 저희 할머니 대신 전화를 드리는 건데요. 저희 강아지 아놀드 때문에."

"아놀드요? 잠시만요." 암고양이가 빛의 속도로 자판을 두들겼다.

"아놀드… 시추죠? 열한 살이고요?"

환호성이 튀어나올 뻔했다.

"맞아요! 실은… 할머니가 요즘 들어 자꾸 깜박깜박하세요. 아놀드가 예방주사를 맞아야 하는데 병원 예약을 잊으신 것 같아 제가 대신 전화했어요."

"알겠어요. 잠깐 기다리세요. 확인해볼게요."

다시 자판 치는 소리가 들리고 달콤한 목소리가 이어졌다.

"6개월 전에 예방주사 안내문을 보내드렸어요. 6월 전에 예방주사를 맞아야 했네요."

"그럴 줄 알았어요. 할머니가 기억을 못 하시더라고요. 혹시 다시 보내주실 수 있나요?"

"누구한테 보내드려요? 할머니요? 아니면 전화 거신 분?"

"할머니 집으로 보내주세요. 제가 매주 할머니 집에 들르거든요."

이 말에 감동을 받았는지 여자의 목소리가 더 달달해졌다.

"오늘 보내드릴게요."

나는 잠시 주저하는 척하다가 여자가 전화를 끊기 직전에 잽싸게 대화를 이었다.

"잠깐만요! 할머니 주소가 어디로 되어 있죠? 생각해보니까 지난번에 보내신 우편물을 못 받았을지도 몰라요. 몇 달 전에 이사를 가셨거든요."

이번에는 마우스로 찾는 듯 자판 치는 소리가 들리지 않았다.

"드니즈 주뱅. 투르빌 마을의 이프 길, 옛 기차역. 맞나요?"

"네, 맞아요. 고맙습니다."

여자도 고맙다고 말하며 전화를 끊었다.

나는 곧바로 거실 테이블에 지도를 펼쳤다. 드니즈 할머니가 사는 곳은 이포르에서 6킬로미터 떨어진 작은 시골마을이다. 사람들의 눈을 피해 그곳까지 가기 위해 숲과 비탈길과 인적이 드문 오솔길을 지도에 표시하며 여정을 계획했다. 6킬로미터는 의족을 낀 장애인이 숨어서 가기에는 가까운 거리가 아니다.

드니즈를 만나려는 시도가 위험하리란 건 잘 알았다. 하지만 이 별장에 하루 종일 죽치고 있다고 해서 위험이 사라지진 않는다.

드니즈와 아놀드는 내게 마지막 카드였다.

이제 게임에 성공하는 일만 남았다.

자꾸 깜박깜박?

버려진 철길을 따라 벌써 수 킬로미터를 걸었다. 페캉 노선은 루앙과 르아브르를 잇는 주노선의 지선으로 노르망디 해안의 관광산업 쇠퇴와 함께 쇠락의 길을 걸었다. 이제 그 철길은 질펀한 들판에 흉터처럼 남아 있다. 일부 구간은 개암나무, 떡갈나무, 느릅나무의 공격을 받아 사라졌다.

나는 침목 간격에 보폭을 맞췄다. 보슬비로 철로가 미끄러웠다. 투르빌까지 가는 동안 마주친 사람은 없었다. 머리 위를 빙빙 도는 갈매기와 플라타너스 나무에 들러붙은 말똥구리가 전부였다.

비탈길을 올라 이프 길에 도착했다. 얼마 걸리지 않아 암고양이 목소리가 알려준 주소 앞에 섰다.

드니즈 할머니는 옛날 기차역사에 살았다. 황갈색 벽과 청회색 지붕의 아름다운 시골 저택. 지붕 위에 솟은 황색 굴뚝과 거대한 시계가 인상적이었다. 오래전 어느 날의 7시 34분에서 멈춰버린 시계. 뗄 필요가 없다고 생각했는지 벽면에 그대로 남은 '철도역'이라고 적힌 도자기 명판. 당장이라도 기차역 문이 열려 페티코트 드레스를 입은 우아한 여인들과 중절모를 쓴 수염 기른 은행가들, 세일러복을 입은 아이들이 쏟아져나올 듯했다.

실제로 녹슨 철로 위에는 기차들이 흩어져 있었다.

객차 열 량과 기관차 세 대.

오리엔트 익스프레스와 풀만 카호화로운 호텔식 침대기차의 객차, 퍼시픽 샤플롱프랑스의 유명 증기기관차 기관차는 마치 어제도 철로를 달린 듯 생생해 보였다.

비현실적인 광경이었다. 기차역 옆에 철도원협회 본부가 있다는 사실과 회원들이 전 세계에서 가져온 녹슨 객차를 개보수해서 제2의 인생을 살게 했다는 건 이미 인터넷을 찾아봐서 알고 있었다. 그러나 직접 눈으로 보니 낯선 세계로 성큼 들어선 것만 같았다.

부슬부슬 내리던 가는 빗발이 점점 굵어졌다. 비가 와서 그런지 오늘은 보수작업을 하는 사람이 없었다. 현관으로 걸어갔다. 왠지 이번에도 일이 잘 풀리지 않으리란 예감이 들었다.

드니즈 할머니가 집에 없든지

누군가 그녀의 입도 봉인했든지

아니면….

유리 현관문 안쪽에서 개 짖는 소리가 났다. 유리문과 레이스 커튼 사이로 아놀드의 까만 코가 보였다. 아놀드가 유리창을 침 범벅으로 만든 후에야 드니즈 주뱅이 나타났다.

할머니는 눈을 동그랗게 뜨고 머리부터 발끝까지 나를 찬찬히 살폈다. 미래의 시간여행자가 보라색 방풍점퍼 차림으로 나타났다는 듯 어리둥절한 표정이었다.

"누구요?"

이틀 전과 똑같은 점퍼를 입었는데도 나를 얼른 알아보지 못했다.

"자말 살라우이예요. 기억하시죠? 이포르 해변에서 만났잖아요. 여자가 자살했을 때요. 마갈리 베롱이란 여자…."

드니즈는 기억을 더듬는 듯하다가 나를 안으로 들였다. 연두색 스웨터를 입은 아놀드는 경계하는 눈빛으로 녹색 쿠션에 가서 누웠다.

노출된 들보, 옷장, 노르망디식 서랍장, 레이스, 말린 꽃잎 등으로 근사하게 장식한 거실은 꽤 널찍했다. 벽에 걸린 사진들이 눈길을 끌었다. 눈 쌓인 광대한 초원, 까마득히 높은 안데스 산맥, 바다를 가로지르는 끝없는 방파제…. 세상에서 가장 아름다운 경치를 배경으로 한 기차 사진들이다.

"남편이 철도회사에서 일했어. 9년 전에 세상을 떠났지."

드니즈는 몸을 돌려 베네치아 석호를 지나는 오리엔트 익스프레스 포스터를 보았다.

"그래서 여행을 많이 다녔어."

나는 호주머니에서 2004년 6월 17일 자 〈쿠리에 코슈아〉 신문기사를 꺼냈다.

"저도 보여드릴 사진이 있어요."

나는 노인 눈앞에 모르간 아브릴의 사진을 펼쳐 보였다. '모르간에게'라는 기사제목과 날짜는 손으로 가렸다. 아무리 기억에 문제가 있다 해도 이틀 전 해변에 누워 있던 마갈리 베롱의 얼굴을 잊어버릴 수는 없을 것이다. 신문에 나온 얼굴은 마갈리 베롱과 똑같았다.

"누군지 아시겠어요?"

드니즈가 안경을 가져오겠다며 오른쪽 방으로 들어갔다. 걸어가는 품을 보니 그날 해변에서 봤을 때보다 행동이 훨씬 굼떴다. 이틀 만에 2년은 더 늙어버린 모습이다.

"강간당하고 살해된 여자 아니야?" 그녀가 사진을 보며 말했다.

노인을 번쩍 들고 그 자리에서 한 바퀴 돌고 싶었다. 할머니도 나처럼 모르간 아브릴과 마갈리 베롱의 얼굴을 혼동했다. 나는 미치지 않았다! 내가 지어낸 얘기가 아니다! 내 편이 되어줄 사람을 찾았다.

내가 신문을 가리켰다.

"할머니, 날짜를 보세요. 신문 발행일이요."

노인은 안경의 위치를 조절했다. 1밀리미터라도 틀리면 아무것도 안 보인다는 듯 꽤 오랫동안 안경을 움직였다.

"2004년 6월 17일? 에구머니나… 엊그제 일 같은데…."

나는 반대편 벽에 붙은 신칸센 포스터를 보았다. 신칸센은 일본 대도시의 마천루 사이를 달리고 있다.

"이틀 전이잖아요."

드니즈가 코웃음을 쳤다. 아놀드는 세 번 점프를 해서 노인의 무릎에 앉았다.

"내가 아무리 세월 가는 줄 모르고 살아도 설마 그 일이 이틀 전에 일어났다고 생각할까!" 나무라는 목소리였다. "생각해보니까, 그래, 벌써 오래전 일이네. 사건이 났을 때 남편이 살아 있었거든. 2005년에 세상을 떴지."

노인은 내가 누구인지, 왜 그런 질문을 하는지 묻지 않았다. 대신 주름진 손을 흔들어 앉으라고 권했다. 의자를 가져와 노인 앞에 앉았다. 내게 오고 싶은지 아놀드가 내 무릎에 대고 끙끙거렸다.

할머니가 모르간 아브릴 살인사건을 기억하고 있다!

흥분이 몰려와 몸을 제대로 가누기 힘들었다.

여기서 계속 살았으니 그 사건을 기억하는 것도 당연하다. 그런데 이상하게도 이틀 전에 죽은 마갈리 베롱은 언급하지 않았다.

"할머니 말씀이 맞아요. 이건 2004년에 이포르에서 강간당하고 목 졸려 죽은 모르간 아브릴의 사진이에요. 그런데 제가 여기 온 이유는 그저께 절벽에서 뛰어내려 자살한 여자 때문인데요…."

노인은 떨리는 손으로 아놀드를 쓰다듬으며 의아한 표정으로 나를 보았다. 그러고는 더듬더듬 몇 마디를 보탰다.

"시체가 발견되었을 때 나도 거기 있었어."

물론이죠, 할머니! 나도 있었어요. 우리 둘 다 있었잖아요. 아니 르메데프라는 사람까지 세 명이!

드니즈가 눈을 감았다. 한참을 움직이지 않아서 잠이 들었나 했는데 마치 간밤에 꾼 꿈을 묘사하듯 이야기를 들려주었다.

"해변을 걷고 있었어. 이른 아침이었지. 하지만 춥지 않았어. 아놀드는 아기였고…."

노인이 아놀드의 배를 만졌다. 기분이 좋은지 개가 그르렁거렸다.

머리에서 경보가 울렸다.

아놀드가 아기였다고?

"전날 이포르 전체가 들썩거렸어. 젊은이들이 카지노 앞에서 밤새 음악을 틀어놓고 춤을 추었지. 록페스티벌이라고 하던가? 나도 젊었을 때는 록음악에 맞춰 댄스를 즐겨 췄는데 말이야. 그날 밤에는 다른 록이었어. 이상하지 않아? 음악이 바뀌었는데도 이름은 그대로야. 어쨌든 열기가 장난 아니었어. 절벽 아래서 그 불쌍한 여자가 시체로 발견되기 전까지 말이야."

순간, 낑낑대는 저 털 뭉치를 휙 낚아채서 창밖으로 던져버리고 싶었다. 그러면 이 할망구가 정신을 차리려나? 10년 전이 아니라 이틀 전 일을 말하란 말이야! 내 말이 옳다고, 내가 마갈리 베롱의 시체에 손대지 않았다고 말하란 말이야!

"할머니, 10년 전 얘기를 하러 온 게 아녜요." 내 목소리가 높아졌는지 아놀드가 귀를 쫑긋 세웠다. "이틀 전 수요일, 우리가 만났을 때 일이요. 기억 안 나세요? 이포르 해변에서 아놀드와 산책했잖아요."

노인의 얼굴에 미소가 번졌다. '산책'이라는 말에 아놀드가 꼬리를 흔들었다.

"그래, 그래. 해변에서 산책하고 있었다고 했지? 아놀드와 같이 말이야. 하지만 오래전 일이야. 이젠 밖에 잘 안 나가. 몇 년 전부터 다리가 안 좋아서 잘 걷질 못해. 아놀드도 늙어서 마찬가지고…."

도대체 무슨 소릴 하는 거야? 오래전 일? 잘 걷지 못한다고?

바로 이틀 전에 아놀드를 데리고 이포르 해변을 걸었잖아!

새로운 기억이 새록새록 솟아나는지 노인은 말을 멈추지 않았다.

"나는 저 밖에 버려진 기차와 다를 게 없어. 녹슨 철로와 똑같지. 나도 여기 앉아서 옛날 일을 생각하며 기다리고만 있어. 가끔 택시가 오기는 해. 내가 병원에 가거나 아놀드가 동물병원에 갈 때 말이야. 시장은 시청 도우미가 봐다주지."

갑자기 현기증이 일어 쓰러지지 않으려고 벽에 걸린 액자를 뚫어져라 노려봤다. 포스터 속의 기차들은 미친놈이 운전하는지 계속 팽글팽글 돌았다.

"여행을 많이 했어. 남편이랑 세계 일주를 여러 번 했지. 돈은 하나도 안 냈어. 남편이 기술자였거든. 한 번은 시베리아 횡단열차를 탔어. 그래, 1962년 3월이었지. 기차가 이르쿠츠크를 지났는데 눈이 너무 와 가지고 멈춰버렸지 뭐야."

황급히 노인의 말을 끊고 목소리를 높였다. 아놀드가 두 귀를 세우고 긴 이빨을 내보였다.

"그저께 페캉 경찰서에서 봤잖아요. 피로즈 형사 사무실에서 나올 때 저를 보셨잖아요."

"저… 젊은이가 혀… 형사야?" 노인이 말을 더듬었다.

"아니, 아니요. 그 반대예요."

그 말은 괜히 했다 싶어 후회했다. 아놀드가 물 수도 있었지만 나는 노인의 무릎에 손을 얹었다.

"누가 할머니를 협박했어요? 그저께 사건을 잊으라고 말한 사람이 있었어요? 아무에게도, 특히 기자에게 절대 말하지 말라고 했나요?"

노인이 벌떡 일어섰다.

"기자인 모양이군. 그래? 옛날 일을 캐내려고 온 게야?"

이번에는 내가 일어섰다. 노인의 주름진 얼굴이 내 목께에 닿았다. 나는 소리를 질렀다.

"해변에서 15분 동안 함께 경찰을 기다렸잖아요! 내 점퍼로 시체를 덮었잖아요! 시체가 빨간 스카프를 두르고 있었잖아요!"

노인이 몇 발짝 뒤로 물러섰다. 현관 옆의 옷걸이에는 회색 비옷, 밀짚모자, 베이지색 실크 스카프가 걸려 있었다. 우리의 시선이 스카프에 머물렀다가 서로에게 향했다.

노인의 눈에 두려움이 들어찼다.

나는 노인의 어깨에 두 손을 얹고 차분하게 말했다.

"할머니를 해치려는 게 아니에요. 단지…."

드니즈는 아무 말 없이 오른손을 왼쪽 손목으로 가져갔다. 처음에는 노인의 행동을 이해하지 못했다.

삐익 소리가 온 집 안에 퍼졌다. 손목시계에서 빨간불이 깜박거렸다.

시계인줄 알았는데….

그건 시계가 아니라 독거노인을 위한 경보 팔찌였다. 주치의나 응급실과 연결되어 있는 팔찌.

빌어먹을….

경보음을 끄지 않으면 곧 응급차가 달려온다.

전화가 울렸다. 전화를 받으려는 노인을 내가 붙잡았다. 자동응답기가 작동되고 걱정스러운 목소리가 들려왔다.

"할머니! 샤리에 의사입니다. 괜찮으세요? 전화 받으세요. 할머니, 괜찮으세요?"

의사가 구급차를 불렀다.

빨리 자리를 떠야 했다.

하지만 마지막으로 한 번 더 물어보았다.

"할머니, 저를 잘 보세요. 저를 알아보시겠어요?"

하지만 노인은 현관문만 쳐다보았다. 얼마 안 있어 구급차의 사이렌 소리가 들렸다. 그제야 마음이 놓였는지 차분한 목소리로 대답했다.

"그래. 자넬 알지. 해변에서 내 옆에 있었잖아…."

마지막 희망이 되살아나서 좋아하기도 전에 노인이 내 손을 잡았다.

"그때는 더 젊었는데… 다른 청년들은 춤을 췄는데 자네는 춤을 추지 않았어. 그때는 두 다리가 멀쩡했는데 왜 가만있었지?"

헛소리를 더는 들어줄 수 없었다. 밖으로 뛰쳐나갔다. 아놀드가 뛰어나와 다시는 오지 말라는 듯 컹컹 짖었다.

두 객차 사이의 비탈길을 구르다시피 뛰어내려 버려진 철로 위를 미친 듯이 달렸다. 끝없이 계속되는 철로는 거인이 땅 밑에 비밀을 묻고 잠가버린 거대한 지퍼였다. 나는 철로가 아닌 지옥행 사다리를 밟았다. 보슬비는 안개로 변했고 차디찬 공기가 살로 파고들었다. 이런 날씨에 누군가 밖으로 나온다 해도 흐린 시야에 날 알아볼 사람은 없다. 위안으로 삼을 건 그뿐.

나 혼자였다.

크리스티앙 르메데프는 사라지고 드니즈 주뱅은 기억하지 못한다.

마갈리 베롱의 죽음을 목격한 사람 중 오로지 나만 남았다.

손에 쥔 휴대전화를 꽉 움켜잡았다.

시신을 검사했던 피로즈, 피로즈의 부관, 페캉의 경찰들을 제외하고 내가 유일한 증인이다.

모나에게 거짓말을 하기로 했다. 아니 사실을 말하지 않기로 했다.

할머니가 10년 전 사건은 또렷하게 기억하지만 이틀 전 일은 기억 못 한다는 사실을. 나를 언제 봤는지 혼동하고 아예 다른 사람으로 착각한다는 것도. 한마디로 그 노인은 제정신이 아니라는 걸.

통화 실패. 재시도.

모나가 전화를 받았다.

"여보세요? 모나?"

"어떻게 됐어? 노인네 찾았어?"

"응. 아니. 내 말은… 찾았는데… 좀 복잡해…."

"말해봐!"

"나중에 얘기해줄게."

개암나무 아래로 들어갔다. 나뭇가지에서 떨어진 차가운 물방울이 윈드점퍼 위로 떨어졌다.

"모나, 차 좀 빌려줘."

수화기 건너편에서 바닷물에 자갈 쓸리는 소리가 들렸다.

"경찰서에 가려고?" 모나가 밝은 목소리로 물었다.

"아니. 뇌프샤텔에 갈 거야."

"뭐라고?"

"모르간 아브릴의 엄마가 뇌프샤텔에서 지금도 민박을 하고 있어. 차로 한 시간 정도 가야 해. 확인할 게 많아. 증거가 필요해. 그래서 카르멘 아브릴을 만나러…."

"알았어. 그만하고 내 차 가져가. 카지노 앞 제방에 세워놨어."

모나에게 고맙다는 말 대신 다른 말이 튀어나왔다.

"카지노 앞에? 빌어먹을! 대낮에 이포르 해변에 갈 수는 없어. 아무리 날이 안 좋아도 눈에 띌 거라고!"

모나는 한숨을 쉬고 고집쟁이 아이에게 져버린 엄마처럼 내뱉었다.

"어휴, 귀찮아! 이포르 초입에 놔둘게. 테니스코트 옆 캠핑장 지나서. 차 열쇠는 그대로 꽂아놓을 거야. 문하고 트렁크는 고장 나서 잠기지 않아."

"고마워. 모나가 좋은 쪽에 내기를 걸었다는 걸 증명할…."

"됐어. 마음 변하기 전에 전화 끊어!"

전화를 끊고 마르탱 드냉 교수 집에 배달된 갈색 우편물을 떠올렸다. 내가 그 집에 있었다는 건 모나밖에 모른다. 나는 모나에게 말하지 않았다. 내 말을 증명해줄 사람이 없다는 사실을.

우리 둘 다 배신자일까?

살얼음이 깔린 길을 계속 걸었다. 안개가 더욱 짙어졌다. 원자력발전소까지 늘어선 고압송전탑과 그 옆의 포플러를 구분하기 힘들었다.

누가 날 믿어줄까?

나의 무죄를 확신할 사람이 있을까?

아무도 없다….

어쩌면 당신 말고는.

이제는 돌아올 수 없는 광기의 강을 건넜다. 당신은 내 말을 믿을 수 있는가? 내가 처음부터 줄곧 주장했던 이 이야기를.

지어낸 이야기가 아니다. 다 잘 될 거다.

나는 미치지 않았다. 강간도 살인도 저지르지 않았다.

반드시 증명하겠다.

괜찮으세요?

피아트 500이 A13 고속도로를 시속 130킬로미터로 달렸다. 평평한 길이 이어졌다. 가속페달을 미친 듯이 밟았다. 운전을 하면서 따라오는 차가 없는지 계속 살폈다. 대형트럭 한두 대 외에 지나다니는 차는 없었다. 반대편 차선은 좀 더 복잡했다. 지붕에 스키 장비를 매단 영국제 1인용 차들이 제한속도를 지키며 남쪽으로 내려갔다. 저 속도로 가다간 눈이 다 녹은 다음에야 스키장에 도착할 것만 같다. 간간이 빗방울이 뿌려 와이퍼를 켰다. 하지만 와이퍼는 빗물을 펼쳐놓을 뿐이었다.

지루하게 계속되던 코 고원의 단조로운 풍광이 갑자기 사라졌다. 드넓은 진흙 벌판이 점점 줄어들면서 울타리 간격도 좁아졌다. 고속도로는 완만한 경사를 한참 올라가다가 밑으로 꺾이는가 싶더니 다시 위로 솟았다. 말로만 듣던 브레 지방의 침식분지다. 석회고원이 침식해서 생성된 거대한 진흙분지. 오른쪽으로 차를 돌려 뇌프샤텔로 향했다.

인터체인지 근처에 새로 조성된 주택단지가 보였다. 고속도로 통행료가 없고 루앙과 50킬로미터 거리에 불과해 단지가 세워진 모양이다. 이제는 이런 시골에까지 대규모 주택단지가 들어선다.

차 안의 온도계가 영상 3도를 가리켰다. 거리는 한산했다. 장을 보러 나온 노인 몇 명만 눈에 띄었다. 대낮인데도 유령도시 같았다.

아르크 강 다리를 지났다. 차들이 이중으로 서 있어서 앞으로 가기가 힘들었다.

다들 여기서 뭐 하는 거지?

한 무리의 아이들이 뒤죽박죽 주차된 차들 안으로 쏙쏙 들어갔다.

오후 4시 30분. 빌어먹을, 학교 파하는 시간이군!

사람들과 마주치지 않기 위해 골목으로 들어섰다. 일방통행로, 막다른 길…. 여기저기 헤매다가 좁은 길에 피아트를 세웠다. 나이키 비니를 쓰고 차에서 내렸다. 의족이 남긴 발자국은 눈이 녹아 지저분한 길 위에 가는 도랑을 만들었다.

수배령이 내리거나 관내 상점마다 내 몽타주가 붙기는 아직 이르다.

유리창에 김이 서린 첫 번째 가게로 들어갔다. 청과물 가게였다. 계산대 위쪽에 야채와 유기농 과일이라고 적힌 광고판이 보였다. 주인은 경사진 진열대에 사과를 쌓느라 정신이 없었다.

"'당나귀 등' 민박집을 찾고 있어요. 혹시 카르멘 아브릴 씨가 여전히 운영하나요?"

남자가 몸을 일으켰다. 얼마 안 남은 머리카락이 파인애플처럼 위로 솟았다.

"아브릴 씨는 왜요?"

경계심을 보이는 주인에게 억지로 미소를 띠었다.

"전 기잔데, 모르간 아브릴 살인사건에 대해 취재를 하고 있어요."

파인애플 머리가 나를 위아래로 훑었다.

"옛날 일로 귀찮게 하는 거 좋아하지 않을 텐데…."

"벌써 10년 전이라 공소시효가 얼마 남지 않았어요. 그 전에 조사를 재개해보려고요."

남자는 아무 말 없이 피라미드처럼 쌓아놓은 과일로 시선을 돌렸다. 한겨울에 유기농 딸기, 유기농 라즈베리, 유기농 체리를 팔고 있다니….

뒤에서 인기척이 들렸다. 한 여자가 낑낑거리며 배추 상자를 들고 들어왔다.

"카르멘은 수락할 거예요. 기자들을 좋아하진 않지만 지금도 딸을 죽인 못된 놈을 잡는 일이라면 뭐든지 할걸요?"

파인애플 머리가 인상을 찌푸렸다.

"기자 놈들이 여기를 또 성범죄자 마을로 만들 텐데…."

여자가 상자를 내려놓았다.

"뇌프샤텔에서 1킬로미터 더 가면 푸카르몽 가에 '당나귀 등'이 있어요. 간판이 있으니 금방 찾을 거예요. 말 붙이기는 쉽지 않겠지만."

차로 돌아가 언 손에 입김을 불고 피아트 문을 열었다.

심장이 덜컥 내려앉았다.

금속 손잡이를 잡은 손은 접착제로 붙인 듯 한동안 떨어지지 않았다.

조수석에 놓인 갈색 봉투!

자말 살라우이 귀하

이제는 눈에 익은 글씨체다.

곧바로 모나가 떠올랐다. 내가 뇌프샤텔에 온 건 모나밖에 모른다. 그러나 그녀가 봉투를 갖다놓는 건 현실적으로 불가능하다. 여기까지 오려면 다른 차를 구해야 한다. 더구나 나보다 먼저 도착하는 건 불가능하다. 있는 힘껏 가속페달을 밟고 달려오지 않았던가! 오는 내내 사이드미러를 확인했지만 따라온 차도 없었다.

무엇보다 모나가 이런 장난을 칠 이유가 있나?

운전석에 앉아 시동을 걸고 히터에 언 손을 녹였다.

내가 이곳에 주차했다는 걸 누가 알 수 있을까?

아무도 없다….

누가 차 안에 갈색 봉투를 가져다 놓았을까?

마음만 먹으면 누구나…. 고장 난 문은 잠기지 않는다.

히터 온도를 최대한 올리고 송풍구 방향을 얼굴 쪽으로 돌렸다. 얼굴이 따끔거릴 때까지 한참을 멍하니 있었다. 그리고 봉투를 열었다.

미르티 카뮈 사건 • 2004년 9월 14일 화요일

바스티네 팀장은 라로셸 수사과장이 보낸 팩스를 세 번째로 읽었다.

미르티 카뮈 사건의 주용의자 아디다스 모자의 주인공은 올리비에 루아였다. 나이는 스물한 살. 발로뉴에서 신문잡지판매점을 운영하는 부모와 함께 모르살린에 거주하며 캉 대학에서 문화기획을 전공하는 학생이다.

올리비에 루아의 신원을 확보하는데 라로셸 수사과장이 특별히 한 일은 없었다. 2004년 9월 13일, 청년의 부모인 모니크와 질다 루아는 발로뉴 경찰서에 아들의 실종신고를 냈다. 올리비에는 경찰이 찾는 용의자가 확실했다. 이즈니에서 캠핑을 했고 배를 타고 생마르쿠프 섬들 주위를 돌아다녔고 그랑캉프메지 해변에서 일광욕을 했던 사실이 드러났기 때문이다.

루아 부부에 따르면 아들인 올리비에는 미르티 카뮈의 살인사건에 큰 충격을 받았다. 두 부부는 그 이유를 알 수 없었다. 아들은 그녀의 죽음을 뉴스로 접한 후 방 안에 틀어박혀 지냈고, 가끔씩 혼자 산책을 나가 오랜 시간을 보내다가 들어왔다. 2004년 9월 11일 아침 일찍, 올리비에 루아는 집을 나가 북쪽 방향으로 떠난 후 돌아오지 않았다.

바스티네 수사팀장은 정확히 37시간 동안 올리비에 루아가 범인이라고 생각했다. 올리비에 루아의 침묵은 수사망을 벗어나려는 의도로, 의기소침한 채 방에 처박혀 지냈던 이유는 자책 때문으로, 도주는 자백으로 해석할 수 있었다.

그러나 다음 날 오후 6시, 올리비에 루아의 혐의는 모래성처럼 무너졌다. 그의 유전자는 강간범의 유전자와 일치하지 않았다!

한 시간 뒤 또 다른 정보가 들어왔다. 올리비에 루아는 석 달 전의 모르간 아브릴 살인사건과도 전혀 무관했다. 사건이 발생한 2004년 6월 5일 주말, 그는 친구 세 명과 비아리츠에서 열린 거리예술축제에 있었다. 이포르에서 900킬로미터나 떨어진 곳이다.

올리비에 루아의 실종은 바스티네의 수사를 혼란에 빠트렸다. 수배전단을 몇 주 더 배포했고 불분명한 몽타주를 올리비에 루아의 사진으로 대체했다. 하지만 의욕이 떨어진 건 사실이었다.

잘해봤자 증인에 불과한 사람을 열성적으로 찾을 이유는 없었다.

폴 위고 라가드 판사는 바스티네 수사팀장의 수사방식에 공개적으로 의문을 표시했다. 그리고 출구도 보이지 않고 자신의 경력을 망칠 수도 있는 이 사건에서 손을 떼기 위해 대법원에 로비를 벌였다. 지역 언론의 관심은 이미 다른 데로 옮겨갔다. 기자들도 몽드빌에서 발생한 일가족 동반자살 현장으로 달려갔다. 한 노동자가 차고에 일산화탄소 연료를 피우고 아내와 네 명의 아이들과 함께 숨진 사건이었다.

범죄심리학자인 엘렌 닐송 박사는 파리에서 캉을 오가는 횟수가 점점 줄어들더니 언제부턴가 아예 오지 않았다. 덕분에 박사의 다음 성형수술 부위에 대해 내기를 했던 캉의 경찰들은 돈을 잃을 필요가 없게 되었다.

미르티 카뮈 사건을 해결하기 위해 밤낮을 가리지 않고 일했던 사람들은 사건 발생 순간부터 또 다른 희생자가 생길까 봐 두려워했다. 범인을 체포하는 건 시간과의 싸움이었다. 이 두려움이 수사관들을 달리게 했고 아드레날린을 솟구치게 만들었다. 그런데 이제는 오히려 유사한 사건이 발생해 수사에 다시 활기가 띠기를 기대할 지경이 되었다. 하지만 헛된 희망이었다.

빨간 스카프 살인자는 바람처럼 사라졌다.

올리비에 루아의 무혐의가 밝혀지고 며칠이 지난 2004년 9월 17일, 카르멘 아브릴이 레오 바스티네 수사팀장을 찾아왔다. 그녀는 두꺼운 서류 뭉치를 수사팀장의 책상에 올려놓았다. 표지에는 '범죄현장 두 곳에 출현한 신원미상자'라는 제목이 붙어 있었다.

모르간과 미르티의 살인범을 찾을 수 있는 방법은 단 하나였다. 2004년 6월 5일 이포르와 2004년 8월 26일 이즈니에 두 번 다 출몰했던 남자를 찾아내는 것. 두 날짜에 두 곳에 있던 남자가 범인이 아닐 확률은 제로에 가까웠다. 더구나 자발적으로 경찰에 와서 유전자검사를 하지 않았다면 범인일 가능성은 거의 100퍼센트다.

바스티네는 고개를 끄덕이고 마지못해 서류를 들췄다. 수많은 주소, 전화번호, 컴퓨터 화면 캡처 들이 빼곡하게 정리되어 있었다. 봄날의 어느 토요일과 늦여름의 어느 목요일에 노르망디 해안에 있었던 한 남자를 잡기 위해서는 캠핑장, 호텔, 민박에 묵었던 관광객의 이름을 모두 확인해야 한다. 친척이나 친구 집에 묵었던 사람들도 마찬가지다. 당일치기로 왔다 간 사람들의 경우, 그들이 지불한 고속도로 통행료, 식사비, 기념품 구입비에 대한 신용카드 내역을 모두 살펴야 한다. 명함을 놔두었거나 현금을 사용했거나 아니면 단순히 사진에 얼굴을 남긴 사람도 일일이 조사해야 한다.

수사팀장은 서류를 천천히 닫고 피곤한 눈으로 카르멘 아브릴을 쳐다봤다.

"솔직히 말씀드리죠. 아브릴과 카뮈 사건에 투입된 인력이 10분의 1로 줄었어요. 수사관이 쉰 명이 넘었는데 지금은 고작 다섯 명뿐입니다. 조만간 새로운 단서가 나오지 않으면 아마 이 사건만 담당하는 수사관이 더는 없을 겁니다."

카르멘 아브릴은 눈 하나 까딱하지 않고 바스티네의 말을 들었다.

"저 또한 지난주부터는 공식적으로 아브릴과 카뮈 사건에 제 업무의 10퍼센트 이상을 할애할 수 없게 되었고요."

수사팀장은 카르멘 아브릴 쪽으로 서류를 밀었다.

"수사를 포기한다는 뜻은 아닙니다. 잠시 보류 중이라고 이해하시면 됩니다. 우리에겐 범인의 유전자정보가 있고 범인은 이미 범죄를 두 번이나 저질렀으니 좀 기다려보면…."

바스티네 팀장은 카르멘 아브릴이 불같이 화를 낼 거라고 생각했다. 귀싸대기를 얻어맞아도 쌌다.

기다린다고? 다른 여자가 희생되기를?

예상이 빗나갔다.

카르멘 아브릴은 몸을 부들부들 떨면서 벌떡 일어섰다. 그러고는 서류를 낚아채고 경찰서가 쩡쩡 울리도록 소리를 지르며 문을 쾅 닫고 나갔다.

"당신들 필요 없어!"

2004년 6월 모르간이 살해된 직후, 카르멘 아브릴은 모임을 만들었다. 모르간을 조금이라도 알았던 사람들은 모두 모임에 가입했다. 500명이나 됐다. 하지만 실제로 활동하는 사람들은 십여 명에 불과했다. 변호사 비용을 댈 수 있도록 금전적인 지원을 한 사람도 이들이었다.

미르티 카뮈의 시신이 발견된 다음 날, 카르멘은 언론에서 내보내는 뉴스를 보고 그날 저녁 바로 피해자 가족을 모임에 초대했다. 그리고 이튿날 '붉은 실'이라는 이름의 협회를 창설했다. 시청에 제출한 협회 설립 신청서의 정관 제1조는 세 단어였다.

절대 잊지 않는다.

협회장으로 샤를 카뮈가 추대되었다. 침착하고 외교적인 샤를은 다혈질인 카르멘보다 경찰이나 판사와 협상하는 데 더 적합해 보였다. 부회장으로 만족해야 했던 카르멘 아브릴은 매우 상심했다. 그녀는 남자들과 원만하게 지내지 못했다. 특히 권력을 가진 남자들과 많이 부딪쳤다. 모르간의 자매 오세안은 총무를, 미르티의 친구 알리나 마송은 재무를 담당했다. 동일범의 소행이라는 가정에서 출발한 두 가족은 똘똘 뭉쳤다. 그러나 시간이 지나면서 끝까지 수사해줄 사람이 아무도 없다는 게 확실해지자 두 가족 사이에 금이 가기 시작했다.

'당신들 필요 없어!' 모르간 엄마는 바스티네 수사팀장에게 분노를 토해냈다.

전쟁과 복수와 처벌을 원하는 카르멘 아브릴.

진실과 정의를 원하고 심지어는 용서까지도 염두에 둔 샤를 카뮈.

붉은실협회는 그럭저럭 유지되다가 2005년에 이르러 유야무야되었다. 텔레비전 방송국 '프랑스 2'에서 빨간 스카프 이중살인범에 대한 프로그램 제작을 제안했을 때, 카르멘은 적극적으로 환영했다. 샤를 카뮈는 완강하게 반대했지만 카르멘 아브릴은 방송이 나가면 제보자들이 나올 수 있고 방송국과 사진저작권료를 협상하여 변호사와 사설탐정 비용에 보탤 수 있다고 설득했다. 아브릴 가족은 모두 카르멘 쪽에 섰고 루이즈 카뮈는 입을 다물었다. 미르티의 친구인 알리나 마송과 약혼자 프레드 생미셸은 처음에는 샤를 때문에 주저하다가 결국에는 카르멘을 따랐다.

방송은 2005년 3월 24일, 밤 10시 30분에 예정됐다.

그 전날, 파리 근교에 위치한 방송국에서 가족들과 협회 회원들을 시사회에 초대했다. 사건의 개요, 수사 진행상황과 더불어 어설픈 사건

재현, 모르간과 미르티의 선정적인 사진, 눈물 어린 증언이 이어졌다. 하지만 사건에 대한 새로운 단서는 전혀 없었다. 첫째 줄에 앉은 사람들의 얼굴이 굳어졌다.

관음증. 그 이상도 그 이하도 아니었다. 다른 채널에서 동시간대에 방영하는 〈CSI 과학수사대〉 같은 드라마와 경쟁하려고 만든 프로그램에 불과했다. 카르멘 아브릴은 방송 취소를 요구했다. 물론 방송국은 거절했다. 시청률은 8.6퍼센트를 기록했다. 평소 시청률보다 좋지 않았다. 방송국은 붉은실협회에 단 한 푼도 지불하지 않았다. 이 세상 사람이 아닌 두 주연 여배우에게 나가는 출연료도 당연히 없었다.

프로그램이 방영되고 며칠 후, 샤를과 루이즈 카뮈는 붉은실협회 업무에서 한 발 물러서겠다고 밝혔다. 공식적인 이유는 건강 때문이었다.

2007년 12월 27일, 카뮈 부부는 카르멘 아브릴과 마지막으로 얘기를 나누었다.

비극이 발생하기 전날이었다.

기다린다고?
다른 여자가 희생되기를?

다 읽은 서류를 봉투에 넣고 피아트의 콘솔박스에 밀어넣었다.

모르간 아브릴과 미르티 카뮈 사건은 1년도 채 안 되어 경찰 업무에서 밀려났다.

피아트에 시동을 걸면서 다소 마음이 진정됐다.

딸의 살인사건이 10년 만에 다시 거론되고 있다는 소식을 들으면 카르멘 아브릴은 날 내치지 못할 것이다.

민박 간판을 지나쳐 100미터 정도 떨어진 곳에 차를 세웠다. 책가방을 세 개나 든 여자가 무게에 못 이겨 허리를 구부정하게 숙이고 비탈길을 올라갔다. 그 뒤로 손을 잡은 꼬마 세 명이 팔랑대며 엄마를 쫓아갔다. 이들은 뇌프샤텔의 고지대에 조성된 새 주택단지로 향했다.

"카르멘 아브릴 씨를 찾고 있어요."

엄마가 숨을 거칠게 내쉬며 대답했다.

"저쪽으로 내려가세요. 쉽게 찾을 거예요. 아! 저기 보이네요. 민박집 테라스에!"

여자는 둥글게 다듬은 나무들 사이로 파란색 형체를 가리켰다. 그리고 바로 뒤에 있는 아이의 손을 잡아끌었다. 기차처럼 다른 두 아이도 딸려갔다.

길 아래로 내려갔다.

당나귀 등 민박집은 정면의 길이가 50미터나 되는 전통 시골 농가였다. 길게 이어진 돌벽은 잿빛 겨울처럼 칙칙했다. 봄이 되어 수국들이 탐스럽게 피거나 마당 한가운데 있는 커다란 사과나무에 꽃이 피면 우중충한 벽도 산뜻하게 가려질 것이다.

테라스에 망치를 든 여자가 보였다. 옛날식 사과압착기의 나사 기둥에 봉을 박는 중이다. 옛날 생활용품들이 전시된 민박집 정원은 흡사 민속박물관 같았다. 사과압착기 역시 정원에 전시된 수집품 가운데 하나였다.

카르멘 아브릴이 정확하고 힘차게 망치를 내리쳤다. 덩치가 커서 뒷모습만으로는 남자인지 여자인지 구별이 되지 않았다.

망치가 공중에서 멈췄다. 낯선 냄새를 맡은 듯 카르멘이 본능적으로 획 돌아섰다.

"무슨 일이죠?"

"아브릴 사장님이죠?"

"그런데요?"

이포르에서 출발할 때부터 머릿속으로 열 번도 넘게 연습했다. 거짓말이 들통날까 봐 심장이 두근거렸다.

"페캉 경찰서의 로페즈 형사입니다. 얘기 좀 할 수 있을까요?"

카르멘 아브릴이 미심쩍은 눈으로 나를 살폈다.

"무슨 얘기요?"

"거두절미하고 말씀드리죠. 따님 모르간에 관한 얘기예요. 새… 새로운 단서가 있어서요."

망치가 테라스 바닥에 떨어졌다. 잊어버리고 오래 놔둔 사과처럼 윤기 없는 카르멘의 얼굴이 더 쭈그러졌다. 피로즈 형사는 카르멘 아브릴에게 아직 연락하지 않았다!

마갈리 베롱과 모르간 아브릴이 지닌 수많은 공통점을 생각하면 형사의 느린 대처가 이상하긴 했다. 하지만 나는 모든 위험에도 불구하고 모르간 아브릴의 엄마를 만나볼 필요가 있었다.

"새로운 단서요?"

"아직 구체적이진 않아요. 너무 큰 기대는 마시고요. 최근에 이포르에서 이상한 사건이 일어났어요. 들어가서 얘기할까요?"

실내도 정원 못지않게 매력적이었다. 천장에는 들보가 가로지르고 벽돌과 사암으로 쌓은 커다란 벽난로는 바비큐를 하기에 손색이 없었다. 손수레 바퀴를 활용한 거실 테이블, 통나무 도마로 만든 의자 등 농가에서 사용하는 물건들이 멋진 가구로 탈바꿈했다. 군데군데 걸어 놓은 파스텔 톤의 풍경화, 현대성을 가미한 약간의 유리와 메탈 장식. 파리 사람들에게 이상적인 시골 생활을 맛보게 해주는 곳이다.

카르멘 아브릴이 소파에 앉으라고 권했다. 소파에서 소가죽 냄새가 희미하게 떠돌았다. 여자 혼자 몸으로 전통가옥을 민박으로 개조하는 대규모 공사를 해냈다. 분명 보통 사람은 아니다.

나는 민박집 여주인에게 모든 걸 말했다.

마갈리 베롱의 자살, 그 이전의 성폭행 흔적, 시신 목에 둘려 있던 빨간 버버리 스카프. 다만 마갈리가 투신하기 직전에 만난 조깅하던 남자, 즉 나에 대한 얘기는 하지 않았다.

카르멘은 눈을 휘둥그레 뜨고 입을 벌린 채 내 얘기를 듣고만 있었다.

"그 새끼가 돌아왔어!" 그녀가 중얼거렸다.

나는 곧바로 배낭에서 피로즈의 책상에서 훔친 '마갈리 베롱' 서류철을 꺼냈다. 삼색기 로고와 경찰서 직인이 앞으로 내가 말하려는 황당한 얘기에 신뢰성을 부여해주리라 믿었다.

"일단 제 말을 끝까지 다 들으시고 제가 몇 가지 질문을 할 테니 답을 해주세요."

카르멘 아브릴은 고개를 끄덕였다. 흥분한 듯 동공이 커졌다. 딸을 죽인 살인자가 다시 수면으로 떠올랐으니 당연한 일이다. 나는 숨을 크게 들이마시고 마갈리 베롱에 대한 정보를 늘어놓았다.

1995년 5월 10일 캐나다 뇌프샤텔에서 태어났다. 일곱 살 때 파리 근교로 이사와 초등학교를 다닌 후 알베르트 슈바이처 중학교, 조르주 브라상 고등학교를 거쳐 의대에 입학했다. 벨리댄스가 취미이며 70년대 프로그레시브 록의 열광적인 팬이었고….

카르멘의 흥분은 경악으로 바뀌었다.

생일, 출생지, 학교, 취미…. 자기 딸과의 이 수많은 공통점을 어떻게 설명할 수 있을까?

믿기 힘들 것이다.

민박집 여주인이 일어섰다. 휘청거리는 품이 얼마나 큰 충격을 받았는지 알 수 있었다. 카르멘은 아무 말 없이 부엌으로 가서 노르망디 전통 비스킷, 유리컵, 물병, 레모네이드, 우유를 쟁반에 담아 돌아왔다. 팔에 힘이 없는지 쟁반이 흔들렸다.

"로페즈 형사님, 무슨 말인지 모르겠네요. 도저히 믿을 수 없어요. 마갈리 베롱이라고요? 도대체 누구죠?"

나는 우유를 한 모금 마시고 쐐기를 박았다.

"그게 다가 아닙니다. 마갈리 베롱이 따님과 많이 닮았어요. 단순히 닮은 것 이상이에요."

인공수정으로 딸을 낳았으니 모르간과 마갈리의 아빠가 동일인물일 수도 있다. 이 말까지 해야 하나 잠시 주저했다. 마침 내 생각을 읽은 것처럼 민박집 주인이 선수를 쳤다.

"닮았다고요? 말도 안 돼. 모르간에게 나이 어린 동생은 없어요. 열 살이나 어린 사촌도 없고요. 가족이라곤 나와 오세안밖에 없어요."

시간을 벌기 위해 머리를 갸우뚱하며 생각하는 체했다. 그러고는 카르멘이 수면 위로 올라오도록 조심스럽게 낚싯바늘을 던졌다. 다시 '마갈리 베롱'의 서류를 열어 유전자정보가 기록된 서류를 찾았다.

"제가 찾아온 이유는 확인할 부분이 있어서예요. 붉은실협회 서류를 아직 보관하고 계시죠?"

미끼를 물까? 카르멘에 관해 내가 옳게 이해했다면, 그녀는 딸을 죽인 범인을 잡기 위해서는 어떤 단서가 됐든 설령 아무리 어처구니없는 단서라 해도 덥석 물 사람이다.

나는 무심하게 비스킷을 집어들고 서류를 앞으로 내밀었다.

"마갈리 베롱과 모르간 아브릴의 유전자를 비교하고 싶습니다."

낚싯줄이 곧바로 팽팽해졌다. 카르멘의 목소리가 굳어졌다.

"경찰에 내 딸의 기록이 없나요?"

나는 당황했다.

"물론 있죠. 물론 있습니다. 그런데 수사를 정식으로 재개하려면 절차가 길고 복잡합니다. 예심판사를 비롯해서 승인을 받아야 할 곳이 한두 군데가 아니에요. 그래서 차라리 여기 오는 게 더 빠르겠다고 생각했죠."

카르멘의 눈에는 불신이 가득했다. 어쩌면 내 설명이 경찰의 무능에 대한 또 하나의 증거라고 생각했을지도 모른다.

"피로즈 형사와 같이 일하시나요?" 갑작스러운 질문이었다.

나는 비스킷을 계속 씹었다. 꿀아몬드 비스킷. 너무 찐득거렸다. 여기까지 오는 동안 온갖 예상 질문과 답을 만들어 수없이 연습했다. 그런데 바보같이 이 질문만은 생각하지 못했다.

비스킷을 목으로 천천히 넘기며 당황한 마음을 숨기려 애썼다.

"물론이죠. 피로즈 형사님이 저를 보냈습니다."

카르멘의 피곤한 얼굴에 홍조가 돌았다. 처음으로 긴장이 약간 누그러지는 듯했다.

"서재로 같이 가시죠. 피로즈 형사는 내가 본 경찰 중에서 가장 성실한 사람이에요."

동의할 수 없다고 말하고 싶었지만 꾹 참았다. 복도를 거쳐 서재로 들어갔다.

"여기서 기다리세요."

카르멘이 다른 방으로 갔다. 사건에 관한 모든 자료를 보관해둔 방인 듯했다. 기다리는 동안 서재를 둘러보았다. 더는 사용하지 않는 아이 방을 서재로 바꾼 듯 비행기와 열기구 패턴 벽지에 사진들이 붙어 있었다. 모르간이 어릴 때 찍은 사진들이다. 의사 모르간, 카우보이 모르간, 소방관 모르간….

그런데 친자매인 오세안의 사진은 없었다.

카르멘이 상자 하나를 들고 와서 책상 위에 놓았다.

"보고 계세요. 금방 돌아올게요."

그녀가 다시 옆방으로 가자마자 나는 황급히 상자로 달려들었다. 떨리는 손으로 서류를 뒤적이다가 페캉 경찰서의 서류 복사본을 발견했다.

> 모르간 아브릴 유전자 검사결과.
>
> 2004년 6월 7일 월요일. 루앙 과학수사연구원.

나는 마갈리 베롱의 서류 옆에 이 사본을 나란히 놓았다. 과학수사연구원이 사용한 서체는 2004년부터 바뀐 모양이다. 그러나 로고와 기본 정보와 직인은 동일했다.

> 마갈리 베롱 유전자 검사결과.
>
> 2014년 2월 20일 목요일. 루앙 과학수사연구원.

첫 번째 정보는 혈액형을 보여주었다. 모르간은 마갈리처럼 B+형이다. 생탕투안에서 배운 기억이 맞는다면 B형을 가진 프랑스인은 10퍼센트에 불과하다.

또 다른 우연의 일치다!

목 뒤에서 전율이 일었다. 좀더 아래에 유전자코드가 있었다. 나는 마갈리의 유전자정보와 꼼꼼히 비교했다.

내 눈은 알파벳과 숫자가 표시된 그래프에서 멈췄다.

TH01chr 11 6/9. D2 25/29. D18 16/18

TH01chr 11 6/9. D2 25/29. D18 16/18

무슨 뜻일까? 동형집합체니 이형집합체니 하는 유전자형은 전혀 모른다. 그러나 서로 다른 두 사람이 동일한 유전자표지를 갖는 것과 그 발현빈도 또한 똑같다는 건 과학적으로 불가능하다. 숫자들이 눈앞에서 춤을 췄다.

VWA chr 12 14/17 TPOX chr 15 9/12 FGA 21/23

VWA chr 12 14/17 TPOX chr 15 9/12 FGA 21/23

뇌전도와 유사한 녹색과 청색 두 곡선은 10분의 1밀리미터까지 정확히 똑같았다. 두 그래프 사이에 세밀한 차이라도 있을까 자세히 뜯어봤지만 결과는 분명했다.

마갈리 베롱과 모르간 아브릴은 동일한 유전자를 가지고 있다!

나는 계속해서 손가락으로 짚으며 선을 따라갔다. 우주의 법칙에 도전하는 공식을 미친 듯이 읽고 또 읽는 광기 어린 학자처럼 보고 또 보았다.

D7 9/10. D16, 11/13, CSF1PO chr 14/17

D7 9/10. D16, 11/13, CSF1PO chr 14/17

이게 가능한가?

아니, 10년 간격을 두고 태어난 두 사람이 동일한 유전자를 갖는 건 불가능하다!

마갈리

모르간

그렇다면 두 사람은 동일인인가?

유전자정보는 두 사람이 같은 인물임을 명확히 보여주지만 믿을 수 없었다. 미친 소리였다. 그럼에도 이 자료들은 모르간의 사진을 본 이후부터 줄곧 확신했던 바를 증명해주었다. 모르간 아브릴은 10년 전에 죽지 않았다. 이틀 전 아침, 요새 근처에서 나한테 말을 하고 절벽 아래로 몸을 던진 사람은 분명 모르간 아브릴이었다. 마갈리 베롱의 얼굴을 떠올릴수록 2004년도의 사진 속 모르간보다 나이가 들어 보인다는 느낌을 지울 수가 없었다. 얼굴은 똑같았다. 하지만 나이는 더 많아 보였다. 열 살쯤?

여전히 같은 결론에 이르렀다. 아니 더 확실해졌다. 모르간 아브릴은 이틀 전까지 살아 있었다!

> 대립유전자 빈도 D3, 0,0789. 유전자형 빈도 D3, 0,013
>
> 대립유전자 빈도 D3, 0,0789. 유전자형 빈도 D3, 0,013

10년 전 모르간 아브릴 사건을 해결하기 위해 얼마나 많은 사람들이 투입되었는가. 경찰, 판사, 기자, 증인, 수백 개의 기사들…. 모르간 아브릴이 이 많은 사람을 속이고 살아 있었다고? 이것 또한 미친 소리다.

떨리는 걸음으로 옆방에 갔다. 카르멘에게 알려주기 위해.

당신의 딸, 모르간이 살아 있었다는 사실을 말하기 위해.

이틀 전까지만 해도.

두 번째로 죽기 전에….

당나귀 등 여주인은 내가 들어오는 소리를 듣지 못했다. 등을 돌리고 손으로 입과 전화기를 가린 채 낮은 소리로 통화 중이었다.

"여기 경찰이 와 있어요, 피로즈 형사님! 내 딸을 닮은 사람이 이포르에서 이틀 전에 자살했다고 말하는데 어떻게 된 거죠?"

근육이 마비된 듯 몸이 뻣뻣해졌다.

카르멘 아브릴이 경찰과 전화하고 있다!

이 고약한 여편네는 나를 믿지 않았고 내 말을 확인하길 원했다. 아까 내게 말했듯 그녀는 피로즈를 신뢰했다.

빌어먹을!

잠시 경계를 늦춘 내 자신에게 화가 났다. 전화기로 다가가 스피커폰 버튼을 눌렀다.

피로즈 형사의 신경질적인 목소리가 방안에 울려퍼졌다.

"그자를 붙잡아요. 가게 놔두면 절대 안 됩니다. 곧 가겠습니다."

나는 엄지로 통화종료 버튼을 눌렀다. 그러고는 반사적으로 드냉 교수 집에서 가져온 킹코브라를 주머니에서 꺼내 카르멘에게 겨눴다.

"당신 누구야?" 그녀가 소리를 질렀다.

뭐라고 해야 하지?

내 말을 믿어달라고 유전자분석 자료를 코앞에 대고 흔들어볼까?

다 팽개치고 도망가야 하나?

어디로?

경찰의 포위망을 피할 수 있는 곳이 있을까? 그냥 권총을 내려놓고 거실 소파에 앉아 피로즈를 기다릴까?

카르멘은 빈틈만 보이면 덤벼들 기세로 자세를 약간 낮췄다. 별안간 벽이 흔들리는 것 같았다. 권총을 제대로 들고 있기도 힘들었다. 지금 있는 방은 창고처럼 보였지만 이곳 역시 아이의 방이었다. 벽에 모르간의 사진이 붙어 있었다.

엄마 어깨 위에서 크리스마스트리를 장식하는 네 살의 모르간.

트랙터에 앉은 일곱 살의 모르간.

사과나무에 올라간 여덟 살의 모르간.

카르멘이 앞으로 살짝 움직였다. 킹코브라의 총구도 눈에 띄지 않을 만큼 밑으로 약간 내려갔다. 그 짧은 순간, 사진을 보던 내 시선이 사과나무의 다른 가지로 향했다.

모든 게 한꺼번에 폭발했다. 내 모든 생각이 한 방향으로 전속력으로 달려가더니 이제껏 확신했던 것들과 정면으로 충돌했다. 그리고 나의 확신은 산산이 부서져 허공에 흩어졌다.

이제 알았다. 모든 것을.

마갈리 베롱이 누구였는지를….

권총을 더 세게 움켜쥐었다. 미친 사람처럼 웃음이 터져나왔다.

당신 누구야?

일곱 살의 두 여자아이가 사과나무 가지에 앉아 있다.

모르간과 그의 자매 오세안.

똑같이 빨간 털모자를 쓰고 똑같이 털 달린 녹색 코트를 입고 똑같이 겨울부츠를 신고 똑같이 양털 목도리를 둘렀다.

같은 나이. 같은 얼굴.

쌍둥이!

이 기막힌 사실 앞에서 웃음이 그치지 않았다. 나는 눈가의 눈물을 닦고 카르멘에게 총구를 다시 겨눴다.

모르간에게 쌍둥이 자매가 있었다니!

내게 배달된 갈색 봉투 속 어떤 자료도 이 사실을 말해주지 않았다. 수사기록에는 모르간의 자매인 오세안이 록페스티벌 당시의 상황을 증언한 일이 언급되어 있었다. 그러나 나이는 명시되지 않았다. 나도 신경 쓰지 않았다.

내게 우편물을 보낸 자는 이 정보를 일부러 뺐다. 나를 함정에 확실히 빠뜨리기 위해.

총구를 움직여 방에서 나가라고 카르멘에게 신호를 보냈다.

머릿속에서 퍼즐 조각이 한곳을 향해 저절로 움직였다. 모르간은 2004년 6월 6일 사망했다. 10년 후 이포르 절벽에서 몸을 던진 사람은 모르간의 자매, 오세안이다. 요새 근처에서 마주친 그 절망적인 눈빛의 주인공! 오세안은 쌍둥이 자매의 죽음을 인정할 수 없어서 마갈리 베롱이라는 가상의 인물을 만들고 그 사람처럼 행세해왔다. 같은 생일, 같은 취향, 같은 학교…. 그리고 같은 유전자까지!

나는 카르멘을 서재로 밀어넣고 왼손으로 테이블에 있는 두 개의 유전자분석 자료를 집어들었다.

오세안은 어떻게 경찰을 속일 수 있었을까? 자신이 만들어낸 가상 인물인 마갈리 베롱을 어떻게 실존인물로 믿게 할 수 있었을까?

서류에는 과학수사연구원의 로고와 국립경찰청의 직인까지 찍혀 있지 않은가!

피로즈 형사가 의도적으로 거짓 정보를 흘린 게 아니라면….

나는 총구로 벽에 붙은 사진을 가리켰다. 일곱 살의 여자아이가 카우보이 복장을 하고 있다.

"저 아이가 또 다른 딸, 오세안인가요?" 내가 물었다.

"그래요. 둘은 항상 붙어 다녔어요. 오세안은 선머슴이었고 모르간은 공주였죠. 하지만 둘 사이에 누구도 끼어들 수 없었어요. 나도 마찬가지였고. 사건이 일어난 후, 오세안이 모르간 없이 혼자 살아남을 수 없을 거라 생각했어요."

"그래도 용케 10년을 버텼군요. 오세안 맞죠? 이틀 전 이포르 절벽에서 떨어진 사람이?"

말을 하는데 뭔가 이상하다는 느낌이 왔다. 카르멘 아브릴은 미친 사람 보듯 나를 쳐다보았다. 그녀의 눈에는 슬픔이나 분노가 조금도 담겨 있지 않았다. 10년 전에 딸을 하나 잃고 이틀 전에 비슷한 사고로 남은 딸마저 잃어버린 엄마의 모습이 아니었다.

카르멘이 문 위에 걸린 시계를 보았다.

"내가 딸을 잃은 엄마처럼 보여요?"

피로즈가 전화에 대고 외친 말이 생각났다.

'그자를 붙잡아요. 곧 가겠습니다.'

빨리 자리를 떠야 했지만 나는 차분하게 단어 하나하나에 힘을 주어 대답했다.

"따님이었어요. 오세안이었다고요. 내 눈으로 똑똑히 봤어요. 절벽에서 떨어지는 것도 봤고 시… 시체도 봤어요."

카르멘이 웃었다. 전혀 흔들림이 없었다.

"언제 떨어졌다는 거죠?"

"이틀 전 수요일이요. 아침 일찍…"

"말도 안 돼요."

카르멘 아브릴이 한 발 다가왔다. 총구가 그녀의 배를 찔렀다.

"점심때 오세안과 통화했어요. 다섯 시간 전에."

내 몸이 흔들렸다.

허세를 부리고 있다. 바윗덩이처럼 단단한 이 여자는 피로즈가 올 때까지 시간을 벌기 위해 거짓말을 하고 있다. 모두가 공모하여 세 여자의 죽음을 나에게 덮어씌우려 한다.

"좋아요. 오세안이 살아 있다고 치죠. 그저께 절벽에서 떨어지지 않았다고 치자고요. 정말 그런지 오세안과 얘기를 해봐야겠어요."

"그건 안 돼요!"

"여기서 멀리 사나요?"

카르멘이 나를 쏘아보았다.

"당신은 정상이 아니에요!"

시간이 없었다. 피로즈 형사나 연락을 받은 뇌프샤텔 경찰이 곧 들이닥칠 시간이다.

"부인이 생각하는 것보다 더 정상이 아니죠. 따라오세요. 밖에서 얘기하시죠."

카르멘은 잠시 고민하는 듯했지만 별다른 저항 없이 내 말을 따랐다. 발아래서 조약돌 밟는 소리가 가볍게 났고 거대한 사과나무의 앙상한 가지들이 서리 내린 풀밭에 그림자를 드리웠다. 금방이라도 침묵을 찢고 경찰차의 사이렌 소리가 요란히 울릴 것만 같았다.

그러나 거리는 조용했고 아무도 지나다니지 않았다. 나는 카르멘을 권총으로 위협하여 조수석에 앉혔다.

카르멘은 의외로 협조적이었다. 그래도 나는 시동을 걸며 으르렁댔다.

"도망갈 생각 말아요."

"걱정할 필요 없어요. 당신이 누군지 모르지만 모르간의 죽음과 관련 있는 것 같으니 도망갈 이유가 없지. 그저께 강간당하고 목 졸려 죽은 여자와도…."

"그 여잔 강간은 당했을지 몰라도 목이 졸려 죽진 않았어요!"

카르멘은 거짓말하는 아이를 보듯 날 쳐다보았다.

"아니! 목이 졸려 죽었어! 방금 전 피로즈 형사가 말했다고. 당신은 그 여자가 자살했다고 말하지만 살해당한 거야! 당신은 아무 데도 못 가, 로페즈. 10년 동안 이 순간만을 기다렸어…."

이 순간이라니? 어떤 순간?

무슨 말이냐고 따져 물을 시간이 없었다. 대신 카르멘이 날 죽일 듯 노려보며 답을 해주었다.

"내 딸과 미르티 카뮈를 죽인 살인범이 다시 나타나기만 기다렸지."

나 또한 이글거리는 눈으로 그녀의 시선을 맞받았다.

"피로즈 형사는 더러운 게임을 하고 있어요. 다 꾸며낸 얘기라고요! 부인에게 무슨 말을 했는지 모르겠지만 그가 원하는 건 오로지 희생양을 찾는 것뿐이에요. 안됐지만 부인의 경찰 친구가 양의 목을 따려면 조금 더 뛰어다녀야 할 겁니다."

카르멘은 내 말에 일고의 가치도 없다는 듯 어깨를 으쓱하고는 입을 다물었다. 상관없었다. 딸의 죽음에 내가 어떤 역할을 했는지 알기 전까지는 내게 저항하지 않을 테니까. 그녀에게는 진실을 아는 것이 자기 목숨을 지키는 것보다 더 소중하다.

"어디로 가는 거지?"

나는 대답하지 않고 시동을 걸었다. 2킬로미터 남짓 달려서 뇌프샤텔을 벗어났다. 흙길로 접어들자 '11번 자전거 길'이라고 표시된 안내판이 나왔다. 첫 번째 모퉁이를 돌아 참나무 아래에 차를 세웠다. 시동을 끄고 총을 다시 조수석 쪽으로 치켜들었다.

"휴대폰 주세요. 어서요!"

"뭐 하려는 거야?"

나는 카르멘의 핸드백에서 삼성 갤럭시 휴대전화를 꺼냈다. 카르멘은 제지하지 않았다. 엄지로 스크린을 터치해 주소록을 찾았다.

오세안.

이름을 터치했다.

오세안의 사진이 떴다. 스크린 전체를 꽉 채운 사진을 보는 순간 숨이 막혔다.

분명 그녀였다.

마갈리 베롱과 오세안 아브릴. 두 사람은 단 한 명뿐인 동일인이다!

사진 속의 오세안은 절벽에서 봤을 때와 거의 같은 포즈였다. 바람에 휘날리는 머리, 빛에 도전하듯 눈부신 태양에 맞서 가늘게 뜬 눈.

자갈밭에 떨어지기 직전의 모습이다.

내가 전화를 걸고 있는 이 여자는 그저께 절벽 아래로 몸을 던졌다.

신호음이 울리자마자 여자가 작은 소리로 전화를 받았다.

"엄마? 지금 진료 중이야. 10분 후에 다시 걸게."

여자는 답도 기다리지 않고 전화를 끊었다.

카르멘 아브릴이 조수석에서 승리의 미소를 지었다.

"이제 만족해요? 오세안이 전화를 받던가요? 아니면 귀신이 받았나요? 천국 지역번호는 눌렀어요?"

땀으로 축축해진 손에서 삼성 갤럭시가 미끄러졌다. 머리가 혼란하게 엉켜서 아무 생각도 할 수 없었다. 전화를 받은 여자가 오세안 아브릴이라는 증거는 없다. 주소록을 다시 뒤졌다. '오세안' 아래 '오세안 직장'이 나왔다.

이름을 터치했다.

이번에는 신호음이 세 번 울리고 전화가 연결됐다. 정확한 발음을 구사하는 경쾌한 여자 목소리였다.

"마르키 병원입니다."

나는 숨을 크게 쉬고 입을 열었다.

"여보세요! 병원에 가는 중인데 길을 잃었습니다. 15분 후에 진료 예약이 있는데 길 좀 알려주시겠어요?"

"네, 그럼요. 뇌프샤텔에 계시나요?"

"부근이에요."

비서가 길을 알려주자 카르멘의 눈동자가 흔들렸다.

시내 방향으로 유턴을 한 후 큰길 쪽으로 우회전하고 성당 앞에서 다시 우회전했다. 아이들이 파하는 시간에 잠깐 복작이던 거리는 이내 차가운 공기만 가득 들어찼다.

경찰도 보이지 않았다.

마르키 광장 역시 텅 비었다. 병원 앞에 차를 주차했다.

총으로 위협했지만 카르멘은 차에서 내리지 못했다. 그녀의 눈동자에 처음으로 공포의 빛이 어렸다. 나는 킹코브라를 쥔 손에 힘을 주고 변명처럼 웅얼거렸다.

"난 아무도 죽이지 않았어요. 당신처럼 진실을 알고 싶을 뿐이에요."

내 말에 카르멘이 쏘아붙였다.

"오세안은 당신이 생각하는 사람이 아니야. 지금 저 병원에서 일하고 있어. 오세안은 당신이 찾는 사람도 아니고 당신이 구하지 못한 마갈리 베롱도 아니라고!"

카르멘은 포기한 듯 안전벨트를 풀며 덧붙였다.

"내 딸들 중에 마갈리 베롱은 없어! 내 아이들은 세쌍둥이가 아니라고!"

그 가능성에 대해 잠시 생각했다.

세쌍둥이, 네쌍둥이, 다섯쌍둥이….

똑같이 생긴 여자들이 절벽에 올라가 10년마다 한 명씩 떨어진다. 말도 안 돼! 허접한 추리소설에도 나오지 않을 얘기다.

나는 주차장에 사람이 있는지 확인하고 차에서 내렸다. 총은 콘솔박스에서 찾은 더러운 천으로 가렸다. 지나가는 사람들의 눈에는 대충 맨 붕대처럼 보일 것이다.

카르멘에게 유리문을 열어주고 먼저 들어가게 했다. 입구에 의사의 이름과 진료과목이 적힌 명판 네 개가 붙어 있었다. 세 번째 명판에서 시선이 멈췄다.

오세안 아브릴

산부인과

아냐! 나는 속으로 소리를 질렀다. 전화를 받았던 여자는 모르간의 쌍둥이 자매일 리 없어! 그 쌍둥이는 내 눈앞에서 120미터 절벽 아래로 떨어져 죽었다고! 나는 어제 저녁 모나가 말한 전제조건 두 개를 지푸라기 잡듯 꽉 붙들었다. 분명한 건 이 두 가지뿐이다.

모르간 아브릴은 10년 전에 죽었다.

마갈리 베롱은 이틀 전에 죽었다.

놀라울 정도로 닮은 모습, 그들의 동일한 유전자코드는 두 사람이 쌍둥이여야만 설명이 가능하다!

뻣뻣한 왼쪽 다리가 미끄러졌다. 얼른 벽을 짚어 균형을 잡고 천으로 가린 권총을 떨어뜨리지 않도록 손에 힘을 주었다.

로비로 들어선 다음, 친한 사람처럼 보이려고 붕대 감은 손을 카르멘의 허리에 둘렀다. 안내데스크 뒤에 있던 간호사가 웃으며 카르멘을 반겼다.

"오셨어요, 아브릴 부인! 오세안 선생님은 아직 진료 중이에요. 곧 끝날 거예요." 간호사가 말을 끝내고 오른쪽 문을 쳐다봤다.

닥터 아브릴.

더 생각할 겨를도 없이 카르멘을 밀치고 문을 열었다.

네 쌍의 눈이 동시에 나를 향했다.

불룩 나온 배를 두 손으로 감싸고 앉아 있는 여자.

그 옆에 서서 여자의 어깨에 한 손을 올린 남자.

한쪽에는 세 살쯤 된 아이가 장난감 상자에서 레고를 꺼내 탑을 쌓고 놀았다. 책상 앞에 앉아 있던 오세안 아브릴이 눈을 치켜떴다.

"무슨 일이죠?"

몸에서 뜨거운 열기가 올라왔다.

그 여자다. 마갈리 베롱….

우수에 젖은 시선.

섬세하고 우아한 얼굴.

마치 화가가 내 마음 깊숙이 들어갔다 나와서 그려낸 듯한 여인. 내가 꿈꿔왔던 여인. 어떻게 못 알아보겠는가!

요새 근처에서 손을 내밀어 붙잡고자 했던 여인.

해변 자갈밭에서 주검이 되어 싸늘하게 식어 있던 여인.

그 여인이 내 앞에 있다. 분명히 살아 있는 모습으로.

두 팔이 힘없이 아래로 떨어졌다. 손에 둘렀던 천이 뱀의 허물처럼 벗겨져 바닥으로 흘러내렸다. 킹코브라의 검은 몸이 드러났다.

임산부가 소리를 질렀다. 아이가 울음을 터뜨렸다. 레고 탑이 무너졌다. 아이는 진료실을 가로질러 아빠 품으로 달려들었다.

"나가요!" 오세안이 명령했다.

카르멘 아브릴은 내가 도망가지 못하게 진료실 문과 복도 사이에 버티고 섰다. 네 벽면에 걸린 사진액자 속의 신생아들이 나를 쳐다보았다. 피부색도 다양했다. 그들은 마치 나를 옭아매려고 다가오는 거대한 인종 사슬 같았다.

우선 피해야 한다. 생각은 나중에 하자.

있는 힘을 다해 카르멘을 밀쳤다. 카르멘이 뒤로 넘어지면서 의자 두 개가 쓰러졌다. 나는 총을 흔들며 병원 문으로 달려갔다. 안내데스크의 간호사가 비명을 질렀다.

유리문을 세차게 밀고 계단을 뛰어 내려갔다.

차에 타자마자 시동을 걸고 후진을 해서 일시정지도 하지 않은 채 핸들을 돌려 곧바로 출발했다.

숨을 깊이 들이마시고 가속페달에서 발을 뗐다. 뇌프샤텔 초입까지 천천히 운행했다. 푸카르몽 거리의 '당나귀 등' 민박집 간판에 이르기 전에 사이드미러로 경찰차의 파란 경광등을 보았다.

속도를 더 늦췄다.

경찰이 카르멘의 민박집에 도착했다!

내 인상착의나 내가 탄 차 종류, 카르멘이 봤을지도 모를 자동차 번호를 파악하려면 시간이 좀더 필요할 것이다.

아르크 강의 다리를 시속 49킬로미터로 건넜다.

빨리 숨어야 한다. 카르멘이 벌써 신고했을지도 모른다. 뇌프샤텔에서 놓쳤으니 경찰은 고속도로에서 대기할 수도 있다.

오른쪽으로 방향을 틀어 메니에르로 향했다. 시골길에서 헤매는 수밖에 없다.

운이 좋았다.

경찰이 나를 잡으려고 지명수배령까지 내릴 확률은 높지 않다. 절차는 잘 모르지만 그 같은 조치가 쉽게 내려질 리 없다. 특히 사회면 한 귀퉁이에나 나올 사건의 잡범을 잡기 위해 그런 수고를 할 이유가 없다. 국도로 다니다가 어두워지면 보코트로 가자.

그 다음은….

헤드라이트를 켰다. 전면의 도로가 좁아졌다. 어두운 도로에서 유일한 이정표는 흰색 중앙선뿐이다. 흰색 중앙선은 그리스 신화 속 아리아드네의 붉은 실이 되어 길을 둘로 나누었다. 최면에 걸린 사람처럼 흰 선에 집중했다. 뚫어지게 쳐다보면 내 이성도 두 갈래로 정확하게 나눌 수 있을 것 같았다.

한 갈래는 포기하는 거였다. 내가 모든 걸 지어냈다. 이틀 전에 자살한 여자도 없다. 설혹 이 여자가 존재했다손 쳐도 그녀의 목을 졸라 죽인 사람은 바로 나다. 그 여자는 오세안 아브릴이 아니다. 10년 전에 죽였던 다른 여자, 오세안의 쌍둥이다. 어쩌면 내가 모르간 아브릴의 목을 졸랐는지 모른다. 나는 미쳤다. 살인을 저지르고도 기억하지 못하고 피해자들을 혼동한다. 미르티 카뮈에 대한 기억도 없다. 하지만 모르간 아브릴을 죽였다면 세 번째 여자 마갈리 베롱도 강간하고 죽였을 것이다.

강렬한 헤드라이트 불빛 속에서 흰색 끈이 끝없이 이어졌다. 머리가 어질어질했다.

죄 없는 자가 범행을 자백하는 이유를 알 것만 같았다. 며칠 동안 수사를 받으면서 경찰이 정황과 추리와 증거를 들이대고 범죄를 추궁하면 타인이 말해주는 진실을 믿게 되고 자신이 믿는 것은 의심한다.

급커브가 나왔다.

흰색 중앙선이 둥글게 구부러졌다.

아니야! 또 다른 목소리가 머릿속을 뒤흔들었다.

아니야!

두 번째 갈래로 들어선 이성이 소리를 질렀다. 문제 해결의 열쇠가 가까이 있다. 논리적인 설명이 가능하다. 정신을 차리고 차분히 생각하자. 내게 있는 모든 단서를 다시 들여다보고 다른 방식으로 맞추면 된다. 거리를 두고 한 발 물러서서 보는 걸로 충분하다. 겉모습 이면을 봐야 한다.

내 말을 믿어줄 사람과 의논하자.

모나?

내 말을 믿어줄 사람과 의논하자?

"경찰이 내 차를 수배한다고?"

모나가 전화기에 대고 소리를 질렀다.

피아트의 헤드라이트가 공을 들고 튀어나오던 아이를 비췄다. 카르빌 마을 표지판 앞이었다. 정신없이 브레이크를 밟았다. '속도를 늦춥시다! 어린이를 생각해주세요'라고 적힌 플래카드가 펄럭였다. 책가방을 멘 아이는 속도를 줄인 피아트를 심드렁하게 쳐다보았다.

카르빌 마을은 조용했다. 푹푹 파인 진흙탕 길을 달리며 여러 동네를 지나온 참이다.

휴대전화를 입에 바싹 붙였다.

"확실치는 않아, 모나. 카르멘 아브릴이 자동차 번호를 보지 못했을 거야."

"그걸 말이라고 해! 10년 동안 딸을 죽인 범인을 기다렸어. 어떡해!

그 여자 입에서 피아트 500이라는 말이 나오자마자 경찰은 나를 의심할 거야."

사이드미러로 공을 들고 가는 아이의 작아진 뒷모습이 보였다. 마을은 추위에 한껏 웅크렸다. '괜찮아, 모나. 경찰에게는 차 문이 고장 나서 내가 차를 훔친 거라고 하면 돼'라고 했어야 했다. 그러나 내 입에서는 보코트에서 보자는 말만 나왔다.

"보코트? 내가 거길 어떻게 가? 지금 네가 내 차를 타고 있다는 거 잊었어?"

이포르 근처에서 만나자고 할까 했지만 그건 너무 위험했다. 대신 복장 터질 소리만 덧붙였다.

"2킬로미터밖에 안 되니까 걸어서 올 수 있어."

눈앞에 불을 환하게 밝힌 코 지방의 웅장한 저택이 불쑥 나타났다. 저택은 뒤르당 계곡을 굽어보았다. 모나가 전화를 끊을 거라 생각했다.

"무슨 소릴 하는 거야! 절벽을 올라갔다 내려와야 하잖아. 내 다리는 로봇 다리가 아니라고!"

저녁 9시쯤 비가 내렸다. 후드득 떨어지던 비는 시간이 갈수록 거세졌다. 빗물은 보코트 계곡에서 아스팔트길을 따라 해변 자갈밭으로 세차게 흘러내렸다.

차를 타고 모나를 데리러 갈까 몇 번이나 망설였다. 그러나 위험을 감수할 수는 없었다. 게다가 모나는 해안 길로 돌아오는 중이다.

해변의 불빛이 폭우 사이로 희미하게 흔들렸다. 20분쯤 후, 바람과 비를 피해 어깨를 움츠린 검은 형체가 걸어왔다. 부리나케 뛰어나가 '모나, 와줘서 정말 고마워!'라고 외치고 싶었지만 또다시 망설였다.

혼자 왔을까?

모나가 현관문을 열어젖히고 노란 비옷을 벗어 내 가슴팍으로 내밀었다. 빗물이 뚝뚝 떨어지는 비옷을 받아들었다. 어제부터 모나의 가슴에 보안관 배지가 보이지 않는다.

화부터 내겠지? 그러고 나면 내 말을 들어줄까?

모나는 한참 동안 나를 쳐다보았다. 젖은 얼굴에 빨간 머리칼이 달라붙었다. 마치 폭풍우를 피해 대피소로 숨어들어간 겁먹은 숲속 동물 같았다. 모나가 갑자기 환한 미소를 지었다.

"나를 따라오는 사람은 없었어!"

그러고는 문을 쾅 닫았다. 축축한 밤이 문 뒤로 물러섰다.

"샤워를 해야겠어. 아주 뜨거운 물로!"

30분 후 모나가 내려왔다. 젖은 옷을 다 벗어버리고 맨몸에 회색 스웨터만 걸쳤다. 허벅지까지 내려오는 스웨터는 오른쪽 어깨가 나올 정도로 헐렁했다. 붉은 머리를 뒤로 빗어 넘겨 이마가 훤하게 드러났다. 모나는 소파에 무릎을 세우고 앉아 스웨터를 밑으로 잡아당기며 눈으로 물었다.

"어떻게 됐어?"

나는 모든 걸 말했다.

카르멘 아브릴을 찾아 뇌프샤텔에 갔고 형사로 위장해서 모르간의 자료를 봤다. 마갈리 베롱과 모르간 아브릴의 유전자는 동일했으며 모르간에게 오세안이라는 쌍둥이 자매가 있다는 사실을 알았다. 병원에 가서 오세안이 근무하는 걸 확인했고….

"기억 속의 그녀만큼 아름다웠어?"

예상치 못한 질문에 깜짝 놀랐다. 그러나 확실히 대답하지 않았다.

"모나! 그 여자였어. 말이 안 된다는 건 알지만 분명 마갈리 베롱이었어. 내가 그 여자에게 스카프를 건넸다고!"

모나는 더 캐묻지 않고 차를 끓여달라고 했다. 부엌으로 가서 트와이닝스 티백을 찾아 물을 올려놓고 거실로 돌아왔다. 그녀는 둥글게 몸을 만 고슴도치처럼 두 팔로 다리를 감싸고 무릎에 턱을 괬다.

"경찰에 자수할 마음이 전혀 없는 거야?"

"함정이라니까, 모나!"

"알았어. 그 얘긴 그만하자."

"와줘서 고마워."

"내가 고마워. 아드레날린을 분출하게 해줘서."

주전자에서 휘파람 소리가 났다. 나는 움직이지 않았다.

"이제 어떡할 거야?" 모나가 물었다.

"여기 오는 동안 생각했어. 모나, 나에게 하룻밤만 시간을 줘. 하룻밤만. 처음부터 다시 해결책을 찾고 싶어. 퍼즐 조각을 모두 맞출 방법이 분명 있을 거야. 내일까지 해답을 찾지 못하면 피로즈에게 전화하고 경찰서로 갈게."

모나는 노르망디 벽시계 안에서 메트로놈처럼 움직이는 추를 물끄러미 바라보았다.

오후 9시 40분.

"하룻밤? 그런데 세 시간 정도 잠을 자고 한 시간 동안 사랑을 나누면 일할 시간이 거의 없을 텐데…."

모나가 벌떡 일어섰다. 헐렁한 스웨터가 내려와 하얀 가슴이 드러났다.

"뭐부터 해야 하지?"

나는 곧바로 대답했다.

"마갈리 베롱! 경찰이 10년 동안 아브릴과 카뮈 사건을 수사했지만 별 소득이 없었어. 마갈리 베롱이 해결의 열쇠야."

테이블에 카르멘의 민박집에서 가져온 모르간 아브릴의 자료와 피로즈한테서 훔친 마갈리 베롱의 자료를 모두 펼쳤다.

"알았어. 그러면 나는 인터넷을 담당할게. 어제 못 본 새로운 정보가 있을지 몰라."

모나가 다가와 내게 몸을 붙였다. 사과향이 났다. 스웨터 안으로 손을 넣어 모나의 부드러운 허벅지와 뜨거운 엉덩이와 탄탄한 허리를 쓰다듬었다. 모나가 발꿈치를 들었다. 딱딱해진 성기를 그녀의 배에 밀착했다. 스웨터는 모나의 몸을 가둔 누에고치였다. 우리 둘 다 들어갈 수 있을 만큼 커다란 누에고치. 모나는 내게 긴 입맞춤을 하고 나를 부드럽게 밀어냈다.

"일 해야지?"

모나는 드냉 교수의 컴퓨터 앞에 앉았다. 나는 테이블 위에 십여 장의 종이들을 꺼냈다. 이틀 전부터 받았던 우편물이다.

우리는 중요한 시험을 몇 시간 앞둔 학생들처럼 집중했다. 시계추 소리만 들렸다. 참나무 관에서 탈출하려고 나무판을 두드리는 소리….

모나가 침묵을 깼다.

"나한테 장난친 거야?"

깜짝 놀라 그녀에게 다가가 허리를 숙였다. 내 시선이 스웨터 안의 흰 가슴과 모니터 사이를 오갔다.

"어제 이포르 해변 놀이터에서 그랬잖아. 페이스북, 트위터, 링크드인, 데일리모션 같은 SNS에서 얻은 정보로 마갈리 베롱의 인생을 알아냈다고. 한 칸은 모르간, 한 칸은 마갈리로 구분해서 두 사람을 비교했잖아. 좋아하는 록그룹은 핑크 플로이드, 취미는 벨리댄스, 같은 이름의 학교들…. 두 사람은 10년 차이지만 심지어 태어난 날, 장소도 같다고 했지? 두 여자가 이렇게 같을 수가 없다고 말이야."

"그래서 찾은 게 뭐야?"

모나는 유감이라는 표정으로 나를 올려다봤다.

"아무것도 없어, 자말. 인터넷에 아무 정보도 뜨지 않아. 모든 검색엔진으로 전부 찾아봤는데 마갈리 베롱에 대한 어떤 흔적도 없어. 존재하지 않는 사람처럼 말이야."

존재하지 않는 사람처럼?

광란의 피아니스트처럼 자판기를 두들겼다. 마갈리 베롱의 정보를 알아냈던 링크들은 똑똑히 기억하고 있었다. 세 번의 클릭으로 수백만 명의 사람들이 자신의 인생을 세상에 보여주는 사이트에 접속했다.

아무것도 없다.

인터넷상에서 모든 흔적이 감쪽같이 사라졌다.

"누가 지워버렸어…."

목소리가 떨렸다. 모나는 말이 없었다.

"인터넷에서 삭제하는 건 누구나 할 수 있어. 그게 바로 증거야. 나를 함정에 빠뜨리려는 증거!"

모나가 일어섰다. 스웨터 밑으로 소름 돋은 살이 드러났다.

"혹시 네가 상상한 거 아냐?"

모나는 가만있지 못하고 맨발로 마룻바닥을 돌아다녔다.

"자말! 마갈리 베롱에 대해 우리가 뭘 알고 있지? 네가 말한 것뿐이야. 인터넷에서 봤다고 했지만 지금은 아무것도 나오지 않아. 자살한 여자의 얼굴이 10년 전에 죽은 여자나 살아 있는 쌍둥이와 똑같이 생겼다고 했지? 강간당하고 목이 졸린 후에 절벽에서 떨어졌는데 기사 한 줄 없어. 그 사실을 확인해줄 목격자도 없고. 크리스티앙 르메데프는 사라졌고 드니즈 주뱅은 여러 달 동안 밖에 나간 적이 없다고 말했다며. 자말, 이제 알겠어? 답은 하나야. 이 모든 걸 설명해주는 간단하고 확실한 열쇠 말이야."

나는 어딘가에 숨어 있을 마갈리 베롱의 흔적을 찾으려고 검색창에 온갖 단어를 필사적으로 입력했다.

모나가 걸음을 멈추고 흘러내린 스웨터의 오른쪽 어깨를 올렸다.

"마갈리 베롱은 존재하지 않아, 자말! 네가 전부 지어낸 거야. 이틀 전에 자살한 여자도 없어. 네가 상상한 것에 불과해. 그 여자의 얼굴도, 그 여자의 인생도, 목격자들도 다 네가 만들어낸 거야."

나는 벌떡 일어서서 피로즈 사무실에서 빼온 서류철을 모나의 코앞에 대고 흔들었다.

피로즈가 '마갈리 베롱'이라고 직접 쓴 녹색 표지 서류철이었다.

"나를 쫓는 경찰은 어떻게 설명할 건데? 그것도 내가 지어낸 거야? 경찰이 라시렌으로 너를 보러 왔다며? 아니야?"

모나는 차분하게 대답했다.

"그래. 경찰이 와서 너를 찾았어. 내가 너를 아는지, 네가 어디 있는지 물었어. 그게 다야. 마갈리 베롱이나 강간사건에 대해서는 입도 뻥긋하지 않았다고."

나는 모나의 눈앞에 서류를 들이밀고 소리를 질렀다.

"빌어먹을! 모나! 그럼 이 의료기록은? 마갈리 베롱의 시체 사진은? 경찰청 직인이 찍힌 유전자분석 자료는? 내가 이것들도 만들어낼 정도로 미친놈이라고 생각해?"

이번에는 모나가 주춤했다.

"나도 몰라. 다만 내 생각엔 네가 다 지어냈다면 문제가 간단히 해결된다는 거야. 거의 모든 문제가 말이야. 오히려 좋은 소식 아냐?"

좋은 소식?

나는 뜨악한 표정으로 모나를 쳐다봤다.

"생각해봐. 마갈리 베롱의 시체가 없으면 강간도 없고 살인도 없어. 경찰이 너를 잡아들일 이유가 없어져. 너는 단지 미친놈이란 소리만 들으면 그만이야. 나랑 자려고 이 모든 얘기를 지어낸 것뿐이라고."

이번에는 모나의 유머가 통하지 않았다.

"모나! 경찰서 자판기 앞에서 우리가 만났을 때 내가 왜 거기 있었던 것 같아?"

"몰라! 다른 사건 때문에 왔는지도 모르지!"

모나는 입을 다물었다. 벽시계의 추소리만 들렸다.

번뜩 생각 하나가 떠올랐다.

모나가 끼워 맞춘 퍼즐은 그녀가 이면에 감춰둔 의혹을 뚜렷하게 드러냈다. 나는 마갈리 베롱이라는 여자를 우연히 상상하지 않았다.

얼굴, 강간, 빨간 스카프, 이포르 절벽….

이미 경험했던 장면을 다시 봤을 뿐이다!

그게 모나의 생각이었다. 페캉 경찰은 10년 전에 일어난 모르간 아브릴 사건으로 나를 소환했다. 그런데 나는 실재하지도 않는 현재와 과거를 혼동한다.

내가 미친 건가?

하지만 물에 빠지기 전에 지푸라기라도 잡아야 했다. 나는 테이블 위의 종이들을 가리켰다.

"그럼 저 우편물은 뭐지? 내가 나한테 보낸 건가?"

모나가 내게 다가와 어깨에 손을 얹었다.

"누군가 자말이 10년 전 사건을 기억하길 바라는 게 아닐까? 그래야만 설명이 가능…."

나는 모나의 손을 뿌리치고 목청껏 소리 질렀다.

"기억하긴 뭘 기억해? 이포르에 오기 전까진 그 사건에 대해 들어본 적도 없어!"

모나가 스웨터 안으로 두 손을 넣었다. 바로 후회가 몰려왔다. 모나에게 이래봤자 무슨 소용인가? 더는 알 수 없었다. 내가 유죄인지 무죄인지. 울고 싶었다. 아이처럼 눈물을 쏟으며 펑펑 울고 나면 꿈에서 깨어나지 않을까?

"나는… 나는 이 사건과 관련이 없어, 모나. 누군가 나를 미친놈으로 몰고 있어. 너마저 날 버리면 그자들은 날 정말 그렇게 만들고 말거야."

모나는 내 눈을 피해 벽시계로 시선을 돌렸다.

오후 10시 10분.

"오늘 밤뿐이야, 자말! 나를 설득할 수 있는 시간은. 절벽 위로 해가 떠오르면 경찰서에 가는 거야. 알았지?"

"하지만 작전은 내가 짤 거야!"

"말만 해."

"피로즈 형사 말고 마갈리 베롱의 자살이 실제로 일어났다고 입증해줄 사람은 크리스티앙 르메데프와 드니즈 주뱅 두 사람뿐이야."

"두 사람한테 모두 확인했잖아."

"그래. 하지만 르메데프가 사라졌어. 스스로 사라졌는지 제거당했는지 알 수 없지만. 드니즈 할머니는 두려워하고 있어. 우리 둘이 두 사람 집에 다시 가는 거야. 네가 직접 보고 내가 거짓말을 했는지 확인해봐."

"이 밤에?"

"응."

"경찰은 어쩌고? 이포르에 가면 경찰한테 잡힐지도 몰라."

"경찰이 날 찾는다고? 자살한 여자는 없다며? 너 건망증 있는 거 아냐?"

모나가 웃음을 터뜨리며 내게 살짝 입맞춤했다.

"차 끓여준다더니?"

부엌으로 가는 모나를 향해 내가 큰 소리로 말했다.

"친구에게 전화 좀 할게. 내가 옳다는 걸 증명해줄 친구야."

"뭐라고?"

"단서가 하나 더 있어. 피로즈의 사무실과 르메데프 집에서 찾은 도표야. 숫자가 적혀 있어. 인터넷에서 검색을 해도 못 찾겠더라고. 생탕투안 센터에 걸어다니는 백과사전 친구가 있어. 한 번 물어보려고…."

"좋은 생각이야. 네 친구에게 물어봐. 화학 박사들은 바보니까!"

이부는 바로 전화를 받았다. 그러고는 연습은 잘 하고 있는지 날씨는 어떤지 최근 센터에서 무슨 일이 일어났는지 끝없이 수다를 늘어놓았다. 나는 이부의 말을 중간에 끊고 단도직입적으로 물었다.

"이부, 잠깐만. 물어볼 게 있어. 네가 얻는 건 없겠지만 나를 구해줄 수도 있는 문제야."

나는 표를 설명하고 숫자도 불러줬다.

2/2	3/0
0/3	1/1

귀가 따가울 정도로 이부가 크게 웃었다.

"뭐야, 너무 쉽잖아. 애들도 아는 거라고. 그건 '죄수의 딜레마'야."

"죄수의 뭐?"

"죄수의 딜레마! 게임이론에 나오는 유명한 사례야."

나는 모나도 들을 수 있도록 스피커폰을 눌렀다.

"원칙은 간단해. 강도짓을 한 두 공범이 경찰에게 잡혀서 따로따로 심문을 받는다고 생각해봐. 선택은 둘 중 하나야. 침묵하든지 자백하든지. 예를 들어, 한 명은 자백하고 다른 한 명은 입을 다물어. 그러면 자백한 사람은 감형을 받지만 입을 다문 사람은 최고형을 받게 돼. 그런데 문제는 두 공범 모두 상대방이 어떤 선택을 할지 모른다는 거야."

"도대체 무슨 말이야? 그래서 그게 무슨 이론이라는 거야?"

"들어봐. 이 이론을 숫자 즉 형량으로 표시하면 그게 바로 죄수의 딜레마 도표가 되는 거라고. 두 죄수가 똑같이 묵비권을 행사하면 둘 다 1년 형을 받게 돼. 둘 다 자백하면 각각 2년 형을 받게 되고."

"그러면 당연히 묵비권을 행사하면 되잖아."

"이 이론의 묘미는 둘이 협력할 때보다 각자도생할 때 이익이 더 커진다는 데 있어. 예를 들어, 나는 자백했는데 다른 공범은 침묵했어. 그러면 나는 무죄가 되고 상대방은 최고형을 받아. 상대방은 3년 형이고 나는 0년 형이 되는 거지. 즉 나만 석방되는 거라고!"

"학자들이 이런 걸 생각하고 월급을 받는 거야?"

"그래! 로버트 액셀로드라는 미국인이 대표적인 학자야. 그는 죄수의 딜레마 게임에서 이길 수 있는 확률을 높여줄 공식을 찾기 위해 실험을 했어."

"게임? 게임도 할 수 있는 거야?"

"그럼! 두 명도 할 수 있고 백 명도 할 수 있어. 규칙은 간단해. 배신 아니면 협력이야. 배신할지 협력할지 혼자 정하고 나중에 상대방의 선택과 비교하는 거지. 그래서 점수를 매기는 거야."

"그러면 승리의 공식은 뭐야?"

"액셀로드는 세 단어로 표현했어. '협력, 상호작용, 용서'. 처음에 너는 상대방에게 협력을 제안해. 그런데 상대방이 배신하면 다음번에는 너도 배신을 해서 복수를 하는 거야. 그 다음에는 네가 또다시 협력을 제안하고. 액셀로드는 이 공식이 사람들 사이에 일어나는 모든 행동에 영향을 미친다고 했어. 즉 인간행동의 황금률이라는 거지."

"그게 다야?"

웃기지도 않는 이 이론이 아브릴과 카뮈 사건, 마갈리 베롱의 자살과 무슨 관계가 있다는 거지? 왜 피로즈와 르메데프 둘 다 이 게임이론의 사례를 종이에 적어놓았지?

나는 곰곰이 생각했다.

"이부, 그러면 액셀로드의 승리 전략은 게임을 여러 번 반복해야 가능한 거 아냐? 두 번 연속해서 상대방을 엿 먹이면 안 된다는 게 원칙이고. 그런데 게임을 한 번밖에 할 수 없고, 한 번의 결정이 운명을 좌우한다면, 가장 좋은 전략은 상대방이 나를 신뢰하게 만들고 나는 그를 배신하는 거지? 그렇지?"

"그래! 완벽하게 이해했어."

전화를 끊었다. 하지만 죄수의 딜레마를 통해 내가 찾고자 하는 진실에 한 발짝 다가갔다는 생각은 전혀 들지 않았다. 모나 역시 이 이론에 별다른 감흥은 없는 듯했다. 혹시 내가 이 숫자들조차 지어낸 건가?

모나가 비닐봉지에 비스킷 한 팩을 넣었다. 보온병을 꺼내고 커피도 내렸다.

"어제부터 두 시간도 안 잤잖아. 커피 잘 봐. 그동안 옷 좀 갈아입을게."

이 집 어디에서 젖지 않은 여자 옷을 찾겠다는 건지 궁금했다. 하지만 모나는 질문할 시간을 주지 않았다. 그녀가 스웨터를 세게 잡아당겼다. 늘어난 회색 털실 사이로 맨살이 보였다.

"자말, 질문이 있어. 중요한 건데… 10년 전에는… 두 다리를 사용했어?"

경찰서에서 피로즈가 했던 질문이다!

나는 차갑고 시니컬한 시선으로 그녀를 노려봤다.

"두 다리를 사용했냐고? 정말 그게 궁금한 거야? 아니지? 진짜로 알고 싶은 건 따로 있지? 10년 전에는 춤을 추고 절벽에 기어오르고 여자를 쫓아다니고 유혹하고 강간하고 목을 졸랐는지 그게 알고 싶은 거잖아!"

"아냐, 자말."

"외다리였다면 눈에 띄었겠지?"

"사실대로 말해줘."

나는 천천히 바지를 올려 금속 의족과 무릎을 연결하는 철판을 보여주었다.

"15구에 있는 쇼핑몰에서 유리문을 그대로 통과해버렸어. 어릴 적 친구들하고 야마카시맨몸으로 빌딩 사이를 뛰어다니거나 지붕을 타는 등의 신종 스포츠를 연습하던 중이었지. 종아리 신경이 아홉 개나 절단 났어."

모나는 입을 다물지 못했다. 내가 선수를 쳤다.

"2002년 5월이었어. 지금부터 12년 전."

모나가 스웨터 자락에서 손을 뗐다. 옷 길이가 원래대로 돌아왔다.

"날 속이는 거야?"

"글쎄? 내가 이야기 지어내는 걸 좋아하잖아."

모나가 운전대를 잡았다. 갈아입은 옷은 요즘 한창 유행인 카포랄 청바지와 녹색 스웨터였는데 드냉 교수 아들의 옷인지 무척 커 보였다. 그 위에 걸친 재킷은 아직도 축축했고 보안관 별은 여전히 달려 있지 않았다.

비는 잦아들었지만 기온이 영하로 떨어졌다. 모나가 시동을 걸기 전에 그녀의 손 위에 손가락을 얹었다.

"일이 잘못되면…."

나는 조수석의 글로브박스를 열어 킹코브라를 꺼냈다. 차가운 총신을 만지작거리며 모나가 비명을 지를 거라 생각했다.

하지만 그 반대였다!

모나는 별 머저리를 다 본다는 듯 내 얼굴만 빤히 쳐다보았다.

"드냉 교수 거야? 그건 방어용이야, 자말! 고무탄이나 공포탄만 사용하는 총이라고. 드냉 교수는 사람을 죽일 수 있는 물건은 절대 집에 두지 않아."

그 말에 안심을 해야 할지 실망해야 할지 아리송했다. 생각은 나중에 하자. 총을 글로브박스에 도로 집어넣는 순간, 손가락에 종이가 닿았다. 봉투 감촉이다.

갈색 봉투.

그 위에 내 이름이 있었다.

두 시간 전 정원 구석에 피아트를 주차하고 글로브박스에 킹코브라를 숨겨놓았을 때는 봉투가 없었다. 어둠과 폭우를 틈타 누군가 소리 없이 정원으로 들어왔을까?

그 누군가가… 모나?

해명을 요구하기로 결심하고 고개를 들어 모나를 보았다. 그리고 깨달았다. 모나도 나와 똑같은 생각을 하고 있다는 것을.

모나 생각에 이 봉투를 차에 놔둘 사람은 나밖에 없었다.

글로브박스를 열고 권총을 꺼내리라는 걸 아는 유일한 사람….

모나의 눈이 내게서 떠나지 않았다. 이부가 말한 죄수의 딜레마가 떠올랐다.

빌어먹을 게임….

두 공범이 상대방 모르게 선택을 한다.

배신할 것인가 믿을 것인가.

나는 봉투를 찢었다.

협력, 상호작용, 용서?

알리나 마송의 일기

내 기억에 남은 아주 어린 시절부터 미르티는 항상 내 곁에 있었다.

나는 퓌쇼 가의 아파트 7층에 살았다. 아파트에서는 센 강과 귀느메르 다리가 보였다. 한 번도 놀러가지 않았던 선박용 도로도 바로 앞에 있었다. 미르티는 정원이 있는 작은 주택에서 살았다. 우리 집과 멀지 않은 곳이다.

나는 미르티를 미미라고 불렀다.

나는 리나였다.

미미와 리나.

우리는 한 몸처럼 붙어다녔다.

1985년 푸그레 병원이 우리가 처음 마주친 곳이다. 이 병원에서 나는 12월 17일에 태어났고, 미미는 12월 15일에 태어났다. 하지만 미미의 엄마인 루이즈 아줌마는 우리가 돌이 지날 무렵, 뛰쇼 가 놀이터의 미끄럼틀에서 함께 놀다가 진짜 친구가 된 거라고 말해주었다. 미미가 세상을 떠난 후부터 함께 찍은 옛날 사진들을 자주 꺼내보았다. 똑같이 벙어리장갑을 끼고 목도리를 두르고 모자를 쓰고 찍은 사진들이다.

우리는 자연스럽게 같은 유치원에 다녔고 미미네 집에서도 자주 놀았다. 그 집에는 장난꾸러기 강아지 부포가 있었다. 미미의 아빠인 샤를 아저씨가 유명한 피에로의 이름을 따서 개 이름을 지었다는 건 나중에 알았다. 우리는 부포를 괴롭혔고 유모차에 태웠고 목에 턱받이를 채우고 소꿉놀이를 했다.

미미가 우리 집에 온 적은 없었다. 나는 우리 아파트가 부끄러웠다. 내겐 귀여운 강아지도 없었다.

알퐁스 도데 초등학교에 다닐 때는 서로 다르게 생겼는데도 쌍둥이 소리를 들었다. 미미의 부모님은 언제나 바빴다. 특히 수요일과 토요일, 여름방학 때는 일이 더 많았다. 루이즈 아줌마는 무용학원을 운영했고, 샤를 아저씨는 박물관에서 단체관람객을 맞았다. 우리가 엘뵈프의 거리들을 돌아다니던 시절에 제일 자주 간 곳은 미미 할머니 댁이었다.

할머니는 오리발 마을의 로슈 가에 살았다. 센 강가의 절벽을 파서 만든 집이라 정원에 작은 동굴들이 있었다. 무너질 위험 때문에 동굴에 들어가지는 못했다. 늘 재미있는 이야기를 들려주던 할머니는 우리의 짓궂은 장난도 다 받아주었다. 우리는 닌자 할머니라고 불렀다. 할머니 이름, 자닌을 거꾸로 하면 닌자가 됐기 때문에 미미가 붙인 별명이다. 미미는 말장난을 좋아했다.

가끔 부포를 데리고 할머니 댁에 가기도 했다. 목줄을 맨 부포를 앞세우고 모래사장 길을 따라갔다. 그 길은 지금도 '모래사장'으로 불리지만 그때나 지금이나 그 근처의 센 강변에는 모래사장이 없다.

아홉 살 때 처음으로 레 섬에서 열린 여름캠프에 갔다. 그때 프레드는 이미 캠프의 지도교사로 일하고 있었다. 미미는 긴 머리를 뒤로 넘기며 기타 치는 프레드에게 홀딱 반했다. 미미의 부모님이 운영하는 캠프였고 참가자들은 모두 엘뵈프 아이들이었다. 캠프에 온 아이들은 미미를 괴롭혔다. 선생님들의 사랑을 한 몸에 받았고 부모님이 캠프 운영자였으니 질투가 날 만도 했다. 미미는 엄마 아빠가 모두 일하는 유일한 아이였다.

아이들이 미미를 못살게 굴수록 우리 둘은 더욱 똘똘 뭉쳤다. 손을 맞잡고 울먹이며 '미미와 리나, 포에버'라고 말하기도 했다.

미미는 캠프에서 자주 울었다. 하지만 엄마 아빠에게 말하지 않았다. 우리는 공동침실에서 잤는데 미미가 가끔 침대에 오줌을 싸는 일이 있었다. 우리는 캠프 이름이 '황금이불'인 이유가 따로 있다며 낄낄거렸다. 미미가 오줌을 싸면 침실에 두 사람만 있을 때를 기다렸다가 내 매트리스와 바꿔놓았다. 우리 둘의 매트리스에서 오줌 냄새가 너무 많이 나면 복도에 있는 당직선생님의 침대 매트리스와 바꿔치기했다.

아무도 몰랐다.

우리 둘만의 비밀이었다.

내가 그 얘기를 조금이라도 퍼뜨렸다면 미미의 손에 죽었을지도 모른다. 나는 아무에게도 말하지 않았다. 그런데 죽은 사람은 미미였다.

중학교를 졸업하고 우리는 청소년센터에서 과외활동을 했다. 프레드도 다시 만났다. 미미는 무용과 연극을 했고 나는 곡예를 배웠다. 나는 줄타기, 공, 통, 밸런스보드 같은 균형 잡는 곡예에 재능이 있었고 미미는 완벽한 조화와 섬세함을 표현하는 일에 뛰어났다. 루이즈 아줌마는 우리를 가끔 서커스극장에 데리고 갔다. 우리는 둥근 무대에서 꿈꾸듯 걸어다녔다. 한 번은 분장실에서 오래된 포스터를 발견하고 집으로 가져온 적이 있다. 몰도바의 곡예사 루스탐 트리폰이 불붙은 고리를 통과하는 사진이었다. 트리폰은 서늘한 눈매를 지닌 금발의 미남으로 그리스 신처럼 아름다웠다. 우리는 그 포스터를 한 주씩 돌아가며 보관했다. 루스탐 트리폰은 우리 두 사람의 아이돌이었다. 보이밴드 투비쓰리의 가수 필립 니콜릭을 좋아하는 것과는 별개의 문제였다. 우리는 포 넌 블론즈의 〈왓츠 업〉을 고래고래 불러대며 트란스니스트리아로 떠나기를 꿈꾸었다. 트란스니스트리아, 그곳에 루스탐이 살았다.

우리가 레 섬의 여름캠프에 지도교사로 참가한 건 2002년부터였다. 프레드가 캠프 총책임자였다. 그때는 머리를 짧게 자르고 우쿨렐레를 쳤지만 미미는 예전처럼 그를 좋아했다. 캠프에 참가한 아이들은 여전히 엘뵈프 주민의 자녀와 사촌과 동생 들이었다. 오래전에 캠프에 참여했던 아이들의 아이들도 있었다. 미미와 나는 밤에 아이들을 깨워 화장실로 보내면서 매트리스나 잠옷바지가 젖지 않았는지 확인했고 그때마다 배꼽을 잡으며 웃어댔다.

캠프 교사를 하고 받은 돈으로 이듬해 비에이 샤뤼 페스티벌브르타뉴 카르엑스에서 열리는 프랑스 최대 뮤직페스티벌에 놀러갔다. 거기서 블루스 브라더스를 실제로 봤다. 그것도 바로 코앞에서! 잘생긴 자원봉사자들과 어울려 놀기도 했다. 어느 날 저녁 화장실 청소를 담당하던 남자가 미미에게 데이트 신청을 했다. 미미가 데이트를 수락한 이유는 그가 착해서였다.

미미는 그런 아이였다.

보름 동안 브르타뉴 지방을 여행하고 돌아왔을 때 부포가 죽었다. 성 안나 축일이었다. 몹시 더웠던 그날 오후, 부포는 장미나무 사이에서 잠을 자듯 세상을 떠났다. 샤를 아저씨는 그 자리에 땅을 파고 부포를 묻었다. 그날 이후 미미네 집에 가서 장미꽃을 볼 때마다 부포가 떠올랐다. 혹시 장미꽃으로 환생한 게 아닐까 하는 생각도 들었다.

2003년 처음으로 레 섬이 아닌 이즈니에서 여름캠프가 열렸다. 지원금이 줄어 먼 곳에서 캠프를 열 수 없었기 때문이다. 참가자는 오히려 더 많았다. 9월의 어느 저녁이었다. 미미는 맥도날드 뒤에서 길 잃은 강아지를 발견하고 로날드라는 이름을 붙여주었다. 우스운 이름이었지만 생각나는 광대 이름은 그것밖에 없었다. 미미는 로날드를 부모님에게 데려다주었다. 이제부터 집에서 오랜 시간을 보내지 않겠다는 의사표현이기도 했다. 미미는 캠프기간 동안 프레드와 연애를 시작했다. 프레드가 미미보다 열아홉 살이나 많았지만 둘은 잘 어울렸다.

사실 두 사람의 교제는 모두에게 당연한 일처럼 보였다. 서로 사귀기까지 참 오래도 기다렸다고 생각한 사람들도 있었다. 이듬해 봄이 되었을 때, 미미는 내게 결혼식 증인이 되어달라고 부탁했다. 10월 4일 센 강가의 절벽을 파서 지은 오리발 성당에서 결혼식을 올릴 예정이었다. 미미는 나보다 더 로맨틱했고 성당에도 더 열심히 다녔다. 순백의 웨딩드레스와 시와 백마 탄 왕자님을 몹시 좋아했다.

나는 기쁜 마음으로 증인이 되겠다고 했다. 하지만 공짜로 들어줄 수는 없으니, 처녀시절에 종말을 고하는 의미로 여름캠프가 끝나면 한 주 동안 동유럽 여행을 가자고 제안했다. 배낭을 메고 히치하이킹으로 돌아다니다가 가능하다면 트란스니스트리아까지 가자고 말이다.

2004년 8월 26일 미미가 내 곁을 떠났다.

잘 있으라는 말도 없이.

그날은 미미가 쉬는 날이었다. 하지만 이즈니 캠프에서 겨우 800미터 떨어진 그랑드 카리에르 마을로 간 게 전부였다.

동행한 경찰 두 명에게 미미의 시신을 처음으로 확인해준 사람이 나였다. 멍든 목, 찢어진 원피스, 속옷이 벗겨진 채 벌거벗은 몸, 하늘을 향해 치켜뜬 커다란 두 눈….

내가 미미의 부모님께 알렸고 두 분이 프레드에게 알렸다.

미미의 부모님에게 전화를 하기 전에 미미와 함께했던 모든 순간이 빛의 속도로 영화처럼 펼쳐졌다. 퓌쇼 가의 놀이터, 죽은 개 부포, 서커스, 루스탐 트리폰, 닌자 할머니의 동굴….

미미 없이 살아가는 삶을 상상할 수 없었다.

미미의 부모님, 프레드, 그리고 나는 진실을 알고 싶었다.

하지만 카르멘 아브릴이나 고인을 잊지 않기 위해 설립한 붉은실협회는 우리와 잘 맞지 않았다. 그래도 모르간의 쌍둥이 자매인 오세안과 많은 이야기를 할 수 있었다. 우리 둘 다 비슷한 나이였고 세상에서 가장 소중한 존재를 잃었다.

그것도 같은 사람의 손에 살해됐다.

우리는 같은 고통을 나눈 쌍둥이였다.

하지만 서로를 완전히 이해하지는 못했다. 자기 엄마처럼 오세안도 증오심으로 불타올랐다. 모르간을 죽인 범인을 찾아내 자기 손으로 죽이는 게 소원이었다. 하지만 나는 날마다 감옥에 가서 범인에게 미미에 대해 들려주고 싶었다. 하나도 빠짐없이 얘기해서 미미가 어떤 사람이었는지 알게 하고 참회하게 하고 미미를 사랑하게 하고 용서를 구하게 하고 싶었다.

미미의 부모님은 유력한 용의자 올리비에 루아의 신원이 밝혀졌을 때 딸의 죽음에 대한 진실을 결코 알 수 없으리란 걸 깨달았다.

올리비에 루아는 무죄로 판명 났다.

레오 바스티네 수사팀장은 분명히 말했다. 새로운 단서가 나타나지 않는 한 모르간과 미르티 사건은 미제로 남게 될 거라고. 미미의 부모님, 루이즈와 샤를 카뮈는 2005년 붉은실협회를 떠났다. 그러면서도 프레드와 나에게는 계속 협회활동을 하라고 적극 권유했다.

절대 잊어서는 안 된다고….

그때는 두 분이 왜 그랬는지 이유를 알지 못했다.

미미 부모님은 2007년 12월 엘뵈프 서커스극장이 10년 동안의 보수공사를 마치고 재개관할 때까지 기다렸다. 재개관 기념 공연을 위해 국제적으로 유명한 예술가들을 초청했다.

루스탐 트리폰도 왔다. 그는 그때 이미 53세였다. 트리폰의 포스터는 여전히 미미의 침대 위에 붙어 있었다. 트리폰은 미미의 집을 방문했고 미미의 방도 둘러보았다. 나는 트리폰에게 정원에서 장미꽃 한 송이를 꺾어 미미가 잠든 생테티엔 묘지에 놓아달라고 부탁했다. 곡예사는 감동을 받았다.

아름답고 슬픈 순간이었다.

그날 저녁 미미의 부모님과 나, 우리 셋은 서커스 무대에 오랫동안 있었다. 나는 거대한 자주색 벨벳 커튼을 쳐다보며 말했다.

"미미도 좋아할 거예요."

미미 부모님은 아무 말도 하지 않았다. 어쩌면 미미도 하늘에서 똑같은 감동을 받았을 거라고 생각했는지도 모른다. 아닐 수도 있고…. 미미가 죽은 후 두 분은 신으로부터 멀어졌다.

나는 그후 두 분을 보지 못했다.

그분들에게 내 마음에 담아둔 이야기를 하지 않은 것이 후회스러웠다.

다음 날 미미 부모님은 레 섬으로 떠났다. 캠프 부지는 이미 다른 곳에 팔렸고 지금은 수영장과 테니스장이 딸린 호사스러운 캠핑장으로 변했다. 엘뵈프의 아이들이 절대 발을 들여놓을 일이 없는 곳이다. 두 부부는 저녁 6시 50분에 발렌 등대로 올라갔다. 문을 닫기 직전이었다. 57미터. 257개 계단. 두 사람은 손을 잡고 대서양에서 불어오는 거센 바람을 맞으며 서 있었다. 그리고 난간으로 올라가 검은 바다에 몸을 던졌다.

그 일이 있은 후 로슈 가의 넌자 할머니 댁에 자주 들렀다. 내 마음의 가족 중 유일하게 살아 있는 분이었다. 할머니와 많은 얘기를 나눴다. 지금까지 마음에만 담아두었던 얘기도. 할머니는 미미의 부모님은 모르는 게 나았다고, 미미가 불행한 사건으로 세상을 떠났다고 생각하며 눈을 감은 게 차라리 잘된 일이라고 하셨다. 누구를 탓하기보다는 운명이려니 생각하는 편이 더 좋을 테니까. 그러면서도 다 털어내라고 그렇지 않으면 나 또한 피폐해진다고 하셨다.

"어떻게요? 어떻게요, 할머니?"

"경찰에게 말하렴. 가장 깊은 상처를 내보이더라도 말이다."

미미가 쓴 시의 마지막 구절이 떠올랐다.

> 우리 두 사람 주위로 성을 쌓겠어요.
> 그리고 영원히 그 성을 지키겠어요.

MO4

미미는 이 구절을 어떻게 쓸 수 있었을까?

사무치도록 미미가 그립다.

가장 깊은 상처를 내보이더라도?

모나가 실내등을 끄고 고개를 돌렸다.

"무슨 내용이야?"

발밑으로 우편봉투가 떨어졌다. 방금 읽은 내용이 모르간 아브릴이나 마갈리 베롱의 죽음과 상관이 있는 걸까? 연결고리만 찾으면 모든 문제가 쉽게 풀릴 텐데….

모나는 내 눈가에 맺힌 눈물을 보았다.

"감동했어?"

"응."

"뭐에 감동했는데?"

"미르티. 아니 미미…. 감동적인 사랑 고백이었어."

모나의 눈이 반짝였다. 머뭇거리던 그녀가 손가락을 들어 살며시 눈물을 닦아주었다.

"고마워." 모나가 말했다.

"뭐가?"

모나는 아무 대답 없이 후진기어를 넣고 정원에서 차를 뺐다.

밤 11시 10분.

장 폴 로랑스 광장의 크리스티앙 르메데프 집 앞에 차를 세웠다. 경찰은 보이지 않았다. 혹시 몰라 윈드윌 점퍼 모자를 뒤집어썼다.

"오늘 새벽에는 잠겨 있지 않았어."

손잡이를 돌리자 문이 열렸다.

"네 증인은 도둑 걱정 안 하나 봐." 모나가 농담을 던졌다.

집 안으로 들어서서 그를 불렀다.

"크리스티앙? 크리스티앙 르메데프 씨?"

예상대로 대답은 없었다. 원자력발전소 전 직원인 뻥쟁이는 돌아오지 않았다.

도주?

납치?

살해?

모나는 재미있는지 히죽거리며 내 뒤를 따라왔다. 별안간 심장이 덜컥 내려앉았다. 계단이 칠흑처럼 어두웠다.

"불빛이 없어." 내가 중얼거렸다.

"당연한 거 아냐?"

"2층 방에 탁상램프가 켜져 있었어. 계단으로 불빛이 비쳤다고."

"새벽에 네가 끄고 나온 거 아냐?"

나는 머리를 흔들었다. 램프에는 전혀 손대지 않았다.

아이폰 손전등 어플을 켜고 플래시로 계단을 비췄다. 새벽에 왔을 때처럼 사람 흔적은 없었다. 아무 소리도 들리지 않았다. 손전등으로 계단을 비추며 올라가 다시 한번 그를 불렀다.

"르메데프 씨?"

아무도 없는 게 확실했다.

착각했나? 나도 모르게 램프를 끄고 나왔나?

"내 말이 헛소린지 아닌지 보여줄게. 날 따라와."

다시 1층으로 내려갔다. 좁은 복도에서 내가 먼저 지나가도록 모나가 비켜주었다. 서로 몸이 부딪히면서 휴대전화 플래시 빛이 벽으로 향했다. 습기로 벗겨진 벽지, 먼지 앉은 콘센트, 곰팡이 핀 나무골조. 새벽에는 르메데프가 사라진 사실에만 신경을 쓰느라 집이 폐가 직전이라는 걸 알아채지 못했다.

플래시로 희고 검은 타일 바닥을 비췄다. 침묵을 깨뜨리는 건 우리 두 사람의 발소리뿐이었다.

침묵….

내 몸은 감전된 듯 또다시 충격에 휩싸였다.

트랜지스터라디오! 잡음 소리가 들리지 않는다.

"분명히 라디오가 틀어져 있었는데…."

모나는 대꾸하지 않았다. 식은땀이 척추를 따라 흘러내렸다. 문지방에 멈춰 섰다.

"크리스티앙?"

이런 멍청이! 저녁식사를 마치고 오라고 납치범이 풀어줬을까 봐?

대답은 당연히 없었고 프랑스 블루 방송도 나오지 않았다.

내가 간 뒤에 누가 왔나? 그렇다면 왜? 르메데프 시체를 놔두러?

아이폰 플래시로 거실 가운데 있었던 테이블, 의자, 전자레인지, 텔레비전, 라디오가 있었던 자리를 차례로 비췄다. 비추고 또 비췄다. 히스테리를 부리듯 미친 듯이 플레시를 돌렸다.

나도 모르게 스위치를 눌렀다. 전구의 흰 불빛이 눈꺼풀로 쏜살같이 달려들었다. 눈앞에 펼쳐진 광경은 믿기지 않았다.

아무것도 없었다.

의자도, 테이블도, 와인 병도, 와인 잔도, 접시도, 텔레비전 가이드도, 라디오도, 가구도….

텅 빈 거실과 주방.

휴대전화가 돌덩이처럼 무겁게 느껴졌다. 머리가 빙글빙글 돌았다. 모나가 안으로 들어왔다.

“르메데프가 여기 살았어?”

“응.”

정신을 차리고 가구가 있었던 자리를 하나하나 가리켰다. 손가락으로 벽과 바닥도 만져봤다. 먼지의 흔적이 균일하지 않았다. 물건을 최근에 옮겼다는 소리다. 그것도 아주 황급히.

“다 치워버렸어.”

“누가?”

“나도 몰라. 테이블하고 의자하고 가전제품 몇 개뿐이었으니 옮기기 쉬었을 거야. 봉고차 하나면 되니까….”

모나는 묵묵히 내 말을 들었다.

“일단 성가신 목격자들을 제거한 후에 증거를 없애는 거야….”

“음모라는 거야? 정말 조직적이네!”

모나가 비웃었다.

뒤로 홱 돌아 모나의 어깨를 두 손으로 움켜잡았다.

"제기랄! 내가 다 지어냈다는 거야? 내가 그렇게 세세한 부분까지 지어냈다고 생각해? 와인 잔, 파스타 접시, 라디오 잡음 소리까지 지어낼 정도로 미친놈이라는 거야?"

격앙된 목소리가 빈 벽에 부딪쳐 메아리를 만들었다. 모나가 서 있는 자리. 바로 거기에 의자가 있었다.

"자말, 이제 그런 하나마나 한 질문은 그만하고 원래 했던 약속을 지키도록 해. 잊지 않았지? 오늘밤 르메데프와 드니즈 주뱅 할머니 집에 들른 다음 경찰서에 가기로 했잖아."

온몸에서 힘이 쭉 빠져나갔다.

망연자실하게 서 있는 나를 모나가 잡아끌었다. 집 밖으로 나가자마자 맞은편 집의 현관문이 열렸다. 새어나온 불빛에 길이 밝아졌다. 부리나케 어둠 속으로 몸을 숨겼다. 방금 나온 사람에게는 모나만 보였다.

"날씨가 쌀쌀하죠?"

절뚝이는 그림자가 남자의 다리 사이로 슬쩍 끼어들었다. 절름발이 개다. 개주인은 천천히 담배에 불을 붙이며 모나의 얼굴을 힐끗 보았다.

"이렇게 아름다운 아가씨가 밤길을 다니면 위험할 텐데?"

개가 다리를 절며 내 쪽으로 왔다. 모나가 얼른 개를 불러 쓰다듬었다. 이웃이 흐뭇한 표정으로 모나를 보았다.

"여기 사신 지 오래됐어요?" 모나가 물었다.

"그렇죠. 한 10년 됐나."

남자가 담배를 한 모금 빨았다.

"그런데 거기서 뭐 했수?"

불빛을 본 모양이다.

"집을 봤어요." 모나가 아무렇지도 않게 대답했다.

나는 소리 나지 않게 왼발을 살짝 들며 어둠 속으로 더 물러섰다.

"이 시간에요?"

놀란 눈치였다. 나도 모르게 호주머니 속의 권총을 잡았다. 남자는 담배 연기를 내뱉고 어깨를 으쓱했다.

"팔려고 별 짓을 다하는 모양이구먼…."

"판다고요?"

"그렇죠. 내놓은 지 벌써 여섯 달이나 됐으니까. 이포르가 도빌처럼 유명한 휴양지도 아니고. 매물로 내놓은 데가 열 집이 넘어요."

다리가 후들거렸다. 벽을 짚고 주저앉지 않으려 기를 썼다.

모나가 순진한 목소리로 물었다.

"집이 여섯 달 동안이나 비어 있었어요?"

"그래요. 가끔 집 보러 오는 사람들도 있는데 몇 명 안 돼요. 지금 이 시간에 오는 사람은 당연히 없고."

남자는 담배꽁초를 버리고 매력적인 여자와 벌써 이웃이 되었다는 듯 모나에게 친근한 미소를 건넸다. 그러고는 개를 불러 집 안으로 들어갔다. 그의 뒤로 문이 닫혔다.

잠시 기다렸다가 어둠 속에서 차로 향했다. 모나의 목소리가 내 등에 꽂혔다.

"이제 됐어?"

나는 모나를 설득하려 했다. 말도 안 되는 주장이었다.

"빈 집이라니! 날 함정에 빠뜨리기 딱 좋지. 아무도 모르게 가구를 들여놨다가 다시 가져간 거야."

모나가 헤드라이트를 깜박였다.

"그러면 르메데프가 경찰과 공모했다는 거야? 자말 편인 줄 알았는데…. 자기가 사는 곳을 알려주었다면서? 안 그래?"

"나를 믿지 못했나 보지. 음모나 공모를 얘기한 사람이 바로 르메데프야. 어쩌면 겁을 먹었는지도 몰라. 아니면…."

모나가 차 열쇠를 건넸다.

"알았어! 이제 가자! 운전은 자말이 해. 드니즈 할머니 집은 네가 아니까."

그 말을 끝으로 모나는 입을 다물었다.

르메데프가 사라지고 가구가 없어진 게 나의 망상이라고 주장할 이유가 수도 없이 많을 텐데…. 이사 트럭이 집 앞에 서 있었다면 맞은편 남자가 모를 리 없다고 항변해야 하지 않나? 어쨌든 오늘 새벽과 지금 사태의 유일한 증인은 절름발이 개가 전부였다.

피아트의 시동을 걸었다.

대시보드의 디지털시계가 야광 초록색으로 시간을 표시했다.

밤 11시 32분.

"지금 시간에 방문하면 노인네가 심장발작을 일으킬지도 몰라."

"아니면 내가 그럴지도 모르지." 모나가 대꾸했다. "다음 깜짝 뉴스는 뭐야? 외계인이 할머니를 죽였을까? 할머니 유령이 우리에게 차를 대접하는 거 아냐?"

드니즈 주뱅의 유령….

조용한 차 안에서 노인의 말을 떠올렸다. 몇 년 동안 집 밖에 나간 적이 없으며 10년 전 모르간 아브릴이 살해된 날 아침, 이포르 해변에서 나를 봤다고 했다. 이제 나의 마지막 희망은 치매노인뿐이다.

모나가 실내등을 켰다. 그리고 모르간 아브릴과 마갈리 베롱의 자료를 읽었다. 내가 당나귀 등 민박집과 피로즈 형사한테서 가져온 서류들이다. 미간을 찌푸리며 집중하던 모나의 표정이 미묘하게 변하는 걸 보았다. 그녀의 시선은 분주히 두 서류를 오갔다.

옛 기차역으로 가는 직진도로 입구에서 속도를 늦췄다.

"찾아낸 거 있어?"

모나가 묘한 눈빛으로 나를 보았다.

틀림없다.

분명 발견한 게 있다. 그녀를 불편하게 만든 뭔가를….

"아니. 사실은 어쩌면."

"뭔데?"

"나중에. 할머니를 만나고 나서 말해줄게."

"왜?"

모나가 소리를 빽 질렀다.

"나중에 말해준다고!"

찾아낸 거 있어?

헤드라이트 불빛이 오리엔트 익스프레스 객차와 퍼시픽 샤플롱 기관차, 언제나 7시 34분을 가리키는 역 시계를 차례로 비췄다.

시동을 껐다. 역사와 기차와 주차장이 단숨에 어둠 속으로 사라졌다. 우리는 각자 손전등을 들고 앞으로 나아갔다. 저택 벽에서 파란 전등빛이 춤을 췄다.

"할머니를 깨울 거야?" 모나가 물었다.

대답 대신 현관문 손잡이를 돌렸다. 잠겨 있었다. 50여 미터 떨어진 곳에 희미하게 윤곽만 드러난 집들이 몇 채 보였다.

"문을 두드리면 마을 사람 모두 깨어날 거야."

나는 깊이 생각하지 않고 격자창문으로 다가갔다. 덧창은 닫혀 있지 않았다. 달걀만 한 돌을 집어 손잡이 부근의 유리창을 세게 내리쳤다. 구멍이 났다. 가로세로 10센티미터. 떨어진 유리 조각들이 어둠 속에서 반짝거렸다. 주저하지 않고 구멍에 손을 넣어 창문을 열었다.

손에 피 몇 방울이 솟았다. 모나가 말없이 나를 쳐다보았다.

"할머니를 놀래줄까?"

농담이었지만 목소리는 떨렸다.

나는 왜 불법침입을 하려는 거지? 나를 고발하는 증거들과 싸우려고? 바라는 게 뭐야? 드니즈 주뱅의 집에 새 가구를 들여놓고 환상의 방을 새로 꾸미는 공모자들을 깜짝 놀라게 만드는 것?

창문을 넘어서면서 번뜩 아놀드 생각이 났다.

짖어댈 게 분명하다!

하지만 시추 강아지는 나오지 않았다. 실내 구조가 어떻게 생겼더라? 노인의 방은 대각선으로 맞은편에 있었다.

손전등 불빛이 벽을 비췄다.

안도감에 긴장이 풀리면서 뜨거운 열기가 몸을 감쌌다. 전 세계를 누비는 기차 포스터가 여전히 벽에 걸려 있다! 오리엔트 익스프레스는 베네치아 석호를 지나고 신칸센은 일본 대도시를 달린다.

손전등으로 계속 거실을 탐색했다. 빛은 밖으로 드러난 들보, 노르망디 옷장, 꽃병에 담긴 말린 꽃, 밀짚의자 위로 날아갔다.

모두 기억과 일치했다. 뇌신경이 아직 죽지 않았다. 내 기억력은 여전히 쓸 만하다. 드니즈 할머니와 나눈 기묘한 대화는 내가 상상한 게 아니다. 실제로 있었던 일이다!

르메데프 집에서 그랬던 것처럼 노인을 부를까 망설였다. 자고 있는 노인을 흔들어 깨워 욕실로 끌고 갈까? 샤워기를 틀고 해변에서 마갈리 베롱의 시체를 본 사실을 기억해낼 때까지 고문해버릴까?

방문을 열고 들어가는 순간 바닥에 있던 물컹한 물건을 밟았다.

비현실적인 소리가 날카롭게 침묵을 갈랐다. 플라스틱 장난감 소리였다. 어린 아이의 기린 인형이거나 그와 비슷한 장난감 인형.

동시에 불이 켜졌다. 망막에 강한 빛이 쏟아졌다. 주머니 속의 권총을 움켜쥐었다. 노인네가 비명을 지르게 놔둘 수 없다. 이번에는 경보를 울릴 틈도 주지 말자.

눈앞에 헬로 키티 벽지가 펼쳐졌다.

천장에 실로 매단 작은 요정들이 머리 위에서 달랑거렸다. 장난꾸러기 꼬마 악마들은 커튼을 기어올랐다. 강아지, 토끼, 코끼리 봉제인형들은 뒤죽박죽 쌓여 있고 청록색 침대 위에서 다른 요정들이 춤을 췄다. 침대 안에서 강한 빛에 어쩔 줄 모르는 두 개의 눈이 나를 향했다. 여섯 살 아이의 눈이다.

오른쪽에서 울음소리가 들렸다. 고개를 돌렸다. 분홍색 난간이 달린 좀더 작은 침대에서 나는 소리였다. 세 살짜리 여자아이의 머리가 보였다. 공포에 질린 아이는 뺨과 이마와 목이 새빨개질 정도로 숨도 쉬지 않고 울어댔다.

"세상에, 자말…."

모나는 말을 잇지 못했다. 지금까지는 아무리 터무니없는 말이라도 전부 받아주었지만 이번에는 선을 넘었다고 생각하는 표정이었다.

나는 그 자리에서 빙글빙글 돌며 아이를 달랠 방법을 찾았다.

헛수고였다.

이번에는 해적 잠옷을 입은 남자아이가 작은 몸을 웅크린 채 여동생보다 더 크게 울었다.

"당신들 뭐야?" 등 뒤에서 큰소리가 났다.

어른 두 명. 풀어헤친 머리에 잠옷 차림의 여자는 새파랗게 질린 얼굴로 아무 소리도 내지 못했다. 맨 가슴에 희끗희끗한 털이 난 40대 남자가 오른손에 쥔 부엌칼을 휘둘렀다.

그의 손은 떨고 있었다.

모나가 축축한 손으로 내 어깨를 잡았다. 나는 반사적으로 주머니에서 권총을 빼들고 두 사람을 겨눴다.

아이들의 울음소리가 더욱 커졌다.

애들 엄마는 어미늑대처럼 두 침입자에게 덤벼들 기회를 엿보았다.

모나가 애원했다.

"자말, 안 돼."

나는 권총 손잡이를 더욱 세게 쥐었다.

"당신들 여기서 뭐 하는 거야?" 이번에는 내가 물었다.

"뭐라고?"

애들 아빠는 놀란 기색이었지만 내 시선에 저항했고 조금의 두려움도 내비치지 않았다.

나는 다시 말했다.

"당신들 여기서 뭐 하냐고!"

남자는 당황하면서도 대답을 내놓았다.

"일주일 동안 이곳을 빌렸소."

모나는 한숨을 쉬고 내 소매를 잡아끌었다.

"자말, 그만해. 어서 나가자."

나는 움직이지 않았다. 킹코브라는 방어용일 뿐이지만 칼을 든 남자는 그 사실을 알지 못한다.

"어제는? 어제 오후에도 여기 있었어?"

"아니. 어제 하루 종일 노르망디 해변에 있었는데…."

남자의 목소리는 내 질문이 계속되는 동안 안정을 찾아갔다.

모나가 다시 내 팔을 잡아당겼다.

"어서 가. 무섭게 그러지 말고."

나는 부부에게 총을 겨눈 채 뒷걸음질로 모나를 따랐다. 엄마가 기적적으로 울음을 그친 아이들에게 달려갔다. 남자는 우리에게서 눈을 떼지 않은 채 여전히 칼을 겨눴다.

모나가 날 잡아끌며 밖으로 나갔다. 나는 균형을 잡으려 애썼다. 옛 기차역사의 실내장식품이 머릿속에서 소란스레 빙빙 돌았다. 벽에 걸린 기차 포스터, 밀짚의자, 천장에 달린 요정 들….

빌어먹을! 내가 이런 것들을 어떻게 지어낸다는 거야! 사진과 가구와 방에 있던 모든 물건의 위치까지 정확하게 기억하는데!

밖으로 나오자마자 모나가 내 손을 잡고 뛰었다. 몇 시간 전에는 아놀드가 주차장까지 나를 쫓아왔다. 터줏대감처럼 자신의 영역을 지키려고 맹렬하게 짖었다. 어린이용 자전거 두 대가 벽에 기대어 있었다. 하나는 세발자전거, 다른 하나는 두발자전거. 몇 미터 뒤에는 파리 지역 번호판이 달린 아우디가 보였다.

이번에는 모나가 운전대를 잡았다. 나는 스스로를 설득하기 위해 혼자 중얼거렸다. 탄환이 떨어질 때까지 내 주장을 속사포처럼 쏟아냈다.

"그래, 좋아. 이 옛날 역사가 민박집이고 그 가족이 일주일 동안 빌렸다 쳐. 하지만 어제는 하루 종일 비어 있었어. 그 시간이면 방에 있던 아이들 장난감을 다 치울 수 있어. 드니즈 주뱅이 그곳에서 집주인 행세를 하면서 나한테 철도원 남편 얘기를 하고 마갈리 베롱 자살사건은 기억 못 하는 것처럼 연극을 한 거야."

모나는 대답하지 않았다. 300미터를 더 가서 갑자기 오른쪽으로 핸들을 꺾더니 길쭉한 시멘트 건물 앞의 텅 빈 주차장에 차를 세웠다.

'베네딕틴 물류창고'라는 커다란 붉은색 글씨가 보였다. 버려진 건물처럼 스산했다.

모나가 시동을 껐다.

"이제 끝이야, 자말. 나도 할 만큼 했어."

"모나, 내 말 들어봐."

나는 노인의 집 거실에 있던 기차 사진들에 대해 주절거렸다. 폭설에 막힌 바이칼-아무르 철도, 깎아지른 안데스 봉우리, 바다를 가르는 제방. 이 사진들을 내 두 눈으로 똑똑히 봤다고! 옛 기차역사 안에서 말이야!

"자말, 그만해. 다 끝났어. 드니즈 주뱅은 이곳에 산 적이 없어. 르메데프 역시 장 폴 로랑스 광장의 집에서 살지 않았고. 너는 그 사람들과 만난 적도 없고 그 사람들은 여자가 절벽에서 떨어지는 것도 본 적 없어. 누구도 그 현장을 보지 않았어. 기자도, 경찰도 마찬가지야. 아무도 못 봤어. 마갈리 베롱은 원래 없는 사람이야! 네가 상상해냈다고! 이유는 모르겠지만 너는 그 여자를 머리에서 발끝까지 만들어냈어. 모르간 아브릴과 관계가 있어서인지도 모르지. 마갈리 베롱이란 가상인물에게 모르간의 얼굴을 덧씌운 거라고! 어쩌면 미르티 카뮈의 죽음과도 관련이 있을 수 있어. 그래서 경찰도 자말을 찾으려는 거고. 하지만 하나만은 분명해. 오히려 좋은 일이라는 거야. 경찰은 너를 마갈리 베롱의 살인 용의자로 볼 수 없어. 마갈리 베롱은 존재하지 않으니까."

나는 피로즈 사무실에서 가져온 수사기록을 들어올렸다.

마갈리 베롱이라고 대문자로 적힌 서류철.

"내가 이걸 지어냈다고?"

모나는 신경질적으로 손을 흔들며 내 말을 막았다.

"그 얘긴 이미 끝났어. 내가 할 바는 다했어. 이젠 네 차례야. 해가 뜨자마자 경찰서에 가는 거야."

나는 포기하지 않았다.

"제발, 모나. 그게 바로 경찰이 원하는 거야! 그래, 우리는 벽에 부딪혔어. 하지만 아직 밝히지 못한 것들이 있잖아. 안 그래? 예를 들어 죄수의 딜레마와 이 우편물들 말이야! 난 이 봉투들을 글로브박스에 넣어놓고 한 시간 후에 기억도 못 하는 정신병자가 아니라고!"

모나가 애처롭게 나를 보았다. 생탕투안 센터에서 말도 안 되는 아이들의 변명을 참을성 있게 들어주는 심리상담사들의 눈빛이었다.

젠장! 나는 포기하지 않아.

"이 속에 해결의 열쇠가 있어, 모나! 누구도 보지 못한 것, 오로지 나만 찾을 수 있는 게 있을 거야!"

모나가 내 머리칼을 부드럽게 쓰다듬었다. 애인이 아닌 엄마의 행동이었다.

"잊어, 자말. 현재는 잊어. 사흘 동안 일어난 일은 모두 잊어버려." 모나의 검지가 내 이마까지 내려왔다. "모두 네 환영이야. 진실이 네 머릿속 깊은 곳에 꽁꽁 숨어 있어서 환영을 본 것뿐이야. 이번 주가 아니라 10년 전에 일어났던 일을 기억해야 해."

나는 반사적으로 모나의 손목을 꽉 붙잡고 세게 비틀어 거세게 내팽개쳤다.

얼음처럼 차가운 목소리가 내 입에서 흘러나왔다.

"너도 똑같아."

"똑같다니, 뭐가?"

"너도, 너 역시도 장난을 치는 거야. 내게 죄를 뒤집어씌우려고 나를 미친놈으로 만들고 있어! 나를 10년 전에 두 여자를 죽인 살인범으로 몰고 가는 거지? 그게 목적 아니야? 나를 무너뜨려 자백하게 만들려는 거잖아!"

불현듯 피아트의 글로브박스에 들어 있던 봉투들과 드냉 교수 집으로 우편물을 배달한 집배원이 떠올랐다. 나의 일거수일투족을 미리 알지 못하면 불가능한 일이다. 이 모든 걸 꾸밀 사람은 모나밖에 없다! 그녀는 이 거대한 음모에서 가장 중요한 퍼즐 조각이다.

"이제 나를 내버려둬. 혼자 알아볼 거야."

모나가 다시 한번 내 손을 잡으려 했다. 나는 거칠게 뿌리쳤다.

"더는 못 믿어. 아무도 믿을 수 없어."

세상에서 가장 비열한 자가 되었다는 생각이 들었다.

정말 그럴지도….

모나는 나를 위해 상상 못 할 위험도 마다하지 않았는데!

그렇지 않을지도….

의심하는 건 위험을 감수하는 것이다. 어서 차에서 내려 어둠 속으로 사라지자. 그런데 모나가 먼저 차 문을 열었다.

"차 가져가, 자말. 너한테 더 필요할 거야."

마지막으로 모나의 시선이 마갈리 베롱과 모르간 아브릴의 서류에 닿았다. 옛 역사에 도착하기 전, 모나가 서류에서 무언가를 발견했다는 사실을 기억했다. 내가 헛된 망상에 빠져 있다는 걸 더 공고히 해주는 단서였을까?

'나중에. 할머니를 만나고 나서'라고 그녀가 말했다.

그게 뭐냐고 묻기에는 너무 늦었다.

모나는 차에서 내려 몸을 숙이고 나를 보았다. 몇 미터 떨어진 가로등 불빛에 모나의 얼굴이 비쳤다. 동그랗고 귀여운 햄스터가 아니라 혹독한 겨울을 대비하지 못하고 괴로워하는 작고 연약한 짐승의 얼굴이었다. 그녀의 뺨을 따라 눈물이 흘러내렸다.

"하나 더 있어, 자말. 매우 중요한 문제라고 생각해. 네 퍼즐에 추가해야 할 중요한 정보야. 눈앞에 보이는 정보인데 너는 모르고 있어."

눈물이 더 쏟아졌다.

내가 모르는 중요한 정보라고?

말의 의미를 헤아릴 틈도 없이 모나가 입을 열었다.

진심 어린 말이었다.

"자말, 너는 사랑에 빠졌어. 모르간 아브릴에게. 고결하고 순수하고 슬픈 얼굴이었다고 내게 묘사했던 그 여자, 사흘 전 네가 절벽에서 다시 봤다고 믿는 그 여자 말이야. 네 손가락 사이로 빠져나가 허공으로 사라지기 전에 사무치는 절망이 얼굴에 배어 있었다고 했지. 넌 죽은 사람에 대해 환상을 품고 있어. 10년 전에 땅에 묻힌 아름답고 가냘픈 시신에게 말이야! 미안해. 나로선 방법이 없어. 유령과 경쟁할 순 없다고."

"마갈리 베롱은 실제로 존재했어."

모나는 말없이 미소를 짓고 피아트 앞으로 갔다. 그러고는 인적 없는 도로를 물끄러미 쳐다보다가 재킷에서 무언가를 꺼냈다.

어둠 속에서 금빛 물체가 반짝였다.

"돌려줄게."

모나는 보안관 배지를 보닛에 올려놓았다.

한마디도 할 수 없었다.

"행운을 빌어." 열린 차창으로 모나의 목소리가 들렸다.

보안관 배지. 나의 다섯 가지 인생 목표….

내 별이 가리키는 다섯 방향도 며칠 동안의 소용돌이 속으로 휩쓸려갔다. 이상하게도 모나가 어두운 주차장 속으로 사라지는 동시에 다섯 가지 인생 목표가 하나씩 보이기 시작했다.

되자, 하자, 갖자, 얻자, 갚자….

생각 속에 잠겨 있느라 처음에는 모나가 되돌아오는 걸 보지 못했다. 다시 피아트 근처로 왔을 때, 나는 그녀가 내게 돌아온 거라고, 나를 안고 입맞춤하며 미안하다 말할 거라고 생각했다.

모나가 차 유리창 앞에 멈춰 섰다.

뭘 하려는 거지?

그녀는 먼지 낀 유리창에 손가락으로 천천히 열두 개의 글자를 썼다.

M.A.G.A.L.I.V.E.R.R.O.N (마.갈.리.베.롱)

그러고는 한 글자를 지우고 지운 글자를 아래에 다시 적었다.

M이 첫 글자였다.

그리고 O.

그리고 R.

그리고 G.

글자의 재배열은 계속되었다.

열두 글자가 하나씩 사라지고 그 밑으로 순서를 달리한 새로운 글자가 유리창의 먼지를 뚫고 만들어졌다.

M.O.R.G.A.N.A.V.R.I.L (모.르.간.아.브.릴)

모나는 차창으로 다가와 허리를 구부렸다.

"같은 사람이야, 자말. 죽은 여자와 유령은…."

길 끝에서 두 개의 불빛이 번쩍였다. 그와 동시에 경광등이 푸른 회오리바람을 일으키며 어둠을 뒤흔들었다.

죽은 여자와 유령은?

급하게 방향을 틀어 비탈길로 올라선 경찰 밴이 성난 기세로 달려왔다. 그러고는 피아트와 불과 몇 미터 거리에서 브레이크를 밟았다.

눈부신 헤드라이트 불빛이 어둠을 몰아냈다. 두 개의 태양이 정면을 비추었고 파랗게 변한 대기가 사방에서 춤을 췄다.

얼떨떨했다. 경찰이 어떻게 이리도 쉽게 찾아냈지?

멍청이!

우리가 떠나자마자 옛 기차역 민박집에 있던 부부가 경찰에 알렸겠지. 무단침입해서 애들 방에 서 있던 무장괴한을 신고하지 않을 리 없다.

날뛰는 외다리 아랍인.

경찰 출동은 당연하다.

경찰차에서 두 사람이 내렸다. 한 명은 거구의 피로즈 형사, 다른 한 명은 길쭉한 얼굴에 구부정한 등을 지닌 그의 부관이다.

피로즈의 목소리가 어둠을 뚫고 날아왔다.

"살라우이! 이제 끝났어! 손을 머리 위로 올리고 차에서 내려!"

피로즈와 부관 모두 총을 겨누고 다가왔다. 반사된 헤드라이트에 거인이 걸어오는 것처럼 보였다. 모나는 겁에 질려 차 보닛으로 물러섰다.

피로즈가 또 소리를 질렀다.

"살리나스 양, 꼼짝 말아요!"

마비된 사람처럼 어떤 결정도 내릴 수 없었다. 주머니 속에서 킹코브라의 무게가 느껴졌다. 고무탄만 발사되는 하찮은 무기.

"살라우이, 어서 나와!"

천천히 차 문을 열었다.

죽기 전에 느낄 법한 강한 체념과 은밀한 흥분이 동시에 솟구쳤다. 죽음 뒤에 감춰진 것, 그 위대한 비밀을 곧 알게 되겠지.

나는 누구지?

기억상실증에 걸린 살인자? 아니면 함정에 빠진 희생양?

"앞으로 나와, 살라우이!"

내 시선이 베네딕틴 물류창고의 주차장에 닿았다. 10미터 앞의 아스팔트는 암흑세계다.

"바보짓은 관둬! 총은 쏘고 싶지 않으니까!" 피로즈가 으르렁댔다.

전속력으로 뛰어가면 어둠 속으로 사라질 수 있다. 과연 경찰이 총을 쏠까?

"경찰 말대로 해!" 모나가 애원했다.

일어나면서 차체의 어두운 그림자를 이용해 자동차에 왼팔을 붙였다. 바로 앞에 있는 모나의 체온과 가쁜 숨이 느껴졌다. 결심이 섰다.

최악의 결정이라 할지라도 내 운을 시험하자. 끝까지 간다.

교외에 사는 빈민가 아이들은 경찰 앞에서 참새 떼가 된다.

일제히 날아올라 도망치기!

천천히 오른손을 들고 차 문 뒤에 숨긴 왼손으로 주머니를 뒤적였다.

모든 일은 눈 깜짝할 새에 일어났다.

킹코브라를 쥔 왼손을 번쩍 들어올리고 하늘을 향해 휘둘렀다. 동시에 주어진 상반된 두 정보. 그 앞에서 피로즈가 당황하길 바랐다.

무기를 지녔다. 투항하려 한다.

피로즈가 망설이는 짧은 틈을 이용해서 어둠 속에 뛰어들고 정동향으로 30미터의 주차장을 질주한다. 그리고 벌판을 달린다. 수백 시간 넘게 지속한 훈련을 믿자.

아무 경고 없이 총성이 울렸다.

피로즈가 총을 쐈다.

고통은 없었다.

동시에 피로즈와 부관이 총을 내렸다. 그들은 충격에 휩싸여 말을 잃었다.

슬로모션처럼 느릿느릿하게 모나가 내게로 쓰러졌다.

킹코브라가 손끝에서 격렬하게 흔들렸다. 어깨 위에서 모나의 몸이 들썩거렸다. 가슴에서 피가 솟아나 초록색 스웨터를 빨갛게 물들였다. 입가에 진홍색 피가 흘렀다.

분노, 공포, 증오로 심장이 터질 듯했다.

모나가 숨을 헐떡였다. 천사의 귀에 대고 속삭이는 무언의 비밀처럼 보이지 않는 단어들이 목구멍에서 빠져나왔다. 신기한 풍경을 보듯 서서히 흐려지던 눈이 돌연 빛을 잃었다.

영원한 상실.

모나의 몸이 내 몸을 따라 미끄러져 아스팔트 바닥으로 떨어졌다. 무대에서 죽음을 연기하는 오페라 여가수의 몸짓처럼 우아했다.

떨리는 손을 진정시키려 애를 썼다. 저들이 어둠 속에서 이 권총의 브랜드를 알아볼 리 만무하다. 죽기 아니면 까무러치기. 한번 해보자.

나는 피로즈의 얼굴을 정면으로 겨누고 천천히 운전석에 앉았다. 두 형사는 자신들의 실책에 여전히 놀라 꼼짝하지 않았다.

확신이 마음속에 파고들었다.

저들은 내게 어떤 기회도 남겨놓지 않았다. 나를 죽이려고 총을 쐈다. 모나는 총알이 날아온 방향에 있었고 나를 믿지 않았기에 죽음을 맞이했다.

처음부터 내가 옳았다.

경찰은 나를 잡으려고 덫을 쳤다. 어떤 대가를 치르더라도 상관없이.

아스팔트 위에 쓰러진 어여쁜 햄스터에게 마지막으로 시선을 던지고 내 고통의 무게를 모두 실어 가속페달을 힘껏 밟았다.

금속성 소리가 밤의 침묵을 깨뜨렸다. 황금색 먼지가 보닛 위에서 반짝였다.

창자가 뒤틀렸다. 페달을 끝까지 눌렀다.

보안관 배지가 잠시 흔들리다가 바닥으로 떨어졌다. 영화였다면 가슴에 달린 보안관 배지 덕분에 총알이 튕겨나갔을 텐데…. 그러면 여주인공도 죽지 않았을 텐데….

영화였다면….

차가 튀어올랐다. 오른쪽 앞바퀴가 금빛 배지를 밟고 지나갔다. 엄마는 5프랑을 주고 배지를 샀다. 나를 위해 다른 세상을 꿈꾸며. 내가 나쁜 놈들과 대적해 싸우는 그런 세상을.

베네딕틴 창고는 끝없이 이어졌다. 국도로 가기 위해 두 담장 사이로 핸들을 틀었다.

어둡고 황량한 길.

지옥으로 향한 길.

더는 모나와 만날 수 없다.

이 길에서 어쩌면 모르간 아브릴의 유령을 만날 수도 있지 않을까?

다른 세상을 꿈꾸며?

숲길을 달리다가 차를 세웠다. 시동을 끄자 내가 속한 세계에서 튕겨져나왔다는 생각이 들었다. 한 번의 행동으로 문명사회와 완전히 단절되었다. 헤드라이트와 대시보드의 불빛은 물론이고 별과 달도 숲에 가려 사라졌다. 칠흑 같은 밤.

완벽한 어둠 속에서 한참을 있었다.

차 문을 열고 몸을 숙여 풀밭과 차바퀴에 구토를 했다. 등받이에 다시 등을 기대고 고개를 젖혔다. 볼을 타고 흘러내린 눈물이 입안으로 들어가 시큼한 침과 섞여 목으로 넘어갔다. 실컷 울면 고장 난 뇌가 만들어낸 망상이 담즙에 흘러들어 눈물샘으로 배출되지 않을까? 손목을 그으면 피에 섞여 흘러나오려나?

토사물의 역한 냄새와 쓴 입맛이 견디기 힘들었다. 손을 뻗어 실내등을 켰다.

앞 유리창에 열두 개의 글자가 나타났다.

M.O.R.G.A.N.A.V.R.I.L (모.르.간.아.브.릴)

글자를 쓰던 모나의 모습이 떠올랐다. 모나는 보닛에 보안관 배지를 놓고 행운을 빌어주었다.

'행운을 빌어.'

행운이라니!

연기가 피어오르듯 옅은 안개가 땅에서 올라왔다. 온도계는 영하 2도를 가리켰다.

열두 글자는 곧 안개 속으로 사라졌다.

환영….

명백한 사실 앞에서 인정하지 않을 도리가 없었다. 마갈리 베롱은 존재하지 않았다. 자살 사건도 없었다. 증인도, 스카프도, 강간도, 질식사도 없었다.

말장난과 환상과 환영뿐.

개울 위의 돌들을 밟고 뛰어다니듯 생각이 끊임없이 움직였다.

모두 상상에 불과하다면 왜 피로즈 형사는 사흘 전부터 나를 쫓아다녔지? 나를 죽이는 것도 마다하지 않고!

또 다른 돌을 디뎠다. 삐끗. 다리가 흔들린다.

마갈리 베롱의 자살이 진짜가 아니라면 피로즈를 처음 본 날이 언제였지? 그날 아침 이포르 해변이 아니라 페캉 경찰서였나? 모나를 처음 만난 그날? 경찰은 순전히 다른 이유, 다른 사건 때문에 나를 불렀나? 결국은 내가 모두 지어낸 얘기란 말인가?

다른 돌 위로 펄쩍. 개울 건너편이 보이지 않는다.

앞뒤가 안 맞잖아? 경찰은 용의자에게 총을 쏘지 않아. 경고도 안 하고 정조준해서 죽이는 일은 없어. 나는 총구를 하늘로 향하고 있었어. 경찰을 위협하지 않았다고! 그런데도 내게 총을 발사했지. 날 놓치느니 죽이는 걸 택한 거야. 왜?

내가 모르간 아브릴과 미르티 카뮈를 성폭행하고 죽인 자라고 판단해서? 10년 전부터 찾아 헤맨 범인이라고 생각해서? 정작 나는 기억하지 못하지만 내가 살인범임을 입증할 증거가 수도 없이 많아서?

얼어붙은 앞 유리창에 손가락을 댔다. 보이지 않지만 지워지지도 않는 열두 글자가 나를 비웃고 있다.

생탕투안 센터에서 심리상담사들의 얘기를 수도 없이 들었다. 학대받고 자란 아이들은 그 사실을 부정한다. 부모에게 성폭행당하지 않았다고 주장하며 집으로 돌아가길 원한다. 그들은 견딜 만한 다른 현실을 만들어낸다. 상상 속의 현실일지라도.

피아트가 안개에 휩싸였다. 조용히 구름 속에 떠 있는 것 같았다.

나도 그렇게 자란 건가? 내 주위로 조금씩 장막을 치면서? 하지만 나는 어렸을 때 성폭행을 당한 일도 없고 트라우마로 고통받는 피해자도 아니다.

나는 괴물인가?

10년 전에 두 여자를 죽였다.

모나는 나 때문에 죽었다.

차에서 내렸다. 추위가 가슴을 짓눌렀다. 그런 건 아무래도 좋았다. 걸을 때마다 발밑에서 살얼음이 깨졌다. 비틀거리며 앞으로 나아갔다.

좀더 두꺼운 빙판에서 미끄러질 뻔했다. 옆에 있는 나무를 붙잡았다. 거친 느릅나무 껍질에 베여 손바닥에서 피가 났다.

이성이 결정하기도 전에 목소리가 튀어나와 침묵을 깨뜨렸다.

아냐!!!

앞에 있던 나뭇잎 몇 개가 흔들렸다. 토끼나 새가 놀라 깨어난 모양이다. 숲속 짐승들도 악몽을 꿀까? 캄캄한 밤을 무서워할까?

이 숲에서 도망치고 싶다는 생각에 사로잡혔다. 또다시 절규했다.

아냐!!!

숨도 쉬지 않고 고막이 터져라 소리를 질렀다.

뇌 속에 있던 최후의 보루는 나를 달래며 무너지지 않도록 끝까지 버텼다.

아냐. 이번에는 중얼거렸다.

아냐.

나는 모르간 아브릴과 미르티 카뮈를 죽인 기억이 없어. 왜냐고?

죽이지 않았으니까!

마갈리 베롱은 사흘 전 절벽에서 뛰어내렸다. 바로 내 눈앞에서. 해변 자갈밭에서 크리스티앙 르메데프와 드니즈 주뱅도 시체를 봤다.

모든 걸 설명해줄 열쇠는 틀림없이 존재한다. 손만 뻗으면 닿을 수 있는 곳에. 지금 필요한 건 죄수의 딜레마나 미르티의 시에 적힌 MO4 같은 수수께끼를 해독하는 일이다.

손바닥에 난 피를 청바지에 닦았다. 입에서 담즙과 눈물이 섞여 또 구역질이 났다. 여기서 포기하고 쓰러져 경찰에 잡혀가기를 기다릴 수는 없다. 구석에 몰린 짐승처럼 개죽음을 당할 수는 없다. 문득 모나가 보코트 저택에서 챙겨온 커피와 과자가 떠올랐다.

차로 되돌아가면서 사흘간 벌어진 일을 돌이켰다.

이 모든 일은 우연히 일어날 수 없다. 그것도 연속적으로. 일관성과 논리가 있는 게 틀림없다.

차 표면의 물기는 벌써 살얼음으로 바뀌었다.

… 하지만 계속 움직이기만 하면 그 논리를 찾아낼 수 없다. 한 발 물러서서 생각을 정리하자. 잠깐 멈춰서 눈이라도 붙이자.

아니면 커피를 1리터쯤 마시든지.

차 트렁크를 열었다.

오싹한 기운이 엄습하면서 심장이 미친 듯이 뛰기 시작했다.

보온병과 과자봉지 옆에 놓인 갈색 우편봉투.

내 이름이 적힌 봉투다.

유령이 아니라면 누가 가져다 놓을 수 있을까?

나 말고 누가?

드냉 교수 집에서 가져온 과자를 삼키고 뜨겁고 진한 커피도 두 잔 들이켰다.

이윽고 봉투를 열었다.

앞뒤가 안 맞잖아?

아브릴, 카뮈 살인사건 • 2007년~2010년

2007년 6월 9일, 캉 사법경찰청은 아브릴과 카뮈 사건에서 공식적으로 손을 뗐다. 바스티네 수사팀장은 1년 동안 새로운 단서를 찾지 못했다. 3,000페이지가 넘는 수사기록을 들춰보는 사람도 더는 없었다. 급기야 폴 위고 라가드 판사는 공소시효가 끝날 때까지 두 사건을 페캉 경찰서에 이관하기로 결정했다. 바스티네 수사팀장도 동의했다.

페캉 경찰서는 처음부터 모르간 아브릴 살인사건을 맡아 수사를 진행했지만 미르티 카뮈 사건이 발생한 후 물러서야 했다. 사법경찰은 인력과 재정 면에서 자기네보다 훨씬 우위에 있었다. 그런데도 사건을 해결하지 못하고 다시 넘겼으니 페캉 경찰로서는 작은 승리를 거둔 셈이다.

필립 그리마 형사는 두 사건에 대한 재수사를 기꺼이 수락했다. 수사기록은 2007년 6월 15일 페캉으로 인수인계되었다. 다음 날 카르멘 아브릴이 찾아왔다. 며칠 뒤에도 들렀다. 여름 내내 일주일에 한 번씩 페캉 경찰서를 찾았다. 필립은 라가드 판사가 다 죽어가는 사건만 넘긴 게 아니라 수년 동안 경찰과 사법부를 괴롭힌 두통거리도 함께 넘겼다는 걸 깨달았다.

'절대 잊지 않는다.'

세월이 흘러도 붉은실협회 회장의 의지는 전혀 꺾이지 않았다. 샤를과 루이즈 카뮈가 자살한 후에도 씩씩하게 협회를 이끌었다.

3년 후 필립 형사는 코르시카 만과 아그리아트 사이에 있는 생플로랑 경찰서로 근무지를 옮겼다. 페캉의 시멘트 제방과 한시도 쉬지 않고 몰아치는 파도에 물렸는지도 모른다. 무엇보다 카르멘 아브릴 때문에 지쳤을 수도 있다. 두 사람은 서로 맞지 않았고 유력한 용의자인 버버리 스카프에 대해서도 의견이 달랐다. 필립 그리마는 요새가 있는 해안 절벽을 버리고 제노바타워가 있는 절벽으로 떠났다. 아브릴과 카뮈 사건은 페캉 경찰서에서 가장 나이가 많고 가장 성실한 형사가 맡았다. 그 형사는 모르간 아브릴 사건이 발생한 다음 날부터 버버리 스카프를 목격했던 시뷰 클럽의 옷보관소 아르바이트생 소냐 튀로, 안전요원 믹키, 화학과 학생 뱅상 카레를 만나 면담을 했었다.

그가 바로 피로즈 형사다.

카르멘 아브릴은 매사에 철두철미한 피로즈 형사를 좋아했다. 피로즈는 모르간과 미르티가 일면식 없는 사람에게 당했다는 카르멘 아브릴의 주장에 동조했다. 또한 사건 당시에 이포르와 이즈니에 있었던 사람들 수천 명을 조사하고 두 마을에 동시에 출현했던 인물을 찾아야 한다는 그녀의 제안에도 두려워하지 않았다. 피로즈 형사는 한 번 물면 절대 놓지 않는 성격이었다. 아이도 조카도 없이 혼자 살았다. 특별히 잘하는 것도 취미도 없었다. 퇴근하고 집에 오면 다른 사람들은 성냥개비로 베네딕틴 궁전을 쌓지만 피로즈는 사건을 생각했다.

하지만 소득이 없었다.

필립 그리마 형사나 바스티네 수사팀장 혹은 엘렌 닐송 박사보다 한 발짝도 더 나아가지 못했다.

카르멘 아브릴은 미르티 카뮈의 부모가 세상을 떠난 후 붉은실협회를 혼자 이끌었다. 쓸쓸한 연례총회에서 딱히 할 일은 없었다. 고작해야 '절대 잊지 않는다'는 정관 1조를 되뇔 뿐이었다. 연례총회는 유명무실한 사무국 임원들이 만나는 기회이기도 했다.

카르멘 아브릴 - 모르간 아브릴의 어머니, 회장

프레드 생미셸 - 미르티 카뮈의 약혼자, 부회장

오세안 아브릴 - 모르간 아브릴의 쌍둥이 자매, 총무

자닌 뒤부아 - 미르티 카뮈의 할머니, 부총무

알리나 마송 - 미르티 카뮈의 친구, 회계

가끔 총회가 열리면 알리나와 오세안은 많은 얘기를 나누었다. 둘은 마음과 피를 나눈 쌍둥이 자매를 잃었다. 그렇기에 서로를 깊이 이해했다. 오세안은 밤늦게까지 알리나와 얘기를 나누면서 남자에 대한 증오심을 감추지 못했다. 엄마의 영향이 있었겠지만 쌍둥이 모르간의 비참한 죽음도 트라우마로 남았을 것이다. 알리나는 오랫동안 자신을 괴롭

혀온 의혹에 대해 오세안에게 말하기로 결심했다. 다른 사람에게 털어놓는 건 처음이었다. 오세안은 알리나의 고백을 아무에게도 말하지 않았다. 엄마에게도 말하지 않았다. 대신 알리나에게 미르티 사건을 담당한 수사관들을 만나보라고 조언하면서 바스티네보다는 엘렌 닐송을 만나라고 했다. 닐송 박사도 경찰만큼 사건에 대해 잘 알고 있으며 어쩌면 그들보다 더 잘 이해할지도 모르니까. 알리나는 그럴 수도 있겠다고 생각했다.

엘렌 닐송은 알리나의 면담 요청을 받아들이지 않았다. 사건은 이미 4년 전에 자기 손을 떠났고 일이 많아 바쁘다는 이유였다.

열 번 넘게 전화했지만 소용이 없었다.

결국 피로즈 형사가 나섰다. 그는 닐송 박사와의 면담 성사를 위해 라가드 판사에게 압력을 넣었고 결국 박사는 파리에 있는 자기 병원에서 만나자고 했다.

피로즈는 파리 지하철이 지저분하고 냄새도 난다고 투덜거렸다. 콩코르드 광장에서는 반대 방향으로 가는 지하철을 탈 뻔했고 병원 건물 엘리베이터에서는 튀어나온 배를 집어넣으며 공간이 좁다고 짜증을 냈다. 알리나는 아무 말도 하지 않았다.

엘렌 닐송이 육중한 떡갈나무 문을 직접 열어 두 사람을 맞았다. 새로 부풀린 가슴이 깊게 파인 랄프 로렌 원피스 안에서 유달리 돋보였다. 그런 박사의 모습에 알리나는 면담이고 뭐고 다시 돌아가고 싶었다.

더 잘 이해할 거라고?

반대로 피로즈 형사는 박사의 육감적인 가슴에 깊은 감명을 받았는지 절대 후퇴해서는 안 된다며 돌아서는 알리나를 막았다.

세 사람은 가죽소파에 앉았다. 5층 창밖으로 생루이 섬과 바토무슈 유람선이 한가로이 지나다니는 센 강이 보였다. 알리나는 현기증이 났다. 미르티를 욕되게 하지 않고 어떻게 진실에 접근할 수 있을까?

닐송 박사가 꼬고 있던 근사한 다리를 풀고 팽팽한 얼굴을 찌푸리며 말했다.

"저를 만나자고 한 이유가 뭐죠?"

알리나는 허공에 몸을 던지기로 했다. 다른 선택이 없었다.

"기억하세요? 미르티가 죽고 캉 사법경찰청에서 만났을 때 질문을 하셨죠? 이상한 질문이었는데…."

"어떤 질문이었죠?" 박사는 미르티 사건을 완전히 잊어버린 모양이었다. 하기야 6년도 더 된 일이다.

"저기… 사고가 난 날 미르티가 왜 그렇게 잘 차려입었냐고 물었어요. 히비스커스 꽃무늬가 있는 짧은 하늘색 원피스와 보라색 속옷을 입었거든요. 청소년캠프 교사가 입을 만한 옷이 아니라고 하셨죠."

"그런 질문을 했을 수도 있어요. 여러 가설을 검토하고 있었으니까."

"어떤 의도로 그런 질문을 하신 거죠?"

박사는 잠시 기억을 더듬다가 대수롭지 않게 대답했다.

"특별한 의도는 없었어요. 내 기억이 맞는다면 바스티네 수사팀장은 피해자가 아니라 용의자에 집중해야 한다고 했어요. 모르간 아브릴처럼 미르티 카뮈도 범인에게 우연히 걸려든 먹잇감이었다는 거죠."

피로즈 형사가 하품을 했다.

"박사님의 질문을 자주 떠올렸어요. 아니 매일 생각했어요. 박사님 말이 맞아요. 미르티는 평소에 그런 옷을 입지 않았어요."

"하지만 그날은 미르티가 쉬는 날이었잖아요. 그때 황금이불캠프 교사로 일했다고 했죠?"

"미르티는 노는 날에도 그런 옷을 입지 않았어요."

박사가 얼굴을 더 찡그렸다.

"마송 양, 무슨 말을 하고 싶은 거죠? 미르티가 부랑자에게 살해당하지 않았다는 뜻인가요? 범인은 미르티가 아는 사람이고 그날 둘이 만났다는 뜻인가요?"

알리나는 주저했다. 진료실 벽에 걸린 커다란 유리액자 안에 풍성한 금발머리로 얼굴을 가리고 무릎을 꿇은 여자의 누드사진이 들어 있었다.

박사일까?

박사의 외모를 보면 충분히 그럴 만하다.

"네. 그날 미르티는 데이트 약속이 있었어요. 그 남자가 범인일지도 모르죠."

"기타 치는 남자와 약혼했다고 하지 않았나요?"

알리나의 얼굴이 달아올랐다. 지금까지 입을 다물었던 이유는 고인이 된 미르티를 지켜주고 싶어서였다. 사람들이 생각하는 미르티의 이미지를 손상하고 싶지 않았다. 한 남자만 충실히 사랑하는 완벽한 여자.

"네…."

"시생? 그런 이름 아니었어요?"

"시생은 별명이에요. 이름은 프레드 생미셸이고요."

엘렌 닐송은 대화를 시작하고 처음으로 탁자 위의 서류에 손을 댔다. 그녀는 서류를 몇 장 뒤적이고 고개를 들었다.

"미르티가 플레이보이에게 당했다는 뜻인가요? 푹 빠진 남자에게? 마송 양, 마송 양의 생각은 필립 그리마 형사가 처음부터 주장했던 가설과 정확하게 일치해요. 모르간 아브릴은 모르는 사람한테 당한 게 아니라 작정하고 아브릴을 유혹한 남자에게 살해당했다고 했죠."

알리나는 말없이 고개를 끄덕였다. 물론 알고 있었다.

"그렇다고 달라지는 것은 없어요." 닐송 박사가 말을 이어갔다. "살인마가 아니라 플레이보이라고 해도 범인이 쉽게 잡히진 않죠. 물론 미르티가 그날 누구와 만났는지 알면 도움이 되겠지만. 혹시 마송 양은 알고 있나요?"

"아니요…."

"올리비에 루아라는 남자는 어때요? 아디다스 모자를 쓴 남자 말이에요. 이즈니 캠핑장 주위에서 미르티를 쫓아다니고 살인사건이 난 후에는 사라졌죠?"

그 말에 피로즈 형사가 끼어들었다. 닐송 박사가 고개를 돌렸다.

"불가능합니다! 올리비에 루아는 모르간 아브릴 사건이 발생한 날 확실한 알리바이가 있어요. DNA가 범인과 일치하지도 않고…."

"맞아요." 닐송 박사가 동의했다. "그것 때문에 바스티네 수사팀장이 벽에 부딪힌 거죠. 그럼 누구라고 생각하세요?"

"모르겠어요." 알리나가 대답했다.

알리나는 주머니에서 티슈를 꺼내 눈가에 맺힌 눈물을 닦았다. 박사는 한참동안 몸을 숙여 낮은 탁자 위의 서류를 들여다봤다. 피로즈는 기회를 놓치지 않고 사진 속의 금발 여자 가슴과 연보라색 원피스에 가려진 박사의 가슴을 비교했다. 박사가 고개를 들었다. 피로즈는 나쁜 짓을 하다 들킨 아이처럼 재빨리 강 위의 바토무슈로 시선을 돌렸다. 반대로 박사의 시선은 유리액자로 향했다. 그러고는 거울을 보듯 한동안 액자를 보다가 가슴골에 떨어진 보이지도 않는 먼지를 검지로 찍어냈다.

“오랜 시간이 흘렀어도 몇 가지 미심쩍은 부분이 있어요. 평소라면 입지 않을 섹시한 원피스도 그렇고, 결국 찾지 못한 하늘색 몰스킨 수첩도 그렇고…. 모든 사람이 이구동성으로 미르티가 늘 수첩을 가지고 다니며 일기를 썼다고 했어요. 거기에 만나기로 한 사람도 적혀 있을지 모르죠. 올리비에 루아는 노르망디 전 지역에 내린 수배령에도 불구하고 숨어 지내다가 경찰이 목을 조여오자 사라져버렸어요. 그리고 그 팬티 말이에요.”

“팬티요?” 알리나는 깜짝 놀라 반문했다.

닐송 박사는 피로즈 형사와 알리나를 번갈아 쳐다보았다.

“그렇게 중요한 건 아닌데…. 물론 알고 있겠죠? 정액이 미르티 카뮈의 질 내에서가 아니라 팬티에서 발견됐어요. 팬티는 시체가 있던 곳에서 100미터 정도 떨어진 베이 만의 운하에서 찾았고요.”

알리나는 그 사실을 몰랐다. 피로즈는 당연히 알고 있었다. 그가 다시 야릇한 자세의 사진 속 여자에게 눈을 돌렸다.

“전문가들은 뭐라고 했죠?” 알리나가 물었다.

“간단해요. 범인이 사정하기 직전에 몸을 뺀 거죠. 하지만 완벽하지는 못했어요. 미르티의 몸 위와 팬티에 정액이 흘렀으니까. 우리가 알고 싶었던 것도 단순했죠. 왜 몸 안에 사정하지 않았는가? 자신의 정액 때문에 범행이 들통날 수 있어서?”

“범인의 DNA가 유전자정보 데이터베이스에 등록되어 있어서 그랬던 거 아닐까요?” 알리나가 말했다.

“전과가 있다면 그렇겠죠.”

“카뮈 사건을 아브릴 사건과 연결하지 못하게 하려고?” 피로즈가 끼어들었다.

"그럴 가능성은 없어요." 엘렌 닐송은 단호했다. "설사 두 사건에서 검출한 범인의 DNA가 서로 일치하지 않더라도 두 사건을 별개로 생각할 수는 없어요. 같은 지역에 사는 두 여자가 강간당했고 같은 브랜드의 스카프로 목 졸려 죽었으니까."

"범인은 정상인이 아니에요." 피로즈 형사가 내뱉었다.

"아니면… 범인은 미르티와 아는 사이라 자기 DNA가 밝혀지면 금방 잡힐 거라고 생각한 거 아닐까요?" 알리나가 조심스럽게 말했다.

닐송 박사는 대답하기 전에 잠깐 뜸을 들였다.

"우리도 그렇게 생각했어요. 그래서 피해자의 가족, 친구, 이즈니 주민과 엘뵈프 주민을 포함해서 미르티와 스쳤을 가능성이 있는 남자 1,500명의 유전자를 채취했고요. 하지만 찾지 못했어요!"

알리나는 입을 다물었다.

범인이 미르티를 몰랐다면 왜 자신의 DNA를 숨기려고 했을까? 알리나는 이 질문을 곱씹었다. 그 범인은 모르간 아브릴과도 아는 사이였을까? 찢어진 히비스커스 꽃무늬 원피스, 미르티 주위를 맴돌던 올리비에 루아, 하늘색 몰스킨 수첩, 캠프에서 프레드에게 보냈던 미르티의 시, 그 시에 나온 목발, 수선화, 성 같은 단어들 그리고 '매리지 옥토버 포스'를 뜻한다고 프레드가 말해준 MO4라는 서명. 10월 4일 결혼식…. 혼란스러웠다.

"일면식 없는 사람이 범인이라는 추론은요? 그쪽 방향은 진전이 있나요?" 엘렌 닐송이 물었다.

"차근차근하고 있어요. 서두를 필요는 없으니까. 시간이야 평생 있잖아요?" 피로즈 형사가 대답했다.

"꼭 그렇진 않죠." 닐송 박사는 동의하지 않았다. "잘 아시겠지만 10년 동안 수사에 진전이 없고 새로운 단서가 나타나지 않으면 공소시효가 소멸됩니다. 범인이 이기는 거죠."

"어떻게 생각하세요?" 엘리베이터 안에서 알리나가 피로즈에게 물었다. 알리나는 형사의 몸과 부딪지 않으려고 엘리베이터 벽에 최대한 몸을 붙였다.

"어떻게 생각하세요?" 알리나가 다시 물었다.

"그 여자가 아니야."

"네?"

"사진에 있는 여자, 발가벗은 금발 여자는 엘렌 닐송이 아니에요. 쳇! 사람들을 속이다니!"

얼마 후 두 사람은 바스티유 역에서 생폴 방향의 전철을 탔다. 똑같은 모자를 쓴 초등학교 저학년 아이들이 객차 안을 가득 메웠다. 그 바람에 피로즈 형사의 몸이 알리나에게 살짝 닿았다. 이번에는 피할 도리가 없었다. 피로즈가 알리나의 귀에 대고 속삭였다.

"마송 양, 아까 병원에서 웃던데…. 모르간과 미르티가 모르는 사람에게 당했다는 가정을 안 믿어도 상관없지만, 범인이 2004년 6월 5일에는 이포르에 있었고 석 달 후 이즈니에 있었다는 건 분명해요…."

아이들이 시끄럽게 떠들었다. 알리나는 목소리를 높였다.

"범인이 차를 타고 왔든 걸어왔든 누구에게도 들키지 않았을 가능성이 커요. 그런 사람이 한둘이 아니잖아요. 어디에도 흔적을 남기지 않고 돌아다녔을 수도 있고요."

형사가 어깨를 으쓱했다.

전철이 루브르 역에 도착했다.

피로즈는 디올 향수 광고 포스터에 시선을 빼앗겼다. 샤를리즈 테론의 반쯤 벗은 몸을 보니 닐송 박사 사무실에 있던 누드사진이 떠올랐다.

"맞아요." 형사도 동의했다. "하지만 이포르와 이즈니의 연결고리를 찾으면서 카르멘과 오세안 아브릴은 미치지 않고 버티는 거죠. 지금 두 사람이 할 수 있는 건 기다리는 것밖에 없어요."

이번에는 콩코르드 역이다.

모자를 쓴 아이들이 두 명의 지도교사를 따라 날아가는 새처럼 재빨리 사라졌다. 알리나는 드디어 뒤로 물러설 수 있었다. 이제 형사와 1미터 정도 떨어졌다.

"뭘 기다린다는 거죠? 범인이 다시 나타나기를요?"

미르티가 죽은 지 6년이라는 세월이 흘렀다.

"그런데 너무 늦어버렸지. 다시는 범죄를 저지르지 않을 테니."

샹젤리제 클레망소 역.

나신의 샤를리즈 테론이 다시 나타났다. 연이어 배치된 가로 4미터 세로 3미터의 포스터들이 지하철 승객의 눈길을 사로잡았다. 피로즈는 게슴츠레 눈을 뜨고 벗은 여인의 사진을 맘껏 감상했다. 알리나는 입술을 깨물었다. 욕정은 이렇게 생기는 걸까?

"다시는 범죄를 저지르지 않을 거예요." 피로즈의 목소리에 힘이 들어갔다.

알리나는 본능적으로 그렇지 않을 거란 생각이 들었다.

욕정은 이렇게 생기는 걸까?

새벽 1시쯤 센 강의 브로톤 다리를 건너 국도와 지방도로를 번갈아 달렸다. 표지판들이 헤드라이트 불빛을 받으며 빠르게 지나갔다.

방금 읽은 페이지들이 꼬리에 꼬리를 물고 머릿속에 맴돌았다. 아무 이유 없이 이 자료들을 내게 건넸을 리 없다. 미르티 카뮈의 살인과 연관된 단서 하나하나로 빨간 스카프의 신원을 밝힐 수 있다. 내 무죄를 입증할 증거 또한 이 얘기들 속에, 손만 뻗치면 닿을 거리에 존재한다.

착각일까? 또 다른 망상에 불과한 건가?

이즈니 마을까지 간다 해도 과연 무슨 의미가 있을까?

트로아른 초입에서 휴대전화가 울렸다. 새벽 2시.

피로즈 형사라는 생각이 들었다. 받지 않았다. 그가 아브릴과 카뮈 사건을 맡은 지 꽤 오랜 세월이 흘렀다. 그런데 드디어 범인을 찾았다.

바로 나다!

잠시 후 문자 메시지가 왔다. 휴대전화를 움켜잡았다.

깜짝 놀라 핸들을 놓칠 뻔했다.

내 예상은 여지없이 빗나갔다.

문자를 보낸 사람은 나를 쫓는 못된 경찰이 아니라 오펠리였다. 생탕투안 센터의 여학생이 내게 남자 사진을 보냈다. 예리한 푸른 눈, 숱하나 없이 매끈하게 민 머리, 풀어헤친 흰 셔츠, 송곳니가 드러난 미소. 패션잡지에서 오려낸 모델 사진처럼 보였다.

사진 밑에는 '현재 상황'이라는 단어와 함께 간결한 메시지가 있었다.

〈20점 만점에 20점?〉

미소가 절로 나왔다. 차 속도를 줄이지 않고 그대로 답을 보냈다.

〈너무 잘 생겼어. 겉모습은 믿지 마!〉

곧바로 문자가 들어왔다.

〈시끄러워! 귀여운 빨강머리는 어떻게 됐어?〉

마음이 갈가리 찢겨 이리저리 흩어졌다.

나의 귀여운 빨강머리.

모나.

내게 달라붙던 그녀의 뜨거운 몸이 불현듯 머릿속을 파고들었다.

모나는 이미 비닐에 쌓여 경찰차 뒤에 실린 채 시체안치소로 가고 있을 것이다. 전화기를 창밖으로 던져버리고 침묵에 둘러싸인 어둠 속에서 울부짖고 싶었다. 차라리 플라타너스 나무를 향해 곧바로 돌진할까? 하지만 마음을 다잡고 휴대전화를 다리 사이에 끼운 채 도로만 노려보았다. 캉 근처까지 왔다. 우회도로는 피해야 한다.

새벽 3시였다. 그랑캉프메지 마을로 들어서기 전부터 참호, 포격에 파인 구덩이, 미군 묘지, 노르망디상륙작전 박물관 등 순례를 도와주는 안내판이 계속 이어졌다.

'오마하 해변, 자유의 길'

희망 잃은 도망자가 달리는 길치고는 거창한 이름이다.

성당 주차장에 차를 세우고 노르망디 지도를 펼쳤다. 이즈니는 그랑캉프메지 해변에서 3킬로미터 떨어져 있다. 지도에서 그랑드 카리에르를 찾았다. 2004년 8월 26일 미르티 카뮈의 시체가 발견된 마을이다.

손가락으로 목적지를 짚었다. 미지근한 커피를 다시 한 잔 마시며 성당을 보았다. 마을에서 유일하게 불이 켜진 건물이다.

1944년 폭격에 무너져 대충 복원한 어설픈 현대식 건물. 종탑을 대신하여 시멘트 종루가 솟아 있고 회색 굴뚝에는 작은 창들이 나 있다. 우리 동네 성당들보다 훨씬 볼품없다.

우리 동네 성당들….

돌연 어떤 기억 하나가 홀로그램처럼 나타나 형체를 드러냈다.

저 성당, 본 적이 있어!

길을 둘러볼수록 기억의 편린들이 수면 위로 떠올랐다. 그랑캉프메지라는 마을 이름, 캉의 돌집과 울타리 풍경, 청회색 지붕, 교차로마다 서 있는 상륙작전 기념물…. 이 기억들은 흐릿한 유리구슬 안에 갇혀 있었다. 시멘트 종루가 깨뜨려버린 유리구슬.

여름이었다. 매년 여름 나는 스위스노르망드 지역의 클레시 마을에서 캠프를 기획했고 아이들을 가르쳤다. 그랑캉프메지에서 백여 킬로미터 떨어진 곳이다. 등반, 카누, 산행 등의 프로그램을 짰다.

파리 근교의 연합청소년복지센터는 매년 500명의 아이들을 전국 열 개 캠프에 나누어 보냈다. 노르망디에는 캠프가 두 개 있었다. 내가 일했던 클레시와 이곳 바닷가마을 그랑캉프메지다. 그랑캉프메지 캠프에서 일하던 지도교사가 갑작스레 휴가를 내야 할 일이 생겼다. 할머니 장례식이나 그 비슷한 일이었던 것 같다. 그쪽 캠프에서 내게 하루 동안 일해 달라고 요청했다. 캠프 교사 경력 때문이었다. 해양스포츠 활동은 내 전문이 아니었지만 기꺼이 수락했다. 그랑캉프메지에서 특별한 일은 없었다. 차가운 바닷물에서 수영을 하고 해변에서 여자애들과 시시덕거리는 남자애들을 감시하고 주먹 좀 쓰는 애들을 야단치며 하루를 보냈다. 지난 수년 동안 이 일을 생각한 적은 한 번도 없었다. 시멘트 성당을 보지 않았더라면 평생 기억하지도 못했을 것이다.

눈을 감고 정확한 날짜를 기억하려고 애를 썼다. 수영을 했으니 날씨는 좋았던 것 같다. 아마 여름이 끝나갈 무렵…. 10년쯤 된 일이다.

지도를 움켜쥐었다.

2004년 8월 말?

혹시 8월 26일 목요일?

미르티 카뮈가 살해당한 그날?

불가능하다!

시신을 발견하자마자 경찰은 즉각 주변을 봉쇄했고 기자들이 몰려들었다. 내가 2004년 8월 말 변사체가 발견된 곳에서 가까이 있었다면 아이들이 그 일로 시끄럽게 떠들었을 테고 나도 기억 못 할 리 없다.

눈을 뜨고 지도에서 그랑드 카리에르 마을을 확인했다. 지도상에는 작고 검은 직사각형 건물 네 채만 나와 있다.

카뮈 사건은 다음 날에야 언론에 발표되었다. 경찰이 언론에 24시간 동안 보도를 자제해달라고 요청했기 때문이다. 그날 오후 늦게 클레시로 출발했다. 내가 그랑캉프메지를 떠나고 불과 몇 시간 후에 사건이 터졌는지도 모른다. 클레시 캠프에서는 신문도 텔레비전도 없이 세상과 단절된 상태로 지냈기에 그 사건에 대해 전혀 몰랐다.

불 켜진 시멘트 성당은 수용소 감시탑처럼 위협적인 모습이었다. 나를 한껏 비웃는 듯했다.

이게 가능한가?

지도를 접으려 했지만 떨리는 손이 종이 위로 미끄러졌다. 신경질적으로 지도를 구겨 조수석으로 던졌다.

그날 내가 미르티 카뮈를 봤을까? 그랑드 카리에르 근처, 이즈니로 가는 길에 미르티를 스쳐갔을 수도 있지 않을까? 그날 나는 청소년복지센터의 낡은 봉고차를 운전하고 있었다.

내가 차를 몰고 가다가 우연히 눈에 띈 여자를 강간하고 목을 졸라 죽이고 그 사실을 기억에서 완전히 지워버리는 일이 가능한가?

보온병 뚜껑에 커피를 따라 한 잔 더 마시고 시동을 걸었다.

오스망빌을 지나 카리에르의 농가 앞길로 들어섰다. 오른편의 커다란 노르망디 전통가옥을 지나 흙길 끝까지 갔다.

이것만은 확실하다.

이곳에는 단 한 번도 오지 않았다는 사실.

피아트의 헤드라이트가 주변을 비췄다. 혹시 기억나는 게 있는지 샅샅이 훑어보면서 내가 미친 게 틀림없다고 확인해줄 작은 단서를 찾았다.

내가 10년 전에 이곳에 와서 스무 살 여자를 죽이고 시신을 유기했다.

도대체 어디에?

석회절벽 속에 뚫린 지하 채석장에? 개암나무 숲에? 100년 된 주목나무 뿌리로 둘러싸인 서쪽의 조그만 성당 밑에? 아니면 좀더 가서 울타리가 쳐진 벌판 밑에? 혹시 이 풍경 너머, 이즈니에서 바다까지 연결된 운하 속에?

창백한 헤드라이트 불빛에 잠긴 시골은 밀레의 풍경화와 흡사했다. 하지만 만종도 새벽기도도 여명에 일어난 농부도 없다. 열댓 마리의 얼룩소뿐이다. 10년 전에도 같은 풀을 뜯고 있었을 무심한 소들. 이들 외에는 어떤 증인도 없다.

하나밖에 없는 가로등 밑에 차를 세웠다. 농가에서 50미터 정도 떨어진 곳이다. 차에서 내렸다. 난 뭘 기다리지? 저 소들 중 한 마리가 고개를 돌려 나를 알아보고 살인자라고 비난하며 노려보길?

내가 정말 미쳤나?

아무것도 기억나지 않아.

앞을 향해 걸었다. 바람은 없어도 추운 날씨였다. 내가 왜 오른편의 잡목숲으로 걸어가는지 알 수 없었다. 유령 같은 기억이 나를 인도해서 내 의식이 인정하지 않는 행동들을 재현하려는 걸까?

희미한 불빛이 보였다.

작은 불꽃이 개암나무 발치에서 흔들렸다.

그 밑에 융단처럼 깔린 꽃잎들이 보였다.

개암나무에 걸린 두 개의 팻말이 보였다.

글씨를 읽을 수 없어서 가까이 다가갔다.

인화성 액체와 심지 두 개가 담긴 작은 사기그릇에서 불꽃이 타올랐다. 그 앞에는 진하고 옅은 분홍색 사과꽃잎들이 두 사람이 누운 모양을 그리며 가득 쌓여 있었다.

나무줄기로 눈을 들었다. 두 개의 나무 팻말에 적힌 글은 예상한 그대로였다.

모르간 아브릴 1985~2004

미르티 카뮈 1985~2004

마비된 사람처럼 움직일 수 없었다. 누가 이런 모습을 연출했는지, 언제부터 불꽃이 타올랐는지, 한겨울에 이리도 많은 사과꽃잎을 어디서 구해왔는지 생각할 겨를도 없었다.

이게 무슨 의미인지도.

미동도 않고 가만히 섰다.

극도의 피로가 몰려왔다. 팔, 허벅지, 다리에서 힘이 쭉 빠져나갔다. 꽃잎 위에 누워 잠든 채 이대로 끝내고 싶은 욕망을 애써 몰아냈다.

모든 게 명백했다.

내가 두 여자를 죽였다. 경찰에게 쫓겨 이성이 폭발했다. 스스로를 보호하려 미쳐버렸다. 자살사건과 증인들을 만들어내고 밑도 끝도 없이 도망치는 중이다. 모나까지 내 광기 속으로 끌어들였고 결국은 몇 시간 전에 목숨을 잃게 했다. 명백한 사실을 계속 부인한다면 무고한 다른 이들이 죽게 된다.

두 이름이 희미한 불꽃 속에서 너울댔다.

모르간 아브릴 1985~2004

미르티 카뮈 1985~2004

열에 들뜬 눈으로 팻말을 쳐다보았다. 다리가 후들거렸다. 경찰이 잡으러 올 때까지 기다리자. 머리가 서서히 굳어갔다. 사흘 동안 거의 자지 못했다. 그러나 솜처럼 흰 구멍 속으로 잡아끄는 피로는 딱히 수면 부족 때문만은 아니었다. 내 의식은 마지막 둑이 무너져 콸콸 쏟아지는 피 속으로 서서히 가라앉았다. 준비는 끝났다.

주머니에서 킹코브라를 꺼내 관자놀이에 대고 한참을 있었다.

얼음처럼 차가운 총신을 움켜쥔 손가락이 오그라들었다. 검지가 더 구부려지지 않았다.

꽃잎 위로 권총을 던졌다.

심판을 기다리자.

내가 얼마나 끔찍한 괴물이었는지 사람들이 말해주리라.

등 뒤에서 다가오는 소리가 들렸다. 발소리는 나와 10미터 떨어진 곳에서 멈췄다. 그림자 하나가 소곤거렸다. 익숙한 목소리다. 불과 몇 시간 전에 들었던 목소리 같은데 마비된 이성으로는 누구인지 알아차릴 수 없었다.

"겨우 스무 살이었어. 아름다운 아이들이었지."

여자 목소리. 고개를 돌렸다. 카르멘 아브릴이다. 바지와 검정 재킷. 윗옷 단추에 가느다란 붉은 실이 달려 있다. 그녀가 느린 동작으로 손에 쥔 사과꽃잎을 오른쪽 꽃 무더기에 던졌다.

"모르간에겐 미래가 있었어. 그날 밤 당신을 만나지 않았더라면 아직도 살아 있겠지. 당신만 …."

카르멘은 말을 잇지 못하고 입을 다물었다. 왼쪽 풀들이 좀더 가벼운 발의 무게에 짓눌려 차례로 쓰러졌다. 다른 그림자가 개암나무 아래로 들어섰다. 역시 검은 옷. 길이만 더 짧았다. 진회색 벨벳원피스, 검정 가죽재킷, 심장 부근에 꿰맨 붉은 실.

오세안.

그녀의 뺨에 눈물이 흘러내렸다. 젊은 여인이 나지막한 소리로 중얼거렸다.

"그날 밤 당신은 나도 죽여야 했어. 모르간과 나는 한 몸이었으니까. 두 자매. 하나의 심장."

오세안은 들고 있던 사과꽃을 불꽃 옆에 놓았다.

"그래, 자말 살라우이. 당신은 나를 죽여야 했어. 사악한 사냥꾼도 포획한 짐승의 목숨은 끊어주지. 상처 입은 짐승은 절대 잊지 않거든."

더는 아무 생각도 할 수 없었다. 나는 몽유병 환자처럼 컴컴한 숲을 향해 휘청휘청 걸어갔다. 다리는 간신히 몸뚱이를 지탱했다. 나무를 붙잡으며 겨우겨우 한 걸음씩 떼었다. 만취한 사람처럼 비틀거렸지만 계속 전진했다. 카르멘과 오세안 아브릴은 내 뒤에 가만히 서 있었다. 숲이 끝나는 곳에서 바다로 이어진 벌판에 빛이 보였다.

나무들의 마지막 장막을 지났다.

수십 미터 앞에서 여자의 형체가 어른거렸다. 오른손에 촛대를 들고 바다를 바라보는 여인. 연약한 다섯 개의 촛불이 바닷바람에 맞서 기적처럼 꺼지지 않고 타올랐다.

낯익은 실루엣….

혈관을 돌던 피가 삽시간에 멈췄다.

"미르티는 나의 가장 친한 친구였어." 차분한 목소리였다.

목소리는 울타리 너머 수평선으로 날아갔다. 갈매기 울음소리가 드문드문 침묵을 갈랐다.

"미르티는 천사였어. 왜 천사의 목숨을 앗아갔지, 자말?"

여자가 천천히 뒤로 돌았다. 아는 얼굴이다. 축축한 눈에 서린 고통의 빛이 폐부를 꿰뚫었다. 증오나 복수심에 불타는 고통이 아니다. 그 고통에는 절대 악에 대한 이해할 수 없는 마음이 들어 있었다.

"도대체 왜? 자말!" 그녀가 되뇌었다.

모나가 슬픈 미소를 지었다. 더는 내게 해줄 게 없다는 미소였다.

앞으로 고꾸라졌다. 무릎과 손바닥이 진흙에 처박혔다. 그 상태로 오래도록 있었다. 붉은 진흙이 나를 삼키기를, 아니면 이들 중 누구라도 다가와 날 끝장내기를 기다리면서.

오세안. 카르멘.

모나의 유령.

성당 종이 울렸다. 구슬픈 종소리가 몇 초 동안 이어졌다. 더럽혀진 굽은 몸을 억지로 일으켰다. 몸에 묻은 진흙이 충분히 굳어 사지가 이제는 흐물거리지 않는다는 듯이. 왼쪽에 50미터 떨어진 작은 성당으로 발을 뗐다.

설명하기 힘든 일들이 연이어 일어났지만 이상하게도 내가 꿈꾸고 있지 않다는 건 또렷하게 인식했다. 라시렌 호텔 7호실의 침대에서 식은땀을 흘리며 일어나거나 피아트 핸들에 머리를 박고 졸다가 깨어날 희망은 없었다.

이 모든 일은 실제였다. 삶의 마지막 순간도 곧 겪으리란 건 분명해 보였다.

별안간 성당 문이 활짝 열렸다. 네온등과 할로겐 불빛이 한꺼번에 달려들어 앞이 보이지 않았다. 두 손으로 빛을 가리고 앞으로 갔다. 시든 꽃으로 장식한 제단 앞에 두 개의 기도대가 보였다. 몇 발짝 더 걸었다. 밝은 색의 긴 나무의자 몇 개에 붉은 책들이 놓여 있었다. 성경책이나 기도서들이다.

또 다시 종이 울렸다. 나는 붉은 진흙이 묻은 손을 벌렸다.

"우리는 10월 4일에 결혼할 예정이었어." 성당 안에 목소리가 울렸다. "모든 준비는 다 마쳤지. 미르티 아버지는 딸의 손을 잡고 제단까지 걷고 싶었을 거야. 어머니는 손주를 품에 안을 수도 있었어. 미르티가 당신만 만나지 않았더라면!"

신랑예복을 입은 남자가 성당 문에서 걸어 나왔다. 단춧구멍에 매단 붉은 실이 먼저 눈에 들어왔다. 고개를 들어 얼굴을 확인했다.

내가 아는 얼굴이다.

크리스티앙 르메데프의 차가운 얼굴이 나를 노려봤다. 그가 나를 향해 또박또박 말했다.

"미르티 카뮈 생미셸 부인. 멋진 이름이지 않아? 안 그래?"

허겁지겁 성당을 빠져나왔다. 등 뒤로 르메데프의 혼잣말이 들렸다.

"내가 옆에서 미르티를 지켜줬더라면…."

곧장 농가로 도망쳤다. 가로등을 지나 골목 끝에 어두운 가옥이 보였다. 문을 두드리며 열어달라고 소리쳤다. 나를 들여보내달라고, 유령들이 쫓아오지 못하게 나를 들이고 문을 잠그라고 애원했다.

농가 마당에는 아무것도 없었다. 악몽을 쫓아줄 닭 한 마리조차 보이지 않았다.

바로 뒤에서 개 짖는 소리가 났다. 농가를 지키는 커다란 개한테서 나는 소리가 아니라 조그만 강아지가 낑낑대며 짖는 소리였다. 어디선가 불이 켜지고 강아지가 나타났다. 강아지는 진흙범벅이 된 내 다리와 몇 미터 떨어진 곳에 섰다.

"아놀드?" 내가 외쳤다.

시추는 마갈리 베롱이 자살한 날 아침, 드니즈 할머니의 품에서처럼 빨간 줄무늬의 베이지색 스웨터를 입고 있었다.

"아놀드!" 다시 불렀다.

개는 자기 이름을 알아듣지 못했다. 내가 조금이라도 움직이면 이빨을 드러내고 으르렁거렸다.

창문마다 닫혀 있는 덧창들을 절망적으로 쳐다보며 도와줄 사람을 찾았다. 그러다가 붉은 흙이 묻은 손을 시추에게 내밀며 앞으로 다가갔다. 개는 몸을 낮추고 금방이라도 내 손목을 물어뜯을 기세였다.

"그만해!" 마당 반대편에서 누군가 소리를 질렀다.

시추는 잠시 머뭇거리더니 이내 포기하고 목소리 방향으로 달려갔다. 그러고는 여주인의 품으로 뛰어들었다. 드니즈 주뱅이 오른손에 잡고 있던 지팡이를 놓고 달려드는 강아지를 껴안았다.

노파의 차가운 시선과 나의 시선이 마주쳤다. 나는 다시 돌아섰다. 운하 쪽으로 발걸음을 옮겼다. 선택의 여지가 없었다. 나머지 길은 모두 유령이 막고 있었다.

수백만 개의 뇌신경이 동시에 팽팽히 당겨졌다가 팅하고 끊기듯 머리가 폭발하고 말았다. 신경그물은 갈기갈기 찢긴 채 바닥으로 떨어졌다. 팔, 다리, 손가락, 목 할 것 없이 모두 나를 저버렸다. 피가 도는 속도가 현저히 느려졌다. 처음에는 털털거리다가 속도가 줄고 아예 멈춰버리는 엔진같이….

잠시라도 더 버텨야 한다.

멀리, 가능한 한 멀리, 이 유령들에게서 벗어나자.

더듬거리며 마지막 울타리를 넘었다. 등 뒤에서 파란색 제복을 입은 두 남자가 소리를 질렀다.

"살라우이, 꼼짝 마!"

피로즈 형사다.

그럼 그렇지…. 유령들의 파티에 빠질 리 없지.

넘어지지 않으려 기를 쓰며 뒤로 돌았다.

경찰 밴의 헤드라이트 불빛에 눈이 부셔 인상을 찡그렸다. 형사는 빛과 어둠 사이에 서서 총을 겨눴다. 부관도 총을 겨눴지만 어색한 자세였다. 세 발짝 뒤로 물러섰다. 운하와는 불과 몇 미터 거리다.

"멈춰! 살라우이! 경주는 끝났어."

나는 두 손을 올리고 1미터가량 더 뒤로 물러섰다.

"살라우이! 우리 얘기 아직 안 끝났어. 기억하나? 이틀 전에 질문을 하나 했지. 자네가 모형 범선으로 내 머리를 내려치기 전에 말이야."

오른쪽으로 멀리 이즈니 마을의 불빛이 보였다. 어두운 운하는 항구에서 시작해서 바다로 이어진다. 거대한 도랑이다.

"마지막으로 묻겠다. 10년 전 모르간 아브릴과 미르티 카뮈를 강간하고 살해했나?"

눈을 감았다. 머릿속에서 둑이 터지더니 수많은 이미지가 범람하며 흘러내렸다. 내 손이 치마 밑으로 들어가 여자의 음부를 틀어잡는다. 여자가 거세게 반항하며 내게서 빠져나간다. 나는 여자를 붙잡아 옷을 찢고 땅에 눕혀 내 몸무게로 짓누르고 젖가슴을 뭉개고 우악스럽게 팬티를 벗기고 내 성기를 꺼내고 피 묻은 손으로 붉은 캐시미어 스카프를 흰 목에 감고 오랫동안 있는 힘을 다해 잡아당긴다. 여자의 몸이 움직이지 않을 때까지. 나는 다시 시작한다. 한 번, 두 번.

모나가 울면서 나를 보고 있다.

까마귀 세 마리가 벌판 위로 날아올라 갈매기들과 뒤섞여 먼 하늘로 날아갔다. 나는 뒤로 한 발짝 더 물러서며 울부짖었다.

"피로즈! 당신이 이겼어. 그래, 내가 세 여자 모두 강간하고 목 졸라 죽였어!"

더는 버틸 힘이 없었다. 그대로 운하 속으로 떨어졌다.

III

심판

수신 : 센마리팀, 에트르타 지방경찰서
베르트랑 도나디외 서장
발신 : 국립과학수사국 법의학과
제라르 칼메트 국장
날짜 : 2014년 8월 3일

서장님께

2014년 7월 12일 이포르 해변에서 발견한 세 구의 유골에 관해 보내드린 7월 22일 자 서신에 뒤이어 연락드립니다.
저희는 뼈 조직 전반에 걸쳐 좀더 면밀하게 유전자감식을 시행했습니다. 그 결과 가장 의문이었던 사망원인을 신속히 밝혀낼 수 있었습니다. 조사 편의를 위해 명명했던 알베르, 베르나르, 클로비스 이 세 명의 신원불상 변사자 사인은 독극물 중독입니다. 뼈에서 무스카린 성분이 검출되었습니다. 무스카린은 음식에 들어가도 알아채기 어려우며 중추신경시스템을 곧바로 마비시켜 심장박동수를 현저하게 떨어뜨립니다.
일전에 알베르, 베르나르, 클로비스가 시간적인 차이를 두고 사망했다고 알려드렸습니다. 다시 말씀드리면 알베르는 2004년 여름, 베르나르는 2004년 가을과 2005년 겨울 사이, 클로비스는 2014년 2월과 3월 사이에 사망했습니다.
따라서 가장 합리적인 가설은 동일인이 동일한 방법으로 시차를 두고 세 명을 살해했다는 것입니다. 그러나 확실하지는 않습니다. 클로비스가 알베르와 베르나르를 독살한 후 자살했을 수도 있고, 알베르를 독살한 베르나르가 같은 방식으로 클로비스에게 살해됐을 가능성도 있기 때문입니다.
저희로서는 이런 추론을 더 밀고 나가는 건 불가능합니다.

그런데 세 유골의 DNA와 국립유전자정보은행의 데이터베이스를 비교한 결과, 세 명의 신원뿐 아니라 장기미제사건인 모르간 아브릴과 미르티 카뮈 살인사건(일명 빨간 스카프 사건)의 실마리가 나왔습니다. 세 구의 유골을 이포르 절벽 아래 해변에서 발견했다는 사실도 간과할 수 없습니다. 이 서신을 쓴 주요 목적은 이 사실을 알려드리기 위해서입니다.

구체적으로 말씀드리겠습니다. 국립유전자정보은행의 유전자형 중에서 베르나르, 클로비스의 유전자정보와 일치하는 건 없습니다. 따라서 두 사람의 신원은 경찰 공무를 통해 확보되지 않았음을 알 수 있습니다.
알베르 역시 유전자정보은행의 어떤 색인에도 부합하지 않습니다. 하지만 그의 DNA는 생소하지 않습니다. 완곡하게 표현했습니다만 사실 알베르의 DNA는 10년 전부터 우리 연구소에서 가장 유명한 유전자코드입니다. 두 피해여성의 시신에서 검출한 정액의 DNA와 동일하기 때문입니다.
앞서 알베르의 사망시점을 2004년 6월과 9월 사이로 추정했는데, 미르티 카뮈가 2004년 8월 26일에 성폭행을 당했다는 사실에 비추어 보아 알베르는 두 번째 범죄가 발생하고 며칠 후 혹은 몇 주 후에 사망한 걸로 볼 수 있습니다. 아브릴과 카뮈 사건이 발생하고 나서 수많은 주변인물과 주민들의 DNA 감식을 시행했지만 유전자정보로 범인을 파악하지 못한 이유입니다. 그렇다고 해도 이 정보로 범인의 신원이나 사망한 이유까지는 알아낼 수 없습니다.

2014년 2월 22일 토요일에 경찰당국은 10년 전에 발생했던 두 살인사건의 범인을 발표했습니다. 그러나 두 사건이 정말 동일범의 소행인지 원점부터 재검토해야 할 필요가 있습니다. 따라서 이 내용을 폴 위고 라가드 판사에게도 전달했습니다. 사건을 재개해야 할지 결정하는데 도움이 될 정보이기 때문입니다.

서장님이 사건의 진실을 파헤치는 데 이 정보가 얼마나 도움이 될는지 저는 알 수 없습니다. 다만 우리 요원들은 이 수수께끼를 풀기 위해 최선을 다할 뿐입니다. 알베르, 베르나르, 클로비스에 관해서는 아직도 많은 사실이 밝혀지지 않았기에 부가적인 검사들을 시행하는 중입니다. 저희는 최근에 발견한 사실들을 바탕으로 서장님께 도움이 될 만한 정보를 확보할 수 있도록 노력할 것입니다.

결과가 나오는 대로 다시 연락드리겠습니다.

국립과학수사국 법의학과

제라르 칼메트 국장

깨어날 희망?

불빛이 눈앞에서 춤을 췄다. 심해어가 발산하는 빛처럼 인공적인 불빛이 작은 점으로 시작해서 점점 커지더니 시야를 완전히 뒤덮었다.

이제는 흰 사각형만 보였다.

보드마카로 글을 쓰거나 자석 달린 글자를 붙이는 화이트보드. 그 위에 붙은 빨간색의 작은 카드가 눈에 들어왔다. 이미 알고 있는 내용이다.

카르멘 아브릴 - 모르간 아브릴의 어머니, 회장

프레드 생미셸 - 미르티 카뮈의 약혼자, 부회장

오세안 아브릴 - 모르간 아브릴의 쌍둥이 자매, 총무

자닌 뒤부아 - 미르티 카뮈의 할머니, 부총무

알리나 마송 - 미르티 카뮈의 친구, 회계

검은 커튼이 열리고 무대에 배우가 등장하듯 갑자기 카르멘 아브릴이 눈앞에 나타났다. 그녀가 입을 열었다. 목소리가 텅 빈 머릿속에 진동을 일으키며 울려퍼졌다. 마치 내 생각은 사라지고 그녀의 생각으로 가득 찬 것 같았다.

"한 사람을 정신병자로 만드는 건 그리 어렵지 않아요, 살라우이 씨. 지금까지 믿어왔던 걸 한순간에 의심하게 만드는 것도 마찬가지죠. 기껏해야 다섯 명뿐인 작은 협회의 힘으로도 충분합니다. 물론 회원들이 '절대 잊지 않는다'는 동일한 목표로 똘똘 뭉쳐야 하죠."

카르멘이 한 발 다가왔다. 아니, 그렇다고 생각했다. 클로즈업한 얼굴처럼 내 시야를 가득 메웠으니까. 덩달아 높아진 목소리가 단어들을 쏟아내며 내 두개골을 사정없이 두드렸다.

"살라우이 씨, 좋은 소식 두 가지를 알려드리죠. 당신은 미치지도 죽지도 않았어요. 물론 안 좋은 소식도 있죠. 붉은실협회 회원들은 모르간 아브릴과 미르티 카뮈를 살해한 혐의로 당신을 고발합니다."

카르멘 아브릴은 순식간에 어둠 속으로 사라졌다. 등장만큼이나 갑작스러웠다. 그 자리에 드니즈 주뱅이 나타났다. 화이트보드에 붙어 있는 색색의 자석 글자가 이제야 눈에 들어왔다. 정확히 열세 자였다.

D.E.N.I.S.E.J.O.U.B.A.I.N (드.니.즈.주.뱅)

드니즈가 나를 보았다. 아니, 내 쪽을 본다고 생각했다. 나는 움직일 수도, 내 앞에 노인이 있다고 확신할 수도, 내 몸이 실제로 있는지도 알 수 없었다.

노인은 목이 멘 듯 천천히 얘기했다.

"젊은이, 나만 기억을 잃은 건 아니지?"

D.E.N.I.S.E.J.O.U.B.A.I.N (드.니.즈.주.뱅)

주름진 손이 화이트보드 위의 글자들을 천천히 움직여 다른 이름을 만들었다.

J.E.A.N.I.N.E.D.U.B.O.I.S (자.닌.뒤.부.아)

목소리가 떨리기 시작했다.

"이제 알겠지? 그럼, 나도 알아야겠어. 죽기 전에 진실을 알아야겠어. 내 손녀가 마지막으로 했던 말, 마지막 모습…. 적어도 그 정도는 말해줄 수 있잖아?"

마치 영화감독이 편집해서 잘라낸 듯 노인이 갑자기 사라졌다. 곧바로 화이트보드의 글자들이 바뀌었다.

이번에는 열여섯 자.

C.H.R.I.S.T.I.A.N.L.E.M.E.D.E.F (크.리.스.티.앙.르.메.데.프)

어둠이 토해낸 것처럼 우울한 실업자가 툭 튀어나와 화이트보드 앞에 섰다.

입가에 걸린 희미한 미소.

입술은 움직이지 않았지만 똑똑히 들었다. 두개골로 침입해 들어와 메아리치는 골초 특유의 쉰 목소리를.

"살라우이, 삶에 지치고 가족 없이 혼자 사는 50대 남자와 몇 달 후면 사랑하는 여인과 행복한 가정을 이룰 꿈에 부푼 40대 남자가 있어. 이들 사이에는 뭐가 있을까? 바로 인생이 있지. 형씨가 내게서 빼앗아 간 인생이!"

긴 손가락이 자신의 이름을 움직였다.

C.H.R.I.S.T.I.A.N.L.E.M.E.D.E.F (크.리.스.티.앙.르.메.데.프)

다른 이름이 만들어졌다.

F.R.E.D.S.A.I.N.T.M.I.C.H.E.L (프.레.드.생.미.셸)

갈라진 목소리가 다시 들렸다.

"형씨는 끝까지 믿더군. 아무 의심 없이. 눈앞에 다 있었는데도 보지 못했지!"

그도 사라졌다.

내겐 느리고 고요하고 무기력한 정신만 남아 있었다. 솜처럼 두툼한 꿈속에 꽁꽁 묶인 채 고개를 돌릴 수도, 팔을 들 수도, 손가락 하나 까딱할 수도 없이 화이트보드 앞에 줄지어 나타나는 행렬을 지켜보도록 선고받았다. 유린당한 기억 언저리 어딘가에서 또 다른 기억이 아직도 헤매는 걸까?

또다시 화이트보드.

다른 글자들.

M.O.N.A.S.A.L.I.N.A.S (모.나.살.리.나.스)

모나가 나타났다. 어디서 나왔지? 혹시 쥐구멍에서?

내리깐 시선. 속삭이듯 작은 목소리. 그러나 그 소리는 내 안에 스며들어 점점 증폭되더니 내 생각들과 혼란스럽게 뒤섞였다.

"고마워, 자말. 좀 전에 내 얘기를 감동적이라고 해줘서. 이제 네 얘기를 듣고 싶어. 지어낸 얘기 말고 또 도망치지 말고 진짜 이야기를 들려줘."

M.O.N.A.S.A.L.I.N.A.S (모.나.살.리.나.스)

모나는 '살리나스 SALINAS'에서 앞뒤의 'S'자 두 개를 빼내 '모나'에 끼워넣었다.

A.L.I.N.A.M.A.S.S.O.N (알.리.나.마.송)

"우리가 너를 속인 게 아냐, 자말. 너는 모든 정보를 가지고 있었어. 이름, 편지, 단서. 잘 보고 순서만 바꾸면 되었지. 하지만 너는 아무것도 보지 못했어."

모나가 사라졌다.

이제는 유령들과 볼일이 끝났다고 생각했다.

그런데 다시 불이 들어왔다.

화이트보드.

글자 여섯 개.

A.R.N.O.L.D (아.놀.드)

화이트보드 밑에서 강아지가 자고 있었다.

손 하나가 내 시야를 가리더니 세 글자의 순서를 바꿨다.

R.O.N.A.L.D (로.날.드)

강아지가 한쪽 눈을 뜨더니 다시 잠이 들었다.

불이 완전히 꺼졌다.

진짜 이야기?

눈을 떴다. 주위는 어두웠고 몸이 흔들렸다. 한순간 내가 물에 빠져 죽은 모양이라고 생각했다. 내 시체는 바다 깊숙이 검은 물속에 표류하고 있는데 기적적으로 의식만은 멀쩡히 살아 있는 거라고…. 오른손으로 바닥을 만졌다.

따뜻하고 부드럽고 포근했다.

매트리스….

나는 침대에 누워 있었다.

손으로 계속 더듬었다.

침대 밑판은 나무가구 안에 단단히 박혀 있는 듯했다. 몸이 마음대로 움직여지지 않았다. 알고 보니 왼쪽 손목이 벽면에 달아놓은 수갑에 매달려 있었다. 족쇄가 채워진 팔을 잡아당겨 어둠 속을 더듬거렸다. 손이 나무 천장에 닿았다. 1미터도 채 되지 않는다.

사방이 나무판자였다.

관인가?

나무판자가 움직였다.

영구차에 실려 가는 건가?

온몸에 소름이 돋았다. 나는 완전히 벌거벗은 상태였다. 화이트보드 앞에 유령들이 차례로 나타났던 꿈을 제외하면, 살을 에던 이즈니 운하의 차가운 물이 내 마지막 기억이었다. 물속에서 의식 잃은 나를 건져낸 자들은 수갑을 채우는 걸로도 부족했는지 의족까지 가져갔다.

자세를 바꿔 침대 위에 웅크리고 앉았다. 칸막이 벽 끝에서 두꺼운 천이 손등을 스쳤다. 그 밑으로 손을 넣었다. 손가락에 차가운 유리가 닿았다. 창문? 커튼? 천을 잡아당겼다. 새어드는 희미한 빛을 보고 깨달았다. 유리에 물이 튀었다.

나는 선실에 갇혀 있다!

여전히 밤이었다. 선창으로 들어온 희미한 달빛이 선실을 비추었다. 누군가 문을 두드리더니 바로 문이 열렸다. 날 찾아온 자는 스위치를 켜고 선실 문을 닫았다. 갑자기 쏟아진 형광등 불빛에 인상을 찡그리다가 겨우 눈을 떴다. 흰 불빛 속에 서 있는 자는 피로즈 형사였다. 칼바도스 한 병, 술잔 두 개, 둥글게 말아 빨간 리본으로 묶은 종이를 들고 있었다.

"선물이네." 피로즈 형사가 낮은 목소리로 말했다.

한눈에 봐도 다른 사람 몰래 찾아온 게 분명했다. 그는 벌거벗은 내 몸을 뻔뻔하게 관찰하다가 혐오스럽다는 표정으로 잘린 다리를 쳐다보았다.

"운하로 뛰어들다니! 우리도 물에 들어갔잖아! 10도도 안 됐을 거야. 허락도 안 받고 옷을 벗겨서 미안하네. 안 그랬으면 저체온증으로 진즉에 저세상 사람이 됐을걸?"

나는 몸을 움츠린 채 짧은 다리로 성기를 가렸다.

"알리나가 커피에 졸피뎀을 너무 많이 넣었나 봐. 그 보온병 말이야."

"알리나요?"

"그래, 기억하지? 외다리 청년과 자는 것도 마다하지 않은 귀여운 빨강머리 아가씨. 모나라고 하면 더 잘 알려나?"

모나. 알리나. 그랑드 카리에르의 유령들이 다시 내 눈앞에 떠돌았다. 흐릿하고 불분명한 이미지. 성당 종소리가 개 짖는 소리에 뒤섞였다. 커피에 든 졸피뎀 때문인가? 지금 순간에 집중하고 유령들을 쫓아내자.

"여기가 어디죠?"

"배 안에 있다는 건 알겠지? 파라메호. 네덜란드 선박인데 브르타뉴 사람들이 개조한 거야. 지금 새벽 5시야. 자네를 물에서 건지고 나서 바로 이즈니에서 출발했어."

피로즈는 잠시 말을 멈추고 매트리스 머리맡에 술병과 잔을 놓았다. 그러더니 내가 묻기도 전에 더 자세한 얘기를 늘어놓았다.

"생마르쿠프 제도로 가고 있어. 코탕탱 반도에서 벨기에 국경까지의 해협에 유일하게 떠 있는 두 섬이지. 이런 섬들이 있다는 건 자네도 얼마 전에 처음 알았지? 오래 가지는 않을 거야. 7킬로미터 정도밖에 안 되니까. 아침에 도착하려고 일부러 더 천천히 가고 있어."

몸을 가릴 게 있는지 주위를 둘러보았다. 전혀 없었다.

"거기서 뭔 짓을 할 건데요?" 내가 으르렁댔다.

피로즈는 두 술잔에 칼바도스를 따랐다.

"내 생각에는 재판 비슷한 게 열릴 거야. 심문, 자백, 심리, 판결 같은 거지. 하지만 빨리 진행할걸? 물이 들어오는 시간에 맞춰 끝내는 게 저들의 목표니까."

"저들이라뇨?"

형사는 코르크 마개를 손바닥으로 눌러 병을 닫았다.

"아직도 모르는 거야? 아까 비디오 하나 보여줬잖아. 상황도 자세히 설명하고 이름들도 보여줬고 말이야. 자네 귀에 이어폰을 끼어주고 모니터도 바로 코앞에 갖다댔는데 아직 덜 깬 모양이군. 간단히 말하면 모두 붉은실극단의 배우들이야. 뭐 생각나는 거 없어? 자신을 연기한 배우도 있었고 가상의 인물을 연기한 배우도 있었지. 하지만 모두 목표는 같아. 자네에게 덫을 놓는 거지!"

내게 덫을 놓는다고?

지난 사흘 동안 벌어졌던 일이 하나하나 떠올랐다. 계속되는 우연의 일치, 앞뒤가 맞지 않는 일련의 사건, 거짓 증언….

"훌륭한 캐스팅 아닌가? 안 그래? 카르멘과 오세안은 원래 자신의 역할을 했어. 자네가 두 사람을 만날 가능성이 높았으니 당연했지. 알리나가 가장 어려운 역할을 맡았어. 모나 말이야. 이포르에 잠시 들른 와일드한 아가씨 역할인데 대본에 따르면 자네를 유혹하고 필요하다면 잠자리까지 해야 했지. 사실 말이야, 자갈 연구 아이디어를 낸 사람이 바로 날세. 1년 전에 마르탱 드냉 교수의 보코트 별장에 도둑이 들었는데 내가 수사를 했거든. 그 당시 드냉 교수도 모르간 아브릴 사건에 관심이 많아서 이런저런 얘기를 하다가 교수와 친해지게 됐어. 내게 별장 열쇠를 주면서 가끔 별장을 봐달라고 했지. 겨울에는 거의 이쪽에 안 오거든. 그래서 교수에게 물어볼 필요도 없이 자네에게 도피 장소를 마련해줄 수 있었어."

모나는 연구원이 아니었다. 모나란 사람은 존재하지 않았다….

자신에게 주어진 역할을 충실하게 수행한 아바타에 불과했다니!

피로즈는 내가 동요하는 걸 보면서도 아무렇지도 않게 얘기를 이어 갔다.

"다른 세 명의 역할은 모나만큼 자네와 긴밀할 필요가 없었지. 미르티 카뮈의 약혼자 프레드 생미셸이 우울증 걸린 첫 번째 증인 크리스티앙 르메데프 역할을 했어. 미르티의 닌자 할머니가 두 번째 증인을 맡았고. 딸 부부가 죽은 후에 데려다 키운 로날드가 바로 아놀드야. 카르멘 아브릴의 남동생 질베르는 설득하기가 쉽지 않았어. 하지만 내 옆에 누가 있어야 하잖아. 혼자 다니는 경찰 봤나? 그런데 그 멍청이가 연기하는 꼴이라니!"

등장인물 소개가 끝나자마자 나는 눈앞에 지나간 단서들을 다시 떠올릴 생각도 하지 못한 채 눈을 치켜뜨고 반문했다.

"뭐라고요? 나를 잡으려고 그런 연극을 했다고요?"

피로즈가 칼바도스 한 잔을 내밀었다. 나는 잔에 코를 박고 한참 킁킁댔다.

"붉은실협회는 모르간과 미르티 사건을 동일범에 의한 우발적인 범죄로 보고 쇠털 같은 날 동안 그자를 찾으려고 엄청난 노력을 기울였지. 그러다 마침내 2004년 6월 5일에는 이포르에, 2004년 8월 26일에는 이즈니에 있었던 남자 한 명을 찾아냈어. 그게 2013년이야. 수백 개의 증거들을 대조하고 확인한 끝에 드디어 발견한 거라고! 자말 살라우이! 바로 자네였어. 자넨 6월 5일 이포르에 호텔을 예약했고, 8월 26일에는 그랑캉프메지에 있는 파리근교 연합복지센터 요트 캠프에서 하루를 보냈더군. 자말, 자네가 범인이야."

나는 안도의 숨을 내뱉었다. 천근만근 같던 머리에서 먹구름이 싹 가시는 느낌이었다.

기괴한 이 모든 연극이 오해에서 비롯된 것이라니!

그러나 나는 피로즈에게 바로 해명하지 않았다. 당시 주말을 함께 보내기로 한 아가씨에게 딱지를 맞는 바람에 이전에는 이포르에 발도 들여놓은 적이 없으며, 클레시와 그랑캉프를 하루 동안 오가긴 했지만 이즈니는 경유하지 않았다는 사실, 그리고 미르티 카뮈 사건에 대해서는 들어본 적도 없다는 것을.

"모두 미친 거 아니에요? 형사님도 이 상난질에 동참하겠다고 했나요?" 내가 씩씩댔다.

피로즈는 칼바도스를 단숨에 비우고 미소를 지었다.

"짐작하겠지만 카르멘 아브릴이 연극을 꾸미자고 제안했고 사람들을 설득했어. 그 사람들 입장도 한 번 생각해보라고. 자네가 유력하고 유일한 용의자인데 이포르와 그랑캉프메지에 있었다는 사실 외에는 다른 증거가 없어. 그걸로는 손가락 하나 까딱하지 않으려는 라가드 판사를 설득할 수 없었지. 설득해보려고 나도 노력했어. 진심이야. 그런데 공소시효 10년이 만료되는 날이 하루하루 다가오지 뭔가!"

그 사람들 입장도 한 번 생각해보라고….

피로즈는 자신을 그 사람들과 분리해서 말했다. 이상하게도 그가 붉은실협회 사람들과 다른 생각을 하고 있다는 느낌을 받았다. 그래서 다시 한번 물었다.

"언제부터 이 정신병자들의 연극에 참여한 거죠? 경찰이 용의자를 함정에 빠뜨리려 하다니 말이 된다고 생각해요?"

그는 마지막 한 방울을 입술에 흘렸다.

"자말, 처음에는 별것 없었어. 그냥 자네를 이포르로 오게 할 생각이었거든. 조금 조작을 해서 특정기억을 되살리게 하자는 거였어. 딱 하루만 말이지. 목적은 두 가지야. 소환한 첫날에는 정액, 피, 손톱, 음모를 채취하여 유전자분석을 하고, 둘째 날에는 자네를 다그쳐서 자백을 받아내는 거. 유전자와 자백이면 사건이 해결되잖아? 그런데 자네가 모형 범선으로 내 머리를 내리치고 종적을 감췄어. 대본에 없는 짓을 한 거야. 그때부터 자네를 미친놈으로 만들겠다고 결정하고 즉석에서 연극을 꾸몄어."

그 거지 같은 배를 부쉈다고 내가 사과하길 바라진 않겠지?

나는 머리맡에 술잔을 놓았다.

"마셔둬. 몸이 얼어서 잘못하면 죽을 수도 있어." 피로즈가 걱정하는 체했다.

"괜찮아요. 난 죽지 않아요! 내 정액과 다른 것도 모두 얻었으니 빨간 스카프 살인마의 DNA와 비교할 시간은 충분했겠네요. 안 그래요? 내 정액이 10년 전부터 찾았던 강간범의 것과 정확히 일치한다고 말할 참인가요? 물론 일치해야죠. 안 그러면 얼마나 뻘쭘하겠어요. 연극까지 했는데 말짱 도루묵이 될 테니까!" 나는 한껏 비꼬며 쏘아붙였다.

피로즈가 재미있다는 듯 나를 쳐다봤다.

"다른 건 몰라도 하나는 맞아. 나한테 결과가 있어…."

그는 둥글게 말아 빨간 리본으로 묶은 종이를 내 코앞에 대고 흔들었다.

"이 종잇장에 최종 증거가 들어 있지. 50 대 50이야. 탈출하느냐 무기징역 열차를 타느냐…. 하지만 결과를 알려면 좀 더 기다려야 해."

아까와 똑같은 느낌이 들었다. 피로즈는 내가 범인이 아니라고 생각한다. 아니면 이번에도 나와 숨바꼭질을 하려는 걸까?

피로즈는 칼바도스 한 잔을 더 따랐다.

"먼저 자네의 첫 번째 질문에 답을 하겠네. 왜 형사가 이런 우스꽝스러운 연극에 참여하고 동료 경찰 모르게 페캉 경찰서에 자네를 소환했을까? 살라우이, 나는 3개월 후면 은퇴야. 나한테 쏟아질 비난과 윗선의 압력이 얼마나 클지 상상할 수 있겠지? 하지만 그런 건 아무래도 좋아. 그냥 웃어넘길 수 있어. 나는 아브릴과 카뮈 살인사건에 수많은 세월을 바쳤어. 그런데 라가드 판사가 수사 재개를 다시 결정하게 하려면 카르멘의 정신 나간 아이디어 외에는 방법이 없다는 데 동의한 거지. 그게 바로 자네의 혼을 쏙 빼놓고 자백을 받아내서 증인으로 출두하게 만드는 거야."

나는 부르르 떨며 주먹을 불끈 쥐었다.

"염병할! 나한테 물어보지 그랬어요! 내가 대답하지 않았을 것 같아요? 나는 강간하지 않았어요! 말만 했다면 피도 주고 정액도 주고 다 줬을 거예요. 미친년의 연극에 놀아날 필요도 없었다고요. 게다가 그렇게 해서 얻어낸 자백은 증거능력이 없다는 건 잘 아시잖아요?"

피로즈가 나를 뚫어지게 쳐다봤다. '그런 것까지 알아?' 하는 표정이었다.

"자네 말이 맞아. 증거능력이 전혀 없지. 내가 카르멘의 연극을 거든 까닭은 다른 데 있어. 나만 아는 이유지. 알고 싶으면 유전자 분석결과처럼 좀 기다려야 해. 자, 마시자고. 건배!" 형사가 잔을 들었다.

훌륭한 캐스팅 아닌가?

피로즈가 두 번째 잔을 비웠다. 나도 잔을 들어 입에 털어넣었다. 싸구려 독주에 입천장이 화끈거렸다. 얼굴 옆으로 흘러내리는 식은땀을 닦고 목소리를 높였다.

"한마디로 형사님이 나를 통제했다는 거네요. 모나는 날 감시하면서 아브릴, 카뮈 사건의 전모를 갈색 봉투에 조금씩 담아 제공했고, 프레드 생미셸과 닌자 할머니는 말도 안 되는 상황을 연출해서 나를 혼란에 빠뜨렸고 말이죠. 게다가 마갈리 베롱이라는 가상인물의 신상정보를 모르간 아브릴의 것과 흡사하게 만들었고! 그게 전부 나를 미친놈으로 몰고 가기 위한 연극이었다니! 하지만…."

나도 모르게 들고 있던 잔을 꽉 움켜쥐었다. 빨간 스카프를 목에 두른 시체의 얼굴이 갑자기 떠올랐다.

"그럼 도대체 절벽에서 뛰어내린 사람이 누구죠? 그날 아침에 죽은 사람이 누구냐고요!"

"아무도 죽지 않았어."

"제길, 나를 바보로 아는 거예요? 내가 봤어요! 여자가 내 눈앞에서 뛰어내렸다고요."

피로즈는 술잔을 천천히 놓았다.

"〈현기증〉 봤나? 히치콕 영환데…."

나는 머리를 가로저었다.

"〈현기증〉은 사립탐정 이야기야. 친구가 자살 충동이 있는 아내를 감시해달라고 부탁했어. 그런데 친구의 아내는 탐정이 보는 앞에서 종탑에서 뛰어내렸지. 탐정은 그렇게 믿었어. 사실은 친구가 꾸민 사기극이었는데 말이야. 떨어진 건 그 부인이 아니라 마네킹이었거든. 그 친구가 주인공인 탐정을 택한 이유는 단 하나였어. 고소공포증이 있다는 것. 그래서 탐정은 여자가 아래로 떨어지는 걸 실제로는 보지 못했어."

"그게 나랑 무슨 상관이죠?"

"자네 다리! 다리 때문에 자네는 절벽 끝까지 다가가서 마갈리 베롱이 땅바닥에 떨어지는 장면을 볼 수 없지. 게다가 요즘 날씨에는 땅이 얼어 있으니까. 이포르 절벽과 자네 다리가 결합해서 카르멘의 그 미치광이 아이디어가 태어난 거야."

"그 여자가 떨어지는 걸 똑똑히 봤어요! 그리고 곧바로 뛰어가서 피범벅이 되어 자갈밭에 누워 있는 시체도 봤고요!"

"곧바로? 정확히 말해야지. 47초야! 카지노 계단을 지나 해변으로 달려 제방에 도착하면 47초 걸려. 우리가 열 번도 넘게 계산을 했어. 자네가 더 빨리 뛰어내려 오는 건 불가능하다고! 밑에 도착하면 두 명의 증인이 있으니 자네는 해변에 떨어진 시체를 보았다는 사실을 추호도 의심할 수 없지."

기가 막혀서 피로즈를 쳐다봤다. 불편했는지 땀을 흘리면서도 한 잔 더 마실까 망설이는 듯했다.

"그럼 오세안이 마갈리 베롱 역할을 했겠네요? 정신 나간 소리는 아니죠? 하지만 궁금한 게 있어요. 전부 꾸며낸 거라면 오세안이 어떻게 다치지도 않고 해변으로 떨어진 거죠? 갑자기 날개라도 생겼나요?"

"오세안은 정말 굉장한 아가씨야. 대단한 미인에다 운동도 잘하고 무엇보다도 기필코 쌍둥이의 복수를 하겠다는 강철 같은 의지를 가지고 있지. 1년 전에 계획이 가시화되자마자 바로 훈련에 들어갔어."

오세안에 대한 얘기를 듣자 이상하게도 뱃속이 뜨거워졌다. 내가 꿈꿔왔던 여자, 날개 달린 천사가 떠올랐다.

나는 피로즈에게 으르렁댔다.

"훈련이요? 그건 또 무슨 얘기예요?"

"베이스점프! 프랑스에서 베이스점프협회에 등록한 사람은 수백 명쯤 돼. 세계적으로는 수천 명에 달하지. 베이스점프는 절벽, 고층 빌딩, 성당 종탑 같이 높은 곳에서 점프를 하는 익스트림 스포츠야. 자네 동네에서는 그런 거 안 하나?"

어안이 벙벙하여 피로즈의 입만 쳐다봤다.

"더 알고 싶은가? 베이스점프를 하려면 높이가 최소한 50미터 이상이어야 해. 이포르 절벽은 높이가 120미터 정도니까 전문가가 아니더라도 크게 위험하진 않지."

"눈앞에서 떨어지는 걸 봤다니까요. 빨간 스카프를 손에 쥔 채 찢어진 원피스 그대로…."

"그게 베이스점프의 이점이야. 소형 낙하산이 들어 있는 작은 가방을 메고 점프를 해. 그 가방은 테일포켓이라고도 하는데 두께가 10센티미터도 안 되고 등에 딱 맞아서 재킷이나 코트를 입으면 거의 보이지 않아. 놀라울 정도야."

"찢어진 원피스도?" 질린 목소리로 한마디 거들었다.

"그렇지! 폭행 당해서 찢어진 원피스로 보였겠지만 그 옷을 만드는데 시간 꽤나 들였어. 허벅지와 어깨를 거쳐 허리에 차는 안전벨트를 섹시한 원피스가 잘 가려줘야 했거든. 물론 등에 멘 테일포켓도 가려야 하고. 점프를 하면서 너덜거리는 옷을 잡아당기면 낙하산이 펴지는 거야. 오세안이 훌륭하게 역할을 수행했어. 물론 자네 주의를 흐트러뜨릴만한 다른 장점들도 많이 가졌지. 안 그래?"

나는 멍하니 있었다. 어처구니없는 사실을 믿을 수도 인정할 수도 없었다.

사건이 모두 종결된 후, 피로즈의 말을 확인하기 위해 유튜브에서 베이스점프에 관한 수백 개의 동영상을 보았다. 성당, 다리, 안테나 같이 말도 안 되는 장소에서 허공을 향해 뛰어내리는 전 세계의 미치광이들. 밤이 새도록 영상을 지켜보며 그들에게 매료되었고, 인터넷을 뒤져 베이스점프 장비들도 알아봤다. 거짓말이 아니었다. 등에 메는 핸드백보다 더 작은 테일포켓을 온라인으로도 살 수 있었다.

"점프 시간은 30초도 안 돼." 피로즈가 말을 이었다. "봐서 알겠지만 절벽 아래쪽에는 동굴이 열댓 개 있어. 몸을 숨길 정도의 크기는 돼. 덩치 큰 카르멘도 숨을 수 있다고! 카르멘이 오세안 얼굴을 붉은 피로 칠하고 테일포켓을 회수해서 가장 가까운 굴로 숨기에 47초는 충분한 시간이지."

정신없이 해변으로 뛰어갔던 일을 떠올렸다. 나는 르메데프와 드니즈 노인이 다가오기 직전에 시체 옆에 도착했다.

"오세안이 죽은 척했다고요? 말도 안 돼! 그렇게 오랫동안 어떻게 숨을 참죠? 당신들이 올 때까지 10분 넘게 기다렸는데!"

피로즈는 결국 술잔을 채웠다. 세 번째 잔이었다.

"잘 기억해보라고. 그날 아침 정말 추웠잖아. 자닌 할멈이 도착해서 처음 한 일이 뭐야? 참, 자네는 그 노인네 이름을 드니즈로 알고 있지?"

그제야 드니즈 주뱅의 행동이 생각났다. 어떻게 그걸 모를 수 있었지?

피로즈는 의기양양했다.

"자네에게 재킷을 달라고 해서 오세안의 얼굴과 몸을 가렸던 거 기억나? 오세안이 편하게 숨을 쉬게 하려고 그랬던 거야. 자네가 좀 춥더라도 말이지."

피로즈는 재미있어 죽겠다는 듯 실실 웃으며 술잔에 입술을 담갔다.

"그런데 전혀 예상하지 못한 게 하나 있었어. 자네가 달리는 길에 우리가 묶어두었던 빨간 스카프 말이야. 그걸 오세안에게 던져줄 거라곤 생각도 못 했어. 오세안은 즉흥적으로 스카프를 쥐고 뛰어내렸지. 카르멘이 그걸 오세안의 목에 둘렀고. 덕분에 이야기가 좀더 짜릿해졌어. 자네를 혼란스럽게 만드는 데 일조한 거라고. 안 그래?"

"이런 개자식들!"

피로즈가 웃음을 터뜨렸다.

"좋게 생각해줘서 고맙군!"

피로즈가 술을 홀짝이는 동안 나는 둥글게 만 종이를 응시했다.

10년 전 두 여자를 죽인 자와 내 유전자를 비교한 서류….

저기에 내가 무죄라는 증거, 이 모든 미친 짓이 망상에 불과하다는 증거가 들어 있다. 피로즈가 유전자검사마저 조작하지 않았다면….

"헛수고를 했네요! 빌어먹을 붉은실협회 것들이 완전 헛다리를 짚었다고요! 특히 개 같은 모나 년, 아니 알리나 년한테 박수라도 쳐줘야겠어요. 유감스럽게도 난 살인범이 아니에요. 그 연놈들한테 좀 전해줘요."

나는 수갑 열쇠를 달라고 손을 내밀었다.

"살라우이, 아직 이해를 못 했군. 자네가 진범이든 아니든 저들에겐 중요하지 않아. 자기들이 범인이라고 생각했으면 그걸로 충분하다고!"

척추를 타고 잘린 다리까지 온몸에 전율이 일었다.

"이런 염병! 이번엔 또 무슨 개지랄들을 하려는 거죠?"

"일단 자백을 받고 처형하는 거지. 10년 동안 복수의 날을 기다렸거든. 카르멘은 10년 동안 사랑하는 딸의 목숨을 앗아간 놈의 불알을 박살내겠다고 벼르고 또 별렀어. 오세안은 고통의 칼날을 갈았지. 프레드 생미셸은 10년 동안 찍소리 안 하고 살았지만 지금은 압력솥처럼 터지기 일보직전이야. 약혼녀를 살해한 놈을 자신의 손으로 목 졸라 죽일 수 있기만 바랄 뿐이지."

"환장하겠네! 나는 죄가 없다니까요!"

피로즈가 들고 있던 잔을 내 쪽으로 내밀었다. 이 미친놈이 건배를 하자는 건가? 나는 가만있었다. 그는 아랑곳하지 않고 고개를 젖혀 단숨에 잔을 비웠다.

"나도 알아." 마침내 피로즈가 입을 열었다.

온몸에 소름이 돋았다.

안다고?

뭘?

내가 범인이 아니란 걸?

피로즈가 빨간 리본을 천천히 풀어 종이를 건넸다.

"선물이야, 살라우이. 자네가 범인이어도 나쁘지 않았을 거야. 불구의 아랍인 사이코패스가 범인이라면 모든 게 간단해졌을 테니까. 하지만 증거는 증거니까. 자네 유전자는 빨간 스카프의 유전자와 일치하지 않아. 아쉽지만 자네가 범인이 아냐."

떨리는 손으로 종이를 받아들고 글자 세 자씩 쌍을 이루어 끝없이 이어지는 유전자코드를 뚫어져라 쳐다봤다. 모르간 아브릴과 마갈리 베롱 서류에서 본 적이 있는 그런 글자들이다. 이번에는 피로즈가 거짓말을 할 이유가 없었다. 나는 길게 숨을 내쉬고 선창 너머 검은 바다로 시선을 옮겼다.

"언제 알았어요?"

"어제 오후 5시쯤…."

나는 폭발하고 말았다.

"내가 무죄라는 증거를 가지고 있는데 왜 그런 연극을 했죠? 거짓 총격전은 뭐고, 연출한 무덤은 뭐며, 도대체 생마르쿠프 섬에는 왜 가는 거예요?"

피로즈는 종이를 내 손에서 빼앗아 다시 말았다.

"진정해, 살라우이. 즐기도록 해. 경찰은 자네 편이야. 우리는 자네가 범인이 아니라는 걸 알아. 자네를 보호할 거야. 걱정할 것 없다고."

나는 수갑 찬 손을 내밀었다.

"풀어줘요. 제기랄!"

"진정하라고. 솔직히 말하면 유전자 분석결과가 놀랍지는 않았어. 그래도 카르멘 아브릴에게 그 소릴 했다간 날 죽이려 들었을 거야. 사실 나는 동일범에 의한 살인이라고 생각하지 않아. 어쨌든 자네가 이포르와 이즈니에 있었다는 이유만으로 범인이 될 수는 없다고 생각했지. 이 사건을 담당하면서부터 다른 가설을 세우게 됐어. 더 개인적이고 훨씬 더 복잡한 가설이야."

"그럼, 말해봐요. 다 털어놓으라고요. 얘기할 시간은 충분하잖아요."

"오늘 아침 물이 들어올 때까지는 시간이 있지. 간단히 말하면 카르멘 아브릴이 붉은실협회 사람들 각자에게 역할을 맡겨서 자네를 잡겠다고 했을 때 기회다 싶었어."

"말 돌리지 말고 어서 말하라고요!"

피로즈가 기침을 했다. 어딘가 불편해 보였다.

"아직도 모르겠어? 설명을 해주지. 내가 자네를 미끼로 이용한 거야. 일부러 그 계획에 장단을 맞추면서 저들의 경계심을 푼 거라고. 왜냐하면…."

말을 끝내지 못하고 피로즈는 또다시 기침을 했다. 나는 갈색 봉투 속의 수사기록과 모나, 아니 알리나의 의혹을 다시 되새겼다. 미르티 카뮈와 그녀를 죽인 범인은 서로 아는 사이였다. 미르티와 모르간 모두 그들을 유혹한 자에게 희생되었고 범인과 만날 약속을 했다.

나는 목소리를 높였다.

"진짜 범인을 알았기 때문인가요?"

피로즈는 목소리를 낮추라고 손으로 사인을 보냈다. 그럼에도 내 목소리는 그다지 줄어들지 않았다.

"나도 아는 사람이에요? 경찰이 죽은 두 여자의 주변 사람들은 모두 조사하지 않았나요? 유전자분석도 다 끝냈으니 그들 중에 범인이 있을 리 없잖아요!"

나는 잠시 말을 멈추고 다른 얘기를 꺼냈다.

"죄수의 딜레마는 무슨 상관이죠?"

형사는 대답 대신 수수께끼 같은 미소를 지었다.

"몇 시간 후면 알게 될 거야. 전부 생각해뒀고, 만반의 준비를 갖췄어. 날 믿어, 살라우이. 부탁이 하나 있는데 저들 장단에 춤 좀 춰주라고. 며칠 동안 자네를 못살게 굴었잖아? 몇 시간 더 연극을 하게 놔둬. 아침에도 지금 우리가 한 얘기는 발설하지 말고. 다른 사람은 아무도 몰라. 자네가 무죄라는 건 몇 시간 더 비밀로 해야 해. 그게 범인을 밝히는 유일한 길이야."

"그 엉터리 같은 계획을 내가 왜 따라야 하죠?"

형사는 코르크 마개를 열고 네 번째 잔을 따랐다.

"자네를 위해 건배! 몇 시간 후면 전부 끝날 거야. 자네는 하얀 눈처럼 무결한 사람이 되는 거지. 알리나와 마음껏 사랑해도 되고."

피로즈는 머리맡에 있던 술잔을 집어서 내게 건넸다. 하지만 내가 가만있자 어깨를 으쓱했다.

"알리나가 자네에게 마음이 있나 봐. 자네를 보고 올 때마다 자네가 범인이 아니라고 생각하는 것 같았어. 이 배에서 나 말고 자네 편이 되어줄 사람은 알리나뿐이야. 내 말 잘 새겨들어."

모나가?

내 편이 되어줄 유일한 사람이라고?

그 순간 교활한 햄스터에게 말로 형용할 수 없는 혐오감이 치밀었다.

환영. 배신. 환멸.

오펠리는 모나에게 20점 만점에 21점을 주면서 말했다.

꽉 잡아. 운명의 여자를 만난 것 같아.

운명의 여자?

유일한 내 편?

이 순간 나는 알지 못했다. 오펠리와 피로즈가 착각을 해도 한참을 착각했다는 것을.

피로즈 형사는 리본으로 묶은 종이와 칼바도스 병과 술잔을 들고 선실을 나갔다. 약간 비틀거렸다. 나무판자 벽으로 둘러싸인 선실이 사우나로 느껴질 만큼 강한 열기가 올라와 숨이 막혔다. 어느 토요일 저녁 초등학교 체육관 옥상에 혼자 올라가 생전 처음 마리화나를 피우던 생각이 났다. 그날 나는 내 몸을 결박하고 있던 밧줄과 모래주머니가 떨어져나가는 경험을 했다.

그때처럼 가벼워진 느낌이었다. 나는 무죄다. 경찰에게 증거가 있다.

나를 미친놈으로 몰아갔던 저 망할 삼류배우들과도 영원히 안녕!

아니, 어쩌면 오세안만 빼고….

장단에 춤 좀 춰주라고?

파라메호가 생마르쿠프 섬에 입항한다는 소식을 들었는지 수천 마리의 바닷새들이 운집해 시끄럽게 울어대는 통에 잠에서 깼다. 동이 트기 시작했다. 수줍은 태양이 물거품의 눈물로 얼룩진 둥근 선창 중앙에 다가와 붉은 눈동자가 되었다.

선실의 나무 벽이 갑자기 흔들렸다. 이번에는 사람들이 지르는 소리였다. 파라메호가 닻을 내리는 모양이다. 선실 문이 벌컥 열리더니 보라색 방수점퍼를 입은 카르멘 아브릴이 들어왔다.

"시간 됐어!"

그녀는 소리를 지르며 벌거벗은 내 몸을 혐오스럽다는 듯 훑어보았다. 시선이 잘린 다리 끝에서 멈췄다. 괴물. 사악한 병신. 호기심과 증오가 뒤섞인 시선이었다.

이제껏 이런 눈으로 내 장애를 관찰한 사람이 있었던가?

나는 사랑하는 딸을 죽인 살인마였다.

보란 듯이 몸을 펴고 다리를 벌렸다.

난 무죄야! 경찰은 내 편이라고!

“이거 입어.”

카르멘이 침대로 옷 뭉치를 던지고 등 뒤에 감추고 있던 쇠막대를 내게 겨눴다. 지름 2센티미터에 길이 1미터. 부지깽이보다 더 길고 굵다.

본능적으로 뒤로 물러났다. 죄는 없었지만 손에 수갑이 채워진 상태였고 맨몸이었다. 10년 동안 복수의 칼날을 갈아온 미친 여자 앞에서 아무런 방어수단이 없었다.

카르멘 아브릴이 쇠막대를 내 얼굴 바로 앞에 들이댔다.

시간이 멈춘 듯했다.

그녀가 마침내 쇠막대를 팽개쳤다. 바닥에 부딪힌 막대 소리가 심벌즈 여운처럼 메아리쳤다.

“목발로 써.”

그러고는 가타부타 설명도 없이 침대맡에 작은 열쇠를 놓고 선실을 나갔다. 수갑 열쇠였다.

카르멘이 던져준 잠수복을 입고 갑판 위로 올라갔다. 프레드 생미셸은 아무 말 없이 나를 지나쳐 화물창으로 내려갔다. 그들에게 욕을 퍼붓고 소리 지를 틈도 없었다. 한 발로 팔짝팔짝 뛰어 계단을 올라가 흔들리는 배 위에서 쇠막대를 짚고 서 있는 게 얼마나 수치스러운 일인지 저들은 알지 못한다. 생미셸이 수갑을 들고 올라와 손을 내밀라고 손짓했다.

생미셸…. 염병할 뽕쟁이! 소녀들을 설레게 했던 시생의 얼굴에는 10년

이란 세월이 고스란히 새겨졌다.

피로즈 형사의 조언을 생각했다.

전부 생각해뒀고,

만반의 준비를 갖췄어.

저들 장단에 춤 좀 춰주라고.

쇠막대를 놓고 두 손을 내밀었다. 그리고 난간 옆에 있는 장비함까지 뛰어가 그 위에 앉았다.

묶인 두 손과 외다리. 설마 이런 내가 헤엄을 쳐서 탈출할 거라고 생각하진 않겠지?

파라메호는 생마르쿠프 제도의 두 섬 중 라르주 섬에 닻을 내렸다. 150미터에 80미터 크기의 섬은 바다 한가운데 떠 있는 요새였다. 보자마자 텔레비전 예능프로그램 〈보야르 원정대〉가 떠올랐다. 난쟁이, 호랑이, 거미 그리고 가슴골이 드러난 수영복 차림의 신인 여배우들은 어린 내 마음에 두려움과 환상을 심어주었다.

섬 중앙에는 해자와 벽돌 외벽으로 둘러싸인 콜로세움 형태의 성채가 있었다. 외벽을 뒤덮은 해초와 이끼를 보니 밀물이 차오를 때마다 외벽 대부분이 바닷물에 잠기는 듯했다. 파라메호가 정박한 선착장은 최근에 보수한 것처럼 보였다.

카르멘 아브릴이 내 앞에 섰다.

"구조해줄 사람은 없으니 기대도 하지 마. 안전상 이유로 라르주 섬에 정박이 금지된 지 오래거든. 섬 보전 협회만 정박할 수 있는데 자원봉

사자들도 겨울에는 일하지 않아. 요트들도 영불해협에는 얼씬도 않지."

나는 아무 말도 하지 않았다. 찻잔, 커피가 담긴 보온병, 빵을 늘어놓은 테이블에서 생미셸이 커피와 크루아상을 집어들고 뒤로 돌았다.

"커피 한 잔 할 텐가?"

호의적이지도 적대적이지도 않은 침울한 목소리였다. 그동안 뽕쟁이 역할을 하는 데 큰 어려움은 없었을 듯하다. 지금도 크리스티앙 르메데프의 우울한 얼굴 그대로니까.

"아뇨, 사양하겠습니다! 마지막으로 마신 커피가 아직도 소화가 안 돼서요."

나는 일부러 모나 들으라고 큰 소리로 대답했다. 동시에 그녀를 언제쯤 알리나라고 부를 수 있을까? 하는 생각이 들었다.

모나는 아무 반응도 보이지 않았다.

뱃머리에 서서 생마르쿠프 제도의 또 다른 섬만 바라보았다. 풀어헤친 머리가 추위로 발개진 얼굴을 거칠게 내리쳤다. 퉁퉁 부은 눈두덩이에 마른 눈물 자국이 보였다. 좌현 쪽에는 드니즈 할머니가 강아지를 안은 채 한 손으로 난간을 잡고 서 있었다. 아놀드는 살아 있는 먹이를 공격하듯 크루아상을 게걸스럽게 물어뜯었다.

질베르 아브릴은 조타실 유리창 뒤에서 기계를 만지작거렸다.

그는 이 시답지 않은 연극이 영 못마땅한지 인상을 찌푸린 채였다. 자신이 배를 운전해서 여기까지 왔고 닻도 내렸지만 어떤 핑계를 대더라도 이 일에서 빠지고 싶은 눈치였다.

카르멘이 내 앞을 지나 테이블로 가서 잔에 커피를 따랐다. 그리고 환하게 웃으며 오세안 앞을 지나갔다.

두 사람은 눈빛으로 오랜 고생 끝에 얻어낸 승리의 기쁨을 나눴다.

드디어 보상과 영예의 날이 왔다.

오세안의 손가락에는 담배가 들려 있었다. 뒤로 넘겨 핀으로 고정한 머리칼 덕분에 더욱 돋보이는 얼굴과 눈은 흑백영화 시대의 우아한 미국 여배우를 연상시켰다. 뉴욕항을 출발한 대서양 횡단 여객선 갑판에 서서 파리를 정복할 꿈을 꾸는 아름다운 여인…. 다른 사람과 달리 오세안은 내 눈을 피하지 않았다. 가끔 바닷바람에 흩날리는 담배 연기가 우리의 시선을 가로막을 뿐.

얇게 드리운 신비로운 베일. 다리가 하나뿐인 불구의 몸이지만 내겐 두려울 게 없었다.

죄가 없으니까!

오세안은 생각에 잠긴 표정으로 나를 보았다. 뜨거운 회오리가 뱃속을 휘저었다.

경멸이나 혐오의 감정이 섞이지 않은 순수한 시선으로 나를 보고 있다. 저토록 아름다운 여인이…. 처음 겪는 일이었다.

> 전부 생각해뒀고,
>
> 만반의 준비를 갖췄어.
>
> 저들 장단에 춤 좀 춰주라고.

갑판 위에는 피로즈만 보이지 않았다. 자신의 가설을 깜짝 발표하기 전에 술 깰 시간이 필요한가?

프레드 생미셸의 낮은 목소리가 들렸다.

"이제 시작합시다!"

카르멘이 잔을 놓았다.

"그래! 더는 시간을 허비해선 안 돼. 벌써 두 시간 전부터 바닷물이 들어오기 시작했어."

무슨 말일까?

"알리나, 닻을 올려!" 카르멘이 지시했다.

모나는 기계적으로 그 말에 움직였고, 파라메호와 라르주 섬의 선착장 사이에 내린 오렌지색 닻을 천천히 잡아당겼다. 드니즈 주뱅이 아놀드를 내려놓았다.

"어떤 거지?" 카르멘이 벽돌 벽을 보며 물었다.

"위에서 세 번째예요." 생미셸도 같은 방향을 보며 대답했다.

위에서 세 번째?

외벽에는 끈적끈적한 해초만 보였다. 일부는 바닷물에 잠겨 있고 잠시 동안만 마른 채 벽에 붙어 있는 해초도 있다.

"가장 녹이 덜 슨 것으로 해!" 카르멘이 손가락으로 가리켰다.

그녀가 말한 건 외벽에 박힌 쇠고리였다. 쇠고리는 현재 수위보다 1미터 위에 있었다. 그러나 이끼가 젖은 정도로 판단하면 바닷물이 최대로 들어올 때, 벽은 쇠고리 위로 50센티미터가량 물에 잠긴다. 잠수복을 준 데는 이유가 있었다.

저 고리에 나를 묶어둘 생각이다! 물이 차오르기를 기다리면서.

식은땀이 잠수복과 살갗 사이로 흘러내렸다.

목적이 뭐지? 저지르지도 않은 범죄를 자백하게 만들려고? 자백을 받아내서 경찰에 넘기려고? 아니면 나를 죽여 저들의 계획을 완수하려고?

피로즈의 충고를 다시 떠올렸다.

전부 생각해뒀고, 만반의 준비를 갖췄어.

피로즈가 헛소리한 게 아니기를….

그런데 이 술주정뱅이는 아직도 안 일어나고 뭐하는 거야?

오세안은 담배꽁초를 바다에 버리고 도전적인 시선을 다시금 내게 던졌다. 수수께끼 같은 눈빛이다.

카르멘이 내 앞으로 왔다.

"이제 알겠지, 살라우이? 바닷물은 분당 1센티미터씩 높아져. 네가 저지른 짓을 자백할 시간은 한 시간 정도야."

꿀꺽 침을 삼켰다.

저들 장단에 춤 좀 춰주라고.

좋아, 피로즈. 그렇게 하겠어. 하지만 어서 서둘러!

"그 다음에는?" 내가 물었다.

"왜, 배심원단이라도 소개해줄까? 심리가 끝나면 배심원들이 평결을 할 거야. 시민 배심원단이라 할 수 있지. 잘 설득해야 살 수 있어."

저들 장단에 춤 좀 춰주라고.

"당신들은 미쳤어!" 나는 소리를 질렀다.

카르멘은 눈도 꿈쩍하지 않았다.

"피로즈를 찾아와! 이자를 물에 처넣으려면 남자가 필요해. 질베르는 손을 더럽히지 않겠다고 우기니까." 그녀가 프레드에게 소리쳤다.

질베르 아브릴은 아무 반응이 없었다. 어쩌면 조타실 지붕에 앉은 갈매기들의 시끄러운 울음소리에 누나의 말을 듣지 못했을지도 모른다.

생미셸이 화물창으로 내려갔다. 모나는 물결에 움직이는 닻줄을 여전히 붙잡고 있었다. 솜털구름이 창백한 새벽 해를 이미 삼켜버렸다. 기온은 영상 5도도 채 되지 않는다. 물속 온도는 상상할 수도 없다.

오세안은 두 번째 담배에 불을 붙였고 카르멘은 두 번째 커피를 마셨다.

"도대체 뭘 하느라 꾸물거리는 거야?"

생미셸이 아직도 오지 않자 카르멘이 툴툴댔다. 드디어 계단에서 발소리가 울렸다. 일그러진 얼굴로 그가 나타났다.

"피로즈가 없어요!"

시커먼 심연이 발밑에서 커다란 입을 열었다. 악랄한 운명은 다시 한 번 나를 패대기쳤다. 소란스럽게 울어대는 수천 마리의 가마우지마저 날 비웃는 듯했다.

"다른 데 찾아봤어? 화장실이나 샤워실은?"

생미셸은 대충 민 수염을 손으로 문지르며 짜증을 냈다.

"카르멘! 손바닥만 한 배에요. 화물창에 없다고 했잖아요!"

카르멘, 오세안, 드니즈 노인이 황급히 차례로 내려가 구석구석 찾기 시작했다.

피로즈는 배에 없었다.

술에 취해 바다로 떨어졌나? 아니면 차가운 물속에 뛰어들어 고무보트를 타고 구조를 요청하러 갔을까? 아니면 아는 게 너무 많아 누군가 그의 입을 막은 걸까? 피로즈가 입을 함부로 놀려서?

질베르가 카르멘 등쌀에 못 이겨 마지못해 구명조끼 수를 확인하는 동안 피로즈가 했던 말을 다시 떠올렸다.

> 다른 사람은 아무도 몰라.
>
> 자네가 무죄라는 건 몇 시간 더 비밀로 해야 해.
>
> 다른 사람은 아무도 몰라….

질베르 아브릴이 투덜거리며 구명조끼를 보관함에 쑤셔넣었다.

사라진 구명조끼는 없다!

나는 공포에 찬 눈으로 벽돌 외벽에 달린 쇠고리를 보았다.

물은 벌써 10센티미터나 올라왔다.

다른 사람은 아무도 몰라?

'물이 무릎까지 찼네. 늙다리 꼰대는 전진하라 하네.'

어렸을 때 캠프에 가서 불렀던 그래엄 올라잇의 옛 노래가 끊임없이 맴돌았다. 덕분에 다른 생각이 머릿속에 침투할 틈이 없었다.

물은 이미 허벅지까지 차올랐다. 잠수복을 입고 있어서 추위는 아직 견딜 만했지만 쇠고리에 매달린 손목 통증은 참을 수 없을 만큼 고통스러웠다.

몇 분 전부터 자세를 바꾸며 최대한 어깨에 하중이 가지 않는 방법을 찾았다. 한 팔씩 힘을 주었다가 양팔 모두 힘을 주었다가….

물이 더 차고 몸이 떠오르면 고통도 덜어진다.

그리고 아무것도 느끼지 못하는 순간이 온다 .

나를 배에서 내리고 외벽 쇠고리에 수갑을 고정하기 위해 질베르 아브릴도 카르멘과 생미셸을 도와야 했다. 그는 오만상을 찌푸리고 오세안에게 담배를 하나 빌려 물고는 '미친 짓거리'라며 중얼거렸다. 그리고 나를 고문 기둥에 매단 즉시 담배를 던져버리고 갑판 위로 돌아갔다.

나는 저항하지 않았다. 이미 수치스러운 꼴을 다 보인 마당에 갑판 바닥에 누워 소리를 지르고 두 동강 난 지렁이처럼 몸을 비틀어 저들이 나를 쉽게 끌어내지 못하도록 버틸까 잠시 망설였다.

하지만 곧바로 포기했다.

상대는 여섯 명. 프레드 생미셸과 오세안 아브릴이 호주머니에 넣어 둔 권총은 보란 듯이 밖으로 삐져나와 있었다. 반면 나는 혼자였고 손도 쓸 수 없었다. 권총으로 위협할 필요도 없이 쇠고랑을 채운 채 찬 바닷물로 던져버리면 그만이었다.

물은 정밀한 스위스 시계처럼 정확하게 분당 1센티미터씩 올라왔다. 고요한 바다도 생마르쿠프 요새 외벽에 거칠게 몰아치는 파도를 제어하지 못했다. 얼굴에 들이치는 짠물이 눈과 입으로 들어와 따끔거렸지만 닦아낼 수도 없었다. 파도는 더욱 심해졌다. 파도가 칠 때마다 몸이 둥실 떠올라 해초가 들러붙은 벽에 부딪혔다. 내게는 폭풍우에 갇혀 물결 따라 요동치는 몸통만 남았다.

아놀드를 안은 드니즈 노인은 여전히 배 난간에 기대어 서 있었다. 다른 네 명의 고문관은 최근에 보수한 성벽에 올라가 자리를 잡고 앉거나 서서 나를 보았다. 내가 있는 곳에서는 벽돌 외벽과 성채 중앙의 윗부분과 흰구름이 떠 있는 하늘로 우뚝 솟은 망루만 볼 수 있었다.

마지막 희망….

쇠고리에 매달리는 순간, 피로즈가 바다를 건너 육지로 간 게 아니라 이 섬 어딘가에 숨어 있을지도 모른다고 생각했다. 혹시 콜로세움

안에서 경찰기동대와 함께 매복한 채 다시 나타날 순간만 기다리나?

붉은실협회의 미치광이들 네 명 중에서 모나는 나와 가장 멀리 떨어진 성벽 끄트머리에 앉았다.

일부러 그랬을까?

모나는 긴장한 듯 발뒤꿈치로 성벽을 계속 쳐댔다. 사방으로 흩날리는 머리칼이 축축한 모나의 눈을 연신 닦아냈다. 그 옆에 구부정하게 앉은 생미셸은 30초마다 등을 똑바로 폈다. 그 역시 긴장한 모습이었다. 카르멘은 굳은 표정으로 꼿꼿이 서서 다른 사람들을 내려다보았다. 가끔 시간을 확인하려고 손목시계로 시선을 돌릴 때만 빼고는 앞만 응시했다.

"한 시간도 안 남았어, 살라우이. 물속에 완전히 잠기기 전에 배심원단의 평결을 원한다면 얼른 자백해야 할 거야."

흰 포말이 얼굴로 사정없이 달려들며 부서졌다.

다른 사람들과 달리 오세안은 침착한 모습이었다. 청바지와 케이웨이 점퍼를 입고 책상다리를 하고 앉아 담배 연기를 내뿜으며 나를 빤히 보았다. 그 시선에는 증오나 동정이 섞이지 않았다. 호기심만 잔뜩 서려 있었다. 마치 풀밭에서 서로 먹고 먹히는 벌레들을 흥미진진하게 쳐다보며 세상은 잔인하다는 사실을 배우는 아이 같았다.

믿을 수 없을 정도로 아름다웠다.

"뭘 자백하라는 거야?"

나는 밀려오는 파도 속에서 소리를 질렀다. 내 질문에 답하는 사람은 없었다. 무슨 답을 원하는지도 모르는데 무조건 자백하라니!.

빌어먹을! 망할 피로즈 새끼는 어디서 뭘 하는 거야?

30센티미터쯤 더 차오른 물에 가슴이 조여들었다.

'전부 생각해뒀고, 만반의 준비를 갖췄어.' 피로즈의 목소리가 머리를 두들겼다.

하지만 그는 아무 흔적도 없이 사라졌다.

"30분 남았어!" 카르멘이 소리쳤다.

물시계가 고장 난 듯 시간은 쏜살같이 흘렀다.

침에 짠물이 섞여 퉤 뱉어냈다.

"좋아! 다 말하겠어!"

시간이 얼마 남지 않았다. 피로즈의 조언에도 불구하고 마냥 기다릴 수만은 없었다. 주정뱅이 뚱보 피로즈는 다른 경찰이 언제 도착하는지 내게 좀더 확실한 정보를 줘야 했다.

나는 파도 소리를 이기기 위해 있는 힘껏 소리를 질렀다.

"당신들은 처음부터 실패했어! 나는 모르간과 미르티를 죽이지 않았어! 피로즈도 그 사실을 알고 새벽에 전부 얘기했다고!"

이어서 피로즈에게 들은 얘기를 모두 말했다. 유전자 분석결과가 적힌 종이까지도. 그러면서 그 서류를 피로즈의 선실에서든 다른 곳에서든 찾아보라고 했다. 물론 가능한 한 빨리, 최대한 서둘러서!

"가서 찾아봐." 카르멘이 오세안과 생미셸에게 명령했다.

두 사람은 군말 없이 일어났다.

나는 말을 멈추지 않았다. 예전에 호텔을 예약한 적은 있지만 이포르에는 발도 들여놓지 않았으며, 어느 날 오후 잠시 지나친 그랑캉프메지의 시멘트 성당 외에는 노르망디의 이 지역과 인연도 없고 그랑드카리에르나 이즈니 운하에는 가본 적도 없다고 소리쳤다.

모나는 고개를 숙였다. 내게서 이미 들어 아는 내용도 있다. 높은 파도가 얼굴을 내리쳤다. 짠물이 입으로 들어오는 바람에 말을 끝맺을 수 없었다. 다시 침을 뱉었다.

힘이 점점 빠졌다.

결국 입을 다물었다. 피로즈의 이중 플레이에 대해서, 나를 미끼로 이용하여 진범을 찾아내겠다는 피로즈의 의도에 대해서 일단은 말하지 말자.

범인은 저들 중에 있을까?

'물이 허리까지 찼네.' 그래엄 올라잇이 흥얼거렸다.

10분 후에 오세안과 생미셸이 머리를 가로저으며 갑판 위로 올라왔다. 빈손이었다.

전부 뒤졌지만 아무것도 없다는 뜻이다.

유전자분석 서류는 흔적도 없다. 피로즈는 내가 무죄임을 증명해줄 유일한 증거와 함께 사라졌다. 멍청한 새끼!

짠물이 증발하면서 결정체가 남아 눈을 찔렀다.

"잠깐만!" 내가 소리를 질렀다. 바닷물이 목구멍으로 밀려들어왔다. "피로즈가 어젯밤에 보여줬어. 루앙 과학수사연구원에서 검사를 했으니 전화해서 확인해보라고!"

오세안은 무심한 표정으로 담배에 또 불을 붙이고 자세를 고쳐 앉았다. 생미셸은 성벽으로 올라갔다.

"시간 끌지 마, 살라우이. 얼마 남지 않았어." 카르멘이 말했다.

많아야 20분….

물이 어깨까지 찼다. 자세를 잡기는 훨씬 편해졌다. 몸을 당겨 잠시지만 수면 위로 올라와 균형을 유지할 수 있었다. 잘린 다리 덕분에 가장 사나운 파도도 예측할 수 있었다. 붉은실협회가 상상해낸 고문은 놀라울 정도로 효과적이었다. 시간이 지날수록 몸은 익숙해졌지만 그 익숙함만큼 죽음에 더 다가섰다.

절망스럽게도 수평선에는 아무것도 보이지 않았다.

갑자기 먹구름이 몰려오더니 폭우가 쏟아지기 시작했다. 하늘이 돕는 건가? 입과 눈을 크게 벌리고 얼굴에 흘러내리는 빗물을 핥았다. 파라메호 갑판에 있던 드니즈 주뱅과 질베르 아브릴은 비를 피해 조타실 안으로 들어갔다. 뿌예진 유리창 때문에 이제 두 사람은 보이지 않았다.

카르멘이 보라색 방수점퍼에 달린 모자를 썼다. 생미셸은 검정 우산을 펼쳐들고 모나에게 다가가 우산을 씌워줬다. 모나는 미동도 하지 않았다.

오세안만이 고스란히 비를 맞았다. 얼굴에 떨어진 빗물에 마스카라와 보라색 아이섀도가 볼을 따라 입가로 흘러내렸다. 그 모습은 그녀의 아름다움을 한층 더 빛나게 했다. 비 내리는 길가에 버려진 오리엔탈 성상. 물에 젖은 황금색과 보라색으로 신들이 공들여 그려낸 걸작.

눈을 뗄 수 없었다. 어리석게도 사랑에 빠져버렸다. 몇 분 후면 죽을 운명이고 그 무엇보다 내가 죽기만을 바라는 여자인데도 억누를 수 없는 욕망이 꿈틀거렸다. 생탕투안 치료센터의 상담가들은 내면으로 깊숙이 도피하려는 이상심리와 정상을 벗어난 두뇌활동으로 인한 '감정전이'라고 진단내릴 게 분명했다.

쇠고리를 잡아당겨 물 밖으로 나왔다. 그리고 파도 소리와 갈매기 울음소리, 빗소리를 뚫기 위해 고래고래 소리를 질렀다.

"피로즈는 생각이 달라! 진짜 범인에게 덫을 놓으려 했던 거라고!"

내 몸은 다시 차가운 물속으로 내려갔다.

"내가 아니야. 내가 아니라고!" 숨이 찼다.

마지막으로 숨을 들이마신 뒤 몸에 남은 모든 공기를 토해냈다.

"범인은 당신들 중 한 명이야!"

여전히 아무 반응도 없었다. 아놀드가 조타실에서 나와 갑판 위에 있던 가마우지를 쫓아다니며 사납게 짖어댔다.

"미친 새끼. 15분 남았어. 어서 자백해!" 카르멘이 덧붙였다.

'물이 어깨까지 찼네.' 그래엄 올라잇이 비웃었다.

'전부 생각해뒀고, 만반의 준비를 갖췄어.' 피로즈가 그래엄에게 대답했다.

개자식들!

돌밖에 없는 섬에서 무슨 계획을 세운다는 거야? 왜 생마르쿠프 섬이지? 미르티 카뮈가 죽기 며칠 전에 이곳으로 요트 여행을 와서? 피로즈의 계획과 알리나의 의혹 사이에 관계가 있나? 미르티는 쉬는 날 야한 옷차림으로 길을 나섰고, 범인과 만나기로 약속했고, 아무도 보지 못한 하늘색 몰스킨 수첩에 자신의 비밀을 적어놓았다.

알리나의 의혹을 불러일으킨 미르티의 행동과 그녀가 쓴 시의 서명. MO4.

알리나도 내가 범인이 아니라는 걸 알고 있었다.

날 유혹하는 역할을 맡은 모나, 그 알리나가 유일한 내 편이라고 피로즈는 말했다.

낯선 타인 알리나. 배신자 모나.

내키지 않았지만 내 시선은 오세안을 떠나 모나라고 밖에는 달리

부를 이름이 없는 여자에게 옮겨갔다. 그녀는 생미셸의 우산 밑에서 낙담한 표정을 짓고 있었다.

나는 애원의 눈빛을 보냈다.

저 사람들에게 말해, 모나. 전부 말하라고. 어서!

입도 열지 않고 소리도 내지 않았지만 모나는 내 말을 알아들었다. 그녀는 천천히 일어나 단호한 몸짓으로 우산을 밀쳤다.

"이제 그만해요." 모나의 목소리는 너무 작아서 간신히 내 귓가에 닿았다. 그녀가 카르멘에게 말했다.

"저 사람은 자백하지 않을 거예요. 봤잖아요. 유죄든 무죄든 우리가 결정할 일이 아니에요. 물에서 꺼내 경찰에 넘겨야 해요."

"경찰에 가도 자백하지 않으면 저자를 풀어줄 게 뻔해." 카르멘은 단호했다.

모나도 포기하지 않았다.

"우리는 배심원단을 구성했어요. 배심원들이 공동으로 결정해야 해요. 지금까지 그렇게 했잖아요."

물이 어깨 위로 폭포수처럼 쏟아졌다.

어서 서둘러. 제발….

"좋아." 카르멘이 동의했다. "저 자식을 풀어주자는 데 동의하는 사람은 손을 들어요."

조타실에 있던 질베르와 드니즈 노인은 카르멘의 말을 듣지 못했다. 아니면 못들은 척한 걸 수도 있고. 오세안은 또다시 담배에 불을 붙였다. 손을 올릴 생각은 전혀 없어 보였다. 모나는 붉은실협회의 멤버 한 명 한 명과 눈을 맞춘 후 손을 들었다.

"뭔가 석연치 않아요. 다들 그렇게 생각하잖아요. 달리 복수할 사람이 없다고 저 사람을 죽일 수는 없어요!"

모나는 생미셸에게 몸을 돌리고 그를 뚫어져라 쳐다봤다.

물이 3센티미터 더 올라왔다. 얼음같이 차가운 면도날이 목젖을 슬금슬금 베어냈다.

생미셸은 손을 들지 않았다.

"그럼 투표는 끝난 거지? 살라우이를 살려주자는 의견에 찬성 한 명, 반대 다섯 명. 알리나, 미안하게 됐어!" 카르멘이 한 치의 망설임도 없이 판결을 내렸다.

모든 게 끝났다. 형이 선고됐다.

'물이 목까지 찼네.' 그래엄 올라잇이 대놓고 낄낄댔다.

파도가 두 번 치면 한 번은 내 입을 공격했다. 세 번에 두 번은 입으로 물이 들어왔다. 기침이 나고 숨이 막혔다.

'전부 생각해뒀고, 만반의 준비를 갖췄어.' 피로즈가 말했다.

염병할 새끼!

유전자 분석결과가 내 결백을 밝혔고 경찰도 내 무죄를 알고 있는데 붉은실협회 사람들만 관심이 없다.

저들 중 한 명이 범인이니까. 자신을 대신해 처형될 사람이 필요하니까.

타인의 생명과 맞바꾼 목숨.

죽음의 순환.

목까지 파도 거품 속으로 사라졌다.

그때 아놀드가 짖어대는 소리가 들렸다. 그 소리는 가마우지를 뒤쫓아 뛰어다닐 때보다 더 컸고 더 오래 지속됐다.

모두가 배를 향해 고개를 돌렸다. 내 눈이 휘둥그레졌다.

조류에 휩쓸려 라르주 섬까지 떠밀려온 송장이 파라메호 뱃머리에 부딪힌 채 둥둥 떠다녔다.

피로즈.

술에 취해 실수로 배에서 떨어진 것도, 도움을 요청하러 간 것도 아니었다. 급조한 진홍색 뗏목처럼, 볼품없는 돛대를 심장에 꽂은 채 물결에 따라 흔들렸다.

칼 손잡이.

피살.

'전부 생각해뒀고, 만반의 준비를 갖췄어.' 피로즈가 단언했다.

멍청한 자식!

어젯밤 선실에서 너무 크게 떠들었다. 피로즈는 전혀 조심하지 않았다. 진짜 범인이 우리 얘기를 듣고 그의 입을 영원히 막아버렸다.

누구지?

하긴 그게 무슨 소용인가. 지금 확실한 건 한 가지뿐인데….

다른 사람은 아무도 몰라.

내가 무죄라는 걸 입증해줄 단 한 사람. 그의 입은 영원히 닫혔다. 내게 사형선고가 내려졌다.

붉은실 멤버들은 놀란 얼굴로 물결에 떠밀려 선착장으로 다가오는 피로즈의 시체를 보았다. 몸은 물에 퉁퉁 불어 평상시보다 더 비대했다.

오세안만 예외였다.

그녀 혼자만 다른 곳에 시선을 빼앗긴 채 넋을 잃고 있었다. 그곳은 오세안과 몇 미터 떨어진, 모나 발밑의 벽돌 벽이었다.

나도 모르게 오세안의 시선이 향한 곳으로 고개를 돌렸다.

처음에는 빗물과 파도 때문에 잘 보이지 않았다. 곧이어 갑자기 눈이 번쩍 뜨였다.

그곳을 보는 것만으로도 충분했다.

오세안도 나처럼 아연실색한 표정이었다.

황갈색 벽돌 위에는 글자 두 개와 숫자 하나가 새겨져 있었다. 그건 영원한 사랑을 표시하기 위해 연인들이 남겨놓은 이니셜이었다.

MO4

당신들 중 한 명?

MO4

벽돌을 뚫어져라 쳐다봤다.

글자 두 개와 숫자 하나, 그리고 그 약자를 풀어 쓴 단어들이 벽돌에 가는 선으로 새겨져 있었다. 글씨는 마치 며칠 전에 새긴 것처럼, 아니 누군가 10년 전부터 이곳에 자주 들러 새기고 또 새긴 것처럼 또렷하게 보였다.

물기둥이 얼굴에 부딪혀 산산조각 났다. 차갑고 짜디짠 거품을 내뱉었다. 지금 당장은 이 묘비명이 어떻게 과거로부터 떠올랐는지 중요하지 않았다. 그 의미에 집중해야 할 순간이었다. 느닷없이 거칠게 커튼을 찢고 나타난 이 잔혹한 진실에.

MO4는 모두가 생각했던 것처럼 '매리지 옥토버 포스, 10월 4일 결혼'을 뜻하지 않았다. MO4는 명백하고도 분명한 의미를 지니고 있었다. 그건 완전히 다른 의미였다.

사랑하는 연인들이 새긴 이니셜.

미르티와 올리비에의 영원한 사랑….

미르티 올리비에 포에버.Myrtille Olivier Forever

MO4

미르티는 올리비에를 사랑했다. 파란색 아디다스 모자를 쓰고 생마르쿠프 섬과 그랑캉프메지 해변에서 미르티 주위를 맴돌던 미남 청년. 그는 바스티네 수사팀이 그렇게도 찾아 헤맸지만 2004년 9월 11일 이후 감쪽같이 사라진 올리비에 루아였다.

알리나는 경찰들 앞에서 증언할 때 잘못 알고 있었다. 올리비에 루아가 미르티 주위에서 얼쩡거린 건 그가 먹이를 찾는 연쇄살인범이어서가 아니었다. 이유는 단순했다. 미르티와 올리비에는 좋아하는 사이였고 그해 여름 뜨거운 사랑을 나누었다. 하지만 결혼을 앞둔 미르티는 제일 친한 친구에게도 새로운 사랑에 대해 말할 수 없었다. 알리나는 줄곧 의심했지만 그 사실을 인정할 수 없었다.

바닷물이 턱까지 올라왔다. 추위와 흥분으로 몸이 바들바들 떨렸다. 폭발하는 아드레날린을 타고 생각이 빠른 속도로 달려갔다. 며칠 동안 머릿속에 입력된 정보가 눈앞으로 밀려왔다. 바스티네 수사팀장과 엘렌 닐송의 수사기록이 생생히 떠올랐다.

MO4. 미르티와 올리비에의 영원한 사랑.

머릿속에서 미르티의 시구가 춤을 췄다.

세상에 울타리를 놓겠어요
우리를 가르지 못하게

생명의 신에게 가족을 달라고 기도하겠어요
우리가 지루해지지 않게

우리 두 사람 주위로 성을 쌓겠어요.
그리고 영원히 그 성을 지키겠어요.

MO4

프레드 생미셸이 아니라 올리비에 루아를 위해 쓴 시였다.

나는 절망적으로 팔을 잡아당겨 물 밖으로 나왔다. 폐를 부풀리고 소리를 질렀다.

"여기요!"

내가 소리를 지르는 동시에 오세안이 손가락으로 가리켰다.

붉은실 멤버들은 그 자리에 얼어붙었다. 선착장에 걸린 피로즈 형사의 물 먹은 몸이 파도가 칠 때마다 벽에 부딪혔다. 시체에 신경 쓰는 사람은 없었다.

모나는 다른 설명을 기다리지도 않고 성벽에 엎드려 이니셜이 새겨진 벽돌로 팔을 뻗었다. 해수면보다 1미터가량 위에 있는 벽돌은 벽에 고정되지 않았다.

모나가 오른손으로 벽돌을 들어내자 10센티미터 정도의 구멍이 보였다. 그녀는 몸을 더 숙여 왼손으로 빈 공간을 더듬다가 안에서 투명한 비닐봉지를 끄집어냈다.

물이 아랫입술까지 올라왔다. 1분 후면 입 전체를 뒤덮는다. 새로운 파도가 몰려와 얼굴을 휘감는 순간, 네모난 하늘색 물건을 보았다. 모나가 발견한 것은 의심의 여지가 없었다.

피로즈의 깜짝 선물인가?

'만반의 준비를 갖췄어'라고 피로즈가 단언했다.

피로즈가 이 장면을 연출했나? 돌에 글자를 새기고 비닐봉지를 벽돌 속에 감추어놓고?

모나가 이로 비닐을 뜯었다. 찢어진 비닐은 영불해협의 바람에 실려 날아갔지만 작은 하늘색 수첩은 모나의 손 안에 단단히 붙어 있었다.

미르티의 몰스킨 수첩. 그 안에 기록된 미르티의 내밀한 얘기들.

나중에 이 장면을 기록한다면, 연속적으로 일어난 우연한 일들과 붉은실협회의 각 사람이 보인 태도, 파라메호 갑판이나 라르주 섬 성벽 위에 있었던 그들의 정확한 위치를 세세하게 떠올리고 그 이유에 대해 논리적인 근거를 댈 것이다. 그러나 지금 당장 뇌세포가 명령하는 건 단 하나, 절박한 울부짖음이었다.

빨리 해, 모나!

물이 콧구멍 속으로 침투했고, 젖산이 어깨 근육을 불태웠다. 그래도 안간힘을 다해 삼각근을 수축시켜 수면 위로 몸을 들어올리고 턱을 물 밖으로 내밀었다. 고통이 너무 심하면 숨을 크게 내쉬고 다시 들이마셨다가 숨을 멈추고 머리를 물속으로 집어넣었다. 그렇게 몇 초 동안 근육을 풀어주었다가 새로이 공기를 마시기 위해 물 밖으로 나오기를 반복했다. 얼마나 더 오래 버틸 수 있을까?

모나가 수첩을 읽었다. 입술만 움직였다. 어느새 비가 그친 하얀 하늘을 배경으로 높은 망루를 머리에 얹은 모나의 실루엣이 도드라졌다.

"알리나! 어떻게 됐어?"

갑판에 있던 드니즈 노인이 크게 소리쳤다. 아놀드도 짖었다.

프레드 생미셸은 불끈 쥔 주먹을 재킷 주머니에 집어넣었다.

오세안이 카르멘 옆으로 가서 나란히 섰다. 똑같은 색의 케이웨이 점퍼를 입은 두 사람은 커다란 보라색 방수포를 한데 두른 듯했다. 모녀는 무슨 일이 벌어졌는지 전혀 이해하지 못하는 눈치였다.

다시 물속으로 들어갔다.

서른까지 세고 물 위로 튀어올랐다.

모나는 수첩에서 눈을 떼고 프레드 생미셸을 보았다. 바닷물에 걸러진 모나의 목소리가 꿈결처럼 멀리서 들려왔다.

"미르티는 당신을 떠나려고 했어요, 프레드. 당신을 더는 사랑하지 않았어…."

"헛소리 지껄이지 마!" 생미셸이 소리를 질렀다.

앞으로 나서는 카르멘을 오세안이 붙잡았다. 모나는 다시 수첩으로 고개를 숙이고 슬로모션처럼 천천히 또 한 장을 넘겼다.

모나, 제발!

바닷물이 다시 나를 집어삼켰다. 이번에 견딘 시간은 20초에 불과했다. 쇠고리에 묶인 손목을 이용해 간신히 물 위로 올라와 폐가 터질 정도로 산소를 깊이 들이마셨다.

모나의 목소리가 늘어지더니 점점 멀어졌다.

"프레드, 미르티는 다른 사람을 만났어요. 그 남자는 미르티의 눈을 뜨게 해주었고, 부모님과 내게 솔직히 말하도록, 모두가 기대하는 모습을 거부하고 자신의 뜻대로 살아가도록 용기를 주었어요."

"바보 같은 소리는 집어치워!" 생미셸이 또 소리를 질렀다.

물결에 밀려온 피로즈 시체가 바로 2미터 앞에 떠 있었다. 나는 입을 벌린 채 기진맥진한 상태로 피로즈를 쳐다보았다. 파도가 몰려와 내 얼굴을 정면으로 때렸다. 벌린 입을 통해 바다가 몸속에 통째로 들어오는 것 같았다. 이제는 물에 완전히 잠겨 한 마디도 할 수 없었다. 나를 보는 사람은 아무도 없었다.

모두의 눈이 모나의 입술에 쏠렸다.

"그게 마지막으로 적은 말이에요, 프레드. 미르티가 이 수첩에 적은 마지막 말…."

단어들이 빙글빙글 돌며 세찬 소용돌이를 이루었다. 아직까지 견디는 유일한 근육은 다리뿐이었다. 나는 다리 하나로 절박하게 벽에 매달렸고 발가락으로 벽돌 사이의 틈새를 간절히 찾았다.

기댈 곳을 찾고, 다음 파도가 칠 때까지 단 몇 초라도 벌기 위해.

그러나 지탱할 곳을 찾지 못한 다리는 물속에서 허우적거릴 뿐이었다. 물 밖으로 머리를 내밀 수가 없었다.

눈과 입을 닫고 숨을 멈췄다. 물방울 안에 갇힌 듯했다. 수면보다 불과 몇 센티미터 아래 물속에서 모나가 읽는 소리를 들었다.

> 8월 25일. 새벽 3시. 프레드가 내일 온다고 한다. 내일은 모처럼 쉬는 날인데, 굳이 오겠다고 고집을 피웠다. 우리 사이가 끝났다는 걸 왜 인정하지 않을까? 이즈니 근처 그랑드 카리에르에 있는 농가 부근에서 만나기로 했다. 사람들이 잘 모르는 곳이다. 이번에는 나를 이해하고 놓아주면 좋겠다. 엄마, 아빠, 알리나는 나를 이해해줄까? 모두를 실망시키고 싶지 않다. 이 모든 일이 빨리 지나갔으면….

올리비에, 보고 싶어. 한시라도 빨리.

눈을 떴다. 가슴이 터질 것 같았다. 물 위에서 그림자들이 어른거렸다.

모나가 생미셸에게 다가섰다.

"프레드, 미르티가 죽은 날 이즈니에 있었나요? 그랑드 카리에르에 있었어요?"

생미셸의 흐물흐물한 그림자가 몸을 숙이고 내가 있는 방향을 가리키며 팔을 흔들었다.

"빌어먹을 모함이야! 살인자는 저자야. 저자라고!"

그는 총을 들고 있었다. 나를 향해 방아쇠를 당길 수도 있다는 사실을 뒤늦게 깨달았다.

몸은 물살에 따라 흔들리지만 쇠고리에 매달린 손 때문에 수면보다 50센티미터 아래에서 벗어나지 못한다.

이상적인 표적이었다.

모든 일은 순식간에 벌어졌다.

"죽어!" 생미셸이 외쳤다.

곧바로 "안 돼!" 하는 오세안의 외마디와 함께 총성이 울렸다. 총알이 내 몸을 관통했다고 생각했다.

느낌은 없었다.

다시 총성이 연속으로 들리더니 성벽 위에 있던 프레드 생미셸의 몸이 흔들렸다. 곧이어 오세안이 비명을 질렀다.

오세안이 더 빨랐고 먼저 총알을 발사했다. 그리고 미르티 카뮈와 자신의 쌍둥이 모르간을 죽인 살인범을 향해 두 발 더 쏘았다.

풍덩 소리와 함께 모나가 물로 뛰어들었다.

그녀는 바짝 붙어서 내 입에 숨을 불어넣었다. 그러고는 물 위로 올라가 숨을 들이마시고 다시 내려와 내 입에 숨을 넣어주었다. 열에 들뜬 그녀의 손가락이 쇠고리를 잡았다.

금속 열쇠가 부딪히는 소리가 들렸다. 수갑이 풀렸다.

자유다! 나는 아직 살아 있고 결백도 밝혀졌다.

파라메호 갑판에 있던 질베르가 굳은 얼굴로 오렌지색 구명튜브 두 개를 던졌다.

오세안은 바위처럼 굳건한 카르멘의 품에 안겨 눈물을 터뜨렸다.

카포랄 청바지와 녹색 스웨터를 입은 모나는 물에 흠뻑 젖은 채 나를 껴안고 내 입술에 다시 키스를 시도했다. 그녀의 입술이 닿은 곳은 머리칼과 해초가 뒤범벅된 내 관자놀이였다.

내가 고개를 돌린 탓이다. 나는 거짓의 바다에서 표류하던 차디찬 나무토막에 불과했다.

모나는 나를 배신했다. 나를 구한 사람은 모나가 아니다.

파라메호의 밧줄사다리를 꽉 부여잡고 오세안을 보았다.

그녀 역시 얼굴을 들고 내 눈을 피하지 않았다.

며칠 전 절벽 끝에서 보았던 그 눈이었다.

심연의 깊이를 지닌 눈동자.

권총이 그녀 발밑에서 나뒹굴었다.

나를 살리기 위해 다른 사람을 죽인 여자.

오세안….

빌어먹을 모함?

그랑캉프메지 해변까지는 조금 더 가야 하지만 바닷가에 가지런히 늘어선 가옥들이 이미 보이기 시작했다.

카르멘 아브릴이 경찰에게 전화를 했다. 경찰은 항구에서 우리를 기다릴 예정이다. 파라메호가 항구까지 가는 데는 몇 분이면 충분하다. 경찰이 먼저 올 수도 있다. 어쩌면 노르망디 지방의 기동대 전체가 출동할지도 모른다. 뒤에 보이는 라르주 섬은 벌써 안개 속에 묻혔다. 텅 빈 바다 위를 낮게 나는 물새들만이 한 번의 날갯짓으로도 다다를 수 있을 만큼 육지가 가까이 있음을 알려주었다.

나는 장비함에 앉아 있었다. 아무도 의족을 돌려줄 생각은 하지 않았다. 오세안이 내 어깨에 얼굴을 묻고 흐느꼈다. 카르멘은 딸을 그대로 놔두고 전화에 매달렸다. 잠수복 안에 고인 물은 매서운 바람에 차디차게 식어 아예 얼음물로 변했다.

하지만 세상 그 무엇을 준다 해도 이 순간과 맞바꾸고 싶지 않았다.

바람을 피하거나 찬물을 닦아내려고 기적 같은 이 순간을 깨뜨릴 수는 없었다.

오세안은 내 어깨에 고개를 얹고 두 팔로 내 허리를 감았다. 그녀의 뜨거운 눈물이 내 목을 적시고 잠수복 안으로 몇 방울 떨어져 얼음처럼 차가운 물에 뒤섞였다.

오세안은 삼촌과 엄마가 피로즈와 생미셸의 시신을 배 갑판으로 힘들게 끌어올리는 장면을 보지 못했다. 질베르는 말보로 담배를 물고 아무 말 없이 시체들을 화물창 아래로 내려놓았다.

"처음부터 지랄 같은 계획이라고 생각했어." 그가 누나에게 투덜거리고 조타실로 들어가 배를 출발시켰다.

카르멘은 아무런 대꾸도 없이 여전히 전화에 매달렸다. 경찰과 통화 중일 테지만 왜 시체 두 구를 화물창에 싣고 가는지 설명할 순 없을 것이다. 경찰 한 명과 살인자 한 명.

모나는 충혈된 눈으로 뱃머리 난간에 기대앉아 그랑캉프 성당 종탑과 하얀 하늘을 응시했다. 드니즈 주뱅은 발밑에 있는 아놀드의 털을 쓰다듬었다. 모나에게는 시간이 필요했다. 제일 친한 친구가 약혼자의 손에, 부모님이 딸의 행복을 위해 허락했던 남자의 손에 죽었다. 모든 게 눈사태처럼 쏟아진 거짓말 속에 묻혀버렸다.

그녀만 제외한 모든 것이.

출렁이는 배에서 오세안의 몸도 따라 흔들렸다. 아이를 안아본 적은 한 번도 없지만 며칠 밤을 새워가며 아이가 잠들 때까지 안고 있는 아빠의 마음을 알 것 같았다. 아무것도 하지 않고 기다려야 하는 이 놀라운 책임감을 십분 이해했다. 그렇게 있는 것만으로도 충분했다.

생각만이 자유롭게 날아다녔다. 그랑캉프 항구로 들어가기 전까지 수많은 생각이 머리를 어지럽혔다. 도저히 이해할 수 없었다. 거의 아무것도. 경찰이 10년 동안 찾던 빨간 스카프 살인자가 프레드 생미셸이라는 사실과 피로즈가 그걸 알고 덫을 놓았다는 것 외에는 모든 게 의문투성이였다.

해변과 그랑캉프 마을을 가르는 기나긴 시멘트 제방을 따라 세 대의 경찰차가 달려왔다. 카르멘의 말에 잔뜩 흥분했을 경찰들.

10년을 기다렸지만 그 다음 일들은 순식간에 진행될 터였다.

그러나 나도 경찰도 전부 안 건 아니었다.

저녁이 되기 전에 생마르쿠프 섬의 벽돌 뒤에서 발견한 하늘색 수첩에 대해 첫 감정결과가 나왔다. 경찰은 십여 년 전에 미르티 카뮈가 쓴 게 틀림없다고 했다. 2004년 8월 26일 프레드 생미셸의 행적에 대해서도 조사했다. 엘뵈프 시청 직원의 기억에 따르면 퀴쇼 청소년센터 책임자는 약혼녀가 살해당하기 전날 원래 예정되었던 부모들과의 면담을 취소하고 승마장이나 해양스포츠클럽 같은 미래의 캠프 장소를 답사하러 간다고 했다. 당시에는 아무도 그의 행적을 확인하거나 신경 쓰지 않았다. 사람들은 연쇄살인범의 짓이라고 생각했다. 프레드 생미셸이 약혼녀를 강간하고 죽이기 위해 엘뵈프에서 이즈니까지 왕복 360킬로미터에 달하는 거리를 하루 만에 갔다 왔을 거라고 누가 상상할 수 있었을까?

밤 11시쯤 엘뵈프 경찰은 라가드 판사가 발부한 영장을 가지고 생트

세실 가에 있는 생미셸의 아파트를 수색했다. 놀랍게도 경찰은 자물쇠로 잠가놓은 서랍에서 모르간 아브릴의 핸드백을 발견했다. 경찰은 판사에게 전화를 걸어 아브릴과 카뮈 사건의 연관성을 입증할 첫 증거를 찾았다고 흥분한 목소리로 전했다.

자정 무렵 퀴쇼 청소년센터의 지도교사였다가 지금은 엘뵈프 윗동네에서 초등학교 교사로 근무하는 상드라 퐁텐이 경찰에 전화를 걸었다. 그녀는 당시 상사였던 프레드 생미셸과 함께 절벽 록페스티벌에 대해 대화를 나눈 적이 있다고 했다. 생미셸이 페스티벌에 갔는지는 확실하게 기억이 안 나지만 다음 날 커피를 마시며 페스티벌에 대해 수다를 떨었고 특히 리타 미츠코 록밴드의 노래를 불렀던 히스토리 A라는 그룹 얘기를 했던 건 확실하다고 말했다. 사실 그 지역 사람들은 그날 하루 종일 페스티벌 얘기를 했다. 음악에 대해서가 아니라 강간당한 후 목이 졸려 숨지고 이포르 절벽에서 내던져진 여자에 대해서였다.

새벽 1시. 루앙 사법경찰청 수사팀은 베스만 팀장의 지시하에 첫 수사보고서를 작성하기 시작했다. 생미셸은 혼자 절벽 록페스티벌에 갔고 시뷰 클럽 스테이지에서 모르간 아브릴을 본 후 그녀에게 접근했다. 두 사람은 함께 클럽을 나갔다. 생미셸은 해변에서 모르간을 강간하고 목을 졸라 죽인 뒤 모르간의 핸드백을 가지고 엘뵈프로 돌아왔다. 이것이 사건 경위였다.

몇 달 뒤 생미셸은 그랑드 카리에르에서 약혼녀 미르티 카뮈와 만난다. 미르티가 헤어지자고 말했을 때 무슨 일이 벌어졌을까? 충동적으로 저지른 범죄였는지 아니면 철저하게 사전에 계획했는지 이제는 알 수 없게 되었지만 어쨌든 생미셸은 모르간을 죽인 방식과 똑같이 옷을 찢고 붉은 버버리 스카프로 목을 졸라 약혼녀를 살해했다. 면식범이 아니라 모르는 사람에 의한 살인이었다고 생각하게 만들어 경찰의 시선을 다른 데로 돌리려는 의도였다.

새벽 3시. 베스만 팀장은 부하들을 잠깐 쉬게 하고 5년 전에 은퇴하여 산속 마을에서 노후를 즐기는 레오 바스티네 전 수사팀장에게 전화를 걸었다. 신호가 열 번 정도 간 후에야 바스티네가 전화를 받았다. 아브릴과 카뮈 사건의 놀라운 반전을 알려주려고 했지만 첫 문장이 채 끝나기도 전에 전화가 끊겼다. 엘렌 닐송은 정반대 반응을 보였다.

닐송 박사는 새벽 6시부터 한 텔레비전 프로그램에 나와 인터뷰를 했다. 자다가 바로 나온 사람처럼 머리를 풀고 주름 하나 없는 얼굴에 화장도 하지 않고 속이 비치는 실크 블라우스를 급하게 걸치고 나온 박사는 커다란 가슴과 다리를 힐끔힐끔 쳐다보는 기자에게 자신은 처음부터 미르티 카뮈가 면식범에게 당했다고 생각했지만 안타깝게도 그렇게 주장한 사람은 자기밖에 없었다고 주장했다.

아침 10시. 루앙 사법경찰은 황금이불캠프나 엘뵈프 청소년센터에서 일했던 다섯 여성의 제보를 받았다. 모두들 미남 시생이 어리고 예쁜 인턴들에게 특별한 관심을 보였다고 말했다. 인기가 워낙 많아서 열일곱에서 스무 살 사이의 소녀 팬들은 그를 따라 침대까지 가는 것도 마다하지 않았다. 자신들도 그의 유혹에 넘어갔는데 매력적인 플레이보이는 일단 소기의 목적을 달성하면 완전히 다른 사람이 되었다. 자상하고 열정적이던 구애자가 하룻밤 만에 괴팍하고 무심한 연인으로 변하는 것이다. 하지만 경찰은 2003년 여름, 미르티 카뮈와 공식적인 연인이 된 후에는 생미셸이 다른 여자들을 침대로 끌어들이지 않았다는 사실을 확인했다. 진정한 사랑을 찾았기 때문일까? 절대 잃어서는 안 될 소중한 연인이어서 그랬을까?

질베르 아브릴은 오른쪽으로 키를 돌려 항구의 콘크리트 선착장으로 곧바로 다가갔다. 선착장에는 벌써 수십 명의 구경꾼들이 모여 있었다. 줄지어 들어오는 경찰차를 보고 밖으로 나온 주민들과 상점 주인들이었다. 그들은 호기심 가득한 시선을 던지고 손가락으로 우리를 가리키며 키득대거나 수군거렸다. 카메라 플래시도 터졌다.

여전히 내 품에서 웅크리고 있던 오세안이 고개를 돌렸다. 파라메호는 천천히 물 위를 미끄러져 들어갔다. 배가 선착장에 닿는 순간 폭풍이 몰아치리란 예감이 들었다. 붉은실협회 사람들은 모두 쫓기듯 가까운 경찰서로 가서 조사를 받고 경찰서 앞에 진을 친 기자들의 플래시 세례를 받을 것이다.

얼마 남지 않은 조용한 순간이었다. 나는 생미셸의 죽음으로도 풀리지 않는 의혹들을 떠올렸다.

미르티 카뮈의 일기를 생마르쿠프 섬에 가져다놓은 사람은 누구일까? 피로즈? 선실에서 암시했던 것처럼 생미셸을 혼란에 빠뜨리려고? 이렇게 결정적인 증거를 가지고 있었다면 왜 생미셸을 바로 체포하지 않았지? MO4의 진짜 의미를 알았다면 카르멘 아브릴이 기획한 죽음의 연극에 동참할 필요가 있었을까?

'만반의 준비를 갖췄어.' 피로즈는 말했다.

생미셸에게 당하기 전에 피로즈는 무엇을 계획했을까? 피로즈가 중요하게 생각했던 죄수의 딜레마는 무슨 의미일까?

파라메호가 선착장 끝에 있는 부표를 살짝 스치고 지나갔다. 털모자를 쓴 남자가 망원렌즈가 장착된 카메라를 들고 아슬아슬하게 난간에 앉아 우리에게 크게 팔을 흔들었다.

개자식!

나는 본능적으로 몸을 돌려 오세안의 얼굴을 가렸다. 구경꾼들이 선착장으로 몰려왔다. 다시 머리가 복잡해졌다.

오세안은 몇 분 전에 사람을 죽였다. 생미셸이 범인인 건 확실하지만 그래도….

마지막 암초가 남았다. 가장 중요한 건 왜 아무도 생미셸을 의심하지 않았느냐다.

그의 유전자!

미르티 카뮈의 모든 주변 남자들과 마찬가지로 생미셸도 유전자검사를 받았다. 물론 범인의 유전자와 일치하지 않았다. 생미셸에게도 믿을 수 없는 사건들이 일어났다는 말인가? 시생 또한 그를 유력한 용의자로 몰아가려는 계획에 희생된 건가? 아니면 생미셸이 요술이라도 부린 걸까?

그때 우리는 알 수 없었다. 하지만 경찰은 다음 날 오후 1시에 답을 찾았다. 명확하고도 단순한 답이었다.

진정한 사랑을 찾은 걸까?

자정이 되기 전에 봉인된 63개의 비닐봉지가 루앙 과학수사연구원에 도착했다. 유리, 병, 칼, 포크, 칫솔, 빗, 옷, 신발, 안경, 장갑, 손수건, 펜, 열쇠, 기타 카포, MP3 이어폰….

엘뵈프 경찰들은 베스만 팀장의 엄중한 지시에 따랐고 프레드 생미셸의 집에서 유전자정보가 들어 있을 만한 모든 물품을 조심스럽게 수거했다. 온갖 잡동사니 중에서 이른 아침부터 제일 먼저 분석을 시작한 것은 평범한 작은 유리병이었다. 샤워젤과 샴푸통 사이에서 발견한 이 유리병 안에는 아주 오래된 정액 찌꺼기가 남아 있었다. 몇 시간 후에 컴퓨터가 유전자코드를 토해냈다.

경찰들은 놀란 눈으로 한참 동안 유전자코드의 숫자와 알파벳을 들여다보았다. 마치 당첨된 로또를 손에 들고도 믿지 못하는 사람들 같았다. 10년 동안 기다렸던 완벽한 조합….

이어서 환호성이 터져나왔다.

유리병에 들어 있던 정액은 모르간 아브릴과 미르티 카뮈의 몸에서 검출한 것과 일치했다!

베스만 수사팀장은 곧바로 라가드 판사에게 제출할 최종보고서를 완료했다. 프레드 생미셸은 자신의 혐의를 피하기 위해 타인의 정액을 손에 넣었다. 이 확실한 증거 앞에서 마침내 수사는 종결됐지만 두 살인사건은 더욱더 추악한 범죄로 전락했다. 두 연인의 갑작스러운 변심에 충격을 받은 시생은 철저하게 계획을 세워 두 번의 끔찍한 살인을 저질렀다. 법의학자 쿠라드 박사는 이의를 제기했다. 모르간 아브릴의 질 내에 정액을 인공적으로 주입하는 건 불가능하다는 의견이었다. 그러나 누구도 박사의 말에 주의를 기울이지 않았다. 프레드 생미셸은 배에 총알 세 발을 맞고 이미 숨졌지만 가장 잔혹한 살인자들의 전당에 이름을 올렸다.

그랑캉프메지 항구로 들어선 파라메호는 선착장 앞에 정박한 십여 척의 알록달록한 트롤선들을 지나 노란 부표를 헤치고 부두로 진입했다. 경찰들은 플라스틱 통들 사이에 서서 대기 중이었다.

"경찰들은 너와 얘기하고 싶어 해. 우리 모두하고 얘기하겠지만 네가 먼저야."

카르멘이 휴대전화를 꽉 움켜쥔 채 오세안의 귀에 대고 속삭였다. 불안한 목소리였다.

오세안의 축축한 눈이 엄마의 시선을 버려두고 또다시 나를 향했다. 눈물이 뜨거운 빗물처럼 쏟아졌다. 물론 그녀는 경찰들 앞에서 해명해야 한다. 한 남자를 죽였다. 불과 30분 전에 세 발의 총을 쏴서.

복수하기 위해 그리고 나를 구하기 위해.

그녀의 손이 천천히 내 팔로 미끄러졌다.

"미안해요, 자말. 우리 모두 미안해요. 그건…."

"경찰이 기다리고 있어." 카르멘이 다시 말했다.

오세안이 일어났다. 나는 그녀의 눈에서 후회의 빛을 봤다고 생각했다.

"나중에 통화해요." 오세안이 중얼거렸다.

나중에 통화해요….

카르멘과 오세안은 파라메호 바로 앞에 주차된 경찰 밴의 뒷좌석으로 사라졌다. 열 명가량의 경찰이 배 갑판에 올라와 빙 둘러섰다. 그중에는 라텍스 장갑을 끼고 비닐 캡을 머리에 쓴 경찰들도 있었다. 나는 여전히 자물쇠로 잠근 기다란 장비함에 앉아 그들을 바라보았다. 나를 주목하는 사람은 아무도 없었다. 저 앞에 경찰과 얘기를 나누는 모나의 모습이 보였다. 소리가 들릴 정도의 거리는 아니었다.

경찰이 고개를 끄덕이고 자리를 떴다. 그녀가 내게 다가왔다.

"자말, 안녕. 옛 기차역 앞에서 내가 죽은 후에 같이 말할 기회가 거의 없었지?"

모나가 억지로 미소를 지었다. 나는 어떤 반응도 보이지 않았다.

그녀가 입술을 오므렸다. 바람이 후드점퍼 모자를 뒤집어쓴 모나의 붉은 머리를 헤집어놓았다.

"미안해. 너는 이 사건들과 아무 관계도 없었는데…. 우리가 잘못 생각했어. 우리 모두가."

차가운 물이 내 옷에서 뚝뚝 떨어졌다. 어서 끝내고 싶다는 생각만 들었다. 경찰에게 대충 증언을 해버리고 진술서에 서명을 하고 여기서 한시라도 빨리 도망치고 싶었다.

"내가 다른 사람들에게 동의하지 않았다고 하면 날 비웃겠지? 하지만 달리 방법이 없었어."

고개를 돌렸다. 카르멘이 여경과 함께 경찰 밴에서 내리는 모습이 보였다. 오세안은 아직 그 안에 있는 모양이다.

"하지만 결국은 카르멘 아브릴이 옳았어. 피로즈도 마찬가지고. 진실을 수면 위로 떠오르게 하기 위해선 과거를 뒤흔들어야 했어."

과거를 뒤흔든다고?

진실을 수면 위로 떠오르게 하기 위해?

두 구의 시체가 파라메호 화물창에서 썩어 가고 있다. 분명 저들의 계획에는 없던 일이다.

모자를 눈썹까지 눌러쓴 경찰 한 명이 다가왔다. 그가 우리에게 말을 건네려는 순간 아놀드를 끌어안은 드니즈 노인이 그를 붙잡고 말을 걸었다. 모나는 변명하기 위해 내게 휴전을 제의하는 것처럼 보였다.

도대체 뭘 바라는 거지?

모나가 인상을 쓰며 입술 위로 휘날리는 머리칼을 걷어냈다. 겁에 질린 햄스터의 모습은 어디에도 없었다.

"아주 일찍, 난 네가 아무 죄도 없다는 걸 알았어…."

아주 일찍이라고?

구체적으로 말해봐, 모나.

우리가 같이 잤을 때부터? 그전? 그후? 그동안?

네 번째 경찰이 배의 화물창으로 내려갔다.

"난 내 역할을 끝까지 수행해야 했어. 미르티를 위해서…. 그리고 미르티의 부모님을 위해서도. 그건… 뭐라고 해야 하나… 비현실적인 일이었어. 어제 저녁 보코트에서 피아트 차 안에 있을 때 기억하지? 네가 갈색 봉투에 든 글을 읽었을 때…. 엘뵈프 마을에 살던 어린 소녀와 그 친구의 운명에 대한 글 말이야. 네가 그 일기를 읽는 동안 난 네 옆에 앉아서 속으로 울고 있었어."

어제 저녁은 겨우 열 시간 전이다. 그런데도 거의 1년은 흐른 것 같다.

보코트 계곡. 피아트 자동차. 갈색 봉투.

모나는 '감동했어?'라고 물었고 '고마워'라고 덧붙였다.

이해할 수 없었다.

나는 가시 돋친 말을 내뱉었다.

"기억하지. 넌 날 잘도 조롱했어."

"그렇지 않아, 자말."

"맞아. 참 자알했어! 넌 저질 코미디언이야."

모나가 손가락으로 붉은 머리카락 하나를 잡고 비비 꼬았다. 그러고는 긴 한숨을 내쉬었다.

"아니야, 자말. 난 진지했어. 겉모습과는 정반대로 난 정말 진지했어. 믿지 못하겠지만 널 속이지 않았어. 절대로. 살인사건과 관련된 일만 빼면…"

모나는 잠깐 숨을 멈추고 나서 다시 말을 이었다.

"… 남자와 만날 때 그렇게 진지한 적은 한 번도 없었어."

어색한 미소가 내 얼굴 앞에서 이지러졌다.

진지하다고?

살인사건과 관련된 일만 빼면?

몰래 갖다둔 갈색 봉투들도 빼야겠지.

한밤중에 르메데프 집에서 돌아다녔던 일도. 옛 기차역사의 민박집에서 소스라치게 놀란 아이들의 방에 들어간 것도. 마갈리 베롱의 삶을 꾸며낸 것도. 모나 살리나스라는 가공의 인물에 대해서도. 자신이 규소가 함유된 자갈을 연구하는 박사이며 빌라를 빌려준 프랑스 최고의 화학연구소 수장이자 논문을 지도해준 교수의 애제자라고 날 속인 일도. 그런 건 왜 빼는 건데? 발랄하고 지적이고 높은 학력을 지닌 여자 역할을 해냈으면서 달리 방법이 없었다고? 라시렌 레스토랑 테이블 앞에 마주 앉은 얼간이를 유혹했잖아!

“전부 가짜였어.” 내가 중얼거렸다.

“진짜도 가짜도 아니야, 자말. 우리는… 이야기를 지어낸 거야.”

머릿속에서 소리 없는 비명이 한꺼번에 폭발했다.

“웃기지 마!”

파라메호의 조종실에 있던 질베르 아브릴이 자기를 난간에서 떼어내려는 경찰에게 욕설을 퍼부었다. 갈매기들은 쉴새없이 움직이며 돛대 사이로 날아다녔다.

내 시선이 모나의 어깨 너머로 향했다.

“아니, 모나. 난 그걸 믿었어.”

침묵.

경찰 밴에서 오세안이 두 경찰과 함께 내렸다가 다시 시트로엥 안으로 사라졌다. 몇 초 후 시트로엥은 부두 끝에서 방향을 돌렸다.

뱃속이 딱딱하게 뭉쳤다. 모나를 보았다.

“난 그걸 믿었어, 모나. 봐! 난 아직도 너를 모나라고 부르고 있다고. 끔찍하지 않아? 모나 살리나스는 존재하지 않아! 존재한 적도 없었어. 너는… 모르는 사람이야!”

붉은 머리칼이 모기만큼이나 성가시게 여전히 모나 얼굴 위로 돌아다녔다. 그녀는 긴 침묵 후에 입을 열었다.

"네가 믿는 게 그거라면…. 하지만 알리나는 모나와 다르지 않아. 같은 사람이야. 다만 알파벳 순서만 바꿨을 뿐이야. 사실은 우리 모두 자기 본연의 역할을 한 거야."

모나가 한 발짝 다가와 내 뺨에 입을 맞췄다. 떨고 있었다.

"네게 아무것도 바랄 수 없겠지. 그건 너무 지독한 거니까. 하지만 지난 일은 잊자…."

한마디도 덧붙이지 않았다. 그녀의 목소리가 끔찍하기만 했다.

"우리가 처음 만났을 때 기억나, 자말? 라시렌에서 마주 앉아 저녁을 먹었을 때. 그때 난 카드를 줄 수 있냐고 물었어. 네가 거리에서 만난 가장 아름다운 여자들에게 준다던 그 카드 말이야."

"줄 거라고 했었지."

"맞아. 그런데 내가 덧붙였던 말 생각나?"

전혀.

나는 여전히 빈 부두만 보았다. 오세안을 태운 시트로엥이 사라진 길모퉁이까지.

"그때 난 존댓말을 했어. 그리고 이런 말을 했지. '내게 카드를 주지 않았을 거예요. 당신은 로맨틱하고 치명적인 아름다움을 지닌 여자, 손에 잡히지 않는 여자들을 좋아해요. 나처럼 직설적인 여자가 아니라. 당신은 매혹적인 이미지를 수집하는 거예요. 마치 피규어 인형을 수집하듯 말이죠. 하지만 정작 자기에게 필요한 여자는 붙잡지 않아요'라고 말이야."

모나가 차가운 손으로 내 뺨을 만졌다. 나는 창백한 태양빛에 눈을 깜박였다. 경찰 한 명이 파라메호의 갑판 난간을 사진에 담았다. 생미셸이 갑판 어느 쪽에서 피로즈를 바다에 던졌는지 파악하려는 의도로 보였다. 경찰 누구도 우리에게 서둘러 질문할 생각은 없는 듯했다.

모나의 말이 머릿속으로 스며들었다.

> 당신은 로맨틱하고 치명적인 아름다움을 지닌 여자, 손에 잡히지 않는 여자들을 좋아해요. 하지만 정작 자기에게 필요한 여자는 붙잡지 않아요.

이제 기억이 났다. 모나가 그 말을 한 건 첫날 저녁부터였다. 그건 내가 조금도 신경 쓰지 않았던 이 모든 일의 전조였다.

"그래. 네 말이 맞아, 모나. 난 언제나 별들에게 끌렸어."

내 손이 왼쪽 무릎 아래 빈 공간을 지나갔다.

"그 별들은 내가 정복하고 싶었던 것들이야! 닿을 수 없는 산 정상도 마찬가지고. 몽블랑을 오르겠다는 것도. 정말 바보 같은 짓이지. 나는 그걸 위해 혹독하게 훈련했어."

"알고 있어. 이미 알고 있었어. 이제 우리 둘 다 모나를 묻어야 할 거야. 그러면…."

알리나. 그제야 이 이름이 머릿속에 들어왔다.

그녀는 청바지 주머니에 손을 넣어 무언가를 끄집어냈다.

"어제 이걸 주웠어. 옛 기차역 근처에서 피아트 보닛에 내가 올려놓았던 거. 네가 피로즈한테서 도망치려고 시동걸 때 떨어진 거야. 차가 그 위로 지나갔을 수도 있어."

모나는 내 손에 노란 보안관 별을 건넸다.

흙투성이가 되어 볼품없이 찌그러진 별.

"망가져 버렸으니 다른 마스코트를 찾아야겠네."

하늘을 보았다. 길게 흩어진 흰 구름에 걸려 있는 초승달과 그 너머로 희미하게 빛나는 마지막 별무리.

"고마워, 모나. 하지만 이제 필요 없어."

아침 별들이 옅은 안개 장막 뒤에 숨어 깜빡거렸다. 나는 엄지와 검지로 보안관 별을 잡고 가능한 한 멀리 던졌다.

황금색 쇳조각이 우아하게 포물선을 그리며 날아가 항구의 검은 수면에 부딪혀 살짝 튀어올랐다.

"그러지 말아야 했어. 그건 네 부적이잖아." 모나가 말했다.

보안관 별이 천천히 가라앉았다.

모나는 자리를 뜨고 부두에 놓인 파라메호의 사다리를 타고 내려갔다. 가죽잠바를 입은 경찰이 도와주려고 주머니에서 손을 빼고 그녀를 기다렸다.

경찰 네 명이 불투명한 비닐봉지에 담은 피로즈와 생미셸의 시신을 화물창에서 갑판으로 옮겼다.

그중 한 명이 무심하게 나를 보았다.

흔들리는 선체의 움직임에 몸을 맡기고 눈을 감았다.

다섯 개의 동사가 춤을 췄다.

되자 _몽블랑 울트라트레일에 참가하는 최초의 장애인 선수가 되자.

하자 _나보다 아름다운 여자와 사랑하자.

갖자 _아이를 갖자.

얻자 _내가 죽었을 때 울어주는 여자를 얻자.

갚자 _죽기 전에 빚을 갚자.

이번만큼은 모나 앞에서 허세를 부리지 않았다.

더는 나를 인도해줄 별은 필요 없다. 내 인생의 다섯 방향을 하나씩 손가락으로 꼽았다. 첫 번째는 단순히 훈련의 문제다. 두 번째… 지금은 이 목표도 오르지 못할 산이 아니다.

오세안….

두 번째, 세 번째, 네 번째, 이 세 가지 소원을 한 여자와 이루고 싶다고 절실히 원한 적은 여태껏 없었다. 다섯 번째 목표를 떠올렸다. 지난 며칠 동안 수도 없이 죽을 고비를 넘겼다. 이제 죽음의 신도 날 오랫동안 내버려두지 않을까?

생각에 잠겨 장비함 위에 한참을 앉아 있었다. 경찰이 다가왔다. 웃음 띤 경찰은 훈련생이라고 해도 믿을 만큼 앳된 얼굴이었다. 내게 담요를 건네며 옷을 갈아입겠냐고 물었다. 고개를 끄덕였다.

"따라오세요."

자리에서 일어나 외다리로 쿵쿵 뛰며 쫓아갔다. 훈련생이 거북한 얼굴로 돌아보았다. 그의 거북함은 곧바로 불편한 기색으로 바뀌었다. 시선이 내 얼굴로 올라왔다.

의혹에 찬 눈빛.

그 역시 외다리 아랍인이 이 사건과 완전히 관련이 없고 아무 죄도 없다는 걸 믿기 어려울 것이다. 불도 안 땠는데 연기가 날 리는 없으니까. 붉은실협회가 오랜 세월 동안 증거를 수집한 결과, 모르간 아브릴과 미르티 카뮈가 살해된 시기에 두 장소에 있었던 유일한 사람이 바로 나였다. 피로즈가 죽기 전에 그와 말했던 마지막 사람도 나다.

무엇보다 생미셸의 수사기록에는 수많은 의혹이 여전히 남아 있다.

무엇보다 나는 가장 이상적인 희생양이다.

무엇보다 나는 처음부터 거짓을 말했다.

젊은 경찰이 내준 어깨에 손을 얹었다. 빌어먹을 붉은실 연놈들은 내 의족을 도대체 어디다 팽개친 거야? 앞으로 몇 시간 내내, 나흘 동안 벌어진 말도 안 되는 일들을 얘기하고 또 얘기해야 한다.

글도 써야 한다. 아무것도 잊어버리지 않기 위해.

최악과 최상 모두.

이미 벌어진 최악의 일들과 다가올 최상의 것도.

이 이야기의 첫 장면을 기억하는가?

나는 세상에서 가장 아름다운 여자의 집에서 저녁식사를 했다.

그녀는 파란색 튤립 원피스를 입었다. 깊게 파인 옷 속에서 흰 가슴이 춤을 추었고 내겐 원하는 만큼 들여다볼 권리가 있었다.

이제 그녀의 이름을 밝힐 수 있다.

오세안.

그녀와 사랑을 나누기 직전이었다.

이 장면이 이 글의 처음이었고 이제 마지막이 된다.

스릴러 독자들을 실망시킨 점은 유감으로 생각한다.

해피엔딩으로 끝날 이야기니까.

다가올 최상의 것?

2005년산 파이퍼 하이직 샴페인.

샴페인 잔 하나.

벽난로에서 타닥거리며 타오르는 장작들.

이름 모를 이국적인 나무로 만든 짙은 색 낮은 탁자.

할리데이비슨 오토바이 안장이나 남미 목동의 부츠, 혹은 텍사스인의 카우보이모자처럼 예스러운 밝은 갈색의 가죽의자.

고급한 취향이 실내 곳곳에 스며들어 있다. 굉장한 부자인 모양이다. 하긴 산부인과 의사이니 충분히 그럴 만하다.

오세안이 주방에서 달그락거리는 소리가 들린다. 탁자 위에는 파이퍼 하이직을 따라놓은 샴페인 잔과 백여 페이지의 종이들이 쌓여 있다. 정확히 113페이지. 오늘까지 엿새 동안 쓴 일기다. 이제 마지막 몇 페이지만 남았다. 오세안에게 보여주고 영원히 덮어둘 생각이다.

이 글을 열어볼 사람은 누구일까? 읽을 사람이 있을까?

서랍 구석에 버려진 자기성찰의 글로만 남게 될까?

언젠가 누군가의 눈에 띄어 내가 주인공으로 등장하는 놀라운 추리소설이 되지는 않을까? 이 글을 보고 있는 당신은 누구인가? 그런 당신이 과연 존재하기나 할까?

의구심 속에서도 나는 마지막 페이지들을 촘촘히 채워나갔다.

경찰은 오후 늦게 오세안을 풀어줬다. 변호사는 그녀에게 더는 성가실 일이 없다고 단언했다. 정당방위였다. 다섯 명의 증인도 그 사실을 확인해주었다. 프레드 생미셸이 내게 총을 겨눴다. 오세안이 먼저 총을 쏘지 않았더라면 내가 죽었을 것이다. 청문감사실에서는 이 사건에서 피로즈 형사가 맡은 역할에 대해 내사를 계속했다. 우리 모두 여러 차례 증인으로 불려갔다. 베스만 수사팀장과 세 명의 부관은 내 이야기를 들은 후 불쌍하다는 표정으로 나를 쳐다보았다. 그리고 고소할 생각이 있느냐고 물었다.

고소를 한다고? 누구를?

경찰은 이틀 전부터 트집을 잡고 까다롭게 굴며 내 신경을 긁어놓았다. 그러나 사실은 내게 관심도 없었고 날 이해하지도 못하는 눈치였다. 그걸 이제야 깨닫다니! 그들은 이미 용의자, 휴대전화, 자백, 차고 넘치는 증거들을 확보했다.

프레드 생미셸.

체포, 재판, 판결.

사건 종료.

오세안은 뇌프샤텔에서 조금 떨어진 외딴 마을에 살았다. 한 시간 전에 그녀의 집에 도착했다. 인형의 집처럼 아담한 전통 가옥이었다. 토벽에는 목재골조가 겉으로 드러나 있고, 지붕에 얹은 짚과 붓꽃은 시골 정취를 한층 돋운다. 사방을 산울타리로 두른 마당에는 우물과 연못이, 깔끔하게 가지치기한 나무들 사이에는 미로처럼 깔린 자갈길이 있다. 카르멘은 딸의 정원을 가꾸기 위해 이곳에서도 꽤 많은 시간을 보내지 않았을까?

나를 맞이한 오세안은 거실의 가죽소파를 가리키며 앉으라고 권했다. 그러고는 내가 샴페인 병을 따는 동안 2층에 올라가서 옷을 갈아입었다. 폴라와 청바지 차림이던 오세안이 잠시 후 튤립형의 파란 원피스를 입고 내려왔다.

볼펜이 손에서 미끄러졌다. 소파 가죽이 엉덩이 밑에서 녹아내리는 것만 같았다.

목깃에서 내려온 커다란 청록색 리본은 가슴을 양쪽으로 나누며 허리에 매달렸다. 아찔할 정도로 깊게 파인 옷이었다. 원피스는 잘록한 허리 아래서 꽃부리 모양으로 벌어져 푸른 망사스타킹으로 감싼 아름다운 두 개의 암술을 드러냈다.

오세안은 샴페인 잔을 내밀어 건배하고 벽난로에 다가가 장작을 더 넣었다. 긴 머리칼이 아궁이의 불꽃과 경쟁하듯 찰랑이며 춤을 췄다.

숨이 멎을 만큼 아름다웠다.

심장이 세차게 뛰었다. 마음을 진정하기 위해 매끈한 실크 원피스의 실루엣만 바라보았다. 옷 속에 아무것도 입지 않았다! 또다시 빠져나가기 위한 테일포켓도, 브래지어도.

오세안이 다가왔다.

"용서를 구하려고 이러는 건 아냐. 알지?"

대답할 새도 없이 그녀의 입술이 내 입술에 포개졌다.

"뇌프샤텔 진료소에 자기가 들이닥쳤을 때 얼굴 표정이 어땠는지 알아? 유령을 본 사람 같았다니까."

"천사였어." 내가 중얼거렸다.

오세안은 놀리듯 내 입술에 손가락을 올렸다.

"이포르 절벽에서 뛰어내린 괴물이기도 했지."

"천사였어." 내가 다시 반복했다.

그녀가 샴페인 잔을 내 잔에 부딪쳤다.

"괜찮아?"

허락을 기다리지도 않고 그녀는 어린 소녀처럼 살랑거리며 내 무릎에 앉았다. 인공다리가 망가지면 안 된다는 듯 조심스러운 몸놀림이었다. 나는 호흡을 멈췄다.

"자기는 정말…."

또다시 그녀가 내 입술에 손가락을 댔다.

"쉿…."

석탄처럼 까만 눈동자가 바로 앞에서 나를 응시했다. 단단한 팔, 서로를 지켜보는 눈. 나는 그만 시선을 밑으로 내리고 청록색의 두 커튼이 간신히 가린 가슴을 보았다. 커튼을 완전히 젖히고 내 두 손으로 가슴을 감싸고 손가락 끝으로 둥근 윤곽을 따라가고 짙은 유두 주위를 끊임없이 돌고 싶은 욕망에 저항했다. 오세안은 내 무릎에 앉은 채 몸을 움직여 더 바싹 다가왔다. 젖가슴이 내 몸을 짓누르고 음부는 내 청바지의 앞부분에 달라붙었다.

몸이 떨렸다.

아슬아슬하게 감춰진 흰 육체가 얇은 옷 속에서 숨 쉬고 있다.

허리를 감싸 안으려는 순간 그녀가 일어섰다. 가는 손가락이 혁대를 끄르고 내 바지와 팬티를 발목까지 내렸다.

금속 다리를 보고 그녀가 도발을 멈추지 말기를 하늘에 간청했다. 그러나 오세안은 내 다리는 쳐다보지도 않고 공주처럼 우아하게 옷을 벗었다.

그녀가 다리를 천천히 구부리며 다시 내 위에 앉았다. 내가 그녀 안으로 들어갈 때 붉은 입술이 살짝 벌어졌다. 오세안의 벗은 몸에 벽난로 불꽃의 황갈색 그림자가 일렁였다.

"안 물어보네?" 내가 귀에 대고 속삭였다.

샴페인이 그녀의 목구멍으로 흘러들어갔다. 쇄골에 샴페인을 쏟아 붓고 내 입술과 혀를 적신다면….

"뭘?"

"모두가 묻는 거. 내 다리. 어떻게 된 거냐? 2004년 전이냐 후냐? 이런 질문 말이야."

"난 상관 안 해, 자말."

뜨거운 몸이 내게 찰싹 붙었다.

이제까지 내 장애에 대해 누구에게도 진지하게 말한 적은 없었다. 하지만 지금은 장난을 치거나 도망가거나 거짓말을 하고 싶지 않았다. 더욱이 내 꿈의 여인과 나눈 대화는 일기에 그대로 옮겨 적고 있다. 미래의 독자들도 마지막 장에 이르기 전에 진실을 알아서 나쁠 건 없다.

나는 오세안의 등을 손으로 쓸어내리며 비밀을 얘기하듯 낮은 소리로 말했다.

"내 다리에 관한 얘기는 버전이 열 개도 넘어. 붉은실협회 사람들에게 이미 써먹은 얘기도 있고. 영웅담이나 비극적인 사고도 있어. 불구가 된 소방관이나 운이 없는 권총 강도나 덜렁대는 야마카시 선수 같은 거…. 하지만 진실은 아주 단순해."

그녀가 부드럽게 내 어깨를 감싸며 목덜미에 입술을 댔다.

"이 세상에는 쌍둥이로 태어나는 사람들도 있어. 하나의 생명에 또 하나가 더해져서 배가 된 거지. 나는 그 반대야. 하나의 생명이 둘로 나뉘었어. 선천적으로 신장 하나, 폐 하나, 다리 하나, 심장 하나로 태어났거든. 아주 허약한 아이였어. 엄마는 마흔여섯 살에 나를 임신했어. 아버지는 그때 쉰 살이 넘으셨고. 엄마는 결혼 후 첫 15년 동안 3년마다 한 번씩 애를 낳은 다음 그후 10년 동안은 출산하지 않았지. 나를 낳기 전까지 말이야. 엄마에게 나는 작은 기적이었어."

오세안의 입술이 가슴으로 내려왔다. 나는 그녀의 등을 부드럽게 애무했다.

"그리고 생애의 마지막 15년 동안 나를 보살피며 지내셨어. 고등학교 때까지 열여덟 번의 수술을 받았거든. 병원 침대에서 지낸 시간을 다 합하면 20개월이 넘어. 결코 어른이 되지 못할 거라는 생각을 하면서 자랐어. 휠체어를 타고 다녔는데 부품들이 낡아서 언제라도 고장 날 수 있었지. 그래서 길가에 버려진 채 죽을 수도 있다는 생각이 떠나지 않았어. 미래를 생각할 때마다 내가 아킬레우스의 운명을 가졌다고 상상했어. 일찍 죽는다 해도 받아들이자고 생각한 거야. 단 조건이 있었어. 그전에 삶을 누리자는 조건. 살아갈 햇수가 아니라 목표를 정해서 죽기 전에 달성하자고 결심한 거야."

"목표가 많아?" 오세안이 속삭였다.

목소리는 한없이 부드러웠다. 마치 내 고백을 듣고 사랑에 빠진 사람

같았다. 여자들을 유혹하려고 오래전부터 허접한 이야기들을 지어냈는데 시간낭비였다는 생각마저 들었다.

"다섯 개야. 내 별에 달린 다섯 개 가지들에 하나씩."

오세안은 그녀의 살갗에서 헤매는 내 손을 다정하게 잡고 힘을 주었다. 나는 다시 말을 이었다.

"아킬레우스의 운명. 엄마는 그런 말을 결코 듣고 싶지 않았을 거야! 신장 하나, 폐 하나, 커다란 심장 하나. 사실 그런 장기는 살 수도 있고 얻을 수도 있지. 엄마는 장기가 가득 든 쇼핑카트를 끌고 병원이란 병원은 모두 다녔어. 그리고 가장 유명한 외과의사들에게 기피대상 1호가 됐고. 수백 만 유로에 달하는 수술비용은 보험으로 해결했어. 열여덟 번의 수술이라니! 상상이 가? 엄마는 내가 열다섯 살이 되어 가슴이 어른만큼 커지자 곧바로 폐 하나를 주었어. 그게 내 마지막 수술이야. 이듬해 겨울에 돌아가셨거든."

손가락 다섯 개가 내 손가락을 움켜쥐었다.

"나는 30억 유로의 사나이야. 어릴 때 별명은 로보캅이었고. 몸 안의 모든 장기가 새로 교체됐으니까. 다리 하나와 발 하나만 빼고. 인간의 신체 중에서 이 세상 어떤 의사도 접붙일 수 없는 유일한 부분이야. 하지만 다리가 하나뿐이라도 남들만큼 빨리 달릴 수 있었어. 심지어는 더 빨리 달리게 됐지. 엄마의 장례식이 있던 날 저녁부터 달리기 시작했고 한 번도 거른 적이 없어."

"무슨 말인지 알겠어."

"우리 동네에서 날 모르는 사람은 없어. 엘리베이터 안에서 우연히 만난 사람한테 물어봐도 다 알 거야. 나는 불구로 태어났어. 모르간과 미르티를 강간하고 죽일 수 없었다고."

"우리 잘못이야. 미안해."

나는 그때를 놓치지 않고 긴 입맞춤을 했다.

"죽음에 쫓기면서 그날그날 간신히 살아갔어. 매년 12월 25일이 되면 산타할아버지에게 살아갈 수 있는 새로운 한 해를 달라고 요청했어. 생마르쿠프 섬에서 물에 빠져 죽었더라도 후회하지 않았을 거야."

"다섯 가지 목표를 이루지 못했는데도?"

나는 망설였다.

내가 변한 걸까? 내가 아킬레우스의 운명을 포기했을까?

얽힌 손가락을 풀고 오세안의 오른쪽 가슴에 손을 올렸다.

"내 별은 내가 죽어도 계속 빛날 수 있겠지? 그렇지 않을까?"

오세안이 흠칫 몸을 떨었다. 그녀가 내 손을 잡고 자기 가슴에 오랫동안 대고 있다가 이윽고 아래로 이끌었다. 천천히 더 아래로. 세상의 가장자리로.

오세안이 자연스러운 몸짓으로 실크 원피스를 걸쳤다.

"배고프지 않아? 난 우리의 파티를 위해 음식을 마저 준비할 테니 자기는 노벨문학상 작품을 마치도록 해."

나는 주방으로 사라지는 오세안의 모습을 눈으로 좇았다.

바로 몇 분 전 일이다.

가죽소파에 앉아서 오세안과 나눈 말과 행동과 느낌을 전부 옮겨 적었다. 내 이야기는 곧 끝난다.

조금 후 오세안에게 이 글을 보여줄 생각이다. 우리는 또다시 사랑을 나눌 것이다.

멋진 이야기 아닌가? 모두가 범인이라고 믿었던 보잘것없는 불구의 아랍 청년. 그는 꿈꾸던 여인의 품에서 생을 마친다.

추리소설 결말로 삼기에는 너무 소녀 취향이라는 건 나도 인정한다. 하지만 《미녀와 야수》처럼 대중적인 달콤한 로맨스라면?

눈을 들었다. 과일들이 조각된 노르망디 장롱 위로 레이스로 장식한 둥근 천창이 하늘로 열려 있다.

검은 하늘에서 빛나는 수많은 별들.

내 별은 어떤 걸까?

내 운명의 다섯 방향으로 인도해줄 별은?

며칠 후면 생탕투안 센터로 출근한다. 이부는 나를 미친놈 취급할 테고, 오펠리는 새로운 남자들의 사진을 수집할 테고, 개자식 제롬 피넬리는 질투로 미쳐버릴 테지.

오세안이 주방에서 흥얼거렸다. 장 자크 골드만의 〈실패한 일들〉. 틀림없이 그 노래다.

볼펜 속도가 흰 종이 위에서 느려졌다. 내 이야기의 마지막 문장은 신중하게 선택해야 한다.

내가 이긴 걸까?

죽음은 결국 내 곁에서 배회하기를 포기한 걸까?

잠시 동안 볼펜을 든 채 생각에 잠겼다. 오븐 문이 닫히는 소리에 고개를 돌렸다. 오세안이 행주를 들고 나타났다. 강한 향이 코끝을 간질였다. 센터 식당에서는 맛볼 권리가 없었던 사냥꾼의 소스. 버섯, 양파, 크림, 와인으로 만든 소스다.

"확실해?" 오세안이 물었다. "자기가 여기 있는 걸 아는 사람은 아무도 없어?"

"당연하지!"

나는 그녀의 신중함을 존중했다. 여기에 온 건 누구에게도 말하지 않았다. 이 아름다운 여인은 불구인 연인이 조금 부끄러울 수 있다. 카르멘이 인정하지 않을까 봐, 질베르 삼촌이 싫은 소리를 할까 봐 두려워할 수도 있다. 모나의 반응도 두려워할까?

아니, 모나가 아니다. 알리나다!

질투할까?

미스터리한 이 향기가 좋다. 향신료를 듬뿍 친 은밀한 이 사랑도.

볼펜이 마지막으로 종이에 닿는다. 글을 마무리할 멋진 문장을 고민하다가 볼펜 뚜껑을 살짝 깨문다.

"다 됐어!" 오세안이 소리친다.

할 수 없지. 편한 방법을 택할 수밖에.

처음에 시작한 문장. 그 말들로 마지막을 장식하자.

> 나는 오랫동안 운이 없었다.
>
> 늘 생각했다. 동전은 언제나 같은 쪽으로 떨어진다고. 내게 유리한 쪽은 결코 아니라고.

솔직히 말하면 운이 내 쪽으로 방향을 틀었다고는 아직도 믿기 어렵다.

IV

처형

수신 : 센마리팀, 에트르타 지방경찰서
베르트랑 도나디외 서장
발신 : 국립과학수사국 법의학과
제라르 칼메트 국장
날짜 : 2014년 8월 10일

서장님께

2014년 7월 12일 이포르 해변에서 발견한 세 구의 유골에 대해 특별 검사를 실시했습니다. 우선 간략히 정리해드립니다.
조사의 편의를 위해 명명한 알베르, 베르나르, 클로비스, 이 세 명의 신원불상자는 각기 다른 시기에 사망했습니다. 사망시기는 일전에 말씀드린 대로입니다. 알베르는 2004년 여름, 베르나르는 2004년 가을과 2005년 겨울 사이, 클로비스는 2014년 2월과 3월 사이입니다. 사망원인은 무스카린에 의한 독극물 중독이며 전문가들의 견해에 따르면 이들은 치사량의 독극물을 흡입한 후 30분 이내에 심장마비로 숨졌습니다.
그런데 특이한 점을 발견하여 부득이하게 서장님께 문의를 드립니다. 혹시 이 수사와 관련한 증거물을 보낼 때 빠뜨린 부분이 있는지요? 다시 말해, 퍼즐 한 조각이 부족합니다. 그 조각이 분실된 건 아닌지 확인해주셔야 할 것 같습니다.

설명을 드리자면, 우리는 수취한 뼈들로 알베르와 베르나르의 유골을 완벽하게 복원했습니다. 이런 일에는 고생물학자의 정교한 작업이 필요하지만 그리 어려운 일은 아닙니다.

그 반면 온갖 노력에도 불구하고 클로비스의 유골은 복원이 불가능했습니다. 클로비스는 가장 최근에 사망한 자에게 붙인 이름입니다. 그는 2014년 2월, 아브릴과 카뮈 사건의 용의자라고 추정되는 프레드 생미셸이 죽은 지 며칠 후에 사망했습니다. 제가 '추정'이란 단어를 사용한 이유는 모르간 아브릴과 미르티 카뮈에게서 검출한 정액이 2004년 여름에 독살된 알베르의 DNA와 일치하기 때문입니다. 이와 관련하여 아직까지 라가드 판사의 답신은 받지 못했습니다.

완전히 해체된 클로비스의 유골은 30세 이하 남성의 것이며 숨진 지 6개월쯤 됐습니다. 보내주신 뼈들을 한데 모으려고 노력했지만 온갖 조합과 연구에도 불구하고 명백한 사실만 드러났습니다. 이 유골에는 정강이뼈가 없다는 사실입니다.

유실되었거나 사라진 이 기묘한 조각에 대해 설명을 해주시면 고맙겠습니다.

국립과학수사국 법의학과
제라르 칼메트 국장

내가 이긴 걸까?

오세안은 자말의 주검에 눈길 한 번 주지 않고 아우디 Q3의 트렁크를 쾅 닫았다. 어두컴컴한 정원에 엿보는 사람이 없는지 확인했다. 길 끝에 하나만 있는 가로등의 할로겐 불빛도 정원을 둘러싼 담장을 넘어서지 않았다.

추운 날씨였다. 입자가 고운 눈은 떨어지면서 바로 녹아 지붕들과 길 위에 얇은 물막을 쳤다. 오늘 저녁에는 아무도 나오지 않을 것이다. 다른 시신들 옆에 또 하나를 가져다놓기 위해 안심하고 움직여도 된다.

몸을 숨기려 집 안으로 들어갔다.

세 명의 남자 중 자말 살라우이는 죽일지 말지 가장 오래 고심했다. 피로즈는 고민할 것도 없었다. 그를 죽인 이유는 그가 모든 걸 알아챘고 증거들을 끌어모았기 때문이었다. 반쯤 술에 취한 그의 배에 단도를 찌르고 파라메호의 난간에 내버려두었다. 1분도 안 걸렸다.

벽난로로 다가갔다. 마지막으로 남은 불꽃이 장작을 물어뜯었다.

자말 살라우이의 경우는 달랐다. 객관적으로 보면 그는 하등 죽일 이유가 없었다. 그 또한 자신과 같은 희생자였다. 체제와 편견과 폭력의 희생자이자 다른 모든 이의 죄를 떠안은 무고한 속죄양.

다른 모든 인간이 저지른 죄….

낮은 탁자 위에서 백여 쪽이 넘는 자말의 글을 한데 그러모아 불속으로 던져버렸다. 처음에는 아무 일도 일어나지 않았다. 그러다가 갑자기 산처럼 쌓인 종이에 불이 붙어 거대한 횃불처럼 타올랐다.

자말 살라우이는 진실을 찾을 수도 있었다.

캐내기 좋아하는 피로즈는 자말에게 죄수의 딜레마에 대해 말했고 자말은 일기에 모든 걸 기록했다. 만일 자말이 이해하지 못했더라도 영리한 독자는 자말이 놓친 단서들을 다르게 복원하여 모순된 공식 수사기록에 의문을 던졌을 것이다.

원피스를 벗은 오세안은 알몸으로 벽난로 앞에 서서 한참을 있었다. 불꽃의 열기가 온몸을 따뜻하게 달구었다. 그 순간을 음미했다. 어떤 사내도 자신의 육체에 시선을 둘 수 없는 이 순간, 소유하고픈 물건이나 변태적인 노리개처럼 뭇 사내에게 욕정의 대상이 될 수 없는 이 순간을.

우리 사이엔 어떤 남자도 절대 없을 거야.

모르간의 작은 목소리가 머릿속에 메아리쳤다. 일곱 살 때였다. 둘은 엄마의 민박집 앞에 있는 커다란 사과나무로 올라갔다. 봄이었다. 꽃잎들이 흩날리며 두 소녀의 머리와 어깨로 동화 속 분홍 빗방울처럼 떨어졌다.

우리 사이엔 어떤 남자도 절대 없을 거야.

둘은 굳게 약속했다. 공주가 되기 위해 백마 탄 기사든 왕자든 왕이든 원하지 않겠다고. 그들은 오로지 서로를 위해서만 존재하는 쌍둥이 자매였다. 그 사이에는 누구도 끼어들 수 없었다.

설령 꽃잎이라 할지라도.

벽난로 불은 이미 사위었다. 자말의 일기 몇 조각이 여전히 파닥거렸다. 몸을 숙여 불꽃을 되살리기 위해 재를 뒤적였다. 신중해야 한다. 10년 전부터 그랬던 것처럼. 물론 착하고 순종적이었던 자말은 오세안의 집에서 둘이 만난다는 사실을 누구에게도 말하지 않았다. 그러나 경찰은 그의 실종에 대해 분명히 물어보러 올 것이다. 집에 자말의 흔적은 하나도 남겨두어선 안 된다. 이 일기는 더욱더.

모르간과 오세안은 열여덟 살이 될 때까지 사과나무에 자주 올라갔다. 둘은 매해 봄마다 약속했다. 그때마다 둘은 더 결속했고 더 강해졌고 더 아름다워졌다.

이들 사이엔 어떤 남자도 없을 것이다. 절대로.

한쪽이 백설공주면 다른 한쪽은 거울이었다. 심장은 두 개여도 같은 피를 지닌 샴쌍둥이 공주.

심장 하나만을 지닌 엄마는 단 한 번도 남자를 필요로 하지 않았다.

혼자서 가족을 만들고 혼자 힘으로 뇌프샤텔에서 가장 아름다운 집을 지었다. 브레의 시의회와 지역개발협회에서 홀로 권력을 쟁취했다. 엄마와 두 딸들 사이에 어떤 남자도 끼어들지 않았다.

불이 꺼졌다. 추위에 살갗이 곤두섰지만 잠시 그대로 벽난로 앞에 머물렀다. 그리고 방으로 올라가 검은색 진과 어두운 색의 폴라를 입었다. 자말 살라우이의 시신이 다른 두 사내의 시신을 만날 시간이다.

코 지방의 도로는 한적했다. 차가운 비가 언덕길과 앙상한 나뭇가지들을 깨끗이 씻어주었다. 경찰이 막을 염려는 없었다. 누가 새벽 3시에 바람이 몰아치고 차디찬 부슬비가 내리는 국도를 달리자고 나서겠는가? 등대 불빛이 이포르 방향을 알려주는 이정표를 비추었다.

모르간의 약속이 또다시 뇌리에 스쳤다.

우리 사이엔 어떤 남자도 절대 없을 거야.

2004년 6월 5일. 그 저녁에 끝없이 반복되던 기타 음들이 머릿속에 맴돌았다. 귀청이 떨어질 듯한 음악을 덧입은 이미지들이 줄지어 지나갔다. 클라라, 니콜라, 마티유, 모르간. 이들과 함께 이포르로 가던 길. 시뷰 클럽의 밤. 댄스홀.

와이퍼가 심장박동에 따라 움직이며 흐르는 눈물을 짓이겼지만 눈물은 금세 차올라 곧바로 낙하했다.

'우리 사이엔 어떤 남자도 없어. 절대로.'

오세안은 이 말을 모르간에게 되뇌었다. 니콜라의 차 뒷좌석에서 모르간이 가슴과 엉덩이에 딱 붙는 옷으로 갈아입을 때 귀에 대고 속삭였다. 댄스홀에서 춤을 출 때 늑대 눈을 한 사내들의 숲을 헤치고 다가가 큰 소리로 상기시켰다. 테크노뮤직은 쩡쩡 울리며 모든 소리를 집어삼켰다. 최면에 걸린 듯 정신을 놓고 열광하던 모르간에게 오세안의 목소리는 들리지 않았다. 듣지 않았고 보지 않았다.

모르간은 약속했다. 그러나….

니콜라와 클라라는 소파에서 부둥켜안고 키스를 했다. 미친 새끼 마티유는 기회를 틈타 손으로 내 허벅지를 쓰다듬으며 목덜미에 주둥이까지 갖다댔다. 내가 이런 바퀴벌레 같은 자식과 밤을 보내려고 모르간과 했던 소중한 약속을 깰 것 같아? 마티유는 오렌지색 보드카를 게워냈고 그 위에서 잠들었다. 오세안도 술을 마셨다. 많이. 너무 많이. 그렇게 마신 적은 한 번도 없었다.

그리고 모르간과 남자를 따라갔다.

모르간은 늑대 한 마리를 골랐다. 우두머리 수컷이 아닌, 젖니도 빠지지 않은 늑대 새끼였다. 풀어헤친 셔츠 사이로 털 하나 없이 매끈한 상체가 보였고 목에는 우스꽝스럽게도 붉은 스카프를 둘렀다.

오세안은 그들이 주차장에서 키스를 하고 해변 끝에서 옷을 벗는 장면을 모두 지켜보았다. 절벽 그림자에 몸을 숨긴 채 두 사람이 바다로 달려가고 허리가 끊어질 듯 웃어대고 물속에서 서로의 몸을 비비고 추위에 떨며 물 밖으로 다시 나오는 소리를 들었다. 제방 뒤에 몸을 웅크리고 앉아 모르간이 낯선 남자의 손끝에서 탄식하고 헐떡이고 자신을 내주고 절정에 다다르는 소리를 들었다.

약속했잖아! 어떤 남자도 절대 안 된다고! 목소리가 머릿속에서 울부짖었다. 두 사람은 서둘러 옷을 입었다. 모르간은 원피스 밑에 팬티를 입을 새도 없었다. 오세안은 갈지자로 걸으며 쌍둥이와 스카프 두른 남자를 요새까지 뒤따랐다. 손을 잡고 절벽에 올라가 한정 없이 바다를 보고 싶어 한 사람은 둘 중 누구였을까? 오세안은 결코 알 수 없었다.

밑에서 마신 술 때문에 이포르의 청회색 지붕들이 잿빛 파도처럼 앞뒤로 흔들렸다. 몇 분 후 늑대 새끼가 마침내 자리를 떴다. 오세안이 다가갔다. 모르간은 목에 낯선 남자의 스카프를 두르고 있었다.

"알렉스가 줬어."

그의 이름은 알렉상드르였다. 알렉상드르 다코스타.

"이건 우리를 연결해주는 거야. 우리를 이어주는 붉은 실. 다시 만나기로 했어. 걔는 다른 남자들과…"

눈물이 멈추지 않았다. 오세안은 속도를 늦추고 베누빌 방향의 이정표 바로 앞 길가에 차를 세웠다. 그때의 장면들은 너무나 선명했다. 장면 하나하나가 떠돌면서 서로 뒤섞였다.

한밤중의 외침. 모르간의 미소.

'넌 그럴 권리가 없어. 약속했잖아. 넌 그럴 권리가 없다고!'

웃는 모르간.

'어떤 남자도, 우리 사이엔 어떤 남자도 끼어들 수 없어. 절대로.'

도전적인 웃음을 터뜨리는 그녀.

오세안의 눈앞에 모르간을 붙잡기 위해 옷을 찢는 자신의 손가락과 스카프로 그녀의 목을 힘껏 조르던 자신의 손이 보였다. 웃음을 멈추게 하고 울게 만들고 미안하다 말하게 하고 자기 품 안에 안기게 하고 그리고… 어떤 남자도 둘 사이에 절대 끼어들지 못하게 만들기 위해.

오세안은 다정했던 모르간의 눈이 얼어붙는 것과 그녀의 육신이 축축한 풀 위를 지나 비탈길로 천천히 굴러가는 것과 허공에서 흔들리는 모습을 보았다.

아우디가 다시 부릉거리며 출발했다. 오세안은 모르간이 허공을 날기 전, 호흡을 멈추고 꺼져가던 눈빛을 수천 번도 넘게 다시 보았다. 그날 밤에 죽은 사람은 백설공주일까 아니면 거울일까?

아무도? 아니면 둘 다?

경찰은 아무것도 알아채지 못했다. 그들이 해변에서 발견한 소녀는 옷이 찢긴 채 목이 졸려 절벽에서 떨어졌다. 몸과 질 속에서 정액의 흔적이 검출됐다. 피해자가 사망하기 몇 분 전, 강압적이고 물리적인 폭행의 흔적도 뚜렷이 남아 있었다. 되도 않는 수컷들은 성폭행 말고는 다른 가설을 생각할 수 있는 머리도 없었다! 오세안은 그들의 무능을 경멸했다.

아우디가 베누빌을 통과했다. 마을은 잠들었다. 겨울 동안 아예 깨어나지 않을지도 모른다. 운전자들에게 경고하는 표지판이 나왔다.

'퀴레 계곡, 접근 금지'

그 길로 들어섰다. 평지 길로 백여 미터 더 달렸다. 자말 살라우이의 시신을 이곳까지 찾으러 올 사람이 있을까? 아무도 없다. 오래전에 옮겨놓았던 다른 두 시신도 마찬가지다. 아침이면 이 길에 난 타이어 자국도 밤새 내린 비에 모두 지워져 있을 것이다.

오세안은 알렉상드르 다코스타를 어렵지 않게 찾아냈다. 그의 부모는 일찍 은퇴하여 소앤틸리스 제도의 세인트빈센트그레나딘 섬나라에서 1년에 9개월을 보냈다. 알렉스는 부모의 두 번째 집이 있는 블롱빌에 숨어 있었다. 명문가 자제인 그는 똑똑한 편은 아니었지만 자신이 모르간 아브릴 사건의 주용의자라는 사실을 모를 만큼 바보도 아니었다. 자신의 DNA와 정액과 스카프 때문에 덤터기를 쓸 판이었다.

알렉스를 유인하는 건 생각보다 수월했다. 오세안은 그에게 전화를 걸어 자매인 모르간이 살해되기 직전에 문자를 보냈다고 둘러댔다. 사랑하는 사람의 이름, 알렉상드르 다코스타를 언급한 문자였다고 했다.

이 바보천치는 모르간을 혼자 두고 떠난 후 다른 남자가 다가와 핸드백을 훔치기 위해 폭행했을 거라고 생각했다.

어느 날 저녁 오세안은 알렉스와 약속을 잡았다. 누구와도 마주치지 않게 A29번 국도의 교차로 근처 포르뮐1 호텔의 무인기 앞에서 보기로 했다. 입장을 위한 비밀번호와 냉동식품이나 커피를 살 수 있는 기계다. 오세안은 경찰에게 신고하지 않았다고 말했다. 그렇게 할 수도 있었지만 망설였다고 했다. 무엇보다 알렉상드르의 얘기를 듣고 싶었다고, 모르간이 죽기 전에 마지막으로 어떤 기분이었고 어떤 감정 상태였는지 알고 싶었다고 했다. 그는 강아지처럼 얼른 달려왔다. 다리 사이의 꼬리를 내미는 데는 그리 오래 걸리지 않았다.

이 미친놈은 오세안의 아름다움에 홀딱 빠지고 말았다. 숨진 쌍둥이 모르간보다 그녀가 훨씬 더 아름답다고 생각했다. 얇은 벽으로 둘러싸인 301호의 매트리스 위에서 정사는 좀더 얌전할 수밖에 없었다. 그동안 그의 심장은 천천히 멎었다. 무스카린의 효능 때문이었다. 로비의 전자레인지에 돌린 파스타 안에 미리 빻아넣었다. 오세안은 젊은 수탉의 정액이 담긴 콘돔을 조심스럽게 벗겨내고 정액을 작은 유리병에 옮겨 담았다. 그리고 새벽 3시쯤 자동차 트렁크에 시신을 실었다.

'우리 사이엔 어떤 남자도 없어.'

그녀는 칠흑 같은 어둠 속에 시체를 버려두고 별들에게 속삭였다.

알렉상드르 다코스타의 부모가 1년에 한두 번 연락하는 스물두 살 아들의 실종 사실을 알게 된 건 꽤 오랜 시간이 지난 후였다. 그들은 심지어 아들이 마지막으로 머문 장소도 몰랐다. 알렉스의 부모는 노르망디의 별장 외에 코트다쥐르와 레 섬에도 집이 한 채씩 있었다. 크로아티아의 크레스 섬에 있는 집과 발레아레스 제도의 아파트도 그들이 소유한 주택목록에 들어갔다. 오세안은 프랑스에서 매년 65,000명의 사람이 실종되지만 못 찾는 인원이 10,000명 이상 된다는 것을 그때 알았다.

결코 누구도 모르간의 사망과 알렉스의 실종을 연결해서 생각할 수 없을 것이다.

엄마는 딸의 살인자를 찾기 위해 헛되이 온 세월을 바쳤다. 살인자는 죽었다. 오세안은 자기 자매를 위해 복수했다. 우리 두 자매, 그리고 우리 세 가족을 떼어놓으려 했던 자. 그자는 절벽 깊숙한 동굴 안에 영원히 잠들어 있다.

오세안은 아우디 Q3를 물푸레나무 숲 뒤에 숨겼다. 혹시라도 밤에 나와 돌아다니던 사람이 그 앞을 지나가더라도 쉽게 알아차릴 수 없는 장소였다. 가장 어려운 작업을 시작했다. 어깨에 시신을 걸머지고 지문이나 머리카락이나 땀방울 같은 어떤 흔적도 남기지 않도록 조심하면서 퀴레 계곡에서 서쪽으로 150미터를 더 나아가는 일이다.

10년 전인 2004년 6월, 포르뛸1 호텔에서 알렉상드르 다코스타를 만나기 전에 오세안은 며칠 동안 절벽을 따라 돌아다녔다. 행인이나 경찰은 그녀가 고뇌에 찬 나머지 그러는 거라고 생각하며 염려했다. 쌍둥이를 따라 몸을 던질까 망설이는 거라고 상상하는 자도 있었다. 그런 생각으로 끝이었다.

오세안이 수 킬로미터에 달하는 흰 절벽을 따라 걸으면서 거추장스러운 남자들을 사라지게 만들 최적의 자연산 우물을 찾고 있으리라고 그들이 어떻게 짐작이나 할 수 있었을까? 인류의 절반을 던져버려도 될 만큼 광활한 우물을 찾고 있다는 것을.

그녀는 마침내 베누빌 동쪽 에티그 절벽 근처에서 원하던 곳을 찾아냈다. 노르망디에서 누구도 들어간 기록이 없고 소들만 아는 나무딸기 덤불 사이에 천연우물이 있었다.

오세안은 차 트렁크를 열고 숨을 참았다. 자말의 시신을 천으로 둘둘 말았다. 뇌프샤텔에 돌아가자마자 태워버릴 천이었다.

이곳에 차를 주차시킨 건 오세안의 생애에서 이번이 세 번째였다.

2004년 8월 27일 놀라운 뉴스가 터졌다. 그 전날, 바스노르망디 지역에서 붉은색 캐시미어 스카프로 목을 졸리고 성폭행당해 숨진 여자가 발견됐다는 뉴스였다. 희생자의 이름은 미르티 카뮈였다. 지역 주민들에게 충격은 일파만파로 퍼져나갔다. 연쇄살인마가 돌아왔다. 그자는 앞으로 또 다른 희생자를 노릴 수도 있다.

엄마는 그날 저녁, 시장이 주민들에게 개방한 그랑캉프메지 초등학교 급식실에서 모임을 열었다. 살해당한 미르티의 모든 지인, 부모와 할머니와 가장 친한 친구와 약혼자까지 모두 만나고 싶어서였다. 범인이 도망치기 전에 구석으로 몰아야 했다. 혹은 그가 또 다른 범죄를 저지르기 전에…. 단서들을 최대한 모아 검증할 필요도 있었다. 엄마의 연설은 과격했다. 과중한 업무에 시달리고 월급도 조금밖에 못 받고 속으로는 이런 사건 따위는 다 잊어버리고 어서 집으로 돌아가기만 바라는 경찰공무원들을 신뢰할 수 없다는 요지였다. 그러니 협회를 만들어 우리끼리라도 범인을 찾아야 한다고 했다.

외삼촌인 질베르를 포함해서 테이블에는 여덟 명이 모였다. 아브릴 쪽에 세 명, 카뮈 쪽에 다섯 명이었다.

뇌프샤텔에서 그랑캉프메지까지 운전을 하는 동안 질베르 외삼촌은 A13 도로를 꽉 메운 파리 피서객들에게 욕설을 퍼부었다. 엄마는 '다시 시작했어. 그 새끼를 잡아야 해. 다시 시작한 거야'라는 말을 끝없이 되풀이했다. 오세안은 살인자가 미르티 카뮈를 잘 아는 사람이며 경찰이 처음으로 혐의를 둘 만큼 피해자와 가까운 사람이라는 자신의 확신을 곱씹었다. 그렇지 않다면 왜 자기의 범행을 노르망디의 모든 경찰이 뒤쫓고 있는 빨간 스카프 살인자의 짓으로 위장하고 모든 혐의를 그에게 돌리겠는가? 왜 연쇄살인범의 소행으로 믿게 하려고 그렇게 애썼겠는가?

연쇄살인범은 존재하지 않는다! 이 비밀은 단 두 사람만이 알고 있다. 미르티 카뮈를 살해한 자와 바로 오세안 자신.

질베르 외삼촌이 낡은 메르세데스 E클래스를 그랑캉프메지의 장마리옹 학교 주차장에 세웠을 때, 오세안은 흥분을 감출 수 없었다. 함께 테이블에 둘러앉을 다섯 명 중 한 명이 미르티 카뮈를 죽인 자일까?

오세안은 자말의 시신을 내려놓았다. 등에서 열이 나 후끈후끈했다.

겨우 30미터 왔는데도 지쳐서 쓰러질 것만 같았다. 우물까지 둘러업고 가는 건 불가능한 일이었다. 잠깐 앉아 해결방안을 궁리했다. 끌고 가는 게 가장 좋은 방법이다. 끌고 가자. 그리고 흔적을 없애자. 숨을 몰아쉬었다.

생각은 또다시 그랑캉프메지로, 뉴스를 통해 미르티 카뮈 사건을 알게 된 날 저녁으로, 급식실에서 카뮈 가족과 만나던 때로 날아갔다. 그날 저녁, 오세안은 실수를 저질렀다. 그전이나 그후를 통틀어 처음이었고 값비싼 대가를 치를 뻔한 실수였다.

그녀는 학교 급식실에 들어서서 작은 팔각형 테이블에 둘러앉은 다섯 명을 보자마자 프레드 생미셸을 의심했다. 가족이나 친구는 범인으로 의심할 만한 소지가 전혀 없었다. 저녁 내내 미르티의 약혼자를 관찰했다. 경찰의 수사기록을 읽으면서 단서가 나올 때마다 그가 보이는 사소한 행동 하나하나, 미세한 떨림, 미묘한 반응을 모두 감시했다.

한 시간이 지난 후, 확신이 들었다. 저 남자가 범인이다.

그러나 가장 중요한 사실은 잊고 있었다.

미르티 카뮈의 살인자 역시 똑같은 이점을 가지고 있다는 사실을. 그 역시 연쇄살인범은 경찰들이 상상해낸 허구의 괴물일 뿐임을 잘 알았다. 또한 모르간을 살해한 자가 같은 테이블 바로 앞에 앉아서 자기를 훔쳐볼 수도 있다는 생각을 했다.

마침내 그들의 시선이 마주쳤을 때 두 사람은 깨달았다. 오세안의 실수는 그를 너무 집요하게 쳐다보았다는 데 있었다. 누가 미르티의 약혼자를 의심할 수 있겠는가? 누가 연쇄살인범이란 가설에 의구심을 가질 수 있겠는가? 모르간이 우연히 만난 자에게 살해당하지 않았다는 걸

아는 자가 아니라면.

모르간을 죽인 자가 아니라면.

두 사람 사이에는 묵언의 협정이 맺어졌다.

자말의 시신을 붙들어 맬 방법을 궁리하다가 피로즈 형사가 되살린 그 유명한 명제, 죄수의 딜레마를 떠올렸다. 두 공범은 서로 배신할 수도 있고 그렇지 않을 수도 있다. 만일 두 사람 모두 상대방을 고발하면 둘 다 모든 걸 잃게 된다. 서로 침묵하고 협력한다면 두 명 모두 성공한다. 둘 중 하나가 상대방이 달리 반박할 새도 없이 배신해버리기 전까지는. 이 게임에서 가장 크게 이득을 얻어낼 수 있는 방법이다. 피로즈는 모든 경찰 중 그나마 가장 똑똑했고 결국은 사실을 알아냈다. 그러나 술에 너무 취해서 파라메호 선실 칸막이 벽 너머로 들릴 정도로 목소리가 커졌다.

카뮈 가족과 만난 날, 급식실에서 가진 모임은 자정이 다 되어서야 끝났다. 각기 붉게 충혈된 눈으로 자기 차를 타고 호텔로 향했다. 나오기 직전, 오세안은 급식실과 붙어 있는 학교 복도 끝의 화장실에 갔다. 프레드 생미셸이 따라와 기다렸다. 하얗게 질린 얼굴이었다.

"사고였어요. 목을 조를 생각이 없었는데…. 우리는 결혼할 예정이었고 미르티는 날 사랑했어요. 결코 날 떠나지 않을 사람이었죠. 경솔한 행동이었어요. 미르티는 그자를 대수롭지 않게 여겼는데… 날 사랑했는데…. 우리는 마지막으로 사랑을 나눴어요. 바로 그 직전에…."

"혹시… 콘돔은 꼈나요?"

생미셸은 그녀를 빤히 쳐다보았다. 이자 또한 다른 남자들과 나을

게 없었다. 그 순간부터 오세안은 그를 제거하자고 생각했다. 다른 자들처럼. 더는 위험이 없을 때, 기회가 오는 대로 그렇게 하기로 마음먹었다.

"네." 그가 인정했다.

"선물이 있어요."

오세안은 주머니에서 작은 유리병을 꺼냈다. 물론 생미셸은 아무것도 이해하지 못했다.

"내 쌍둥이를 욕보인 자가 준 거예요. 설명하자면 길어요." 오세안이 말했다.

생미셸이 유리병을 움켜쥐었다. 그리고 좀더 털어놓았다. 약혼녀를 살해한 후 스스로도 충격을 받아 미르티의 시신을 그랑드 카리에르의 고사리 덤불들 밑에 숨겨놓았다. 다시 오기 전에 누구도 발견하지 않기를 바랐다. 시신이 발견되자마자 자기가 용의자로 지목될 게 확실하니 몇 달 동안 언론에서 떠들어댔던 이포르의 살인사건과 동일한 방식으로 위장하자고 결심했다. 생미셸은 도빌까지 달려가서 쁘렝땅 백화점의 버버리 매장에 들어갔다. 점원의 의심을 피하기 위해 150유로짜리 셔츠를 사면서 외투 속에 빨간색 캐슈미어 스카프를 숨겼다. 돌아오는 길에 미르티의 시신에 뿌리기 위해 아스넬의 한적한 해변에서 20리터들이 석유통에 바닷물을 퍼담았고 약혼녀의 핸드백과 팬티를 훔쳤다. 모르간 아브릴 살인사건과 동일한 수법을 취하기 위해서였다. 단 한 가지 그가 찾지 못한 건 미르티가 내밀한 생각들을 적어놓았던 몰스킨 수첩이었다. 수첩은 미르티에게도 핸드백 안에도 없었다.

엄마의 힘찬 목소리가 복도 끝에서 들려왔다.

"오세안, 가자!"

"가요, 엄마."

오세안은 유리병을 움켜쥔 생미셸을 놔두고 떠났다.

협력, 상호작용.

이 단순한 선물은 두 사람에게 암묵적인 공조를 약속했다.

다음 날 아침이 되자마자 경찰은 미르티 카뮈의 팬티를 찾아냈다. 그랑드 카리에르에서 몇백 미터 떨어진 곳에서 발견한 팬티는 모르간 아브릴의 질에서 검출한 것과 똑같은 성폭행범의 정액으로 더럽혀져 있었다.

동일범이 저지른 소행이라는 결정적인 증거였다.

연쇄살인범이 희생자를 무작위로 선택했다는 증거이기도 했다.

오세안은 다시 숨을 몰아쉬었다. 자말의 시신을 백여 미터 끌고 왔다. 조금만 더 가면 끝난다. 비가 그친 하늘에 잔별들과 구름 사이로 얼굴을 살짝 내민 달만이 끝없이 펼쳐진 들판을 비추고 있었다. 짙은 안개가 사방을 에워쌌다. 시신을 끌고 온 흔적을 없앴다. 날이 밝으면 흔적은 거의 사라진다. 그녀는 외투에 달린 모자를 덮어쓰고 장갑 낀 손을 비빈 후 다시 작업을 시작했다.

오세안에게 행운이 찾아온 건 2004년 9월 10일, 느지막한 오후였다. 주머니에 넣어두었던 휴대전화가 울렸다. 그녀는 붉은실협회 총무였고 엄마는 증인일 수도 있는 사람들을 정기적으로 모임에 초대했다. 경찰에게는 감히 사실을 말할 수 없는 사람들이었다.

올리비에 루아가 소심하게 말을 꺼냈다.

"저는 모두가 찾는 사람이에요." 그가 전화에 대고 흐느꼈다. "아디다스 모자를 쓴 사람, 미르티 주위를 배회했던 사람. 경찰이 찾는….”

오세안은 그에게 침묵하고 누구에게도 얘기하지 말라고 지시하면서 그날 저녁 이브토의 포르뮐1 호텔에서 만나자고 제안했다. 올리비에는 거절했다. 너무 멀고 너무 늦었고 너무 위험하다는 이유였다. 그래서 오전 늦게 베이 습지에 버려진 작은 오두막에서 만나기로 약속했다. 올리비에 집이 있는 이즈니 남쪽에서 몇 킬로미터 떨어진 곳이다.

“전 죽이지 않았어요.” 그가 또다시 울먹였다. “모두 그렇게 생각하지만 제가 죽인 게 아니에요. 우리는 서로 사랑했어요. 미르티는 그 남자와 헤어지려 했고요. 제게 시도 써서 보내줬어요. 일기에 쓴 시였죠.”

“일기를 가지고 있어요?”

“네, 그렇지만….”

“그 일기도 가져오세요.”

올리비에 루아는 다른 사람들처럼 미르티가 근처에서 돌아다니던 살인마의 손에 우연히 걸려들어 희생됐다고 생각했다. 연적을 의심할 이유는 전혀 없었다. 경찰서에 갈지 오랫동안 망설였고 방에 처박혀 지내거나 사람들이 찾지 않는 곳에서 긴 산책을 하곤 했다. 그리고 고뇌에 쌓인 채 미르티를 생각했다. 아무리 생각해도 비난받을 만한 일을 하지 않았다. 무죄를 쉽게 증명할 수 있었다. 하지만 경찰들이라면…. 그들은 용의자를 체포하기 원했고 자기와 어렴풋이 닮은 몽타주를 곳곳에 붙여놓았다. 해명할 틈도 안 주고 수갑부터 채울 게 뻔했다. 그래서 먼저 붉은실협회에 연락하자고 생각했다. 협회에서는 변호사들과 긴밀하게 연락할 것이고 경찰이 언론에 밝히지 않은 수사내역도 알고 있을 터였다. 이들이 아니라면 누가 자기 말을 들어주고 조언해주고 경찰에게 어떻게 대처할지 알려주겠는가?

오두막에서 올리비에는 미르티에 관한 모든 추억을 오세안에게 양도했다. 미르티의 몰스킨 수첩과 편지와 시…. 그는 안도했지만 오세안만큼은 아니었다. 만일 올리비에 루아가 말을 했더라면 혐의는 프레드 생미셸에게 옮겨갔을 것이다. 프레드 생미셸이 잡혀들어가면 그 다음은 그녀 차례다.

우리 사이엔 어떤 남자도 절대 없을 거야.

오세안은 가방을 열었다. 하늘 꼭대기에 매달린 정오의 태양이 강한 빛을 쏟아냈다. 그들 앞에는 수십 마리의 야생오리와 멧도요 떼들이 모여 있었다. 새들은 썰물과 밀물의 영향으로 조각조각 갈라진 붉은 습지에 둥지를 틀었다. 올리비에 루아는 이 장면을 아름답다고 생각했다. 낙심한 가난뱅이 낭만주의자가 바로 그였다.

오세안이 코카콜라 한 병, 식은 피자 몇 조각, 동양 과자 들을 꺼냈다. 올리비에는 아무 생각 없이 받아들고 먹기 시작했다. 음식들 모두 이상한 향신료 냄새가 났다. 얼마 후, 그의 시선이 느려졌고 근육은 점점 굳어갔다. 그리고 주인의 휘파람 소리를 기다리는 매복한 개처럼 꼼짝하지 않았다. 몇 분 후 심장이 멈췄다.

다음 날, 생미셸은 우편함에서 고인이 된 약혼녀의 시를 발견했다. 오세안의 게임이었다.

협력, 상호작용.

생미셸은 머리가 나쁘지 않았다. 바스티네 수사팀장 앞에서 그 시를 이용할 만큼…. 완전무결한 선제조치였다. 알리나는 가장 친한 친구의 마지막 날을 생각하면 할수록 점점 더 많은 의문이 생겼다.

아직 20미터 남았다. 오세안은 덤불에 걸리지 않도록 조심하며 걸어갔다. 경찰들은 모두 장님이었지만 편집증적인 취향을 드러냈다. 덤불 가시에 걸린 작은 천 조각만으로도 누구인지 밝혀낼 수 있었다.

올리비에 루아가 실종된 이래 수사는 구멍 난 풍선처럼 점점 위축되었다. 엄마의 분노에도 불구하고 경찰들은 사건을 팽개쳐버렸다. 그리고 페캉 경찰서에 사건을 이양했다. 담당자는 피로즈 형사였다. 그는 다른 경찰과 달랐다.

사건을 처음부터 되돌려 들여다봤다.

엄마는 동일범이라는 추론에 매달려 있었다. 그래서 이포르와 이즈니에 동시에 출몰했던 자를 찾는 일에 몰두했다. 오세안은 반대하지 않았다. 이 일 덕에 엄마는 미치지 않고 버텨낼 수 있었다. 그 작업은 몇 년 동안 계속됐다. 오세안은 미르티 카뮈와 제일 친한 친구였던 알리나 마송과 가까워졌다. 그리고 생미셸을 제거할 날을 준비하기 위해 조금씩 조금씩 알리나의 마음에 의혹의 씨앗을 뿌려놓았다. 오세안이 알리나의 머릿속 하드디스크에 심어놓은 트로이목마 바이러스는 잠복한 질문을 무한히 재생하며 알리나를 잠식해갔다.

미르티가 배회하던 살인자에게 우연히 걸려 죽은 게 아니라면?

미르티가 살인자를 알고 있었다면?

2013년 3월 어느 화창한 날, 이름 하나가 마침내 복권에 당첨됐다. 자말 살라우이. 잘못된 순간에 잘못된 장소에 있었던 자다. 그러나 진실을 아는 사람은 생미셸과 오세안뿐이었다.

카르멘이 살라우이의 정체를 폭로하기 위해 말도 안 되는 이 미친 계획을 세웠을 때, 오세안은 엄마의 계획에 순순히 따랐다. 모든 게 제대로 돌아갔다. 그건 생미셸을 끝장내기 위해 그렇게 오래 기다려왔던 절호의 기회이기도 했다. 생마르쿠프 섬에서의 장엄한 최후를 상상한 사람은 오세안이었다. 거대한 연극의 막을 올리기 전날, 그녀는 두세 개의 소품을 추가했다. 섬에 있는 성채의 벽돌을 떼어내고 그 안에 미르티 카뮈의 몰스킨 수첩을 숨겼고 그 벽돌에 MO4란 글자를 새겼다. 또한 자말 살라우이가 스스로를 의심하도록 갈색 봉투의 내용물을 알리나와 함께 작성했다. 그래야만 하는 순간에 그가 이해하도록…. 프레드 생미셸 집에 들르는 일도 잊지 않았다. 그의 집 열쇠는 붉은실협회 미팅이 끝도 없이 이어질 때 몰래 훔쳐서 복사해놓았다. 오세안은 그의 아파트에 들어가서 그 안에 자신이 여전히 보관 중이던 모르간의 핸드백을 숨겼다. 욕실 서랍 안에는 알렉상드르 다코스타의 정액 흔적이 약간 남은 유리병을 집어넣었다. 생미셸은 이런 증거물을 집에 놔둘 만큼 바보는 아니지만 오세안이 숨겨놓았다는 건 까맣게 몰랐다.

다음 날, 오세안은 자말의 코앞에서 뛰어내렸다. 120미터의 절벽. 비상용 낙하산에 의지한 추락. 그리고 모든 일이 연쇄반응을 일으켰다. 시한폭탄의 시계장치가 작동하기 시작한 것처럼 그 누구도, 하물며 피로즈조차도 멈출 수 없었다. 자말 살라우이는 일찍이든 늦게든 그를 터트려 부숴버릴 폭탄에 대항해 싸워야 했다.

경제학자 액셀로드는 죄수의 딜레마를 해결하기 위한 방법을 내놓았지만 틀린 답이었다.

'협력, 상호작용, 용서'

이 이론은 공범들이 감옥에서 나와 다시 만나서 새로운 협력을 원할 때만 성립된다. 아니면 서로 복수하기를 원할 때나. 가장 좋은 방법은 딱 한 번, 결정적으로 배신하는 것뿐이다.

주먹을 주먹으로 갚는 것. 먼저 쏘는 것.

'협력, 배신, 처벌'

오세안은 여전히 자말의 시신을 끌고 갔다. 이제 구멍 근처다. 어림해보면 깊이는 30미터쯤 된다. 석회암 밑에 뱀처럼 뻗은 인접한 동굴들까지 합하면 그 이상이 될 수도 있다. 물론 이 부근에 사는 주민들 몇 명은 이 장소를 알고 있을 것이고 쓸모없는 물건들을 이곳에 집어던지러 올 수도 있다. 그러나 그 누구도 이 밑으로 내려갈 생각은 하지 않을 것이다.

혹시 50년쯤 지나 어떤 동굴탐험가가 세 구의 백골을 발견할 수도 있지 않을까? 죽은 개의 뼈, 오래된 텔레비전, 녹슨 세탁기 들 틈에 낀 백골들을. 아니면 100년 후, 절벽이 완전히 침식했을 때? 만일 내일 당장 발견된다 해도 이 세 구의 시신과 오세안을 연결해서 생각할 사람이 누가 있을까? 만약 과학수사대에서 이 세 시신의 신원을 파악하고 죽은 날짜를 알아내고 그들이 암살당한 방법까지 알아낸다 해도, 그녀와 이 시신들을 연결할 고리는 아무것도 없다. 그 어떤 화살도 그녀에게 날아오지 않을 것이다.

오세안은 신중함 외에는 그 어느 것도 인정하지 않았다. 일부러 유인하지 않아도 모두가 그녀의 거미줄에 빠져버렸다.

'우리 사이엔 어떤 남자도 절대 없을 거야.'

오세안은 기도문을 외듯 마지막으로 다시 되뇌었다. 이제 이 기도문은 확고해졌다. 모든 남자는 대가를 치렀다. 그녀에게, 그리고 그녀들에게 접근한 모든 남자는 죽음을 맞이했다.

밧줄을 끄르고 천을 풀었다. 자주색 천 위에서 자말의 시신이 천천히 굴렀다. 마지막 의식을 위해 깔아놓은 카펫 같았다. 그의 몸은 소리도 없이 밑바닥 모를 구멍으로 떨어졌다.

다 끝났다.

오세안은 뇌프샤텔로 얼른 되돌아가고 싶었다. 그러나 조심해야 한다. 발끝을 겨우 비추는 손전등 불빛으로 지나온 길에 흔적이 조금이라도 남았는지 확인해야 한다.

집으로 얼른 돌아가고 싶었다.

엄마에게 얼른 돌아가고 싶었다.

창백한 손전등 빛 속에서 해풍에 비틀거리는 앙상하게 헐벗은 밤나무가 보였다.

오세안은 당나귀 등 민박집 정원의 사과나무를 생각했다. 그리고 가지마다 어서 빨리 꽃이 피기를 바랐다.

V

재심

수신 : 국립과학수사국 법의학과
제라르 칼메트 국장

발신 : 센마리팀, 에트르타 지방경찰서
베르트랑 도나디외 서장

날짜 : 2014년 8월 13일

국장님께

2014년 8월 10일 자 서신은 잘 받아보았습니다. 2014년 7월 12일 이포르 해변에서 발견된 알베르, 베르나르, 클로비스, 유골 세 구의 신원확인과 관련하여 국장님이 문의하신 '잃어버린 퍼즐 한 조각'에 대한 답변을 드리고자 합니다.

국장님의 우려는 접어두셔도 됩니다. 클로비스라고 명명한 유골의 정강이뼈는 과학수사국이나 우리 경찰의 실수로 잃어버린 게 아닙니다. 또한 절벽이 무너질 때 바닷속으로 유실된 것도 아닙니다.

국장님의 서신을 읽으면서 아브릴과 카뮈 사건의 중심인물 중 한 사람이었던 자말 살라우이를 떠올리지 않을 수 없었습니다. 한동안 그는 희생된 두 여성의 강간범이자 살인범으로 지목되었죠. 국장님께서는 우리가 왜 그런 추론을 했는지 쉽게 이해하실 수 있을 겁니다. 자말 살라우이는 장애로 고통을 받았고 왼쪽 다리 아래를 의족으로 대체했습니다. 그런데 이 청년은 6개월 전에 실종됐습니다. 아브릴과 카뮈 사건이 해결되고 며칠 후에 말입니다. 명백하게 드러난 이유도, 설명 가능한 단서도 없었습니다.

국장님이 발견한 사실 덕분에 이 사건에 대한 수사가 재개됐음은 분명합니다. 자말 살라우이는 살해됐습니다. 이유는 밝혀지지 않았지만 틀림없는 사실입니다.

솔직하게 말씀드리면, 처음에 우리는 이 유골 외에 다른 단서가 없기에 국장님이 보내주신 분석결과를 별로 신뢰하지 않았습니다. 물론 이 결과가 아브릴과 카뮈 사건의 결론에 파장을 몰고 오긴 했어도 말입니다. 자말 살라우이가 사라지기 이틀 전에 생마르쿠프 섬에서 숨진 살인범 프레드 생미셸한테서도 독극물 살인에 관한 혐의는 찾지 못했습니다! 이 비극에 연루된 다른 모든 당사자들 또한 마찬가지였고요. 유골로 발견된 세 남자를 독살한 자는 아주 면밀하고 체계적이고 신중하게 행동했습니다.

국장님의 서신을 받은 후, 페캉 경찰과 루앙의 사법경찰이 공조하여 자말 살라우이의 실종에 대해 수사를 다시 시작했습니다. 살라우이가 살던 동네의 이웃과 가족과 사촌과 친구는 물론이고 아브릴과 카뮈 사건의 모든 관계자들과 이전 붉은실협회 회원들, 생탕투안 치료센터의 동료들에게도 탐문수사를 했고요. 그러나 그의 실종에 관해 조금이라도 아는 사람은 전혀 없었습니다.

자말 살라우이는 내밀한 상상의 세계를 구축하며 살아온 사람으로 비밀스러운 구석이 있는 데다가 내향적인 성격입니다. 대다수의 사람들 속에 편입되지 않고 스스로 방어막을 치면서 살아온 것이죠. 그의 직속상관인 제롬 피넬리는 우울증 가능성도 있다고 말했습니다. 따라서 무스카린을 음독하고 자살했거나 오래전 같은 상황에서 죽은 두 시신과 동행하기 위해 절벽의 동굴로 투신했을 수도 있다고 생각했고요. 우리는 그 같은 추론에서 한 발짝도 넘어서지 못했습니다.

그런데 수사를 종결하고 생탕투안 센터를 떠나려는 순간 반전이 시작됐습니다. 마지막 증인이 자발적으로 나선 것입니다. 치료센터의 한 여학생이었어요. 그 여학생은 무슨 수를 쓰더라도 경찰과 말해야 한다며 발광을 하고 복도에서 고래고래 소리를 질러댔습니다. 그러나 그런 소동에 익숙한 교사들은 우리가 센터를 방문하는 동안 여학생을 자기 방에 가둬놓았지요.

결국 그 여학생은 4층 자기 방 창문에서 우리에게 외쳤습니다. 우리가 차에 오르려던 순간이었어요. 열여섯 살 소녀였는데 월요일부터 금요일까지 센터에서 생활하는 학생입니다. 24시간 내내 진정제에 의존하고 있고요. 센터 측에 따르면 이 학생은 심리적으로 불안정한 상태이며 어린 시절에 겪었던 성적학대로 말미암아 심각한 후유증을 앓고 있습니다. 이런 센터에서는 전형적인 경우라고 합니다. 여학생이 자말 살라우이를 좋아했기에 두 사람을 떼어놓고 전문가들에게 그녀의 치료를 맡기기 위해 여러 번 조치를 취했다고 합니다. 센터에서는 이 여학생, 오펠리 파로디의 증언을 별로 신뢰할 수 없다고 했습니다.

한 교사가 소녀를 창문에서 떼어놓기 위해 뒤로 잡아끌었습니다. 그러자 오펠리 파로디는 창턱을 부여잡다가 커튼을 꽉 틀어잡았고 교사에게 발길질을 하며 그의 옷까지 잡아뜯었습니다. 전형적인 히스테리 증상이었죠.

저는 그 상황을 종료시키고 학생의 말을 들으러 갔습니다. 솔직히 말하면 오펠리는 우리에게 거의 아무 말도 하지 않았습니다.
하지만 우리에게 결정적인 증거를 보여주었습니다!
저와 두 명의 부관이 오펠리 앞에 서자 사냥개한테서 벗어난 어린 사슴처럼 숨을 몰아쉬며 곧 잠잠해졌습니다. 오펠리가 한 일은 단순히 제 손에 자기 휴대전화를 내민 것뿐입니다.
문자 메시지가 떠 있는 화면이었습니다.
발신자를 확인했습니다. 자말의 이름이 두 개의 스마일 이모티콘 가운데 있더군요. 깜짝 놀라 문자 발송일과 시간도 확인했습니다.
2014년 2월 24일. 21시 18분.
살라우이가 사라진 날이었습니다. 그후 그를 본 사람은 아무도 없습니다. 5개월 후 완전히 해체된 주검으로 발견되었을 뿐이죠. 소녀는 정신이상이 아니었습니다. 살라우이와 마지막으로 연락한 사람이 바로 오펠리였던 겁니다.
메시지 내용을 확인했는데 '20점 만점에 20점?'이라고 쓴 짧은 문자뿐이었습니다.
같이 첨부한 사진이 없었더라면 그 내용을 해독하기는 불가능했을 겁니다. 몰래 찍은 사진이었는데 파란 원피스를 입은 젊은 여성의 얼굴 일부와 등이 찍혀 있었습니다. 여성은 주방으로 보이는 곳에서 손에 행주를 들고 일하고 있었고요.
매우 아름다운 여성이었습니다.
보자마자 이 여성이 누구인지 모를 수가 없었습니다. 흔들린 사진이었음에도 불구하고 말이죠.
오세안 아브릴.

첫 번째 희생자의 쌍둥이 자매. 저는 이미 그녀에게 몇 번이나 찾아갔었고, 살라우이의 실종에 대해 물었습니다. 눈부시게 아름답고 지적인 여성, 지금껏 겪어왔던 모든 시련에도 불구하고 품위를 잃지 않던 이 여성에게 저는 조금의 혐의도 두지 않았습니다.

이제 국장님도 어떻게 된 상황인지 아셨을 겁니다.
저는 즉시 뇌프샤텔 경찰에 연락했습니다. 그쪽 경찰에서 곧바로 산부인과 진료실에 있던 오세안 아브릴을 체포했지요. 그녀는 현재 발드뢰의 비네트 구치소에 수감되어 있습니다. 정신분석학자들이 쓴 첫 보고서를 보면 모든 정황이 더욱 분명해집니다.
그 이후, 수사를 강화하여 국립경찰과학수사원의 정보요원들이 자말 살라우이의 노트북을 복원하였고 그가 죽기 전 며칠 동안 아브릴과 카뮈 사건을 추적하며 쓴 글들을 찾아냈습니다. 저도 그 글을 읽었는데 시사하는 바가 아주 컸습니다. 저는 우리의 서신 사이사이에 이 원고들을 끼워넣었습니다. 어떤 출판업자라도 출판하지 않고는 못 배길 이야기이며, 살라우이는 그럴 만한 대접을 받아야 마땅한 사람입니다.

마지막으로 국장님께 한 가지 사실을 밝히지 않을 수 없군요. 비록 이 사건에 크게 영향을 미치는 사안은 아니지만 말입니다. 어린 오펠리 파로디는 자말 살라우이가 보낸 문자에 즉시 답했습니다. 살라우이는 그때 이미 무스카린을 음독한 상태였고 죽음을 몇 분 앞두고 있었습니다.
오펠리의 문자는 간단했습니다. 그 며칠 전 자말 살라우이가 보낸 문자와 정확하게 상응하는 대답이었지요. 국장님께 개인적인 소견을 말씀드리자면 생탕투안 센터의 심리치료사들이 무슨 말을 하든, 이 소녀는 참으로 현명하다는 생각이 듭니다. 오세안 아브릴의 사진과 '20점 만점에 20점?'이란 물음에 대해 오펠리는 이렇게 대답했습니다. '너무 아름다워. 겉모습은 믿지 마! 난 빨강머리가 더 좋아'라고 말입니다.

국장님께 존경의 마음을 전합니다.

에트르타 지방경찰서

베르트랑 도나디외 서장

열여드레 후, 2014년 8월 31일

에밀은 평상시처럼 에귀뒤미디 봉우리의 22번 케이블카 문을 열었다. 2,000미터 높이의 절벽 위를 줄 하나에 매달려 여행을 마친 예순 명가량의 중국 관광객들이 휘청거리며 케이블카에서 내렸다.

그는 허공 쪽으로 세 발짝 걸어가 말보로에 불을 붙였다.

오후 8시. 보통 때 같으면 마지막으로 운행하는 케이블카였다. 승강장에서 내려와 갈까마귀 레스토랑의 테라스에서 맥주를 한 잔 들이킬 시간이었다. 오늘은 그렇지 않았다.

자그마한 빨강머리 여자가 마지막으로 내린 중국인들을 지나 에밀 앞으로 다가왔다. 당당한 체구의 남자가 뒤를 따랐다. 갈색으로 그을린 얼굴만 빼면 알프스의 사냥꾼처럼 아름다운 사내였다. 그는 눈처럼 흰 망토를 두르고 휘장과 견장을 찼다. 격이 달랐다. 분명 법무부의 형사국 소속 고위간부일 거라고 에밀은 짐작했다.

에밀이 여자에게 손을 내밀었다. 여자는 햄스터처럼 귀여운 얼굴을 외투에 달린 털모자로 감싸고 있었다.

"알리나 마송 양이십니까?"

여자가 작은 손으로 그의 손을 맞잡았다.

"아니요. 살리나스. 모나 살리나스예요."

에밀은 어깨를 으쓱했다. 법무부장관이 왔다고 해도 신경 쓰지 않을 그였다. 형사국 관료가 파란색, 흰색, 빨간색의 삼색 인장이 찍힌 허가증을 건넸다. 에밀은 꽁초를 뱉어내고 케이블카의 미닫이문을 가리켰다.

"자, 출발합니다. 오늘의 마지막 여행이네요. 요청에 따라 저도 두 분과 동승합니다. 지금까지 한 번도 없었던 일이죠."

케이블카가 흔들렸다. 두 개의 검은 케이블선은 깎아지른 설산에 흉물스럽게 새겨진 거대한 흉터처럼 보였다. 모나는 가슴에 자신의 보물을 꼭 끌어안았다. 형사국에서 특별 파견한 관료 에르베는 대리석처럼 꼿꼿한 자세였다.

"이건 정말 미친 짓이에요. 절대적으로 금지된 일이기도 하고."

에밀이 침묵을 쫓아내려 입을 열자 건장한 사내가 사제처럼 근엄한 목소리로 대꾸했다.

"장관이 직접 허락하신 사항입니다. 뉴스 보지 못했습니까? 감동적이지 않던가요?"

에밀은 아무 말 없이 몽블랑을 쳐다보았다.

감동적이라고?

형사국의 우락부락한 사내들이 티슈를 꺼내기 시작한다면….

"경우가 경우이니 만큼, 내각에서는 이 상징적인 의식을 마송 양에게 거절할 수 없었습니다." 에르베가 설명을 계속했다.

"여자분 성함이 살리나스라고 하지 않았나요?" 케이블카 운전사는 수염에 가려진 입으로 이상하다는 듯 중얼거렸다.

정북향에서 비치는 태양의 마지막 광선이 새하얀 계곡을 장밋빛과 금빛으로 쓸어내렸다. 에밀이 워키토키를 켰다.

"우리 케이블카는 다음 역에서 정차합니다. 다음 역은 별빛, 별빛역입니다. 천국 길 출구는 발밑에 있습니다."

잠시 후, 케이블카가 멈췄다. 모나는 하늘을 바라보며 미소를 지었다. 에밀은 바닥에 몸을 웅크리고 비상용 문의 나사를 풀기 시작했다.

가로세로 30센티미터 크기의 문.

나사못 네 개.

발아래는 1,500미터 상공이다.

모나는 하늘에서 눈을 떼고 샤모니 계곡을 굽어보았다.

"달리기 선수들은 어디로 지나가나요?" 그녀가 물었다.

"저쪽이요." 에르베가 다정한 목소리로 대답했다. "능선 위의 저 하얀 봉우리 뒤로 지나갑니다. 그 다음에 좀더 낮은 트리코 고개로 넘어가죠. 저는 노스페이스배 대회에 두 번 참가했어요. 이번 일에 저를 보낸 것도 그 때문이고요. 선수들은 두 시간 전에 출발했죠. 첫 주자들은 밤이 되기 전에 이탈리아에 도착해요. 그후 열다섯 시간짜리 코스를 달리게 됩니다."

에밀이 한숨을 쉬었다. 몽블랑 울트라트레일에 참가한 선수들의 노력도, 꿈쩍하지 않는 나사못 네 개를 푸는 데는 못 미친다는 듯 푸념 섞인 한숨이었다.

모나는 천천히 유골함 뚜껑을 열었다.

바로 위에는 어느새 금성이 떠올라 빛나고 있었다. 다섯 개의 꿈….

모나는 왼손을 펴고 입술 끝으로 기도문을 외우듯 꿈들을 하나씩 읊조렸다.

다섯 개의 꿈. 자말은 그 꿈들을 모두 달성할 수 있으리라.

내가 죽었을 때 울어주는 여자를 얻자.

분홍빛 뺨에 눈물이 떨어졌다. 모나가 엄지를 접었다. 에르베가 손수건을 건넸지만 받지 않았다.

죽기 전에 빚을 갚자.

검지를 접으며 모나는 체포된 오세안 아브릴을 떠올렸다. 여섯 명을 죽인 살인죄로 기소된 여자. 그중 세 구의 유골은 절벽에서 발견됐다. 그리고 개자식 생미셸, 피로즈 형사, 오세안의 쌍둥이 자매 모르간…. 자말은 10년 동안 수많은 경찰들이 밝혀내지 못한 진실을 수면 위로 떠오르게 만들었다. 눈을 감았다. 갈 길을 잃은 추억들이 이포르 해변의 인적 없는 놀이터의 그네로 날아갔다. 오펠리에 대해 처음 들었던 곳이다. 그 이후 두 사람은 자말에 대해 수도 없이 얘기했다. 그 다음 주말, 생탕투안 센터는 처음으로 오펠리가 모나와 함께 엘뵈프에서 이틀을 보낼 수 있도록 허락해주었다.

나사못 세 개가 케이블카 바닥으로 굴러갔다. 에밀이 해냈다. 철판 뒤에서 바람이 휘파람 소리를 냈다.

"마지막 나사를 빼내면 몹시 흔들릴 겁니다."

모나는 저도 모르게 몸을 흠칫 떨었다.

나보다 아름다운 여자와 사랑하자.

중지를 접었다. 라시렌 호텔에서 보냈던 첫날밤의 이미지가 눈앞을 스쳐갔다. 7호실. 파도에 쓸리던 자갈 소리. 마주 부딪던 두 사람의 맨살. 경솔하게 콘돔도 없이 나눈 사랑.

얼음처럼 차가운 바람이 급작스레 케이블카 안을 휘저어놓았다. 에밀이 양손에 철판을 들었다.

"알리나 양, 이제 끝낼 시간입니다." 에르베가 말했다.

그의 목소리는 조금 높아졌고 조금 서둘렀다.

모나가 약지를 접었다.

아이를 갖자.

높은 창공에서 불어오는 바람이 케이블카를 흔드는 동안 그녀의 손이 둥근 배에 살짝 닿았다. 라시렌에서 밤을 보낸 지 벌써 6개월이 지났다.

그녀는 천천히 바닥에 무릎을 꿇고 앉았다. 에르베가 어깨를 잡아주었다. 위험할 건 전혀 없었다. 아무리 호리호리한 사람이라고 할지라도 이 구멍으로 빠져나갈 수는 없으니까. 유골함을 기울였다.

몽블랑 울트라트레일에 참가하는 최초의 장애인 선수가 되자.

새끼손가락을 접었다. 그리고 오른손으로 유골가루를 쥐고 구멍으로 내보냈다.

바람은 곧바로 몽블랑, 몽모디, 미아주 방향으로 순식간에 가루를 싣고 가서 제일 높은 하늘에 흩뿌려놓았다. 저 아래 얼음폭포 발치에서 형형색색의 옷을 입고 달리는 작디작은 주자들 그 누구도 닿을 수 없는 높은 곳으로.

프랑스 최고의 추리작가가 선사하는 또 하나의 명작!

미셸 뷔시의 이번 작품을 준비하는 와중에 기쁜 소식을 듣게 되었다. 해마다 프랑스에서 가장 많이 팔린 작가 순위를 발표하는 〈피가로〉 지의 집계 결과, 2016년에는 미셸 뷔시가 2위에 오른 것이다. 더욱이 이번에는 프랑스 작가들만 비교한 것이 아니라 프랑스에서 번역 출간된 외국 작가들의 작품도 함께 산정했기에 2위라는 성과는 더 큰 의미를 갖는다.

2012년까지만 해도 노르망디의 지역 작가에 머물러 있던 지리학 교수는 《그림자 소녀》를 발표하면서 2013년도에 프랑스 베스트셀러 작가 8위에 올라 단숨에 수많은 사람의 주목을 받았다. 그리고 2014년에는 5위, 2015년에는 3위를 기록했고, 2016년에는 또 한 계단 뛰어올라 2위를 차지했다.

출판사를 시작하기 전에 미셸 뷔시의 《그림자 소녀》를 우연히 접하고 흡입력 있는 전개에 눈을 떼지 못하다가 결국은 밤새 읽었던 기억이 난다. 그때는 미셸 뷔시가 프랑스 내에서도 알려지기 전이었다. 그후 작품의 대중성과 재미를 인정받아 프랑스 최고의 추리작가가 된 작가를 보면서 재미있고 좋은 작품은 결국 사람들이 알아보게 된다는 생각을 했었다.

어릴 때부터 온갖 이야기를 상상해내고 글을 즐겨 쓰던 소년이 마흔 중반이라는 나름 늦은 나이에 성공을 거머쥐게 된 것은 단순히 행운의 결과만은 아니었다. 타고난 이야기꾼의 재능에 덧붙여 꾸준한 글쓰기와 지역에 대한 세밀한 연구, 사람에 대한 따뜻한 시선이 추리소설 애호가를 넘어 일반 독자들의 마음까지 사로잡은 것이다. 지리학자로서 고향인 노르망디에 애착을 가진 작가는 노르망디를 배경으로 대부분의 작품을 써왔다. 그의 소설을 읽을 때 지역 풍경과 그곳에 사는 사람들의 모습과 생활까지도 눈에 선하게 그려지는 건 실제 장소를 세세히 묘사하는 덕분이기도 하다.

《절대 잊지 마》에서 미셸 뷔시가 배경으로 삼은 곳은 노르망디의 해안마을 이포르다. 수많은 사람이 찾아오는 이포르 근방의 에트르타, 페캉, 도빌 같은 관광도시와 달리 상대적으로 덜 알려진 작은 어촌 이포르가 작품의 전면에 나오면서 그곳에 사는 사람들과 지역 특성을 알게 되는 것도 독서의 또 다른 작은 재미다.

이 책의 주인공인 자말은 의족을 낀 장애인으로 몽블랑 울트라트레일 완주를 꿈꾼다. 그가 겨울휴가를 보내기 위해 찾아온 곳이 이포르다. 높은 절벽이 이어져 울트라트레일 훈련장소로 안성맞춤인 이곳에서 자말의 인생은 소용돌이에 휩쓸린다. 어느 날 아침 호텔 근처의 절벽에서 조깅을 하던 그는 눈부시게 아름다운 여인을 보게 되는데, 그 여인은 절벽 끄트머리에서 자살하기 일보직전이다. 그녀를 구하기 위해 길에서 주운 붉은 스카프를 던지지만 여인은 허공으로 뛰어내려 숨지고, 해변에 떨어져 죽은 여인의 목에는 자기가 건넨 스카프가 둘려 있다. 자살한 순간을 목격한 사람은 자말뿐이다. 그리고 모든 정황은 자말을 살인용의자로 몰고 간다.

과거의 사건들과 현재의 사건이 얽히고설켜 거대한 톱니바퀴처럼 맞물려 돌아가고 자말은 처음부터 끝까지 자신이 무죄라고 주장하지만 진실은 도무지 드러나지 않는다. 과연 진실은 무엇일까?

급박한 전개를 보이는 드라마처럼 미셸 뷔시 소설의 특징은 다음 내용에 대한 궁금증을 끊임없이 불러일으키며 예측할 수 없는 사건들을 통해 작은 반전들을 곳곳에 장치하고, 이야기 내내 떨어뜨려놓은 퍼즐 조각들을 끝부분에 이르러서야 완결된 그림으로 보여준다는 데 있다.

또한 사회적 편견과 불평등의 희생양이라는 무거운 주제와 함께 그의 모든 작품을 관통하는 가족이라는 주제가 또다시 등장하며 대중적인 추리소설임에도 불구하고 다시 한번 우리의 삶을 돌아보게 만든다.

매년 결코 짧지 않은 장편소설을 발표하면서도 매번 새로운 이야기로 돌아오는 작가의 샘솟는 상상력에 감탄을 금할 수 없다. 이번 작품 《절대 잊지 마》를 읽는 분들이 미셸 뷔시가 선사하는 행복한 독서 시간을 만끽한다면 편집자로서 그보다 더한 보람이 없을 듯하다.

달콤한책 김도연

임명주

한국외국어대학교 불어과와 동 대학교 통번역대학원을 졸업했다. 주한 프랑스 대사관 상무관실에서 근무했으며, 프랑스 농식품진흥공사(SOPEXA) 대표를 역임했다. 옮긴 책으로 《그림자 소녀》《왜 책을 읽는가》《니체-단 하나의 삶을 사랑하는 길》《소로우-월든 호숫가의 고요한 혁명가》《점령하라》《좌파 이야기》 등이 있다.

절대 잊지 마

발행일 2017년 4월 19일 초판 1쇄
2019년 3월 31일 초판 2쇄

지은이 미셸 뷔시
옮긴이 임명주

펴낸이 김도연
펴낸곳 달콤한책
출판등록 2012년 4월 19일 제300-2012-64호
주소 03022 서울시 종로구 창의문로 11길 5, 202호
전화 070-8202-3382
팩스 02-6008-3397
이메일 sweetbooks@sweetbooks.net
홈페이지 www.sweetbooks.net
페이스북 facebook.com/dalcombooks
트위터 twitter.com/dalcombooks
ISBN 979-11-957546-4-9 03860

이 도서의 국립중앙도서관 출판예정도서목록(CIP)은 서지유통정보지원시스템 홈페이지(http://seoji.nl.go.kr)와 국가자료공동목록시스템(http://www.nl.go.kr/kolisnet)에서 이용하실 수 있습니다. (CIP제어번호: CIP2017006896)

교양인이 알아야 할

음식의 역사

교양인이 알아야 할

음식의 역사

자크 아탈리 지음 | 권지현 옮김

인류는 무엇을 어떻게 먹어왔을까,
그리고 미래에도 그렇게 먹을 수 있을까

따비

어머니에게

어머니의 요리는 사랑의 속삭임이었어요

1 손을 입에 대고 앉아 있는 남자를 표현한 상형문자 〈A2〉. 앞뒤로 이어지는 상형문자에 따라 '먹다, 마시다, 말하다, 입을 다물다, 생각하다, 사랑하다, 미워하다'를 뜻할 수 있다.

2 기원전 9세기에 그려진 룩소르(테베)의 무덤 벽화.

3 일본 판화 〈술과 쌀의 장점 비교(슈한론에마키酒飯論絵巻)〉에서 발췌한 '쌀로 빚는 간식'.

4 최초의 기독교인들이 사용했던 이크티스는 기독교의 물고기 상징에서 만들어졌다. 그리스어로 '예수, 하나님의 아들, 구세주'의 첫 글자와 동일하다.

5 〈최후의 만찬〉, 레오나르도 다 빈치, 1495~1497년.

6 〈카나의 결혼〉, 파올로 베로네세, 1563년.

7 〈채소 장수〉, 피테르 아르트센, 1567년.

8 〈가을〉, 주세페 아르침볼도, 1573년.

9 〈농가의 혼례〉, 피터르 브뤼헐 더 아우터, 1567년.

10 〈엠마우스의 만찬〉 부분, 카라바조, 1601년.

11 〈포도와 복숭아〉, 빌렘 반 엘스트, 1670년.

12 〈마르멜로, 양배추, 멜론, 오이〉, 후안 산체스 코탄, 1602년경.

13 〈햄이 있는 정물〉, 플로리스 판 스호턴, 17세기 중반.

14 〈우유를 따르는 여인〉, 얀 페르메이르, 1658~1660년.

15 〈풀밭 위의 점심 식사〉, 에두아르 마네, 1863년.

16 〈선상 위의 점심 식사〉, 오귀스트 르누아르, 1880~1881년.

17 〈오렌지와 레몬이 있는 정물 풍경〉, 파블로 피카소, 1936년.

18 〈캠벨 수프〉,
앤디 워홀, 1962년.

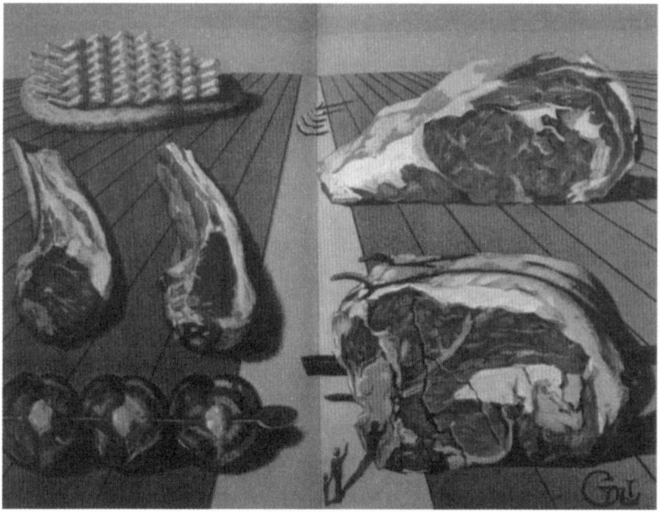

19 〈특별한 식사〉, 살바도르 달리, 1973년.

차례

제7장 부자와 빈자, 그리고 굶주리는 세계: 현재

제8장 곤충, 로봇 그리고 인간: 향후 30년

제9장 조용한 감시 속에서 혼밥 하기

| 일러두기 |

- 주요 인명의 원어는 찾아보기에 병기했다.
- 각주는 모두 옮긴이가 단 것이다.

서론

나는 소중한 사람들과 식사하는 시간을 좋아한다. 그 시간에 세상을 바꾸겠다며 호기로운 얘기를 나누기도 하고 이런저런 조리법에 어떤 재료를 써야 한다느니 어느 가게에 가서 사야 한다느니 하며 몇 시간이나 토론을 벌이기도 한다. 새로 문을 연 레스토랑도 알게 되고 이국적인 요리나 과거의 요리로 가상 여행을 떠나 그에 관해 끝없이 수다를 떤다. 세상을 바꾸고, 웃고, 싸우고, 화해하는 시간이 되는, 친구들과의 이런 저녁 식사가 나는 아주 좋다. 나는 요리하는 사람을 존경한다. 집에서 가족을 위해 식사를 준비하든, 유명 레스토랑에서 부자 손님들을 위해 요리를 준비하든 말이다. 장인이든 예술가든, 겸손한 천재이든 못 말리는 자기도취자든. 알지도 못하는 사람들에게 기쁨을 주는 데 골몰하는 일 중독자든. 하지만 그가 며칠 동안 고민해서 준비한 음식을 사람들이 먹어치우는 데는 한 시간도 채 걸리지 않을 것이다. 가축을 기르고 채소를 키우고 향신료를 운송해 와 조리법을 고안해서 완성하는 것까지 생각하면 수천 일은 족히 소요될 것이다.

그런데 나는 그런 음식들을 먹는 데 보통 수십 분밖에 할애하지 않는다.

내가 쓰는 글이 독창적이라고 생각하지는 않는다. 세계 곳곳의 사람들 대부분은 기아에 허덕이지 않고, 경제적 상황이 허락하는 한도에서 건강한 음식을 다른 사람들과 함께 여유 있게 즐기는 것을 좋아한다. 요리해서 친구를 초대하고 또 초대받는 것도 좋아한다. 식사 덕분에 대화 시간을 갖고, 어려운 일상에 단비처럼 찾아온 휴식 시간을 온전히 즐긴다.

그러나 이런 시간을 갖는 사람들이 점점 더 줄어들고 있다.

이 소박하지만 본질적이고 활력에 필요한 쾌락을 왜 마다하게 되었을까? 왜 함께 밥을 먹는 일이 줄어들까? 그나마 잦아지는 식사는 왜 업무상의 식사일 뿐일까? 우리(최상류층 제외)는 왜 당과 지방 덩어리인 인스턴트식품을 후다닥 해치우는 걸까? 한 상에 둘러앉아 먹는 식사, 다이닝룸, 심지어 주방까지 사라지는 것은 인간관계의 해체를 보여주는 신호일까? 미래에는 오염된 채소와 고기, 그리고 가공식품만 먹게 될까? 여전히 혼자서 바삐 돌아다니면서?

먹는다는 것은 과거, 현재 그리고 미래에 무엇을 의미할까?

이 모든 질문에 대한 답은 우리가 누구인지, 우리를 위협하는 것이 무엇이고 우리가 재정복할 수 있는 것은 무엇인지에 관해 많은 것을 가르쳐줄 것이다. 우리는 우리가 먹고 마시고 듣고 보고 읽고 만지고 느끼는 것의 결과물에 불과하기 때문이다. 또한 우리는 어쩌면 우리가 먹는 방식에 불과하다.

인간의 촉감, 시각, 청각이 어떻게 만들어졌는지를 설명하는 책은 많지만 인간이라는 존재가 미각과 후각에 의해서도 결정된다는 사실은 점점 잊히고 있다. 성性, 종교, 사회, 정치, 기술, 지정학, 사상, 육감, 문화 등 역시 인간은 음식을 먹어야 하고 이를 위해 함께 시간을 보내야 한다는 사실 없이는 설명할 수 없다. 또 그러한 식사가 체계적으로 조직화, 서열화, 의식화된 방식을 빼고는 설명할 수 없다.

사람들은 아이가 엄마 배 속에서 이미 먹는다는 사실을 잘 모른다. 먹기, 마시기, 말하기, 외치기, 애원하기, 웃기, 입 맞추기, 욕하기, 사랑하기, 토하기 등 사람을 사람으로 만드는 거의 모든 것은 입을 통한다. 말하기와 먹기는 불가분의 관계이며 권력과 성, 생명과 죽음 같은 본질적인 것과 직결된다.

태곳적부터 음식은 생존 욕구 그 이상의 것이었다. 음식은 쾌락의 원천이며 언어의 근간, 에로티시즘의 중요한 차원, 중요한 경제활동, 교류의 틀, 사회조직의 핵심 요소였다. 음식은 타자, 자연, 동물과의 관계를 규정한다. 또 인간 조건의 기묘함과 남녀 관계의 본질을 완벽하게 측정한다.

우리는 음식을 못 먹어서 또는 너무 많이 먹어서 죽을 수 있다. 음식이 매개가 되는 대화가 없다면 우리는 살아남을 수 없다. 문화가 태동하고 발전하는 데에도 음식은 꼭 필요하다. 농업, 식문화, 음식이 사회의 지속 가능한 토대가 되지 못하는 사회는 살아남지 못했다.

인간이 음식과 맺은 강렬하고 우주적이기까지 한 관계는 호모 사피엔스가 출현한 기원이다. 이후 음식은 언어의 출현에서 불의 사용에 이르기까지 인류가 겪은 중요한 변화 대부분의 기원이 되었다. 지렛대, 화살, 바퀴, 농사, 목축 등 그 이후에 이루어진 혁신들도 먹어야 하는 필요성 때문에 가능했다. 도시국가, 제국, 국가의 집권도 음식으로 설명할 수 있다. 역사와 지정학은 무엇보다 음식의 역사였기 때문이다.

수천 년 동안 인간은 생존을 위한 음식을 직접 생산하지 않고 얻기 위해 자연, 그리고 자연을 상징하는 신에게 기댔다. 그래서 모여 살게 된 것이다. 그다음에는 지상에 사는 신의 대표자인 사제와 왕, 천문학자와 기상학자에게 기댔다. 땅을 일구고 가축을 기르면서 직접 먹을 것을 생산하기 시작한 인간은 군주에게 목숨을 좌지우지할 힘을 맡겼다. 그 힘은 다시 상인, 그리고 산업가에게 넘어갔다. 아마도 마지막에는 로봇에게 넘어갈 것이다. 어쩌면 인간은 인공물을 먹는 로봇이 될지도 모른다.

수천 년 동안 종교 권력은 음식에 대한 금기를 강요하고 음식을 성적 금기와 연관 지었으며 심지어 음식을 누구와 함께 먹을 수 있는지도 정했다. 수천 년 동안 인간은 동물을 죽일 무기를 발명했고 그 무기는 인간을 죽이는 데도 사용되었으며 인간이 인간을 먹기도 했다. 음식을 먹는 것과 전쟁을 벌이는 것은 수단도 같았고 목적도 같았다.

수천 년 동안 인간은 먹을 것이 있으면 언제 어디서든 먹었다. 그러다가 먹는 시간이 밤과 낮에 따라 차츰 정해졌다. 먹는 시간을 정한 것이 정착 생활과 관계가 있는 것일까?

수천 년 동안 남자는 자신이 사냥하고 채집한 것으로 여자가 음식을 준비해주기를 바랐다. 식사 준비는 하지 않고 음식 맛이나 서비스의 질에 대해 혹은 그 둘 모두에 대해 불평만 늘어놓았다. 음식, 순결, 성을 때로는 노골적으로 관련지어 정력에 좋은 음식을 찾는 것은 매우 빠르게 보편적 집착이 되었다.

수천 년 동안 민족의 정체성은 영토, 풍경, 식물, 동물뿐 아니라 조리법과 식사 예절로 정의되었다.

그리고 특히 수천 년 동안 음식은 대화의 규칙과 사회관계의 구조를 정립했다. 신과 저녁을 먹을 수 있는 사람, 가족과 점심을 먹을 수 있는 사람, 먹을 것을 구걸하는 사람, 먹을 것을 입에 대지 않는 사람들이 있었다. 또 음식을 만드는 사람과 다른 사람에게서 얻는 사람이 있었다.

그리고 식사 자리에서 제국, 왕국, 국가, 기업, 가족이라는 조직의 본질이 결정되었다. 신과의 향연에서 비즈니스 디너에 이르기까지 모든 것이 먹기 위해, 그리고 먹으면서 결정되었고, 아직도 결정되고 있다.

수천 년 동안 몇몇 사람이 너무 많이 먹어서 목숨을 잃었고 많은 사람이 잘 먹지 못해 죽었다. 굶주린 사람이 먹을 것으로 힘을 얻으면 그때까지 얼마나 멋진 식사를 할까 싶어 동경했던 사람들에 반기를 들었다.

음식은 하루 동안 부딪혔던 중요한 문제들을 돌아보게 한다. 자기 존중, 타인과의 대화 능력, 약자에 대한 관심, 남녀 관계, 세상에 대한 개방성, 권리, 노동과의 관계, 자연이나 기후, 동물과의 관계를 우리에게 알려준다. 그리고 무엇보다 건강한 음식을 먹을 수 있는 사람과 그렇지 않은 사람 사이의 불평등에 관해 말해준다.

음식을 먹는 것은 그 어떤 인간 활동보다 역사의 중심에 있다. 그렇다면 미래를 이해하고 대비하기 위해서는 음식을 관통하는 모든 수수께끼의 답을 찾아낼 수 있어야 한다.

음식은 앞으로도 만남, 대화, 창작, 반항, 사회적 조절의 장소가 될 것인가? 우리는 나르시시즘에 빠진 자폐아가 될 것인가? 모든 것에 무심하고 인스턴트식품을 혼자서, 아무 말 없이, 아무 때나 먹을 것인가? 중세 군주의 음식이나 중국 황제의 음식, 오스만제국 술탄의 음식이 잊혔듯이 농업과 요리가 상징하는 것에 관한 기억마저 잃을 것인가? 가정생활, 정치 활동, 사회생활이 이루어지던 시골의 정겨운 연회는 기억의 저편으로 영영 사라지고 말까? 요즘 손쉬운 즐거움으로 소개되는 밀키트에 앞으로도 오랫동안 중독될까? 지금은 소수가 즐기는 음식을 점점 더 많은 사람이 먹게 될까? 아니면 언젠가 환경 보호라는 이유로 모두에게 금지될까? 식용 식물종이 줄어들까? 우리는 우리가 먹는 음식에 죽임을 당할까? 종교적 금기, 사회적 관습, 성적 규범을 앞으로도 오래 가지게 될까? 아니면 인공지능의 독재를 경험하게 될까? 인공지능이 우리에게 무엇을 먹을 수 있는지, 무엇을 먹어야 하는지 강요할까? 우리는 인간과 나머지 생물의 구분에 관해 생각할 줄 알까? 지구와 생명을 파괴하지 않고 10억 명의 인구를 건강하게 먹여 살릴 수 있을까? 점점 수가 줄고 있는 전 세계 농민들은 어떻게 될까? 우리는 앞으로도 오랫동안 생명을 취해 생존할 가능성 또는 그럴 마음이 있을까? 지금도 인류의 3분의 1이 그렇듯이 소수를 제외하고는 곤충을 먹게 될까? 인공육을 비롯한 수많은 인공 식품을 먹게 될까? 과거에 문명의 역사를 뒤흔들어놓았던 식량 위기로 인한 폭동이 머지않아 또다시 일어날까? 프랑스는 음식의 질과 식사 시간이 비례하는 훌륭하고 독보적인 모델을 계속 보존할까? 그것이 모범이 되고 선구자적 역할을 할 수 있을까?

이 모든 문제는 표면에 드러나지 않을 때가 너무 많다. 경제적 이익과 정치적 이익이 그런 문제들을 검열하기 때문이다. 경제는 사람들이 점점 더 산업화하는 식품을 빨리 먹기를 원하고 사람들이 식품 구입에 최소한의 돈을 쓰기를 바란다. 그래야 소비사회가 선보이는 다른 식품들도 구입할 수 있을 테니 말이다. 그런가 하면 정치는 우리의 요구를 제어하려고 새로운 쟁점과 새로운 공포로 우리를 몰아간다.

그러나 인류가 생존하기를 바란다면, 충만하고 자연적인 삶과 정말 인간다운 삶을 누리고자 한다면, 윗세대가 어떻게 음식을 먹었는지, 거기에 들인 시간은 얼마나 되는지, 식사를 통해 형성한 사회적 관계는 무엇인지, 음식에 썼던 돈은 얼마나 되는지, 음식으로 세워졌다가 무너진 권력은 무엇인지 자세히 살펴봐야 한다. 음식을 먹는 것이 모두에게 즐거움, 공유, 창작, 기쁨, 자기 초월의 원천이 되도록 해야 한다. 그뿐만 아니라 지구와 생명을 구하는 방법이 되도록 만들어야 한다.

나는 지금까지 수많은 주제를 다루면서 다음과 같은 사실을 증명했다고 생각한다. 과거를 해박하고 자세하게 알지 못하면 현재를 설명할 가치 있는 이론도, 미래를 예측할 가치 있는 이론도 나올 수 없다.

나는 지금까지 다양한 주제(음악, 의학, 시간, 재산, 노마디즘, 사랑, 죽음, 지정학, 기술, 유대교, 근대성, 미로, 예측, 대양)의 긴 역사를 공부하고 글로 써냈고 그 수많은 지식과 문화를 통해 미래를 내다보려고 애썼고, 이 책에서도 똑같은 여행을 하려고 한다. 인간이 음식을 먹는 방식의 과거와 현재를 살펴보려는 것이다.

그러려면 많은 전문가의 훌륭한 연구에 흩어져 있는 방대한 지식을 이 책에 모아야 했다. 새로운 것은 늘 수집과 디테일에서 나온다. 사소한 일들을 시간과 공간을 통해 대조하는 것에서 보편적인 이야기가 나오고 미래에 의미를 줄 수 있는 이야기가 나온다.

이제 여행을 시작하자. 이 여행이 우리를 어디로 데려갈지 지켜보자.

제1장

걸어서
세상으로

인간의 가장 오래된 조상, 그러니까 수만 년 전에 아프리카에서 유목 생활을 하던 유인원들이 도대체 무엇을 어떻게 먹었는지는 영영 알 수 없을 것이다. 그들이 최초의 흔적을 남긴 장소에서 찾아낸 동식물의 잔해와 치아 유골[206, 207]을 검사해서 어떤 인류가 채식을 했는지 육식을 했는지 혹은 잡식을 했는지 정도만 알아낼 수 있다. 또 주변에서 자라거나 살았던 것 중 무엇을 먹었는지 추론할 수 있다.

최초의 인류는 집단과 떨어져 혼자 먹을 것을 구하고 그것을 혼자 먹었다고 생각해볼 수 있다. 먹을거리를 찾는 일은 한참 뒤에 형성될 언어의 원천 중 하나였다. 그것이 최초의 대화 주제이자 가족과 부족 모임의 주제가 되었을 것이기 때문이다.

동물에서 인간으로: 걸으면서 씹기

1,000만 년 전 인류 최초의 조상(모두 아프리카인이었다)과 대형 유인원은 나무에서 나무로 이동하는 유목 생활을 했다. 그들은 나무에 있는 열매와 곤충을 먹었다. 아직 불이나 언어를 사용하지 못했으니 날것으로 먹었다.[36, 90]

시간이 조금 지난 뒤 아프리카의 기후가 건조해지자 나무에서 내려올 수밖에 없게 된 그들은 바닥에 떨어진 열매를 먹기 시작했다. 그중 일부는 발효된 열매였다. 유전자 변형이 일어나면서 에탄올의 동화가 빨라지자 소화와 지방 축적이 용이해졌다.

기원전 1000만 년에서 600만 년까지인 마이오세* 말기에 침팬지 계통과 인간 계통의 분화가 시작됐다.[39] 사람과에 속하는 유인원은 다른 대륙으로 이동하기 시작했다. 유럽 남부에서 700만 년 된 오레오피테쿠스 밤볼리이*Oreopithecus bambolii*의 뼈가 발견된 것이 그 증거다.

의심할 여지 없이, 이때가 바로 수백만 년 뒤에 언어가 될 최초의 신호가 등장한 시기다. 다른 동물처럼 이 영장류는 자신들이 먹는 것, 자신들이 찾아낸 것, 나눌 것, 서로 가져가려고 하는 것에 관해 의사소통을 했다.[125]

약 700만 년 전인 플라이오세에는 영장류가 침팬지아족*Paninina*과 사람아족*Hominina*으로 분화했다. 사람아족에 속하는 오스트랄로피테쿠스는 아프리카에서 출현했다.[28] 오스트랄로피테쿠스는 그때까지 출현한 영장류와 달리 두 발로 걸을 수 있었지만 아직 완전한 보행은 못 했고 여전히 나무 사이로 이동했다. 두개골 구조는 유인원과 가까웠고 여러 종이 있었다(오스트랄로피테쿠스 아나멘시스, 오스트랄로피테쿠스 아파렌시스, 오스트랄로피테쿠스 아프

---

* 신생대 제3기 초에 해당하는 지질시대.

리카누스, 오스트랄로피테쿠스 바렐그하자리, 오스트랄로피테쿠스 가르히, 오스트랄로피테쿠스 로부스투스, 오스트랄로피테쿠스 아에티오피쿠스, 오스트랄로피테쿠스 보이세이). 두 발을 가진 영장류의 가장 오래된 화석은 흔히 '투마이'로 불리는 사헬란트로푸스 차덴시스 *Sahelanthropus tchadensis*다. 차드 북부의 주라브 사막에서 발견된 투마이 화석은 700만 년이나 되었다. 키는 110센티미터, 몸무게는 약 30킬로그램 정도이며 뇌 용량은 360cc이다(언어를 사용하기에는 매우 부족한 용량이다). 손이 우리와 매우 비슷하게 생겨서 돌로 자르거나 무언가를 엮는 동작을 할 수 있었다. 아직은 식물과 열매를 채집했고, 작은 동물을 잡아 날것으로 먹거나 동물의 사체를 먹었다.[11, 325, 326]

유랑은 그 뒤로도 수백 년 동안 식생활을 위한 필수조건이었다. 오스트랄로피테쿠스는 아프리카 전역을 누비며 먹을거리를 구했다. 알뿌리, 식물, 곤충, 작은 동물, 하이에나가 남긴 동물 사체를 주로 먹었다. 먹기 위해 동물을 죽이기 시작한 것은 이때부터일 것이다. 그들은 동물을 맨손으로 잡거나 돌을 던져 잡았을 것이다. 또 아직 형태를 갖추지 않은 언어를 다듬어가기도 했을 것이다.

300만 년 전에는 엄청난 변화가 일어났다. 동아프리카의 기후가 건조해지면서 숲 면적이 줄어들고 사바나가 확산되었다. 그러자 오스트랄로피테쿠스는 모여 살기 시작했다.[28]

그들은 동일한 뇌 용량을 가진 오늘날의 원숭이처럼 작은 집단을 이루었고 잎, 열매, 알, 곤충을 먹었다. 사냥과 채집으로 얻은 먹을거리를 공동으로 소유했고 음식을 나누어 먹었다. 이로 인해 지적 능력과 협동심이 발달했다.[28] 이때부터 최고 권력자가 힘이 약한 자보다 더 잘 먹었을 것이다. 특히 남성이 어린이와 여성보다 더 잘 먹었다. 음식은 날것으로 먹었다. 오스트랄로피테쿠스는 식인종이었을까? 그건 알 수 없다. 나처럼 그랬으리라고 감히 생각하는 사람은 드물다.

300만 년 전에는 음식을 씻어 먹기 시작했다고 볼 수 있다(뇌 크기가 비슷한 현재 일본원숭이가 그렇게 한다). 일부는 연장을 보관하는 곳에 동물 사체를 저장했을 것이다.

호모 하빌리스, 호모 에르가스테르, 호모 에렉투스: 웅얼거리며 날것 먹기

플라이스토세* 초기인 230만 년 전에 에티오피아에 인간으로 간주할 수 있는 최초의 종이 출현했다. 바로 호모 하빌리스다. 오스트랄로피테쿠스에 비해 턱이 덜 발달했고 어금니와 송곳니가 작은 대신 앞니는 더 컸다. 두개골, 즉 뇌는 더 컸다(400~500cc였던 오스트랄로피테쿠스보다 큰 550~700cc).[101]

---

* 신생대 제4기 전반에 해당하는 지질시대.

오스트랄로피테쿠스를 비롯해 다른 종과 호모 하빌리스를 구분하는 특징은 도구를 사용하는 능력이 있었다는 점과 아직 언어의 형태를 갖추지는 않은 그 무언가로 더 잘 소통했으리라는 점이다. 호모 하빌리스는 아마 잡식성이었을 것이다. 잎, 열매, 씨앗을 먹었지만 늪에서 잡은 동물(거북)과 원숭이, 하이에나 같은 포유동물도 먹었을 것이다.[28] 또 강이나 강가, 바닷가에서 물고기를 잡아 날로 먹었을 것이다. 아직 곡물, 콩류, 설탕, 유제품 같은 것은 없던 시절이었다. 동아프리카에서 발견된 오스트랄로피테쿠스와 호모 하빌리스의 뼈 근처에는 돌로 만든 도구와 거북이나 코끼리의 뼈도 발견되어서, 이들이 창이 없는 상태에서도 제대로 된 사냥 능력을 가지고 있었음을 알 수 있다.

역시 200만 년 전에, 이번에도 아프리카에서 호모 에르가스테르('일하는 사람')가 출현했다.[212] 처음에는 오늘날의 케냐에 해당하는 지역에서 살았던 것으로 보인다. 이곳에서 얻을 수 있었던 식량의 영양적 가치가 컸기 때문에(섭취량과 소화에 필요한 에너지 양을 줄여주었다) 장의 길이가 짧아졌고 그 덕분에 남아도는 에너지를 이용해 뇌가 발달할 수 있었다. 호모 에르가스테르는 직립보행을 하고 키가 컸으며(약 170센티미터) 동시대에 살았던 다른 영장류보다 뇌가 더 큰 것(약 850cc)이 특징이었다. 이때부터 인류는 언어를 습득하는 데 필요한 특징을 갖게 되었다. 불을 피울 줄은 아직 몰랐지만 사용할 줄은 알았다.

170만 년 전 동아프리카에서는 호모 에르가스테르가 바위에서 떨어져 나온 돌(주로 현무암, 석영, 규석)로 최초의 주먹도끼[317]를 만들어서 사냥한 동물을 자르는 데 사용했다. 먹고 말하고 사냥하는 것은 똑같았다.

역시 170만 년 전 호모 하빌리스가 사라지면서 호모 에렉투스가 출현했다. 무대는 여전히 동아프리카였다.[319] 호모 에렉투스는 턱이 돌출되었고 강한 턱, 튀어나온 이마뼈, 삼각형 모양의 두개골이 특징이다. 키는 150센티미터에서 160센티미터 정도였고 뇌 용량은 900cc에서 1,200cc였다. 따라서 언어가 형성될 수 있는 크기였지만 호모 에렉투스는 아직 언어를 다루지 못했다. 채집과 수렵을 했다.

호모 에렉투스는 아프리카 대륙을 떠난 최초의 영장류였다. 수에즈 협부를 거쳐 유라시아에 이르렀고 다시 요르단으로 이동했다. 호모 에렉투스는 계속 동진했다. 유대에서는 포도밭을 발견했다.

100만 년 전에 호모 에렉투스는 중국에 도착했다. 그곳에서 특이한 식물을 만났다. 그것은 벼의 조상인 오리자 루피포곤*Oryza rufipogon*[122]이었다. 중국 다음으로 (육상으로) 인도네시아로 갔고 그곳에서 대나무 활용법을 배웠다.

당시에 유럽으로 이동한 호모 에렉투스도 있었다. 유럽은 기후가 더 따뜻했고 계절의 차이가 더 뚜렷했기 때문에 호모 에렉투스의 식생활도 달라졌다. 채소가 줄고 고기(코끼리, 코뿔소, 곰)를 더 많이 먹었다. 여전히 날것으로 먹었는데, 가끔 자연적으로 발

생한 불에 익은 고기를 먹기도 했다.[28]

조상들과 마찬가지로 인육도 먹었다. 에스파냐 알타미라 동굴에서 당시의 것으로 추정되는 뼈가 나왔는데, 뼈에서 발견된 홈이나 균열은 호모 에렉투스가 같은 호모 에렉투스에게 잡혀 먹었다는 것을 추측하게 한다. 인육을 먹는 것은 섭식보다 문화의 문제였을 것이다. 대이동 이전에 호모 에렉투스는 다른 사람들의 힘을 얻으려 했을 것이다. 또 식생활과 문화 때문에 이전에도 인육을 먹었을 가능성이 있다.

내 생각에 식인 풍습은 최초 인류의 식생활에서 변하지 않은 요소다.

70만 년 전 유럽은 다시 추워졌다. 툰드라와 타이가가 넓게 확산되었다.[126] 호모 에렉투스는 추위를 견디기 위해 주로 고기를 먹었다. 코뿔소, 말, 들소, 사슴, 순록을 여전히 날것으로 먹었고 가끔 민물고기와 해산물을 먹었다.[319] 또한 동료들의 시신도. 익혀서 먹을 때는 화재가 나서 사체가 탔을 때뿐이었다.

날것에서 익힌 것으로: 먹으면서 담소를 나누다

인류가 최초로 불을 다룬 것은 55만 년 전 중국에서였던 것으로 보인다.[17] 베이징에서 가까운 저우커우뎬周口店에서는 '베이징인'으로 불리는 45만 년 전의 호모 에렉투스가 피운 불의 흔적이 발견되었다.

불의 사용은 엄청난 변화를 가져왔다. 음식을 더 쉽게 소화할 수 있어서 뇌에 사용할 에너지량이 증가했다.[101] 또 독성이 있어서 그때까지 먹을 수 없었던 식물을 먹을 수 있게 되었다. 불 덕분에 추운 지역에서 계속 살 수 있게 되었고 음식을 더 복잡하게 조리해 먹을 수도 있게 되었으며 세균을 박멸할 수 있게 되었다. 그런가 하면 낮이 늘어났고 밤에 불을 피우고 모여 앉을 수 있었다.

그 순간에 인간이 죽음처럼 음식과의 관계를 의례화하기 시작했다고 생각할 수 있다. 인간은 먹을 것을 구하고 먹기 위해 살생을 해야 하는 자신을 용서하기 위해 신들에게 기도해야 했다. 그 신들 중에는 자기들끼리 혹은 인간과 함께 음식을 먹는 신도 있었다. 인간은 별을 보고 언제 사냥할지, 언제 채집할지, 언제 이동할지 알아냈다. 어떤 식물을 먹으면 병이 낫는다는 것을 이해하기 시작하기도 했다. 어떤 것은 먹어도 되고 어떤 것은 먹지 말아야 하는지 알려주는 의식도 생겨났다. 아마도 이때부터 무리나 부족의 우두머리, 최초의 사제나 샤먼 등 가장 힘센 자가 그 규칙을 지키게 했고 자신 밑에 있는 사람들의 먹을 것을 보장해주고 또 자신은 먹을거리를 낭비할 수 있는 능력이 있음을 과시하기 시작했을 것이다. 남자는 아이나 여자보다 더 잘 먹었을 것이고 여자는 음식을 준비하고 남자들과 떨어져서 음식을 먹었을 것이다.

소유의 감각이 생긴 것도 이때였을 것이다. 남자는 여자, 주운 것, 찾은 것, 사냥한 것, 익힌 것을 소유하기 시작했을 것이다. 그리고 미래의 언어가 될 그 무언가가 최초로 나타났을 것이다.

최초의 유럽인, 네안데르탈인: 부당하게 비난받은 육식

중국에서 불을 다스리기 시작하고 10만 년이 지났을 때 유럽에서 '네안데르탈인'이—또한 지금까지 거의 알려진 바가 없으며 '데니소바인'[324]이라고 불릴 인류가 시베리아에서— 출현했다.

네안데르탈인은 호모 에렉투스가 멸종한 유럽에서 유일한 인류였다. 추운 불모의 땅에서 주로 살았던 네안데르탈인은 아마 사람과에 속하는 종 중 가장 많은 육식을 했을 것이다. 먹을거리의 80퍼센트가 고기(매머드, 털코뿔소, 비둘기, 사냥해서 잡은 작은 동물[207])였고 20퍼센트가 식물이었다.[320] 네안데르탈인도 불을 잘 다루었고 사냥에 필요한 새로운 도구를 조금씩 만들어낼 정도로 돌도 잘 다루었다. 특히 나무로 만든 창을 쓸 줄 알았다.[323] 돌고래와 바다표범을 사냥했고 땅을 파서 식량을 저장할 줄 알았다. 그러나 아직 언어는 제대로 사용하지 못했다.[321]

저지 섬의 세인트 브릴레이드(25만 년 전)와 프랑스 파-드-칼레 지역의 비아슈-생-바사의 유적은 네안데르탈인이 큰 동물을 사냥했다는 것을 보여준다. 12만 5,000년 전 네안데르탈인은 길이가 2.4미터에 이르고 '베링언의 주목'이라 불리는 나무창을 코끼리의 몸에 찔러 넣었을 것이다. 이것이 큰 동물을 적극적으로 사냥한 최초의 흔적이다.[211] 하지만 미리 계획하거나 사냥감을 찾고 쫓은 것이 아니라 '우연한 사냥'이었다.[62]

네안데르탈인은 유럽 대륙을 벗어났던 것이 틀림없다. 27만 년 전에 아프리카에 살다가 죽은 영장류의 유전자를 분석해보니 호모 에렉투스와 네안데르탈인의 유전자가 모두 검출되었기 때문이다. 이로써 네안데르탈인이 아프리카에 왔었다고 추정할 수 있으나 아직까지 과학계에서는 이를 인정하지 않는 상황이다. 아라비아 반도와 나일 강 유역에서도 비슷한 일이 일어난 것으로 보인다.[322]

호모 사피엔스, 또는 음식을 대화의 주제로 삼은 인간

최근의 연구에 따르면, 호모 사피엔스는 녹색 사하라(지금의 모로코)에서 적어도 30만 년 전에 나타났다. 호모 에렉투스(800~1,000cc)보다 뇌가 컸으며(1,300~1,500cc)[101] 이와 턱은 더 작았다. 턱이 덜 돌출되었고 눈 위 돌출부도 더 작았다.[318, 324]

하루에 3,000킬로칼로리의 열량이 필요했고 오늘날의 인류보다 세 배 많은 단백질을 섭취했다. 매우 다양하게 먹었다(채소, 과일, 조개류, 작은 동물, 나중에는 유제품과 곡물). 지방과 탄수화물을 제공하는 식물이 섭취량의 3분의 2를 차지했다. 음식을 익혀 먹었기 때문에 장이 해야 했던 작용의 일부가 사라졌고 소화에 필요한 에너지 소비량도 줄었으며 다시 한 번 뇌의 크기가 커졌다.[101] 불의 사용과 음식의 제어를 통해 인간은 언어를 더 잘 다루게 되었다.

호모 사피엔스는 먹을 것을 찾았을 때 혼자 먹지 않았고 더 규칙적으로 식사했다. 많은 인원을 위해 식사를 준비할 때가 아니면 여전히 여자가 음식을 준비했다. 대량의 식사 준비는 남자가 한 것으로 보인다. 남자는 손, 창, 돌도끼를 이용해 사냥을 했다. 조개류와 갑각류의 껍데기를 숟가락, 칼, 포크처럼 사용했다.

호모 사피엔스는 13만 년 동안 아프리카 전역에 퍼져서 살았고 17만 년 전에 홍해를 통해 다른 대륙으로 이동했다. 그 시기는 여전히 특정 짓기 매우 어렵다. 아프리카 밖에서 발견된 호모 사피엔스 중 가장 오래된 것은 17만 7,000년 전의 것이었고 이스라엘에서 발견되었다.[429] 네안데르탈인과 호모 사피엔스의 첫 만남은 아마 나일 강 유역이나 아라비아 반도에서 이루어졌을 가능성이 높다. 호모 사피엔스와 네안데르탈인은 서로 싸우다가 '이종교배'가 이루어졌을 것이다.

이후 네안데르탈인은 사라졌다. 발견된 유해 중 가장 최근의 것은 크로아티아의 빈디자에서 발견된 3만 2,000년 전의 것이다. 네안데르탈인이 멸종한 이유는 아직도 밝혀지지 않았다. 기후가 혹독하게 바뀌어서였을까? 호모 사피엔스와 싸워서 졌기 때문일까? 호모 사피엔스와 섞였기 때문일까? 호모 사피엔스보다 더 많이 먹었어야 할 고기가 부족해서였을까? 미스터리다.

어쨌든 네안데르탈인의 유전자 1~3퍼센트가 아직까지도 우리 유전자에 남아 있다.

온 지구를 먹다

8만 년 전(세계 인구가 100만 명이 넘지 않았을 때) 호모 사피엔스는 이란에서 인도와 중국으로 이동했다. 그곳에 먹을 것, 특히 볏과식물을 가져갔다. 이삭이 있는 풀(요즘은 잡초로 취급되는 구주개밀)과 동부속(강낭콩과 완두의 일종)이었다. 여기에 마와 박과에 속하는 식물종도 빼놓지 않았다. 수많은 식물종과 동물종, 곤충도 주어지는 대로 먹었다.

호모 사피엔스는 아시아에서 또 다른 부류의 인류를 만났는데 바로 '데니소바인'이다. 앞에서도 나왔지만 데니소바인은 수십만 년 전부터 아시아에 살던 호모 에렉투스다. 네안데르탈인처럼 호모 사피엔스와 섞인 데니소바인도 역시 미스터리 같은 이유로 사라졌다. 아마 호모 사피엔스가 우수했기 때문일 것이다. 호모 사피엔스는 뇌가 더 크고 언어를 사용했으며 가족이 아닌 사람들과도 협동이 더 쉬웠다.[324]

언어 발달에 도움이 되는 음식의 성질이 호모 사피엔스의 생존에 많은 영향을 미쳤을 것이다.

구석기 시대가 끝나가는 4만 년 전 아시아에서는 기후가 점점 더 건조해지고 훨씬 추워졌다.[124, 125] 따라서 땅속에 넣어 얼리거나 훈연, 염장, 건조, 지방으로 감싸기 등 여러 기법을 이용해 고기를 더 오래 보관할 수 있었다. 수프, 죽, 전병 등을 만들기 위해 저장해두었다가 쓰는 재료도 있었다. 고기를 나무 꼬챙이에 꽂아 굽거나 돌 위에서 익히기도 했다.[28]

3만 년 전에는 엄청난 혁신이 일어났다. 중앙아시아에서 최초의 곡물 농사가 이루어진 것이다. 당시 인간은 말을 길들이기도 했는데, 안장을 올린 말이 그려진 동굴벽화가 그것을 증명한다. 인간은 1년 중 일정 기간은 여전히 유목민으로 살았다.

인간은 중앙아시아에서 기원전 3만 년에서 기원전 2만 년까지 사냥 방법을 발전시켰다. 그래서 등장한 것이 투창기다.[210] 사정거리가 100미터에 달했던 투창기는 들판에서 먼 거리에 있는 동물을 사냥할 때 매우 유용했다. 사냥꾼은 땅을 파서 동물을 잡기도 했다. 또 쇠를 다듬어 낚시에 쓸 갈고리를 만들었다.

호모 사피엔스는 곡물을 재배할 수 있게 되었지만 여전히 먹을 것을 찾아 이동해야 했다. 그들은 시베리아에서 베링 해를 건너 아메리카 대륙에 도착했다. 고고학자들은 뉴멕시코의 클로비스 유적을 아메리카 대륙에서 발견된 가장 오래된 인류의 흔적(기원전 약 1만 3500년)이라고 오랫동안 생각해왔지만 최근 발견된 유적에서는 인류가 적어도 2만 년 전부터 그곳에 살았음을 보여준다.

한편 전 세계 곳곳에 퍼진 호모 사피엔스는 사냥 기법을 발전

시켜 매머드, 들소, 멧돼지 등을 멀리서 겨냥해 잡기 시작했다.[62]

세계 인구는 계속 증가해서 수백만 명이 되었다. 인류가 먹고살기 위해서는 자연이 제공하는 것만으로는 만족할 수 없었다. 이제는 먹을 것을 스스로 만들어내야 했다. 그러려면 한곳에 정착해야 했다. 정착 생활은 인구 증가와 그로 인한 음식 수요의 자연스러운 귀결이다. 호모 사피엔스는 더는 자연의 기생충이 아니라 자연의 주인이 될 것이다.

제2장

먹기 위해
자연을 길들이다

채집한 열매로 만족하기에는 인간이 너무 많아졌다. 우연히 찾은 먹을거리에만 의존하지 않으려면 직접 생산해야 했다.

농사지으러 중동에 정착하다

세계 인구가 300만 명을 돌파했던 기원전 1만 2000년, 유럽과 중동은 점점 더워지기 시작했다. 매머드와 같은 대형 포유동물은 극지방과 시베리아로 이동했고 유럽과 중동에는 사슴이나 토끼 같은 몸집이 작은 동물이 남았다.

1만 년 전에는 호모 사피엔스 수천 명이 중동의 티그리스 강과 유프라테스 강 근처에 정착했다. 두 강은 정기적으로 범람했기 때문에 땅이 비옥했고 숲에는 사냥감이 넘쳤으며 강에는 물고기가 가득했다. 인간은 덜 돌아다니기 시작했고 먹을거리를 구하는 것이 이동의 유일한 이유가 아니게 되었다. 이 시기에 농업의 근간이 되는 여덟 개의 식물을 기르기 시작했다. 그것은 에머(밀의 조상), 외알밀, 보리, 렌즈콩, 병아리콩, 완두, 비터베치, 아마였다. 그리고 당근과 쇠채아재비도 심었다.

그렇다고 채집을 그만둔 것은 아니다. 돌을 다듬어 만든 도구로 더 정교한 채집을 했다. 바닷가에서는 새로운 낚시 기술(드디어 배를 발명한 덕분에 바다에 나가 먹을 것을 구할 수 있었다[11])로 갑각류, 조개류, 생선을 잡아먹었다. 호모 사피엔스는 동물을 길들인 최초의 인류로, 약 1만 년 전에 개의 조상을 길들였다.[36]

초기의 농사와 목축은 이데올로기적 변화도 일으켰다. 사람들이 땅을 생명의 젖줄로 찬양하기 시작한 것이다. 생식 능력에 관한 인식도 바뀌었다. 동굴벽화 대부분은 여신을 그린 것인데, 자식을 먹이는 어머니이자 여왕으로 표현된 경우가 가장 많다.[4]

1만 년 전에 인류는 가장 우수한 곡물 품종을 선별(최고의 야생 밀과 최고의 재배 밀을 교배했다)해서 오늘날 우리가 알고 있는 밀을 만들었다. 그래서 이 시대에 최초로 남겨진 빵의 흔적이 발견되었다. 이때는 아직 효모를 사용하지 않았다.[114]

인류 중 일부는 채소, 생선, 조개류, 조류, 사슴, 멧돼지, 다람쥐, 곤충, 해조류 등 더 다양하게 음식을 먹었다.[4, 28]

그리고 밤과 낮을 기준으로 점점 더 정해진 시간에 밥을 먹기 시작했다. 사냥과 싸움에 활이 사용되었다. 먹을 것을 구하고 적을 물리치기 위해서였다. 그 흔적을 덴마크, 독일, 스웨덴에서 찾을 수 있다.[78] 오늘날의 에스파냐 지역에서 1만 년 전 그려진 동굴벽화에도 화살이 그려져 있다.[90]

이란에 있는 자그로스 산맥에서는 1만 년 전 염소를 가축으로 기른 최초의 흔적이 발견되었다. 목축은 정착민의 발명품이다.

아나톨리아 남동부에서는 이 시기에 맥주(야외에서 보리를 으깨서 만들었다)를 만들어 마셨다.

포도도 재배하기 시작했다. 기원전 5400년경에 만들어진 이란의 도기에서 와인의 첫 흔적이 발견되었다.

정리하자면, 유랑민의 풍요로운 사회가 정착민의 빈곤한 사회로 전환되었다. 인간의 면역계는 처음 겪는 식량 부족에 적응해야 했다. 새로운 세균과 질병도 출현했다.[28]

중동에 정착한 호모 사피엔스는 기대수명이 10년은 짧아졌을 것이다.

기상학, 천문학, 점성술: 하늘에서 추수까지

호모 사피엔스는 가족 단위로 한곳에 정착하고 죽은 가족을 묻은 곳에서 더 오래 살기 시작했다. 인간에게 과거가 더 큰 의미를 띠게 되었다. 조상은 지도자, 보호자, 심지어 신이 될 수 있었다.

비옥한 지역에서는 밭을 중심으로 최초의 마을도 형성되었다. 이때부터 땅에 대한 소유의 개념이 등장했을 텐데, 이때는 그 경계가 무덤까지였을 것이다. 식량을 구하기 위한 정착 생활과 조직화된 지역의 출현은 분명 관련이 있다. 그러나 그에 관해서는 지금까지도 알려진 바가 매우 적다. 파종 시기를 정하려면 계절과 하천이 범람하는 날짜를 알아야 했다. 그 일을 하는 사람이 천문학자였다. 그는 기상학자이자 점성술사, 사제이기도 했다.

식량을 체계적으로 저장하기 시작한 것도 이때부터다. 유랑민이 실어 나를 수 있는 양보다 훨씬 많은 양을 저장해야 했다. 여자, 밭, 가축, 예비 식량은 유랑민이 훔쳐 갈지도 모르는 대상이 되었다. 그래서 마을마다 방어체계를 구축했다. 그러려면 최대한 전문적인 군대가 필요했다.

신전에는 세 명의 신이 들어섰다. 무기의 신, 음식의 신, 권력의 신이었다. 희소성을 통제하는 것은 힘이었다.

유럽에서 식인 풍습이 또다시 골칫거리가 되다

기원전 9000년에서 기원전 6000년까지 유럽의 기후가 안정되면서 숲이 넓어졌다. 사냥과 채집 기술도 발달했다. 밀은 야생에서 자란 것을 가져다가 심고 재배했는데 기원전 8000년경에 밀을 보관할 수 있는 토기[198]가 출현하면서 밀농사도 많이 늘어났다. 이 시기에 여러 곡물을 섞기 시작하면서 나중에 효모가 개발된 것으로 보인다.

기원전 5000년경 세계 인구는 1,000만 명이 넘었고 사람들은 곡물과 콩류(주로 밀, 호밀, 완두)를 재배하고 가축(돼지, 소, 양)을 길렀다. 그렇게 얻은 고기와 곡물은 상류층의 음식이었다. 아직까지 야생에서 얻은 것이 음식의 주를 이루었다.

기원전 4700년경 심각한 기후 위기로 중부 유럽이 추워졌을 때

식인 풍습이 여전히 존재했다. 5헥타르가 넘는 독일 헤르크스하임 유적지에서는 이 시대의 동물 뼈와 토기(어떤 것은 최대 450킬로미터 떨어진 지역에서 온 것이다), 돌로 만든 도구가 발견되었다. 여기에서 최소 500명으로 추정되는 사람의 뼈 수천 개도 함께 나왔는데, 이 500명은 매우 먼 곳에서 온 사람들로 밝혀졌다. 뼈에는 잘리거나 깨문 흔적이 남아 있는데 제도화된 식인 풍습 행위가 벌어진 듯하다. 자의든 타의든 희생자는 위기를 막고 종말을 피하기 위한 희생 제물이 되고 잡아먹혔을 것이다.[123]

밀의 경쟁자 벼를 키우는 아시아

기원전 1만 년경 아시아에는 토기가 일본에서 가장 먼저 만들어졌다. 토기는 곡물 저장과 곡물을 묽게 끓인 죽의 소비 증가라는, 음식과 관련된 두 가지 필요 때문에 사용되었다. 중국에서는 먹기 위해 돼지, 개, 닭 등을 기르기 시작했다. 중국인들은 곤충과 해조류도 먹었다.

기원전 1만 년에서 기원전 7000년 사이에 인도와 중국에서 벼농사가 시작되었다(두 근원지가 서로 영향을 주고받은 것은 아니다). 유목민들이 벼농사를 동남아시아 전역에 확산시켰고 이어 한국, 일본, 필리핀, 인도네시아로 전해졌다.[122]

기원전 7000년부터 중국에서는 북부의 황허와 남부의 양쯔

강을 중심으로 농업과 목축업을 하면서 유목 생활을 하는 가정이 생겼다.

당시 아시아 사람들은 고기(돼지, 닭, 개), 식물(선인장 뿌리, 마름, 종려 등), 그리고 쌀을 먹었다. 도기로 숟가락도 만들었다. 이때 문자라고 할 수 있겠지만 아직 매우 단순한, 최초의 기호가 나타났다.[308]

중국 허난성의 지아후賈湖 유적에서 기원전 7000년에 만든 것으로 보이는 최초의 발효 음료의 흔적이 발견되었다. 야생 포도의 찌꺼기, 산사나무 열매, 쌀, 꿀을 섞은 것이었다. 녹말을 당으로 바꾸고 발효를 일으키기 위해 사람이 곡물을 입에 넣어 씹었을 것이다. 침에 있는 특수한 효소가 발효를 촉진한다는 사실은 모르면서 말이다.

기원전 6000년 전 오늘날의 이란(염소를 가축으로 기른 지 얼마 되지 않았다)에 있는 자그로스 산맥에서 인도로 이동한 사람들이 있었다. 그들이 인도에 농사와 목축을 들여왔다. 그리고 원주민들과 함께 청동기 시대 초기에 인더스 계곡에 하라파 문명을 세웠다.

기원전 4500년에는 북캅카스에서 조랑말을 길들였다. 조랑말은 오늘날 일말의 조상인 말*Equus caballus*과는 다른 종이다. 조랑말은 이후 중국, 아라비아 반도, 유라시아로 퍼졌다. 기원전 2000년에는 아시아 사람들이 조랑말을 타기 시작했고 이는 민족의 조직에 혁명을 가져왔다. 말 덕분에 무거운 짐을 옮기고, 장거리 무역을 하고, 사냥과 싸움을 할 수 있게 되었기 때문이다.

아프리카, 아메리카, 아시아의 적도 지역에서는 사냥과 채집만으로 흩어진 사람들을 먹이는 데 충분했다. 따라서 야생동물을 길들이거나 농사를 지을 필요가 더 천천히 나타났다. 아프리카 벼*Oryza glaberrima*는 기원전 4000년경 니제르와 말리의 삼각주 유역에서 나타났다.

남아메리카에서는 기원전 1만 년에 야생 감자가 출현했다. 사냥과 채집을 하던 인간이 기원전 8000년에 야생 감자를 재배하기 시작했다(특히 안데스 산맥이 있는 페루와 볼리비아).[214] 감자는 험한 기후에서 재배 가능했던 소수의 작물 중 하나였다. 호박도 페루에서 기원전 1만 3000년부터 재배되었다. 같은 시기에 안데스 산맥과 멕시코에서는 옥수수[218, 219], 강낭콩, 아보카도를 재배했고, 개, 기니피그, 라마를 키웠다. 이후 면과 담배 농사도 발달했다. 고추는 적어도 9,000년 전부터 아메리카 대륙에서 소비되었다. 기원전 8000년에 멕시코에 옥수수가 출현했고 원주민들이 재배하기 시작했다. 강낭콩 농사는 기원전 6000년경에 시작된 것으로 보인다. 카카오는 기원전 2500년에 올메크 문명의 주민들이 처음 음식으로 먹었다. 마야족(기원전 2600년경에 출현)은 기원전 1000년부터 카카오로 수프로 만들어 먹었고 화폐와 계산의 단위로 사용했다. 종교의식이나 치료 목적으로도 카카오를 이용했다.[220]

점점 더 늘어나는 인구를 먹여 살리려면 더 많은 식량을 생산해야 했다. 이는 새로운 형태의 조직을 필요로 했다. 그것은 바로 제국이다.

메소포타미아: 최초의 곡물, 최초의 제국

지금 세기의 수천 년 전에 메소포타미아 사람들은 스스로를 조직하기 시작했다. 가장 중요한 식물들을 길들이고 수많은 발명을 했다. 기원전 3500년경(세계 인구가 3,000만 명을 넘어섰다) 나무로 만든 동그란 바퀴, 바퀴로 굴러가는 수레, 완전한 형태를 갖춘 최초의 문자(설형문자)[309]를 발명했다.

식생활, 언어, 문자는 함께 발달했다.

기원전 6000년 메소포타미아 농민들은 홍수를 최대한 극복하고 수확량을 늘리기 위해 둑을 조성하고 관개시설을 만들었다. 그 일을 더 잘하기 위해 그들은 더 큰 조직으로 모여야 했고 그 조직은 곧 제국이 되었다. 따라서 제국은 식량의 수요 때문에 생겨났다. 그렇게 해서 그들은 훨씬 많은 인간 집단을 먹여 살릴 수 있도록 농업 생산량을 증가시킬 수 있었다. 보리, 참밀, 에머, 기장 등을 재배했고, 먹고 남은 잉여분을 관리할 수 있었으며, 부富를 집중하고, 군대에 돈을 대고, 군인들을 먹여 살릴 수 있었다.

몇몇 도시는 제국의 수도로 자리매김했다가 영향력을 잃고 다시 평범한 도시가 되었다. 기원전 2340년에서 기원전 2200년까지 사르곤이 세운 도시국가 아카드는 다른 왕국들을 정복하고 제국을 세웠다. 기원전 2200년경 사르곤의 후손들은 침략자인 구티족에게 패했고 제국은 여러 개의 작은 왕국으로 쪼개졌다. 처음에는 메소포타미아 남쪽 끝에 있던 도시국가 라가시를 다스렸던 구데아 왕조의 지배를 받았다. 그 이후인 기원전 2110년에서 기원전 2005년까지는 우르남무가 세운 우르가 주변 공국들을 지배했다. 기원전 2005년에서 기원전 1595년 사이에는 아모리인들의 여러 왕국(바빌로니아도 그중 하나다)이 차례로 이 지역을 지배했다. 그러다가 남쪽에 있는 이신 왕국과 라르사 왕국이 권력을 잡았다. 기원전 1792년에서 기원전 1750년까지는 함무라비가 바빌로니아 왕국을 다스렸고 그 영향력을 북부까지 떨쳤다. 기원전 1595년에는 바빌로니아 왕국이 히타이트 왕국의 공격에 무너졌다.[15, 59]

언제나 그랬듯이, 이들 제국의 우두머리는 주민들을 먹여 살릴 수 있는 자였다. 그가 백성을 먹여 살릴 능력이 클수록 더 큰 힘을 가졌다.

가난한 사람들에게는 빵(아직 발효시키지는 못했다)이 주식이었다(빵과 음식을 뜻하는 표의문자가 같았다). 빵의 종류는 200가지나 되었고 꿀, 향신료, 과일을 넣은 빵도 있었다.

메소포타미아인 중 상류층은 돼지고기에 마늘, 양파, 대파, 과일(사과, 무화과, 포도, 대추야자)을 넣어 먹었다.[327]

그들은 사슴과동물, 새끼 양, 가금류, 민물고기, 타조 알, 버섯,

채소, 피스타치오, 꿀을 넣은 빵도 먹었다.

기원전 2세기에는 와인, 그리고 특히 대추야자와 보리를 섞어서 발효시켜 만든 맥주를 마셨다. 〈길가메시 서사시〉는 바빌로니아 사람들에게 있어 와인이 의례에 사용하는 도구가 되었음을 보여준다. 3,400년 전에 조성된 시리아 북부의 텔바지 유적지의 모든 집은 '미니 양조장'을 갖추고 있다. 점토로 만든 단지(200리터)에는 보리를 물과 섞었을 때 생성되는 수산염의 흔적이 남아 있다.[81]

최초의 연회: 더 나은 통치를 위한 대화하기

앞에서도 보았듯이 음식은 언어의 탄생과 떼려야 뗄 수 없는 관계다. 음식은 대화의 주제이고 식사는 대화의 기회다. 음식을 나누며 대화를 나누는 것은 평화롭다는 신호다. 반대로 음식을 나누지 않겠다는 것은 적대감의 표시이거나 독살 시도의 징후다.

사람들이 함께 먹는 식사를 오래전부터 중요하게 생각했다는 것을 기록한 흔적이 메소포타미아에서 나오기 시작했다.

제국이 점점 더 형태를 갖추면서 음식과 언어의 관계는 더 분명해졌다. 함께하는 식사를 '연회'라고 부르게 되는데, 그것은 사회 구성체의 필수적인 장소가 되었다. 연회에서 음식은 본질적인 것, 즉 대화를 뒷받침할 뿐이었다.

음식은 주방에서 준비되었다. 많은 음식을 준비하는 요리사(조리장)는 보조 요리사들을 지휘해야 했으므로 대체로 남성이었다고 가정할 수 있다.

연회 음식 준비에 다양한 절차가 있으므로 그에 맞는 특정 직업이 등장했고, 그들은 신전에 소속되었다.

최초의 연회는 사람들이 섬기는 주요 신의 동상이 중심에 있는 장소에서 열렸다. 기원전 3세기 수메르의 신전에서는 아침에 두 번, 저녁에 두 번, 이렇게 매일 네 번의 식사가 신에게 제공되었다.

그리고 신과 인간을 초대하는 연회가 열렸다. 바빌로니아에서 이런 연회는 바다의 여신 티아마트에게 맞서 싸울 사람을 정하는 자리였다. "그들은 들어와 (…) 연회에 참석해 안사르 앞에서 곡물을 먹고 강한 맥주와 부드러운 맥주를 마셨고 잔을 채웠다."라고 〈길가메시 서사시〉는 노래했다.[28]

왕은 인간을 위한 연회도 열었다. 형식은 신을 위한 연회와 똑같았다. 인간을 위한 연회는 군사적 승리나 신전 또는 새로운 궁의 개관을 축하하거나 군주에게 충성하는 자들에게 감사의 인사를 하는 자리였다.[28] 이런 연회에 내놓는 음식은 그 양이 엄청날 테니 남자들이 준비를 지휘했다. 손님들은 바닥에 앉았다. 왕이 치하하고 싶은 사람들만 왕처럼 의자에 앉을 수 있었다. 손님들은 계급과 지위에 따라 앉았으며 외국 대사들은 출신 국가에 따라 앉았다. 음식은 왕에게 가장 먼저 제공되었다. 특별한 손님을 모셨을 때는 왕이 자신이 받은 음식을 그 손님에게 권했다. 연주자, 곡예사, 광대들이 연회의 흥을 돋우었다. 사람들은 왕이 용인하는 한도 내에서 모든 것을 대화 주제로 삼았다.

연회 규모는 엄청났다. 기원전 9세기 중반 오늘날의 이라크 북부에서는 칼후 궁전 완공을 축하하기 위해 아슈르나시르팔 2세(재위 기원전 883~859년. 아시리아 왕국의 왕으로 상부 메소포타미아 전체를 정복해서 통일한 인물이다)는 이틀 동안 연회를 열었고 여기에 6만 9,574명이 참석했다. 이들은 양 1만 4,000마리, 소 1,000마리, 새끼 양 1,000마리, 비둘기 2만 마리, 달걀 1만 개, 설치류 1만 마리를 먹어치웠다.[4, 330] 주방의 설비와 재료 수급이 어느 정도였을지 상상이 된다.

신분이 더 낮은 메소포타미아인들도 결혼, 부동산 계약 체결, 선박 대여, 화해, 동맹을 축하하기 위해 연회를 열었다. 연회는 목격자들 앞에서 주제를 토론하고 결론까지 내리는 시간이 되었다.[28]

기원전 2세기에 메소포타미아인들은 최초로 요리법을 기록했다. 이때 최초의 여인숙도 등장했다. 이곳에서는 텃밭에서 나온 재료로 만든 음식과 대추야자를 발효시켜 만든 맥주를 팔았다. 이러한 여인숙은 기원전 1760년에 작성된 함무라비 법전에도 언급되었다.

뉴기니가 원산지인 사탕수수는 서쪽으로 이동했다. 다리우스 1세 시대의 페르시아 사람들은 기원전 6세기 말 인더스 강 계곡에 갔다가 사탕수수를 발견하고 "꿀벌의 도움 없이 꿀을 만들어 내는 갈대"라고 표현했다. 그렇게 해서 수천 년 동안 설탕은 매우 희귀하고 비싼 제품이 되었다.

메소포타미아 제국 중 아시리아 왕국처럼 식인 풍습이 여전히 존재했던 곳이 있었다. 적의 몸을 먹어서 그의 영혼을 흡수하려는 행위였다. 기근이 들었을 때는 가까운 사람도 잡아먹었다. 바빌로니아의 왕 샤마시-슘-우킨과 그의 형제 아슈르바니팔이 전쟁을 벌였던 기원전 650년에서 기원전 648년까지 2년 동안 포위되었던 수메르의 도시 보르지아에서 그 흔적이 발견되었다.[327]

중국: 최초의 식이요법

메소포타미아와 마찬가지로 중국에도 큰 강을 중심으로 사람들이 조직적으로 모여 살았다. 이는 충적토를 최대한 활용하기 위해서였다. 홍수를 막고 늘어나는 인구를 먹여 살리려고 둑을 쌓았고, 이로 인해 역시 메소포타미아에서 그랬던 것처럼 마을이 점점 더 넓어졌고 결국 제국이 등장했다.

중국의 신화에 따르면 제국 시대는 기원전 2800년에 시작되었다. 이때 세 명의 황제가 있었는데, 첫 번째 황제는 신농('농부의 신')이다. 신농은 농사를 발명했고 음식을 익힐 때 필요한 최초의 도기를 만든 것으로 알려져 있다. 두 번째 황제 헌원('노란 옷을 입은 황제')은 곡물(쌀과 수수)을 증기로 찌는 법을 발명했고 바닷물을 말려 소금을 얻어낸 최초의 인물이라고 전해진다. 황제의 대신인 두강이 쌀과 조로 최초의 술을 개발했다는 설도 있다.

기원전 2세기에는 동물의 뼈로 만든 최초의 숟가락이 중국에서 발견되었다. 숟가락은 주로 밥을 떠먹는 데 사용했다. 젓가락은 기원전 13세기에 나타났다. 처음에는 조리할 때 쓰이다가 기원전 3세기경 음식을 먹을 때 쓰는 주요 도구가 되었다. 중국 신화는 차茶가 기원전 2737년에 나타났다고 하지만 실제로는 기원전 3세기에 출현했다.[430]

주 왕조(기원전 1046년부터 기원전 256년까지 중국 일부 지역을 다스렸다) 시대의 사람들은 바닥에 돗자리를 깔고 앉아 식사했다. 음식도 당연히 바닥에 놓았다. 그릇은 바닥에서 조금 올라오도록 받침대나 발을 달았다(삼각 단지). 그릇은 주로 청동으로 만들었다.[403] 음식은 생선, 고기(구운 새끼 양, 끓인 돼지고기), 다양한 양념을 곁들인 채소, 곡물(증기로 찐 것) 순으로 냈다. 유학자에게 인기가 있었던 《예기》는 액체(술과 국)는 손님 오른쪽에, 음식은 왼쪽에 놓으라고 했다. 음식의 신선도와 주인이 음식을 자르는 방식이 매우 중요했고 이는 손님에 대한 예의를 상징했다.

서민들은 성별에 따라 다른 음식을 먹었던 것으로 보인다. 남성은 고기를 많이 먹었고 여성은 주로 밀, 보리, 콩 그리고 미천하다고 취급되던 음식을 먹었다. 주나라 시대의 유골을 연구한 결과 여성은 남성보다 영양실조를 더 많이 겪은 것으로 나타

났다.[408]

중국은 기원전 220년에 통일된 뒤에야 진정한 제국으로 간주될 수 있다. 통일을 이룬 최초의 황제는 진시황이었다. 그의 '왕조'는 건국자인 자신과 그의 아들이 통치하던 시기에만 존재하다가 기원전 206년에 멸망했다. 그 뒤를 이은 것이 한나라다. 한나라는 기원전 206년부터 서기 220년까지 존속했다. 한나라가 유지될 수 있었던 비결은 합성궁, 청동 화살촉, 등자, 철로 만든 최초의 도끼 같은 새로운 무기였다.

이 시대 사람들은 곡물로 만든 죽과 밥, 채소, 지방이 많은 고기를 먹었다. 기원전 2세기 한나라 황제의 무덤에서는 차茶의 흔적이 발견되었다. 기원전 59년에 작성된 문서에서도 차의 수확을 언급했다.

중국은 음식과 건강을 확실히 결부시켰다. 기원전 3세기 초 추연이라는 의사가 오행(쇠, 나무, 물, 불, 흙) 사상을 발전시켰다.[50, 86] 오행 사상은 우주의 모든 물체가 다섯 개의 요소로 이루어졌다는 이론이다. 이 다섯 가지 요소는 인간의 장기에도 해당한다. 예를 들어 간은 나무이고 미지근하다. 심장은 불이고 따뜻하다. 위는 흙이고 습하다. 중국 의학은 음식을 음과 양으로 구분하기도 한다. 따뜻한 음식과 미지근한 음식은 양이고, 차갑고 시거나 쓴 음식, 짠 음식은 음이다. 정교한 음식은 음과 양의 조화를 이루어야 한다. 열을 내리려면 차가운 음식을 먹는 것이 좋다. 이런 내용이 장중경이라는 의사가 쓴《금궤요략》이라는 책에 담겨 있다.

예를 들어 이 책은 기름진 고기를 먹을 때 찬물을 마시지 말라고 이른다. "우리가 마시거나 먹는 모든 것은 미각을 충족시켜야 하고 생명에 도움이 되어야 한다. 그러나 음식은 해를 끼칠 수도 있다. 그렇다면 약을 먹는 것보다 그런 음식을 피하는 것이 차라리 낫지 않을까?"[50]

인도에서 시작된 채식주의

기원전 2000년 오늘날의 카자흐스탄에 살던 사람들이 인도로 이주하면서 산스크리트어, 말, 제물을 바치는 의식을 가져갔다. 이들이 힌두교와 베다 문화의 초석이 되었다. 기원전 600년에서 기원전 500년까지 자이나교가 발달하면서 채식주의가 인더스강 계곡에서 싹을 틔웠다. 자이나교는 생명체(곤충과 식물까지 포함한다)에 대한 존중과 비폭력을 주장하는 아힘사 원칙에 바탕을 둔 종교다. 이 원칙을 지키기 위해 자이나교도들은 고기, 생선, 알, 꿀을 먹지 않았다. 미생물을 해하지 않기 위해 씨앗이 많은 과일, 뿌리째 뽑은 채소도 먹지 않았다.[409] 우유는 마셨는데, 동물을 존중하는 범위에서 젖을 짰을 때, 그리고 적어도 짠 젖의 3분의 1은 새끼에게 주었을 때만 마셨다.[77]

어원이 '생명의 과학'인 아유르베다는 자아실현을 목표로 한다. 자가 치유 원리에 바탕을 두고 조화 상태에 이르는 것이 목표다. 아유르베다 식이요법은 힌두교의 문헌인 《베다》의 가르침에서 왔다. '사트빅'(산스크리트어 '사트바sattva'에서 온 말로 '존재, 현실, 자연, 지성, 의식, 진리, 균형'을 뜻한다) 식이요법을 위해서는 과일, 채소, 유제품, 호두, 씨앗, 꿀, 허브를 먹으면 좋다. 이 식이요법은 '라자스'(양념, 향신료, 커피, 생선 등 자극적인 음식) 식이요법과 '타마스'(육류처럼 진정시키는 음식) 식이요법과는 정반대다. 음식의 품질은 요리사의 기분과 집중력에 크게 좌우되므로 조용하고 편안한 분위기에서 요리하는 것이 좋다. 지나치게 '타마스'적이라고 판단되는 음식은 금지되었다. 절제는 다른 많은 사고방식과 마찬가지로 미덕의 어머니였다. 산스크리트어로 쓰인 요가 매뉴얼인 〈하타 프라비티카〉에서 '절제된 식이요법'은 '기분 좋고 부드러운' 음식으로 구성된다. 위의 절반은 음식을 소화하고 4분의 1은 물을 소화하되, 나머지 4분의 1은 비어 있어야 한다. 체온을 올리는 것으로 알려진 음식(마늘, 기름, 술, 향신료, 겨자, 생선, 육류)은 삼가는 것이 좋고, 쓴맛, 신맛, 짠맛은 피해야 한다. 반대로 곡물, 설탕, 꿀, 허브, 말린 생강을 먹으면 좋다. 물론 늘 절제해야 한다. 모든 음식은 우유나 버터와 섞어야 한다. 그래야 신체 발달, 특히 혈액, 뼈, 척수, 정액에 좋다.[77] 인류 최초의 문명 중 하나에서 음식과 에로티시즘, 성적 욕구와 음식의 상관관계를 추구한 것은 확실해 보인다.

기원전 5세기 인도에서는 육식을 금하는 불교가 탄생했다. 〈마하바라타〉에 등장하는 크리슈나는 육식이 '자식의 살'이라고 말했다. 특히 모두의 어머니인 암소는 새끼와 인간에게 젖을 주므로 잡아먹을 수 없다.

중국과 티베트의 불교는 더 엄격한 채식을 요구한다. 일본 불교는 고기를 어느 정도 허용했지만 코끼리, 호랑이, 표범, 개를 먹는 것은 금했다.*

식인 풍습을 유지한 메소아메리카 제국들

북아메리카 남서부(오늘날의 미국 콜로라도 주, 유타 주, 애리조나 주 등)에는 훗날 '아나사지', 그리고 '호피'라고 불리게 될 사람들이 기원전 2000년 이전부터 살고 있었다. 그들은 시베리아를 거쳐 이곳에 정착했다. 건조한 산악지대에 정착한 그들은 사냥과 채집 문명을 발달시켰고 이후 푸에블로pueblo, 즉 촌락을 이루어 살며 농사를 짓기 시작했다. 동굴벽화를 보면 사냥은 여전히 식량을 구하는 데 매우 중요한 역할을 했다. 옥수수, 강낭콩, 박과식물이 주요 작물이었고 농사를 짓기 위해 매우 정교한 관개시설을 개발했다. 그들의 우주론은 지극히 복잡했는데 농사와 동물, 물과 바람을 근간으로 했으며 아메리카 원주민들의 우주론에 영향을 주었다.

---

* 일본 열도에는 코끼리, 호랑이, 표범이 자생하지 않는다. 저자의 착각으로 보인다.

중앙아메리카에는 기원전 2500년경 아나사지 문명에서 영감을 받은 올메크 문명이 멕시코만 연안, 멕시코 분지, 태평양 연안에 들어섰다. 주민들은 비옥한 땅, 물, 바람에 관한 신화를 만들었다. 재규어는 땅과 생명의 힘을 상징했고, 뱀은 물, 비, 강을, 독수리는 바람을 상징했다. 주식은 감자였는데 당시 이 지역에는 수백 종의 감자가 자랐다. 감자는 죽처럼 으깨거나 수프로 만들어 먹었다. 옥수수도 중요한 식재료여서 숭고한 작물로 여겨졌다. 옥수수로는 빵을 만들어 먹었다.

아메리카의 제국들은 많은 주민을 먹여 살리고 거대한 신전을 방어할 수 있는 방식으로 조직되었고 대부분 식인 풍습을 가지고 있었다. 마야족은 전쟁 포로를 신에게 제물로 바쳤다.[14] 아스테카 문명의 죽음의 신 테스카틀리포카도 인간 제물을 원했다.[84] 틀랄테쿠틀리 여신은 자신의 생명을 유지하려고 인간의 심장을 요구했다.[148] 제물의 넓적다리는 황제가, 심장은 사제가, 나머지 부분은 신을 재현한다고 여겨진 동물이 먹었다.[41] 그중 누군가에게는 인육을 먹는 것이 남성성을 강화하기 위한 구실이었을 것이다.

아마존 밀림에 사는 투피남바족도 힘을 취하려고 적을 잡아먹었다.[7] 이누이트족처럼 때로는 생존에 필요하고 희생자가 동의한다면 인육을 먹어도 처벌받지 않았다.

이집트: 먹는 것과 말하는 것은 하나다

이집트에서는 메소포타미아나 중국과 마찬가지로 하천 유역에서 인간의 정착 생활이 시작되었다. 기원전 8000년경에 아프리카와 중동에서 이주한 사람들이 나일 강 유역의 비옥한 땅에 정착했다. 그들은 밀, 보리, 과일, 포도나무, 채소, 양파, 마늘, 파를 재배했다.

머지않아 이집트인들은 나일 강이 범람하는 첫째 날 소티스라는 별이 태양과 함께 뜬다는 사실을 알아차렸다. 오늘날의 시리우스인 이 별은 큰개자리에서 가장 큰 별이다. 지구에서 봤을 때 태양 다음으로 가장 밝게 빛나는 항성이다.[281] 그래서 소티스가 태양과 동시에 떠오르는 날을 한 해의 첫날(토트 1일)로 정했다. 이집트에서는 천문학, 점성학, 기후학이 오랫동안 뒤섞였다.

기원전 5세기에 이집트의 한 해는 크게 세 개의 농사철로 나뉘었다. 바로 아케트(나일 강 범람기), 페레트(파종기와 성장기), 셰무(수확기)다.[281]

기원전 4000년경에 이집트인들은 독립된 마을을 이루며 살았다.[205] 숲에 불을 놓아 그 재를 작물에 뿌릴 비료로 썼다.

식물성으로 유추되는 기름으로 음식 재료를 익힌 최초의 인간이 이집트인들이다.[28] 그들은 특히 최초로 효모를 사용해 빵을 만들었다. 메소포타미아 문명에서 곡물을 빻아 물을 넣어 반죽해 만든 포리지 빵과 달랐다. 이는 대단한 혁명이었다. 영양분이 풍부한 음식은 이집트인들이 나일 강 계곡의 다른 민족들을 지배하는 데 영향을 미치게 된다.

각 마을의 식량은 그해 수확에 따라 달라졌고 유랑민의 약탈 대상이 되었다. 마을의 우두머리는 구성원 모두가 충분히 먹을 식량을 확보하는 일이 중요하다는 사실을 매우 잘 알고 있었던 것으로 보인다. 기원전 3000년경 이집트의 필경사였던 프타호텝은 "배를 곯은 사람은 고발할 것이 있는 사람이다."[28]라고 기록했다. 메소포타미아인들처럼 이집트인들도 홍수를 예방하기 위해 둑을 쌓았다.

'고왕국'이라 불리는 이집트 최초의 제국은 기원전 2600년에서 기원전 2200년까지 존립했다. 기자 고원의 피라미드들이 지어진 것도 이 시기다. 이집트인들은 망자에게 먹을 것을 주었다. 예를 들어 사카라 피라미드 안에서 발견된 여성의 무덤에는 보리빵, 치즈, 생선의 흔적이 남아 있다.[28] 기원전 2500년부터 이집트인들은 쟁기의 조상인 '아드'를 만들어 썼고 저장소도 지었다.

기원전 2200년경 나일 강의 범람을 제대로 관리하지 못해 수확량이 줄자 폭동이 일어났다. 파라오 케티(기원전 2160년)는 아들 메리카레에게 이렇게 조언했다. "가난한 자가 적이 될 수 있고 곤궁하게 사는 자가 반역자가 될 수 있다. 식량 때문에 반란을 일으키는 민중은 달래야 한다. 군중이 분노하면 곳간으로 데려가라."[28] 고왕국은 쇠퇴하여 다수의 독립국으로 분열했다.

기원전 1550년경 이집트 전체를 통일한 신왕국이 들어섰다. 이때는 주민의 식량을 확보할 수 있었다.[205] 신왕국의 통치자는 아흐모스 1세로 시작해서 아크나톤, 투탕카멘, 람세스 1세로 이어진다. 당시의 음식은 무덤에서 발견된 것을 보고 알아낼 수 있다. 기원전 1400년 것으로 추정되는 왕자의 무덤에서는 빵, 와인, 밀가루, 유제품, 염장 고기가 발견되었다.

이 시대에 유대 민족을 잡아두었던 이집트인들에 관해 묘사한 히브리 성경은 이집트 정치 역사에서 식량 확보의 중요성을 보여준다. 특히 요셉이 파라오의 꿈을 해몽하는 유명한 장면이 등장하는데, 이는 기근을 대비해 식량을 비축할 필요가 있음을 시시했다(창세기 41장 28~36절).[4] "온 애굽 땅에 일곱 해 큰 풍년이 있겠고/ 후에 일곱 해 흉년이 들므로 애굽 땅에 있던 풍년을 다 잊어버리게 되고 이 땅이 기근으로 멸망되리니."[65]

기원전 14세기에 살았던 람세스 2세의 셋째 아들 메르넵타의 무덤에는 물고기와 오리를 그린 많은 벽화가 있다. 그를 추모하는 신전에 있는 벽화는 레반트와 가나안 민족들을 물리친 파라오의 승리를 축하하는 내용을 담고 있다. 여기에는 이스라엘도 포함된다. "이스라엘은 파괴되었다. 그들의 씨앗마저도 남아 있지 않다."[61]

메르넵타가 죽자 그의 자식들이 서로 죽고 죽이는 싸움을 벌였다. 이로 인해 체제는 전복되었다. 새로운 왕조가 람세스 3세와 함께 탄생했다. 람세스 3세는 기원전 1183년부터 기원전 1152년까지 재위했는데 그 기간 중 지중해 연안의 분지 북부와 동부에서 기후 문제로 농사가 크게 차질을 빚는 상황이 벌어졌다. 그러자 많은 이주민이 아나톨리아와 레반트를 거쳐 이집트로 몰려들었다.

'바다의 민족'이라 불리던 이주민들은 무기와 가족들을 데리고 이집트로 밀려들었고 나일 강 삼각주를 공격했다. 노동자들은 파업을 통해 더 많은 식량을 요구했다. 이렇게 신왕국은 저물었고 1,000년 뒤에 로마 제국의 궤도 안에서 재건된다.[204]

기원전 10세기에 이집트의 귀족들은 의자에 앉거나 테이블 주위로 돗자리를 깔고 앉아서 밥을 먹었다. 이런 모습을 본 페니키아인, 그리스인, 로마인들이 영향을 받아 그대로 재현했다.

2,000년 동안 이집트 부유층이 먹은 음식은 매우 다양해졌다. 쇠고기나 양고기, 사냥한 짐승의 불치 고기를 가장 많이 먹었고, 거위, 오리, 메추리도 먹었다. 강에서 잡아 온 물고기도 먹었고, 시리아와 키프러스에서 수입한 기름, 유대에서 수입한 와인도 먹기 시작했다. 이 시대 이집트의 조리법에 사프란도 활용되었다. (기원전 16세기에서 기원전 15세기 사이에 작성되어 지금까지 알려진 의학 문헌으로는 가장 오래된 〈에베르스 파피루스〉가 사프란을 언급하고 있다.[434]) 해산물, 사프란, 후추 등 일부 재료는 최음 효과가 있다고 이미 알려져 있었다.

이집트 부유층은 풍부한 음식 섭취가 건강을 유지하는 최고의 비결이라고 생각했다. 또 음식이 바뀔 때마다 손을 씻었다. 상아나 점판암으로 만든 숟가락을 사용했는데, 숟가락에는 종교적

무늬가 새겨지기도 했다.

가난한 사람들은 곡물과 채소를 먹는 것으로 만족해야 했다. 이는 심각한 영양 결핍, 특히 단백질 부족을 일으켰다. 홍수나 가뭄이 극심해서 헤아릴 수 없이 많은 기근이 일어났고, 그때마다 농민들은 큰 피해를 봤다. 이집트 빈곤층의 수명은 30세가 채 안 되었다.

언어와의 관련성은 가장 명확했다. 영국의 이집트학자 앨런 가디너는 이집트 문자를 체계화했는데 상형문자 'A2'는 손을 입에 대고 앉아 있는 남자를 나타낸다. 이 문자는 옆에 있는 다른 상형문자의 배열에 따라 "먹다, 마시다, 말하다, 입을 다물다, 생각하다, 사랑하다, 미워하다"라는 뜻을 모두 가지고 있다.[31] 이보다 더 명시적일 수는 없을 것이다.

사하라 이남 아프리카: 풍요로운 자연이 제국의 탄생을 막다

3,000년 전 사하라 이남 아프리카의 음식은 지역마다 매우 달랐다. 아프리카 사람들은 대부분 한곳에 정착했고 폴라인, 마사이인, 그리고 수가 적었던 부족들만 유목 생활을 계속했다. 이들이 가는 곳마다 먹을 것이 풍부했고 쉽게 구할 수도 있었다.

주요 곡물은 수수(이집트가 원산지)와 조(수수로 혼동하기 쉬운 조는 적어도 2,000년 동안 사헬 지역에서 재배되었다)였다. 수수와 조를 포리지로 먹거나 가루로 만들어 둥글넓적한 빵, 또는 일종의 폴렌타*로 만들어 먹었다. 서아프리카와 중앙아프리카에서만 나는 벼*Oryza glaberrima*도 있었다.

채소로는 밤바라땅콩과 동부콩을 주로 먹었다. 나무(예: 바오바브 나무)에서 곧장 따 먹는 '잎채소'들도 먹었다.

서아프리카에서 요힘비 같은 나무껍질은 최음 효과가 있다고 알려져 있었다.

사하라가 원산지인 솟과동물과 양류는 가뭄 때문에 점차 남쪽으로 이동한 것으로 보인다. 이들은 서아프리카에서 소비되었다. 산림지역에서는 영양, 여러 종의 원숭이, 산토끼, 다람쥐 등 주로 불치 고기가 소비되었다. 기생충에 강한 가금류, 특히 닭도 식량에 포함되었다. 닭은 중요한 상징적 가치가 있어서 아프리카의 많은 의식에 수탉이 사용되었다.[333]

유제품은 거의 먹지 않았는데 예외적으로 아프리카에서는 드물게 목축을 하는 부족 중 서부의 폴라인, 동부의 마사이인이 혹소나 암소의 젖을 마셨다. 폴라인 같은 유목민 중 일부는 기생충 때문에 금기 음식이 있었다. 그 밖에는 아프리카 전역에서 곤충을 먹었다.

종려나무 잎으로 만든 술(시드르**와 맛이 비슷한 종려나무 수액을

* 옥수수 가루로 끓인 죽.

** 사과즙을 발효시켜 만든 술.

발효해서 만들었다)과 조로 만든 맥주를 마셨다.[333]

모든 것이 풍요로웠기 때문에 희소성을 관리할 필요가 없었으니 제국으로 조직화할 필요도 없었다.

곳곳에서 찾아볼 수 있었던 식인 풍습

식인 풍습은 완전히 사라지지 않았다. 의식을 위한 것이든 필요에 의한 것이든 아직 존재했다.

근동과 중동의 일부 민족(특히 스키타이족과 트라키아족)이 망자의 몸을 먹었다. 히타이트인들은 적의 우두머리의 몸을 꼬챙이에 끼워 구워서 먹었는데 이는 병사들의 공포심을 불러일으키기 위한 행위였다.

아프리카의 콩고 분지와 니제르 분지에서는 인간의 살과 장기를 먹으면 영혼과 남성성이 고양되고 죽은 자의 영생이 가능해진다고 믿었다. 식인은 의식에 의해 이루어졌는데 성별에 따라 몫이 결정되는 복잡한 절차를 따랐다. 젊은이가 노인의 몸을 먹으면 노인의 지혜를 얻고 반대로 노인이 젊은이의 뇌를 먹으면 육체적 힘과 성적 능력을 받는다고 믿었다.

중국에서는 유교, 도교, 불교(기원전 6세기에 동시다발적으로 형성되었다)가 암묵적으로나 명시적으로 식인 풍습을 금했지만 그래도 기근이 들거나 전쟁이 발발하면 중국인들도 사람을 잡아먹었다. 한 전설에 따르면, 기원전 7세기의 왕 제환공이 인육을 맛보고 싶다고 하자 요리사가 아들을 죽여서 여러 부위를 제환공에게 바쳤다.[144]

유대교: '성서를 먹다'

음식은 히브리 성경의 핵심이다. 역사적으로 볼 때 성경의 첫 흔적은 기원전 수백 년에서 천 년으로 거슬러 올라간다.

성경에는 언어와 음식이 매우 밀접하게 연관되어 있다. 우선 그 이전의 종교에 나타나는 신들과 달리, 인간을 창조한 유대인의 신은 먹지 않는다. 유대교에서 먹는 행위는 신이 만든 피조물의 전유물이다. 이것이야말로 인간과 신을 구분 짓는 차이점이다.

신의 명으로(창세기 1장 29절) 아담은 채식주의자로 만들어졌다(앞에서도 보았듯이 인간의 가장 먼 조상도 채식주의자였을 것이다. 물론 성경이 작성되던 때에는 이 사실을 몰랐다). 인간은 모든 창조물의 수호자였다(창세기 2장 15절). 인간은 창조된 직후 몇 시간 동안 선악과를 먹지 못했지만 그 뒤로는 모든 식물을 먹을 수 있었다. 금기를 어기고 선악과를 먹었을 때 역시 채소에 한정되는 먹을 것을 생산하기 위해 노동해야 하는 벌을 받았다.

노아와 그 후손들은 대홍수가 일어난 이후에야 자신들이 구했던 동물들을 먹을 수 있었다. "무릇 산 동물은 너희의 식물이 될지라 채소같이 내가 이것을 다 너희에게 주노라."[65](창세기 9장 3절) 이때 신은 인간에게 동물의 살을 먹을 수 있게 허락했다.

그 이후에도 제물이 될 뻔한 이삭, 이집트 백성을 기근에서 구하려고 파라오의 꿈을 해몽한 요셉, 신이 이집트를 탈출한 히브리 민족을 사막에서 먹이기 위해 하늘에서 떨어뜨린 만나에 이르기까지, 성경은 음식과의 관계를 드러내는 이야기들로 구성되었다.

히브리 민족이 이집트를 탈출해서 가고자 한 약속의 땅도 "젖과 꿀이 흐르는 땅"[65]으로 묘사되어 풍요로운 식량과 관련되었다. "너희가 건너가서 얻을 땅은 산과 골짜기가 있어서 하늘에서 내리는 비를 흡수하는 땅이요."[65](신명기 11장 11절)

기원전 1200년경 히브리 민족이 도착한 유대에는 과일, 와인, 기름, 완두콩, 렌즈콩, 잠두, 병아리콩, 파, 오이, 마늘, 양파 등 이집트와 메소포타미아에서 보던 것과 똑같은 음식 재료들이 있었다. 이곳에서는 레바논의 티레에서 바다를 건너 이집트에 도착한 밀과 보리를 수입했다. 밀과 보리는 메소포타미아에서 그랬던 것처럼 갈레트, 빵, 포리지 형태로 만들어 먹었다. 생선은 소금 덕분에 저장할 수 있었다. 이집트와 메소포타미아처럼 쇠고기, 양고기, 불치 고기는 최상류층이 먹었다. 그 이전 문명에서도 그랬듯이 식사는 신과 소통하는 기회였다. 신은 예루살렘 신전에서 식사에 참석했다. 제물이 된 동물의 일부는 사제들이 먹었다.

언어와 음식의 관계는 성경에 계속 등장한다. 우선 '만나'는 언어와 마찬가지로 하늘에서 떨어졌다. 히브리어로 만나를 가리키는 단어('하늘에서 온 빵')는 꿈('빵'과 철자가 같다)을 뜻하기도 한다. 꿈은 히브리 민족에게 영혼의 가장 큰 양식이다. 그들은 꿈을 먹고 살았다. 만나는 선택된 맛, 꿈꾸었던 맛이 난다. 그리고 그것은 쓰레기를 남기지 않는 음식이다.

한편 선지자 에스겔(에스겔서 3장 1~4절)은 신의 말씀을 먹어야 한다고 말한다. "그가 또 내게 이르시되 인자야 너는 받는 것을 먹으라 너는 이 두루마리를 먹고 가서 이스라엘 족속에게 고하라 하시기로/ 내가 입을 벌리니 그가 그 두루마리를 내게 먹이시며/ 내게 이르시되 인자야 내가 네게 주는 이 두루마리로 네 배에 넣으며 네 창자에 채우라 하시기에 내가 먹으니 그것이 내 입에서 달기가 꿀 같더라/ 그가 또 내게 이르시되 인자야 이스라엘 족속에게 가서 내 말로 그들에게 고하라."[65]

또 다른 선지자 아모스(아모스 8장 11절)도 "주 여호와께서 가라사대 보라 날이 이를지라 내가 기근을 땅에 보내리니 양식이 없어 주림이 아니며 물이 없어 갈함이 아니요 여호와의 말씀을 듣지 못한 기갈이라."[65]고 적었다.

그러니 일상생활에서 우리가 먹는 모든 것은 신의 말씀이 발현된 것이다. 식탁은 그야말로 신전의 상징이었다. 식탁은 제단인 것이다.

사람은 먹기 위해 먹는 것이 아니라 함께 연구할 기회를 얻기 위해 먹는다. 식사할 때마다 수많은 축복 기도(열 번에서 스무 번)

가 곁들여지는데 랍비들은 기도의 순서에 대해 끝없이 토론한다. 식사는 공부하는 시간이기도 하다. 공부하면서 "〈토라〉를 먹는다." 식탁은 신의 존재로 물들어 있어서 현자들이 식탁을 잘라 그 나무로 관을 만드는 전통이 있다.

식사는 금기를 존중하는 시간이기도 했다. 매우 자세한 내용의 금기는 종을 보전하고 잔인한 행동을 저지르지 않으려는 목적이 있었다. 예를 들어 비늘이나 지느러미가 없는 해산물(그러니까 조개류, 갑각류, 기타 해산물 등 모든 무척추동물)을 먹는 것은 금지되었다. 육식을 하는 모든 포유동물도 먹지 못했다. 먹을 수 있는 동물은 닭, 거위, 오리, 칠면조, 자고새, 메추라기, 비둘기, 뿔닭 등 초식동물이었다. 되새김질을 하지 않고 발굽이 갈라지지 않은 동물(성경에 언급된 낙타, 산토끼, 설치류, 돼지는 해당되지 않는다)도 먹지 못했다(레위기 11장 1~8절). 〈토라〉에도 먹을 수 없는 조류 24종이 나온다(레위기 11장 13~19절). 육식을 하는 새(맹금류)도 여기에 포함된다. 곤충은 모두 금지되었고 땅에서 뛰는 곤충 네 종류만 예외였다. "오직 날개가 있고 네 발로 기어 다니는 모든 곤충 중에 그 발에 뛰는 다리가 있어서 땅에서 뛰는 것은 너희가 먹을지니/곧 그중에 메뚜기 종류와 베짱이 종류와 귀뚜라미 종류와 팟종이 종류는 너희가 먹으려니와."[65](레위기 11장 21~22절)

휴경지의 상태를 보살피기 위해 7년째에 생산된 과일과 채소는 먹지 못했다. 또 아직 목숨이 붙어 있는 동물의 일부를 먹는 것은 금지되었다(창세기 5장 4절). 같은 날 어미와 그 새끼들을 죽여서는 안 되고(레위기 22장 48절), "육체의 생명은 피에 있으므로"[65](레위기 17장 11절) 포유동물과 조류의 피를 마셔서도 안 되었다(창세기 2장 4절). 젖은 생명의 상징이므로 유제품과 육류를 동시에 섭취하면 안 되었고(출애굽기 34장) 가축을 먹이기 전에 먼저 식사를 해도 안 되었다. 제물을 도축할 때는 동물의 고통을 줄여야 했다.

음식을 먹는 것은 더 광범위하게 조심해야 할 일이었다. 밤에 너무 많이 먹으면 머리에 좋지 않다고 알려졌고, 단식은 몸의 균형을 되찾게 해주는 수단으로 인식되었다. 그래서 매년 일주일은 단식하라고 했다.

서기 70년 예루살렘 공방전에서 제2성전이 파괴된 뒤 사방으로 흩어진 유대인 공동체에서 식사는 사교, 안정, 전수를 위한 매우 중요한 시간이 되었다. 식사는 가족이 만나는 자리였다. 적어도 안식일 저녁만큼은 그랬다. 이 자리에서는 자녀 교육이 이루어졌고 공동체 생활이 이루어졌다. 여행가들이 다른 공동체와 세상의 소식을 전해주고 아이가 온갖 질문을 하고 배우는 자리였다(다른 전통들과 달리 유대교 전통에서는 '아이는 밥 먹을 때 입을 다문다'라고 가르치지 않는다. 오히려 아이에게 말을 하도록 권한다). 이러한 특징은 금요일 저녁 식사와 유월절(유대인들이 현관문에 묻힌 어린 양의 피가 신이 보낸 질병을 막은 것을 기념하는 날), 나팔절(한 해의 시작을 기념하는 날), 욤 키푸르(가장 많은 단식을 하는 날)의 식사에서 두드러졌다. 각 식사는 매우 특별한 목적을 가졌으며 음식도 저마다 매우 강한 상징성을 띠었다. 또 대화도 특정한 주제를 중심으로 이어졌다. 안식일 식사는 음식과 대화, 가족과 공동체를 잇는 연결점이었고 지금까지도 그러하다.

그 이후에 등장한 많은 유대교 전통도 여전히 음식과 언어를 연결 짓는다. 특히 유월절 식사에서는 마음에 품은 소원을 상징하는 이름을 가진 음식을 먹는다. 예를 들어 특정 소원을 가리키는 단어의 철자로 이루어진 재료로 빵을 만들어 먹는다.

그리스: 통치하기 위해 먹기

그리스 신화에 나오는 이야기들도 음식과 관련이 많다. 우선 식인 풍습과 관련된 이야기를 보면, 티탄족의 왕 크로노스는 자식들을 잡아먹는다. 호메로스의 《오디세이아》에도 식인 장면들이 등장한다.[28] 이야기들은 대화에도 많은 부분을 할애하는데, 대화야말로 식사의 진정한 존재 이유다.

신화에 따르면 초기에 신들은 함께 식사했다. 그들은 와인도 마시지 않았고 인간의 음식도 먹지 않았다. 대신 신주를 마시고 암브로시아(아마도 야생 꿀)를 먹었다. 또 (아프로디테가 헥토르에게 해준 것처럼) 보호해주고 싶은 인간의 몸에 암브로시아를 발라주기도 했다.

신화에서는 태곳적 신들이 인간과 함께 식사할 때도 있었다고

나온다. 그 신들은 인간의 조물주가 아니었고 인간의 운명을 재미있어했다.[28]

그러나 프로메테우스(티탄인 이아페토스의 아들)는 제물로 바쳐진 짐승의 가장 좋은 부분을 인간에게 주고 제우스에게는 맛있는 기름이 붙은 뼈를 고르라고 속였다. 모욕당한 제우스는 인간에게서 불을 빼앗는 형벌을 내리기로 했다. 불을 빼앗기면 고기를 익혀야 하는 제물을 바치지 못하게 된다. 그러자 프로메테우스가 불을 훔쳐 인간에게 주었다. 복수심에 불탄 제우스는 최초의 여성 판도라를 보냈고 단지를 열어 고통(죽음, 질병, 노동 등)을 인간 세상에 퍼뜨렸다. 또 프로메테우스를 캅카스의 바위산에 묶어 독수리가 매일 간을 쪼아 먹게 했다.[143]

이때부터 인간에게 신의 음식이 금지되었다. 인간은 같은 인간끼리 밥을 먹고 소통해야 했다. 그래서 인간은 식사를 권력의 장소로 사용했다.

기원전 8세기 크레타 섬과 스파르타의 도시국가들에서 권력자들이 연회를 열었던 메소포타미아와 이집트의 전통을 다시 볼 수 있다. 다만 이 도시국가들에서는 모든 시민(가장 부유한 가문에서 선정되었다)이 도시국가의 문제를 해결하기 위해 식사를 함께해야 했다. 이 자리에 받아들여지려면 와인 39리터, 치즈 3킬로그램, 무화과, 보리를 납입해야 했기 때문에 최상류층만 참석할 수 있었다. 스파르타에서는 이런 식사를 매일 의무적으로 해야 했다. 젊은이들은 지휘자 그룹에 들어가기 위해 식사에 초대되었다.[4]

시간이 지나자 이 시스템은 느슨해지기 시작했다. 시민들의 공동 식사 모임은 매일 열리지 않았다. 50명의 프리타네이스(1년의 10분의 1에 해당하는 기간 동안 도시를 대표하는 500인의 평의회 소속의 집행위원)는 매일 아고라 광장 옆 톨로스 원형 건물에서 시민 전체를 대표하여 점심 식사를 함께해야 했다. 5세기에 아테네의 어떤 정치인은(키몬, 니키아스, 알키비아데스가) 이 연회에 다른 시민들을 초대했고 시민이 아닌 자유인을 초대하기도 했다.

보통 사제들이 지휘하고 여자들이 준비하는 이런 연회에서는 손님을 직사각형 배열로 앉혔다. 손님들은 긴 소파에 비스듬히 앉았고 그 앞에 이동식 테이블이 놓였다. 손님들은 쿠션에 팔꿈치를 기댄 채 손으로 음식을 집어 먹었다. 테이블 주위에는 남자들만 있었다. 이전 사회에서도 그랬지만 연회는 친절(크세니아)과 감동(취기와 더불어)을 나누는 시간이었다.[1]

연회는 언제나 제물을 바치는 것으로 시작되었다. 이것은 신과의 끊어진 인연을 회복하는 행위였다. 백정이 동물(닭에서 소까지) 한 마리 또는 여러 마리의 숨통을 끊으면 피가 하늘(신)로 솟구친 뒤 땅(인간을 정화하기 위해)으로 떨어졌다. 이 의식이 끝나면 연회가 2부로 나뉜다. 1부는 먹는 시간(데이프논)과 말하는 시간이고, 2부는 물을 섞은 와인을 마시는 시간(심포지온)이다.[1] 그리스인들은 취기를 세 단계로 구분했다. 첫 번째 단계에서는 억제되었던 말이 자유롭게 나온다. 두 번째 단계는 명철해지는 시기다. 세 번째 단계는 취기가 올라 창의성이 높아지는 시기로, 40세 이상 되

는 남성들에게만 이 상태가 허락되었다. 18세 미만의 젊은이는 술을 마시지 않았다.[4]

가난한 가정의 여성은 음식 서빙을 맡았고 부잣집 여성은 식탁에는 앉을 수 있었지만 말을 할 수는 없었다. 노예들은 음식 서빙을 맡았는데 가끔 아이들의 도움도 받았다. 그리스인들은 나무 숟가락을 특히 달걀을 먹을 때 사용했다.

당시에는 곡물(밀, 보리, 스펠트밀)이 전체 칼로리의 80퍼센트를 차지했다. 밀로 만든 빵, 와인, 올리브유, 치즈(응고된 우유를 무화과 나뭇가지로 휘저어 만들었다)는 부유층만 먹을 수 있는 귀한 음식이었다. 빵은 진흙으로 만든 가마에서 구웠다. 보리도 빵 만드는데 사용되었고(특히 군대 보급용으로) 여기에 꿀이나 치즈를 곁들였다. 빵은 자급자족 사회의 상징이자 야만적인 유목민과 대조되는 정착 생활의 상징이었다. 호메로스에게 "빵 먹는 인간"은 문명인, 즉 그리스인을 뜻했다.[4]

기원전 5세기까지 고기와 과일은 주로 신에게 바치는 제물과 봉헌물로 사용되었다.[4] 동물은 무엇보다 생산수단이었다. 양은 양모와 치즈의 재료가 될 젖 때문에 길렀고, 매우 귀했던 소는 기르다가 젖도 나오지 않고 일할 수 없을 정도로 나이가 들어야 잡아먹었다.[28]

기원전 5세기 아테네에서는 식단의 변화가 일어났다. 서민들에게 이미 익숙했던 견과류와 채소 수프가 모든 사람이 먹는 일상식이 되었다. 당시 그리스인들은 곡물을 빻는 풍차 기술도 발전시켰다. 병사들은 동물의 피와 지방, 식초를 섞어 만든 "스파르타식 수프"를 여전히 먹었다.

동시대의 중국 의학처럼 그리스 의학도 음식에 관심이 많았다. 그리스 식이요법의 첫 번째 원리는 중국 의학과 마찬가지로 절제였다. 중국의 음양 이론과 흡사한 모델을 바탕으로, 건강을 개선하는 음식과 병을 일으키는 음식을 구분했다. 건강한 사람은 다양한 음식을 적당하게 먹어야 하고 소화가 잘되는 음식을 먹어야 했다. 히포크라테스(기원전 460~370년)는 단식을 자주 하라고 권했다. "잘 먹을수록 몸에 해롭다."[28] 그는 당근의 이뇨 효과와 목통증에 꿀물이 좋다는 것을 지적했다. 그리스 의사들은 음식과 음료를 건조하고 따뜻한 것, 건조하고 차가운 것, 습하고 따뜻한 것, 습하고 차가운 것(히포크라테스가 주장한 4체액인 황담즙, 흑담즙, 혈액, 점액의 특징과 같다)으로 구분하려 했다. 습하고 따뜻한 음식은 영양분이 상대적으로 적다고 여겨졌다. 그리스 의사들은 겨울에 따뜻하고 건조한 음식(밀, 육류)을 먹고 여름에 차갑고 습한 음식(녹색 채소, 곡물빵)을 먹으라고 권했다. 그들은 남성의 생식기는 건조하고 차가우므로 습하고 따뜻한 음식을 먹어야 하고, 여성의 생식기는 습하고 따뜻하므로 건조하고 차가운 음식을 먹어야 한다고 주장했다. 또 우유와 생선을 함께 먹지 말라고 했고, 노인은 치즈, 조개류, 렌즈콩, 무염분 빵, 삶은 달걀을 피하라고 했다.[28] 이 음식 중 일부는 최음 효과가 있는 것으로 알려졌다.

그리스 철학자들은 음식에 관하여 상반된 견해를 피력했다. 피

타고라스는 동물의 고통을 거부하는 채식주의자였다. 인간의 영혼은 동물의 몸으로 환생할 수 있으므로 양모와 가죽 사용을 거부했고 동물을 제물로 바치는 것도 반대했다. 피타고라스의 제자들도 신에게 동물을 제물로 바치는 것을 반대했다.[28] 하지만 알렉산드로스 대왕의 가정교사였던 아리스토텔레스는《동물지》에서 생명체의 서열을 정했는데, 먹어도 되는 동물의 기준은 '도덕성의 결여'였다. 그가 만든 '자연의 사다리*scala naturae*'에는 인간이 정상에 있고 그 밑으로 동물(네발동물, 태생동물, 고래류, 난생동물, 두족류, 갑각류, '분절'동물, 조개류), 식충류(산호와 해면 등 동물과 식물의 중간 계통)가 있으며 맨 아래에 식물이 있다. 아리스토텔레스는 이 서열이 한 생물종의 '생명의 정도'(움직임, 지성, 감수성 등)를 보여준다고 주장했다.[5]

기원전 4세기에 그리스에서는 숙박 시설이 등장했다. 그때까지 외국인에게 친절을 베풀 의무가 있던 시민들이 드디어 한시름 놓았다. 숙박 시설은 선술집도 겸했다.

기원전 330년경 알렉산드로스 대왕이 동방 원정에서 귀국하며 중요한 미래 식량을 가지고 돌아왔다. 그것은 바로 쌀, 사프란, 생강(특히 해독제와 최음제로 사용되었다), 후추(인도 남서부의 말라바르 해안이 원산지인 후추는 4,000년 동안 양념으로 사용되었다)[213], 그리고 페르시아에서 구한 최고급 사치품 설탕이었다.

그리스인들에게 농업에 종사하지 않는 사람, 빵을 먹지 않고 와인을 마시지 않는 사람은 '야만인'이었다. 연회를 벌이지 않는 사람도 반드시 야만인이었는데, 식사라는 것이 무엇보다 대화를 나누는 자리였고 음식은 언어와 관련이 있기 때문이었다.

그래서 장례를 치를 때만 연회를 열고 특히 와인에 물을 타지 않고 마시는 스키타이인을 그리스인은 야만인으로 간주했다. 헤로도토스에 따르면 너무 많이 먹고 신에게 동물을 제물로 바치지 않는 페르시아인은 "괴물들"이었다. 디오도로스 시켈리오테스에게도 고래를 먹는 티레니아 해 연안 주민들은 그리스인이 아니었다. 그리스인이라면 신에게 바쳐지지 않고 자연사한 동물은 먹지 않기 때문이다. 마찬가지로 무질서하게 먹는 사람, 날것을 먹는 사람, 알을 먹는 사람은 문명인으로 볼 수 없었다. 헤로도토스는《역사》에서 그리스의 다양한 이웃 주민들(스키타이인, 트라키아인, 파데이인, 이세도네스인)이 행하는 식인 풍습에 관해서도 소개했다.[83]

로마: 지배하기 위해 먹기

로마가 강해지기 시작할 무렵 신에게 동물을 제물로 바치는 일은 그리스와 비슷하게 사회와 정치의 상징적 틀이자 국교의 요체였다. 인구조사(인구조사는 5년마다 행해졌는데 넓은 의미로 정화 의식을 가리켰다)와 같은 '사회적' 사건은 황소나 암양을 제물로 바치는 의식과 늘 연결되었다. 행렬에 이어 제물을 바치는 의식을 여는 것은 안정적인 사회질서를 과시하기 위함이었다. 이어서 시민이 참가하는 연회가 열렸다. 종교 연회는 공화정을 거쳐 제국 시대로 갈수록 중요성을 상실했다.[331]

이후 연회는 부유층의 사적 모임이 되었다. 로마를 비롯한 전역에서 음식보다 대화가 연회의 존재 이유가 되었다. 참석자들은 트리클리니움(가족과 손님이 사용할 세 개의 침대와 긴 의자가 갖춰진 식당)에서 식사를 했다. 공화정 시절 권력자들의 대저택에서는 여성이 남성의 발밑에 앉았다. 제국 시대에는 여성이 긴 의자에 누울 수 있었는데, 이는 정치와 전쟁에 관한 남성들의 재미없는 토론을 피하기 위해서였다.[332]

연회의 성공 여부는 향신료, 새로운 과일(체리, 복숭아, 오디 등) 같은 이국적 요리, 처음 먹어보는 고기(홍학, 새끼 염소, 공작새) 등이 있느냐에 달려 있었다. 두 갈래로 갈라진 포크와 둥근 숟가락을 사용했는데, 숟가락은 폼페이에서 발견되기도 했다. 연회에는 온갖 종류의 오락도 곁들여졌다(가수, 하프 연주자, 곡예사, 모방가). 클라우디우스 황제는 연회를 개최할 때 엄청난 양의 음식을 대접해서 미식가의 이미지를 남겼다. 2세기에 엘라가발루스 황제는 식사에 스물두 번 음식이 나오도록 했다. 티베리우스 황제의 궁에 살았던 로마의 재력가이자 미식가였던 마르쿠스 가비우스 아피키우스는 요리 지식을 발견하고 실험하고 사람들과 나누는 데 재산을 탕진했다. 그는 홍학의 혀를 요리하기도 했다.[431]

이렇게 특별한 연회를 제외하면 로마인들은 하루에 한 번만 제대로 식사했다. 아침(젠타쿨룸)은 아무리 부자라도 물 한 잔과 빵 한 조각, 치즈, 올리브 몇 알이 전부였다. 점심(프란디움)은 먹을 수도 있고 안 먹을 수도 있었다. 저녁(케나)은 오후 3시쯤에 제대로 차려 먹었다.[28]

기원전 5세기에 로마 서민의 음식은 동시대 그리스인이 먹는 것과 상당히 비슷했다. 빵(보리, 밀, 빵밀로 만든)이 주식이었고 그리스인보다 고기를 조금 더 먹었을 뿐이다. 올리브유와 와인도 먹었다.[332]

기원전 2세기부터 로마의 서민 음식은 양배추, 회향, 오이, 밤 등 채소를 익혀 먹으면서 변하기 시작했다.[3]

그리스와 달리 구운 고기는 강한 남성, 즉 권력자가 먹는 음식이었다. 로마에서 주로 소비된 육류는 돼지고기였다. 에트루리아인들에게서 돼지 사육을 배워 그리스에는 없던 단백질 공급원을 마련한 것이다. 키케로는《신성론》에서 돼지가 유일하게 먹을 수 있는 동물이라고 주장했다. 소와 양은 사회적 유용성이 높아 먹으면 안 된다는 것이다. 로마의 부유층은 사냥으로 잡은 고기(꿩, 자고새, 멧돼지)도 먹었다. 로마인들은 민물에서 잡았든 바다에서 잡았든 생선이라면 가리지 않고 다 좋아했다.[3]

황제들은 간혹 사회질서 유지를 명목으로 돼지고기와 빵을 백성들에게 무료로 나눠주기도 했다. 아우구스투스 황제 시절에는 로마에 빵집이 300개가 넘게 있었다. 빵은 올리브나 무화과를 곁들여 먹었다.

그리스 병사들과 달리 로마 병사들은 말린 고기와 치즈를 먹었다. 그러나 배급량이 적어 영양 결핍이 심각했다.[79]

로마인들은 요리를 하지 않았다. 부자들은 대저택에 주방과 요리사를 두었다. 부자가 아닌 사람들은 주로 여러 층으로 나뉜 건물에서 살았다.[70] 이 공동주택에는 대부분 부엌이 없었다.[310] 밥을 먹으려면 거리에서 튀긴 생선, 쇠고기 꼬치구이, 구운 새 등 음식을 만들어 파는 상인에게 가야 했다. 와인 가게, 숙박 시설, 선술집이 헤아릴 수 없이 많았다. 선술집에는 주로 가난한 사람들과 선원들이 출입했다. 경비대원들은 이곳에서 오고 가는 이야기들을 밀착 감시했다.[79] 원로원 의원이 여인숙의 딸과 결혼하는 것은 금지되어 있었다.

상선들은 오스티아 항이나 해외 상관을 통해 로마에 아프리카 벼, 아시아의 향신료, 그리스의 와인, 에스파냐의 고기, 갈루아의 햄과 소시지, 사프란, 설탕, 후추, 생강을 전파했다. 먼 나라에서 온 이 상품들의 가장 큰 문제점은 부패, 그리고 그것들을 먹어서 얻을 수 있는 질병이었다. 당시 올리브, 채소, 생선을 훈연한 흔적이 발견되었다.

로마 병사들은 시리아에서 예술의 경지에 도달한 음식을 발견했다. 그리고 고향으로 돌아올 때 향신료를 가지고 왔다. 향신료는 부유층에게 인기가 높았다—'향신료spice'라는 단어는 '음식' 또는 '약'이라는 뜻의 라틴어 스페키에스species에서 왔다. 로마 병사들이 가져온 향신료 중 후추는 너무 비싸서 오랫동안 화폐로 사용되기도 했다.[432] 후추도 최음 효과가 있다고 알려졌다.

로마 의학도 그 이전의 그리스 의학처럼 음식에 관심을 가졌다. 로마 의사들은 빵이 자연에 존재하는 다양한 요소들(따뜻함, 차가움, 건조함, 습함)이 완벽한 균형을 이룬 음식이라고 생각했다. 아울루스 코르넬리우스 켈수스(기원전 29년경~서기 37년경)는 아우구스티누스 황제 시절에 살았던 로마의 백과사전 집필자다. 그가 저술한《의학에 관하여》에는 히포크라테스 이후 전해져 내려온 그리스와 로마의 의학 지식이 담겨 있다. 이 책은 질병을 세 종류로 나누는데, 첫 번째는 식단 및 영양과 관련된 질병, 두 번째는 약을 먹어야 낫는 질병, 세 번째는 수술해야 치료되는 질병이다. 켈수스는《의학에 관하여》 제2권에서 "빵에는 다른 음식보다 더 많은 영양분이 들어 있다."고 적었다. "국물과 꿀물은 겨울에 석 잔, 여름에 넉 잔이면 충분하다."[28]라고도 했다. 로마에서도 식인 풍습이 치료와 강장 효과가 있다며 여전히 이루어졌다. 대大플리니우스는 간질 환자들이 죽어가는 중이거나 방금 죽은 검투사의 피를 마신다고 기록했다. 바쿠스 신을 위한 축제 바카날리아 동안 인육을 먹는 일이 벌어졌다는 소문이 돌았다.

제3장

유럽식 식사의 탄생과 영광: 1세기에서 17세기 중반까지

유럽식 식사는 수많은 관습을 소화하여 자기 것으로 만들면서 약 1,500년에 걸쳐 형성되었다. 처음에는 그리스, 이어서 로마, 아랍, 이탈리아, 프랑스, 거기에 이국에서 온 헤아릴 수 없는 관행과 재료까지 접수하며 식사의 세계적 모델이 될 전형으로 조금씩 자리 잡았고 누구에게나 대화의 장소를 제공했다.

로마인이 밀려오기 전까지 갈리아인은 유럽에서 고기를 가장 많이 먹었다. 특히 돼지고기를 염장 가공한 샤르퀴트리로 유명했다. 기원전 2세기의 그리스 역사가 폴리비오스는 갈리아인이 "고기만 먹고 전쟁과 목축만 하는 원시적인 삶을 산다."[149]고 했다. 실제로 갈리아인은 돼지고기를 많이 먹었고 힘과 용맹의 상징인 멧돼지는 거의 먹지 않았다. 사냥하거나 길러서 잡아먹었지만 전체 음식량에서 차지하는 고기의 비중은 과대평가되었다.[351] 돼지고기는 물물교환의 측정 단위로 사용되기도 했다. 밀가루로는 발효한 빵이 아닌 포리지와 갈레트만 만들 수 있었다. 갈리아인은 와인과 푸아그라를 즐겼고 하루에 네 번 식사했다.

갈리아의 요리사는 엄청난 양의 음식과 음료를 내는 것으로 실력을 자랑했다. 거대한 규모의 식사에 초대된 사람들은 긴 테이블에 둘러앉았다. 연회는 과거 문명에서도 그랬듯이 사교와 사회적 통치 수단으로서 역할했다.

로마인이 갈리아에 정착하자 갈리아인의 식습관도 바뀌었다. 로마인처럼 매일 한 번 식사했고 주로 빵을 먹었으며 대부분 비스듬히 기대어 앉아 먹었다. 반대로 로마인도 갈리아의 음식을 차용했다. 대大플리니우스가 님 지방에서 생산된 치즈(미래의 로크포르 치즈)를 언급한 바 있고, 갈리아 남서부에 살던 로마인은 오리 간으로 만든 푸아그라를 발전시켰다. 로마인은 프로방스와 랑그도크의 포도밭에서 생산된 와인을 수출했다. 기원전 90년 갈리아 와인이 로마에서 인기를 끌자 이탈리아 와인 생산업자들이 도미티아누스 황제에게 갈리아의 포도밭을 없애라는 명령을 내려달라고 요청했으나 뜻을 관철하지 못했다.

비잔틴 제국의 식사는 그리스와 여전히 비슷했다. 곡물(밀, 빵밀, 보리, 호밀), 과일과 채소(신선한 것과 말린 것), 생선, 치즈, 꿀, 버터 등을 먹었다. 올리브유는 모든 식사에서 빠지는 법이 없었다. 고기(닭고기, 양고기, 어린 양 고기, 돼지고기)는 최상류층만 먹었다.[102] 인더스 강 계곡에서 들여온 사탕수수 또한 아직 특권층만 먹을 수 있었다.

기독교에 일어난 큰 변화: 신을 먹다

기독교가 로마, 이어 로마 제국 대부분에 퍼졌을 때 로마의 종교 및 유대교의 의례를 많이 차용했다.

유대교의 규율에 맞추어 로마인들의 피비린내 나는 제물 바치기를 빵과 와인으로 축복하는 의식으로 대체했다. 그러나 유대교만큼 기도를 많이 하지는 않았다.

초기에 교회는 유대교처럼 사람이 피를 흘리게 하거나 죽인 동물을 먹지 못하게 금했다. 여기에는 여우, 쥐, 산토끼 등 위험하다고 알려진 동물도 포함되었다. 그러나 돼지는 예외였다. 이후 음식에 관한 금기를 모두 철폐했는데 이는 로마 종교와 같고 유대교와는 다른 점이었다. "무엇이든 밖에서 사람에게로 들어가는 것은 능히 사람을 더럽게 하지 못하되."[65](마가복음 7장 15절)

기독교는 망자에게 빵과 와인을 바치는 의식이 있는 미트라교(조로아스터교와 관련이 있으며 기원전 7세기에 인도에서 등장한 종교로, 로마 제국에서 기독교와 함께 성장하다가 사라졌다)의 영향도 받았다. "내 살을 먹고 내 피를 마시는 자는 내 안에 거하고 나도 그 안에 거하나니."(요한복음 6장 54절) 테르툴리아누스와 유스티노 순교자는 기독교의 성례가 유대교의 유월절보다 미트라교와 닮은 점이 더 많다고 했다.

절제와 금식도 권장되었다. 음식을 탐하는 것은 일곱 가지 죄악에 해당했다. 수요일과 금요일에는 되도록 고기와 술을 먹어서는 안 되었고 사순절에는 아예 금지되었다. 리옹의 주교 이레네오가 살던 2세기에 사순절은 하루나 이틀이었다. 3세기 중반 알렉산드리아 사람들은 고난 주간에 계속 금식했다. 4세기에는 제1차 니케아 공의회의 교회 법령집에서 40일 동안 금식해야 한다는 사순절의 흔적을 발견할 수 있다. 이 기간에 신도들은 하루에 한 번 빵, 물, 채소만 먹을 수 있었다. 4세기 말 초대 교회는 40일 금식을 8일로 줄였다. 5세기 로마, 이후 갈리아에서는 6주 동안 매주 토요일에 금식했다.[396, 397] 육류 섭취가 금요일에 금지된 것은 건강과 고행을 위해 늦게 생긴 관습이다. 금요일에 생선을 먹을 수 있게 된 것도 마찬가지다. 〈최후의 만찬〉에는 생선이 그려져 있지만 복음서에서는 빵과 와인 외에 다른 음식이 언급되지 않았다. 아마도 생선 그림은 예수가 굶주린 사람들을 먹이기 위해 물고기의 수를 늘렸다는 이야기를 재현한 것일 가능성이 크다. 또 그리스어로 물고기의 철자가 예수, 신의 아들, 구세주에 해당해서 상징성이 높기 때문일 것이다.

866년 교황 니콜라오 1세는 〈불가르족의 질문에 대한 교황 니콜라오의 답변〉에서 금요일을 제외하고 모든 종류의 고기를 먹을 권리를 인정했다. 이로써 음식과 관련된 유대교의 금기를 모두 깨버렸다. 수도사들은 농민이나 빈자와 가까워지기 위해 육식을 거부했다. 은둔자들은 잃어버린 낙원을 연상시키며 주로 야생 풀을 먹었다.

교회는 사제가 여행 중이거나 어쩔 수 없는 경우를 제외하고는 선술집에 기거하거나 출입하는 것을 금했다.

중세 전기: 카니발과 사순절

6세기부터 연회는 이동이 많은 메로빙거 왕조 초기의 왕들에게 마을의 귀족과 농민들을 불러 모으는 역할을 했다. 비스듬히 누워 식사했던 갈로로마인들과 달리 메로빙거 왕들은 갈리아인처럼 앉아서 밥을 먹었다. 앉아 있으면 나무 쟁반에 음식을 담아 제공되었다. 나무 쟁반은 다리가 긴 받침대가 달린 선반 위에 두었다.[4] 손은 더러워서 너무 자주 사용하지 않으려고 칼을 쓰기도 했다. 남자와 여자, 아이가 같은 식탁에서 밥을 먹었다.[4]

로마 시대와 마찬가지로 중세 전기의 유럽에서는 구운 고기를 강한 남자의 음식으로 간주했다. 부잣집에서는 고기를 '트랑슈아르tranchoir'라는 소스에 담근 커다란 빵 조각 위에 놓았다. 나머지는 집 앞에 몰려온 빈자와 개에게 나눠주었다.[247]

8세기에 갈리아에서 돼지고기가 다시 많은 음식에 사용되었다. 고수나 타임, 와인 소스와 함께 조리되거나 절임이나 소스로 만들어지기도 했고 구워지기도 했다. 날것으로 먹거나 베이컨, 혹은 샤르퀴트리로 먹기도 했다. 또 교환의 측정 단위로 다시 사용되었다.[4] 군주들은 불치 고기를 구워 먹은 반면, 농민들은 고기를 먹는 경우가 드물었고 늘 포리지로 만들어 먹었다.[28]

군주나 교회가 봉신을 벌할 때는 한동안 또는 평생 고기 섭취를 금했다. 카롤링거 왕조 시대에는 특히 군대에 가지 않은 남자는 고기를 못 먹게 했다.[147]

적어도 금요일에는 강, 호수 또는 바다에서 잡은 생선을 먹었다. 어부들은 점점 더 먼 바다의 어종을 잡으려고 했다. 바스크인은 카롤링거 왕가의 부호들 사이에서 인기가 매우 많았던 대구를 잡으려고 흑해까지 나갔다. 흑해와 발트 해에서 잡힌 청어는 여러 번의 기근을 버티는 데 도움이 되었다.

아시아에서 육상으로 후추, 설탕, 생강, 정향, 육두구가 수입되어 상류층에서 소비되었다. 페르시아와 아랍 세계, 이집트, 인도를 거쳐 중국까지 갈 수 있었고, 중간에 들르는 곳에서도 특산품을 가져왔다. 비단길은 처음에 향신료 길이었다.

식인 풍습은 789년까지 여전히 존재한 것으로 보인다. 카롤루스(샤를마뉴) 대제가 인육을 먹은 자를 사형에 처했다고 한다.

이슬람 세계: 먹는 것은 신의 자비다

이슬람교가 들어오기 전 아랍인의 주식은 낙타와 염소의 젖, 그리고 대추야자였다. 그러다가 하리사와 이스피바디isfidbadj처럼 맛이 강하고 소스를 넣어 오래 끓인 더 묵직한 음식을 선호하게 되었다.[28] 아랍인은 잔칫날에만 고기를 먹었다. 야생 염소, 물소, 얼룩말, 영양, 타조, 산토끼, 자고, 도마뱀, 메뚜기를 잡아서 먹었다.[248] 낙타 고기도 인기가 아주 많았지만 소는 일하는 데에만 쓰였다. 식량이 모자랄 때 곡물을 대신했던 채소는 서민들에게 중요한 식량이었다. 이집트 사람들은 특히 렌즈콩, 잠두, 병아리콩을 먹었다. (세몰리나로 만든) 쿠스쿠스는 기원전 2세기에 베르베르 왕국에서 출현했고 빠르게 아랍 세계 전역으로 퍼져나갔다.

이슬람교가 들어오자 먹을거리는 신의 자비로 여겨졌고 절제해서 음식 재료를 사용해야 했다. 신흥 종교인 이슬람교는 식사하기 전과 후에 기도할 것을 요구했다. 익히지 않은 음식, 돼지고기, 말고기, 반려동물(개와 고양이)이나 신에게 바쳐지지 않은 동물의 고기는 금했다. 동물을 먹으려면 도축할 때 규율을 정확히 따랐는지 확인해야 했다. 바다에서 나는 모든 것은 허용되었지만(할랄) 생선은 영양으로나 맛으로나 가치가 없다고 알려져 있었다. 선지자는 술을 금했다. 술을 마시면 호기로워져서 신자들 사이에 싸움이 일어날 수 있기 때문이었다. 전체적으로 신자는 건강에 위험한 것은 먹지 말아야 했다.

642년에 아랍인은 수백 년 동안 향신료와 설탕 무역이 이루어지던 알렉산드리아 항구를 점령했다. 일부는 인도네시아와 중국에서 온 것이었고, 대부분은 인도 아대륙에서 온 것이었다. 소말리아에 정착한 아랍 상인들이 페르시아를 거쳐 들여오곤 했다. 육두구는 최상위층만 먹을 수 있었고 장미수, 사프란, 계피, 정향, 소두구(카다멈)는 그보다는 더 쉽게 구할 수 있었다.

인도와 중국이 원산지인 가지는 아랍인이 9세기에 중동에 처음 가져왔고 이후 유럽으로 건너갔다.[98] 올리브유는 마그레브, 안달루시아, 시리아에서 생산되었다.[28] 아랍인은 아시아에서 쌀을 수입했다. 대추야자, 건포도, 아몬드, 호두, 피스타치오 같은 건과일과 견과류도 먹었다.

설탕과 꿀은 귀하고 비쌌다. 아랍인은 이 재료들을 써서 매우 창의적이고 정교한 음식을 발달시켰다. 그때까지 유럽인이 모르는 맛의 조합을 탄생시킨 것이다. 당시 아랍의 작가들은 음식 재료를 향신료, 씨앗, 채소, 소금, 후추 등 여러 분류로 나누었다. 부유층에서는 신선한 과일의 인기가 매우 높았다. 다마스쿠스의 왕자들을 위해 포도, 자두, 멜론이 얼음을 넣은 납 상자에 담긴 채로 수입되었다.[28] 비스킷(세몰리나, 아몬드, 피스타치오, 호두가 재료)과 도넛(계피, 꿀, 사프란, 설탕, 대추야자, 장미수가 재료)은 여행자들의 음식이었다. 꿀과 헤이즐넛으로 누가를 만들었고 녹말을 사용해서 로쿰이라는 젤리를 만들었다.[28]

과일과 설탕을 넣어 만든 음료도 인기가 아주 좋았다. 이집트의 고문서 보관소 게니자geniza에서 나온 12세기 초 문서들을 보면, 이집트 전역에서 레몬을 넣어 만든 단 음료인 카타르미자트qatarmizat(레모네이드)가 판매되었다는 것을 알 수 있다.[243] 그 밖에도 장미수를 음료로 마셨다.

곡물과 쌀은 땅에 묻어 보관했다. 고기는 말려서, 생선은 소금을 쳐서 보관했다. 훈연은 그렇게 많이 사용되지 않았다. 지방, 꿀, 설탕을 발라 음식을 보존했다.[28]

가난한 집에서는 여성이 음식을 했다. 군주의 집에는 요리사가 상품의 품질을 살폈다. 도둑질이나 낭비를 감시했고, 특히 집주인이 보이는 독살에 대한 강박관념을 잘 다스려야 했다.

아랍인들이 음식을 자르려고 칼과 포크를 사용한 것은 8세기부터다. 이때는 음식이 한 접시에 나왔고 음식을 자른 뒤에는 손으로 집어 먹었다. 9세기에는 큰 스푼을 쓰기도 했다.

다른 종교에서도 그랬지만, 이슬람교에서 정해진 시간에 먹지 못한다는 것은 신앙이 깊다는 표시였다. 라마단(아랍어로 '큰 더위'라는 뜻)은 이슬람교의 달력으로 아홉 번째 달이다. 이때 선지자 무함마드가 쿠란의 계시를 받았다. "이브라힘의 책이 라마단 첫 번째 밤에 내려왔다. 타우라(토라)는 라마단에서 6일이 지났을 때 내려왔고 복음서는 13일이 지났을 때 내려왔다. 쿠란은 24일이 지났을 때 내려왔다"(알타바라니가 편찬한 하디스 모음집인《알무잠 알카비르》에 등장하는 무함마드의 하디스).

중세 말: 향신료와 잃어버린 낙원

11세기에 유럽인들은 아랍 요리를 알게 되면서 즐겨 먹었고 그 조리법을 유럽으로 들여왔다.

쌀은 무어인이 알안달루스*에 수입한 뒤 11세기에 유럽에 들여왔다. 오스만 제국을 통해 레모네이드도 유럽에 소개되었고 엄

* 중세 시대 이슬람 통치하의 이베리아 반도.

청난 인기를 끌었다.[242] 설탕과 향신료들은 십자군 운동을 벌이던 유럽인들을 황홀하게 만들었다.

십자군은 머지않아 잃어버린 낙원으로 밝혀질 거룩한 땅에서 사프란을 들여왔다.《루이 9세의 생애》를 쓴 장 드 주앵빌은 "아침이 오면 그들이 이곳에 들여와 무게로 파는 상품인 생강, 루바브, 침향나무, 계피를 볼 수 있다. 사람들은 그것들이 이생의 낙원에서 온 것이라고 말한다. 그 낙원에서는 우리 지방의 숲에서 마른 나무를 쓰러뜨리듯 바람이 그것들을 나무에서 떨어뜨린다."[435] 생강은 당시 유럽에서 가장 많이 사용되는 향신료였다. 마늘, 양파, 샬롯은 향신료로 취급되었다. 후추는 다른 향신료와 섞어서 썼지만 유럽 요리를 만들 때는 위험하다는 이유로 많이 사용하지 않았다. 아랍인은 중국에서 가져온 것으로 보이는 국수로 유럽인에게 영감을 주었다. 아랍의 요리는 이 시기에 세계에, 특히 유럽에 가장 큰 영향을 끼쳤다.

한편 아랍 세계에서 온 식기는 기독교 세계에 발붙이기 힘들었다. 유럽인은 포크가 남성적이지 않고 사용하기에 너무 작다고 불평했다. 1004년에 베네치아 총독의 아들 결혼식이 열렸을 때 비잔틴 황제의 조카 마리아 아르이로풀리나가 최초로 포크를 사용해 음식을 입으로 가져갔다. 가톨릭 사제들은 이 광경을 보고 충격을 받아 "신은 인간에게 자연의 포크인 손을 주었다."라고 말했다. 3년 뒤 아르이로풀리나가 페스트에 걸려 죽자 사제들은 그녀의 죽음이 죄를 지어서 받은 벌이라고 말했다. 중세 말 포크는

콘스탄티노플을 거쳐 이탈리아로 전해졌고 그렇게 유럽 전역에 퍼졌다.[28]

이 시기의 주요 혁신은 음식과 관련된 필요 때문에 나타났다. 윤작의 한 종류인 삼포제, 곡물을 빻기 위한 풍차,[34] 발트 해 항구를 돌아다니며 밀을 파는 데 도움이 되는 선박 후미의 방향키가 이때 발명되었다.[11]

농민들은 여전히 강낭콩, 잠두, 양배추, 순무, 양파를 먹었다. 아랍 세계에서 들여온 벼는 카스티야, 안달루시아, 카탈루냐에서 재배되었다. 큰 행사가 있으면 농민들도 가금류, 쓸모가 다한 소, 달걀, 응고된 우유, 소금 친 생선을 먹었다. 그들은 귀한 동물에서 얻을 수 있는 모든 부위를 사용해서 매우 많은 음식(앙두예트*, 파테**, 소시지)을 개발했다. 밀렵꾼은 사형을 당했다. 에스파냐와 포르투갈의 해안 지방에 사는 사람들은 생선을 튀겨 먹었다. 15세기 영국에서 빵가루에 묻혀 튀긴 생선 요리법을 볼 수 있었다. 빵가루는 생선의 살을 보존하는 것으로 알려졌다. 이 요리법은 종교 재판 때 박해를 피해 이주한 포르투갈과 에스파냐의 유대인들이 가져온 '페스카도 프리토pescado frito'에서 유래했고, 이것이 훨씬 뒤에 피시앤칩스가 되었다.[311]

마을과 수도원은 치즈를 자급자족했다.

---

* 돼지 창자에 속을 넣어 만든 순대와 비슷한 음식.

** 파이 반죽에 간이나 자투리 고기 등을 갈아서 구운 음식.

과거와 마찬가지로 높은 곳에서 온 재료일수록 상류사회의 전유물이 되었다. 부유층은 소나 양보다 가금류를 선호했다. 불치 고기는 무엇보다 귀족의 음식이었다. 공작새 고기는 기사들의 대표 음식이었다. 유일하게 군주에게만 두루미, 사슴, 멧돼지, 다람쥐, 느시 사냥이 허락되었다. 유럽의 엘리트 계층은 향신료를 많이 사용했는데 향신료 무역을 주도한 것은 아랍 상인들이었다. 그들은 베네치아, 제노바, 바르셀로나, 마르세유로 향신료를 들여갔다.[28]

새로운 음료에는 여전히 사치품이었던 설탕을 써야 했다. 십자군이 소아시아에서 들여온 설탕은 소금처럼 소스에 넣는 향신료로 취급되었다.[28] 설탕을 살 돈이 없었던 사람들은 꿀을 썼다.

사회 계층에 상관없이 식사 시간은 똑같았다. 오전 9시에 아침(물 한 잔 혹은 금식)을 먹고 하루의 중간에 점심을 먹었으며 해가 지면 저녁을 먹었다.

음식을 저장하는 방법도 더 잘 알게 되었다. 예전에는 도축한 날 곧장 고기를 다 먹었지만 이제는 소금, 식초, 기름을 이용하는 다양한 보존법을 사용했다. 사냥꾼들은 훈제법을 썼다. 몇 시간 동안 고기를 훈연했다가 마을로 가지고 왔다. 한자동맹에 가입한 어부들이 발달시킨 생선 염장법은 나중에 유럽과 전 세계 항구에서 사용되었다. 참나무를 태워서 그 연기에 생선을 훈연시켰다.

향신료 사냥은 금과 은 사냥만큼 유럽인들을 더 먼 곳으로 가게 했다. 그들은 비단길을 따라 아시아 정복에 나섰다. 처음에는 베네치아와 제노바 사람들이 육상으로 떠났고 이후에는 바닷길로 떠났다. 포르투갈과 에스파냐, 이후 네덜란드와 영국이 해상으로 정복에 나섰다.[11]

호텔과 여인숙: 여행하며 먹기

먹는 것은 언제나 만남과 대화의 기회였다. 우선 인간은 여행하면서 먹었다. 인간은 전 세계를 여행했다.

11세기 중국 송나라에서 상류층만 먹던 음식인 국수는 전국에 생기기 시작한 주막에서 판매되었다.[33] 파리를 비롯해 한창 발전하던 유럽의 도시들에서는 투르트, 플랑, 갈레트 등 순례자들이 특히 좋아하는 음식을 파는 노점이 우후죽순 생겼다.[18]

유럽에서는 12세기에 자선hospitality 활동을 하는 종교단체들이 생기면서 처음 '호텔hotel'이라는 말이 생겼다. 아직은 위험천만했던 긴 통행로를 따라 숙식을 제공하는 선술집들이 있었다. 가정집이 손님을 받는 집으로 변했다. 이런 호텔들을 중심으로 마을이 형성되는 곳도 있었다. 프랑스와 이탈리아에서 생긴 최초의 호텔은 왕관, 초록색 가지, 술통의 동그라미, 길쭉한 기, 3인의 동방박사 등 특정한 상징으로 알아볼 수 있었다. 호텔에서는 와인이나 맥주를 팔았고 관련 당국이 가격과 판매량을 정하고 세금도 걷어 갔다.[28]

초기의 호텔은 매우 단순했고 공동 침실만 있었다. 숙박시설업자는 침대 수에 따라 정해진 손님 수 이상 받으면 안 되었고 관련 당국에 호텔에서 묵는 손님들의 이름을 알려야 했다.[28] 치안 담당이 드나들면서 자유롭게 오가는 손님들의 대화를 엿듣기도 했다.

14세기부터 프랑스, 이탈리아, 영국의 호텔들이 열쇠로 문을 잠글 수 있는 개인 방(침대와 옷장을 갖추었다)을 빌려주기 시작했다. 또 거실과 식당까지 갖추었다. 규모가 가장 작은 호텔에는 방이 열 개에서 스무 개까지 있었고 가장 큰 호텔에는 방이 예순 개까지 있었다. 큰 마을에는 호텔이 두 곳에서 열 곳까지 생겼다. 중소도시에는 스무 곳, 대도시에는 백 곳까지 생겼다.[28]

중세 말까지 호텔에서 제공하는 식사는 기본적인 것에 그쳤다(치즈, 빵, 약간의 고기). 1335년에 노르웨이의 왕 망누스 에릭손이 도시와 통행로를 따라 선술집을 세우라는 명령을 내렸다.[28]

14세기에서 16세기: 이탈리아 요리의 전성기

이탈리아가 깨어나기 시작했다. 베네치아와 제네바는 매우 강력한 도시국가였다.

14세기에 유럽에서 지배적인 요리는 여전히 아랍의 영향을 많이 받았다. 유럽 최초의 요리책《리베르 데 코퀴나》가 1300년경에 출간되었다. 저자가 누구인지는 알려지지 않았지만 아마도 나폴리 왕국의 앙주 공국의 궁전에서 일한 것으로 보인다. 이 책은 13세기 초에 프리드리히 2세의 시칠리아 궁에 살았던 의사이자 철학자였던 안티오키아의 테오도루스가 아랍인들의 영향을 많이 받아 쓴 식이요법에 관한 책을 그대로 베낀 것이다.[398]

'연회banquet'라는 단어가 이 시기에 프랑스에 출현했다. '향연'을 뜻하는 이탈리아어 반케토banchette와 작은 의자를 뜻하는 '반코banco'에서 유래했다(banquet와 은행을 뜻하는 banque는 어원이 같다). 이는 라틴 요리에 기원을 두고 아랍 음식에서 배운 것을 활용한 이탈리아 음식의 영향력이 점점 커졌다는 신호였다.

14세기가 시작되었을 때, 고대 로마의 유일한 요리책인 아피키우스의《데 레 코퀴나리아》가 특히 베네치아 총독들에게 여전히 대표적인 요리책으로 참조되었다.

14세기 이탈리아의 영양사들은 그리스인과 라틴인들이 그랬던 것처럼 음식을 물리적 특성(따뜻함, 차가움, 미지근함, 습함, 건조함)으로 분류했다. 가장 영향력 있던 영양사인 밀라노의 마그니누스는《맛에 관한 논문》에서 고기, 생선, 가금류를 물리적 성질에 따라 익히는 원칙을 써놓았다. 예를 들어 지방이 많은 고기(습함)는 물기를 말려야 하므로 구워야 하고 살이 없는 고기(건조함)는 삶아야 한다. 쇠고기는 건조한 고기여서 삶아서 먹고 '따뜻한' 소스(사프란을 넣은 푸아브라드*)를 곁들여야 한다.[28] 소금은 "하제 효

---

* 후추, 소금, 식초를 넣어 만든 수프.

과와 근육을 수축하는 효과"가 있다. 또 고기와 생선을 보존할 수 있게 해준다. 차갑거나 따뜻한 무미의 재료는 약이나 조미료로만 사용할 수 있다. 프랑스의 의사였던 조제프 뒤셴은 과일을 정확한 순서에 따라 먹어야 한다고 했다. 식전에 가벼운 과일(살구, 체리, 복숭아 등)과 차갑고(혹은) 썩기 쉬운 과일(빙체리, 자두, 살구, 복숭아, 무화과)을 먹고 사과, 배, 밤은 식사가 끝나고 먹어야 한다. 다른 음식이 입으로 역류하지 못하게 막아주는 효과가 있기 때문이다. 가장 위험하다고 알려진 멜론은 치즈나 달거나 짠 고기와 함께 먹어야 하고 단독으로는 절대 먹으면 안 된다.[28]

얼마 후 인쇄술과 종교개혁(인쇄술과 관련되었다)으로 중세 이후 성직자의 규율에서 여전히 지키고 있던 음식의 통일성이 깨졌다. 그로 인해 국가마다 음식의 정체성이 형성되기 시작했고 그 외에 국가별 문화 진흥에도 기여했다.

귀족에게 고용된 전문 요리사들이 낸 요리책이 영국, 프랑스, 이탈리아에서 인쇄되어 널리 읽혔다. 아랍, 에스파냐, 이탈리아, 프랑스의 영향이 뒤섞이며 경쟁을 벌였다.

인쇄술로 최초로 찍어낸 요리책인 《비방디에》(1486년)는 기욤 트리엘이라는 사람이 타유방Taillevent이라는 가명으로 프랑스어로 쓴 것이다. 샤를 5세의 요리사였던 그는 생선과 우유를 함께 먹으면 안 된다라는 등 그리스와 로마의 영양사들이 금지한 것을 철저히 지켰다. 이런 금기 사항은 동시대 에스파냐 의사인 페트로 플라헤올라가 쓴 《식이요법》에도 언급되었는데, 그는 자신의 레시

피가 중세 전기의 요리법이 아니라 이탈리아 요리법을 차용한 것이라고 구분했다.[28]

샤를 5세는 가장 엄격한 수도사의 규율을 지켰다. 어디서든 수도사들과 저녁을 먹었고 프랑스의 요리 전통과 특히 하루에 세 번 식사하는 습관(그는 이를 아이들을 위한 식사 모델이라고 했다)을 비웃었다.[4]

아랍의 영향은 여전히 강했다. 16세기 중반까지 요리법의 3분의 2에서 동방의 흔적이 남아 있었고 사회적 지위를 알 수 있는 지표인 향신료도 사용했다. 상류계급일수록 음식에 다양한 향신료를 많이 사용했다. 식초도 사용했고(요리법의 23~31퍼센트) 버주스*도 썼다(33~43퍼센트). 식초는 푸줏간 고기(18~36퍼센트)와 허드렛고기(40~100퍼센트) 요리에 사용되었다. 설탕을 함께 섞으면 소화에 도움이 된다고 알려졌다.[28]

이탈리아(베네치아, 로마, 나폴리, 제네바, 밀라노)는 유럽 사람들에게 피자(기원은 알 수 없다)와 아랍인을 통해 중국에서 들여온 국수(파스타)를 선사했다. 그리고 부유층에 미식의 새로운 기준이 되었다. 송아지 간으로 만든 크레핀, 아티초크 튀김, 마카롱, 화이트 트러플, 크레트 드 코크** 등이 등장한 것이다. 당시 가장 중요한 요리책 중 하나는 교황 비오 4세와 비오 5세의 요리사였던 바

* 풋과일에서 짜낸 신 즙.

** 닭대가리 모양의 파이.

르톨로메오 스카피가 1570년에 낸 책이다. 그는 특히 파르메산 치즈를 "세계 최고의 치즈"[28]로 평가했다.

이탈리아, 프랑스, 영국의 속담 중에는 매우 오래된 금기에 관한 것이 있다. 이는 여전히 유럽의 식단에 영향을 주고 있는데, 예를 들면 차갑고 습한 요리는 조심해야 한다는 것이다. "신은 절대 복숭아와 치즈를 결합하지 않는다"(13세기), "복숭아 다음에는 와인이다"(15세기), "치즈는 자기 자신 빼고 모든 것을 소화시킨다"(1566년), "복숭아에는 와인을 마신다"(1577년), "고기는 살을 만들고, 생선은 독을 만든다"(1578년), "물에서 태어난 물고기는 기름에서 죽어야 한다"(1578년). 상추는 차갑고 "익히기" 어려운 채소로 알려졌다. "제정신이라면 상추와 호색가를 조심해라"(가브리엘 뫼리에, 1578년), "상추를 먹고 와인을 먹지 않으면 병에 걸릴 수 있다"(1579년). 과일에 대한 속담도 있다. "좋은 과일에 나쁜 바람과 소음", "복숭아 다음에는 와인 아니면 사제에게"(1584년), "치즈 다음에는 아무것도 없다."(1623년).[28]

그사이 유럽에서는 농사를 지을 수 있는 환경이 거의 전역에서 변했다. 생산 기법의 변화, 휴경지 없애기, 클로버와 건초의 정기적 재배로 농업 생산성이 증가했다.

영국에서는 대지주들이 농지를 합병하고 공유지를 차지하며 가장 좋은 목축지에 담을 둘러 자신들의 가축을 기르고 농산물보다 더 수익이 높은 섬유 산업을 위한 식물을 길렀다. 영국 귀족은 임금을 주고 농민을 고용해 땅을 관리하게 했다. 대지주에게 고용되지 못한 농민들은 도시로 떠밀려갔다. 그로 인해 이러한 변화에 불만을 품은 사람들의 폭동이 수없이 일어났다. 1549년 노퍽에서는 로버트 켓이라는 자가 1만 6,000명을 규합해 잉글랜드의 두 번째 도시인 노위치를 장악했다. 그는 29개 항목의 요구사항을 발표했다. 여기에는 방목지의 사유화 금지, 소작세 인하, 모두가 공유지를 누릴 수 있는 권리가 포함되어 있었다. 반란 진압으로 3,500명이 사망했고 로버트 켓은 교수형에 처해졌다.

영국은 식량의 많은 부분을 수입했다. 당시 농지를 다른 용도로 사용하기 시작한 여러 유럽 국가가 그랬다. 프랑스만 예외였다.

프랑스적 예외

프랑스는 그 어느 때보다 농촌과 농업의 나라로 남았다. 농업은 주로 식용 작물을 생산했다. 르네상스로부터 들여온 합리주의와 인본주의에서 영감을 받은 프랑스 음식은 가톨릭 전통뿐 아니라 이웃 개신교 국가들의 전통과도 달라졌다. 프랑스에서 에스파냐 음식, 특히 카를 5세(에스파냐 왕으로는 카를로스 1세) 시절의 음식은 지나치게 경건하다는 인식이 있었고 영국 음식은 교권에 반대하는 정책과 군주제, 그리고 이상한 맛의 조합 때문에 거부되었다.

프랑스 왕실의 식사는 부자와 빈자 모두에게 모델이 된 극단적인 사례다. 프랑스는 자국을 세상의 중심이라고 보았는데, 왕실의 식사도 모든 것의 기원으로 간주되었다. 16세기 초 루이 12세는 식사할 때 익힌 과일을 가장 먼저 먹었고 그다음에는 파스타, 수프, 생선, 구운 고기(여섯 가지), 설탕에 조린 과일을 순서대로 먹었다. 그를 이은 프랑수아 1세는 땅에서 자라는 모든 채소, 그리고 공작새와 불치 고기 등 하늘로 비상하는 모든 동물의 고기를 먹었다. 아티초크, 배, 민물고기, 구운 고기도 먹었다. 디저트(그때는 '테이블의 출구'로 불렸다)로는 설탕에 조린 과일, 소의 척수로 만든 빵, 아몬드와 꿀을 넣은 과자를 먹었다. 오늘날과 비슷한 딸기(선사시대에 먹던 산딸기보다 훨씬 컸다)도 먹었는데, 14세기부터 1만 2,000그루의 딸기나무가 왕이 기거하는 루브르궁의 정원에 심겼다.

식탁은 중요한 협상이 이루어지는 장소였다. 프랑스의 왕 프랑수아 1세와 영국 왕 헨리 8세가 1520년 6월 7일부터 24일까지 만난 금란의 들판*은 그야말로 연회의 연속이었다. 첫 48시간 동안 248개의 음식이 나왔다. 참석자들은 양 2,000마리, 바닷장어 600마리, 왜가리 50마리, 보르도 와인, 클레레 와인, 말부아지 와인, 부르고뉴 와인을 먹고 마셨다.[278]

* 1514년에 맺은 잉글랜드와 프랑스의 조약을 굳건히 하기 위한 친선 모임으로, 양국 국왕의 레슬링 경기가 벌어졌다.

설탕은 사치스러운 생활의 신호였다. 노스트라다무스는《잼 제조법》에서 설탕을 약으로 소개했다. 귀족들은 정향, 오렌지꽃, 계피, 설탕을 넣어 만든 히포크라스라는 술을 마셨다. 또 와인에 물을 타서 마시기도 했다.

앙리 2세와 앙리 3세 시절에는 포크가 일상적으로 사용되었다. 다른 사람이 손으로 만진 음식을 먹는다는 것이 더는 용납되지 않았기 때문이다.

1600년 12월 17일 리옹에 있는 생-장 성당에서 앙리 4세와 마리아 데 메디치의 결혼 피로연이 열렸다. 피로연은 네 개의 코스로 이루어졌다. 앙트레(파스타, 투르트, 짠 빵), 수프와 삶은 고기, 구운 고기(거세한 수탉, 영계, 불치 고기, 파테), 디저트(푸딩, 크림, 과일 젤리 등) 순이었다.[279]

당시 금식은 극단적인 행위였다. 그래서 '잘 먹는 금식'(몸에 필요한 것을 주는 것)이 생겼다.

백성을 먹여 살리는 것은 이집트 파라오 시절과 마찬가지로 여전히 중요했다. 앙리 4세는 "신이 나에게 제2의 삶을 준다면 나는 내 왕국 안에 닭 한 마리를 끓여 먹을 도리가 없는 농민이 없게 하겠다."라고 말할 정도였다.

포크에 이어 나이프도 일상적으로 사용되었다. 리슐리외 추기경은 손님들이 나이프를 이쑤시개로 사용하는 걸 질색해서 날카로운 칼을 금지했다. 포크는 점점 더 필수품이 되었다.

17세기: 프랑스가 우위를 점하다

1650년, 이탈리아 요리사들이 프랑스 왕궁에서 쫓겨나는 신세가 되었다. 이듬해 위셀 후작의 요리사였던 피에르 드 라 바렌이 700개의 요리법이 소개된《프랑스 요리사》라는 책에서 중세 요리를 비판했다. 그는 중세 요리가 지나치게 무겁고 화려하며, 전통적이라고 보기에도 충분하지 않다고 평가했다. 또 이탈리아 요리와 너무 무거운 아랍 요리의 영향에도 저항했다. 한편 그는 밀가루와 지방을 섞어 만들어 수많은 소스나 반죽의 기본으로 사용되는 '루'를 발명한 사람이다.

그의 제자였던 니콜라 드 본퐁은 이렇게 썼다. "양배추로 만든 수프는 양배추 맛이 나야 하고, 리크로 만든 수프는 리크 맛, 순무로 만든 수프는 순무 맛이 나야 한다. 다른 재료도 마찬가지다."

1662년에는 프랑스에서도 호텔 지배인을 위한 최초의 매뉴얼(《새롭고 완벽한 왕실 호텔 지배인》)이 발간되었다. 이 책의 저자는 로앙 공작의 요리사였던 피에르 드 륀이었다. 그는 자신이 "식탁에 영혼"을 불어넣을 수 있다고 자부했다. 1668년에는《새롭고 완벽한 요리사》도 출간했다. 이 책은 당시 프랑스에서 유행하던 매우 복잡하게 서열화되고 체계화된 테이블 세팅을 소개했다. 이때《입의 장교들을 위한 완벽한 학교》라는, 소믈리에를 위한 첫 매뉴얼도 나왔다.[28]

1686년에는 파리에서 프란체스코 프로코페 데이 콜텔리라는 시칠리아 사람(그는 2년 전에 일찌감치 귀화해서 전에 이름을 프로코프 쿠토라고 프랑스식으로 개명했다)이 카페 프로코프를 열었다.[107]

1709년에는 얀선주의자 의사인 필리프 에케가 《사순절에 허용된 음식에 관한 책》에서 설탕에 대해 경고했다. "설탕은 달콤한 맛 때문에 위험하다. 음식이 무엇이든 간에 불쾌한 맛을 모두 가리기 때문이다. 설탕이 친근한 재료이고 기분 좋은 감미로움을 숨기지도 않기 때문에 함정을 더 걱정해야 한다. 비소도 거의 맛이 없고, 가장 치명적인 독약도 불쾌한 맛을 내지 않기 때문이다. 따라서 설탕에 대해서는 아무리 우려해도 지나치지 않다. 설탕이 기분 좋은 맛을 내는 것은 오로지 제대로 속이기 위해서다."[511]

덴마크, 스웨덴, 영국에서는 프랑스 요리책을 각색한 수준의 책이 많이 출간되었다. 때로는 프랑스 출신인데 해외에 거주하는 요리사들이 쓰기도 했다.

아메리카에서 온 혁명: 감자, 옥수수, 초콜릿

아메리카 대륙의 발견과 식민지화로 인해 유럽의 식탁에는 새로운 음식 재료들이 올라왔다. 이 재료들은 유럽인이 먹는 음식에서 점점 중요한 비중을 차지하게 된다.

콩키스타도르들은 아메리카에서 새로운 음식을 발견했다. 페루의 잉카인들은 율류쿠라고 하는 감자의 일종을 먹었다. 또 기니피그에 소금을 쳐서 말려 먹었다. 기상 이변이나 다른 부족의 공격에 대비하려고 많은 양의 음식을 저장했다.

콩키스타도르들은 아메리카에 도착하자마자 식인 풍습을 종식시켰다. 바르톨로메 데 라스 카사스는 제물로 바쳐지는 인간이 해마다 50명 남짓이었다고 보았다. 투피남바족과 몇 년 동안 살았던 사제 장 드 레리는 식인 풍습의 목적이 적에게 공포심을 불러일으키는 것이었다고 설명했다.

콩키스타도르들은 이후 유럽에 자신들이 발견한 수많은 식물을 들여왔다. 이 식물들은 머지않아 유럽 음식의 주재료가 되었다.

크리스토퍼 콜럼버스가 1492년에 쿠바에서 발견한 옥수수는 16세기 초부터 유럽에서 재배되었다. 처음에는 온난한 지역(포르투갈, 에스파냐, 프랑스 남부)에서 재배되다가 점점 대륙 쪽으로 퍼져나갔다. 유럽인들은 옥수수를 갈아서 포리지나 빵을 만들어 먹었다.[91, 217]

페루의 감자는 1570년경 유럽에 유입되었다. 처음에는 영국에서 가축의 사료로 쓰였다가 이후 프랑스에 '카르투플cartoufle'[214]이라는 이름으로 소개되었다.

크리스토퍼 콜럼버스가 쿠바에서 발견한 강낭콩은 유럽 음식에 천천히 자리를 잡았다. 1553년에 교황 클레멘스 7세가 될 줄리오 데 메디치 추기경이 강낭콩을 카타리나 데 메디치에게 소개했다. 이후 영양적 가치가 높고(단백질이 풍부하다) 재배가 쉬웠기

때문에(빨리 자라고 바구미의 공격에도 끄떡없었다) 강낭콩은 빠르게 확산되었다.[215,216]

역시 크리스토퍼 콜럼버스가 발견했고 콩키스타도르들이 들여온 토마토는 (새로운 피자 로사를 개발했던) 이탈리아 사람들을 매료시켰다. 프랑스에서는 초기에 토마토에 독성이 있다고 해서 테이블 장식에만 사용되었다.[329]

1493년 과들루프에서 크리스토퍼 콜럼버스가 발견한 파인애플은 유럽으로 건너와 온실에서 재배되었다. 주로 네덜란드와 영국에서 키웠고 솔방울과 닮았다고 해서 파인애플이라는 이름이 붙었다.[352]

콜럼버스가 아메리카에 발을 들이기 전 원주민이 5,000년 이상 먹었던 음식의 기본 재료로 사용되었고 잉카인이 "모든 곡물의 어머니"라고 여겼던 퀴노아는 콩키스타도르들이 유럽에 들여오지 않았다. 씨앗을 싸고 있는 껍질이 떫고 글루텐이 없어서 퀴노아 가루로는 빵을 만들 수 없었기 때문이다. 에스파냐인은 원주민에게 퀴노아를 먹고 생산하는 것을 금하고 밀을 재배하라고 했다.

'인도의 닭'이라 불린 칠면조는 1520년 에르난 코르테스가 멕시코에서 발견했다(아메리카에서 수입된 유일한 식용 동물이다). 칠면조는 유럽 귀족(이미 공작새, 백조, 두루미를 잡아먹고 있었다)에 의해 금세 받아들여졌다. 1549년 카타리나 데 메디치를 위해 파리 주교구에서 열린 연회에는 '인도 암탉' 70마리, '인도 수탉' 70마리가 요리로 나왔다.

크리스토퍼 콜럼버스가 첫 탐험에서 돌아오면서 포르투갈 왕실에 소개한 고추는 이내 빈자의 향신료가 되었다.[28]

콜럼버스가 사탕수수를 카리브 해의 생-도맹그*로 들여가면서 그때까지 아시아에서 들여오던 설탕 생산량이 엄청나게 증가했다. 바닐라는 멕시코와 과테말라에서 재빨리 수입되었다.[28]

코르테스가 1527년에 멕시코에서 발견한 초콜릿은 마야와 아스텍에서 고추를 넣어 물과 섞어 마시던 음료**였다.[220] 1585년에 카카오를 실은 첫 화물선이 에스파냐에 도착했다.[28] 초콜릿은 16세기 말 이베리아 반도에 퍼졌다. 에스파냐에서는 꿀과 설탕을 넣어 많은 사람이 즐겨 먹는 음료가 되었다. 루이 13세의 아내 안 도트리슈와 루이 14세의 아내 마리-테레즈 도트리슈는 에스파냐 출신이어서 초콜릿을 프랑스 왕실에 가져왔다.[28] 초콜릿은 고기를 먹지 않는 기간과 사순절에는 금지되었다. 이후에는 최음 효과가 있다는 이유로 교회의 비난을 받았고 결국 교회는 초콜릿 음용을 금지했다. 그러나 그것은 소용없는 조치였다. 왕의 의사였던 니콜라 드 블레니는 1662년에 '질병의 예방과 치료를 위한 차, 커피, 초콜릿의 올바른 사용'에 관한 책을 썼다.

초콜릿과 같은 시기에 유럽에 들어간 또 다른 두 개의 음료도 마찬가지로 사람들에게 필수적인 음료가 되었다. 그것은 바로 커

* 오늘날의 아이티공화국.

** 고체 형태의 초콜릿이 개발된 것은 19세기 초다.

피와 차다.

커피는 에티오피아와 예멘에서 유입되었다.[28] '커피'라는 말은 아랍어 '카와qahwah'('와인'이라는 뜻이다) 또는 커피가 원산지인 에티오피아의 지역인 카파kaffa에서 왔다. 커피는 12세기부터 예멘의 모카 항에서 카이로와 바그다드의 왕실로 운송되었다. 커피의 강장 효과는 일찍부터 알려졌다. 16세기에 콘스탄티노플에는 문인들의 토론 장소가 된 카와-카네kahwa-kané, 즉 카페가 즐비했다.

베네치아에는 1570년에 커피가 들어갔다. 프랑스에는 1644년에 마르세유로 들어갔다가 파리의 상류층 식탁에 올랐다. 파리에서는 커피에 우유를 타 먹었다. 네덜란드와 영국은 1650년부터 커피를 수입했다.[28] 1686년 파리 최초의 카페가 투르농 가에 문을 열었다. 나폴리 사람인 프란체스코 카펠리가 연 이 카페에서는 커피, 초콜릿, 과자, 셔벗을 팔았다. 카페에 모인 손님들은 정치와 철학을 논했다.[107] 역시 카페에서도 음식은 대화와 관련되어 있었다.

차는 중국에서 왔다. 16세기에 포르투갈 상인들이 마카오 해외 상관을 통해 유럽으로 들여갔다. 이후 네덜란드 동인도회사가 사업을 이어받아 유럽으로 차를 운송했다. 유럽에서의 차 소비는 네덜란드에서 1637년에 시작되었고 이후 프랑스에서도 차를 마셨다.[28] 영국에서는 1730년경 차가 커피를 대체했다. 18세기에 영국은 차의 주요 수입국이 되었고 중국, 특히 광저우에 여러 곳의 상관을 열었다. 1760년에서 1797년까지 차는 영국 동인도회사가 취급하는 화물 가치의 80퍼센트를 차지했다.[28] 인도는 차의 안정적 수급을 원한 영국의 식민 지배가 시작된 뒤에야 차 생산국이 되었다.[37,66]

이처럼 새로운 음식은 당대 이데올로기에도 큰 영향을 미친다. 외국에서 온 것, 새로운 것, 발견된 것을 귀하게 여기게 만든 것이다. 그리고 그다음 세기에 결과가 나타났다.

제4장

프랑스식 식사, 영광과 기근: 17세기 중반에서 18세기까지

세계 인구가 5억 5,000만 명에 달한 17세기 중반부터 프랑스가 전 유럽에서 미식의 기준이 되었다. 우선 프랑스는 자국의 농업 모델, 농산물, 농촌과 도시, 농장과 성에서의 식습관을 최대한 보호함으로써 그런 결과를 끌어냈다. 또한 그 원칙들—절도, 균형, 다양성, 품질—을 자국의 정체성에 맞게 이론화했다.

그리고 프랑스에서는 언제나 군주가 규칙을 정했다.

태양왕의 식탁: 프랑스 특수성의 전형

1643년에 왕위를 이어받은 태양왕 루이 14세처럼 음식과의 관계를 의례화한 군주는 드물다. 그런 경향은 특히 1660년부터 강해졌다. 그는 자신의 권위가 모든 분야의 질서, 선명함, 대칭, 투명성에 근거하기를 원했다. 따라서 자신의 식탁이 자신의 가치를 표현하고 자신의 영광을 보여주는 자리가 되기를 바랐다. 그리하여 그는 베르사유궁에 조금씩 정착하면서 종교적 규율이나 선왕들의 습관과는 매우 다르게 음식의 호화로움과 탁월함을 발전시켰다.

모든 문명의 모든 군주와 달리, 루이 14세는 식사를 신하들과

의 대화 자리로 만들지 않았다. 그에게 식사 자리는 신하들이 복종을 표하는 자리였다.[4]

그는 베르사유궁의 식탁을 신성한 공간으로 만들고 예수가 앉는 자리에 앉았다. 개신교와 얀선주의, 교회와 대군주들 모두에게 반항한 것이다.

루이 14세의 첫 식사는 아침 9시에 시작되었다. 아침으로는 차나 채소 수프 등으로 매우 가볍게 먹었다. 오후 1시에는 왕이 혼자 먹거나 소수의 인원(주로 형제인 필리프 도를레앙과 함께 먹었다)이 '프티 쿠베르Petit Couvert'라는 점심 식사를 했다. 오후 4시에는 간식을, 마지막으로 밤 10시는 저녁인 '그랑 쿠베르Grand Couvert' 시간이었다. 사순절에는 저녁 미사가 끝난 뒤에 식사가 한 번만 나왔다.

그랑 쿠베르가 시작되기 전에 신하들은 왕이 쓸 냅킨이 든 배 모양의 공예품에 절을 했다. 왕의 가구도 숭배의 대상이 되었다. 왕이 자리를 비웠을 때도 식탁 앞을 지나가는 남자들은 모자를 벗어야 했고 여자들은 몸을 기울여 절을 해야 했다.

식사는 왕이나 여왕이 기거하는 곳에서 했다. 왕의 테이블에는 프랑스 왕의 아들·딸, 손자·손녀만 앉을 수 있었다. 왕세자는 등받이가 있는 의자에 앉았고 손주(공작만)는 등받이가 없는 스툴에만 앉을 수 있었다. 왕은 접시 왼쪽에 포크가 있는데도 손으로 음식을 먹었다. 왕에게 공작과 왕자들은 냅킨꽂이나 나이프 받침대 같은 존재였다.

최대 300명까지 말 한마디 없이 왕의 식사를 참관했다. 선 채로 말이다. 귀족들은 지옥에 와 있는 듯했다. 자신들의 잘못을 모욕감으로 속죄하는 기분이었다. 왕의 저녁 식사는 셔벗, 잼, 술, 단것(지금은 알고 있지만 단 음식은 식욕을 차단하는 장점이 있다)으로 시작되었다. 그다음에는 제철이 아닌 과일을 내왔다. 그리고 소스에 넣고 끓인 게 아니라 마지막 순간에 소스를 부은 고기가 나왔다. 이제는 고기를 로스팅하지 않았고, 바삭하게 익혀야 했다. 네덜란드 전쟁 당시 발명된 올랑데즈(홀랜다이즈) 소스는 생선 요리에 곁들여 나왔다. 또 향신료 대부분을 더는 쓰지 않게 된 것은 큰 혁신이었다. 당시 사람들은 향신료를 "요리의 거짓말"이라고 생각했다.

왕의 채소밭을 만든 농학자 장-바티스트 드 라 캥티니는 채소에 새로운 역할을 부여했다. 그때까지 서민이 스튜나 수프에 넣었던 콜리플라워, 완두, 아스파라거스를 요리로 완성하여 왕의 식탁에 올린 것이다. 라 캥티니는 3월에 딸기를 재배하고 6월에 무화과를 재배하는 법을 개발했다. 멜론과 무화과나무를 프랑스 풍토에 맞게 만들었고 오렌지나무를 키울 온실을 짓기도 했다. 왕실의 요리사들은 채소를 볶기도 하고 그대로 튀기거나 밀가루를 묻혀 튀기는 등 새로운 요리법을 개발했다.

루이 14세는 이렇게 해서 매일 저녁 손님들을 황홀하게 만들고 신하들에게 모욕감을 줬다. 그는 귀족들이 함께 식사하지 못하게 했는데, 이는 그들이 가족 같은 연대감을 키워 연합하거나 음모를 꾸미지 못하게 막기 위해서였다.

식사에 참석했던 사람들이 말하는 것만 믿은 세상 사람들은 루이 14세를 욕했다. 바티칸은 그가 사순절 규율을 계속 어긴다는 사실에 충격을 받았다. 개신교도들과 영국 성공회 신도들은 그를 천한 여자들에게 둘러싸여 사는 먹보 왕, 백성을 잡아먹는 왕으로 풍자했다. 부르주아 계급은 왕의 낭비에 불만을 품었다. 서민은 기근에 고통을 받았다.

하지만 왕과 경쟁하며 멋진 식사를 대접하려는 귀족들도 있었다. 그러다가 큰코다쳤지만.

마자랭이 권력의 정상에 섰다가 사망한 지 몇 달이 지난 1661년 8월 17일 재무장관 니콜라 푸케가 어린 왕(당시 23세였다)에게 자신의 성 보-르-비콩트에서 네 코스로 구성된 화려한 저녁을 대접했다. 첫 코스는 따뜻한 파테, 차가운 부댕*, 고기를 넣은 투르트, 생선을 넣은 투르트 등 앙트레만 마흔 가지였다. 두 번째 코스는 닭고기, 불치 고기 등 구운 고기로 이루어졌다. 세 번째 코스는 채소(아스파라거스, 콩, 트러플을 비롯한 버섯) 요리였고, 마지막은 과일이었다. 푸케가 준비한 저녁 식사는 단순히 음식만 제공한 것이 아니라 정원에서 벌어진 향연이었고, 이때 장-바티스트 륄리와 몰리에르의 〈성가신 사람들〉의 공연까지 펼쳐졌다. 왕은 화가 났다. 한 달 뒤 루이 14세는 푸케를 체포했다. 그리고 콜베르가 진

* 프랑스식 피순대.

행한 수사를 통해 푸케가 얼마나 많은 권력을 가지고 있었는지 드러났다. 결국 그는 몰락했고 20년 뒤 생을 마감하기까지 감옥에서 여생을 보냈다.

10년 뒤인 1671년 4월 24일 금요일 콩데 공이 자신의 샹티이성에서 사흘 일정으로 손님들을 맞이하기 시작했고 이날 대연회가 열렸다. 왕을 포함해 왕족 전원이 초대받았다. 성을 소유한 콩데 공은 프롱드의 난에 참여했으나 이제는 왕과 화해하기를 원했다. 푸케와 똑같은 종말을 맞이하기는 싫었을 것이다. 왕은 절대권력을 가졌고 예전만큼 귀족을 두려워하지 않았다. 콩데 공의 총괄집사이자 조리장이었던 프랑수아 바텔이 연회를 준비했다. 그는 푸케의 요리사였다. 첫날 저녁 (25개 중) 두 테이블에 낼 구운 고기가 모자랐다. 손님들이 예고 없이 초대되었기 때문이다. 자신의 명예와 완벽주의에 상처를 입었다고 느끼고 몸도 녹초가 된(마담 드 세비녜는 바텔이 연회를 준비하느라 12일 동안 한숨도 자지 못했다고 했다) 바텔은 절망에 빠졌다. 콩데 공은 주방으로 가 그를 위로했다. 그날 밤 바텔은 새벽 4시에 일어나 다음 날 저녁 만찬에 쓸 재료를 받았다. 그런데 생선을 실은 수레가 두 대밖에 도착하지 않았다. 8시가 되어 나머지 생선이 도착하지 않은 것을 본 바텔은 자신의 오른팔인 구르빌에게 자신의 명예가 완전히 무너져서 회복 불가능할 것이라고 말했다. 구르빌은 그럴 리가 없다고 했지만 바텔은 곧장 자기 방으로 올라가서 검을 문에 고정한 다음 세 번 몸을 관통시켜 스스로 목숨을 끊었다. 그사이에 생선이 차례차례 도착했다. 바텔의 장례식은 아무도 모르게 치러졌다. 교회에서 자살한 사람에게 씌우는 불명예를 피하기 위해서였다.[150, 469]

1690년부터 군사적 어려움과 혹독한 겨울 때문에 베르사유궁의 분위기는 더 암울하고 무거워졌으며 더 경건해졌다. 왕의 식사를 찾는 사람은 줄어들었다. 왕의 비위를 맞추려던 사람들은 모두 파리나 생-제르맹-앙-레, 혹은 마레의 호텔들에서 여흥을 즐겼다.

1710년부터 왕은 아프기 시작했다. 몸도 여위었다. 자신을 비만이라고 비판하는 것을 견디지 못했던 것이다. 그러자 풍자도 바뀌었다. "왕이 자기 식욕의 대가를 치른다."

'부르주아 요리'가 혁명을 예고하다

섭정 시대*와 루이 15세 시대에 베르사유궁의 향연이 재개되었다. 다만 왕은 더 이상 홀로 식사하지 않았다. 1747년 2월 9일 마리아 요제파 폰 작센 공녀를 프랑스 왕실에 맞이하는 것을 기념하는 만찬이 열린 것이 그 예다. 폴란드의 국왕 아우구스트 3세의 딸이 프랑스 왕실의 일원**과 결혼함으로써 프랑스는 합스

* 루이 14세의 조카인 필리프 도를레앙이 어린 루이 15세를 대신해 섭정으로 치세한 시기.

** 루이 15세의 아들이자 황태자인 도팽 루이 페르디낭.

부르크 왕조의 권세에 대적할 수 있는 연합을 형성할 수 있었다. 식사에는 200가지 음식이 나왔다. 즉, 10종의 그랑드 앙트레, 12종의 테린, 48종의 앙트레, 24종의 앙트르메*, 28종의 구운 고기(새끼 양, 새끼 자고, 거위, 양, 소, 꿩, 산토끼 새끼, 송아지) 요리, 24종의 샐러드, 48종의 프티 앙트르메로 구성되었다.[470]

파리의 귀족들은 새 왕을 또 비난했다. 이번에는 보복을 두려워하지 않고 왕을 흉내 내기도 했다. 귀족들의 집에는 식당이 따로 생겼다. 최상류층은 집사와 조리장을 두었다. 조리장은 베르사유궁의 요리법을 혁신하거나 더 발전시키려 노력했다. 프랑스식 코스도 안정되어갔다. 처음에 수프와 앙트레를 내고 그다음에 샐러드를 곁들인 구운 고기나 앙트르메를, 그리고 마지막으로 디저트를 내는 것이다. 손님들은 차려놓은 음식에서 각자의 분량을 자유롭게 담아 먹었다.

귀족들이든 왕이든, 중세 의사들의 금기는 더 이상 지키지 않았다. 식사의 목적은 몸이 필요로 하는 것의 충족이 아니라 입을 즐겁게 하는 것이 되었다. 단맛과 짠맛이 신맛과 향신료 맛을 제치고 새로운 분류 원칙이 되었다. 그때까지 뒷자리로 물러나 있던 푸줏간 고기가 가금류 고기와 불치 고기를 물리치고 다시 인기를 얻었다. 채소와 과일도 점점 더 유행했다. 그때까지 과일로 여겨졌던 올리브, 트러플, 아티초크가 채소로 분류되었다. 베르사

* 코스 중간에 나오는 요리.

유처럼 시골의 부르주아와 귀족의 저택 주변으로 과수원이 생겨났다. 배가 1년 내내 자랐고, 사람들은 그때까지 수상쩍게 여겨 먹지 않았던 송로버섯과 버섯에 열광했다.

한편 1746년에 '부르주아 요리'라는 개념이 출현했다. 이는 새로운 사회 계층의 출현을 알렸다. 기존의 '그랑드 가스트로노미'와 그것의 기상천외함에 정면으로 배치되는 부르주아 요리는 당시 파리에서 유명했던 요리사이자 이미 여러 권의 책을 출간했던 므농의 《부르주아 요리사》와 함께 출현한 개념이다. 《부르주아 요리사》는 맛과 값싼 재료에 집중해서 최고의 단순함을 추구할 것을 권장했다. 이 책은 큰 성공을 거두어서 1746년부터 18세기 말까지 60쇄를 찍었다. 부르주아 계급은 자기만의 요리, 맛, 가치, 먹는 것, 읽는 것, 대화 주제가 있었다.[28]

서민의 음식은 훨씬 소박했다. 빵이 주식이었는데 호밀, 귀리, 밀과 호밀의 혼합, 메밀로 만들었고, 밀로 만든 빵은 거의 먹지 못했다. 호밀은 18세기 유럽에서 소비된 곡물의 40퍼센트를 차지했다. 감자가 유입되었지만 아직 서민의 식량이 되지는 않았다. 서민은 채소 수프나 곡물 포리지도 먹었고 고기는 소금에 절인 쇠고기를 소량으로 간혹 먹었다.

서민들의 식사 시간은 안정적으로 정해져 있었지만 부유층의 식사 시간은 점점 늦춰졌다. 파리에서 부르주아는 저녁 6시에 식사를 했다. 17세기에 영국에서는 11시쯤 점심을 먹었고, 18세기 후반에는 2시에 먹었다.

북유럽과 동유럽의 부유층은 그리스의 연회가 그랬듯이 2부(음식을 먹는 시간과 음료를 마시는 시간)로 나누어 식사를 했다. 영국에서 여성은 남성에게 두 번째 잔이 제공된 뒤에 테이블을 떠날 수 있었다.

술보다 탄산수를 드세요

유럽에서 무알콜 음료의 생산과 판매는 아라비아 반도에서 레모네이드가 유입되면서 발달했다.

1676년 루이 14세는 레모네이드 제조 회사를 만들고 독점 판매권을 주었다. 상인들은 레모네이드가 담긴 통을 등에 지고 파리의 거리를 누볐다.[240]

인공적으로 탄산을 넣은 음료가 생산되기 시작했는데, 탄산수는 고대부터 소화에 좋다고 알려져 있었다. 탄산수 생산은 이산화탄소의 발견과 물의 탄산화 기술과 밀접하게 관련되어 있다. 화학자들은 이산화탄소를 '야만적인 정신'(판 헬몬트), '탄성 있는 공기'(가브리엘 프랑수아 베넬), '고정된 공기'(조지프 블랙)라고 불렀고 결국 1780년에 라부아지에의 명명법에 '탄산가스'로 올라갔다. 영어 '소다soda'는 이산화탄소를 얻게 해주는 탄산나트륨을 뜻한다.

1768년 리즈의 한 양조장에서 영국 화학자인 조지프 프리스틀리가 물을 채운 납작한 그릇을 맥주 양조통 위에 매달면 맥아가 발효하면서 발생하는 이산화탄소가 물에 녹아서 탄산수가 만들어지는 것을 관찰했다. 그는 1772년에 석회 조각에 황산을 부어서 이산화탄소를 얻는 방법을 런던왕립학회에 소개했다.[241]

1783년에는 프리스틀리의 방법을 산업적으로 활용할 생각을 한 독일의 시계 제작자 요한 야코프 슈베페가 제네바 약사인 앙리-알베르 고스와 스위스 엔지니어 니콜라 폴의 도움을 받아 제네바에 슈웹스라는 기업을 세웠다. 1792년에 기업은 런던으로 옮겨졌다. 얼마 지나지 않아 탄산수에는 허브, 향신료, 향이 추가되었다. 약국에서 판매되던 슈웹스 탄산수는 허리 통증, 물집, 소화불량, 통풍 치료에 처방되었다. 성공은 즉각적이었다.[240, 242, 243] 최초의 탄산수가 이렇게 탄생했다.

그사이 아시아에는 연회와 기근이 있었으니……

중국 한의사들은 음식을 치료 목적으로 사용하기 위해 발명 경쟁을 벌였다.

14세기 원나라의 홀사혜는 몽골 제국 황제의 의사였는데 영양실조와 관련된 질병들과 식이요법을 이용한 치료를 명확하게 기술한 최초의 인물이었다. 그가 1331년에 출간한《음선정요》에서 그는 저녁에 너무 많이 먹지 말라고 권하고 임신부가 먹지 말아야 할 음식을 정해놓았다. '음식으로 질병 치료하기'라는 제목의

장에는 95개의 요리법과 각 요리법이 치료할 수 있는 질병들을 소개했다.[33] 음식은 변하지 않았다. 사람들은 쌀, 국수, 채소, 생선, 곤충, 약간의 고기를 먹었다. 기근이 드물지 않게 발생했다.

17세기 말 중국은 정치적 안정기에 접어들었다. 이는 기존의 곡물(밀, 보리, 조, 벼) 생산성을 높였으며, 유럽 상인들을 통해 새로운 작물(고구마, 수수, 옥수수)도 수입되었다. 따라서 1년 내내 수확물이 있었고 겨울을 더 편안하게 보낼 수 있었다. 돼지와 가금류 목축이 발달했으며 기원전 5세기에 중국에서 발명한 양식업이 관개 지역으로 확산되었다. 따라서 농민들은 더 많이, 그리고 더 잘 먹게 되었다.

청나라(1644~1912년) 시대에 왕가는 매일 50여 가지의 음식을 잔치 벌이듯 먹었다. 1720년 만주족과 한족의 통합을 축하하는 잔치에는 오랑우탄의 입술, 코끼리의 코, 바다표범, 공작새 등 두 민족의 음식 중 가장 귀한 것이 수백 가지 나왔다. 1761년 건륭제의 쉰 살 생일 잔치에는 800개의 상이 차려졌다.[262]

인도에서는 농민 대부분이 영양분이 매우 적은 곡물(조 또는 라기ragi)밖에는 먹을 것을 구할 수 없었다. 우기에 곡물 재배에 필요한 비가 내리지 않으면 그렇지 않아도 불안한 수급 균형을 깨는 기근이 발생했다. 1769년과 1770년에 벵골에 거주하던 1,500만 명 중 3분의 1이 굶어 죽었다.[66]

아메리카: 영국인보다 잘 먹은 식민지 개척 주민

유럽인이 아메리카에 정착할 시절, 원주민 부족들은 강낭콩, 옥수수, 호박, 불치 고기(훈연하거나 염장한 들소나 사슴 고기)를 먹었다.

남서부의 건조한 지역에 거주하던 부족들은 고추를 재배하기도 했다. 태평양 연안에 사는 부족들은 토끼, 연어, 대합, 귀신고래를 잡아먹었고, 대평원에 사는 부족들은 들소를 절벽으로 몰아 사냥해 먹었다. 대서양 연안에서는 블루크래브, 연어, 굴, 바닷가재를 잡아먹었다.

유럽에서 북아메리카로 가장 먼저 이주한 주민은 식습관과 함께 음식 재료도 가져갔다. 영국인은 채소(당근, 완두, 양배추, 양파)를 가져왔고, 스웨덴인은 순무의 한 종류인 루타바가를 가져왔다. 네덜란드인은 청어, 장어, 나중에 쿠키가 될 코에케, 도넛이 될 올리코엑스를 가져왔다.

초기에는 사냥을 할 줄 몰랐던 유럽인이 새로운 환경에 적응하기 힘들었다. 유럽에서 사냥은 상류층의 전유물이었다. 이주민은 17세기부터 원주민의 재료를 받아들이기 시작했다. 뉴잉글랜드의 정착민은 농어, 청어, 연어, 해덕대구, 대구를 먹어보기 시작했다.

100년 뒤에는 신대륙 정착민이 본토 영국인보다 훨씬 잘 먹게 되어서, 영국에 대한 저항이 일어났을 때는 미국인이 동맹인 프랑스인이나 적인 영국인보다 키도 크고 힘도 셌다.

필라델피아의 의사 존 벨은 1793년에 최초의 미국인들은

"풍요로움 속에 살아서 대식가"였다고 적었다. 그들은 돼지고기, 쇠고기, 채소, 옥수수를 먹었다.

1794년 최초의 식당이 보스턴에 문을 열었고 서빙이나 음식 면에서 파리의 규범을 따랐다.

프랑스: 대화와 체제 전복의 장소인 레스토랑

그때까지 유럽의 여인숙에서는 정해진 메뉴 한 가지만 내놓았는데, 상류층을 겨냥한 식당에서 다양한 음식으로 구성된 메뉴를 제안하기 시작했다.

유럽 최대 강국이 된 영국에서는 선술집이 정갈하고 때로는 호화로운 숙박 시설로 변신했다. 반대로 프랑스의 여인숙은 여전히 가난한 사람들이 드나드는 곳이었다.[28] 그러나 상황은 곧 바뀌었다. 사회가 자유로워질수록 선술집이 번창했고 민주주의 발전의 신호가 되었다. 미식으로 유럽을 지배했던 프랑스는 부자들을 위한 여인숙을 연다는 아이디어를 영국에서 얻었다. 그것이 바로 '레스토랑'이다.

'레스토레restaurer'는 '안정적으로 놓다, 강화하다, 단단하게 하다, 울타리를 치다'라는 뜻의 라틴어 '스타우라레*staurare*'에 '새로운'이라는 뜻의 접두사 '레re'를 붙인 프랑스어 동사다. 이 단어의 어원은 산스크리트어 '스투라sthura'로, 그 뜻은 '고정된, 단단한,

강한'이다.[229, 230]

'레스토랑'은 18세기에 몸을 보충해주는 의학적 효과가 있는 걸쭉한 죽을 가리켰다. 1765년부터 풀리 가에 있던 카페 불랑제에서 처음 팔던 음식이었다. 이후에 이 음식을 파는 곳을 레스토랑이라 불렀다.

최초의 레스토랑인 '르 프로코프'는 디드로나 달랑베르 같은 계몽주의자들이 만나는 장소였다. 몽테스키외도 《페르시아인의 편지》에서 이 카페를 언급했고 벤저민 프랭클린도 이곳에 자주 들르곤 했다. 르 프로코프에서 오갔던 대화의 주제 중 '생기론'은 생명을 단순한 물리적 법칙이나 화학 법칙을 따르는 존재로 볼 수 없다고 주장하는 이론이었다. '생명력'이라는 것이 물질 법칙에 추가되었기 때문이다. 부실한 영양 섭취 등 수많은 요소가 그 생명력을 해할 수 있다.[312] 나중에 살펴보겠지만 이 '생기론'은 현대인의 식단에 큰 영향을 미쳤다.

레스토랑과 함께 호텔 사업도 발달했다. 디드로와 달랑베르가 18세기 중반에 쓴 《백과전서》는 호텔을 "스튜디오, 방, 마구간, 마당, 여행객이나 도시에 잠깐 머물 사람의 숙식에 필요한 장소로 구성된 건물"이라고 정의했다.

18세기 말 파리에는 레스토랑이 더 많아졌다. 귀족과 부르주아(더는 가난한 사람만 이용하지 않았다)가 레스토랑에 가서 먹고 자유롭게 담소를 나누었다. 레스토랑에서는 천으로 덮은 작은 테이블에 정교한 음식을 내놓았다. 음식은 종이에 묘사되어 가격을 적은 메뉴와 함께 손님들이 볼 수 있게 했다. 유명한 조리장들이 고용주인 군주의 집을 떠나 자신의 레스토랑을 열었다.

1782년 콩데 공과 프로방스 백작(루이 18세)의 요리사였던 앙투안 보빌리에도 파리에 '그랑 타베른 드 롱드르'를 열어 "베르사유궁에 있는 것처럼 먹을 수 있다."고 홍보했다. 그가 쓴《요리사의 기술》은 금세 프랑스 요리책의 고전이 되었다. 1786년에 가장 유명했던 레스토랑은 엘베티위스 가(오늘날의 생트-안 가)에 있던 '트루아 프레르'였다. 이곳에서는 대구와 부야베스를 먹을 수 있었다. 1789년에 파리에서 영업 중인 식당은 100개가 넘었다.[28]

바로 이 시기에 영국의 외교관과 사업가들은 '영국식 접시'라 불리던 차가운 고기를 먹었는데, 제4대 샌드위치 백작인 존 몬터규가 빵 두 조각 사이에 이 고기를 넣어 먹었다. 이 사건은 사람들이 밥을 먹으며 나누는 대화에 치명타를 날렸는데, 이에 관해서는 더 뒤에서 알아보자.

기근, 폭동 그리고 혁명

음식을 먹는 방식은 또 한 번 역사와 지정학에 영향을 미쳤다. 가난한 사람들의 배고픔과 권력자들이 식탁에서 나누는 대화가 또다시 혁명을 일으키게 된 것이다.

1709년 프랑스에서 혹독한 겨울로 인한 대기근이 들어 전체 인구의 3퍼센트에 해당하는 60만 명이 사망했다. 빵 가격이 열 배나 치솟았고 전국에서 폭동이 일어났다. 1725년(비가 지독히 많이 내렸던 해로, 프랑스 북부의 피해가 컸다)에 사람들은 자연을 탓하는 대신 '재산을 독차지한 사람들'과 '백성의 배를 곯게 하는 사람들'을 원망했다. 그 사람들은 빵 장수, 세금징수원 그리고 왕이었다. 프랑스인들은 왕이 베르사유궁에 곡물을 감춰두었다고 믿었다. 거리에는 〈기근 협약〉(에스파냐 부르봉 왕가와 프랑스 왕가가 맺은 〈가족 협약〉의 패러디)이라는 캐리커처가 돌아다녔다. 1745년에는 루이 15세가 열 살 미만의 아이들을 납치한다는 소문이 파리에 자자했다. 왕이 베르사유궁 지하로 아이들을 데려가 죽이고 그 피를 마시고 살을 먹는다는 것이다. 늙지 않기 위해서라는 소문도 있었고, 나병에 걸린 아들을 치료하기 위해서라는 소문도 있었다.

18세기 말의 기후 문제, 사회적 혼란, 부의 독점 때문에 유럽의 서민층은 점점 더 못 먹게 되었다. 고기는 거의 먹지 못했다. 도축 두수가 줄어들어서 1770년 인구 40만 명인 나폴리에서 도축된 소는 2만 1,800마리에 그쳤다. 20만 인구에 3만 마리가 도축되었던 16세기에 비해 크게 감소한 수치다.

게다가 관세 장벽과 운송 수단의 부족으로 곡물의 공급 변동이 심해지자 식량난이 초래되었다.

1770년경 약사이자 농학자인 앙투안 파르망티에가 영양분이 풍부한 감자가 많이 소비되지 않는다고 보고, 루이 16세에게 파리 주변 지역에 감자를 심으라고 권고했다. 그리고 주민들이 야간에 감자를 훔칠 수 있도록 밭을 낮에만 감시하라고 했다. 그렇게 해서 감자는 노동자와 농민의 음식이 되었다. 그러나 기근을 해소하기에는 역부족이었다.[214]

그런데 1774년 재무장관 튀르고가 정책을 뒤집어버린다. 그는 곡물 생산량을 늘리기 위해 가격 자유화 정책을 실시했다. 그러나 18세기 후반 가장 혹독한 겨울이 찾아왔고 수확량은 매우 적었다. 결국 곡물 가격이 폭등했고 폭동이 다시 발생했다.

1787년은 비와 홍수의 해였다. 이듬해에는 극심한 가뭄에 이어 서리가 내려서 작물 대부분이 죽었다. 그러자 10년 만에 빵 가격이 다시 폭등했다(1787년에 비해 1789년에 75퍼센트 상승). 이로 인해 농촌 지역에서 다시 폭동이 일어났다.

1789년 6월 밀 가격이 18세기 중 최고 수준으로 올랐다. 이는 농민들의 분노를 또다시 폭발시킨 촉매가 되었다. 당시 농민은 프랑스 인구의 4분의 3을 차지했고 이들은 부르주아와 결탁해서 왕권 체제에 반기를 들었다. 프랑스 대혁명이 시작된 것이다.

바스티유 감옥을 장악했어도 기근은 해결되지 않았다. 대혁명 시기의 식량 부족은 식탁에 여전히 영향을 미쳤다. 사람들은 주로 양배추, 순무, 잠두, 돼지 껍질, 양과 소의 내장을 먹었다. 장 폴 마라는 튈르리 공원을 비롯한 파리의 녹지에 감자를 심게 했지만 로베스피에르는 감자에 독이 있다며 그의 의견에 반대했고 감자를 모두 뽑게 했다.[273]

1792년에 생-도맹그(당시 이곳에서 전 세계 설탕의 절반 이상이 생산되었다)에서 노예들이 반란을 일으켰고 유럽 전역에 설탕 공급이 멈췄다. 파리에서 설탕 1파운드의 가격이 한 달 만에 50퍼센트 상승했다. 설탕 상인들이 일부러 설탕 부족 사태를 일으켰다는 비난을 받았다. 당시에는 밀도 공급 부족 상태였다. 1월 23일 프랑스 혁명단의 고블랭 지부는 의회에서 "식량난의 흉측한 뼈대만 보여주고 풍요로운 보물을 숨긴 투기"를 비난했다. 파리 시민들은 '시민들의 배를 굶게 하는 사람들'을 상대로 봉기했고 상점들을 약탈했다.[42, 71, 249, 250]

혁명과 부르주아의 연회

식사는 여전히 권력, 특히 새로운 권력의 상징이었다.

전 세계 인구가 7억 명으로 증가한 1780년에서 1790년까지 네덜란드인은 모범이 되었다. 오라녜나사우 가家에 저항하는 폭동은 대연회의 기회였다. 연회에서 부르주아 계급의 엘리트들은 슈터트허우더stathouder*에 반대하고 공화국을 지지한다고 밝혔다. 오렌지를 먹는 것은 이름이 같은 오라녜나사우 가**에 대한 저항의 상징이 되었다.[115]

---

* 주총독. 실제로는 네덜란드의 왕을 뜻한다.
** 네덜란드어로 '오라녜'가 '오렌지'라는 뜻이다.

네덜란드 혁명가들의 연회는 머지않아 프랑스에 영감을 주었다. 프랑스 혁명가들의 연회는 '부르주아' 색이 짙었다. 1789년 7월 18일 빌레트 후작은《라 크로니크 드 파리》에 이렇게 기고했다. "나는 파리의 모든 부르주아가 사람들이 볼 수 있게 집 앞에서 식탁을 차리고 밥을 먹었으면 좋겠다. 부자와 빈자가 계층에 상관없이 하나가 될 것이다. (…) 나라 전체가 함께 식사를 할 것이다."[99] 1789년 7월 26일 서민들의 연회가 바스티유의 폐허에서 열렸다. 바스티유 탈환 1주년을 기념하여 샹-드-마르스에서 열린 축제와 별도로 라 뮈에트 공원에서 수천 명의 시민이 연회에 참석했다.[251]

그러나 그런 연회들은 아직 불안정한 정권이 제어할 수 없는 폭동의 근원지가 되었다. 문인 루이-세바스티앵 메르시에는 그런 "서민들의 만찬"에서 사회적 불평등을 감추기 위한 서툴고 강제적인 시도가 엿보인다고 했다. "사람들은 가족을 데려와 자신이 미워하거나 경멸하던 사람 옆에 앉아 밥을 먹는다. 그러지 않으면 의심받고 자신은 평등의 적이라고 말하는 것과 마찬가지이기 때문이다. 부자는 식탁의 사치를 최대한 줄이고 가난한 사람은 궁핍을 감추기 위해 재산을 탕진한다. 누군가는 질투하고 누군가는 방탕한 연회를 벌인다. 형제애를 가장한 만찬은 바쿠스제로 전락했다. 모든 사람이 불만이었다." 1794년 1월 로베스피에르는 이런 상황을 걱정했다. 자신을 상대로 폭동이 일어날 것을 예감한 그는 권력을 잃기 바로 직전에 연회를 금지했다.[251]

공포정치의 종식으로 파리에서는 부자들을 위한 레스토랑이 다시 문을 열기 시작했다. 귀족 요리의 노하우가 카페 리슈나 카페 앙글레 같은 고급 레스토랑에 반영되었다. 파리에서 영업 중인 레스토랑의 수는 1789년에 100개였다가 1년 만인 1800년에 600개로 치솟았다. 리옹의 벨쿠르 광장과 보르도의 투리니 거리에도 레스토랑들이 들어섰다.[28]

미식 외교

'미식gastronomie'이라는 말은 1801년 조제프 베르슈*라는 사람이 자신의 저서 《미식 또는 식탁의 농부》에서 처음 사용한 단어다.

나폴레옹은 식탁에서 시간을 낭비하는 걸 싫어해서 15분 이상 앉아 있지 못했다. 그에게 음식을 먹는 데 쓰는 시간은 일종의 "권력 부패"였다. 그는 포타주**, 닭 요리, 감자, 렌즈콩, 치즈를 넣은 파스타 등 간단한 요리만 좋아했다. 그리고 물을 섞은 샹베르탱 와인만 마셨다.

그는 탈레랑(그리고 카렘)에게 외교 행사를 위한 식사를 맡겼다. 카렘은 가벼운 소스와 다른 유럽 국가보다 향신료를 덜 쓴 정

* 1765~1839. 프랑스의 변호사이자 시인.
** 걸쭉하게 끓인 프랑스식 수프.

교한 요리를 개발했다. 요리사 모자인 '토크toque'를 발명한 사람도 카렘이다. 제2집정이었던 장-자크 캉바세레스가 외교관과 외국 지도자들에게 대접해야 한다면서 매우 정교한 요리를 마련해 달라고 주문하자 나폴레옹은 그를 격려했다. "음식들을 잘 받으시오. 프랑스를 대표하는 것이니."[524]

1815년 워털루 전투에서 프랑스가 패배한 것을 확인하는 빈 회의에서 루이 18세가 나폴레옹의 이런 지시를 여전히 적용한 것은 매우 아이러니하다. 루이 18세가 자신을 대표해서 승전국들과 협상하도록 보낸 탈레랑은 왕에게 이렇게 말했다. "폐하, 저는 지시보다 냄비가 더 필요합니다."[282] 회의 기간 내내 승리를 자축하는 영국인들에게 탈레랑은 프랑스 음식을 선보였다. 100개 이상의 차고 따뜻한 앙트레, 포타주, 해산물(굴, 바닷가재), 온갖 종류의 고기, 앙트르메, 페이스트리(성 모양으로 만든 페이스트리), 그리고 치즈까지 대접했다. 탈레랑은 유럽에서 가장 훌륭한 치즈를 선정하는 대회도 열었는데, 여기서 프랑스의 브리 치즈가 상을 탔다. 미식이 프랑스라면 서빙은 러시아였다. 음식은 당시 프랑스식 서빙과 달리 동시에 식탁에 오르지 않고 차례대로 나왔다.[282]

18세기는 유럽의 미식이 최고조에 달한 시대다. 19세기는 영국이 지배하지만 영국 요리는 세상에 흔적을 거의 남기지 않았다. 식민지에 조금 남겼다면 모를까.

제5장

궁전의 미식과 가공식품: 19세기

앞에서도 보았듯이 최초의 도구, 최초의 무기는 유목민의 먹고자 하는 욕구를 충족시키기 위해 나타났다. 식사는 권력, 빈곤, 힘, 분노를 표현하는 방식이었다. 적어도 인간이 불을 다스리게 되면서 식사 자리는 대화를 나누고 사회조직을 운영하는 중요한 장소가 되었다. 처음에는 교회가, 그 이후에는 군주가 정한 규칙을 따랐다. 인간이 정착 생활을 시작했을 때 먹을 것을 생산하는 환경을 개선하기 위해 쟁기, 수레, 물레방아, 배의 방향키 등 중요한 혁신을 이루었다. 해와 별의 움직임에 따라 점점 더 정해진 시간에 밥을 먹었다.

18세기 말 유럽 전역에서 부르주아 계급이 최상위층 귀족의 식사와 비슷하게 먹게 되었다. 레스토랑은 군주의 식탁을 대체했다. 사람들은 이곳에서 자유롭게 토론했고 덕분에 많은 사상이 이곳에서 태어났다.

서민층 남자는 공장에서 일하기 위해 이주했고 이로 인해 음식의 노마디즘과 연대의 파열이 시작되었다. 식사 자리는 대화 장소의 기능을 점점 잃어갔다.

점점 더 많아지는 소비자의 수요를 맞추기 위해 농산물, 그리고 식품을 산업적으로 생산하기 시작했다. 권력은 토지 소유자에게서 산업자본 소유자에게로 넘어갔다. 토지 소유자들은 아직 큰 힘을 가지고 있었지만 말이다.

경제계économie-monde의 중심이 되어가던 미국은 산업화로 식비를 줄이도록 했고, 그리하여 서민 계층이 임금의 많은 부분을 다른 소비재에 지출하도록 했다. 이로 인해 식사와 그 자리에서 오가는 대화의 성격이 매우 크게 바뀌었다. 이는 결국 사회의 변화로 이어졌다.

식품으로 시작된 산업화

욕구가 절박해야 그것을 충족할 기술이 출현하게 마련이다.

19세기 초 세계 인구는 처음으로 10억 명을 넘어섰다. 유럽의 인구 증가, 군대의 이동, 산업 발달, 농업 생산성 향상으로 대규모 인구가 도시로 이주했다. 이들은 집 밖에서 식사를 해야 했다. 그러려면 음식을 미리 준비해서 저장할 기술이 필요했다. 그리고 그 기술은 점진적으로 전 세계에서 자리 잡았다. 시골에서 올라온 사람들은 더 나쁜 음식을 먹었고, 식량을 더 많이 생산해야 하니 그만큼 농촌도 오염되었다. 도시 이주민들은 부분적으로 다시 유랑민이 되었다.

음식과 관련된 발명은 처음에 이론으로 그쳤고 실험을 거쳐 제대로 사용되기까지 몇 십 년이 걸렸다. 1802년 러시아의 의사 오시프 크리체프스키가 뜨거운 판에 우유를 분사해서 가루로 만드는 공정을 찾아냈다.[57] 같은 해에 독일의 화학자 제카우스 빈클러가 최초의 가스레인지를 개발했다.[69] 3년 뒤에는 필라델피아에 사는 구둣방 아들 올리버 에번스가 증기를 이용해 에테르 기체를 팽창시키는 원리를 이용한 최초의 냉장고를 발명했다.[26] 이 발명품들이 구체적인 현실이 되고 전 세계인의 식생활을 크게 바꾸기까지 거의 100년이 걸렸다.

유럽 군대도 식생활에 큰 변화를 일으켰다. 사냥 방법(사냥총의 발전은 전쟁에서 쓸 총을 발전시키는 데 여전히 도움이 되었다)을 발명했을 뿐만 아니라 지방에 주둔한 병사들을 빠르고 효과적으로 먹이기 위한 새로운 방법을 찾는 데 도움이 되었다.

1810년 프랑스의 잼 제조업자였던 니콜라 아페르는 식품을 저장하는 방법을 발명했다. 밀봉한 유리병에 음식을 담아 데움으로써 산소와 미생물을 제거하는 방식이었다. 나폴레옹은 병사들의 음식을 보존할 수 있는 발명품에 상을 주고 1만 2,000프랑의 상금도 주었다.[388, 389] 국가의 요청에 따라 아페르는 그의 방법을 《모든 가정의 책 혹은 모든 동물성 및 식물성 물질을 여러 해 보관하는 기술》이라는 책에서 자세하게 밝혔다. 같은 해에 프랑스 출신의 영국인 피터 뒤랑이 이 방법을 특허 출원했다. 나폴레옹은 러시아 원정 때 통조림을 사용하지 않았다.

이듬해에 프랑스가 앤틸리스 제도의 사탕수수밭에 접근하는 것을 영국이 나서서 막자 나폴레옹은 프랑스에서 설탕을 대량생산할 수 있는 자에게 100만 프랑의 상금을 주고 4년 동안 세금을 면제해주겠다고 했다.[239] 산업가 벵자맹 들레세르와 화학자 장-바티스트 케뤼엘은 여러 화학자(장-프랑수아 데론, 루이 피귀에, 장-피에르 바뤼엘, 파르시, 안드레아스 마르그라프, 프란츠 카를 아하르트), 산업가(루이 크리스펠-델리스), 농학자(앙투안 파르망티에)의 연구를 바탕으로 그때까지 동물용으로만 소비되던 사탕무에서 추출한 설탕 생산의 수익성을 개선하는 공정을 개발했다. 개발은 매우 빠르게 진행되었다. 1812년 1월 2일 나폴레옹이 첫 번째 실험에 참관했고 결과는 긍정적이었다. 1812년 1월 15일 칙령으로 다섯 개의 황립 설탕 공장을 창설하고 사탕무를 심을 토지 면적을 세 배로 늘리기로 했다. 그러나 사탕무에 대한 불신과 앤틸리스 제도의 로비스트들 때문에 설탕 생산에 차질이 빚어졌고, 1814년 생산량은 4,000톤에 그쳤다. 얼마 뒤 의회에는 사탕무를 사용한 설탕 생산을 금지하는 법안까지 제출되었다. 법안은 과반을 겨우 넘어 거부되었다.[97] 이것은 농식품 산업의 로비가 정치에 영향을 미친 최초의 사례였다.

1817년 니콜라 아페르가 다시 등장했다. 7년 전 식품 보존 공정을 발명했던 그가 이번에는 최초의 양철 통조림을 발명했다.[388] 이번에는 특허도 냈다. 1826년 영국인 제임스 샤프가 가스레인지(제카우스 빈츨러가 1802년에 특허를 내지 않았다)에 대한 특허를 출원하고 후에 대량생산했지만 상업적 성공은 1851년 만국박람회에서 본격적으로 시작되었다.[69]

이어서 공장에서 생산된 최초의 가공식품이 출현했다. 1836년 프랑스 라 마른 지방의 누아지엘에서 앙투안 므니에라는 사람이 방앗간을 공장으로 개조해서 초콜릿 바(반원통형 초콜릿 여섯 조각으로 이루어진 바를 노란 종이로 포장했다)를 처음으로 생산했다. 1847년에는 영국의 산업가 프랜시스 프라이가 이 초콜릿 바를 오늘날의 형태로 완성시켰다.[245] 같은 해에 장-로맹 르페브르와 그의 아내 폴린-이자벨 위틸이 낭시에 뤼LU라는 기업을 세웠고 낭트로 장소를 옮겨 그곳에서 비스킷을 제조했다.[316] 또 같은 해에 독일 화학자 유스투스 폰 리비히가 고기추출물을 개발해서 "최빈곤층의 식생활 개선"을 도모했다. 그는 고기추출물을 대량 생산하려고 우루과이에서 공장을 사들였다.[246]

1848년 미국 메인 주에서 노동자로 살던 존 베이컨 커티스는 아메리카 원주민들이 가문비나무의 수지로 이를 닦는 모습을 보고 껌을 개발했다.[471]

비료와 파스퇴르 살균법

19세기 중반 세계 인구는 13억 명에 이르렀다. 앞에서 살펴본 혁신 제품들은 아직 널리 보급되지 못해서 유럽의 농촌에서 도시로 밀려 들어오는 인구를 먹여 살리는 데 도움이 되지 못했다. 사람들은 농식품 생산량 감소(염료의 재료가 될 식물처럼 수익성이 더 높은 작물 재배에 밀렸다)와 식량 운송의 어려움, 가격 상승이라는 문제에 봉착했다.

감자는 이때 도시 노동자의 주식이 되었다. 감자는 술을 만드는 원료이기도 했고 껍질은 돼지 사료로 쓰였다. 그러나 노균병이 돌면서 감자밭이 초토화되자 1845년부터 1852년까지 아일랜드에서 굶어 죽은 사람이 100만 명이나 나왔다. 이로 인해 수백만 명의 아일랜드인이 미국과 오스트레일리아로 이주했다.[201, 202, 203]

이때부터 사람들은 인을 비료로 사용하기 시작했다. 질소 비료와 칼륨 비료를 생산하는 공장이 1838년에 유럽에서 처음으로 발랑시엔에 들어섰다. 최초의 화학비료 덕분에 유럽의 곡물 생산이 증가했고 소비량도 자연스럽게 증가했다. 프랑스에서는 1835년 1인당 곡물 소비량이 연간 80킬로그램이었는데 1905년에는 그보다 두 배나 증가했다. 밀은 1830년 유럽 곡물 소비량의 40퍼센트를 차지하던 호밀, 혼합밀, 메밀을 서서히 대체했고 20세기에 들어서면서 대세가 되었다.

1850년 네덜란드의 생리학자 야코프 몰레스홋은《대중을 위한 음식 교과서》에서 식생활이 인간의 신체 발달, 의식 그리고 사고를 결정한다고 주장했다. 인간이 먹는 음식이 사고 물질로 변하기 때문이라는 것이다. 특히 그는 감자를 먹으면 근육에 영양이 충분히 공급되지 않으므로 신체적으로 약해지고 정신적으로도 뇌를 약화시켜 의지력을 낮추기 때문에 남에게 잘 복종하게 된다고 설명했다.[16]

같은 해인 1850년 철학자 루트비히 포이어바흐가 이러한 테제를 취해《혁명과 자연과학》에서 무엇을 먹느냐가 육체와 영혼의 관계를 형성하고 정신 건강과 정신의 활력을 결정하며 교육, 즉 인간의 정신 상태를 좌지우지한다고 설명했다. "인간이 먹는 음식은 인간의 교양과 정신 상태의 기본이다. (…) 인간은 그가 먹는 것이다." 그는 감자 소비가 1848년 혁명을 실패로 돌아가게 했다고 설명했다.[29]

몰레스홋과 포이어바흐는 인류의 사회적, 문화적, 정치적 발달은 식생활 개선을 통해 가능하다고 보았다.[16, 29]

카를 마르크스도 이 이론을 응용했는데, 그는 인간이 음식을 에너지로 쓰는 열역학 기계라고 보았다.

혁신은 계속되었다. 1859년 미국인 조지 B. 심슨이 백금 와이어 코일과 배터리로 가열되는 전자레인지 특허를 냈다.[314] 1863년에는 나폴레옹 3세가 화학자 루이 파스퇴르에게 와인에 번식해서 신맛으로 변질시키는 아세트산 박테리아Mycoderma aceti를 박멸할 방법을 찾으라고 했다. 파스퇴르는 와인의 온도가 57도까지 올라가면 맛이 변하는 것을 관찰했다. 와인 전문가들이 못 미더워하자 파스퇴르는 와인이 아닌 우유에 파스퇴르 살균법(우유를 65~100도로 데운 다음 급속도로 냉장하는 방법)을 적용했다.[235]

이 시기에 영미권의 곤충학자 여럿이 유럽인에게 곤충을 먹으면 좋은 점을 설파했다. 그들은 아메리카, 아프리카, 아시아의 식민지에서 사람들이 곤충을 먹는 것을 보고 깊은 인상을 받았을 것이다. 미국 '미주리 주 최초의 곤충학자'였던 찰스 밸런타인 라일리는 로키 산맥에서 작물의 씨를 말리는 메뚜기의 침범을 막기 위해 메뚜기를 먹어서 없애자고 했다. 1885년에는 영국의 곤충학자 빈센트 M. 홀트가 《곤충을 먹는 건 어떨까?》를 출간했다. 곤충이 최빈곤층을 위한 대용 식품이 될 수 있을 것이라 주장한 그는 드러내놓고 식민지를 언급했다. "이 민족들은 문명화되지 못했지만 우리보다 음식의 품질에 대해 더 꼼꼼하게 따진다. 그들은 우리가 돼지처럼 더러운 동물이나 생굴을 먹는 것을 보고 그들이 메뚜기나 번데기를 맛있게 요리해서 먹는 모습을 보고 우리가 놀라는 것보다 더 많이 놀란다."[172]

1858년 벨기에의 수학자이자 통계학자인 아돌프 케틀레는 근대 통계학과 차이심리학(개인의 성격 차이를 가우스 곡선에 분포시킨다)의 기초를 세웠다. 그가 '정상' 몸무게 측정을 제안하는 체질량지수BMI를 개발한 인물이다.

영국은 군인을 먹여 살리기 위해서 아일랜드에서 콘드비프를 개발했다. 쇠고기를 염장해서 통조림에 넣어 장기 보관한 것이다. 콘드비프 통조림을 대량생산해서 처음에는 노예무역에 동원된 영국 선박에 실었고, 그 이후에는 보어 전쟁과 크림 전쟁에 동원된 군대에서 소비되어 식품이 썩는 문제를 해결하게 되었다.[116]

1860년 조지프 말린은 런던에 최초의 피시앤칩스 전문 레스토랑을 열었다.[244] 생선에 빵가루를 입혀 튀기는 것은 앞에서도 보았듯이 16세기에 에스파냐와 포르투갈의 유대인들이 런던으로 이주하면서 유입된 조리법이다. 레스토랑은 대성공을 거두었다. 노동자들이 휴식 시간에 공장 밖에서 먹으려고 피시앤칩스를 사러 왔고 아침에는 바구니를 레스토랑에 두고 퇴근할 때 저녁으로 먹을 음식을 담아 가지고 귀가했다.[74] 그러자 비슷한 음식점들이 전국에 생겨났다. "바다가 보이지 않는 곳에서는 생선을 먹지 말라."[244](운송되는 동안 생선이 상할까봐)라는 영국 격언이 있지만 철도와 보존 기술의 발전으로 생선은 전국에서 소비되었다.

증기선의 등장으로 신선식품의 운송비와 문제점들이 줄어들었다. 생선, 고기, 바나나, 오렌지 등은 이제 해상으로 운송 가능해졌다.[28] 1861년 프랑스의 엔지니어 프랑수아 니콜은 오스트레일리아에 고기를 냉동 보관하는 공장을 세웠다. 1876년에는 '르 프리고리피크'라는 이름의 첫 냉동선이 아르헨티나에서 쇠고기, 양고기, 가금류 고기를 프랑스의 르아브르까지 운송했다.

1834년까지 차 무역을 독점했던 영국 동인도회사는 인도에 차 공장을 세워서 중국의 차나무와 제다법을 훔쳤다. 1870년 중국이 대영제국 차 공급의 50퍼센트를 차지했고 1900년에는 인도가 90퍼센트를 차지했다.

기름, 설탕, 버터, 커피, 차, 치즈도 공장에서 대량생산되기 시작했다.

아이들 먹이기

1860년 영유아의 영양실조를 막기 위해 발명된 분유는 이유식 시장 경쟁에 불을 붙였다.

우선 신생아를 위한 식품이 산업적으로 생산되기 시작했다. 1866년 스위스 약사였던 앙리 네슬레가 신생아용 분유를 개발했다(그때까지 신생아는 모유나 유모의 젖을 먹었다). 네슬레는 자신의 이름을 딴 회사를 설립하고 이듬해부터 초콜릿을 제조했다.[356]

프랑스에서는 19세기 중반에 학부모와 교사가 나서고 시의 도움을 받아 학교 식당이 생겼다. 이때까지는 아직 국가가 나서지 않았다. 시장의 충동적인 결정으로 라니옹에 최초의 학교 식당이 문을 열었다. 가난한 집 아이들에게 밥을 먹이는 것이 목표였던 학교 식당은 탁아소에서 음식을 나눠주는 방식을 차용해 운영되었다. 1863년에는 학교식당이 450개로 늘어났다.

1869년 공교육부 장관이었던 빅토르 뒤뤼가 도지사들에게 탁아소의 식당을 최대한 늘리라고 요구했다. "탁아소에 수용되는 아이들은 대부분 부모가 가난하고 헌 옷을 입었으며 음식을 충분히 섭취하지 못한다."[151]

얼마 뒤인 1879년 영국에서는 맨체스터에서 최초의 학교 급식이 탄생했다. 런던 초등교육 의회와 자선단체들이 학교에서 식사를 저렴한 가격으로 혹은 무상으로 나눠주었다.[354]

프랑스에서는 쥘 페리 법(1881~1882년)에 따라 무상 교육, 종교적 중립 교육, 의무 교육이 제도화되었고 학교가 늘어나자 학교 식당도 늘어날 수밖에 없었다. 12시에 집에 갈 수 없는 아이들이 많았기 때문이다.[353, 354]

미국 제품의 상륙: 탄산음료와 자동판매기

술 소비는 유럽 전역에서 늘어났다. 프랑스에서는 구체제가 끝나고부터 제2제국이 끝날 때까지 와인의 연간 소비량과 생산량이 성인 1인당 91리터에서 162리터로 치솟았다. 와인의 알코올 도수도 올라갔다. 영국에서는 성인 1인당 맥주 소비량이 1860년에 25갤런(약 94.6리터)이었던 것이 1876년에는 34갤런(약 128.7리터)으로 상승했다. 독일에서는 1850년 40리터였다가 1900년에 113리터로 껑충 뛰었다.[28]

이런 현상은 특히 영미권에서 금주 운동을 일으켰다. 이 운동은 술 대신 커피나 차, 레모네이드나 탄산수 같은 공산품 소비를 장려했다. 그때는 여전히 약사들이 탄산수(슈웹스 이후)의 제조법을 계속 개발 중이었다.

이번에도 역시 모든 것은 파리에서 시작되었고 이후 대서양을 건넜다.

1863년 파리에서 약제사인 앙젤로 프랑수아 마리아니가 의사인 피에르 포벨의 도움을 받아 음료를 개발했다. 페루산 코카 잎을 보르도 와인에 우려내 만든 것이었다. 의료계는 '마리아니 와인'이라는 이름으로 판매된 음료의 효능을 인정하고 감기, 신경과민, 빈혈, 불면증, 무력감, 우울감, 소화불량에 처방했다.[103] 빅토리아 여왕, 교황 레오 13세, 교황 비오 10세의 식탁에도 이 음료가 올라갔다. 에밀 졸라도 마리아니 와인을 찬양했고, 자유의 여신상을 마무리했던 오귀스트 바르톨디도 "코카는 우리의 능력을 향상시키는 것 같다. 20년 전에 알았다면 자유의 여신상의 높이가 100미터는 되었을 것이다."[269]라고 말했다. 1876년 발간된 《의료적 외과치료 저널》도 이렇게 밝혔다. "프랑스에서는 코카 와인이 많이 사용된다. 강장제로 쓰이던 기나나무 껍질 와인을 대체한 코카 와인은 위에서 더 오래 받아들이고 맛도 더 좋다. 마리아니 씨는 자신이 개발한 음료에 완벽을 기해서 코카의 대중화에 크게 힘썼다."[528]

미국에서 마리아니 와인은 남북전쟁에 이은 대량생산 시대에 나타난 새로운 질병을 치료하는 데 쓰였다. 이 병을 '신경쇠약증'이라 불렀는데, 몸과 마음이 매우 피로한 것이 특징이었다. 신경쇠약증을 치료한다며 '기적'의 약들이 전국에서 나타났다. 이 가짜 약들은 '매약patent medicine' 또는 '엉터리 약nostrum'이라고 불렀다. 서부 지역 전역에는 수레를 끌고 다니는 기적의 의사들이 나타났다. 술, 모르핀, 아편, 코카인이 주요 성분이었다.

1885년에 애틀랜타 주는 금주령을 내렸는데, 남북전쟁에 참전했던 약사인 존 펨버턴은 통증을 완화하려고 자가 처방한 모르핀에 중독된 상태였다가 미국에서 인기가 높은 마리아니 와인에서 힌트를 얻어 알코올이 들어가지 않은 '펨버턴의 프랑스 와인 콜라'를 개발했다. 이 음료에는 코카뿐만 아니라 코카의 씨(서아프리카와 중앙아프리카에서 재배되는 콜라나무의 씨)도 들어 있었다. 펨버턴은 코카의 씨를 달여 먹으면 신경쇠약증, 위 쓰림(고기와 전분을 많이 먹는 미국인들에게 널리 퍼져 있었다) 등 모든 종류의 통증을 치료할 수 있다고 주장했다. 1년 뒤인 1886년에 펨버턴은 제조법을 약간 수정해서 '코카콜라'라는 이름으로 음료를 판매했다. 매우 빠른 시간에 코카콜라는 백인 부유층에서 인기 많은 음료가 되었다. 코카인은 1904년에 재료 목록에서 빠졌다.[56] 제조법은 오늘날까지도 여전히 비밀에 부쳐져 있다. 같은 해인 1904년에 캐나다 약사인 존 맥러플린이 생강 맛이 나는 탄산수(진저에일)인 '캐나다 드라이'를 발명했다.

1887년에 독일의 엔지니어 막스 질라프는 베를린에서 동전을 넣으면 따뜻한 음식과 음료를 받는 자동판매기 특허를 등록했다. 게브뤼더 슈톨베르크라는 독일 제과업체와 손을 잡은 질라프는 1890년대부터 독일 전역에 자동판매기 1만 대 이상을 설치했다.[228] 머지않아 자판기는 공장, 사무실 등 새로운 식사와 대화 장소에서도 볼 수 있게 되었다.

8년 뒤에 역시 베를린에서는 세계 최초의 종업원 없는 식당 크비지자나Quisisana가 개업했다. 소수의 종업원은 자판기 뒤에서 모자란 음식을 채우는 역할만 했다. 1902년 조지프 혼과 프랭크

하다트는 필라델피아에 오토맷Automat이라는 레스토랑을 열었다. 이 식당은 미래의 외식 산업을 예고했지만 성공하지는 못했다.[68]

1889년 6월, 가장 잘 알려진 버전에 따르면 요리사 라파엘레 에스포지토가 이탈리아 여왕 마르게리타에게 토마토, 모차렐라, 바질을 넣어 만든 피자를 가마에 구워 대접했다. 이렇게 해서 이탈리아의 국기 색이 들어간 피자가 탄생했고 이 피자를 마르게리타라고 불렀다는 이야기다.

1890년 뉴질랜드인 데이비드 스트레인지가 오늘날의 형태로 인스턴트커피를 발명했다. 1901년에는 물에 녹는 커피 가루를 생산하는 공정이 시카고에서 최초로 개발되었다. 그 주인공은 일본 출신 미국 화학자인 사토리 카토다.[472]

리츠와 에스코피에가 최고급 호텔을 발명했을 때

유럽과 미국의 부유층은 항상 새로운 미식을 추구했다. '가스트로노미'라는 말이 발명된 지 얼마 되지 않은 때였다. 미식은 끼리끼리 모여 즐기는 새로운 쾌락과 대화의 배경이었다.

유럽 부르주아 계급은 좋은 음식을 먹을 정도로 부자가 되었지만 집에 요리사를 둘 정도는 아니었다. 그래서 가장 부유한 동네에 문을 연 고급 레스토랑을 즐겨 찾기 시작했다. 그곳에서 모습을 드러내고 담소를 나누고 힘과 동맹을 일구었다. 비즈니스를 위한 점심 식사, 연합을 위한 저녁 식사, 결혼식 피로연 등이 열렸다.

또 하나의 새로운 점은 부자들이 즐거움을 위해 여행을 떠나기 시작했다는 것이다. 17세기에 탄생한 여행을 계속해온 유럽의 귀족들, 특히 영국 귀족들은 19세기 중반에 '그랜드 투어'(여기에서 '관광tourism'이라는 말이 유래했다)를 시작했다. 스위스나 프랑스, 이탈리아의 리비에라에서 오랫동안 휴가를 즐긴 것이다. 숙소로는 아름다운 저택을 빌렸고 요리사도 두었다. 빈자의 노마디즘에 부자의 노마디즘이 추가되기 시작했다.

19세기 말에는 부유한 유럽인들(집에 요리사를 두거나 지중해 해변에 대저택을 소유할 정도는 아니었다)의 욕구를 충족시키기 위해서 고급 레스토랑과 호텔이 점점 더 늘어났다. 스위스, 이탈리아, 프랑스에 이어 유럽 전역에서 이런 현상이 나타났다.

그러면서 그 누구도 넘볼 수 없는 초호화 호텔이 탄생했다. 그 이름도 군주들의 '궁'을 연상시키는 '팰리스palace'였다. 초호화 호텔을 발명한 사람은 세자르 리츠다. 그의 삶이 이 모든 변화를 보여준다.

1850년 스위스에서 태어난 그는 열네 살이 되었을 때 발레 주에 있는 브리그라는 도시의 '오텔 드 라 쿠론 에 드 라 포스트'에서 소믈리에 견습생으로 일하기 시작했다. 리츠는 1867년 만국박람회 때 파리에서 종업원으로 일했고 이후 소믈리에를 거쳐 부아쟁Voisin이라는 식당에서 웨이터장이 되었다. 생토노레 가에 있던 부아쟁은 특히 요리사 알렉상드르 쇼롱 때문에 유명한 식당이었다. 리츠는 그곳에서 파리의 모든 명사를 만날 수 있었다. 그들의 매력과 예의범절에 그는 깊은 인상을 받았다. 이후에는 오스트리아, 스위스, 몬테카를로 등 여러 호텔을 오가며 10년 동안 일했다. 그는 배우고 돈을 모았다. 1880년에는 저축한 돈을 모두 투자해 첫 호텔을 사들였다. 1866년에 트루빌에 지어진 오텔 데 로슈 누아르(마르그리트 뒤라스가 남은 생을 이곳에서 보냈다)를 사들였지만 사업은 실패했다. 리츠는 고급 호텔이 성공하려면 솜씨 좋은 요리사를 써야 한다는 사실을 깨달았다.

1881년에 그는 몬테카를로의 그랑토텔의 총지배인이 되었고 그곳에서 오귀스트 에스코피에를 만났다. 그것은 운명적인 만남이었다. 에스코피에(푸아르 벨-엘렌*, 크레프 쉬제트, 페슈 멜바** 등을 개발했다)는 프랑스 라인군의 메츠 사령부에서 조리장으로 일했다. 1888년 리츠는 바덴바덴에 있는 미네르바 호텔을, 이어 칸의 오텔 드 프로방스를 인수했다. 에스코피에와는 파리에 초호화 호텔을 지을 계획을 세웠다.

같은 해에 리츠는 두 명의 억만장자(사업가이자 리츠가 직접 이름을 지어준 '그랑 마르니에'라는 술을 개발한 알렉상드르-루이 마르니에-라포스톨과 당시 세계 최대 부호로 알려진 영국의 다이아몬드 거상

* 설탕물에 데친 배에 바닐라 아이스크림과 핫초콜릿을 부어 먹는 디저트.
** 바닐라 아이스크림 위에 데친 복숭아를 얹고 산딸기 소스를 얹은 디저트.

알프레드 베이트)의 도움으로 방돔 광장 15번지에 있는 그라몽 저택을 신용으로 사들였다. 이곳은 루이 15세를 포함하여 프랑스의 대귀족들이 거쳐 간 곳이다. 사들일 때는 아직 개인 저택이었고 대중에게 개방된 호텔이 아니었다. 이곳을 세상에 하나밖에 없는 곳으로 만들기 위해 리츠는 베르사유궁과 퐁텐블로궁에서 아이디어를 얻었다. 건물에 엘리베이터를 설치했고 159개의 객실에 전기, 수도, 전화기, 욕실을 갖추게 했다. 리츠는 객실과 식당 장식을 당대 가장 유명한 업체(크리스토플, 바카라, 루프)에 맡겼다. 그리고 에스코피에에게는 500인분의 식사를 준비시켰다.

1889년 공사가 시작되었을 때 리츠는 런던에서 한창 잘 나가는 극장 주인이 세운 호텔 사보이의 총지배인이 되었다. 에스코피에가 그와 동행했다. 리츠와 에스코피에는 파리 호텔 공사도 계속 살폈고 런던에서 보고 배운 것에서 영감을 많이 받았다.

1893년 10월 30일 사보이 호텔의 디너 메뉴(에스코피에가 지휘하는 주방에서 유일하게 쓸 수 있는 언어인 프랑스어로 작성되었다)는 조리장의 요리에 관해 알 수 있게 해주었다. "콩소메 드 풀-오-포, 콩소메 드 토르튀 오 마데르, 위트르 파보리트, 카유 포셰 아 라 리슐리외, 누아제트 다뇨 핀 제르브, 브로쇼트 도르톨랑, 쉬프렘 드 볼라유 자네트, 파르페 드 푸아그라, 살라드 미뇬, 탱발 데크르비스 아메리캔, 아스페르주 누 벨, 비시퀴 글라세, 베네딕탱 로제, 프리앙디즈, 프뤼."[270]

같은 해 로잔에 있는 오텔 보-리바주 팔라스의 총지배인이자

스위스호텔리어협회 회장인 자크 추미가 최초의 호텔 경영 학교인 로잔호텔학교를 설립했다.

1898년에 리츠는 10년 동안의 공사를 마무리하고 드디어 호텔을 개업했다. 그는 자신의 이름을 호텔 이름으로 지었다. 이렇게 설립된 리츠 호텔은 최초의 초호화 호텔이다. 1898년 6월 1일 열린 개업식 파티에는 유럽과 미국의 사교계 인사가 모두 초대되었고 이들은 리츠 호텔 개업식을 위해 일부러 파리까지 이동했다. 영국 여왕의 부군인 색스코버그고타 공자 앨버트는 "리츠가 가는 곳에 나도 가겠다."고 말할 정도였다. 호텔은 이내, 그리고 계속 만실이었다. '리츠하다ritzy'는 것은 '세련되고 우아하다'를 뜻하는 유행어가 되었다. 그때까지 각자의 집에서 저녁을 먹던 부인들은 리츠 호텔의 대규모 디너 룸에서 식사를 했다. 호텔은 유행하는 장소가 되었고 이곳에서 여성은 자신의 몸치장을 과시할 수 있고 남성은 재산을 과시하고 새로운 사업 계약을 할 수 있었다. 1904년에 발간된 《르 피가로》를 읽어보면 "파리의 '시즌'은 늘 리츠에서 시작되고 리츠에서 끝난다."[473]라는 문구가 눈에 띈다.

리츠는 여기에 만족하지 않았다. 1905년에 역시 자신의 이름을 딴 호텔을 런던에 열었다. 이 호텔은 자신이 총지배인으로 있었던 사보이 호텔의 맞수가 되었다. 1906년에는 마드리드에, 그 뒤로 카이로, 요하네스버그, 몬트리올, 뉴욕에도 호텔을 개업했다.[12, 43]

시간이 더 지난 뒤에는 크리옹(1909년), 뤼테시아(1910년), 플라차(1913년), 브리스톨(1925년) 등 또 다른 초호화 호텔을 파리에 지었다.

유럽의 서민: 여전히 빵과 감자를 먹다

한편 서민은 여전히 빵과 감자를 먹었고 고기는 아주 드물게 먹었다. 농업이 주를 이루던 유럽에서 냄비에 끓인 수프와 포리지는 여전히 식생활의 바탕이 되었다. 여기에 돼지기름을 넣기도 하고 녹색 채소(양배추, 양파, 참소리쟁이, 강낭콩)와 감자를 가끔 곁들이기도 했다. 빵(갈색 빵, 흑빵, 보리빵, 호밀빵, 옥수수빵, 밀빵)은 여전히 큰 비중을 차지했다. 보관할 줄 몰랐던 버터는 거의 먹지 않았고 우유를 많이 마셨다. 해안 지방이 아니라면 생선은 전혀 먹지 않았다. 과일은 매우 귀했다. 주로 사과와 배를 먹었고 포도 재배 지역에서는 포도를 먹었다. 일요일에는 염장한 돼지고기를 추가하기도 했다. 가금류는 정말 드물게 먹었다. 정교한 음식(초콜릿, 커피, 설탕, 파스타)은 특별한 날에만 먹었다. 쥐라 지방과 보클뤼즈 지방에서는 아이가 태어났을 때 설탕 1파운드를 선물했다.[104]

식사의 수와 장소는 밭일에 따라 정해졌다. 프랑스에서는 여름에는 보통 동이 트기 전에 아침을 먹었고, 첫 간식을 11시경, 점심을 오후 1시, 두 번째 간식을 4시, 저녁을 9시경 먹었다. 겨울에는 간식이 없었고 저녁을 일찍 먹었다. 식기는 숟가락과 흙을 구워 만든 사발이 전부였다. 남자들은 저마다 개인용 주머니칼을 가지고 다녔다.[104]

농민이 노동자로 일하기 시작하면서 집에서 아내가 준비한 똑같은 음식을 싸 와서 구내식당에서 먹었다. 이때는 공장에서 바쁘게 일하다가 혼자서 빠르게 식사했다. 점심 식탁에는 침묵이 내려앉았다.

곡물과 감자 소비는 영국에서 1880년경, 프랑스에서 1894년, 독일에서 1903년에 최고조에 이르렀다.[28] 이후에는 소비량이 줄었고 동물성 단백질과 유제품의 소비가 증가했다.

아일랜드의 농민과 목축업자는 무역을 위해 징발되지 않았던 유일한 재료인 양고기(양, 새끼 양)에 감자, 파슬리, 양파를 넣어 만든 음식을 개발했다. 바로 아이리시 스튜다. 19세기 말 아일랜드인이 작물을 다양화하고 스튜에 무와 당근을 넣으면서 스튜도 변화했다.

19세기 말 무기화학의 발전으로 식물의 병충해를 방지하는 최초의 제품이 개발되었다. 황산구리와 석회를 섞어 만든 보르도액은 포도나무잎의 노균병을 치료하기 위해 사용되었다.[474]

프랑스의 식생활 모델은 다른 유럽 국가와 달랐다. 프랑스에는 여전히 농촌 인구가 더 많았다. 1880년에는 전체 국민의 70퍼센트가 농촌 인구였다. 그러나 농업이 산업보다 프랑스 경제에 가져다주는 수익은 더 적었다. 프랑스의 과일과 채소 소비량은 다른 국가들에 비해 훨씬 많았다. 1800년 1인당 연간 소비량이 50킬로그램이었고 1894년에는 102킬로그램이었다. 또 프랑스에서는 사탕무에서 설탕을 생산해 독일보다 설탕 소비량이 약간 더 많았다.[97]

세계 다른 곳: 다양성이 지속되다

러시아 농촌에서는 삶은 감자, 으깨거나 말린 생선, 껍질을 제거한 메밀이나 밀을 삶은 다음 우유와 지방을 넣어 만든 카샤kasha를 먹었다.[35]

중국 농민들은 쌀, 보리, 귀리를 죽으로 끓여 먹었고 땅콩, 국수, 채소, 두부, 튀긴 빵이나 찐빵, 돼지고기나 순대를 넣은 양배추 국을 먹었다. 가금류와 해산물은 귀해서 인기가 많았고, 아시아 다른 국가들과 마찬가지로 곤충을 먹었다. 식초와 간장이 주요 양념이었다.[33, 262]

1867년 메이지 시대가 열리면서 끝을 맺었던 에도 막부 시대의 일본 농민들은 거친 곡물(기장), 국, 두부, 채소(순무, 무, 버섯, 가지), 17세기에 네덜란드에서 수입한 감자를 먹었다. 생선은 날것으로 먹었다. 쌀은 아직 사치품이어서 농민들은 쌀을 먹지 않고 내다 팔았다.[38, 259, 260, 261] 불교에서 금한 돼지고기, 말고기, 쇠고기 소비가 대중화되었으나 여전히 육류 소비는 불결함의 상징이었다.

힌두교 신자인 인도 농민들은 기장, 라기, 밀로 차파티라고 부르는 빵을 만들어 먹었다. 고기는 금기였다. 구자라트 주에서는 신기한 채소를 먹었고 펀자브 지역 음식은 영국인들이 모방해 먹었다. 무슬림들은 쇠고기와 향신료로 양념한 가금류 고기(탄두리, 커리 등)를 먹었다. 인도에서도 쌀은 일본처럼 최상류층만 먹었다. 1858년부터 커리와 같은 향신료와 인도 음식들이 영국에서 선풍적인 인기를 누렸다.[257, 258]

아프리카에서는 수수와 조가 주식이었다. 주로 포리지로 만들어 먹거나 가루를 내서 넓적한 빵이나 폴렌타로 만들어 먹었다. 채소는 주로 밤바라땅콩과 동부콩을 먹었다. 나무(바오바브나무)에서 직접 딴 '잎채소'도 먹었다. 고기는 사냥을 해서 잡은 동물(영양, 원숭이, 다람쥐, 뿔닭)을 먹었다. 목축은 거의 하지 않았다. 아프리카 전역에서 곤충을 먹었다. 아프리카가 서서히 유럽의 식민지가 되면서 '유럽식 식사'가 정착했고 아프리카인들은 식민지 지배자들의 음식 독재에 복종했다.[333]

이런 상황에서 인구 폭발과 인류 최악의 식량 문제가 다가온다.

제6장

음식 자본주의를 위한 식이요법: 20세기

19세기 말 세계 인구는 16억 명이 되었고 세계 경제와 정치의 중심이 유럽에서 미국으로 넘어가기 시작했다. 미국의 자본주의가 전 세계에 서서히 새로운 식생활 모델을 정착시켰다. 이와 함께 새로운 방식의 먹기, 즉 새로운 대화 방식이 나타났다. 그것은 더는 대화하지 않는 것이었다. 사람들은 더 많은 소비를 위해 더 혼자가 되었다. 구매하기 위해 입을 다물었다.

먹는 것은 미국의 상징이 되었고 미국은 먹는 것의 상징이 되었다. 그리고 언제나처럼 이것은 그저 음식의 문제가 아니라 음식을 먹는 방식, 우리가 식사하면서 말하는 것 혹은 말하지 않는 것의 문제였다. 이는 전 세계의 문화, 사회, 정치에 큰 영향을 미쳤다. 사람들은 점점 더 빨리 먹고 점점 더 나쁜 음식을 먹으며 점점 더 많은 가공식품을 먹었다. 또한 먹는 데 돈을 점점 덜 쓰게 되었다.

여기에 저항하는 국가도 있었다. 프랑스는 미국 모델을 피할 방법이 있었기 때문에 그랬고, 다른 국가들은 미국 모델을 따를 돈이 없었기 때문에 그랬다.

미국 자본주의의 속임수: 가공식품

19세기 말 미국인은 유럽인과 비슷하게 식사했다. 더 잘 먹을 때도 많았다. 이주민 한 사람 한 사람이 자신만의 요리법, 식사를 구성하는 방식, 종교나 가족과 관련된 기념일을 지내는 방식, 대화 주제, 식사 예절을 가지고 신세계에 도착했다. 식탁에서 여성을 배제하는 남성도 있었고 여성에게 모든 권력을 주고 아이들도 말할 수 있게 해주는 남성도 있었다.

미국에서 최초로 발간된 요리책들은 영국, 프랑스, 독일, 아일랜드, 폴란드, 에스파냐, 유대인, 중국 등 다양한 문화권의 요리를 다루었다. 이주민 공동체에 따라 피자, 아이리시 스튜, 굴라시, 게필테 피슈, 파에야를 먹었다. 이주민들은 신대륙에 도착하면서 새롭고 건강하게 키운 양질의 채소와 고기를 발견했고 그 재료를 사용해 음식을 만들었다.

이 재료들은 유럽의 요리 전통을 더 풍부하게 했고 새로운 조리법에 사용되었다. 전형적인 미국식이라 할 수 있는 새로운 조리법들은 특히 대평원을 누비는 카우보이들, 북동부, 텍사스, 루이지애나의 농장주들이 해 먹던 요리에서 비롯되었다.

그러나 이 모든 것이 서서히 하나로 수렴되고 획일화되며 빈약해졌다.

미국 서부에 인구가 증가하면서 산업가들에게는 새로운 시장이 열렸다. 산업가들은 냉동 열차 등 당시의 기술 혁신 덕분에 고기를 장거리 운송할 수 있었고 미 대륙의 식품 시장이 통일되었다.

소비자들이 주거, 의복, 교통, 오락에 돈을 더 쓰게 하려면 식비를 줄여야 했다. 그래서 식생활을 통일하고 단순화하고 중립화한 것이다.

음식은 대화의 주제가 되면 안 되었고, 그러려면 음식이 시시해야 했다. 그리고 가능하면 효율성을 높이기 위해 일하면서 혼자 밥을 먹게 해야 했다. 그러려면 적은 비용으로 노동자와 그 가족을 먹일 수 있는 가공식품을 만들어내야 했다.

드디어 주린 배를 채울 수 있을 만큼 풍요로운 음식과 좋은 재료가 있는 신생국으로 온 에스파냐의 이주민들이 이런 생각을 받아들이게 하기는 어려웠다.

이를 위해서 미국 자본주의는 우회로를 선택했다. 미국인들에게 풍요롭고 다양하며 자연적인 음식이 건강하지 않다고 믿게 하는 것이다. 그리고 더 엄격하고 덜 자연적인 음식, 즉 가공식품이 필요하다고 설득하는 것이다. 식탁에서 시간을 낭비하지 말라고, 먹는 것을 지루해하라고, 음식에 관해서는 가능한 한 생각하지 말라고 설득해야 했다.

이는 놀라운 속임수였다. 소위 영양학적 합리성을 핑계로 서민층의 음식에 대한 기준을 낮추고 치료를 핑계로 맛을 중시하지 않게 만들었다. 사람들에게 건강하다며 가공식품을 저렴하게 사게 만들었던 것이다. 소득의 많은 부분을 음식에 써서 잘 먹게 하지 않고, 혼자 빨리 먹게 했다. 가족을 해체하고 문화적 연대와 미식의 연대를 무너뜨렸다.

소식小食이 수익과 국가의 단합을 위해 이용되었다.

미국인의 식습관 변화는 갑자기 찾아오지 않았다. 변화는 19세기의 첫 30년 동안 시작되었다. 에드워드 히치콕 주니어나 윌리엄 탤컷 같은 의사들이 고기, 향신료, 양념, 커피, 차, 술, 담배를 멀리하고 특히 자위를 포함한 성생활을 하지 말라고 권했다. 채소, 과일, 운동을 "긍정적인"[69] 정신 상태와 결부시키며 권장했다.

1860년경 필라델피아에서 개신교 설교자로 활동했던 실베스터 그레이엄은 앞에서 살펴봤던 18세기 프랑스의 생기론에 영향을 받아 술, 고기, 향신료, 성생활에 반대했다. 그는 이 모든 것이 신경계를 지나치게 자극해서 치명적인 질병을 일으킨다고 주장했다.[28] 그는 화학비료를 사용해 생산한 곡물을 먹지 말라고 했다. 또 맛이 음식의 질을 판단하는 기준이 되면 안 된다고도 했다. 건강한 음식, 즉 맛없는 음식을 먹어야 한다는 것이다.

그레이엄은 미국에 "복음을 전달하려고" 갔다. 그는 "채식하십시오. 화학 재료(특히 맥주효모)를 흰빵에 넣지 마십시오."라고 외치고 다녔다. 또 빵집 주인들이 밀가루를 하얗게 만들려고 석고가루나 칼륨을 넣는다고 비난했다. 미국의 많은 도시에서 그를 신봉하는 사람들이 생겼다. 《그레이엄 건강장수저널》이라는 잡지를 만든 신봉자들도 있었고 동부에 막 설립된 대학들에 '그레이엄과'를 개설한 사람들도 있었다. '순결한' 땅, 그러니까 유기농 비료마저도 뿌리지 않은 땅에서 자란 곡물로 '그레이엄 밀가루'(체로 거르지도 않고 분쇄도 하지 않은 밀가루)와 '그레이엄 크래커'(그레이엄 밀가루에 꿀을 섞어 만든 길고 얇은 비스킷)[68]를 만든 사람들도 있었다. 그레이엄이 추천한 식품만 파는 가판대도 등장했다.

1870년경 과학, 특히 화학의 발전도 비슷한 방향으로 흘러가서 맛을 식품의 품질에서 부차적인 요소로 보았다. 미국 영양사들은 탄수화물, 지방, 단백질이 하는 중요한 역할을 설파하며, 그레이엄과 마찬가지로 맛이 없는 단백질을 먹으면 저렴하고 적절하게 영양을 섭취할 수 있다고 설명했다. 이처럼 상황은 가공식품으로 대세가 기울도록, 그리고 결국 식탁에 둘러앉아 먹는 식사가 사라지도록 준비되어 있었다.

칼로리와 콘플레이크

1880년경 그레이엄의 제자이자 화학자 겸 교수였던 윌버 올린 앳워터가 식품의 영양적 가치를 측정하고자 했다. 이를 위해 '칼로리'(50년 전 프랑스인 니콜라 클레망이 열의 양을 측정하려고 만든 개념) 라는 개념을 적용했다. 앳워터는 칼로리를 음식을 '연소'시켰을 때 발생하는 열량으로 정의했다. 그가 말하는 1칼로리는 몸이 1톤의 물체를 1.53피트(약 46.6센티미터) 들어 올릴 때 필요한 에너지다. 이는 약 4,500줄J에 해당한다. (몸이 사용하지 않은 칼로리는 다양한 형태로 저장되고 성인은 쉬고 있을 때도 1초에 1.8칼로리를 소모한다는 사실이 나중에 알려졌다.) 사람들은 음식을 더 이상 맛, 냄새, 질감, 재료, 익힘 정도, 식사하면서 나누는 대화의 질로 평가하는 것이 아니라 칼로리라는 숫자 하나로 평가하게 되었다. 이후 칼로리는 먹는 음식의 가치를 정하는 중요한 기준이 된다.[117] 맛은 부차적인 것으로 밀려났다.

1898년 그레이엄 크래커가 미국 전역에서 큰 인기를 누리자 판매를 더 늘리기 위해 그간 이 제품을 판매하던 윌리엄 헨리 무어(금융가가 된 전직 판사)와 아돌푸스 그린(산업가가 된 전직 변호사)의 빵집 체인이 내셔널 비스킷 컴퍼니(이후에 내비스코로 바뀌었다가 다시 몬델리즈인터내셔널로 바뀐다)로 합병되었다.[336]

아이러니하게도 요즘 판매되는 그레이엄 크래커는 설탕, 표백 밀가루, 보존제 등 실베스터 그레이엄이 비판했을 만한 재료로 만들어진다.

농식품 산업은 이렇게 영양학과 종교라는 우회로를 거쳐 시작되었다.

그리고 그게 다가 아니었다. 1898년 그레이엄의 또 다른 추종자였던 존 하비 켈로그는 미시간 주의 배틀크리크에서 결핵 환자를 치료하는 요양소를 운영하고 있었다. 그도 그레이엄처럼 고기, 향신료, 술을 먹지 말라고 자위도 하지 말라고 했다. 그는 직접 "바이오로직 리빙biologic living"[75]이라고 이름 붙인 원칙들에 따라 환자들에게 채소로 만든, 맛이 나지 않는 음식을 처방해서 "영혼의 휴식"을 도모했다. 바이오로직 리빙은 자연, 자신의 몸, 도덕을 존중하는 삶이다. 켈로그는 동생 윌 키스와 배틀크리크 새니테리엄 건강식품 회사를 설립해서 환자들에게 자신의 원칙에 맞는 음식을 생산하고 판매했다. 빵을 대체할 식품을 찾던 두 형제는 밀을 쪄서 말린 다음 롤러에 통과시켜 납작하게 만들어 익혔다. 그렇게 해서 콘플레이크가 탄생했다. 의사였던 켈로그는 이 새로운 음식이 환자들의 소화불량을 치료하고 성욕을 감퇴시킬 약이라고 확신했다. 치료 효과가 있다고 소개될 테니 맛을 불평하는 환자는 없으리라 믿었다. 요양원에서 콘플레이크가 성공을 거두자 윌 키스 켈로그는 대중을 위해 제품을 생산하기로 했다. 1906년 그는 배틀크리크 토스티드 콘플레이크 회사를 설립했고 1922년 상호를 켈로그 컴퍼니로 바꾸었다.[57, 238]

콘플레이크가 성욕을 감소시키려는 목적으로 개발되었다는 사실을 아는 소비자는 그때도 지금도 거의 없다.

자본주의를 위해 식탁을 잊게 하다

19세기 말 미국에서는 맛을 중요하게 생각하지 않게 하는 것, 맛이 없거나 배가 부르게 하는 음식을 더 빨리 먹어서 식탁에서 시간을 많이 보내지 않게 하는 것에 모든 초점이 맞춰졌다. 이로 인해 식사 시간이 줄어들었다. 특히 공장에서 크게 줄어들었지만 가정에서도 마찬가지였다. 미국 사회는 혼자 밥을 먹거나 직장에서 모르는 사람들과 밥을 먹는 고립된 인간의 집합소가 되기 시작했다. 집에는 다이닝룸이 아닌 '리빙룸'이 생겼다. 밥을 먹는 공간이 줄어들면서 생산성이 향상되었다. 이런 현상은 당시 미국의 눈부신 경제 성장에 분명 영향을 미쳤다.

그와 동시에 품질이 매우 나쁜 식품의 대량생산이 가속화되었다. 소비자단체들이 항의할 정도였다. 소비자 운동은 1883년에 창간된 《더 레이디스 홈 저널》과 전국에 10만 명의 회원을 둔 여성클럽총연맹General Federation Women's Club을 통해 주로 여성이 이끌었다.[335] 그러나 성과는 없었다. 농식품 산업의 힘이 막강해져서 1890년에서 1905년까지 미 의회는 식품과 의약품의 품질 관리를 내용으로 하는 200개의 법안을 거부했다. 하원과 상원이 암묵적으로 동의해 하원에서 발의한 법안은 상원에서 거부하고 상원에서 발의한 법안은 하원에서 거부했다.

1906년 농식품 산업계는 막강한 영향력으로 자신들의 이익에 맞는 연방 규범을 스스로 만들었다. 그리고 의회가 '소비자 보호법'이라는 순수식품 및 의약품 법Pure Food and Drug Act을 통과시키도록 했다. 사실 이 법은 미국 영토에서 제품을 판매하는 외국 기업, 즉 자신들의 경쟁 기업에 미국의 규범 준수를 강요하고 규범을 어겼을 때 처벌하는 것을 목표로 했다. 같은 시기에 마련된 육류감시법Meat Inspection Act은 육류 제품의 위조를 범죄로 규정하고 도축 과정을 규제했다. 이 법은 연방 차원에서 식품과 의약품의 위생 관리 및 규제에 관한 유일한 틀을 마련했다.[128]

맛 가리기

순수식품 및 의약품 법이 공포되자 주요 발기인 중 한 명이었던 헨리 J. 하인즈는 전 대륙을 위한 대량생산 공정을 기계화하기 시작했다. (하인즈는 독일 이민자 가정 출신으로 30년 전 형제와 사촌 프레더릭과 함께 F&J 하인즈를 설립했다. 하인즈 토마토케첩이 주력 품목이었고 하인즈 케첩의 8각형 용기는 지금도 브랜드의 상징이다.) 17세기에 아시아에서 건너온 요리법에서 아이디어를 얻어 만든 케첩에는 토마토, 소금, 후추, 향신료(정향, 계피, 올스파이스), 셀러리, 버섯, 샬롯, 설탕, 보존제가 들어간다.[96, 237] 하인즈 본인이 기여한 순수식품 및 의약품 법을 준수해서 만든 만능 소스 토마토케첩은 조만간 모든 사람이 음식의 맛을 가리기 위해 사용하게 된다. 무미의 음식에는 완벽한 소스다.

토마토케첩의 등장은 식품 산업이 새로운 단계로 나아갔음을 알리는 신호탄이었다. 싱거운 음식을 먹게 한 뒤 음식에서 빠진 맛을 가릴 인공적인 맛을 만들어냈기 때문이다.

이 시기에 농식품 산업은 이미 미국의 가장 중요한 산업이 되어 있었다. 미국 요리책은 음식의 맛이 아니라 에너지원으로서의 가치를 강조함으로써 유럽의 요리책과는 차별화되었다. 칼로리 외에도 맛을 부차적인 것으로 만들어버린 새로운 개념이 도입되었다. 바로 비타민이다. 비타민의 발견은 네덜란드 의사인 크리스티안 에이크만과 폴란드 생화학자인 카지미르 풍크와 관련이 있다. 비타민이라는 이름은 아민(암모니아 분자에서 추출한 질소 화합물. 수소 원자 1개 혹은 그 이상이 탄소 원자로 치환된다)과 생명vita에 중요하다는 뜻으로 '비타'와 '아민'이 합쳐져 만들어졌다.

시카고 도축장에서 시작된 대량생산 방식

불, 창, 화살, 바퀴, 배의 방향키 등을 다룰 때도 그랬지만, 농식품 분야에서 일어난 혁신은 생산 방식 전체를 변화시켰다. 또한 대화 공간으로서의 식사를 파괴하는 과정이 가속화되었다.

19세기 말 미국에서 소비되는 가축의 80퍼센트는 시카고 도축장을 거쳤다. 특히 돼지를 많이 도축했기 때문에 미국인들은 이곳을 포코폴리스Porcopolis라고 부르기도 한다. 1850년부터 이곳에는 업무 조직화에 중요한 혁신이 서서히 도입되었다. 도축된 동물은 레일에 매달려 이동했고 레일 앞에 선 노동자들은 베어내고 자르고 떼어내는 동작을 되풀이했다. 전기가 발명되자 공정은 자동화되었고 생산성은 폭발적으로 상승했다. 하루에 4,000마리 가까운 소가 도축되었다. 소는 9초에 한 마리, 돼지는 5초에 한 마리가 도축되었다. 특히 쇠고기와 돼지고기 통조림을 제조하는 업체의 수익성이 향상되었다.

이 연속 공정 방식을 아메리칸 토바코의 담배 제조업체들이 가장 먼저 따라 했다. 1908년에는 젊은 자동차 제조업자인 헨리 포드가 여기에서 아이디어를 얻어 그때까지 재래식으로 제조되던 자동차 모델을 대량생산하고자 했다. 그러기 위해서 포드는 도축장의 문제보다 더 복잡한 몇 가지 문제를 해결해야 했다. 서로 다른 작업이 동시에 이루어져야 했고 레일 위에 부품이 지속적이고 원활하게 제공되어야 했다. 여러 차례 실패를 겪은 이후 포드는 1913년에 최초의 자동차 조립 체인을 가동했다. 그리고 이러한 생산 방식에 알맞고 당시 세계 시장에 판매 중인 기존 자동차들보다 훨씬 비용이 싼 포드 모델 T를 생산했다.

모델 T는 엄청난 성공을 거두었고 전 세계적으로 모든 산업 분야에 큰 변화를 불러일으켰다. 포드는 1922년에 펴낸 자서전 《나의 삶과 일》에서 시카고 도축장의 체인 시스템에서 영감을 얻었다고 밝혔다. "전반적인 아이디어는 시카고의 통조림 제조업체에서 쓰던 트롤리에서 얻었다."[129]

식품을 대량생산하다

식품 제조 분야의 혁신으로 우선 식비가 감소했고, 식비가 떨어졌으니 중산층이 탐을 내기 시작한 첫 번째 소비재인 자동차의 가격도 떨어졌다.

100년 동안의 모형 개발과 실험 끝에 주방에서의 노동 생산성을 개선하기 위한 수단들(오븐, 가스레인지, 냉장고, 세탁기)이 가정

집으로 입성한 것도 이 시기다. 머지않아 이 가전제품들도 자동차에 이어 대량생산되는 소비재가 되었다. 여성은 많은 집안일에서 벗어나 직장을 다니고 다른 방식으로 소비하게 되었다.

미국의 아파트나 주택에서 주방은 거실과 통하게끔 설계되었다. 공간이 부족한 것도 아닌데 말이다. 생활을 하는 장소와 밥을 먹는 장소가 뒤섞이는 것이다.

1892년 캐나다인 토머스 아히언이 '전기 오븐' 특허를 등록했다. 그는 자신의 발명품을 1893년에 열린 시카고 만국박람회에서 대중에게 공개했다. 처음에는 반응이 없었다.[232] 1905년 오스트레일리아인 데이비드 컬 스미스가 오븐 위에 전기레인지를 올려 현대적인 형태로 완성했다.[314] 전기 사용료, 구매의 어려움, 가열 부품의 짧은 수명, 새로운 형태의 에너지가 불러일으킨 우려 때문에 미국에서 판매가 촉진되지 않았다.

1900년에 프랑스의 클레르몽페랑에서 앙드레 미슐랭과 에두아르 미슐랭이 파리 만국박람회를 기념하기 위해《미슐랭 가이드》라는 책자를 만들었다. 원래 이 최초의 미식 및 도로 안내서는 타이어를 구매하는 고객에게 무료로 배포되던 책자였다.[130]

농식품 업체는 계속 늘어났다. 1901년 몬산토가 설립되었다. 처음에는 사카린을 제조하다가 나중에는 아스피린도 생산했다. 1902년에는 펩시콜라가 설립되어 코카콜라(두 음료의 성분은 지금까지도 기밀로 유지되고 있다)와는 다른 음료 제조법을 선보였다. 1903년에는 제임스 크래프트가 시카고에서 치즈를 판매하기 시

작했고 이후 제이 엘 크래프트&브로스로 사명을 변경하고 세계 최대의 농식품 기업이 되었다.[236]

유럽에도 미국식 모델을 따르는 업체들이 생겨났다. 1906년에 조제프 레옹 자크매르는 블레딘이라는 신생아 이유식을 개발했다. 인공유를 먹지 못하는 신생아를 위해 곡물로 만든 포리지 제품이었다. 1908년에는 모르시 기고즈가 스위스에서 가루 분유를 발명했다.[357]

1906년에 프랑스의 의사이자 해수의 열에너지 법칙을 발견한 물리학자인 아르센 다르송발이 음식의 급속 냉동과 탈수 건조를 결합한 동결건조 방식을 발명했다. 이로 인해 미리 만들어놓은 음식의 생산과 보존이 훨씬 용이해졌다.[475]

1913년에는 미국에서 최초의 가정용 냉장고가 판매되었다.[30] 독일의 화학자 프리츠 하버와 카를 보슈의 이름을 딴 하버-보슈법은 질소를 안정화해서 질소 비료를 대량생산할 수 있게 했다. 이로 인해 전 세계 농업이 서서히 큰 변화를 맞게 된다.[361]

제1차 세계대전 당시 음식의 산업화 과정이 가속화된다. 콘드비프가 영국, 미국, 오스트레일리아, 뉴질랜드 병사들의 주식이 되었다. 이때부터 콘드비프는 세계 1위의 육류 생산 국가인 아르헨티나에서 생산되었다.

미리 만들어놓은 음식이 세계 곳곳에서 팔리기 시작했다. 사무실과 열차, 선박, 심지어 최초의 비행기 안에서도 말이다. 1919년 영국 항공사 핸들리 페이지 트랜스포트는 런던-파리 항로에서 3실링을 받고 최초의 기내식을 판매했다. 공항 식당에서 준비한 음식은 보온 통에 보관되어 비행기에 실렸다가 승객에게 서빙되었다.[268]

그 이후로는 모든 것이 급속도로 진행되었다. 음식의 빠른 생산 단계 다음에는 가속화된 소비 단계가 찾아왔다.

빨리 먹기: 패스트푸드

제1차 세계대전이 끝나고 몇 십 년 동안 이루어진 이데올로기적 준비와 물리적 준비가 완료된 뒤에야 빠른 식사를 위해 빠르게 음식을 내놓는 식당이 출현했다.

이제 더는 집에서 가족을 먹이는 것이나 각자 개성에 따라 요리하는 레스토랑, 학교 식당, 구내식당에서 밥을 먹는 것이 문제가 아니었다. 더 이상 구내식당도 이용하지 못하고 집에 들어가 요리할 수도 없는 소비자들이 점점 증가하자, 이들을 싼값에 먹이는 것이 관건이 되었다. 대량생산 모델에 따라 통일된 요리법을 적용하는 식당, 시간을 지체하는 것이 용납될 수 없고 대화를 나누는 장소도 아닌 식당에서 밥을 먹는 것이다.

이것이 그 이름은 훨씬 늦게 나타날 '패스트푸드'의 출현이다.

패스트푸드 식당에서 먹을 수 있는 음식은 몇 십 년 전 미국의 영양사들이 정한 원칙을 따르지 않았다. 그 영양사들 덕분에 패스트푸드 식당이 탄생했는데도 말이다. 패스트푸드는 기름기가 많고 짜고 달며 품질이 불량한 재료를 사용하여 저렴한 가격에 소비자들의 입맛을 사로잡고 중독감을 불러일으키게 된다. 맛을 저평가했던 것이 이러한 변화를 용이하게 했다.

패스트푸드는 들고 다니기 쉽다는 특징이 있다. 18세기 말에 생겼던 샌드위치의 형태는 소비자들의 노마디즘을 부추기고 식사에 담긴 사회성의 의미가 소멸되는 것을 허락했다.

1921년 캔자스 주의 위치토라는 도시에 살던 요리사 월터 앤더슨과 부동산 중개업자 빌리 잉그럼이 화이트캐슬을 설립했다. 화이트캐슬은 세계 최초의 패스트푸드 체인점의 첫 번째 식당이다. 두 사람은 이곳에서 식빵 두 개로 만든 네모난 햄버거를 저렴하게 팔았다. 결과는 대성공이었고 프랜차이즈 지점들이 생겨났다. 10년 뒤에 화이트캐슬 브랜드를 단 레스토랑이 미국 11개 주에서 영업하게 되었다. 1933년에 앤더슨은 자신의 지분을 잉그럼에게 팔았고 잉그럼은 회사를 크게 확장했다. 현재는 미국에 화이트캐슬 체인점이 420개가 넘고 주로 미국 중서부, 켄터키 주, 테네시 주에 집중되어 있다.[436]

1929년에는 런던 북부에 테스코가 설립되었다. 테스코는 건조식품 전문 매장이었다가 음식을 저장하는 창고가 되었다. 이것이 세계 최대 유통 업체의 출발점이었다.[414]

1930년에는 마가린 유니(식물성 및 동물성 지방 제품 생산업체)와 레버 브라더스(비누를 제조해서 판매하는 가족 기업)가 합병해서 유니레버가 설립되었다. 유니레버는 1930년대에 냉동식품과 즉석식품 시장에서 빠르게 성장했다. 1938년에 비타민을 보충한 제품을 출시해서 마가린 판매가 다시 증가했다. 1943년에 유니레버는 냉동 채소 전문 기업인 배첼러스를 인수하면서 세계 냉동식품 시장의 강자로 떠올랐다.[358]

1930년대에 '샌더스 대령'(결투에서 냉정함을 보여준 샌더스에게 주지사가 지어준 별명)으로 통했던 할랜드 데이비드 샌더스는 자신의 식당 코빈(켄터키 주)에서 열한 가지 양념을 묻혀 튀긴 닭의 비밀 요리법을 개발했다.[359] 이것이 켄터키 프라이드 치킨이다. 샌더스 카페는 먼저 지역에서 큰 성공을 거두고 전국적으로 퍼져갔다. 1936년에 미식 비평가인 던컨 하인스가 샌더스 카페를《미식의 모험》이라는 안내서 초판에 넣었기 때문이다. 이 안내서는 미국 전역의 음식 잘하는 식당 475곳을 선정해 발표했다.[40] 샌더스는 켄터키 프라이드 치킨이라는 상표로 유타 주에서 최초의 프랜차이즈 지점을 열고 낮은 비용으로 대량생산하는 방법을 고안했다. KFC는 현재 전 세계에 2만 곳 이상의 프랜차이즈 지점을 두고 있다.[54]

1937년 캘리포니아 주에서 모리스 맥도널드와 리처드 맥도널드 형제가 영화관을 팔아 66번 도로에 식당을 개업했다. 캘리포니아 몬로비아 공항 근처에 들어선 에어드롬 식당에서 핫도그를 팔다가 한 개에 10센트짜리 햄버거를 판 것이다. 1940년에 두 형제는 식당을 로스앤젤레스에서 뜨기 시작한 교외 지역인 샌버너

디노로 옮기고 이름을 맥도널드 바비큐로 바꾸었다. 그리고 유니폼을 입은 종업원들이 자동차 창문을 통해 햄버거를 건네주는 드라이브 스루 시스템을 도입했다.[222]

맛 없음을 강조한 영양사들이 괴물을 낳은 셈이다. 사람들은 그레이엄이 바라던 대로 빠르고 싸게 음식을 먹었지만 자신이 꿈꾸던 것을 먹지는 못했다.

프랑스에서는 1920년에 《미슐랭 가이드》가 유료로 바뀌었다. 최고의 레스토랑에 주는 별 한 개는 1926년에 처음 출현했고 1930년에 별 두 개와 별 세 개짜리 레스토랑이 나타났다.

세계 음식에 난입한 미국

제2차 세계대전 당시 미국 병사들은 점점 더 단 제품(껌, 코코아, 콜라, 인스턴트커피)을 소비했다. 이런 제품은 모두 군대의 사기 진작에 도움이 된다는 평가를 받았다. 병사들은 나치 군대가 프랑스 거리의 표지판을 파괴하자 《미슐랭 가이드》를 보고 현재 위치를 파악했다.

베를린과 도쿄로 진격하는 미국 병사들은 자유와 현대성의 상징이 된 미국 농식품 산업의 가장 훌륭한 홍보 요원들이었다.

이 시기에 런던(20세기 초부터 인도의 영향이 느껴지기 시작했다)에서는 '비건vegan'이라는 말이 등장했다. 도널드 왓슨이라는 교사가 고기만 금하는 채식주의와 구분하기 위한 만들어낸 '비건'이라는 용어는 동물과 동물을 이용해 만든 모든 제품을 전혀 소비하지 않는 것을 뜻했다.[366]

1946년 미국의 패스트푸드 레스토랑들은 개인들과 마찬가지로 새로운 발명품 전자레인지의 수혜자가 된다.

평화가 다시 찾아오자 미국 방위 산업체들은 군사적 필요 때문에 개발된 기술을 민간에 적용할 방법을 모색했다. 레이시온의 엔지니어로 근무하던 퍼시 스펜서는 우연히 자전관(전쟁 중에 단파 레이더를 사용할 때 마이크로파를 발생시키는 장치) 옆에 놓여 있던 초콜릿 바가 녹는 것을 관찰했다. 그는 마이크로파를 음식을 덥히는 데 사용하는 것에 관한 특허를 등록하고 높이 1.8미터에 340킬로그램이나 나가는 최초의 전자레인지인 '레이더레인지'를 개발했다. 20년 뒤 일본 기업 샤프가 레이더레인지를 소형화하고 회전판을 추가했다. 이렇게 해서 합리적인 크기와 가격이 만들어졌다. 새로운 전자제품이 주방에 입성하면서, 주방은 조리해둔 음식을 마무리하는 장소 이상이 되었다.[233, 234]

1954년, 피아노 연주자에서 밀크셰이크 기계 영업사원이 된 레이 크록은 대단한 야심을 품고 분량, 포장, 재료, 준비 시간, 서빙 등 모든 것이 규격화된 프랜차이즈 창업을 맥도널드 형제에게 제안했다. 그는 "우리가 햄버거 사업을 그 누구보다 진지하게 할 수 있다."라고 말했다. 그렇게 해서 1955년 3월 2일 두 맥도널드 형제와 레이 크록이 맥도널드 시스템이라는 회사를 설립했다. 첫 번째 프랜차이즈 지점은 같은 해에 일리노이 주의 데스 플레인스에 문을 열었다. 100번째 지점은 1959년에 개업했다. 1961년에는 크록이 경영권을 손에 쥐었다. 270억 달러를 주고 두 형제의 지분을 사들인 것이다. 그는 두 형제에게 첫 번째 지점(체인 이름에 대한 권리를 잃고 '더 빅 엠'이라고 불렸다)의 문을 닫게까지 하고 같은 블록에 맥도널드 지점을 열었다.[46, 67, 222, 223]

레이 크록은 유행에 뒤처지지 않기 위한 혁신의 필요성을 깨달았다. "당신이 푸릇푸릇할 때는 성장하지만 다 익었을 때는 썩기 시작한다."[46] 그리고 "계약은 심장과 같다. 둘 다 깨지기 위해 만들어졌다."라고도 말했다. 그는 1984년에 눈을 감을 때까지 무자비한 경영으로 유명했다. 쓸데없는 지출이 없는지 늘 찾았고 모든 과정은 규격화되었다. 공간도 인체공학적으로 설계되었다. 맥도널드의 매출이 컸기 때문에 품질이 나쁜 재료를 많이 사들일 수 있었다. 젊고 비숙련된 노동력도 저렴했다. 맥도널드는 엄청난 성공을 거두었다.

1967년에 기업은 중요한 단계를 넘어섰다. 미국을 떠난 것이다. 1967년에는 캐나다, 1970년에는 코스타리카, 1971년에는 일본, 네덜란드, 독일, 1972년에는 프랑스, 1990년에는 중국, 1992년에는 모로코, 1996년에는 인도에 상륙했다. 2019년에 맥도널드는 100개가 넘는 국가에 3만 6,000개 지점을 두었다. 맥도널드는 미국식 생활양식의 상징이 되었다. 메뉴는 현지 입맛에 맞게 바뀌었어도 말이다.

맥도널드의 명성은 대단했다. 2000년대 초 미국의 한 연구는 미국 초등학생 96퍼센트가 브랜드의 상징인 광대 로널드(설립자인 맥도널드 형제의 이름이 아니다)를 알고 있다고 밝혔다. 이보다 좋은 성적을 낸 건 산타클로스뿐이다.[266]

맥도널드의 명성은 큰 우려를 낳기도 했다. 또 다른 연구는 초등학교에서 150미터 이내에 패스트푸드 식당이 있으면 학생이 비만이 될 확률이 5.2퍼센트 높아진다고 밝혔다.[118]

기근과 20세기 지정학

다른 지역에서는 20세기 역시 기근의 시대였고 이는 정치적으로나 지정학적으로 많은 영향을 미쳤다.

1891년과 1892년 제정 러시아에서는 기근으로 40만 명이 목숨을 잃었다. 러시아 농민은 조직화하기 시작했고 레닌은 이를 반겼다. 기근이 "적의 머리를 죽도록 치는" 데 쓰일 수 있기 때문이었다. 레닌은 1917년에 권력을 잡았다.

독일에서는 원자재 가격 인하(와 1923년의 초인플레이션)를 상쇄하기 위해 빚을 졌던 소지주들이 1929년 대공황의 직격탄을 맞았다. 농민들은 때로는 폭력적인 시위(전국기독교농민협회 등)를 벌였고 인기를 얻었다. '국가사회주의 독일 노동자당NSDAP'이 이를 이용해 1932년 선거에서 소농들에게 가장 인기 있는 정당이 되었다.[138, 139, 140] 그리고 정권을 차지했다.

중국에서는 1958년에 이론적으로는 자급자족하는 농촌 공동체인 '인민공사'가 생겼다. 인민공사는 과학 상식을 저버리고 이데올로기만 추종하는, 부조리하고 해로운 농촌 개혁을 초래했다. 예를 들어 1958년에 시작된 제사해除四害 운동은 쥐, 파리, 모기, 곡물을 빼앗아 먹는 참새를 없애는 운동이었다. 그러나 참새가 사라지자 메뚜기가 창궐해 작물을 모조리 먹어치웠다. 마오쩌둥은 생물학적으로 가까운 식물들을 함께 심어야 생산량이 증가할 것이라고 주장했다. 그렇게 해야 "사이좋게 자랄 것"이라면서 말이다. 그러나 결과는 참혹했다. 새싹은 숨을 못 쉬어 죽었고 토양의 질은 크게 악화되었다. 농업 생산량이 추락하면서 기근이 확산되었다. 3,000만 명에서 4,500만 명이 목숨을 잃었다. 개혁의 실패를 인정해야 했던 류사오치(중화인민공화국 국가주석)와 덩샤오핑(공산당 서기)은 1960년에 긴급 조치를 취했다. 농민들에게 사유지에 농사를 짓게 하고 지역 시장 일부를 복원하는 조치였다. 그러다가 마오쩌둥이 다시 권력을 잡고 1966년 문화혁명을 시작했다.[24, 76, 404, 405]

나이지리아에서는 1967년 5월에 바이프라 지역이 독립을 선언하면서 내전이 일어났고 해상 및 육상 봉쇄가 이어졌다. 1968년에서 1970년까지 50만 명에서 200만 명이 사망했다.[406]

캄보디아에서는 1975년에 앙카르('조직'이라는 뜻으로 공산당의 이름이었다)가 모든 식량을 공산당의 재산으로 분류했다. 쌀이 화폐로 사용되었고 캄보디아 국민은 하루에 가계당 250~500그램을 배급받았다. 1975~1979년에 기아, 질병, 강제 노동, 즉결 처형으로 목숨을 잃은 캄보디아인은 150만 명에서 300만 명에 달했다.[142]

소련에서는 1990년에 집단농장이 실패했고(생산량이 사유지보다 훨씬 적었다. 사유지의 생산량은 전체의 5퍼센트였고 농지의 1.4퍼센트에 불과했다) 이로 인해 미하일 고르바초프가 이끄는 체제 붕괴가 가속화되었다. 고르바초프는 소련 농업과 관련된 중요한 직책을 역임한 뒤에 공산당 총서기장이 되었다.[92]

기아 근절

20세기 후반에 세계 인구가 많이 증가하면서(1900년에 16억 명, 1959년에 20억 명, 1974년에 40억 명이었다가 2019년에 79억 명을 넘어섰다) 많은 사람을 먹여 살릴 수 있는 극단적인 해답을 찾아야 했다.

우선 농업 생산량을 절대적으로 늘려야 했다. 이를 위해 중요한 혁신이 여럿 일어났다.

1944년에 미국 농학자인 노먼 볼로그가 생산성이 높고 병충해에 강한 밀을 연구하기 시작했다. 그는 1950년대 말에 멕시코에서 최초의 변종을 개발했다. 새로운 품종은 동남아시아, 특히 인도에 수출되었으며 1962년에 인도의 여러 마을에서 시험 삼아 재배되었다. 3년 동안 가뭄이 이어져 여러 번 기근에 시달렸던 비하르 주와 우타르프라데시 주에서는 1966년 폭동이 일어났다. 같은 해에 인도 농업연구소 소장 망콤부 스와미나탄의 영향으로 인도는 생산성이 높은 새 품종의 종자를 1만 8,000톤 수입했다. 여기에는 볼로그가 개발한 품종도 포함되어 있었다. 새 품종은 기존에 심던 모든 품종을 가차 없이 대체했다. 이 '녹색혁명'은 양적으로는 대단한 성공을 거두었다.[410] 적어도 20년 동안은 그랬다.

녹색혁명에는 물이 아주 많이 필요해서 쉽게 관개를 할 수 있는 지역에서만 실행할 수 있었다. 그러자 수자원에 대한 부담이 가중되고 물 사용과 관련한 갈등이 일어났다. 1986~1989년(즉 녹색혁명이 시작되고 20년 동안)에 펀자브에서 수행한 연구는 생산성 높은 품종을 심어서 유전적 다양성과 토양의 비옥도가 감소되었고 비료의 대량 사용으로 지하수 오염과 토양의 질 저하가 일어났다고 밝혔다.

게다가 녹색혁명에 참여했던 농민들은 대가를 치러야 했다. 최빈곤층은 배제되거나 과도한 빚을 졌다. 1995~2010년에 인도에서 27만 명의 농민이 스스로 목숨을 끊었다.[411]

다른 곳에서는 트랙터, 질소 비료(가스화학의 산물이다), 식물병충해 방제 제품(석유로 만들었다), 인과 칼륨 덕분에 생산성이 크게 개선되었다.

유럽에서도 중요한 개혁이 일어나 생산량이 엄청나게 늘어났다. 1957년 로마 조약에서 마련한 공동농업정책CAP이 1962년 발효되었다. 유럽연합의 식량 자급자족을 꾀한다는 목적을 달성하기 위해 처음에는 곡물 재배 농민, 그 이후에는 우유 생산자에게까지 가격 보상제를 실시했다. 이는 이들이 당시 매우 낮았던 세계 시장 가격보다 더 높은 가격을 받을 수 있게 보장함으로써 생산량을 늘리도록 하는 제도다. 이 정책은 매우 큰 성공을 거두었지만 결국 과잉 생산 문제가 발생해 생산량을 통제해야 할 상황에 이르렀다. 1984년에 우유에 대한 쿼터제가 발동되었고 이후 곡물과 채유 식물에 대해 '최대 보장량'을 도입했다. 보호주의라고 비판하는 무역 상대국들의 압력 때문에 유럽연합은 1992년 맥샤리 개혁으로 보장 가격을 크게 낮추었고 감소분을 직접 지원금으로 보상했다. 1999년에 보장 가격이 다시 인하되어 2003년 개혁 당시 폐지되었다.[363] 과일과 채소 생산자들은 보조금을 단 한 푼도 받지 못했다.

1973년 허버트 보이어와 스탠리 코언이 유기체에서 유전자를 추출한 다음 다른 유기체의 유전체에 이식하는 방법을 최초로 개발했다.[415] 이로써 유전자 변형 작물을 만들 수 있는 길이 열렸고 세계 농업 생산량이 크게 증가하게 된다. 1983년에 카나마이신 항생제에 저항성을 갖도록 담배를 유전적으로 변형시켰고 또 한 번은 해충에 저항성을 갖도록 변형시켰다. 또 제초제에 강하도록 변형되었다. 이 기술은 담배 외에 다른 작물, 특히 콩과 옥수수에도 많이 사용되었다. 1994년에 최초의 유전자 변형 토마토가 미국에서 시판되었다.[416] 1996년에는 매우 강한 제초제 글리포세이트에 저항성을 가진 최초의 유전자 변형 작물을 몬산토가 개발했다. 그것은 콩의 한 변종이었다.

인류 역사상 최초로 종자에 특허를 등록함으로써 종자를 채종해 사용할 수 없게 되자 농민들은 종자 제공업체, 특히 그중 최대 사업체인 몬산토에 전적으로 의존하게 되었다. 몬산토는 현재 최대 경쟁업체였던 독일 바이엘과 합병했다.[384]

연구자나 다른 기업들도 특허 종자를 다른 품종과 교배해 새로운 품종을 개발할 수 없게 되었다. 따라서 새로운 품종 개발이 위협받고 있다. 아무튼 이러한 혁신들로 인해 1960년에서 2018년 사이에 밀과 쌀의 세계 연간 생산량은 3배나 증가했고 옥수수는 5배나 증가했다. 설탕 생산량은 1900년 900만 톤에서 2017년 1억 8,500만 톤으로 늘어났다.

세계 평균 식량 가용성은 1960년 하루 1인당 2,190킬로칼로리에서 2019년 2,870킬로칼로리로 상승했다. 선진국에서는 1840년에 2,000킬로칼로리였던 것이 3,300킬로칼로리에서 안정되었다. 개발도상국에서는 평균 2,000킬로칼로리를 아직 넘지 못한다. 그러나 전 세계 인구 중 영양실조에 걸린 인구 비중은 1990년 18.6퍼센트에서 2018년 12.5퍼센트로 줄어들었다.

비료로 사용하는 인의 연간 소비량은 1950년에 500만 톤이었다가 2000년에 2,000만 톤으로 증가했으며 2013년에 4,380만 톤으로 껑충 뛰어올랐다. 그러나 작물에 뿌리는 인의 30퍼센트만 식물에 닿고 나머지는 토양에 쌓이거나 하천으로 흘러 들어간다.

농업은 유기물질의 소진과 토양 침식으로 100년 만에 10억 헥타르의 비옥한 토지를 농사를 지을 수 없는 불모지로 만들었다.

에스파냐의 유전학자 호세 에스키나스 알카사르는 20세기 초부터 식물 다양성의 75퍼센트가 생산성 향상에 목을 매는 농업 때문에 상실되었다고 평가했다. 특히 20세기 초에 미국에서 찾아볼 수 있었던 감자 품종 8,000개의 5퍼센트만이 지금까지 생산되고 있다.[384]

이와 함께 농민의 수가 급격히 감소했다. 전 세계적으로 대규모 기업농이 대세를 이루었고 소규모 자작농은 점점 줄어들었다. 1950년과 2010년 사이에 전체 인구에서 자작농은 차지하는 비중이 선진국에서는 35퍼센트에서 4.2퍼센트로 크게 줄어들었고 개발도상국에서는 81퍼센트에서 48.2퍼센트로 감소했다.

미국 농민 한 명이 155명을 먹여 살리고 독일 농민 한 명은 133명을 먹여 살린다. 1900년에 독일 농민 한 명이 먹여 살린 사람은 4명에 불과했다. 프랑스의 농업 인구는 제2차 세계대전이 끝났을 때 700만 명이었다가 2019년에 90만 명으로 줄어들어 농민 한 명이 75명을 먹여 살리고 있다. 프랑스의 농가 수가 78.8퍼센트 줄어드는 동안 전체 인구는 2,000만 명 늘어났다.

점점 더 강해지는 세계 농식품 산업

세계 농식품 산업은 1945년부터 경제, 정치, 이데올로기 분야에서 막강한 힘을 갖기 시작했다. 그리고 여전히 미국과 유럽의 기업이 주를 이룬다. 2017년에 세계 매출액이 4조 9,000억 유로로, 자동차 산업 매출의 두 배 이상을 기록했다.[170]

미국 경쟁 기업들과 동일한 원칙과 제품을 선택한 유럽 기업들이 큰 비중을 차지한다. 농식품 분야의 세계 10대 기업 중 펩시코(550억 유로), 코카콜라(310억 유로), 마스(300억 유로), 크래프트하인즈(230억 유로), 몬델리즈(230억 유로), 이렇게 다섯 개가 미국 기업이다. 유럽 기업 중 1위 기업은 네슬레(790억 유로)이고, 유니레버(540억 유로), 앤하이저부시 인베브(490억 유로), 다논(250억 유로), 하이네켄(220억 유로)이 그 뒤를 잇는다. 중국이나 인도 기업은 찾아볼 수 없다.[285]

미국 역대 대통령들은 기업을 위해 일할 때가 많았다. 1959년 닉슨 부통령은 펩시를 위해 협상을 벌여 소련 시장의 독점권을 얻어냈다.

이 농식품 기업들은 학교, 기업, 축구장, 주차장, 해수욕장에서 자사의 제품 판매권을 얻기 위해 경쟁하기도 했다. 1960년대에 펩시는 밥을 먹는 장소가 주방에서 거실로 이동한 것을 찬양하고 군것질, 그러니까 식사 시간에만 먹는 것이 아니라 늘 먹는 소비 습관을 홍보하기 위해 대규모 캠페인을 벌였다.

설탕 대체하기

더 나빠진 것은 점점 강력해지는 농식품 산업이 수익을 높이기 위해 소비자들은 아랑곳하지 않고 단맛 내는 원료를 대체했다는 사실이다.

1960년대까지 농식품 업체에서는 미국에서 재배되지 않는 사탕무와 사탕수수에서 추출한 자당을 주로 사용했다. 그러다가 1970년부터 미국산 옥수수로 만든 옥수수 시럽HFCS을 사용하기 시작했다. 옥수수 시럽은 수입한 자당보다 훨씬 쌌고 액체여서 음식에 섞어 넣기가 훨씬 쉬웠다. 그런데 자당의 포도당과 달리 옥수수의 과당은 인슐린으로 조절되지 않아 옥수수 시럽을 많이 먹을수록 혈액 속 지방과 콜레스테롤 수치가 올라간다. 게다가 과일에 든 과당과 달리 옥수수의 과당은 다른 영양소와 결합하지 않아 순수한 과당의 해악을 상쇄할 수 없다. 한마디로 옥수수 시럽은 재앙에 가까운 첨가제다.

그러나 1970년부터 옥수수 시럽은 즉석식품, 소다수, 과자, 요구르트, 아이스크림, 디저트 등 농식품 대기업들이 생산하는 다양한 제품에 들어갔다. 미국의 옥수수 시럽 소비가 급증해 1970년 1인당 연간 소비량 0.23킬로그램에서 1997년 28.4킬로그램까지 치솟았다.[95, 225, 226] 옥수수 시럽은 그야말로 독이 되었다.

농식품 업계에서는 이를 이용해 대형 마트에서 팔리기 시작한 자사 제품에 대한 소비자의 의존성을 높였다. 월마트의 첫 지점은 1962년에 문을 열었다. 코스트코의 첫 지점은 1976년에 프라이스클럽이라는 이름으로 개업했다. 같은 시기 앙투안 리부는 프랑스 리옹에서 판유리와 병을 생산하던 작은 기업을 세계적인 농식품 업체로 키웠다. 1972년과 1973년에 에비앙과 다논을 인수한 것이다.

나쁜 음식 더 많이 먹기

그사이 세계화는 서양 부자들의 식탁에 유럽과 미국의 최고 음식뿐만 아니라 개발도상국의 전통 음식까지 올렸다.

서양 부자들이 드나드는 식당에서는 아시아, 아프리카, 라틴아메리카의 요리법을 혼합하기 시작했다. 1979년에 뉴욕에서 창간된 새로운 안내서《저갯 서베이》도 이런 종류의 식당을 강력히 추천했다.

비행기 일등석 메뉴에도 미식이 올라오기 시작했다. 팬 아메리칸 항공은 프랑스의 유명 레스토랑 막심에서 기내식을 가져왔다. 콩코드는 상류층을 위한 요리를 상징하는 철갑상어 알, 바닷가재, 푸아그라를 제공했다.[267]

개발도상국의 부자들은 성공의 상징인 유럽 요리를 좋아했다. 그들은 요리법에서 식기까지, 서빙 순서에서 식사 시간에 이르기까지 모든 것을 모방했다.

상위 중산층은 유명한 요리사들이 쓴 요리책을 보고 최상류층의 식생활을 모방했다. 1960년대부터 이런 요리책들이 전 세계에서 발간되어 큰 인기를 누렸다.

서양의 중산층과 최빈곤층은, 먹을 수 있을 때엔 미국 음식을 먹었다. 더 저렴하고 자신들이 꿈꾸던 문화에 자신을 동일시할 수 있었기 때문이다.

게다가 사람들은 제대로 된 식사보다 군것질을 더 많이 하기 시작했다. 정해진 식사 시간에 가공식품을 먹을 뿐만 아니라 혼자 또는 친구들과 함께 밤이든 낮이든 아무 때나 패스트푸드점에 들러 외로움을 달랬다.

개발도상국의 가난한 사람들도 가끔 여유가 생길 때 가공식품과 패스트푸드를 먹었다. 아직까지 채소, 고기, 생선, 향신료, 곤충을 사용해 조상 대대로 내려온 요리법으로 만든 전통 음식을 주로 먹었지만 말이다. 인도의 마살라massala, 세네갈의 야사yassa를 비롯해 모든 전통 음식은 여전히 많은 서민이 먹는 식사의 근간이었다. 서민들이 먹는 음식은 더 다양해지고 더 친근해졌다. 그러나 이 음식들도 결국 현대화의 수렁에 빠져 소멸하고 말았다.

설탕: 소비자들의 불가능한 싸움

먹거나 마시는 설탕의 양은 세계 곳곳에서 증가했고 무절제한 식생활을 악화시켰다.

1975년에서 2011년 사이에 세계적으로 비만 환자의 수가 세 배 증가해 영양실조 환자의 수를 추월했다.[224]

소비자들에게 광고 폭탄을 날리는 기업들에 맞선 소비자단체들은 할 일이 너무 많아졌다. 정치인들은 두 손 두 발 다 들었다고 털어놓을 때가 많다. 2013년 뉴욕 주는 식당에서 판매되는 소다수의 병 크기를 제한하려고 했지만 2014년 대법원 판결로 결정을 철회했다.

유럽에서도 미국 기업들처럼 힘이 막강해진 농식품 기업들이 영양 등급에 따라 다른 색깔의 라벨을 제품에 붙이는 뉴트리스코어 도입에 대한 반대를 관철시켰다. 프랑스에서는 2017년 말부터 뉴트리스코어를 적용하고 있지만 의무사항은 아니다.[379]

기업들은 뉴트리스코어를 달가워하지 않는다. 최하위 등급 제품에는 주황색이나 선홍색 라벨이 붙기 때문이다. 유럽기업감시기구Corporate Europe Observatory의 보고서에 따르면 기업들은 뉴트리스코어 라벨링을 의무화하지 않도록 하려고 10억 달러를 썼다.[315]

미국의 시장과 슈퍼마켓에는 '가벼워진' 제품, '팻 제로' '콜레스테롤 제로' 제품이 넘쳐난다. 그러나 이런 제품들이 실제로 비만을 줄이는 데 역할을 하는지는 알 수 없다. 오히려 쇠고기와 유제품 소비가 줄어들고 감자 칩과 짭조름한 비스킷 소비가 늘었다.

가공식품 중 일부(기능성 식품[263])는 소비자의 건강을 증진한다고 알려졌다. 그러나 인공적으로 영양분(오메가3, 활성 비피더스, 프로바이오틱스 등)을 첨가한 기능성 식품은 사실 건강에 긍정적 영향을 전혀 주지 않는다. 유럽과 미국의 규제 기구는 기업들의 압력에 의해 포장지에 치료 효과에 관한 설명을 써 넣는 것을 금지하지 못했다. 예를 들어 프랑스의 요구르트 제조업체는 포장지에 "칼슘이 골다공증을 예방합니다."라고는 쓸 수 없지만 "칼슘은 뼈를 튼튼하게 합니다."라고 쓸 수 있다.[265]

일부 브랜드는 때로는 진짜인지 거짓인지 알 수 없는 재단 프로그램에 돈을 대거나 매출액 대비 매우 적은 예산을 투입해 소비자들의 건강이나 환경 지킴이를 자처한다.

이런 제품을 판매하는 패스트푸드 업체들은 점점 더 성장하고 다양화한다. 1965년에 설립된 서브웨이는 2010년에 전 세계 매장 수가 맥도널드 매장 수를 능가했다(100개국에 4만 5,000개 매장). 서브웨이는 자사 샌드위치가 영양학적으로 우수하다고 대대적인 광고를 내보냈다. 2014년에는 미셸 오바마의 비만 퇴치 캠페인 '렛츠 무브!'를 재정 지원하면서 마치 '미국인들의 건강 파트너'인 것처럼 행세했다. 그러나 치즈와 소스가 들어간 서브웨이의 샌드위치들은 타사의 비슷한 제품들처럼 칼로리 시한폭탄이다.[445]

줄어드는 식사, 늘어나는 소비

식탁은 더는 권력을 상징하거나 대화를 상징하는 장소가 아니다. 특히 미국에서는 백악관 만찬 정도에서 전통을 지키는 경우가 가끔 있지만, 화려한 식탁이나 식사 시간, 미식에 쏟는 관심으로 세간에 알려진 기업 대표는 없다. 상황은 다른 곳에서도 마찬가지다. 자신들이 대접하는 식사가 여전히 권력을 상징하는 것이라고 믿거나 다른 사람들이 믿게 하려는 지도자들이 일부 남아 있기는 하지만 말이다.

식탁에 둘러앉아 결정을 내리는 일은 드물어지고 회의 테이블에 앉아 비스킷이나 단것을 먹으며 결정하는 일이 잦아졌다. 특히 미국, 북유럽, 영국, 일본에서 식사는 권력을 상징하는 기능을 잃었다. 사업을 위한 식사는 여전히 존재하지만, 미식을 즐기는 기회가 되는 일이 드물어지고 회의실에서 식판에 담아 내오는 음식을 먹는 데 만족하는 경우가 늘어나고 있다(프랑스와 몇몇 드문 장소에서는 예외인데, 이는 뒤에서 살펴보기로 하자).

가족이 모여 함께 식사하는 일도 점점 드물어졌다. 20세기 후반 구애의 꽃이었던, 마주 앉아 즐기는 저녁 식사도 먼 이야기가 되었다. 이제는 다른 방식으로 만나고 상대를 유혹한다. 토론할 기회인 식사가 사라지면서 공통의 개념을 만드는 것이 훨씬 더 어려워졌다. 혼자 있으면 소비를 더 하게 된다. 닥치는 대로 아무거나 군것질을 하고 닥치는 대로 아무거나 사들인다. 식탁에서 하는 식사의 종말은 소비사회의 최고의 동맹이다.

1980년대 말부터 중요한 장소에서 중요한 결정이 내려져야 하는 회의에서 중간에 식사할 때 최고급 요리는커녕 맛있는 요리가 나오는 경우도 거의 없어졌다. 예를 들어 조지 부시 대통령이 1990년 8월 이라크 침공을 개시하기 몇 시간 전에 백악관으로 55판의 브랜드 피자가 배달되었다. 평소에는 하루에 5판 정도가 배달되었는데 말이다. 국방부에는 평소 배달되는 피자 3판보다 훨씬 많은 101판이 배달되었다.[28]

미국 영화에서 식사 장면을 촬영하는 방식도 서양 사회의 변화를 여실히 보여준다. 에디슨컴퍼니가 1912년에 제작한 오스카 아프펠 감독의 영화 〈더 패서바이〉에서는 명사들이 정장을 입고 사교적인 만찬을 즐긴다. 가공식품이 등장하고부터는 〈허수아비〉(1920년)의 버스터 키턴처럼 기발한 술책이 난무하는 식사나 채플린의 〈모던타임즈〉(1936년)의 부조리하고 예언적인 밥 먹여주는 기계를 보게 된다.

양차 대전이 끝나고 할리우드 영화에서는 단체로 식사하는 장면이 더는 등장하지 않는다. 〈그리스〉(1978년)나 〈해리가 샐리를 만났을 때〉(1989년)에서 연인이 식사하는 장면만 나올 뿐이다. 〈토요일 밤의 열기〉(1977년)의 첫 부분에는 존 트라볼타가 길거리에서 혼자 테이크아웃 피자를 먹는 장면도 나온다. 패스트푸드 식당이 늘어났을 때는 타란티노의 〈펄프 픽션〉(1994년)에서 쿼터파운더 치즈버거를 찬양하는 장면을 볼 수 있었다.

전통적인 가족 식사는 조롱의 대상이 되었다. 그것은 〈장미의 전쟁〉(1989년)에서는 싸움을 예고했고, 〈아메리칸 뷰티〉(1999년)에서는 무거운 분위기를 연출했으며 〈미스 리틀 선샤인〉(2006년)

에서는 처량했다.

홀로 저항하는 프랑스: 누벨 퀴진

프랑스를 비롯해 이탈리아, 라틴아메리카, 아시아의 몇몇 드문 장소에서는 고유의 음식 모델을 계속해서 지키고 있다.

프랑스인은 다른 나라 사람들보다 집에서 더 자주, 더 오래, 그리고 가족과 함께 더 자주 식사한다. 프랑스에서는 비즈니스를 위한 식사가 여전히 전통이며 중요한 결정을 내리는 장소다.

프랑스 미식은 영양학적 원리를 고려해서 그것을 재해석하고 건강하다고 속이는 미국식 산업화 모델에 굴복하지 않으려 했다.

1973년에 잡지 《누보 기드 고 에 미요》 제54호에 "프랑스의 누벨 퀴진"[131]이라는 용어가 등장했다. 이 용어는 가볍고 건강하게 요리하고 싶어하는 프랑스 요리사들의 열망을 나타낸다. 그중 조엘 로뷔숑, 미셸 게라르, 트루아그로 형제(알랭, 장, 피에르), 알랭 상데랑스가 있었다.

이 뛰어난 요리사들은 오귀스트 에스코피에에게 물려받고 폴 보퀴즈로 상징되는 미식의 관점에 반기를 들었다. 그들은 더 가벼운 소스, 더 적은 분량, 절제하며 준비한 최고급 요리, 더 짧은 시간에 정확하게 익히는 것 등을 권했다. 이는 1973년에 두 평론가 앙리 고와 크리스티앙 미요가 밝힌 다음과 같은 가르침에 따른 것이다. 1) 너무 많이 익히지 말 것, 2) 신선하고 좋은 재료를 쓸 것, 3) 메뉴를 가볍게 할 것, 4) 무조건 모던한 요리를 추구하지 말 것, 5) 새로운 기법을 늘 찾을 것, 6) 절임, 숙성, 발효 등을 피할 것, 7) 묵직한 소스를 뺄 것, 8) 영양학을 알 것, 9) 속임수로 음식을 꾸미지 말 것, 10) 창조적일 것.

이 원칙은 전 세계 최고 요리사들뿐 아니라 많은 평범한 요리사들, 그리고 특히 최고 요리사들의 요리책을 열심히 읽는 아마추어 요리사들에 의해 점점 더 자주 적용되었다.[131] 이 원칙을 비판하는 사람들도 있었다. 폴 보퀴즈는 여전히 풍요로움과 다양성을 자랑하는 리옹의 전통 요리를 찬양했다.

프랑스식 식사가 아직 살아 있음을 보여주었던 최고의 영화는 놀랍게도 1987년에 상영한 덴마크 영화 〈바베트의 만찬〉이다. 가브리엘 엑셀이 감독을 맡은 이 영화는 카렌 블릭센의 단편소설에서 영감을 얻은 작품이다. 또 다른 덴마크 영화도 식탁에서 나누는 대화가 어떻게 한 가족을 파괴하는지 그 어떤 영화보다 잘 보여준다. 1998년에 나온 토마스 빈터베르크 감독의 〈셀레브레이션〉이다.

20세기에는 세계가 영미권 모델을 중심으로 수렴되었다. 이 모델은 계속 승승장구했을까?

제7장

부자와 빈자, 그리고 굶주리는 세계: 현재

세계 농업 및 농식품 산업의 실태

2019년 세계 인구는 76억 명에 이르렀고[499] 농경지(평원과 산림 제외)는 육지 면적 149억 헥타르 중 38퍼센트밖에 되지 않았다.[500, 501] 전 세계 농경지의 3퍼센트(미국 영토의 17퍼센트에 해당)를 콩과 옥수수 등 유전자 변형 작물이 차지했다.[174] 목초지는 육지의 30.4퍼센트를 차지했고, 농민 또는 농가의 인원은 130억 명, 즉 전체 인구 5.5명당 1명을 차지했다.[502] 매년 5,000만 명의 농민이 집을 떠나 도시로 향했다.

목축을 가장 많이 하는 국가는 중국이다. 무단장牡丹江 시티 메가 팜은 900만 헥타르 규모에 10만 마리의 소를 기른다. 두 번째로 규모가 큰 곳도 중국 안후이성에 있는 모던 유업으로, 450만 헥타르 규모를 자랑한다. 2위부터 10위까지는 오스트레일리아 기업들이 차지했다. 동팡시왕 그룹의 설립자이자 회장인 류융싱은 세계 1위의 농지 소유자다. 그는 중국 10대 부호 중 한 사람이고 《포브스》가 선정한 100대 부호에 이름을 올렸다. 그의 자산은 66억 달러로 추산된다. 그의 동생 류융하오도 농업 분야에서 가장 재산이 많은 사람 중 한 명이다.[437] 스튜어트 레스닉과 린다 레스닉은 2만 6,000헥타르에 가까운 농지를 소유한 미국인으로,

자산이 40억 달러가 넘는다. 주로 피스타치오와 아몬드를 생산한다. 그 뒤를 잇는 사람은 브라질의 대두 생산에 종사하는 거대 농기업을 설립한 안드레 마지의 아들 블라이루 마지다. 그는 마투그로수 주 주지사로 선출되었고 2016년 5월부터 2019년 1월까지 브라질 농업부 장관을 역임했다.

농가당 평균 경작지 면적은 미국이 176헥타르이고 프랑스가 63헥타르[179], 인도가 1.16헥타르다. 페루 농민의 20퍼센트, 그리고 아이티 농민의 4퍼센트만이 농지 소유자다.[21]

2017년에 전 세계 사탕수수 생산량은 18억 4,100만 톤이고 옥수수 생산량은 11억 3,500만 톤, 쌀은 8억 톤, 밀은 7억 7,100만 톤, 감자는 2억 8,800만 톤이다.[446] 아프리카가 원산지인 수수는 옥수수, 쌀, 밀, 뿌리와 덩이줄기(카사바, 감자 등), 콩에 이어 여섯 번째로 칼로리를 많이 제공하는 작물이다.[286, 287] 보리, 기장, 귀리, 옥수수 수확량의 절반은 가축 사료로 쓰인다.

농업생명공학 응용을 위한 국제서비스ISAAA가 2016년에 발표한 연구에 따르면, 세계 26개국에서 1억 8,500만 헥타르의 토지가 유전자 변형 작물을 재배하는 데 이용되며 1,800만 명의 농민이 동원된다. 유전자 변형 작물을 가장 많이 재배하는 다섯 개 국가는 미국(7,290만 헥타르), 브라질(4,900만 헥타르), 아르헨티나(2,400만 헥타르), 캐나다(1,160만 헥타르)와 인도(1,080만 헥타르)다. 유전자 변형 작물 중 가장 많이 생산되는 네 개 작물은 콩, 옥수수, 면화, 유채다. 전 세계에서 재배되는 콩의 78퍼센트는 유전자 변형 작물이고, 미국산 콩과 옥수수의 90퍼센트 이상이 유전자 변형 작물이다.[174] 유럽에서는 유기농 경작지가 2017년에 비해 2018년에 50만 헥타르 증가했다. 프랑스의 경작지 중 유기농이 차지하는 비중은 6퍼센트이고 오스트리아에서는 그 비중이 20퍼센트를 넘어선다. 유럽에서는 24퍼센트의 유기농 목축업자가 여성이다. 이 비중은 리투아니아에서 41퍼센트까지 치솟는다.

목축은 전 세계 농업 생산액의 40퍼센트를 차지한다. 해마다 600억 마리의 가축이 도축되며 이를 무게로 환산하면 7억 2,000만 톤이나 된다. 쇠고기의 절반 이상은 다짐육으로 판매된다. 2017년 쇠고기 최대 생산국은 1,200만 톤을 생산한 미국이고, 그 뒤를 브라질(950만 톤), 유럽연합(780만 톤), 중국(700만 톤), 인도(425만 톤)가 따른다. 아르헨티나는 275만 톤을 생산해 6위에 그친다.[360]

해마다 소비되는 돼지의 수는 12억 마리이며 그중 절반이 중국에서 소비된다. 돼지의 평균수명은 6개월이고, 99퍼센트가 태어난 직후부터 죽기 8주 전까지 항생제를 맞는다. 돼지고기 대부분은 가공되어 판매된다.

2018년 전 세계 가금류 소비량은 1억 2,300만 톤에 이른다.

해마다 전 세계에서 2,500만 마리의 개가 식용으로 도축된다. 개 식용을 허가하는 국가는 거의 없지만 말이다. 중국, 한국, 인도네시아가 주요 소비국이다.[438]

양식 어류와 양식 갑각류 사료의 30퍼센트 정도는 더 저렴한 어분(멸치, 고등어, 정어리)이 차지하는데 이 어분 생산량이 세계 어업 생산량의 10퍼센트를 차지한다.

전 세계에서 소비되는 곤충의 양을 정확하게 파악하기는 어렵다. 주민들이 주변 환경에서 직접 곤충을 잡아먹는 경우가 많기 때문이다. 아무튼 약 2,000종의 곤충이 20억 명 이상의 주식이 되고 있다. 식량농업기구는 아프리카 일부 지역에서는 곤충 섭취가 연간 단백질 소비량의 최대 30퍼센트를 차지한다고 밝혔다. 중앙아프리카공화국에서는 숲에 사는 국민의 95퍼센트가 곤충을 유일한 단백질 공급원으로 삼고 있다. 남아프리카, 남아메리카, 동남아시아에서는 재래시장이나 길거리 노점에서 곤충을 판매한다(또는 물물교환을 한다).[172]

지구에는 10만 종 이상의 해조류가 있지만 그중 식용으로 소비되는 것은 매우 적다(145종). 전반적으로 봤을 때 해조류에는 비타민, 미네랄, 단백질이 풍부하고 칼로리는 낮다. 아이오딘 함량이 높아서 많은 양을 먹지 않도록 조심해야 한다.

가장 많이 소비되는 해조류는 홍조류(김, 덜스), 녹조류(갈파래), 갈조류(미역, 다시마), 미세조류(스피룰리나)가 있다. 세계에서 가장 많이 소비되는 해조류는 미역이다. 미역에는 우유보다 칼슘이 더 많이 들었고 비타민(B_1, B_2, B_9, B_{12}, C, K)도 많이 함유되어 있다. 김은 단백질이 많아(약 40퍼센트) 채식에 권장된다. 다시마에는 식이섬유가 많이 들었다.[199, 367]

농산물이 그 생산국을 벗어나는 일은 드물다. 전 세계에서 생산되는 밀도 20퍼센트만 수출된다. 유럽연합은 농산물 생산량의 32퍼센트를 수출한다. 미국은 전체 생산량의 20퍼센트 정도를 수출한다(호두는 79퍼센트, 아몬드는 67퍼센트, 피스타치오는 62퍼센트, 콩은 50퍼센트, 쌀은 55퍼센트, 밀은 46퍼센트를 수출하지만 가금류는 16퍼센트, 쇠고기는 10퍼센트만 수출한다).[476]

중국은 극단적인 사례다. 전 세계에서 차지하는 농지는 9퍼센트밖에 안 되고 담수도 6퍼센트밖에 되지 않지만 세계 인구의 20퍼센트를 먹여 살리고 있다. 4억 명에 이르는 중국 농민들의 평균 경작 면적은 0.5헥타르에 불과하다. 농업은 중국 GDP의 10퍼센트밖에 차지하지 않는다. 그러나 중국은 세계 최대의 쌀, 밀, 감자 생산국이고 2위의 옥수수 생산국이다. 또 세계 최대의 돼지 생산국이며 2위의 가금류 생산국이다. 전 세계 돼지 두 마리 중 한 마리가 중국에 있다.[477] 이 모두가 중국 내에서 소비된다.

중국은 농식품 수출보다 수입을 더 많이 하는 국가다. 콩은 주로 미국과 브라질에서 8,000만 톤 이상 수입한다.[478] 유아용 식품 수입액은 40억 달러에 달하고 팜유 수입에만 34억 달러를 쓴다.[479] 2017년에 중국은 해외, 특히 오스트레일리아, 동남아시아, 아프리카에 1,000만 헥타르에 달하는 농지를 소유하고 있었다.[480] 여기에서 생산된 농산물은 100퍼센트 중국 국내 소비용이다.

부자들도 식탁을 떠났다

최상류층과 최빈곤층, 심지어 중산층과 최빈곤층의 식생활 차이는 엄청나게 커지며 점점 더 악화되고 있다.

프랑스와 몇몇 국가를 제외하면 잘 먹는다는 것은 더 이상 권력을 상징하지 않는다. 최상류층은 저택, 자동차, 선박, 예술품을 소유하고 싶어한다. 여행, 스포츠, 모험, 때로는 마약이 그들이 즐기는 오락이다. 그들은 초호화 레스토랑에 가서 특히 유명한 와인을 마실 때만 많은 돈을 쏟아 붓는다. 2018년과 2019년에 한국과 중국의 레스토랑 40곳이 세계 최고의 레스토랑으로 선정되었다.[526] 에스파냐, 미국, 영국 레스토랑들도 점점 더 이 목록에 자주 올라간다. 러시아와 아프리카도 마찬가지다. 개발도상국에서도 유명한 레스토랑이 점점 더 늘어난다.

부자들을 끌어들이기 위해서 점점 더 과장된 음식, 초호화 음식 또는 실험적인 음식을 내놓는 최고급 레스토랑이 여전히 있다. 라스베이거스 만달레이 호텔의 플뢰르 레스토랑은 와규에 오리 푸아그라, 블랙 트러플을 넣어 만든 '플뢰르버거'를 1995년산 샤토 페트뤼스 보르도 와인과 함께 선보였다. 가격은? 5,000달러다! 에스파냐에 있는 안도니 루이스 아두리스의 무가리트스 레스토랑은 '파타타스 카올린'이라는 음식을 선보였다. 감자를 고령석 점토에 담갔다가 꺼내서 돌멩이처럼 만들어 눈속임을 하는 요리다. 프랑스 알자스 지방의 작은 도시 아메르슈비르에서 자신의 이름을 딴 레스토랑을 운영하는 프랑스 요리사 쥘리앵 빈스는 2018년에 과일, 채소, 고기, 생선을 전혀 쓰지 않고 전통 음식에서 추출한 단백질, 지방, 비타민 같은 기초 성분만 가지고 완벽한 요리를 만들어냈다. 빈스는 자신의 요리를 "노트 바이 노트 요리 note by note cuisine"[188]라고 부른다. 미식을 전면에 내세웠으나 영양학을 고려한 요리라고 할 수 있다.

이들 요리사는 자신을 요리 기술자가 아닌 예술가로 생각한다. 그 말이 맞는다. 선배들도 그랬듯이 그들의 작품은 영원하지 않다. 다시 팔 수도 없고 저장할 수도 없으며 빌려주거나 더 많은 사람이 먹게 할 수도 없다. 그들의 작품은 그것을 먹음으로써 없애버리는 사람들만 음미할 수 있다. 다른 예술 분야처럼 이 예술가 중에는 자신의 작품을 엄청난 가격에 파는 사람도 있다. 몇몇은 세계적 명성을 누린다. 전 세계에서 그들의 레스토랑에 모습을 드러내고 그들의 작품을 먹기 위해 사람들이 몰려든다. 요리사 중에는 더는 주방에 들어가지 않는 사람도 있다. 요리법을 창조하고 주방에서 사용할 재료의 품질 기준만 정해준다. 르네상스 시대에 이탈리아의 위대한 화가들이 제자나 모방자들에게 일을 시켰던 것과 비슷하다. 그렇게 해서 폴 보퀴즈나 조엘 로뷔숑 같은 요리사들은 후대에 이름을 남길 수 있다.

중산층은 믹스 푸드를 먹는다

선진국의 도시에 사는 중산층은 흰 빵, 채소, 백색육, 쇠고기, 생선, 파스타, 과일, 초콜릿, 감자, 설탕, 향신료, 가공식품, 패스트푸드 등 점점 더 규격화된 음식을 먹고 탄산수, 맥주, 커피를 마신다. 개발도상국의 중산층은 선진국과 비슷한 소비 수준과 생활양식을 추구한다. 하지만 지극히 다양한 전통 음식 또한 계속 먹는다. 이러한 혼합은 양방향으로 이루어진다. 아시아 요리가 유럽을 장악하는가 하면 유럽 요리가 아시아를 장악한다. 프랑스에는 중국 식당과 일본 식당이 미국에서 들어온 패스트푸드 식당보다 더 많다.

식생활의 세계화는 이처럼 서양 모델을 중심으로 한 단일화가 아니라 지역마다 혼합 양상이 다르게 나타난 것이 특징이다. 매우 특정한 지역의 음식(피자, 아이리시 스튜, 보르쉬, 쿠스쿠스, 짜조, 토르티야 등)에 각자 자신의 문화권에 속하는 것 중 넣고 싶은 것을 섞어 넣는 식이다.

그래서 해마다 전 세계에서는 300억 판의 다양한 피자가 소비된다.[481] 2016년 미국이 연간 피자 소비가 30억 판으로 세계 1위를 차지했고,[482] 프랑스가 7억 4,500만 판으로 2위에 올랐다.[483] 이탈리아는 3위였다. 중국인들은 지방에 따라 매우 다른 음식을 먹지만, 부드러운 밀가루 반죽으로 만든 만두 자오쯔는 국민 음식이다. 인도네시아의 국민 음식은 간장과 여러 향신료(샬롯, 마늘

등)로 맛을 낸 볶음밥 나시고랭이다. 인도에서는 주마다 독특한 음식이 있다. 펀자브 주는 탄두리 치킨과 달이, 구자라트 주는 맛있는 채식 요리가 유명하다. 에티오피아의 국민 음식은 향신료를 넣어 끓인 고기 스튜 워뜨다. 특히 에티오피아의 특산물이라고 할 수 있는 버르버레(소두구와 고추 등 여러 향신료를 섞어 만든다)를 넣어 만든 워뜨는 테프(아프리카의 뿔 지역이 원산지이며 알갱이가 아주 작은 곡물) 가루로 만든 넙적한 빵 은저라에 얹어 먹는다. 에티오피아 사람들은 은저라를 모든 음식에 곁들여 먹는다. 브라질에서는 돼지고기와 강낭콩을 넣어 끓인 페이주아다를 먹고, 페루에서는 숯불에 구운 양념 닭고기 '포요 아 라 브라사'를 먹는다. 아르헨티나 사람들은 고기소를 넣어 튀기거나 구운 만두 엠파나다를 먹는다. 나이지리아에서는 쇠고기 스튜인 오파다를 먹는다.

요리사들이 실제로 여행하거나 가상의 여행을 하면서 이 모든 음식이 서로 뒤섞였다.

일견 똑같아 보이지만 실제로는 매우 다른 음식도 있다. 예를 들어 커피는 터키, 영국, 이탈리아, 미국, 프랑스에서 서로 다르게 만들어진다. 또 코카콜라도 나라별로 열다섯 개 정도의 서로 다른 맛을 낸다.[503] 빅맥도 마찬가지다.

그래도 여전히 쌀이나 밀이 많이 소비되고 있다. 무엇을 더 많이 먹느냐는 인도, 아마도 서벵골(벼농사를 많이 짓는 지역) 같은 동부의 주들과 라자스탄 주(음식에 쌀이 거의 들어가지 않는다) 등 북서부 주들 사이를 지나는 선의 어느 쪽에 사느냐에 달려 있다.[484, 485]

이 경계선은 중국과 러시아까지 올라가고 2,000년 동안 변하지 않았다.

굶어 죽거나 먹어서 죽는 최빈곤층

2017년 910만 명이 영양실조로 죽었다. 그중 3분의 1에 해당하는 310만 명이 5세 미만이었다. 그리고 8억 1,500만 명이 기아에 허덕이고 있다.[157] 또 20억 명이 미량영양소 부족을 겪고 있으며 1억 5,500만 명의 어린이가 영양실조로 성장이 지연되고 있다.[187] 사하라 이남 아프리카에서는 4명 중 1명이 영양실조에 시달린다. 복지 제도가 미흡한 이 지역에서는 가계의 절반이 극심한 빈곤 상태로 살고 있다. 이들의 하루 소득은 1.2달러를 넘지 않는다. 대출도 받을 수 없고 농사도 소득원이 되지 못한다. 노동력을 살 수 없으니 농사는 가족 단위에서 소규모로 이루어진다. 아이들은 학교에 가지 못하고 가계 예산으로는 건강에 투자하지 못하니 극심한 빈곤 상태는 계속 대물림되는 상황이다.

게다가 최빈곤층은 식비의 비중이 중산층보다 훨씬 크다. 서양의 중산층 가계의 식비는 생활비의 15퍼센트 정도에 불과하지만 콩고에서는 국민 전체의 식비 비중이 생활비의 60퍼센트가 넘는다.

개발도상국 최빈곤층은 식비를 줄이기 위해 매우 저렴한 가공

식품을 먹는다. 가공식품의 출현 배경과 가공식품이 어떻게 현대인의 식생활에 자리 잡게 되었는지는 앞에서 이미 살펴보았다. 가공식품을 먹을 만하면서도 중독성 있게 만들기 위해서 업체들은 보존제, 색소, 설탕 대용품, 화학조미료(음식의 맛과/또는 냄새를 강화하는 물질)를 점점 더 많이 첨가하고 있다.[295] 신선한 과일 주스는 인공 당을 넣은 과즙 음료로 대체되었고, 마트에서 팔리는 식빵에는 식초, 팜유, 유화제, 설탕, 3~4개월까지 썩지 않도록 해주는 보존제가 들어 있다.[504] 햄에는 설탕과 아질산염이 들어 있다. 우유가 한 방울도 들어 있지 않은 치즈도 판매된다. 저렴한 피자 위에 얹는 모차렐라는 사실은 녹말, 젤라틴, 증점제로 만든 인공 치즈다.[447]

최빈곤층은 신선한 과일, 채소, 고기, 생선을 거의 먹지 못한다. 가난한 미국인은 필요한 양보다 적색육은 20배, 가금류는 10배나 먹지만 채소 섭취량은 필요량의 절반에도 못 미치고 과일은 그보다 더하다. 가난한 프랑스 사람의 적색육 섭취량은 필요량의 11배나 되며 가금류 섭취량은 2.5배나 더 높다. 이 수치는 유럽연합 전역에서 똑같이 나타난다. 과일과 채소는 필요량의 절반에도 못 미치는 양을 먹는다. 아프리카인들의 사정은 더 나쁘다. 탄수화물 섭취량이 필요량의 7배에 이르고, 호두와 콩류 섭취가 매우 부족하다.[161] 최빈곤층이 소비하도록 특별히 만들어진 초가공 식품도 있다.

이렇게 재앙에 가까운 식생활은 모든 국가에서 심각한 결과를 낳았다.

- 2017년 워싱턴 대학교의 연구에 따르면, 잘못된 식습관으로 인해 미국에서 해마다 40만 명이 심혈관 질환으로 사망하며 사망자 대부분은 최빈곤층이다.
- 2018년 영국에서 10만 5,000명을 대상으로 수행되고 《브리티시 메디컬 저널》에 발표된 연구는 초가공 식품의 정기적인 섭취가 암 발병과 상관관계가 있다고 밝혔다.[152]
- 프랑스에서도 사정은 비슷하다. 프랑스 국립보건의학연구소에 따르면 "식단에서 초가공 식품이 차지하는 비중이 10퍼센트 증가하면 암 발병, 특히 유방암 발병 위험이 10퍼센트 이상 증가한다."[440] 2018년에 프랑스 공중보건청이 발표한 연구에서는 2008~2013년에 연간 식중독 발생 건수가 150만 건에 달했고 1만 7,000명이 입원했으며 200명이 사망한 사실이 드러났다. 특히 살모넬라증(덜 익힌 고기나 냉장 식품 유통 과정 중 발생한 문제로 살모넬라균에 감염되는 것)이 사망 건수의 25퍼센트를 차지했다.[153]

거의 사라진 가족 식사

오늘날 전 세계 중산층은 미국 모델을 모방하는 경우가 많다. 아파트의 개방형 주방, 그리고 주요 생활공간으로 거실과 다이닝룸이 합쳐진 형태인 리빙룸이 식사와 대화를 위한 공간을 사라지게 했다. 아침 식사는 먹고 싶은 사람만 차려 먹는 형태가 되었다. 부모든 아이든 식탁에 앉지 않는다. 최근에 지은 아파트일수록 공간이 좁은데, 이런 아파트에서는 주방도 아예 사라지고 있다. 최빈곤층은 중산층과 마찬가지로 점심을 구내식당이나 일하는 자리에 그대로 앉아서 먹는다. 먹는 시간도 아주 짧아졌다. 유럽에서도 임금 노동자의 점심시간은 22분 정도밖에 되지 않는다.

미국인은 하루에 1시간 2분 정도를 식탁에서 보낸다. 중국인은 1시간 36분, 인도인은 1시간 19분 동안 식탁에 앉는다. 북유럽 사람(스웨덴 1시간 13분, 에스토니아 1시간 16분, 핀란드 1시간 21분)이 식탁에서 보내는 시간은 남유럽 사람(에스파냐, 그리스, 이탈리아 2시간 2~5분)의 절반에 불과하다.[448]

앙트레와 디저트 수도 많이 줄었다. 사람들은 빨리 먹을 수 있고 이동하면서 먹을 수 있는 샌드위치, 초밥, 피자, 토르티야, 꼬치 등을 점점 더 많이 먹는다. 아시아 요리는 식탁 중앙에 음식을 놓고 서로 나눠 먹는 경우가 많아서 식탁에 앉아서 먹는 것에 특화되어 있다.

요리하는 시간도 매우 짧아졌다. 수많은 업체가 판매하는, 이미 준비된 제품을 배달받아서 사용할 때가 많다. 2013년에 딜리버루(윌 슈가 설립한 영국 기업)와 테이크이트이지(벨기에)가 출현했다. 2014년에는 독일에서 컴퓨터 기업인 로켓인터넷이 푸도라를 창립했다. 테이크이트이지는 2016년에 경쟁에 밀려 문을 닫았다. 우버도 2014년에 스쿠터, 자전거, 자동차로 음식을 배달해 주는 우버이츠를 설립했다.

저녁 식사도 점점 사라지고 있다. 다이닝룸이 사라졌으니 식탁에 모여 앉아 밥을 먹는 경우가 점점 줄어들었고, 저녁을 함께 먹을 때도 각자 다른 음식을 먹을 때가 많아졌다. 사람들은 주로 화면 앞에 앉아 밥을 먹는다. 식사 해체와 가족의 해체가 서로 영향을 주고받는 형편이다.

밥을 먹는 것은 다른 활동이나 오락에 곁들여지는 부수적인 활동이 되고 있다. 제대로 된 식사의 형태도 잃어간다. 사람들은 아무 때나, 휴대전화 화면에 시선을 고정하고 뭔가를 먹는다. 기업들이 휴대전화와 함께 사용하도록 기기에 부착할 수 있는 수저와 포크를 개발할 정도다.

일요일마다 가족 전체가 모여 식사하는 서양의 전통도 차츰 사라지는 추세다. 미국인들이 추수감사절을 무척 중요하게 생각하는 이유도 일요일 식사가 드물어지는 것에 대한 반작용이다. 가족 식사가 연례행사가 된 느낌이다.

그런데 요리책은 여전히 많이 팔린다. 전통적인 화기애애한 모임을 대체한 SNS에서도 음식은 사람들이 좋아하는 테마다. 사진 공유나 댓글, '좋아요' 등이 음식을 함께 나누는 느낌과 사회적 욕구를 충족시키는 셈이다. 2017년 4월《파이낸셜 타임스》는 인스타그램에 올린 2억 800만 개의 사진에 '#food'라는 해시태그가 달려 있다고 밝혔다. 2017년 10월에는 영국인 5명 중 1명이 자신이

먹은 음식 사진을 SNS에 올렸다.[189]

한국에서는 가상의 식사 모임이 가질 수 있는 가장 극단적인 형태가 등장했다. 바로 '먹방'이라는 것이다. 먹방은 웹캠을 켠 채로 밥을 먹어서 다른 사람들이 볼 수 있도록 하는 행위다. 한국인 박서연은 끼니마다 수만 명이 지켜보는 가운데 밥을 먹는다.

아기가 먹는 음식

세계보건기구는 신생아에게 생애 첫 여섯 달 동안은 모유만 먹이도록 권고하고 있다. 모유에는 항체가 풍부하기 때문이다. 그리고 적어도 두 살이 될 때까지 이유식과 함께 모유를 먹이도록 권고한다.[365] 저소득 국가와 중위소득 국가에서는 이러한 권고 사항이 대부분 지켜지고 있는데 선진국에서는 사정이 다르다. 《랜싯》에 발표된 2016년 연구에 따르면, 선진국에서는 아이 5명 중 1명만 생후 6개월 동안 모유를 먹었고 개발도상국에서는 그 비중이 100퍼센트에 달한다.[121] 선진국에서 모유 수유가 이뤄졌다면—직장에 다니는 여성은 하고 싶어도 못 하지만—전 세계적으로 80만 명의 아이가 목숨을 구하고 수많은 질병(설사와 폐렴)을 피할 수 있었을 것이다.[365] 여성의 노동시장 진입에 대해서는 왈가왈부할 문제가 아니고 출산 휴가를 더 연장하는 것도 불가능하니 이 문제는 해결되지가 않는다.

결국 영유아 식품 시장에서 유럽과 북아메리카가 차지하는 비중이 40퍼센트에 달하고, 아시아는 50퍼센트를 차지한다. 아프리카, 중동, 라틴아메리카에서는 이 시장이 크게 발달하지 않아서, 세 지역이 차지하는 비중은 약 10퍼센트다. 리서치앤마케츠의 조사에 따르면 영유아용 식품 포장재 시장의 규모가 2017년에 500억 달러에 달했다. 유럽 기업인 다논(계열사 블레디나)과 네슬레가 세계 시장의 80퍼센트를 점유하고 있다.[364]

학교에서 밥 먹기

많은 나라에서 취학 아동은 거의 학교 식당에서 점심을 먹는다. 어떤 아이들에게는 이것이 하루의 유일한 끼니다.

프랑스에서는 600만 명의 초등학생, 중학생, 고등학생이 매일 학교에서 밥을 먹는다. 프랑스는 법령을 통해 교내 식당에 '식단의 다양함과 구성, 분량, 식수, 빵, 소금, 소스의 배치'에 관한 영양학적 기준을 의무적으로 부과하고 있다. 한 끼에 4~5개의 음식(앙트레 및/또는 디저트, 단백질 요리, 가니시, 유제품)이 나와야 하고 메뉴는 다양해야 한다(다양성은 20번의 연속적인 식사에서 지방, 당, 염분 등 영양분 구성 빈도를 기준으로 판단한다). 음식의 분량도 기준이 되며 메뉴는 3개월 동안 보관해야 한다. 프랑스 소비자단체 UFC-크 슈아지르UFC-Que Choisir가 2013년에 실시한 조사에 따르면 탄수화물, 채소, 유제품 소비량은 규정에 부합하지만 고기와 생선이 그대로 나오는 경우는 드물고 영양학적으로 떨어지는 음식(생선 커틀릿, 코르동 블뢰* 등)으로 나온다.[177]

미국에서는 2011년부터 초중고 학교식당에 엄격한 영양 기준을 적용하고 있다. 2011년 이전에는 최소한의 규정만 적용되어서 끼니마다 감자튀김이 나왔다. 처음에는 채소뿐 아니라 균형 잡힌 메뉴 구성 자체를 괴로워하는 미국 학생들이 많았다. 채소를 쓰레기통에 버리거나 아예 굶는 학생들도 있었다.[340] 학교에 식품 자동판매기가 설치된 경우도 있어 어린이의 식성에 끔찍한 결과를 초래했다.

2014년과 미셸 오바마의 비만 퇴치 캠페인 이후 교내 자동판매기에서 초콜릿 바나 지나치게 단 탄산수가 사라졌고 대신 저지방 우유나 생과일 주스를 살 수 있게 되었다. 그러나 미국의 많은 청소년이 특히 트위터에서 #BringBackOurSnack(#우리의 간식을 돌려달라)이라는 해시태그를 걸며 불평을 늘어놓았다.[340]

직장에서 밥 먹기

사람들은 점점 더 자주 직장에서 밥을 먹는다. 샌드위치를 사

* 햄을 치즈로 싸서 튀긴 커틀릿.

먹거나 도시락을 싸 오거나 아니면 가까운 가게에서 샐러드를 사 온다.[276]

영미권에는 컴퓨터나 휴대전화를 보며 샌드위치를 먹는 사람이 많다. 특히 미국에서는 서서 식사를 하는 사람이 많다. 62퍼센트의 근로자가 점심을 사무실에서 해결한다. 그중 절반은 혼자 밥을 먹는다.[296, 297] 미국인의 평균 점심시간은 2014년에 43분이었다가 2018년에 35분으로 짧아졌다.[298] 사회적 압력도 사람들의 행동에 영향을 미친다. 미국의 고용주 4분의 1이 점심시간을 매번 갖는 직원은 생산성이 떨어진다고 믿으며 노동자의 13퍼센트는 점심시간을 가지면 동료들이 안 좋게 생각할까봐 걱정한다.[299]

동남아시아에서는 노동자 2명 중 1명이 일주일에 두 번 이상 사무실 책상에 앉아 밥을 먹는다. 중국은 노동시간이 매우 길며 점심시간을 포함한 휴식 시간도 1시간 30분에서 2시간으로 더 길다. 점심을 먹고 나면 30분 정도 낮잠도 잘 수 있다.[300, 301, 302, 303]

인도, 특히 뭄바이에서는 노동자들이 정오에 집에서 싸 온 도시락을 일제히 먹는다. 그런데 도시락을 직접 들고 오는 것이 아니라 '다바왈라'라고 하는 배달원이 도시락을 집에서 회사까지 배달해준다. 배달 시스템은 도시락을 모으는 장소와 빈 도시락을 회수하는 장소, 정확한 장소를 식별하기 위한 색깔별 코드 등 매우 규범화되어 있다. 다바왈라들은 빈 도시락을 회수해 다시 집으로 배달해준다. 뭄바이에서만 매일 5,000명에 가까운 다바왈라가 20만 개의 도시락을 배달하고 배달 사고는 100만 개 중

3.4개 수준으로 일어난다.[505]

에스파냐의 점심시간은 매우 늦은 오후 2시이고, 이후 낮잠을 잘 때도 있고 밤 9시까지 근무하기도 한다.

프랑스는 예외적으로 긴 점심시간을 유지하고 있다. 물론 빠르게 줄어들고 있기는 하다(20년 전 1시간 30분에 비해 지금은 50분으로 줄었다). 기업은 25명 이상의 직원이 사무실에서 식사하겠다고 하면 테이블, 의자, 오븐, 냉장고를 갖추고 수돗물이 나오는 공간을 의무적으로 마련해주어야 한다.[275] 요즘 프랑스 기업들의 구내식당 대부분은 테이크아웃 식품 판매에도 공간을 할애하고 있다. 이곳은 휴식 공간이기도 하지만 24시간 군것질을 할 수 있는 공간이기도 하다. 프랑스 노동자의 15~20퍼센트는 도시락을 싸온다.

전 세계 많은 기업에서 커피머신이 있는 공간이 식사를 대신하는 주요 대화 장소가 되었다. 그곳에서는 직원들이 주로 우연히 잠깐 마주치므로 표면적이고 일시적인 관계가 형성되는 것이 보통이다.

세계적인 추세가 된 채식주의

영국 국민의 약 10퍼센트는 채식주의자다. 그 비중은 이탈리아에서 9퍼센트, 독일에서 9퍼센트, 이스라엘에서 8.5퍼센트, 미국에서 7퍼센트, 캐나다에서 4퍼센트를 나타낸다. 전체 가계의 3분의 1이 "플렉시테리언"[407]이라고 말하는 프랑스에서는 2퍼센트다. 2003년과 2015년 사이 프랑스 성인의 육류 소비량은 15퍼센트 감소했다.[488] 미국 식물성식품협회PBFA의 연구에 따르면 2017년 미국 비건 식품 시장 규모는 33억 달러에 달했으며 전년 대비 20퍼센트 성장했다.[489] 비건소사이어티는 비건 식품 수요가 2017년 한 해에만 987퍼센트 성장했다고 밝혔다.[366]

도축할 동물을 기절시키는 것(동물이 느낄 고통을 줄여주는 데 꼭 필요하다는 것이 인정되었다)이 전통적인 도축 규정(특히 유대교와 이슬람교)과 충돌될지라도 일부 유럽 국가에서는 의무가 되었다. 캘리포니아 주에서는 오리와 거위에게 억지로 사료를 먹이는 행위가 잔인하다고 여겨져 2017년부터 금지되었다.

프랑스에서는 1993년 유럽연합 지침에 따른 1997년 법이 "하역, 운송, 고정, 기절 또는 도축 단계에서 동물에 흥분, 통증, 또는 고통을 주지 않도록 모든 조처를 한다."[494]라고 명시하고 있다.

또 동물이 반려동물이 되면 식용으로 소비할 수 없다. 토끼, 새끼 염소, 새끼 양까지도 그에 해당하는 경우가 매우 흔하다.

채식인들은 특히 단백질이 매우 풍부한 두부와 콩을 다양한 형태로 섭취한다.

채식주의로 인해 퀴노아가 중요한 작물이 되었다. 볼리비아와 페루가 원산지인 퀴노아는 북아메리카(캐나다, 미국), 북유럽(덴마트, 스웨덴), 남유럽(이탈리아), 아프리카(케냐), 아시아(히말라야, 인도) 등 70개국 이상에서 재배되고 있다. 프랑스에서는 상트르-발-드-루아르 지역에서 주로 재배되고 있다. 퀴노아는 인간의 몸이 직접 만들어내지 못하고 주로 육류에 많이 들어 있는 필수아미노산을 함유한 식물이다. 퀴노아에는 글루텐이 없다. 지방은 주로 섭취가 권장되고 있는 지방산(오메가3)이다. 미네랄(망간, 철, 구리, 인, 칼륨), 식이섬유, 탄수화물(70퍼센트), 아미노산이 풍부한 단백질(15퍼센트)이 함유되어 있다. 또 비타민B와 비타민E도 들어 있다. 그래서 퀴노아는 쌀이나 파스타를 대체하는 식품으로 자리 잡았다. 2013년 국제연합이 캠페인을 벌이면서 퀴노아 소비가 폭발적으로 증가했다.[402]

종교적으로 밥 먹기

인도에서는 많은 종교가 채식주의를 의무로 삼는다. 그러나 세계적으로 아유르베다 식단은 30억 달러 규모의 시장밖에 형성하지 못했다.[413]

이슬람교 율법에 맞는 할랄 음식 시장 규모는 2016년 2억 4,500억 달러에 달했으며 이는 전체 식품 시장의 16퍼센트에 해당한다. 무슬림 소비자의 절반은 아시아(특히 인도네시아, 파키스탄, 인도)에 거주한다.[167] 프랑스 무슬림 570만 명 중 84퍼센트는 매일 할랄 고기를 먹는다. 이 시장 규모는 2016년 60억 유로였다.

유대교의 카셰르(영어로 코셔kosher) 음식 시장은 210억 유로 규모의 시장을 형성한다. 유럽 시장은 45억 유로, 프랑스 시장은 3억 7,700만 유로 규모다.[168]

곤충 먹기

앞에서도 말했지만 인간은 오래전부터 곤충을 먹어왔다. 생활양식은 획일화되었지만 곤충 소비는 여전히 지속되고 있으며, 특히 최빈곤층에서는 증가하고 있다.

생선과 마찬가지로, 곤충은 누군가의 재산이 아니고 누구나 잡아먹을 수 있다. 전 세계 25억 명(특히 아시아, 아프리카, 라틴아메리카의)이 2,000종의 식용 곤충을 먹고 있다. 동물 사료로 쓰이는 곤충도 있다(특히 아메리카동애등에 애벌레, 집파리, 갈색거저리).[172]

아시아는 곤충이 가장 많이 소비되는 대륙이다(150~200종). 태국은 세계 최대의 곤충 생산국이자 소비국이다. 200종의 곤충이 도시와 시골에서 소비되고 있고, 가장 많이 소비되는 곤충은 귀뚜라미, 메뚜기, 여치다. 튀긴 다음 고추와 간장을 곁들여 먹는다. 태국에서는 메뚜기볶음, 전갈 꼬치, 레몬즙을 넣은 홍개미의 개미집 샐러드도 먹을 수 있다. 라오스에서는 남방장수풍뎅이의 애벌레를 코코넛밀크에 삶아 먹거나 구워 먹는다. 동남아시아 전역에서 붉은야자바구미의 애벌레가 맛있는 간식으로 사랑받고 있으며, 장구애비로는 소스를 만든다.[442] 중국과 일본에서는 누에나방의 번데기를 튀기거나 오믈렛으로 만들어 먹는다.

라틴아메리카 사람들이 가장 많이 먹는 곤충은 여치(특히 베네수엘라), 노린재, 장구애비(멕시코에서 고기에 곁들여 먹는다), 개미(콜롬비아에서 애피타이저로 먹는다), 나비 애벌레(멕시코)다. 대표적인 요리는 아샤아카틀(장구애비 알을 토르티야에 넣어 먹는 음식), 차풀린(양념해서 튀긴 메뚜기를 타코에 넣어 먹는다), 메스칼(아가베와 나방 애벌레를 넣어 만든 멕시코 술)이다.[441]

아프리카에서는 사냥과 낚시를 할 수 없는 우기에 주로 곤충을 잡아먹었다. 1,900종 이상의 곤충이 식용되며 딱정벌레(31퍼센트), 송충이(18퍼센트), 꿀벌·개미·말벌(14퍼센트), 여치·메뚜기·귀뚜라미(13퍼센트), 매미·깍지벌레(10퍼센트), 흰개미(3퍼센트), 잠자리(3퍼센트), 파리(2퍼센트) 순이다. 단백질이 풍부한 모판(벌레가 사는 나무 이름) 벌레는 보츠와나, 나미비아, 짐바브웨, 남아프리카공화국에서 인기 많은 식용 곤충이다. 세계보건기구는 중앙아프리카공화국 농촌 인구의 91퍼센트가 생존을 위해 곤충을 먹는다고 밝혔다. 보츠와나 인구의 91퍼센트, 콩고 국민의 70퍼센트도 곤충을 먹는다. 곤충을 많이 먹는 콩고민주공화국에서는 한 가정이 일주일 동안 300그램의 송충이를 먹는다. 중앙아프리카공화국, 특히 피그미족에게 송충이는 식량에서 큰 비중을 차지한다. 남아프리카공화국에서는 빌&멜린다 게이츠 재단의 지원으로 곤충 중에서도 아메리카동애등에를 생산하는 회사가 설립되었다.

나이지리아와 앙골라에서는 흰개미를 익혀 먹거나 날것으로 많이 먹는다. 마다가스카르에서는 말벌의 애벌레를 버터, 마늘, 파슬리와 함께 조리해 먹는다. 남아프리카에서는 해마다 모판 벌레 100억 마리가 잡힌다.[172]

이들 국가 대부분에서 여전히 곤충을 먹는 사람들은 최빈곤층이다. 곤충을 먹는 것은 점점 과거의 관습으로 여겨지고 있다.

유럽인들도 거의 모르는 상태에서 곤충을 먹고 있다. 2010년 네덜란드 곤충학자 마르셀 디키는 유럽인이 해마다 1인당 500그램에서 1킬로그램의 곤충을 모르는 사이에 먹고 있다고 추정했다. 곤충이 과일과 채소로 만든 제품(주스, 수프, 통조림 등)에 잔류물로 들어가 있다는 것이다.[171] 예를 들어 사탕, 과자, 타라모살라타, 코카콜라 같은 탄산수에 들어가는 식용 색소 E120은 남아메리카에 서식하는 연지벌레에서 카민산을 추출해서 만든다.[171]

유럽연합은 2017년 7월 아메리카동애등에, 집파리, 갈색거저리, 외미거저리, 집귀뚜라미, 희시무르귀뚜라미, 자메이카 필드 귀뚜라미 등 7종의 곤충을 양식업에 사용할 것을 승인했다.[289] 미국은 2016년에 이미 양식어 사료에 아메리카동애등에 애벌레 분말을 사용할 수 있도록 했다.[449]

유럽은 2018년 1월 1일부터 곤충에 '신식품novel food'의 지위를 부여했다. 새로운 식품은 "1997년 5월 15일 이전에 유럽연합 내에서 인간에 의한 소비가 무시할 만한 수준이었던 음식"[284](여기에는 곤충 외에 유전자 변형 식품, 미생물, 해조류, 미네랄 음식, 나노 소재 음식도 포함된다)을 가리킨다. 유럽식품안전청EFSA은 2015년에 곤충을 먹었을 때 나타날 수 있는 위험을 규정했다. 생물학적·화학적·세균학적·알레르기적 위험 가능성에 관한 과학적 연구의 부족, 화학적 위험(곤충이나 환경이 만들어낸 독성분), 물리적 위험(곤충의 딱딱한 부분이 소화 시 상처를 입힐 수 있다), 미생물학적 위험(곤충에 의한 기생충, 바이러스, 세균, 곰팡이 감염) 등이다.[169]

국제식품규격*Codex alimentairus*(1963년에 식량농업기구와 세계보건기구가 만든 농식품 안전에 관한 규격)은 판매를 위한 밀가루나 곡물에 곤충의 몸 전체가 들어가는 것을 금지하지만, 표본당 곤충의 일부분이 0.1퍼센트 섞여 있는 것은 용인한다.[380]

프랑스적 예외는 지속된다

음식의 품질을 가장 무시하는 국가들이 가장 많은 경제 성장을 이루었고, 반면 문화적 정체성은 상실했다. 반대로 음식을 좋아하고 식탁에서 시간을 보내는 것을 좋아하는 국가는 노동도 덜 하고 경제 성장도 덜 한다. 반면 문화적 정체성은 더 잘 보전한다. 프랑스, 이탈리아, 그리고 몇몇 국가가 여기에 해당한다.

적어도 지난 1,000년 동안 프랑스인이 음식과 맺은 관계는 각별했다. 2019년 프랑스인이 식탁 앞에서 보내는 시간은 평균 2시간 11분으로, 다른 OECD 국가(평균 1시간 31분)보다 훨씬 길고 미국인과 비교하면 두 배나 길다.[448] 프랑스는 식사 시간을 가장 잘 지키는 국가이기도 하다. 프랑스인의 절반이 점심을 12시 30분에서 1시 30분 사이에 꼭 먹는다.

프랑스인 10명 중 1명만 아침을 먹으며 텔레비전을 시청하고, 5명 중 1명이 점심을 먹을 때, 4명 중 1명이 저녁을 먹을 때 텔레비전을 본다. 이는 다른 국가에 비해 매우 낮은 수치다.

프랑스인 3명 중 1명은 식탁에 온 가족이 둘러앉아 밥을 먹는 전통적인 식사를 선호한다. 최빈곤층을 제외하면 이런 식사에 나오는 음식은 전반적으로 질이 좋다. 비타민D(프랑스인 45퍼센트가 부족하다)와 비타민C(흡연가), 가끔 엽산(임신부)이 부족한 것만 제외하면 프랑스인은 비타민을 충분히 섭취하고 있다.

2010년에는 세계에서 최초로 한 국가, 즉 프랑스의 가스트로노미가 유네스코 세계문화유산으로 지정되었다. 가스트로노미의 정의가 가족 모임에서 갖는 식사로 제한되어 있기는 하다. "가스트로노미를 추구하는 프랑스의 식사는 출생, 결혼, 성공, 재회 등 개인과 집단의 삶에 가장 중요한 순간을 기념하기 위한 사회 관습이다. 그것은 참여하는 사람들이 '잘 먹는 법'과 '잘 마시는 법'을 실천하는 즐거운 식사다. 프랑스식 식사는 함께하는 기쁨, 맛이 주는 즐거움, 인간과 자연의 산물이 이루는 조화를 강조한다. (…) 이런 식사는 엄격한 절차를 따라야 한다. 먼저 식전주를 마시고 마지막에 식후주를 마시며 그 사이에는 적어도 네 가지 음식이 나와야 한다. 즉 앙트레, 채소를 곁들인 생선 요리 및(또는) 고기 요리, 치즈, 그리고 디저트가 나와야 한다. (…) 프랑스식 식사는 가족과 친구 사이를 돈독히 하고 더 나아가 사회관계를 강화한다."[274]

유네스코는 이런 정의를 통해 식사를 통한 대화의 역할을 엿보았다. 추론을 끝까지 밀고 나가지는 않았지만 말이다. 프랑스의 정체성은 식사를 통해 구축된다. 가족, 식사, 인구, 요리, 문화, 국가 정체성은 과거나 지금이나 매우 특별한 관계를 맺는다.

설탕, 비만 그리고 죽음

과거에는 음식과 관련된 질병이 영양실조, 괴혈병, 콜레라 등 주로 결핍에서 생겨났다. 그리고 굶어 죽기도 했다.

오늘날에는 굶어 죽는 사람도 있지만 너무 많이 먹어서 죽는 사람도 있다. 2019년 약 20억 명의 성인이 과체중이고 6억 5,000만 명이 비만인 것으로 나타났다.[224] 2~18세 미국인 6명 중 1명이 과체중이거나 비만이다. 중앙아메리카, 남아시아, 사하라 이남 아프리카도 미국을 닮아가고 있다. 프랑스에서는 성인 700만 명(7명 중 1명)이 비만이고 50퍼센트가 과체중이다.

탄산수나 가공식품을 통해 설탕을 과도하게 섭취하는 것이 원인이다. 2015년 한 해에 미국인 한 명이 먹은 설탕은 46킬로그램이나 되었다. 같은 기간 프랑스인은 35킬로그램, 독일인은 37킬로그램, 영국인은 34킬로그램, 인도인은 18.5킬로그램을 먹었다.[450, 451, 452] 세계보건기구의 설탕 섭취 권장량은 18.2킬로그램이다. 미국에서는 액상과당(최근 가공식품 제조에서 설탕 대용품으로 쓰이기 시작한 옥수수 시럽)이 가계 설탕 소비량의 22퍼센트를 차지하는데, 이는 1인당 연간 소비량으로 따지면 18킬로그램이다.[450]

비만은 제2형 당뇨병을 증가시킨다. 국제당뇨연맹의 통계에 따르면, 2017년 전 세계 후천성 당뇨병 환자가 4억 2,500만 명에 달한다. 당뇨병 환자 수가 전 세계 성인 인구에서 차지하는 비중은 1980년 4.5퍼센트에서 2017년 8.5퍼센트로 급증했다.[490]

비만은 근골격계 질환(퇴행성 관절염)과 심혈관 질환(세계보건기구가 전 세계 사망 원인 1위로 꼽았다)을 유발한다. 설탕은 일부 암과 일부 퇴행성 질환을 일으키는 데 관여하는 것으로 알려졌다.[512]

의사들은 간이 당의 잉여분을 지방 형태로 저장하면서 염증이 나타나는 질병인 비알코올성 지방간(줄여서 NASH)을 노골적으로 '탄산수 병', '푸아그라 병'이라고 말한다. 증상이 늦게 나타나기 때문에 발견하기 어려운 이 질병은 산업선진국에서 뚜렷하게 증가하고 있으며, 현재 미국에서 간 이식의 두 번째 원인으로 손꼽히고 있다.[512]

유럽연합 집행위원회에 따르면 유럽인 중 280만 명이 해마다 비만과 관련된 원인으로 사망한다. 유럽연합 회원국의 보건 예산 중 비만 치료에 할애된 예산은 7퍼센트에 그친다.[491]

설탕만 사람을 죽이는 게 아니에요

설탕이나 과식 외에 불결한 식생활도 만성질환, 암, 우울증의 원인이 될 수 있다.

적색육을 익힐 때와 육류 제품을 가공할 때 다환 방향족 탄화수소PAH나 나이트로 화합물* 같은 발암물질이 나올 수 있다. 2015년 세계보건기구 산하 국제암연구소는 적색육을 '인간에게 암을 일으킬 가능성이 큰' 2급 발암물질로 분류했다. 여러 역학 연구가 적색육 섭취와 대장암 발병이 유관하다는 것을 보여주었고, 관련성은 더 적지만 췌장암과 전립선암도 일으키는 것으로 나타났다.[290]

더 심각한 것은 가공육(햄, 소시지, 통조림, 양념 고기 등)이 담배와 술만큼 '암을 일으킨다'는 사실이다. 50그램의 가공육을 매일 먹으면 대장암 발병률이 18퍼센트 상승한다. 세계질병부담Global Burden Disease(워싱턴 대학교에 있는 전염병 연구기관)에 따르면, 미국에서 매년 사망하는 암 환자 3만 4,000명은 가공육 소비가 발병 원인이다. 암 환자 5만 명의 사망은 아마 적색육 섭취 때문일 것이다. 적색육의 발암 효과는 아직 공식적으로 인정되지 않았다. 비교하자면, 해마다 발생하는 암 환자 100만 명 이상의 사망 원인은 담배이고 60만 명의 사망 원인은 술이다.[290]

---

* 나이트로기(-NO_2)를 하나 이상 가진 유기화합물.

초가공 식품(여러 단계의 산업 공정을 거쳤고 식품 방부제, 식용 색소, 변성 녹말, 경화유 등 첨가제를 포함하여 네 개 이상의 재료로 만든 식품)은 자연식품보다 영양가가 떨어지고 지방, 포화지방산, 소금, 설탕이 더 많이 들어 있다. 기업에는 매우 수익성이 높은 제품이지만 소비자들에게는 매우 위험한 제품이다. 세르주 에르크베르그 교수가 이끄는 뉘트리네트-상테NutriNet-Santé가 2009년에서 2017년까지 프랑스인 10만 5,000명을 대상으로 수행한 연구에 따르면 초가공 식품의 섭취와 암 발병률의 상관관계는 6~18퍼센트다. 조리식품을 가장 많이 소비하는 사람은 최빈곤층이고 따라서 초가공 식품 외에 다른 보건 위험에도 가장 많이 노출되므로 이 결과는 신중하게 봐야 한다.[440] 3세 미만 아동이 섭취하는 프렌치프라이와 과자에도 암을 일으킬 정도의 아크릴아마이드가 들어 있다.

식품에 남아 있는 살충제 잔여물의 3분의 2가 내분비계 교란 물질을 포함하고 있다. 내분비계 교란 물질은 호르몬성 암을 유발할 수 있고 생식력 감소, 비만, 암, 선천성 질환, 신경계 질환, 면역계 질환을 일으킬 수 있다. 세계보건기구는 이러한 화학물질을 반복해서 조작하는 것과 중증 질병 발병 사이의 상관관계에 대한 '중간 추정'*을 했다. 글리포세이트가 매일 이 농약을 사용하는 농민들의 건강에 큰 영향을 미칠 가능성이 있고 곡물, 콩류,

* 해당 관계에 관한 양질의 연구가 적어도 1개 이상 있을 때를 말한다.

파스타 등 매일 먹는 수많은 식품에 들어 있는 글리포세이트의 양이 잠재적으로 위험할 만큼 높을 수 있다. 2017년에 이루어진 테스트에서는 글리포세이트의 섭취량이 유럽연합이 정한 잔여물 최대치를 아직 넘어서지 않았지만 말이다.

중금속(납, 수은, 카드뮴)과 독소를 먹어도 질병에 걸릴 수 있다. 음식에 이런 물질들이 들어 있기도 한데, 특히 납(채소나 물에 들어 있을 수 있다)은 성인에게 심혈관 질환을 일으킬 수 있다. 메틸수은과 비소는 신경계 질환과 뇌 질환을 일으킬 수 있고, 카드뮴은 신장 기능을 해칠 수 있다.[136, 346]

육골분(동물 뼈를 건조시켜서 만든 가루)을 초식동물에게 먹이면 솟과동물에게 치명적인 광우병BSE이 발병할 수 있다. 광우병에 걸린 쇠고기를 먹은 인간에게도 병이 전이될 수 있다. 1986년부터 광우병 사태로 전 세계에서 목숨을 잃은 사람은 223명이다. 그중 177명이 영국인이고 27명이 프랑스인이다.[291]

돼지가 걸린 질병도 인간에게 옮을 수 있다. 세계보건기구가 '팬데믹'이라고 규정한 돼지독감으로 2009년 6월에서 2010년 8월까지 15만 1,700마리에서 57만 5,400마리가 폐사했다. 처음 의심 사례가 나타난 곳은 멕시코 최대 규모의 돼지 사육장이었다. 베라크루스 주의 라글로리아에 있는 이 공장식 사육장이 팬데믹의 시발점이었다. 미국 농무부는 아시아의 돼지 농장에서 돼지독감이 출현한 것이라는 가설을 세웠다. 바이러스에 감염된 여행자를 통해 미국에 유입되었다고 본 것이다. 두 경우 모두 공장식 돼지 사육이 원인으로 지목되었다.

점점 더 좁아지는 불결한 사육장에 많은 돼지를 키우는 것이 새로운 바이러스를 출현시킨 원인이다.[293, 294]

거식증도 식습관과 관련된 질병이다. 2017년에 전 세계 거식증 환자 수는 330만 명에 달했다. 환자들은 대부분 개발도상국의 15~25세 여성이다. 미국에서는 그 비중이 0.9퍼센트이고 프랑스에서는 0.5퍼센트다.[292] 아프리카에서는 수치가 0.01퍼센트 아래로 떨어진다.[109] 미국정신의학협회의 기준에 따르면 거식증은 환자가 가장 낮은 수준의 정상 체중을 넘어가는 것을 참지 못하는 것, 살이 찔까봐 두려워하는 것, 비만이 될까봐 두려워하는 것이 특징이다. 몸무게, 몸의 형태나 라인을 보는 방식이 혼란스러운 것, 몸의 라인이 자존감에 미치는 영향이 지나치게 큰 것도 특징이다.[110] 2016년에《미국 영양 및 식이요법 학회지》[154]에 발표된 피츠버그 대학교(미국) 연구에 따르면, SNS 중독이 거식증을 유발할 수 있다. 또한 거식증 환자는 대화를 원하지 않는다. 적어도 자신에게 뭔가를 먹이려는 사람과는 대화하지 않는다.[110]

글루텐이나 유당의 섭취가 건강에 문제를 일으키는 사람의 비중은 알레르기가 심한 3.5퍼센트에 불과하다. 실제로는 그렇지 않은데 자신에게 알레르기가 있다고 믿는 35퍼센트의 사람들에게는 문제가 되지 않는다.

채소, 고기, 생선의 과잉 생산

식품 생산은 대단한 낭비의 원천이다.

2018년 쓰레기통에 버려진 음식(상해서 버린 것과 낭비)은 13억 톤에 달한다(곡물의 30퍼센트, 유제품의 20퍼센트, 생선과 해산물의 35퍼센트, 과일과 채소의 45퍼센트, 고기의 20퍼센트). 이는 지구에서 생산된 모든 음식의 3분의 2에 해당하는 양이다.[412]

게다가 저장 시설의 부족으로 못 쓰게 된 식품의 양은 2018년에 3억 5,000만 톤이나 되었다. 또 상점에서 유효기간이 지나 못 먹게 된 식품의 가치는 1,100만 달러에 달한다.

프랑스에서 해마다 버려지는 음식은 1인당 20킬로그램이다. 그중 7킬로그램은 포장을 뜯지도 않은 상태이고, 특히 채소와 과일이 많이 버려진다. 버려지는 음식의 3분의 1은 가정에서 나오며 나머지는 식당과 구내식당에서 나온다.

인류는 매년 바다와 호수에 음식물 쓰레기 200억 톤을 버린다. '북태평양의 거대 쓰레기 소용돌이'는 하와이와 일본 사이에 있는 거대한 쓰레기 섬(700만 톤)을 가리킨다. 이곳의 면적은 프랑스 면적보다 3배나 크고 쓰레기의 46퍼센트는 어망이다. 플라스틱 쓰레기의 일부는 물고기가 먹고 결국 인간이 섭취한다. 유럽에서 소비되는 생선, 굴, 홍합의 30퍼센트 이상에 플라스틱이 축적되어 있을 것이다.

담수(식수만 해당하는 것은 아니다)도 많이 낭비된다. 특히 고기를 생산할 때 물을 많이 낭비한다. 옥수수 1킬로그램을 생산할 때 500리터의 물이 필요하고, 밀 1킬로그램을 생산할 때 600리터의 물이 필요하다. 그런데 닭고기 1킬로그램을 생산하려면 물 4,000리터가 필요하고, 돼지고기 1킬로그램 생산에는 4,800리터, 쇠고기 1킬로그램 생산에는 1만 3,500리터가 필요하다. 고기가 들어간 식사를 준비하려면 1만 2,000리터의 물을 사용해야 하고, 같은 열량의 채식 식사를 준비하려면 3,500리터의 물이 필요하다. 전 세계 연간 물 수요량은 1900년에 600제곱킬로미터였지만 2018년에는 3,800제곱킬로미터로 급증했다. 이 중 70퍼센트는 농업용수로 사용된다.

생선과 해산물도 과잉 생산된다. 물고기를 점점 더 많이 잡고 점점 더 깊은 바다에서 잡는다. 1960년에는 수심 100미터까지 그물을 드리워 물고기를 잡았지만 2017년에는 수심 300미터까지 내려갔다. 심해 어업은 유럽연합 내에서만 금지되었고 수심도 800미터가 기준이다.

북대서양 청어, 페루 안초비, 남태평양 정어리, 참치, 대구 등의 어장 40퍼센트가 과도하게 개발된 것으로 분류된다. 2013년 이후 참치의 41퍼센트는 '생물학적으로 지속 불가능한' 수준으로 남획되었다. 지중해와 북해에서는 대구, 가자미, 노랑촉수를 지나치게 많이 잡고 있고, 어장의 59퍼센트만이 '생물학적으로 지속 가능한' 수준으로 개발되고 있다.

대구의 지속 가능한 어획량은 연간 20만 톤인데, 2017년 한 해

동안 50만 톤의 대구를 잡았다. 대형어류(참치, 상어, 대서양대구, 넙치)의 90퍼센트는 이미 사라졌다. 바다의 척추동물 24~40퍼센트가 멸종 위기에 놓여 있다.

바다의 무척추동물과 어류 중 500종 이상이 멸종 위기종으로 국제자연보전연맹의 적색 목록에 올랐다. 상어와 가오리도 멸종 위기종이다. 상어 포획은 금지되었지만 해마다 1억 마리의 상어가 잡히고 있다. 상어의 개체 수는 15년 만에 80퍼센트 줄어들었다. 뱀상어, 홍살귀상어, 흑상어의 개체 수는 1970년대 초반과 비교했을 때 95퍼센트 줄어들었다. 큰양놀래기와 강거두고래도 멸종하고 있다. 2017년에는 1800년보다 돌고래 수가 10분의 1로 줄었다. 돌고래 포획은 국제적으로 금지되었는데도 말이다.[11]

먹으면 온실가스가 과도하게 배출된다

먹는 행위는 인간의 활동 중 가장 많은 온실가스를 배출한다.

인간의 활동으로 배출되는 온실가스 중 18퍼센트는 직간접적으로 사육되는 가축(절반이 소 때문이다) 때문에 발생한다. 40퍼센트는 위에서 일어나는 발효 과정, 45퍼센트는 운송, 10퍼센트는 저장, 5퍼센트는 도축 과정에서 발생한다.[182, 183]

게다가 선진국은 닭 사육과 밀농사에 보조금을 지급하면서 닭고기와 밀을 아프리카에 수출한다. 이 운송 과정에서 이산화탄소가 발생할 뿐 아니라 경쟁 상대인 아프리카의 곡물과 가금류 생산을 초토화한다. 반대로 선진국 기업들은 주로 개발도상국의 중요한 자연 지대를 파괴한다. 그곳에서 제철도 아닌 과일과 채소를 생산해서 비싼 값을 주고 소비자에게 운송하는 것이다. 예를 들면 에스파냐에서 제철이 아닌 딸기를 생산해서 북유럽으로 보내는 식이다. 유럽으로 (비행기로) 수출되는 아보카도를 계절에 상관없이 생산하기 위해 아마존 밀림을 밀어버린다. 아보카도 농사는 소비 지역에서 생산되는 농산물에 쓰이는 것보다 20배나 많은 석유를 필요로 한다. 더 심각한 문제는 지구 반대편 온실에서 키운 채소를 냉동시켜 비행기로 8,000킬로미터 운송한다는 것이다.

유럽인의 음식 소비는 생태발자국의 30퍼센트를 차지한다. 그러나 절약하겠다는 사람은 거의 없다. 덜 먹고, 자기 지역에서 생산된 농산물을 먹고, 채식을 하고, 제철 농산물을 먹으면 온실가스를 줄이는 데 큰 도움이 될 것이다.

토양 파괴

2001년에서 2015년까지 산업형 농업(농업과 목축업)은 전체 산림 파괴의 원인 중 27퍼센트를 차지했다.[428] 브라질에서는 산림 파괴의 주원인이 대두 재배와 목축업이다. 그러나 전 세계 산림 파괴에서 차지하는 비중은 줄어들고 있다. 산림 보호 관련 법 제정에서 많이 뒤떨어진 동남아시아에서는 여전히 대규모 산림 벌채가 진행된다. 이로 인해 200종의 동물이 멸종 위기에 놓였고 호랑이나 오랑우탄 같은 상징적인 동물도 사라질 위험에 처했다.

2018년에 인간 활동의 영향을 직간접적으로 전혀 받지 않은 육상동물은 전체의 4분의 1뿐이다.[492] 그런가 하면 전 세계 습지의 87퍼센트가 사라졌다.[493] 1948년에 생물다양성 보호를 위해 설립된 국제단체인 세계자연보전연맹IUCN은 2016년 육지의 14.7퍼센트(20만 개 지역에 분포된 2,000만 제곱킬로미터)와 해양 공간의 10퍼센트를 보호구역으로 선정했다. 1992년에 세계 168개국이 체결한 생물다양성협약의 목표는 육지의 17퍼센트와 해상 공간의 10퍼센트를 보호하는 것이었으므로, 이 목표는 큰 무리 없이 도달할 것으로 보인다.[385]

세계적으로 자연 공간과 숲 파괴의 30퍼센트는 목축업 때문에 발생했다. 목축업은 전 세계 온실가스 배출량의 18퍼센트를 차지하기도 한다. 미국에서는 토양 침식의 55퍼센트, 농약 사용의 37퍼센트, 항생제 사용의 50퍼센트, 담수에 들어 있는 인의 3분의 1이 목축업에 의해 발생했다.[183]

목축업은 세계 담수량의 8퍼센트를 소비한다. 또 항생제, 호르몬, 사료 재배에 필요한 농약으로 인한 수질 오염에서 가장 큰 비중을 차지한다. 수질 오염뿐 아니라 담수 자원의 재생을 막기도 한다. 가축들이 땅을 계속 밟아서 물이 지하로 스며들 수 없기 때

문이다.[183]

코스타리카는 농약을 세계에서 가장 많이 사용하는 나라다. 바나나, 파인애플, 멜론, 그리고 진균제와 살충제를 많이 뿌려야 하는 곡물을 재배하기 위해 농지 1헥타르당 23킬로그램을 뿌리는데, 이는 프랑스보다 10배나 많은 양이다. 바나나 농장에는 해마다 1헥타르당 49킬로그램의 농약을 뿌리고, 파인애플 농장에는 30킬로그램을 뿌린다.[506] 글리포세이트는 라운드업이라는 제초제에 들어 있다. 몬산토가 개발한 이 제초제는 1970년대부터 농민들이 가장 많이 사용하는 제품이다. 첨가물에 따라 화학식이 조금씩 다른 여러 제품도 사용된다.

토양에 주입하는 화학물질은 토양 비옥도에 기여하는 미생물을 죽인다. 30센티미터 두께의 토양은 양분이 가장 풍부하며 생명체(세균, 곰팡이, 곤충)의 80퍼센트가 이 토양층에 살고 있다.[387] 글리포세이트 사용은 이것에 내성이 있는 유전자 변형 작물이 개발되면서 더 증가했다. 따라서 유전자 변형 작물 외에 모든 식물의 생장이 멈출 수 있다.

토양에 주입하는 화학물질은 토양의 다양성에도 비극적인 결과를 낳고 점점 더 희귀해지는 천연자원(예를 들어 인)과 종자에 대한 특허를 소유한 기업 등 독점 기업에 대한 의존성을 높인다.[304, 305]

토양의 염분화, 그리고 밭갈이와 화학비료 사용이 결합되면서 농지의 비옥도가 위협받고 있다. 그래서 생산성이 정체되거나 줄어든다. 과학계가 '생산성 한계선'이라 부르는 이 현상은 우려스럽다. 일부 지역의 생산성은 줄어드는 추세다. 현재 전 세계적으로 농지의 3분의 1이 집약농업으로 인해 불모의 땅이 될 위험이 있다.

토양 침식 속도도 토양 형성(토양 생성 작용) 속도를 넘어섰다.[133]

생물다양성 감소

인류의 다양한 종이 몇 백만 년 만에 하나가 된 것처럼 자연도 수십 년 동안 다양성이 줄어들고 있다.

식물병충해 방제 제품들은 일부 종의 멸종과 '기회종'*의 확산을 초래한다. 이런 제품은 지하 생태계를 구성하는 미생물을 공격하고 제거하며 그렇게 해서 토양의 비옥도를 변질시킨다.[387] 화학비료의 작용으로 특정 해조류가 증식하고 산소 농도를 낮추며 수많은 동물종을 사라지게 한다. 프랑스 보스 지방에서는 1955년에 토지 1헥타르당 지렁이가 2톤 정도 있었지만 지금은 200킬로그램밖에 되지 않는다.

옥수수 품종의 91퍼센트, 양배추 품종의 95퍼센트, 토마토 품종의 81퍼센트가 이미 사라졌다.[4] 20세기에 동물 다양성은 90퍼

---

* 자신에게 유리한 환경 변화가 닥쳤을 때 급격히 증가된 번식 능력을 보이는 생물종.

센트나 감소했다. 프랑스 전국양봉연맹에 따르면 매년 벌집이 30퍼센트씩 줄어든다. 1995년에는 그 정도가 5퍼센트밖에 되지 않았다.

1만 년 전에 인간이 먹었던 음식은 5,000종의 다양한 식물에 바탕을 두었는데, 오늘날에는 4종(밀, 옥수수, 감자, 쌀)만이 전 세계 먹거리보장을 책임지고 있다.

인간이 먹는 생물종의 수가 점점 줄어들기 때문에 생물종을 보호하려는 노력도 줄어들고 생물종이 사라져도 아무 조치를 하지 않는다. 세계자연기금WWF의 2018년 보고서[185]는 지나친 개발 혹은 농업 활동, 때로는 두 요인의 조합이 16세기 이후 76퍼센트의 생물종을 멸종시켰다고 밝혔다. 야생동물 개체 수도 60퍼센트 줄어들었다.

우리가 먹는 것이 획일화되면서 자연도 획일화되었고, 결국 충격과 위기에 대응할 능력이 줄어들었다.

커다란 비밀

농식품 분야의 거대기업들은 그들이 생산해서 소비자에게 사도록 강요하는 '독'과 맞서 싸우려는 사람들의 입에 재갈을 물리고, 연구자들을 매수해서 거짓말을 늘어놓는 연구를 수행하고 발표하게 할 수 있는 수단까지 가지고 있다.

2016년 미국에서 설탕연구재단(최근에 '설탕협회'로 명칭이 바뀐 로비단체)이 발표한 자료에 따르면, 1967년에 이 재단은 하버드 대학교의 연구자 세 명에게 5만 달러를 제공했고, 이 연구자들은 설탕이 포화지방보다 비만과 심혈관 질환에 영향을 적게 미친다는 연구 결과를 저명한《미국의학협회저널》에 발표했다. 이 연구는 설탕연구재단이 주문하고 방향을 설정한 연구였고 이후 몇 년 동안이나 설탕 관련 논쟁을 왜곡했다.[227, 337]

마찬가지로 코카콜라도 2012~2014년 존 피터스 박사가 이끄는 콜로라도 대학교 연구진에 몇 백만 달러를 주고 설탕이 몸에 해롭지 않다는 기만적인 내용을 증명하려 했다.[227] AP통신에 따르면, 2011년에 사탕과자 기업들(마스의 자회사로 과일 맛이 나는 사탕을 생산하는 스키틀즈, 초콜릿 제품을 생산하는 허쉬, 네슬레 자회사이며 초콜릿 바를 생산하는 버터핑거스)은 설탕을 먹는 아이들이 그러지 않는 아이들보다 결국에는 몸무게가 덜 나간다는 것을 설명하는 연구에 돈을 댔다.《식품영양연구》에 발표된 또 다른 연구에는 퀘이커오츠(2001년 펩시코에 인수)가 연구비를 댔는데, 따뜻한 오트밀이 다른 아침 식사보다 더 포만감을 준다고 설명했다.[337]

1974년에 빈곤과의 투쟁War on Want이라는 영국의 비정부기구가 〈베이비 킬러〉[180]라는 연구보고서를 발표했다. 이 연구는 서양의 다국적 기업들이 개발도상국, 특히 사하라 이남 아프리카에서 벌이는 공격적인 분유 홍보 및 유통 캠페인을 비판했다. 그중에서도 네슬레는 엄청난 할인 행사를 하면서 대대적인 광고를 했다.

그런데 유니세프에 따르면 비위생적 환경에서 분유를 먹은 신생아는 모유를 먹은 아이보다 설사로 사망할 확률이 6~25배 높고, 폐렴으로 사망할 확률은 4배 높다.

세계보건기구에 따르면, 1990년대 말에 분유와 관련된 불균형한 영양 섭취로 사망하는 유아는 해마다 150만 명에 이르렀다. 당시 이러한 문제를 막기 위한 국제 규정이 없었던 것도 아니다. 1998년에 국제유아식품행동망IBFAN은 기업들이 분유 샘플을 무료로 나눠주고 있음을 보여주는 열 개의 규정 위반 사항을 순위별로 발표했다.[342, 343, 344]

인도(5,000만 명의 사탕수수 재배 농민이 있는 인도는 세계 2위의 설탕 생산국이자 1위의 설탕 소비국이다)에서 설탕 업계의 로비는 막강하다. 인도 하원인 라크 사바의 의원 중 3분의 1(543명 중 130명)이 우타르프라데시 주와 마하라슈트라 주 등 단 두 개 주에서 선출되었다. 이들 주에서 인도 설탕의 70퍼센트 이상이 생산된다. 다트머스 대학교의 산디프 수크탄카르 교수는 마하라슈트라 주에 소재한 제당 공장 183개 중 101개의 이사회에 1993년부터 2005년까지 치러진 지방 선거나 하원의원 선거에 입후보했던 사람이 1인 이상 있다고 밝혔다.[347]

유럽의 설탕 기업들은 유럽연합 집행위원회 결정에 압력을 행사하기 위해 해마다 평균 2,130만 유로를 쓴다.[460]

프랑스에서는 설탕 기업들(4만 명 가까이 고용한다)과 그 노조(전국설탕제조업체노조)가 설탕연구자료관리센터Cedus와 같은 로비의 본거지를 만들었다. 설탕연구자료관리센터는 설탕에 관한 선전용 인터넷 사이트를 개설한 것으로 유명하다. 역시 설탕 기업의 지원을 받는 벵자맹-델레세르 연구소는 의료계를 타깃으로 삼고 있으며 상도 여러 번 수상했다. 수상자 중 누군가는 "설탕을 악마화하면 안 된다."라고까지 말했다.[507, 508] www.lesucre.com이라는 사이트의 '팩트체킹'은 언론에서 다뤄지는 설탕 소비에 대한 공격을 공격하는 코너다. 예를 들면 설탕과 비만의 상관관계("체중 증가를 불러일으키는 것은 설탕 자체가 아니라 설탕을 많이 먹어서 흡수되는 과도한 열량 때문이다."), 설탕과 당뇨의 상관관계("설탕 소비가 당뇨의 '유일한' 원인이라고 말하는 것은 오류다. 본질적으로 당뇨는 전체적인 음식의 과소비로 인한 과체중의 결과이지 설탕 과잉 섭취의 결과가 아니다."), 설탕과 중독의 상관관계("인간에게 설탕에 대한 의존성은 관찰되지 않는다. 내성과 금단 증상을 내포하는 중독은 기름기가 많고 단 음식에 대한 충동적 행동을 보이는 사람에게는 나타나지만 그런 행동이 설탕 하나에만 국한되어 나타나지는 않는다. 게다가 음식에 대한 이러한 충동은 제한적 식단 때문에 가중될 수 있다.") 같은 논리를 펼친다.

2016년 이후 프랑스와 유럽연합에서 포장 제품에는 반드시 '영양 정보'가 표기되어야 한다. 영양 정보에는 제품의 일정량(주로 100그램 기준)에 대한 열량과 지방(포화지방산 포함), 탄수화물(당류 포함), 단백질, 염분의 양[339]을 기입해야 한다. 미국에서는 2016년 5월에 열량의 비율을 더 강조해서 표기하고 '당류'에서 '첨가당'을 더 자세히 표기하기 위해 영양 정보를 개정했다. 또 지방(포화지방

포함), 콜레스테롤, 나트륨(소금), 단백질, 칼륨, 철, 칼슘, 비타민D의 양도 표기해야 한다.[338]

소비자의 인식

미국, 에스파냐, 영국에서는 식품에 대한 사람들의 신뢰가 여전히 높다. 반면 식품 안전을 우려하는 중국인의 비중은 2008년 12퍼센트에 그쳤지만 2016년에는 40퍼센트로 치솟았다.[453] 미국에서도 지방에 대한 공포심이 '네거티브 뉴트리션'이라는 이름으로 발달했다. 이 현상은 운동을 조금 더 하는 중산층에서 두드러진다.

프랑스는 특별한 경우다. 프랑스인의 84퍼센트가 식품에 대해 걱정한다고 밝혔다. 응답자의 80퍼센트는 "음식이 건강에 해를 끼칠 위험이 크다."고 답했다. 이 비율은 2012년에 59퍼센트였다. 그리고 38퍼센트의 프랑스인만 가공식품을 믿는다고 답했다. 유통에 대한 신뢰도는 40퍼센트였고, 매일 먹는 음식에 대한 신뢰도는 28퍼센트에 그쳤다.

오피니언웨이의 조사에 따르면, 2016년 프랑스인의 63퍼센트가 지역에서 생산된 상품을 정기적으로 소비하는 것을 선호했고 93퍼센트는 부분적으로 지역에서 생산된 상품을 소비했다. 응답자의 61퍼센트는 지역경제를 지지하기 위해 지역 상품 소비를 늘릴 수 있다고 답했다. 42퍼센트는 제품의 원산지를 확실히 알기 위해 지역 상품을 선호한다고 답했고, 32퍼센트는 품질이 더 좋아서 선호한다고 답했다. 응답자의 24퍼센트는 지역 상품이 개인적 가치와 문화적 가치에 더 부합한다고 답했고, 54퍼센트는 더 많은 지역 상품이 나오기를 바란다고 했다. 80퍼센트는 자신이 사는 지역의 생산 활동을 지지하기 위해 지역 상품을 구입한다고 말했으며 48퍼센트는 동물 복지에 관심이 있다고 말했다. 64퍼센트는 영양 정보 표기를 선호한다고 응답했다. 프랑스인 10명 중 1명만이 유기농 식품을 먹지 않는다고 말했다. 유기농 식품의 정기적 소비자는 2003년에는 37퍼센트에 그쳤지만 2016년에는 65퍼센트로 증가했다.

오소렉시아[208, 209](1997년에 스티븐 배트맨 박사가 만든 용어. '올바른'을 뜻하는 그리스어 오르토스[orthos]와 '욕구'을 뜻하는 오렉시스[orexis]의 합성어)는 건강한 음식만 먹겠다는 집착을 뜻한다. 이 질병을 앓는 사람은 2시간 이내에 수확한 과일과 채소만 먹겠다고 하거나 소화가 더 잘되게 하려고 입에 넣은 음식을 몇 시간이나 씹는다. 오소렉시아는 심각한 영양 결핍을 초래할 수 있고 다른 사람과의 식사를 즐기지 못하게 만든다.

최고의 선택이 가능할지도 모른다고 말하는 청소년들

오늘날 전 세계에서 식생활에 가장 적은 관심을 보이는 것은 청소년이다. 그들도 어른처럼 빨리, 아무 때나, 가족 식탁이 아닌 곳에서 밥을 먹는다. 프랑스도 이런 변화에서 예외가 아니다.

프랑스 젊은이 중 61퍼센트는 적어도 두 번 중 한 번의 식사를 스크린 앞에서 한다. 54퍼센트는 적어도 두 번 중 한 번의 식사를 정해진 시간에 먹지 않는다. 47퍼센트는 적어도 두 번 중 한 번의 식사를 혼자 한다. 젊은이 3명 중 1명은 온종일 군것질할 때가 있다고 한다(그중 35퍼센트는 이틀에 한 번꼴로 군것질을 한다). 그리고 4명 중 1명은 두 번 중 한 번 식사를 건너뛴다. 18~24세 프랑스인 중 54퍼센트는 온라인으로 식사를 주문한다.

식생활은 기후나 교육과정과 달리 젊은이들이 불만을 품는 주제가 아니다. 그러나 2007년에 10만 명에 가까운 멕시코 젊은이가 주식인 토르티야의 급격한 가격 상승(약 40퍼센트)에 불만을 품고 거리로 쏟아져 나왔다. 2008년에는 식량 가격 상승으로 인한 폭동으로 모로코에서 젊은 시위자들과 경찰의 충돌이 일어나서 여러 명이 목숨을 잃었다. 아이티(쌀이나 강낭콩 같은 식료품 가격이 50퍼센트 이상 치솟으면서 폭동이 일어나 여러 명이 사망하고 수백 명이 다쳤다. 이 폭동으로 상원은 자크-에두아르 알렉시스 총리를 퇴임시켰다), 이집트(인플레이션과 빵 부족으로 인한 폭동에서 다섯 명이 사망했다), 소말리아에서도 상황이 비슷했다.[135, 345]

매우 드물기는 하지만, 자녀의 학교 급식이 형편없어서 시위에 나서는 학부모도 있다. 2014년 프랑스 마르세유의 한 학교의 급식에서 여러 번 벌레가 나오자 학부모들이 단체를 만들어 항의했고 급식비 지불을 지연하는 '굼벵이 작전'을 벌였다.[341]

일부 청년에게 식생활은 중요한 대화 주제이기도 하다. 팜리치(즉석식품 전문 기업)가 의뢰한 조사에 따르면 13~19세 미국 청소년은 평균 1,000시간, 즉 39일 동안 음식을 생각한다. 그들이 요리 영감을 얻는 곳은 페이스북이 대표적이다(27퍼센트). 2위는 유튜브가 차지했다(21퍼센트). 영국 프랜차이즈 레스토랑 지지Zizzi의 조사에 따르면 18~35세 미국인은 해마다 120시간(5일에 해당)을 인스타그램에서 음식 사진을 보며, 30퍼센트는 인스타그램에 등장하지 않는 레스토랑에는 잘 가지 않는다.[454] 인스타그램에는 음식, 요리, 음료 등의 사진이 수십억 장씩 올라온다. 사람들은 음식을 생각할 때 주로 음료 또는 마약을 떠올린다.

식생활은 요즘 청년 대부분에게 실용적인 활동이다. 그러나 치료를 위한 활동인 경우는 드물고 본질적인 활동인 경우도 드물다. 식생활은 의복, 여가, 전화보다 우선순위에서 밀린다. 미국의 젊은이 4명 중 1명은 음식의 질과 양을 포기하고 옷(31퍼센트)과 전화기(25퍼센트)에 투자하고 싶어한다. 이런 경향은 세계 어디에서나 동일하다. 더 건강한 음식을 위해 목소리를 높일 젊은이는 많지 않다.

그렇다면 앞으로 식생활 문제에 관해 더 높은 수준의 인식을 가지고 대비를 더 잘할 세대는 출현하지 않을 것이다. 19세기 프랑스 속담처럼 인류는 "여인숙에서 나오려면 멀었다." 여기서 '여인숙'은 '감옥'을 가리킨다.

제8장

곤충, 로봇 그리고 인간: 향후 30년

식생활의 미래를 감히 내다본 사람은 많았다. 그리고 그들의 예측은 종종 틀렸다.

1900년 12월 미국의 공학자이자 박물관 큐레이터였던 존 엘프레스 왓킨스는《레이디스 홈 저널》에 2000년에 이루어질 28개의 미래 상황을 발표했다. 그중 냉장고, 텔레비전, 무선 통신(사실 당시 시제품 형태로 이미 존재했다) 등 많은 예측이 맞아떨어졌다. 그러나 그는 전류를 토양에 흘려 식물의 생장을 촉진해 "순무처럼 큰 완두콩" "오렌지처럼 큰 딸기" "한 가족이 충분히 먹을 수 있을 만큼 큰 멜론"을 생산할 것이라는 잘못된 예측을 했다.[252, 253]

1960년에는 2000년이 되면 동결건조된 식품과 알약을 먹을 것이라는 예측이 나왔다. 당시 인류 최초로 우주로 떠났던 우주비행사들처럼 말이다. 1968년에도 스탠리 큐브릭 감독의 〈2001 스페이스 오디세이〉에 우주비행사들이 먹는, 향이 추가되고 규격화된 음식이 등장했다.

1973년 〈소일렌트 그린〉에서 감독 리처드 플레이셔는 2022년에 지구의 모든 자원이 바닥나면 인류가 죽은 사람의 몸에서 만들어낸 알약 하나로 하루를 버틸 것으로 예측했다.

그 밖에도 절대적인 풍요로움을 예상하는 평화로운 시나리오와 식량 부족이나 해로운 음식 때문에 인류가 멸종하는 비관적인 시나리오가 동시에 등장했다.

이번 8장에서 나도 예측을 해보려 한다. 이를 위해 과거에서 비롯된 경향들과 미래를 위해 상상할 수 있는 격변, 단절, 변이를 섞어갈 것이다. 또 내가 연구해서 여러 저서[9]에 발표했던 내용을 취할 것이다.

지금까지 언급한 음식의 역사, 인구, 도시화, 기술, 이주, 풍습, 이데올로기, 경제 관계, 사회관계, 지정학적 관계, 지구의 상태, 오염, 경제 위기, 사회 위기, 지정학적 위기가 지구가 생산할 수 있는 것, 인간이 먹고 싶어하고 먹을 수 있는 것, 인류가 음식을 먹는 방식, 모든 사회를 수립하고 유지하는 대화가 형성될 조건을 결정한다. 그리고 이 예측은 어두운 미래를 예고한다.

그러나 엄청난 단절은 아직 가능하다. 그리고 그것은 미래를 제어 가능한 것으로 만든다.

무엇보다 수요

2050년에는 재앙이 일어나지 않는 한 90억 명의 인구를 먹여 살려야 한다. 아시아와 아프리카는 2019년보다 각각 8억 7,500만 명과 13억 명을 더 먹여 살려야 한다.

흙과 자연을 떠나 도시에 사는 인구는 현재 55퍼센트에서 75퍼센트로 증가할 것이다. 세계 인구의 절반은 중산층이 될 것이다. 중산층은 오늘날 서양 사회의 중산층이 누리는 소비 수준과 생활수준을 원할 것이다. 그중 70퍼센트는 아시아에 거주할 것이고 나머지 30퍼센트는 아프리카에 살 것이다.

인간뿐 아니라 수십 억의 가축과 어류, 곤충도 먹여 살려야 한다. 인간이 먹기 위해서 말이다.

90억 인구를 먹여 살릴 수 있을까

오늘날 서양의 소비 모델과 동일한 모델로 더 많은 사람을 먹여 살리려면 2050년까지 세계 식량 생산을 70퍼센트 증가시켜야 한다.[157] 이는 완전히 불가능한 일이다.

그렇게 하면 인류뿐 아니라 지구 전체를 파괴할 것이다. 컬럼비아 대학교의 환경과학 교수 딕슨 데스포미어에 따르면, 2050년에 오늘날의 미국과 동일한 모델로 인류를 먹여 살리려면 숲을 개간해 브라질만 한 면적의 농경지를 만들어야 한다.[23] 생산성을 높이려면 화학 제품 사용을 늘리고 유전자 변형 작물을 더 많이 심어야 한다. 질소 비료를 두 배 더 많이 쓰고 인 비료를 세 배 더 많이 뿌리는 바람에 토양은 포화 상태가 될 것이다. 생물다양성 감소 속도는 100배나 증가할 것이다. 세계은행에 따르면 2050년 전 세계에서 1년 동안 배출되는 음식 쓰레기는 35억 톤이 될 것이다.

게다가 목축업 때문에 기후가 악화되고 식수 부족이 가중될 것이다.

식량농업기구는 기후 변화가 농업에 미치는 영향을 가장 많은 받는 곳은 개발도상국이라고 밝혔다. 농업 생산성 감소는 오늘날 9퍼센트에서 2050년 20퍼센트에 달할 것이다. 2050년에 아프리카가 구근식물(고구마, 마 등) 소비를 자급자족할 수 있더라도 곡물 소비량의 80퍼센트 이상 생산할 수는 없을 것이다. 서아프리카의 생산성은 옥수수의 경우 25퍼센트, 수수의 경우 50퍼센트 하락할 수 있다.[495]

식량농업기구가 2015년에 발표한 또 다른 보고서[386]는 2050년까지 토양 황폐화를 해결하기 위해 아무것도 하지 않는다면 곡물 2억 5,300만 톤을 잃을 것이라고 내다봤다. 이는 인도의 농경지 전체 면적(1억 5,000만 헥타르)이 불모지가 되었을 때 나타날 결과와 동일하다.

이 보고서는 지구의 농업 생산력을 높여야 할 시기에 현재 진행 중인 기후 변화가 오히려 그것을 감소시킬 것으로 예측했다. 북유럽, 우크라이나, 러시아, 캐나다와 같은 고위도 국가에서 지구 온난화가 잠정적으로 농업에 긍정적인 영향을 미치더라도, 반대로 매우 많은 국가의 농업 생산은 20퍼센트 감소시킬 것이고, 이로 인해 전체 생산력은 감소할 것이다. 특히 2080년까지 아프리카의 농업 생산력을 30퍼센트 감소시킬 것이다. 반면 같은 기간 이 대륙의 인구는 두 배 이상 늘어날 것이다.

그리고 어쨌든 앞으로 필요할 비료를 생산할 자원이 부족할 것이다. 인의 사용 가능량은 2040년 최대치에 달할 것이라고 시드니 공과대학교의 데이나 코델 교수의 연구가 밝혔다.[134]

따라서 90억 인구를 먹여 살릴 수는 없을 것이다.

게다가 가계 예산 중 의료, 교육, 주거, 여가에 들어가는 예산 비중이 점점 더 높아질 것이다. 따라서 현재 선진국에서 15퍼센트 정도 차지하는 소득 대비 식비의 비중은 전 세계에서 줄어들 것이다. 특히 개발도상국에서 이런 경향이 더 강해질 것이다.

풀 수 없을 것처럼 보이는 이 방정식을 풀려면, 더 나은 토양 관리를 위한 신기술(관개 최적화를 위한 기상 센서 설치, 재배 지역 선별을 위한 스마트 드론 이용 등)을 개발하는 것만으로는 충분하지 않을 것이다. 지금과 동일한 모델을 유지한다면 훨씬 많은 비료를 사용해야 하고 지금은 숲으로 뒤덮인 광활한 땅을 개간해야 한다. 따라서 토양과 해양의 자원 고갈을 가중시키고 생물다양성을 감소시키다 못해 지구 전체를 파괴하고 미래 세대를 굶어 죽게 만들 것이다.

2050년에 인류 전체가 현재 미국이나 유럽의 중산층이 누리는 식생활 수준 및 방식에 접근할 수 없을 것임은 분명하다.

현재 수준을 유지한다면, 먹는 방식을 다섯 가지로 계속 구분해야 한다. 첫 번째는 실력 있는 요리사가 만든 매우 희귀하고 호화로운 미식을 자택이나 레스토랑에서 먹는 것이다. 두 번째는 지구를 살린다는 생각은 있지만 결국 자신의 행복에만 관심이 있어서 건강한 음식을 먹는 방식이다. 세 번째는 중상위 계층이 첫 번째와 두 번째 방식을 모방하는 것이다. 네 번째는 수가 매우 많은 중하위 계층이 품질은 엉망이고 지구를 파괴하는 가공식품을 먹는 것이다. 마지막은 빈곤층이 1,000년 전 사람들처럼 먹는 것이다. 이들은 가장 나쁜 가공식품을 먹고 때로는 더 귀해지고 비싸지는 천연 식품을 먹기도 할 것이다.

상류층은 점점 더 잘 먹고 먹는 양은 점점 더 줄어들 것이다. 뒤에서 살펴볼 대량생산 식품 외에, 상류층과 최상류층을 위한 새로운 음식이 개발될 것이다. 이 새로운 음식들은 최고의 레스토랑에서 내거나 억만장자와 권력자의 개인 요리사가 만들어낼 것이다.

최고의 레스토랑에 간다는 것이 갖는 권력의 상징성은 과거보다 많이 퇴색될 것이고, 신흥 부자 또는 진정한 미식가의 즐거움이 될 것이다.

최상류층 소비자 중에는 가장 독특한 육류, 가장 잘 보호된 생선, 가장 완벽한 과일과 채소, 특히 가장 희귀한 와인만 맛보는 사람이 있을 것이다. 그러기 위해 점점 더 입이 떡 벌어질 금액을 지불할 것이다.

실력 있는 요리사는 점점 더 비싼 요리를 제공하는 예술가로 대접받을 것이다. 그중 최고의 요리사는 고객에게 사용하는 식재료의 품질과 청결한 생산 환경을 보장할 것이다. 지금도 그렇듯이 그들은 장을 직접 보는 것만으로 만족하지 않을 것이다. 지금도 일부 요리사가 그렇듯이 직접 정원이나 밭, 농장을 가꿀 것이다.

또 가장 먼 곳에서 구해 오거나 가장 먼 과거에서 가져온, 지극히 희귀한 재료를 사용할 것이다. 슈퍼 과일과 슈퍼 채소, 희귀하거나 잊힌 채소를 선보일 것이다. 또 새로운 형태, 소재, 질감을 개발할 것이다.

서양의 미식은 부분적으로 아시아의 미식에 자리를 양보할 것이다. 아시아의 인기 있는 식재료를 지금보다 더 많이 사용할 것이다. 지금도 그렇지만, 특히 곤충이 최고의 미식 재료로 쓰일 것이다. 이는 서양의 중산층이 곤충 섭취를 수용하는 마음의 준비를 하게 할 것이다.

단순한 요리, 간단한 요리를 선택하는 부자와 권력자도 있을 것이다. 그들은 음식이 주는 즐거움보다 건강과 정신, 또는 다른 즐거움을 더 중시할 것이다. 식탁은 더 이상 권력을 상징하는 공간이 아닐 것이다. 그들은 가장 건강하고 자연스러우며 간단한 재료를 사용한 음식을 먹을 것이다. 원산지가 열량보다 중요한 기준이 될 것이다. 설탕과 고기는 그들의 식탁에서 사라질 것이다. 소식은 세련됨과 지성을 보여주는 증거로 평가될 것이다. 과체중은 어리석음, 나약함, 무능력의 신호가 될 것이다.

그리고 이것은 과거처럼 중산층의 행동에 영향을 끼칠 것이다. 중산층은 최상류층이 먹는 방식을 모방하려 하고 전문 상점에서 비슷한 재료를 구하려 할 것이다.

아시아적이고 혼합된 문화의 선택

과거와 마찬가지로 미래에도 요리는 국가가 행복과 정체성에 얼마나 많은 중요성을 부여하는지 알려줄 것이다. 이는 과거처럼 국가의 경제 발전에만 연결되지 않을 것이다. 몇몇 국가는 먹는 것을 좋아한다는 자신만의 정체성을 유지할 것이고, 다른 국가들보다 노동을 덜 하게 될 것이다. 이들 국가의 경제 발전은 더뎌질 것이고 자본주의는 이 사회의 지배 계급에게 소식小食을 요구할 것이다.

이탈리아 요리, 프랑스 요리, 그리고 미국 요리가 차례로 세계를 지배했던 것처럼 아랍 요리에 이어 중국, 인도네시아, 인도 요리가 득세할 것이다. 어떤 요리든 그것은 미래의 지정학적 강대국을 가리키고, 그 강대국의 소비 방식은 미래 세계의 기준이 될 것이다. 돌아다니며 먹을 수 있는 다양한 1인분 제품이 빠른 식사와 지속적인 군것질에 최적화될 것이다.

미국은 중산층 식생활의 독점적인 표준이 더는 되지 않을 것이다. 아시아, 아프리카, 라틴아메리카에서 온 패스트푸드 체인점이 머지않아 등장할 것이다. 이미 등장하기도 했다.

종교 음식 시장도 크게 성장할 것이다. 아유르베다 식단의 추종자는 인도, 유럽, 아메리카에서 괄목할 만한 증가세를 띨 것이다. 시장 조사 기관 와이즈가이리포츠WiseGuyReports가 2018년 발표한 조사에 따르면 2015년 34억 달러 규모였던 이 시장이

2022년에는 100억 달러 규모를 달성할 것이다.[413] 그리고 2050년에는 그 이상이 될 것이다.

카셰르 음식의 시장 규모는 2025년에 600억 달러에 달할 것이다(연 성장률 11.6퍼센트).[168]

할랄 음식은 2025년에 22억 명의 고객을 끌어들였지만 2050년에는 27억 5,000명의 관심을 받을 수 있을 것이다. 여기에 더해 할랄 음식의 영양학적 가치에 매료된 비무슬림 인구도 끌어들일 것이다. 이 시장의 가치가 워낙 커서(2025년에 7,390억 달러이고 2030년에 1조 5,000억 달러) 기존의 거대 농식품 기업이나 신생 기업이 관심을 보일 수 있다. 동물 보호 때문에 할랄 고기 시장이 축소되고 많은 무슬림이 채식주의자가 되지 않는다면 말이다.[167]

미래가 밝아 보이는 아시아 요리와 이슬람 요리가 만나는 지점에서 이란, 인도, 파키스탄, 인도네시아 요리가 더 많이 확산될 것으로 기대된다.

육류와 생선의 소비 감소

현재 추세가 유지된다면 1인당 연간 평균 육류 소비량은 2050년에 서양에서 52킬로그램(현재 41킬로그램)에 달할 것이고 개발도상국에서 44킬로그램(현재 30킬로그램)을 기록할 것이다. 돼지고기 소비는 42퍼센트, 쇠고기 소비는 69퍼센트, 가금류 소비는 100퍼센트 각각 성장할 것이다. 우유 소비량은 60퍼센트에서 182퍼센트로 치솟을 것이다. 늘어나는 수요를 충족하려면 가금류의 수를 두 배 늘려야 하고 도축되는 소의 수도 최소한 50퍼센트 증가해야 한다. 이는 도저히 불가능한 목표다.

생선 소비도 마찬가지다. 앞으로 생선을 더는 바다에서 구하지 못할 것이다. 2030년이 되면 소비되는 생선의 3분의 1만 바다에서 잡을 것이고 나머지는 양식으로 키우게 될 것이다. 새우, 크릴, 해조류(앞에서도 보았듯이 어떤 과일이나 채소보다 칼슘, 단백질, 철, 비타민, 미네랄, 식이섬유, 항산화물질이 많이 들어 있다)를 대량으로 소비할 것이다.

지금도 마찬가지지만 앞으로는 두부, 콩, 식물성 단백질 등 쇠고기 대용 식품이 많이 나타날 것이다. 우유, 요구르트, 식물성 치즈도 이에 포함된다. 인공육과 인공 생선도 개발될 것이다. 2013년에 영국 연구자들이 고기 세포를 가지고 스테이크를 만드는 데 성공했다. 그러나 과정이 지극히 복잡했고 연구비도 25만 파운드나 들었으며 연구 기간도 3개월이 넘었다.[455] 연구비는 앞으로 줄어들 것이다. 2015년 스타트업 기업 뉴웨이브푸드가 새우를 대신할 식물성 상품을 개발했다. 새우가 주로 먹는 해조류를 재료로 사용해서 진짜 새우와 색도 비슷하고 맛도 똑같은 식물성 새우를 만들어낸 것이다. 뉴웨이브푸드는 현재 인공 바닷가재와 인공 게를 개발 중이다. 이런 개발 과정은 연구 단계를 이미 넘어섰고 제조 비용도 빠르게 하락하고 있다.

2018년 8월에는 역시 스타트업 기업으로 인공육 개발의 선두주자인 멤피스미트가 빌 게이츠, 리처드 브랜슨, 일론 머스크 같은 사람들과 농식품 기업인 타이슨푸드에 2,000만 달러를 투자받았다.[456]

2018년 11월 미국 식품의약국과 농무부가 인공육 생산 관리와 제품 표기에 관한 법을 새로 마련한다고 밝혔다. 미국 의회 자료에 따르면 최초의 인공육 제품은 2030년 이전에 상용화될 예정이다.[457] 이를 위해 크리스퍼 유전자 가위로 유전자를 편집하게 될 것이고 결국 가축, 곤충, 식물의 유전자가 그 어느 때보다 정교하게 변형될 것이다.[334]

새로운 채식주의

2050년에는 세계 인구의 최소 3분의 1이 자발적 혹은 강제적으로 채식주의자가 될 것이다.

앞으로 인류는 새로운 식물을 소비할 것이다. 3만 종에 가까운 식용 식물 중 현재 대규모로 재배되는 것은 겨우 30종이다. 앞으로는 새로운 종의 감자를 심게 될 것이다. 프랑스에서는 5,000종의 감자 중 231종만 소비하고 있다.[458] 그중 대부분은 안데스 산맥에서만 재배되고 있다. 생산성이 매우 높은 페루 감자가 그 예다.[176]

지금은 잊힌 식용 식물이 다시 출현할 수도 있다. 최근 각광받는 퀴노아도 그런 경우다. 명아줏과의 초본식물인 퀴노아는, 앞에서도 잠깐 살펴보았지만 콜럼버스 시대 이전 5,000년 동안 아메리카 문명의 주식이었다가 에스파냐 정복자들에 의해 금지되었다.[53] 2019년 전 세계 퀴노아 생산량은 14만 9,000톤이었고 2050년에는 1억 톤에 이를 것이다.

과거를 넘어 부활할 식물 중에 포니오fonio도 있다. 포니오는 서아프리카에서 수천 년 동안 재배되던 곡물이다. 맨손으로 껍질을 제거하기 힘들어서 20세기 후반 포니오 재배가 완전히 멈출 뻔했지만, 도정이 자동화되면서 2000년대 초반에 재배가 재개되었다. 2007년 생산량은 37만 3,000톤이었으나 2016년에는 67만 3,000톤으로 훌쩍 증가했다. 물론 아직 생산량은 제한적이다(2015년 생산량은 62만 톤이었으며 그중 75퍼센트가 기니에서 생산되었다).[368] 영양 성분은 쌀과 비슷하지만 시스틴과 메티오닌이 많이 함유된 것이 차이점이다. 또 재배가 매우 쉬운 것도 장점이다. 물을 매우 적게 필요로 하므로 건조한 지역에서도 자랄 수 있다. 또 집약농업으로 척박해진 토양에서도 잘 자란다. 현재 포니오는 글루텐을 배제한 식단에 들어간다.

그러나 기업들이 이 시장을 차지해서 왜곡할 것이다. 특히 채식을 표방하는 가공식품이 많이 나타날 것이다.

햄프턴크리크*는 Just Mayo®라는 식물성 대체 마요네즈를 생

* 현재는 저스트 주식회사Just, Inc.로 사명을 바꾸었다.

산했다. 이것은 콜레스테롤, 포화지방, 알레르기 유발 물질이 없으며 1칼로리를 생산하는 데 필요한 에너지량도 2칼로리에 불과한 제품이다. 이 제품의 가격은 달걀 한 개 가격의 절반에 불과하다. 닭 한 마리가 알을 낳으며 1칼로리를 생산할 때 39칼로리의 에너지를 소비하는데 말이다.

프랑스 브랜드 피드는 '마당에서 키운 채소' 맛, '당근과 호박' 맛, '프로방스 토마토' 맛, '그물버섯' 맛이 나는 가루 음료, '붉은 과일' 맛, '커피' 맛, '초콜릿' 맛이 나는 가루 음료를 생산한다. 그리고 이 음료가 유전자 변형 작물, 젖당, 글루텐이 없는 비건 제품이라고 보증한다. 또 "피드 하나면 영양이 부족할 위험 없이 모든 식사(아침, 점심, 저녁)를 대신할 수 있다."고 설명한다. '프로방스 토마토'라고 이름을 지은 음료에는 토마토 6퍼센트(가루와 덩어리), 프로방스 허브 1퍼센트가 함유되어 있다. "귀리 가루, 식물성 지방(해바라기유, 산화제, 로즈마리 추출물), 이소말툴로스, 콩 단백질, 아마, 쌀가루, 향신료, 구운 양파 가루, 무기질, 아카시아 식이섬유, 소금, 마늘, 증점제, 구아검, 잔탄검, 흑후추, 말토덱스트린, 복합 비타민(A, B_1, B_2, B_3, B_5, B_6, B_8, B_9, B_{12}, C, D, E, K), 카옌고추, 산화제, 로즈마리 천연 추출물"[443]도 들어 있다.

가루 제품에 관해서는 뒤에서 더 살펴보자.

곤충 소비 증가

전 세계 음식 소비의 추세가 곤충을 배제하는 서양식으로 기울고 있고 개발도상국 중산층의 곤충 소비도 줄어들고 있지만(생활수준 향상 때문이다) 전 세계 곤충 소비는 점점 더 증가할 것이다.

곤충의 영양학적 가치는 매우 높다. 단백질을 비롯한 여러 영양소가 풍부하게 들어 있기 때문이다. 또 가축을 기르는 것보다 곤충을 잡기가 더 쉽다. 물 소비량도 가축보다 훨씬 적다. 곤충을 기르는 것이 가축을 기르는 것보다 토양 파괴도 줄일 수 있다. 같은 양의 단백질을 생산하기 위해 귀뚜라미에게 먹이는 사료의 양은 소의 6분의 1, 양의 4분의 1, 돼지나 닭의 2분의 1이다. 여치는 소가 먹는 것의 12분의 1에 불과한 사료를 먹는다. 쓰레기를 먹어 치우는 곤충을 키우면 쓰레기를 없앨 수 있다.

새로운 곤충들을 특히 신생아의 영양 섭취에 사용할 수 있을 것이다. 2016년에 신종 바퀴벌레인 디플롭테라 푼타타Diploptera puntata가 발견되었는데, 이 바퀴벌레는 소젖보다 영양이 더 풍부한 일종의 모유를 만들어낸다. 태생동물인 이 곤충(새끼가 어미 배 속에서 자란다)은 영양소가 매우 많은 체액을 분비하는데, 이 체액을 인공적으로 합성하면 신생아를 위한 새로운 식량을 만들어낼 수 있을 것이다.[509]

뷸러곤충기술Bühler Insect Technology(기계 산업 부문의 거대기업 뷸러 그룹과 곤충 양식의 선두 기업이 합병) 대표 안드레아스 애플리에 따르면[166] 2050년에 곤충은 전 세계 단백질 생산의 15퍼센트를 차지하고 지금과 마찬가지로 주로 아시아 지역에서 소비될 것이다.

서양에서는 곤충 시장이 동물 사료 부문에서 먼저 발달한 뒤에 운동선수들을 위한 단백질 부문에서 성장할 것이다. 일부 곤충(아메리카동애등에, 집파리, 밀웜, 메뚜기, 귀뚜라미, 여치, 누에)은 가금류, 돼지, 물고기 등 가축의 주요 사료가 될 것이다. 유럽의 비정부기구인 '국제 곤충식품 및 사료기구IPIFF'는 곤충에서 얻은 단백질 양이 유럽에서 2018년 2,000톤이었으나 2025년에는 120만 톤으로 크게 증가할 것이라고 예측했다.[288]

세계 시장 규모가 워낙 크다 보니 식품 산업계도 식용 곤충에 눈독을 들일 것이다. 이미 많은 기업이 새로운 엘도라도를 차지하기 위해 바쁘게 움직이고 있다. 멕시코 요리 전문점인 포키토스는 메뚜기를 넣은 타코를 팔고 있다. 프랑스 스타트업 기업인 IN은 곤충으로 만든 스테이크를 생산한다. 서양 소비자가 더 쉽게 식용 곤충을 수용할 수 있도록 칩, 스낵, 에너지 바, 가루 형태로 제품을 생산하는 기업도 있다. 프랑스 기업인 미크로뉘트리스는 곤충 가루를 이용해 비스킷과 초콜릿을 생산한다. 케프리는 개발도상국에 수출한 곤충을 기르는 기업이다. 인섹트는 곤충 가루로 가축 사료를 생산한다. 미국의 엑소프로테인은 곤충 '프로틴 바'를 개발 중이다. 2016년에 설립된 프랑스 스타트업 기업인 이노바

피드는 아메리카동애등에로 가축 사료, 특히 어류 양식에 쓰일 사료를 생산한다.[371] 2019년에 이 기업은 프랑스 솜 지방의 넬이라는 도시에 두 번째 생산 공장을 마련했다. 2022년에는 생산 공장이 네 곳 더 추가되어 이노바피드가 곤충 단백질 생산 부문에서 유럽의 선두주자가 될 것이다.[395]

곤충을 집에서 기를 수도 있게 될 것이다. 타이니팜스는 '오픈 버그팜'이라는 프로젝트를 런칭했다. 직접 곤충 농장을 만들어 먹을 수 있는 곤충을 집에서 기를 수 있는 키트를 판매한다. 사용자가 곤충 사육에 관한 데이터를 수집해서 타이니팜스에 보내면 타이니팜스가 그 데이터를 활용해 사육 과정을 개선하는 식이다. 오스트리아인 카타리나 웅거와 율리아 카이징거는 밀웜(갈색거저리의 애벌레)을 기를 수 있는 작은 사육장을 개발했다. 단백질이 풍부한 밀웜은 가정에서 배출되는 쓰레기로 키울 수 있다. 사육장은 여러 개의 칸으로 나뉘어 있고 맨 위 칸에 가장 어린 애벌레를 놓아두면 성장하며 크기가 커질수록 아래 칸으로 떨어지는 구조로 되어 있다. 애벌레 크기가 3센티미터가 되면 수확할 수 있다. 이 사육장으로 매주 500그램의 밀웜을 생산할 수 있고 밀웜은 튀겨 먹거나 가루로 만들어서 먹을 수 있다.[459]

맥도널드도 납품받는 닭 사료로 콩을 사용했지만 그중 일부를 해조류와 곤충으로 대체할 것을 검토 중이다.[369]

그러나 곤충 소비의 증가를 반대하는 의견도 많다.

우선 곤충 섭취는 갑각류 같은 무척추동물을 먹었을 때처럼 알레르기를 유발할 수 있다. 둘 다 절지동물에 속하기 때문이다. 외골격 일부가 키틴으로 되어 있는데[370] 키틴은 당류이며 알레르기 유발 물질로 알려져 있다.

또 곤충의 산업적 생산이 밀폐된 장소에서 이루어지도록 해야 하고 수십억 마리의 곤충이 자연에 퍼지거나 질병을 퍼뜨리지 않도록 해야 한다.

마지막으로 과잉 소비로 생태계에 꼭 필요한 곤충들이 멸종할 수 있다. 곤충은 세계 식량의 3분의 1을 차지하는 작물의 가루받이를 돕는다.[417] 밀이나 사탕무 같은 작물에는 영향을 미치지 못하지만 곤충은 전 세계 과일 생산의 23퍼센트, 채소 생산의 12퍼센트, 커피와 카카오 생산의 39퍼센트에 영향을 끼친다고 알려져 있다.[418] 곤충에 의한 가루받이가 갖는 경제적 가치는 1,500억 유로에 달한다.

곤충은 새들의 먹이이기도 하다. 유럽에서 곤충은 새 먹이의 60퍼센트를 차지하고 야생 식물 가루받이의 80퍼센트를 책임진다.[146]

그러나 곤충은 이미 생존을 위협받고 있다. 2019년에 발표된 논문에 따르면 연구 대상이었던 곤충 41퍼센트의 개체 수가 감소하고 있고 31퍼센트가 멸종 위기에 놓여 있다.[93] 전체적으로 봤을 때 곤충의 바이오매스는 연간 2.5퍼센트 감소하고 있다. 2017년에 발표된 연구는 유럽에서 1990년부터 2017년까지 날아 다니는 곤충의 개체 수가 75퍼센트나 이미 감소했다고 밝혔다.[146] 이 현상은 특히 집약농업이 이루어지는 지역에서 두드러졌다.

농약과 비료의 대량 사용, 곤충의 생식과 보호가 이루어질 수 있는 지역(개발되지 않은 평원, 산울타리)의 파괴, (훨씬 짧아졌으며 콩과식물을 배제하는) 작물 교체 주기도 소비만큼이나 곤충의 대량 멸종에 역할을 한다.[419] 따라서 곤충 소비는 매우 신중하게 관리되어야 할 것이다.

설탕 소비 감소

만약 현재의 식습관 모델이 유지된다면 사람들은 외로움을 달래거나 다양한 결핍감을 보상받기 위해 마약 중의 마약이라고 할 수 있는 가공 설탕을 앞으로도 대량 섭취하게 될 것이다. 1인당 연간 설탕 소비량은 필요량의 세 배 이상인 평균 50킬로그램이 될 것이다. 사람들이 독이나 마찬가지인 설탕이 상징하는 가장 분명한 위협과 그것이 사회에 치르게 할 비용에 대해 잘 알아도 소용없을 것이다.

가공 설탕을 먹지 말아야 한다는 기류가 먼저 서양 사회에서, 이후 다른 곳에서 나타나고 있다. 이 기류가 대중화되려면 시간이 걸릴 것이다. 대중화는 아마도 담배와 마찬가지로 과세와 매우 끈질긴 캠페인을 통해 이루어질 것이다.

멕시코(국민의 73퍼센트가 과체중과 비만으로, 세계 1위다)는 이미 탄산수와의 전쟁을 펼치고 있다. 2014년에 탄산수에 10퍼센트의 세금을 부과했다. 멕시코의 연평균 탄산수 섭취량은 1인당 163리터다.[420] 노르웨이도 2018년에 설탕이 함유된 음료에 세금을 인상했다. 현재 세금 수준은 1리터당 48유로센트다. 에스토니아는 2018년 1월에 설탕이나 감미료 함유량에 따라 1리터당 10~30유로센트의 세금을 매기기 시작했다.[421] 일부 아프리카 국가도 비슷한 제도를 준비하고 있다.

의식 있는 농식품 기업 중 일부는 담배 회사가 그랬던 것처럼 언젠가 범죄를 저질렀다는 비난을 받지 않으려고 지나치게 단 식품 생산을 포기하고 건강하고 지속 가능한 신제품으로 갈아탔다. 자사 연구를 통한 결과인 경우도 있고 전문 기업을 인수하는 방식을 취하기도 한다.

펩시코의 최고경영자였던 인드라 누이는 2015년에 "콜라는 과거의 산물이다."[256]라고 말해 투자자들을 경악시켰다. 그러나 그의 발언은 주식시장에서 펩시코의 주가를 폭락시키지 않았다. 이후 펩시코의 연구소들과 다른 몇몇 연구소가 수많은 신제품 개발에 나섰고 잠재성 있는 스타트업 기업들을 인수했다. 1998년에 트로피카나를 인수하고 그 밖의 천연 제품을 생산하는 기업들을 사들인 펩시코는 2018년에 가정용 탄산수 제조 시장의 선두주자인 이스라엘 기업 소다스트림을 32억 달러에 인수했다. 생수나 탄산수를 사지 않고 설탕이나 첨가제가 들어가지 않도록 직접 집에서 만들고 싶은 소비자의 욕구를 예측한 것이다.[256]

한편 코카콜라는 샘물을 여과시켜 증류를 통해 불순물을 걸러낸 스마트워터를 출시했다. 이 제품에는 염화칼슘, 마그네슘, 탄산수소칼륨이 첨가되어 있다. 스마트워터의 가격은 경쟁 제품보다 다섯 배나 높다.[256]

다른 농식품 기업들도 비슷한 행보를 보이는 척한다. 건강한 제품들을 곧 시장에 선보일 것이라고 계속 예고는 하지만 실제로는 광고로만 유기농이라 선전하는 가공식품 신제품만 내놓으며 수익을 내는 데만 관심을 보이는 식이다.

치유를 위해 먹다

앞으로는 비타민이 보강된 과일, 많은 영양소로 구성된 슈퍼푸드, 미세 해조류로 강화된 달걀 등 최상류층을 위한 치료 목적의 음식들이 발전할 것이다.

이 현상은 '슈퍼프루트'라 불리는, 항산화제가 매우 풍부한 과일 시장의 발전으로 시작된다. 항산화제는 암과 심혈관 질환 같은 질병 예방에 매우 중요한 역할을 한다. 슈퍼프루트에는 구기자, 피칸, 블루베리, 아사이베리, 비타민나무 열매, 아세롤라, 블랙체리, 크랜베리, 월귤나무 열매가 있다. 비타민나무 열매는 오렌지보다 비타민C가 열 배나 더 많이 들어 있는 강력한 항산화제다. 항염증 효능이 있는 또 다른 항산화제인 비타민E도 풍부하다. 크

랜베리에도 매우 강력한 항산화제인 플라보노이드가 많이 들어 있다.[422]

글로벌 시장조사기관 퓨처마켓인사이트에 따르면, 세계 슈퍼푸르트 시장 규모가 2015년에 이미 380억 달러에 달했다.[423]

그랜드뷰리서치의 조사에 따르면, 세계 건강식품 시장 규모는 2015년에 1,300억 달러였고 2024년에는 2,250억 달러로 성장할 것이다. 유제품은 이 시장의 3분의 1을 차지할 것이고, 빵과 곡물이 4분의 1, 기름과 지방 제품이 15퍼센트, 생선과 육류가 15퍼센트를 각각 차지할 것이다. 이 제품들에 함유된 영양소는 카로티노이드, 식이섬유, 지방산, 무기질, 프로바이오틱, 비타민이다.[181]

장기적으로 봤을 때 나노 입자를 조금씩 배출하는 나노 캡슐을 식품 속에 집어넣는 기술을 이용해 캡슐 속에 약품을 넣을 수 있을 것이다. 또 과일, 채소, 빵, 생선, 고기의 색, 맛, 영양소를 바꿀 수도 있을 것이다. 지방, 염분, 열량 함량도 낮출 수 있고 보존 기간을 늘리거나 익는 속도를 늦출 수도 있을 것이다.

동물이 치료를 위해 먹는 것에서 영감을 받아 새로운 식품을 소비할 날도 머지않았다. 예를 들어 침팬지의 식단(300종의 먹이 중 일부는 치료 효과가 있다)이 인간을 위한 새로운 의약품과 건강기능성 식품 개발에 영감을 줄 수 있을 것이다.[373] 특히 베르노니아속 식물들의 줄기와 침팬지가 먹는 트리칠리아속 식물들의 잎에는 말라리아 치료 효과가 있다. 아스필리아 잎은 장내 기생충을 없애는 데 탁월하다. 장에 탈이 난 침팬지는 자귀나무 껍질로

몸을 다스린다.[374]

연구자들은 곤충도 동일한 행동을 하는 것을 관찰했다. 초파리는 기생충에 감염되었을 때 썩은 과일을 먹는다. 썩은 과일에는 기생충을 없애는 알코올 성분이 들어 있기 때문이다.[375]

이렇게 해서 자연을 모방하며 음식을 먹을 수 있다. 그 밖의 다른 방법들도 있다.

자연 모방하기

식물과 동물의 행동에서 먹는 것을 다른 방식으로 생산할 수 있는 아이디어를 얻을 수도 있다.

물고기가 사는 연못의 담수에는 물고기가 배출하는 암모니아를 질산염으로 바꾸는 세균이 살고 있다. 식물의 뿌리를 이 물에 넣어 키우면 식물이 질산염을 흡수하고 깨끗해진 물을 다시 물고기를 위해 사용할 수 있다. 미국의 연구자인 미셸 리치가 설립한 오아시스아쿠아포닉은 이 시스템으로 해마다 200킬로그램의 담수어 틸라피아와 300킬로그램의 토마토를 생산할 수 있다.[424]

슬로바키아의 즈볼렌 기술대학 연구팀은 건조 지역에 서식하는 도마뱀이 피부로 주변의 습기를 흡수해서 몸 전체로 보내는 것에서 영감을 얻어 바이오컬티베이터를 개발했다.[376] 바이오컬티베이터는 도마뱀의 피부처럼 퇴비에서 습기를 흡수해서 응집

시키고 이를 직접 나무뿌리에 흡수시키는 최적화된 방식을 적용한다.[377]

인공물을 먹는 인공물

21세기에는 인간과 동물의 경계도 줄어들 것이다. 서로 다른 민족의 차이가 최소한 이론적으로는 줄어들었듯이 말이다. 도축장과 공장식 사육장은 점차 사라져 동물이 평생 고문당하며 살지 않아도 되는 날이 올 것이다. 이는 동물의 고통을 줄이자는 운동의 증가, 육류 소비의 감소, 채식주의의 발전을 위해 중요한 요소가 될 것이 틀림없다.

동물이 가진 인간성을 인식하게 되면 식물도 마찬가지라는 것을 알게 될 것이다. 식물도 동물처럼 인간의 의식과 매우 흡사한 행동을 하며 이타적인 행동을 매우 많이 한다는 것을 인식할 것이다. 이는 인간의 식생활에 지대한 영향을 미칠 것이고 사람들은 식물 섭취를 그만둘 생각을 하기 시작할지도 모른다.[52]

식물에는 지성이나 의식을 담당하는 중심 기관이 없다. 그러나 식물 세포는 네트워크처럼 기능하고 전자 신호와 화학 신호를 통해 정보를 상호교환한다. 이것은 일종의 지성을 사용한 것으로 볼 수 있다.

실제로 식물은 잎에서 기체를 방출해서 서로 소통하고 뿌리에서 특정 물질을 전달해서 어린 나무에 양분을 공급하기도 한다. 예를 들어 우산소나무와 가시나무는 잎에서 기체를 내보내서 다른 나무들에 가까이 자라지 말라고 말한다. 가지가 수십 센티미터 뻗을 수 있도록 거리를 확보하는 것이다. 호밀의 뿌리는 1,400만 개나 되어서 총 길이가 600킬로미터에 이르며 면적으로 따지면 200제곱킬로미터나 된다. 뿌리로 만들어진 광대한 네트워크는 똑똑한 결정을 내릴 수 있도록 나무에 정보를 전달한다.

식물은 가루받이하는 동안 곤충 및 동물과도 소통한다. 가루받이를 돕는 곤충, 새, 작은 포유류들이 맛있게 꽃가루를 먹을 수 있도록 화학물질을 배출하고 대신 꽃가루를 퍼뜨린다. 2017년에 발표된 덴마크 오르후스 대학교의 연구는 나무에도 인간보다 훨씬 느리게 뛰지만 엄연히 심장 박동이 있다고 밝혔다. 또 의식과 공감 능력, 이타심이 있는 것 같다고 했다.

식물의 이타심은 우선 가까운 종 사이에서 발전한다. 이를테면 화분에 심는 식으로 식물의 땅속 공간을 제한하면, 가깝지 않은 종들은 다른 식물에게서 해를 입지 않을 만큼 자신의 뿌리를 발달시킨다. 반면, 가까운 종들을 이렇게 심으면 자기 뿌리를 합리적으로 제한하는 한편 대기 중으로 나온 부분을 지탱한다. 이는 다른 식물에게 해를 끼치지 않기 위해서다. 예를 들어 종이 가까운 봉선화를 한 군데 심어 뿌리가 서로 맞닿게 한다. 그렇게 하면 줄기를 길게 뻗으며 자라서 모든 봉선화가 잘 자란다. 반대로 종이 가깝지 않은 봉선화(뿌리가 닿든 닿지 않든)나 종이 가까워도 뿌

리가 닿지 않는 봉선화는 잎이 주로 자라서 몇몇 봉선화는 죽고 만다.[378, 425]

서로 다른 종의 식물도 '공생'이라고 부르는 상호 이익 관계를 맺으며 협동할 수 있다. 버섯은 다른 식물의 뿌리에 자라며 수액을 흡수하고 그 대가로 식물의 뿌리에 구하기 힘든 인과 같은 무기질을 전달한다.[426]

식물의 이타심에 대한 인식이 발전하면 먼 미래의 언젠가는 식물 섭취에 대해 의문을 제기할 수 있을까? 그때가 되면 인간이 다른 생명체를 먹고 살아갈 수 있을까? 인공적으로 합성한 음식만 먹게 되는 것이 아닐까? 가축도 기능 일부를 로봇에게 빼앗겨 대체되는 것이 아닐까?

곤충의 역할을 하는 로봇은 이미 나와 있다. 2018년 3월, 월마트는 앞에서도 보았듯이 인간이 먹을 식량의 3분의 1의 생산과 관련이 있는 가루받이에 매우 중요한 역할을 하는 꿀벌을 대체할 로봇 개발을 위해 특허를 출원했다. 크기가 매우 작으며 센서를 장착한 독립형 꿀벌 로봇은 경작지의 위치를 파악하고 식물의 꽃가루를 찾아서 이를 주변 식물로 운반할 수 있을 것이다. 꿀벌의 가루받이와 정확히 동일한 메커니즘이다.

그렇다면 인간은 어떻게 될까? 인공물—기계적 인공물이었다가 생물학적 인공물이 된다—을 먹는 인공물이 될까? 클론을 먹는 클론이 될까?

가장 충격적인 것은 줄기세포가 동식물, 장기, 새로운 생명체를 만들어내는 데 사용될 수 있는 날이 오면 인간은 식인 풍습의 마지막 형태로서 자기 자신을 먹게 될 것이라는 사실이다. 불멸의 환상, 그리고 죽음의 침묵 속에서.

제9장

조용한 감시 속에서 혼밥 하기

이미 살펴봤듯이 식사의 구조는 태곳적부터 음식의 성질과 그것을 먹는 사람의 사회적 조건에 따라 정해진다. 먹는 사람, 먹을거리, 먹는 방법, 함께 먹는 사람, 먹으면서 나누는 대화의 주제, 권력의 분배 방식 등 모든 것이 밀접하게 연관되어 있다.

인류는 처음에 음식을 날것으로 먹었다. 구할 수 있는 것을 먹었고 때를 가리지 않고 먹었다. 언어를 제어하면서 상황은 달라졌다. 낮과 밤에 따라 점점 더 정해진 시간에 밥을 먹게 되었다. 특히 인류가 정착 생활을 시작하면서 식사는 대화의 기회가 되었고 언어, 문화, 사회 계층, 권력을 구조화하는 기회가 되었다. 또 가족, 회사, 도시, 국가, 제국을 다스리는 기회를 제공했다.

얼마 전부터 인류는 정착 생활에서 다시 멀어지기 시작했다. 점심때 집에 가지 않는 사람들에게 들고 다닐 수 있는 도시락이 대안으로 제시되면서 대화를 위한 시간이 줄어들었다. 이제 인류는 가장 오래된 유랑의 습관으로 되돌아갈 지경이다. 쉽게 들고 다닐 수 있는 음식을 혼자 먹고, 서서 먹고, 아무 데서나 먹고, 아무 때나 먹는다.

식사와 멀어지면서 대화는 사라진다. 침묵이 내려앉는다. 그 결과는 엄청나다. 지리적 차이와 문화적 차이는 여전히 클 것이다. 특히 프랑스의 특수성은 한동안 지속될 것이다.

요리와 헤어지기

중세에 출현했던 공간인 주방이 사라지고 있다. 주방이 아예 없던 로마 시대 건물처럼 말이다. 이러한 변화는, 앞에서도 보았지만 20세기 중반에 '미국식 주방'이 나타나면서 시작되었다. 미국식 주방은 거실과 연결된 개방형 공간이고 식탁 역할과 공간 구분 역할을 모두 하는 바가 설치되어 있다.

이러한 변화는 앞으로 몇 십 년 동안 더욱 가속화할 것이다. 점점 더 도시화되는 사회에서 주거 면적은 점점 더 비싸지고 그러다 보니 식사를 준비할 공간을 집에 마련할 사람은 점점 더 줄어들 것이다. 식사를 할 공간은 말할 것도 없다. 다이닝룸은 사라질 것이다. 사람들은 점점 더 리빙룸에서 식사를 하게 될 것이다. 또 식탁에 모여 앉아 얘기를 나누며 먹는 것이 아니라 스크린 앞에서 먹을 것이다. 처음에는 스크린 앞에 함께 모여 먹다가 점점 더 각자의 스크린 앞에서 먹을 것이다. 접시에 있는 음식보다는 스크린에 더 집중할 것이다.

한동안은 음식이나 재료를 저장할 공간과 반조리 식품을 완성할 공간이 남아 있겠지만 음식을 만드는 공간은 머지않아 사라질 것이다. 사람들은 주로 수입된 완제품, 신선하거나 통조림에 든 완제품, 냉동 또는 냉장된 완제품을 먹을 것이다. 먹을 때 손을 더럽히지 않을 수 있도록 용기에 포장된 휴대용 식품을 먹을 것이다.

최상류층만 대저택에 주방과 주방을 책임질 하인들을 두었고 나머지는 길거리 상인에게서 음식을 샀던 고대 로마와 비슷한 상황이 앞으로 펼쳐질 것이다.

사람들은 냉장고나 자동판매기에서 군것질거리를 살 수 있어서 각자 원하는 시간에 식사를 할 것이다. 음식의 포장도 점점 더 거기에 맞춰질 것이다. 즉 휴대할 수 있는 1인용 즉석식품이 대세가 될 것이다.

(가정, 구내식당, 기차, 비행기, 공장에서) 식사를 할 수 있더라도 그것을 준비하는 것은 로봇이 될 것이다. 미국의 한 패스트푸드 체인점은 2014년에 '플리피Flippy'라는 로봇을 도입했다. 플리피는 스테이크를 불판에 올린 다음 스테이크가 다 익으면 다시 빵 위에 얹을 수 있다. 2015년에 몰리로보틱스는 미슐랭 스타를 받은 요리사들의 레시피 100개를 재현할 수 있다는 로봇을 소개했다.[200] 그러나 유명한 요리사들의 레시피가 전 세계에서 로봇에 의해 제대로 재현되기까지는 아직 멀었다.

가정에서 음식을 3D 프린터로 프린트하는 것이 가능해지면 언젠가 원격으로 식사를 미리 준비하는 일이 가능해질지도 모른다. 피자와 껌을 만들어내는 프린터는 이미 존재하지만 아직 비용이 너무 비싸다. 예를 들어 에스파냐 스타트업 기업인 내추럴머신스가 개발한 3D 프린터인 '푸디니Foodini'는 이론적으로 케이크, 피자, 파스타를 만들 수 있다. 프랑스 렌에 있는 현대요리센터는 크레페를 만들 수 있는 3D 프린터를 개발했다.[427] '팬케이크 페인터'라는 소프트웨어를 설치한 컴퓨터에 프린터를 연결하면 크레페의 모양을 선택할 수 있다. 그러면 프린터는 원하는 모양이 나오도록 반죽을 판 위에 올린다.

이런 변화가 아주 빠르게 진행될 것 같지는 않다. 촉각, 미각, 후각, 청각, 시각을 모두 동원하는 요리사의 일처럼 복잡하고 자동화되기 힘든 것은 없기 때문이다. 능숙함, 정확함, 힘 등 재능이 필요하고 또 얼마나 많은 지식이 필요한가! 로봇도 마케팅은 물론 최고의 원산지에서 난 최고의 상품을 고를 수 있어야 하며, 다루기 까다로운 재료를 조심스럽게 옮기고 익힘의 정도도 판단할 수 있어야 한다.

블록체인 기술로 로봇에서 로봇에게 배달된 식재료의 원산지를 추적할 수 있을 것이다. 그리고 나머지 다른 일들도 아예 불가능하지는 않을 것이다.

유랑민을 위한 포장: 가루 식품

시간도 없고 미각도 없고 요리할 줄도 모르는 소비자들이 언제 어디서나 먹을 수 있는 완제품 식품이 점점 더 발달할 것이고 그 형태도 다양해질 것이다. 사람들은 식사를 함께하지 않고 다른 일을 하며 밥을 먹을 것이다. 그 한 형태인 편의점 도시락이 이미 존재한다. 또 다른 포장 방식도 등장하고 있으며 앞으로도 나올 것이다. 테이블 없이 혼자 서서 먹고 손을 더럽히지 않고 먹을 수 있는 포장이 될 것이다.

이러한 목적을 위해 특히 가루나 액체로 된 음식이 대중화될 것이다. 다이어트나 치료 목적으로 먹는 기존 식품처럼 고형 식사를 보조할 목적의 식품이 출현할 것이다. 어떤 이들은 이러한 식품을 매일 먹는 제품으로 판매하려고 할 것이고 모든 고형 식품의 완전한 대체 식품으로 만들려고 할 것이다.

이러한 제품들은 '스마트 푸드'라는 그럴싸한 이름으로 시중에 나올 것이다. 소이렌트, 피드, 비탈린, 베르트란트, 후엘 등 관련 기업들은 이미 가루로 된 식품을 다양하게 선보이고 있다. 소비자에게 거부감을 줄 수 있는 가루 형태를 보완하기 위해 글루텐 프리, 비건, 유기농, 고단백질 등 영양학적 장점을 강조한다. 소이렌트Soylent는 미국 기업이고, 피드Feed와 비탈린Vitaline은 프랑스 기업이다. 베르트란트Bertand는 독일 기업이고, 후엘Huel은 영국 기업이다. 피드의 가루 제품은 45초 동안 셰이커를 흔들어주면 완벽한 대용식이 된다. 앞에서도 보았듯이 채식주의자를 위한 식사인 듯 보인다. 2013년에 롭 라인하트가 창립한 소이렌트는 개발한 제조법을 누구나 볼 수 있도록 오픈소스로 공개했다. 라인하트는 소이렌트의 제품들로만 구성된 식단을 통해 건강이 많은 면에서 개선되었다고 주장한다.[497]

그러나 이런 식품만 지속적으로 섭취할 수는 없다. 씹는 동작은 소화와 이의 건강에 매우 중요하다. 또 씹는 동작을 해야만 뇌에 포만감을 전달하는 데 꼭 필요한 신경전달 물질이 합성된다.

소화 효소의 활동은 입에서 시작되며, 이는 씹는 행위를 필요로 한다. 이는 실험을 통해 입증되었다. 현재 소이렌트의 대표는 다시 "음식도 먹기" 시작했다. 섭취하는 음식의 92퍼센트는 여전히 소이렌트의 가루 제품이 차지하지만 말이다.[497] 2013년에 미국의 기자 브라이언 머천트가 소이렌트 제품만 먹는 실험을 했다. 그러나 2주일이 지난 뒤 몸 건강에는 이상이 없었지만 우울감이 든다며 실험을 포기했다. 아마 식품 자체보다 외로움이 이유였을 것이다. 2018년 4월에도 기업가인 야신 샤블리도 가루 식품을 섭취하기로 했고 그것도 혼자 단 3분 만에 먹기로 했다. 밥을 먹는 데 한 달에 2시간 30분만 소비하고 그렇게 해서 1년에 30시간을 아끼기 위해서였다. 그러나 그는 이틀 만에 실험을 포기했다. 재미없어서 말이다.

음식의 고독을 향하여

식탁을 둘러싸고 의자에 앉아 있든, 바닥에 돗자리를 깔고 앉든, 그것은 별로 상관이 없다. 이미 보았듯이, 먹는다는 것은 적어도 몸만큼 영혼을 살찌우는 행위다. 현재 상황이 지속된다면 식사는 나눔과 좋은 분위기, 교류, 합의의 도출이라는 역할을 잃을 것이다. 인류 역사에서 최소한 5,000년 동안 이어져온 식사의 사회성도 사라질 것이다. 식사는 그 어느 때보다 개인의 영역이 될 것이다.

우선 아침 식사가 사라질 것이다. 각자 자기 시간에 맞춰 냉장고에서 음식을 꺼내 먹을 것이다. 그리고 점심 식사도 많이 사라질 것이다. 직장도 예외가 아닐 것이다. 구내식당은 없어지고 각자 자기 책상에 앉아 밥을 먹을 것이다.

저녁에 가족과 식사하는 문화도 가족이 해체되는 것과 동시에 사라질 것이다. 혼자 살면 저녁에도 혼자 밥을 먹으니 말이다.

누군가와 함께 밥을 먹어도 각자 다른 리듬으로 먹을 것이다. 같은 음식을 나눠 먹는 일은 드물어질 것이다. 각자 자기 식단을 만들어 스스로 영양사가 될 것이다.

사람들은 아무 때나 밥을 먹고 점점 더 빨리, 그리고 아무 데서나 밥을 먹을 것이다. 일하면서, 공연을 보면서, 여행하면서, (걷는 사람이 남아 있다면) 걸으면서 말이다.

군것질이 점점 더 늘어날 것이다. 식사는 밥을 먹는 전용 공간이 아닌 곳에서 보내는 시간, 그곳에서 깨작거리고 뭔가를 마시는 시간, 그런 다음 곧장 그곳을 떠나는 순간이 될 것이다.

대중교통을 타고 보내는 시간이 많아지면서 새로운 음식 광고 수단이 발달할 것이다. 버스 터미널, 기차역, 지하철역 등에 설치된 자동판매기가 그것이다. 음식을 보관할 수 있는 차를 타고 자율주행을 하면서 밥을 먹고 더 늦은 시간에 밥을 먹을 것이다.

밥을 먹는 행위는 부수적인 활동이나 여가 활동이 될 것이다.

영미권에서 만들어진 식사의 개념이 자본주의로 인해 쾌

락—지방과 설탕 범벅인 가공식품이 아니라면—이 끼어들 틈이 없는 간단한 기능적 행위로 인식되며 전 세계를 지배한 것은 비극적인 일이다. 대화, 자연과의 접촉, 자기표현, 토론, 합의 도출의 장소였던 식사는 사라질 운명이다. 이는 매우 심각한 사회적 및 정신적 불균형을 초래할 것이다.

가족 식사가 사라지면 특히 아이들 교육에 문제가 생길 것이다. 지금까지는 가족이 식사하는 시간에 아이가 어른들이 자기 생각을 표현하는 것과 서로 토론하는 것을 경청하면서 자기 생각을 만들어가고 가족과 사회에 편입되거나 그에 반대했다.

앞으로도 살아남을 집단 식사는 매우 특수한 경우로만 한정될 것이다. 사람들은 그런 식사가 드문 만큼 중요하다고 생각할 것이다. 크리스마스 만찬이나 추수감사절 만찬이 그 예다. 더 나아가서는 종교적 기념일, 가족 기념일, 결혼식, 출생 또는 죽음을 기념하는 식사도 포함된다.

사회는 홀로 돌아다니는 자기중심적인 유랑민들의 병치가 될 것이다. 그들은 어쩔 수 없이 갈등을 겪을 것이고(혹은 갈등을 피하려고 남의 말에 아예 귀를 닫아버릴 것이다), 특히 음식을 먹으면서 자신의 취향(좋아하는 음식 사진 등), 자신의 결핍과 욕구를 올려놓은 SNS에 투영된 자신의 이미지를 갖게 될 것이다.

사람들은 단것을 먹으며 외로움을 달랠 것이다. 외로움은 우리를 술이나 마약에 더 취약하게 만들기도 하지만 지방과 당이 많은 음식을 더 많이 소비하게도 만든다. 당과 외로움 달래기의 상관관계는 점점 더 명확해지고 있다. 이제는 고립감이 고통을 관장하는 뇌 영역을 자극하고 그 고립감을 해소하고 싶은 욕구를 일으켜 결국 당을 찾게 만든다. 당을 섭취하면 뇌에서는 기분을 좋게 만들어 행복감을 일으키는 신경전달 물질인 도파민이 분비된다. 매우 단 음식을 먹었을 때 뇌가 일으키는 반응이 코카인과 같은 마약을 했을 때 나타나는 반응과 유사하다는 연구들이 있다.[94]

프랑스와 몇몇 나라만이 잠시라도 예외가 될 것이다. 이 국가들은 특히 저녁 식사를 유지할 것이다. 2008년 프랑스 통계청의 예측에 따르면, 2030년 프랑스의 열 가구 중 한 가구는 1인 가구일 것이고 따라서 혼자 저녁을 먹을 것이다.[510]

친구, 이웃, SNS에서 처음 만난 사람들과 밥을 먹는 기회를 만들어 이러한 현상에 저항하는 사람들도 나타날 것이다. 그저 혼자 있지 않으려고 파티도 할 것이다. 그런 기회는 그들이 먹는 음식처럼 인공적이기도 하고 자연적이기도 할 것이다.

감시당하는 침묵의 사회

시장경제 사회가 만들어낸 불안에 대응하는 방식은 개인이 대화에 집중하거나 위로를 해주는 제품을 소비하게 하는 것이 아니다. 자신의 건강 그리고 음식이 그 건강을 위협하는 방식에 집중하게 하는 방식이 될 것이다.

또 음식이 몸무게와 체질량지수, 그리고 건강의 여러 지표에 어떤 영향을 미치는지 감시할 수단을 제공할 것이다.

그런 다음 건강 상태에 따라 무엇을 먹어야 하는지, 무엇을 먹을 수 있는지 정해줄 것이다. 사람들은 선택의 자유가 자신에게 있다고 생각하겠지만 사실은 외부에서 정해진 규범을 따를 뿐일 것이다. 2030년이 되면 개인의 유전적 특성까지 고려해서 개인적으로나 사회적으로 필요한 음식 섭취를 규정하게 될 것이다.

내가 아주 오래전부터 예고한 고도의 감시 사회[9]가 전 영역에 자리 잡고 있으며 음식이 그 첫 번째 대상이다. 개인은 공공 또는 민간의 다양한 주체들에 의해 감시당할 것이다. 감시자들은 사람들이 무엇을 읽는지, 무엇을 듣는지, 무엇을 보는지, 무엇을 생각하는지, 무엇을 말하는지, 무엇을 먹는지, 무엇을 마시는지 등 모든 것을 파악해서 더 많은 상품을 더 잘 판매하고 건강 관련 위험을 더 잘 평가하고 사회질서를 더 잘 제어하려 할 것이다.

이런 세상에서 최고의 가치는 열량이나 맛이 아니라 정보와 그것을 측정하는 데이터다. 따라서 음식 관련 행동에 관한 데이터를 제어하는 것이 매우 중요해질 것이다. 디지털이 모든 영역을 장악할 것이고, 따라서 가상의 것과는 관계 없어 보이는 음식마저 지배할 것이다.

고도의 감시는 결국 자기 감시로 바뀔 것이다. 사람들은 통계 예측 분석으로 정해진 규범을 지키기 위해 자기 자신을 감시할 것이다. 이미 존재하는 다이어트 식단이 그 예다. 이는 스스로 강요한 종속 상태를 즐기는 최초의 형태다. 인공지능이 이를 더 강화해서 우리가 먹는 음식이 규범에 맞는지를 더 효과적으로 확인할 수 있는 수단을 제공할 것이다. 혹은 그렇게 해서 추천된 방식을 우리가 스스로 적용하게 할 것이다.

휴대용 상품과 가전제품이 그 도구가 될 것이다. 몸에 연결된 스마트워치는 하루 24시간 혈당과 혈압을 재고 어떤 시간에는 특정 음식을 피하라고 권할 것이다. 스마트 냉장고는 의사나 보험회사가 제시하는 식단에 맞는 음식을 권할 것이다. 그래서 냉장고에서 꺼낸 음식과 집어넣은 음식에 관한 정보를 의사와 보험 회사에 전달할 것이다. GAFA(구글, 아마존, 페이스북, 애플)와 같은 데이터 운영 기업과 결탁한 보험 회사들은 스마트 냉장고나 스마트워치가 먹으라고 권하는 것을 먹지 않는 사람들에게는 보험금을 지급하지 않을 것이다.

그렇다면 우리는 죽음에 대한 공포가 강요한 인공 식품을 먹을 수밖에 없는 로봇 신세가 될 것이다. 업무나 정해진 휴식이 아니라면 아무에게도 말할 기회가 없는 조용한 로봇, 가장 아름다운 대화 주제와 음식, 모든 주제에 관해 의견을 나눌 수 있는 최고의 환경인 식탁을 잃어버린, 말을 잃은 로봇이 될 것이다.

우리는 감시받는 침묵 사회에 살게 될 것이다. 감시당하는 침묵 사회. 산다는 것, 제대로 산다는 것, 그러니까 말하고, 경청하고, 교류하고, 느끼고, 사랑하고, 즐기고, 소리 지르고, 아파하고,

초월하는 것을 잊는다면 더 오래 살 수 있다고 약속하는 독재 체제에 순응할 것이다. 침묵은 그 모든 것을 금지할 것이다.

지루함이 최악에 달할 것이다

이 중 그 무엇도 개인에게든 인류 전체에든 최악으로 향하는 변화를 멈추지 못할 것이다. 감시당하는 침묵의 인류는 조용히 죽음을 맞이할 것이다. 그 침묵 때문에 죽을 것이다.

실제로 제대로 먹지 못해서 죽는 사람, 식사의 멸종으로 인한 외로움 때문에 죽는 사람이 점점 더 늘어날 것이다. 그와 동시에 너무 많이 먹어서 인류는 멸망할 것이다.

2050년까지 우리의 식생활 모델을 근본적으로 바꾸지 않는다면(그리고 앞 장에서 말했던 미래의 식량을 먹는다면) 비만은 계속 확산될 것이고 음식과 관련된 질병도 증가할 것이다.

유럽비만회의가 발표한 연구에 따르면, 우리가 지금처럼 계속 먹는다면 2045년에 인류의 4분의 1이 비만이 될 것이다(2017년에는 14퍼센트였다). 또 8명 중 1명은 제2형 당뇨에 걸릴 것이다(2017년에는 10명 중 1명 미만이었다). 또 현재 상황이 지속된다면 미국인의 55퍼센트가 비만, 18퍼센트가 제2형 당뇨 환자가 될 것이다.[511] 비만이라는 전염병의 안전지대인 아프리카도 큰 타격을 받을 것이다.

기존의 농업 및 목축업 모델이 계속 유지된다면 전 세계의 먹거리체계는 지구를 살 수 없는 곳으로 만들 것이다.

그러나 지구가 지옥으로 변하기도 전에, 우리가 모두 침묵하고 감시당하는 클론이 되기 전에, 엄청난 식량 재앙이 닥칠 수 있다. 로이드협회[178]는 엘니뇨 현상(태평양에서 난류가 발생하는 기후 현상)이 더 심해지고 남아메리카에서 기온이 상승하며 밀붉은녹병(생산량 감소와 밀의 품질 저하를 초래하는 병)이 동시에 발생하면 식량 위기가 닥친다고 발표했다. 이 세 가지 사건이 동시에 발생하면 밀이나 쌀(혹은 둘 다) 가격이 폭등할 것이고, 그로 인해 기아가 빠른 속도로 확산될 것이다. 금융 시장이 붕괴하고 식량 유통은 혼란을 겪을 것이다. 감시당하는 침묵은 모든 반응을 차단할 것이다. 여기에서 버틸 수 있는 민주주의 사회는 없다.

이런 미래는 견딜 수 없는 것이다. 그것을 이해한 사람들이 있고 많은 사람이 이미 두려움을 느끼고 있다. 이런 미래를 내다보고 그것을 알리고 경종을 울리면 사람들의 반응, 화, 거부감, 분노를 불러일으킬 것이고, 이미 그렇게 되고 있다.

아무 일도 하지 않으면 우리는 언젠가 음식과 관련된 급작스러운 저항을 겪을 것이다. 그 저항은 패스트푸드 지점 하나를 없애거나 어떤 도축장이나 다국적 기업을 반대하는 운동을 시작하는 것보다 훨씬 규모가 클 것이다.

머지않아 우리는 선진국에서 불매운동, 노동자들의 태업, 농식품 기업에 대한 고발, 모든 도축장에 대한 대규모 공격을 보게 될 것이다. 그런 일들은 이미 일어나고 있기도 하다.

사람들은 잃어버린 식사 기회를 보충하고자 토론하고 대화를 나눌 새로운 기회를 요구할 것이다. 그런 일 또한 이미 일어나고 있다. 2018년 가을과 겨울에 프랑스에서 벌어진 일이 그 직접적인 결과다. 집에서 가족과 얘기할 수 없는 사람들이 원형 교차로에 모여 모르는 사람들과 대화를 나눌 기회를 만든 것이다.

자본주의가 더 많은 상품을 팔려고 사람들을 침묵하게 만들도록 내버려두는 것보다 민주주의에 더 위험한 일은 없다.

사람들은 가만있지 않을 것이다. 최악을 위해서든 최선을 위해서든.

그것은 최선이 가능하기 때문이다. 분노를 행동으로 바꿀 수 있다면, 특히 우리가 먹는 방식, 식량을 생산하는 방식, 토론하는 방식을 혁명적으로 바꿀 수 있다면 말이다.

인간에게 먹으라고 주는 것이 점점 더 용인할 수 없는 수준이 되어왔고 앞으로도 그럴 것이므로 사람들은 혁명을 일으킬 것이다. 모두가.

제10장

먹는 것이 여전히 의미가 있을까

인류가 지속되고, 누구나 행복하고 자연스럽게, 그리고 건강하게 인간다운 삶을 살 수 있기를 바란다면 우리는 식품이 생산되고 유통되는 현재의 방식을 뒤집어야 한다. 음식에 관해 많이 생각하고, 준비하고, 대접하고, 소비하고, 음식을 가운데 두고 사회관계를 발전시키는 것에 훨씬 더 많은 시간을 써야 한다. 또 식탁에서 어떻게 권력이 형성되고 자멸하는지 이해하는 데에도 시간을 써야 한다.

우리는 감시당하는 침묵 사회를 벗어나야 한다. 이곳에서 개인은 점점 더 탐욕스럽고 냉소적으로 변하는 기업들에만 도움이 되는 음식을 아무 말 못 하고 먹을 수밖에 없다. 그런 기업들은 우리에게 더 많이 소비하게 하려고 우리를 침묵시킨다.

우리는 식생활을 개인과 인류, 그리고 지구를 위한 건강과 균형, 즐거움과 나눔, 창조와 기쁨, 자기 초월과 타자 발견의 원천으로 삼아야 한다. 그것을 생명과 자연을 보호하는 방식, 육체와 영혼을 최선의 상태로 끌어올리는 수단, 자연과 다시 만나고 이제 더는 잃지 않을 유일한 기회로 삼아야 한다. 음식은 대화와 행동의 동기이며 식사는 모든 주제에 관해 수많은 대화를 할 핑계가 된다. 그렇게 해서 식사가 상실해버린 사회적 기능, 즉 관계를 만들어내는 역할을 회복할 것이다. 오늘날의 인류뿐만 아니라 미래

세대를 위해서도 말이다.

이러한 목적들은 상호 양립할 수 있다. 지금까지 언급했던 재앙들을 피할 기회가 아직은 있다. 음식으로 우리의 몸을 죽이는 일을 피할 수 있고 우리뿐만 아니라 지구를 파괴하는 것도 피할 수 있다.

그것은—다행히—매우 쉽다. 각자 최선의 식생활을 하는 것이 지구를 구하는 가장 유용한 방법이기 때문이다. 즉 다른 사람이 가장 건강하게 먹어야 나에게도 도움이 된다는 말이다.

이를 가능하게 만들자. 그러려면 큰 개혁을 일으켜야 한다. 개인의 일상 차원뿐 아니라 국가와 지구 차원에서 이루어져야 한다. 할 일이 엄청나다고 해서 두려워할 필요는 없다. 기후나 해양 보호 등 관련 분야에서와 마찬가지로 우리에게는 선택의 여지가 없다. 모든 것을 동시에, 그리고 매우 빠르게 해야 한다.

자, 이제 다음의 글을 읽고 행동에 나서자!

모두를 위한 최선의 농업은 제대로 교육받은 소농이 할 수 있을 것이다

90억 명이 넘는 인구를 건강하게 먹이는 일은 가능할 것이다. 수많은 연구가 이를 증명한다. 예를 들어 프랑스 국립농학연구소와 국제개발농업연구센터가 2018년 10월에 발표한 연구 결과에 따르면, 1일 3,000칼로리를 모두에게 제공할 수 있다. 그중 500칼로리는 동물성 식품(현재 선진국에서 식품으로 섭취하는 열량은 4,000칼로리이며 그중 1,000칼로리가 동물성이다)일 것이다. 2017년에 발표된 또 다른 연구인 〈유기농 식품으로 지구를 더 지속 가능하게 느끼게 할 수 있는 전략〉은 육류, 유제품, 달걀 소비를 절반으로 줄이고(목축업과 동물 사료용 농작물 재배 면적을 절반으로 줄일 수 있다) 음식 낭비를 절반으로 줄이면 2050년에 유전자 변형 농작물이나 화학비료를 쓰지 않은 농업으로 인류 전체를 먹여 살리는 일이 가능해진다고 밝혔다. 육류 소비와 음식 낭비를 줄이면 집약농업에 비해 낮은 유기농업의 생산성을 보완할 수 있을 것이다(8~25퍼센트).[186] 그렇게 되면 온실가스 배출과 토양 침식도 줄어들 것이다.

이러한 거대한 변화를 성공시키려면 먼저 농업을 근본적으로 바꿔야 한다.

- 개발도상국 농민들의 토지 소유 및 교육 접근성을 향상시켜야 한다. 그러려면 제대로 된 법적 소유권을 보장해서 법의 테두리를 벗어난 지역(남아프리카의 타운십, 슬럼, 브라질의 파벨라 등)에서 빈민층이 축적한 9조 3,000억 달러에 이르는 비공식적 자본을 대체해야 한다.[21]
- 개발도상국 농업 투자를 50퍼센트 늘려야 한다. 그러기 위해서 소농에게 대출과 토지 소유의 기회를 보장해야 하고 농식

품 기업의 토지 독점을 법으로 막아야 한다.

- 전 세계 농촌 취약 계층을 위해 보건, 상·하수도 시설, 교육을 포함한 완전한 복지 서비스를 시행해야 한다. 그렇게 되면 농업 투자도 늘어날 것이다. 복지 지원과 생산 지원(대출, 비료, 농업 서비스)을 모두 받은 에티오피아의 농촌 가정은 복지 지원은 받지 못하고 생산 지원만 받은 농촌 가정보다 더 안정적으로 식량을 확보했다.[184]
- 농민, 농식품 기업, 유통업자의 관계를 발전시켜 땅에서 얻은 소득이 더 공평하게 분배되도록 해야 한다. 프랑스에서 2018년 10월 2일에 채택된 '농업과 식품' 법은 농민이 생산비용을 고려해서 계약 조건과 가격을 제안하도록 명시했다.
- 미국과 유럽처럼 곡물과 유전자 변형 작물을 생산하는 대기업에 농업 보조금을 지급하기보다 과일과 채소를 재배하는 농민에게 농업 보조금이 더 많이 돌아가도록 조정해야 한다.
- 합리적인 관개, 적절한 비료의 사용, 선별된 종자를 사용하면 아프리카의 농업 생산성이 50퍼센트 증가하고 곡물 순수입을 줄이고 환경에도 무시 못 할 영향을 줄 것이다.
- 농지 이외의 땅과 해양 생태계를 성역화해야 한다. 이는 국제연합이 2030년까지 시행할 '지속 가능 개발 목표'에 포함된다. 이의 열네 번째 목표가 "지속 가능 발전을 위한 대양, 바다, 해양 자원의 보전과 지속 가능한 이용"[190]이며 열다섯 번째 목표는 "숲의 지속 가능한 관리, 사막화 방지, 토지 황폐화의 중지와

회복, 생물다양성 손실 중단"[190]이다.

- 종자의 상품화에 반대해야 한다. 이를 위해 국제식물신품종보호연맹의 영향력을 강화하여 한 품종의 생산자가 그 품종의 사용을 모두에게 허락하고, 대기업의 종자 독점을 법적으로 그리고 국제적으로 금지해야 한다.
- 식품이 열악한 노동 환경과 동물에게 고통을 준 결과여서는 안 된다. 따라서 국제노동기구가 제시한 노동 조건이 준수되었음을 인증하는 라벨이 없는 식품은 판매를 금지해야 한다.
- 화학비료 사용을 줄이고 가장 척박한 토양의 상태를 회복시켜야 한다. 다양한 농작물을 돌아가며 심을 때(윤작) 콩과식물을 포함시키고 생울타리를 복원해야 한다.
- 유해성이 증명된 글리포세이트와 유사 제품의 사용을 점차 금지해야 한다. 2015년에 세계보건기구는 세 종류의 농약(글리포세이트, 다이아지논, 말라티온)을 '발암 가능 물질'로 분류했다. 이는 최고 등급인 '확실한 발암물질' 바로 아래 등급이다.[468] 2016년 프랑스 국립식품환경산업보건안전청은 글리포세이트와 POE-탈로우아민이라는 첨가제를 혼합한 제품의 허가를 취소했다.[390] 반대로 2018년 11월 유럽연합은 글리포세이트가 암을 유발하지 않는다는 유럽화학물질청의 보고서에 근거해 글리포세이트의 허가를 2022년까지 연장했다. 2021년부터 프랑스에서 글리포세이트의 사용은 2019년 현재 수준의 15퍼센트 수준으로 줄어들 것이다. 전 세계에서 최대한 빠르게 그 사용

이 중단되어야 한다.

- 유기농 비료 사용을 늘려야 한다. 유기농 비료(겨자, 잠두, 경협종 완두) 또는 축사에서 나온 비료(가금류의 똥, 돼지나 소의 분뇨, 거름, 육분, 깃털 가루, 골분)는 토양의 미생물 활동을 증진한다. 좋은 비료의 기준은 3대 영양소인 질소, 인, 칼륨 중 하나의 함유량이 3퍼센트 이상이다.[391]
- (폐수, 하수 오니, 음식 쓰레기 소각으로 나온 재에서) 인을 회수해서 광물 비료 대신 사용해야 한다.[304, 305]
- '제1세대' 바이오연료(농작물에서 추출) 생산을 금지하고 제2세대(식물의 줄기나 잎을 구성하는 셀룰로스성 물질로 추출), 그리고 제3세대(바이오디젤을 생산할 수 있는 지방산이 대량으로 함유된 미세조류 등 미생물로 생산)로 넘어가야 한다.[348, 349, 350]
- 기존의 관행농업과는 완전히 단절된 유기농업을 최대한 발전시켜 대중화해야 한다.
- 미래의 기후에 적합할 수 있는 멸종 위기의 종자를 보호해야 한다. 2001년에 체결된 식량농업식물유전자원국제조약ITPGRFA(해당 조약 체결국은 인간이 먹는 농작물 생산의 80퍼센트를 차지하는 64개 작물의 유전자 정보와 유전물질을 다른 체결국이 사용할 수 있도록 해야 한다)으로 전 세계에 2,000개의 식물 유전자은행이 설립되었다. 규모가 가장 큰 노르웨이의 스발바르 종자은행은 북극에서 1,300킬로미터 떨어진 산 중턱에 있다. '지구 종말의 금고'라 불리는 이 은행은 유전자 변형 종자는 받지

않는다. 이곳에는 전 세계에서 온 100만 개 이상의 품종이 보관되어 있다. 품종당 500개 이상의 종자가 들어 있는 주머니는 그 누구도 열어볼 수 없다.[467] 또 다른 유전자은행인 인도의 나브다냐에는 5,000종 이상의 품종이 보관되어 있다. 영국의 왕립 식물원 큐가든처럼 약초도 보관한다.

이 모든 조치는 식품 가격의 상승을 초래할 것이다. 소득의 더 많은 부분을 음식에 할애하고 다른 소비재 구입 비용은 줄어든다는 뜻이다. 예를 들어 프랑스인 한 명이 매일 10유로센트를 더 내고 건강하게 먹는다면 프랑스 농민 한 명당 월소득이 250유로 증가할 것이다. 이는 장기적으로 볼 때 의료비 지출을 크게 줄여줄 것이다.

건강한 식생활을 위해 충분한 돈을 쓰지 않고 있다는 사실을 인정해야 한다. 그것은 중요한 정치적 결정이다.

전 세계 농식품 기업에 훨씬 엄격한 규칙을 적용하자

- 간편식품과 음료수의 지방, 염분, 첨가당, 지질 함량을 줄여야 한다. 이는 어린이를 위한 제품에는 특히 더 필요하다. 이 제품들은 전체 섭취 열량의 30퍼센트를 넘지 않아야 하고 두 가지 기준을 준수해야 한다. 첫째, 포화지방의 비율이 전

체 섭취 열량의 10퍼센트를 넘지 않아야 하고 트랜스지방(부록 참고)의 비율은 최대 1퍼센트를 넘지 않아야 한다. 둘째, 첨가당(식품에 첨가된 당 또는 꿀, 시럽, 과일 주스 등에 자연적으로 들어 있는 당)은 1일 필요 열량의 10퍼센트를 넘지 말아야 한다. 또 소금 섭취는 하루에 5그램으로 제한해야 한다.[392]

- 재활용이 쉽지 않은 식품 포장재를 금지해야 한다. 음료수 포장재도 마찬가지다. 이는 가능한 일이다. 물론 이 분야에서 많은 발전이 이루어진 것이 사실이다. 스웨덴 기업인 투머로우머신은 설탕과 왁스를 캐러멜화해서 만든 기름병 포장재를 판매한다. 해조류로 만든 스무디 포장재, 생분해되는 밀랍으로 만든 쌀 포장재도 있다. 이런 포장재는 포장된 식품과 똑같은 수명을 가지고 있다. 런던의 스타트업 기업인 스키핑록스랩은 플라스틱 병 대신 해조류로 만들어 먹을 수 있는 병을 판매한다. 이 병은 플라스틱 병보다 생산 비용도 저렴하다. 플라스틱 포장재로 인한 오염을 줄이기 위한 정책을 도입할 수도 있다. 예를 들어, 폐기물이 하천에서 바다로 흘러 들어가지 못하도록 삼각주에 필터를 설치할 수 있다.
- 플라스틱 포장재 퇴치를 위해 세금과 규제를 강화해야 한다. 2002년 아일랜드는 비닐봉지 가격을 15유로센트 인상했다. 이로 인해 2017년에는 비닐봉지 사용률이 90퍼센트 줄어들었다.[525] 프랑스는 2016년에 일회용 비닐봉지의 사용을 금

지했다. 유럽의회 의원들은 2018년 10월 일회용 플라스틱 제품 일부의 사용을 금지하는 법안을 가결했다. 우리는 이보다 더 나아갈 수 있다. 예를 들어 플라스틱 포장재를 쓴 신제품은 판매를 금지하는 것이다. 플라스틱 재활용은 물과 에너지를 엄청나게 소비하기 때문이다.

- 식품 관련 문제를 다루는 국제형사재판소를 만들어야 한다. 이 재판소에는 국내 사법 제도가 충분히 강하지 않거나 부패한 나라에서 농식품 기업, 유통 기업, 패스트푸드 체인 기업의 대표들과 기타 거대 권력 시스템이 소비자나 생산자에게 의도적으로 중대한 피해를 입히는 범죄를 저지른다면 이를 처벌할 것이다. 이 재판소는 기업 대표들을 충분히 각성시켜 독과 같은 제품을 생산하지 않도록 막을 유일한 방법일 것이다. 재판소의 활동은 기존의 법률과 전문성에 근거할 수 있을 것이다. 세계보건기구의 국제식품규격위원회나 1966년 169개국이 비준한 '경제적·사회적·문화적 권리에 관한 국제 규약' 등이 그 예다. 이 규약은 "당사국들이 누구나 배고픔을 모르고 살아야 하는 기본권을 인정하며 개별적으로, 그리고 국제 협력을 통해서 구체적 프로그램을 포함한 필요 조치를 취할 것이다. 이는 (a) 과학기술 지식을 모두 동원하고 영양에 관한 교육을 실시해야 한다는 원칙을 확산시키며 농업 체계를 발전 혹은 개혁시켜 천연자원의 개발 및 사용을 보장함으로써 식품의 생산·보존·유통 방식을 개선하

기 위함이며, (b) 식량 수입국과 수출국에서 발생하는 문제를 고려하여 세계 식량 자원을 수요에 따라 공평하게 배분하기 위함이다."[380]라고 명시하고 있다. 이렇게 하면 재판소 설치를 위한 견고한 법률적 기초를 마련하는 데 충분할 것이다.

모두를 위한 최선의 식단: 음식에 관한 이타심

이후에는 개인이 과학과 경험에서 배운 것을 기준으로 자신에게 가장 좋은 것을 실천해야 한다. 개인에게 더 좋은 것이 지금까지 나열한 목표들을 달성하는 데 가장 많은 도움을 준다. 따라서 개인에게 최선의 식단은 음식에 관한 이타심에 기반한다. 타인과 자연에 좋은 것을 소비하는 것이 자신에게도 좋다.

그렇게 되려면 수천 년 동안 만들어진 수많은 식단(히포크라테스식, 중국식, 아유르베다식 등)의 몇 안 되는 공통점부터 믿어볼 수 있다. 이 식단들은 정기적인 금식과 함께, 식사할 때 배가 부를 때까지 먹지 말 것을 권한다. 또 고기, 단것, 술을 적게 먹을 것, 강제 노동으로 생산된 식품을 사지 말 것, 인간과 자연에 나쁜 식품을 사용하지 말 것을 권한다.

몇 안 되는 이 의무사항은 앞에서 보았던 세계 상황 때문에도 어쩔 수 없이 따라야 한다. 인류에게는 개인적으로나 집단적으로 고기, 술, 설탕, 유제품 섭취를 크게 줄이고, 지속 가능한 어업 방식을 적용하며, 과일과 채소 섭취를 늘리고, 농업생태학과 도시 농업을 발전시키는 것 외에는 다른 선택이 없다. 특히 동물성 단백질의 3분의 1과 식물성 단백질의 3분의 1을 섭취하는 서양인은 2050년까지 식물성 단백질 섭취를 5분의 4로 늘리고, 동물성 단백질 섭취를 5분의 1로 줄여야 한다. 과일과 채소의 1일 섭취량은 400그램이 되어야 식이섬유를 충분히 섭취할 수 있다.

오래된 식생활 원칙들은 농업 생산량 증가를 줄이고 온실가스 배출량을 줄이며 토양을 보호하는 데 기여할 것이다.

그러나 아쉽게도 각 식단들은 많은 점에서 서로 모순된다. 소위 '구석기 다이어트'는 구석기 원시인들이 먹었을 것으로 추측되는 음식만 먹을 것을 권장한다. 지중해 식단은 올리브유를 비롯한 지중해 지역에서 생산되는 식품을 찬양한다. 생식을 주장하는 사람들은 채소를 날것으로만 먹는 반면, 매크로바이오틱스는 저온에서 익힌 채소를 선호한다. 오키나와 식단은 과일, 채소, 통곡물을 먹으라고 하고, 음식을 약한 불에 익히며, 고기, 유제품, 설탕, 소금, 지방의 섭취는 엄격히 제한하라고 권한다. 반면 생선은 일주일에 적어도 세 번 섭취하고 하루에 물을 1.5리터 이상, 차를 두 잔 이상 마시라고 한다.[306, 307] 분리 식단은 하루에 한 '유형'의 음식(생선, 채소, 유제품, 과일, 알 등)만 먹으라고 권하며 pH 밸런스 다이어트는 섭취한 음식의 산성도에만 관심을 둔다.

영양사에게 어떤 과일과 채소를 먹어야 하느냐고 물으면 한쪽에서 추천한 것을 다른 쪽에서 반대하는 모습을 볼 수 있다. 그러나 최신 영양학 연구에 따르면 쌀, 렌즈콩, 퀴노아, 잠두, 강낭콩, 엔다이브, 아보카도, 토마토, 아티초크, 가지, 셀러리, 브로콜리, 올리브, 계피, 생강, 바질, 딜, 루핀콩, 익힌 대두, 두부, 버섯, 스피룰리나, 수박을 먹어야 한다.[63]

그리고 무엇보다 이 음식들의 상태가 완벽해야 한다. 좋은 토양에서 다양한 품종의 좋은 종자로 키운 것들이어야 한다.

마지막으로, 농식품 산업이 가공하지 않고 플라스틱 재료로 포장하지 않은 식품 소비를 선호해야 한다.

개인이 하루에 필요로 하는 열량은 성별, 체중, 활동량, 외부 온도, 나이에 따라 1,800~3,000킬로칼로리이며, 단백질(전체 열량 중 12퍼센트), 지방(35~45퍼센트), 탄수화물(50~55퍼센트)로 나뉜다.

고기는 훨씬 적게, 채소는 훨씬 많이

동물을 존중하는 행동을 요구하면 할랄과 카셰르의 도축 방식을 점점 더 제한하게 될 것이다. 그러면 이슬람교와 유대교 신자 중 일부는 율법에 맞지 않는 고기를 먹지 않기 위해서 아예 고기를 먹지 않을 것이다. 더 나아가 사람들은 지구와 각 개인의 이익을 위해 쇠고기와 양고기 소비를 부분적으로 혹은 완전히 멈출 것이다.

그렇게 되면 온실가스 배출량을 줄이고 물 소비량도 많이 줄일 수 있을 것이다. 또 토양 오염도 줄이고 질소 비료 사용과 일부 작물의 농업 생산도 줄어들 것이다.

이를 위해서 차츰 재배를 포기하여 완전히 잊혔던 식물들의 생산을 발전시켜야 할 것이다. 이런 식물들은 원산지에서만 자라며 일부 지역 사회의 식생활에만 필수적인 역할을 하고 있다. 사하라 이남 아프리카가 그 예다. 이런 수많은 식물 중 몇 가지만 소개한다.

- 테프는 에티오피아(전 세계 생산량의 90퍼센트를 차지한다)와 에리트레아에서 생산되는 곡물로, 쌀보다 식이섬유가 풍부하고 3대 곡물보다 철과 단백질 함유량이 많다. 칼슘이 꽤 많이 들어 있는 흔치 않은 곡물이기도 하다. 영양뿐만 아니라 생장 주기도 빠르고(2~5개월) 다양한 기상 조건에서도 잘 자란다. 에티오피아의 1,200만 소농 중 절반이 테프를 재배한다.[120]
- 열대 식물인 모링가는 인도, 스리랑카, 아라비아 반도, 마다가스카르, 세네갈에서 재배된다. 뿌리, 잎, 열매(깍지), 꽃, 씨앗, 껍질을 모두 먹을 수 있다. 잎에는 미네랄과 비타민, 단백질, 항산화물질이 다량으로 함유되어 있고, 뿌리에는 단백질, 비타민A, 비타민B, 비타민C, 미네랄(칼슘과 칼륨)이 풍부하다. 인도에서는 모링가 콩깍지를 커리에 넣어 먹는다. 깍지에 든 콩은 날것

으로도 먹을 수 있다. 식량농업기구는 특히 어린이와 임산부에게 모링가 잎의 섭취를 권장한다. 모링가는 인류의 미래에 매우 중요한 식물이다.[381]

- 밤바라땅콩은 대표적인 콩과식물로, 서아프리카가 원산지다.[382] 다른 식물들은 견디지 못하는 조건에서도 잘 자랄 뿐만 아니라 토양에 질소를 고정해 비옥도를 높이기도 한다. 밤바라땅콩의 잎은 가축 사료로도 완벽하다. 단백질 함량(18퍼센트)이 식물치고는 매우 높은데, 이는 목축이 불가능한 지역에서는 매우 중요한 요소다. 밤바라땅콩을 가장 많이 생산하는 국가는 부르키나파소다. 재배 지역은 점점 더 확산되는 추세지만 여전히 매우 제한되어 있다. 밤바라땅콩도 인류의 미래에 매우 중요하다.

사실 이런 식물은 모든 대륙에 참 많다.

이렇게 잊힌 식물을 소비하는 것을 두려워해서는 안 된다. 식물종을 보호하려면 그것을 완전히 무시하거나 사라지도록 내버려둘 것이 아니라 합리적으로 소비하는 것이 더 낫다.

설탕 줄이기

우리가 섭취하는 자당은 과당과 포도당으로 구성되어 있다. 과일에 함유된 과당은 인간의 몸에 충분한 열량을 제공한다. 따라서 가공된 당을 섭취하는 것을 금해야 한다.

2016년 세계보건기구는 과체중을 퇴치하기 위해 전 세계에서 판매되는 단 음료에 최소 20퍼센트의 세금을 매길 것을 촉구한 바 있다.[191] 일부 국가는 그런 방향으로 움직이기 시작했다. 그러나 기업들의 압력 때문에 강제적인 조치는 취하지 않는 것이 일반적이다. 프랑스는 2008년부터 '자발적 책임 헌장'이라는 정책을 실시하고 있다. 이 헌장을 통해 37개 농식품 제조 및 유통 기업이 제품의 설탕 함유량을 줄이기로 약속했다. 이러한 조치가 단순히 상징적인 수준이 아니라 실질적인 효과가 있는지 확인해야 할 것이다.

사실 설탕을 아예 섭취하지 않아야 하는데, 그것은 어려운 일이다. 앞에서도 보았듯이 자제력을 발휘하는 것은 뇌에 엄청난 에너지 소비를 요구해 포도당 소모를 증가시키는데, 이때 설탕을 먹는 것이 도움이 된다. 당뇨병 환자처럼 혈당이 너무 낮은 사람이 공격적인 충동을 억제하는 데 더 어려움을 느끼는 것은 이 때문이다.[145] 따라서 믿을 수 있는 설탕 대용품을 찾아야 한다.

설탕 대신 폴리올과 타가토스(우유와 일부 과일에 들어 있다), 아스파탐(인공 감미료), 스테비아(스테비아 잎에서 추출한다) 같은 감미료를 쓸 수 있다. 모두 당도가 매우 높지만(일반 설탕보다 몇 십 배 높다) 혈당은 올리지 않는다. 열량은 매우 적거나 거의 없다.

아가베 시럽도 사탕수수나 사탕무에서 추출한 설탕보다 당도가 더 높지만 아스파탐이나 스테비아보다는 덜 달다. 열량은 설탕보다 약간 낮다. 포도당이 함유되어 있지 않아서 혈당지수GI가 낮다. 반대로 과당 함량이 매우 높아 트라이글리세라이드 함량이 높으니 많이 섭취했을 경우 심혈관 질환이 발생할 수 있다.

다른 천연당(유기농 코코넛 설탕의 혈당지수는 사탕수수로 만든 설탕, 자일리톨, 코코넛 즙을 가루로 만든 제품의 절반에 불과하다)도 사탕수수와 사탕무로 만든 설탕 및 고과당 옥수수 시럽HFCS의 대용품이 될 수 있을 것이다.[383]

로컬푸드 소비하기

가능한 한 반경 120킬로미터 이내에서 최근에 재배된 식물을 먹어야 할 것이다. 따라서 인공적 요소가 없고 인간의 개입이 최대한 없는 제철 식품에 만족해야 한다.

그러려면 도시 주변 지역의 농장이나 도시 농장, 준도시 농장이 늘어나야 한다. 이렇게 하면 식품 운송으로 발생하는 이산화탄소 배출량도 줄일 수 있다.

이처럼 유통 과정이 짧은 시장이 프랑스 식품 시장의 8퍼센트나 차지한다. 캘리포니아에서는 그 비중이 더 높다. 디트로이트는 모범적인 사례다. 자동차 산업의 위기를 맞은 디트로이트에서 '그리닝 오브 디트로이트 협회'는 2003년부터 노동자들과 중산층이 버리고 떠난 땅을 사들여 이곳에 1,600개의 도시 농장을 만들었다. 디트로이트에서 활동하는 또 다른 단체인 '미시간 어번 파밍 이니셔티브'는 2016년에 도심에 200개의 과수를 심어 농업, 연대, 유기농, 무상을 내건 농장을 마련했다. 여기서 생산한 과일은 도시 빈민층에 무상으로 배급된다.[137]

전 세계 도시에서 고층 건물의 창문에 텃밭을 만들 수 있을 것이다. 도시 농장은 마이크로 관개(식물의 뿌리에 직접 관개를 해서 물과 비료 사용을 줄인다), 수경 재배(작물을 땅에 심지 않고 비옥한 불활성 지지체에 심는다), 분무경(작물을 수증기와 영양이 풍부한 환경에서 공중에 매달아 재배한다) 등을 이용할 수 있다.[23] 파리 시는 포르트 드 베르사유에 있는 박람회장 지붕에 세계 최대의 도시 농장을 마련할 계획이다.

미생물학자인 딕슨 데스포미어에 따르면, 2헥타르 부지에 도시 농업을 위한 30층짜리 건물을 지으면 해마다 970헥타르에 달하는 농장과 맞먹는 생산을 할 수 있다.[106]

1986년에 이탈리아에서 처음 시작된 슬로푸드 운동도 도시 농업을 추천한다. 이 단체의 회원은 전 세계에서 10만 명을 헤아린다. 슬로푸드는 '천천히 먹자'와는 다른 개념이다.

천천히 먹기

천천히 먹으려면 천천히 씹고 음식을 입에 천천히 넣어야 한다. 천천히 먹기에는 두 가지 이점이 있다.

아주 천천히 씹으면 열량을 15퍼센트 줄일 수 있고 치아 건강을 유지할 수 있다는 것이 증명되었다. 또 음식을 입에 넣는 간격을 넓히면 포만감을 더 빨리 느낀다는 것도 증명된 사실이다. 그사이에 위가 음식을 얼마나 먹었는지 뇌에 알릴 수 있기 때문이다. 따라서 천천히 씹고 음식을 먹는 간격을 늘리는 것은 섭취량을 조절할 수 있는 요소가 된다. 또 식도, 위, 장을 혹사하지 않을 수 있는 방법이다.

천천히 먹기 위해 한 음식을 먹는 동안 수저를 두세 번 내려놓는 습관을 들일 수 있다. 수저를 내려놓고 대화를 나누거나 남의 말을 경청하며 음식을 잠시 잊어버릴 수 있다. 접시 한가운데에 상상의 선을 긋고 절반을 먹은 다음 한참 뒤에 다시 먹을 수도 있다.

사람들과 함께 식사를 하면 천천히 먹기가 더 쉽다. 먹는 것이 잔치가 되고 음식이나 여러 다양한 주제에 관해 이야기를 나누는 시간이 된다면 말이다. 음식을 한 사람과 함께한다면 더 좋다. 또 몇 시간 동안 정성스레 준비한 음식을 너무 빨리 먹어치워서 요리한 사람을 서운하게 하지 않으면 더 좋다. 이때 다른 손님들도 똑같이 해준다면 실천하기 더 쉽다.

신문이나 책을 보며 혹은 스크린을 보며 혼자 밥을 먹을 때, 직장에서 빨리 식사를 해치울 때는 이런 실천이 어렵다. 따라서 대화는 건강한 식생활에 도움이 된다. 특히 우리가 먹는 것이 무엇인지 더 잘 알게 해준다.

우리가 먹는 것에 관해 알기

곡물, 고기, 향신료, 음료, 채소, 가공식품 등 소비자는 자신의 입으로 들어가는 모든 음식의 원산지를 쉽게 알 수 있어야 한다. 특히 유전자 변형 식품, 농약, 글리포세이트, 가공 설탕, 알레르기 유발 식품이 음식에 들어 있는지 알 수 있어야 하고 식품이 언제 어디서 제조되었는지 알 수 있어야 한다.

최대한 엄격하고 독립적인 라벨들이 만들어지고 의무화되어 소비자들에게 정직하게 정보를 제공할 수 있도록 해야 한다.

블록체인 기술로 식품의 효과적인 추적이 발달할 것이다. 소비자는 수확, 생산, 가공, 운송, 판매에 이르는 전 과정을 더 잘 알게 될 것이다. 이미 관련 애플리케이션도 나와 있다.

미국의 시푸드워치Seafood Watch라는 애플리케이션은 200만 번 이상 다운로드되었다. 이 앱으로 소비자들은 지속 가능한 어업으로 현지에서 구매할 수 있는 해산물을 고를 수 있다.

중국 기업 종안테크ZhongAn Tech는 블록체인 플랫폼을 개발해 소비자가 닭의 사육부터 포장에 이르기까지 모든 과정을 추적할 수 있도록 했다.

프랑스 기업 블뢰블랑쾨르Bleu Blanc Cœur도 제품 추적을 위한 데이터베이스에 소비자가 접근할 수 있도록 도구들을 개발한다. 2012년에 오픈 소스로 구축된 데이터베이스인 오픈푸드팩츠Open Food Facts는 전 세계에서 소비되는 식품의 재료, 알레르기 유발 물질, 영양 구성을 섭렵하는 것을 목표로 삼는다. 2017년에 7,500명의 기여로 39만 6,000개의 데이터를 수집했다. 프랑스의 유카Yuka도 오픈푸드팩츠의 데이터를 기반으로 소비자에게 제품의 영양학적 품질에 관한 정보를 제공한다. 이 앱은 이미 700만 번이나 다운로드되었다. 물론 이렇게 수집된 정보가 과연 믿을 만한지 의구심을 갖는 사람도 있다. 마지막으로 커넥팅푸드Connecting Food는 한 발 더 나아가 블록체인 기술을 이용해 식품의 원산지를 실시간으로 추적하고 농식품 기업이 생산 과정 전반에 걸쳐 사양서를 충실히 이행했는지 감시하고자 한다.

이런 지식은 음식 관련 교육을 강화할 것이고 또 그런 교육에 의해 강화될 것이다.

음식 교육을 위하여

지금까지의 내용과 앞으로 나올 내용을 학교에서 가르쳐야 한다. 아침 식사, 간식, 저녁 식사가 학교 급식에서 얻을 수 있는 것에 영향을 주지 않도록 급식 시간에 안내문을 배포하고 부모에게 조언을 해주는 형식이면 될 것이다.

특히 이 책의 부록에 담긴 내용을 가르쳐야 한다. 열량, 비타민, 영양소, 단순 단백질, 지질, 포도당은 무엇일까? 식욕은 어떻게 생길까? 뇌, 이, 혀, 식도, 위, 장은 어떤 역할을 할까? 몸이나 정신에 독이 되는 음식과 음료는 무엇일까?

아이들이 아주 어렸을 때부터 가공된 당이 아예 배제된 음식과 음료를 먹도록 교육해야 한다. 초콜릿도 다크 초콜릿만 먹고, 달고 짠 가공식품으로 군것질을 하지 않도록 가르쳐야 한다. 음식을 잘 씹어 천천히 먹고, 식탁에서 수다를 떨면서 최대한 오래 식탁에 머물도록 해야 한다. 금식을 연습하고, 음식의 원산지를 알고 고르며, 우유와 빵의 생산 환경, 가축 사육과 해산물 양식의 환경, 그리고 사용된 비료에 대해 의문을 갖도록 가르쳐야 한다.

물론 술과 담배, 지방과 마약, 설탕의 위험에 관해서도 사전 교육을 해야 한다.

또 아이들에게 요리를 가르쳐야 한다. 요리법을 만들어보고, 식탁을 차리고, 음식을 내오고, 식탁을 치우고, 설거지하는 것까지 가르쳐야 한다. 또 밥을 먹으며 대화를 따라가고 주도하는 방법도 가르쳐야 한다.

먹으라고 강요된 음식에 저항하고, 독이나 마찬가지인 음식을 거부하는 것은 시민의 책임이라는 점을 이해하고, 위험한 식품을 신고하고, 허위 광고, 특히 자사 제품이 영양학적이라든가 유기농이 아닌데도 그렇다고 주장하는 기업의 광고에 속지 않도록 가르쳐야 한다.

다른 곳에서도 마찬가지지만 학교에서는 규칙적인 육체 활동을 권장해야 한다. 어린이는 매일 60분, 어른은 매주 150분씩 움직여야 한다.[173] 그뿐만 아니라 적어도 6시간 이상 서 있도록 가르쳐야 한다. 2016년에 텍사스 주의 3개 학교에서 수행한 연구에 따르면, 서서 수업을 받은 학생들의 체질량지수(체중÷신장×2)가 다른 학생들에 비해 0.4포인트 정도 낮았다.[111] 2018년에 《유럽예방심장학저널》에 발표된 또 다른 연구도 서 있을 때 더 많은 열량이 소비되고(앉아 있을 때보다 분당 0.15킬로칼로리 더 소비해서 6시간 서 있으면 하루에 총 54킬로칼로리를 더 소비한다) 심장병, 뇌졸중, 당뇨를 줄일 수 있다고 밝혔다. 또 서서 수업을 들으면(2016년 미국 여러 대학을 대상으로 실시되어 《국제환경연구공공보건저널》에 발표된 연구에 따르면) 인지 능력이 7~14퍼센트 증가한다고 한다.[112]

적게 먹기

마음대로 먹을 수 있는 사람은 자기 자신과 지구를 위해 덜 먹으면 좋을 것이다. 우선 규칙적으로 금식을 시작해보면 좋겠다.

우리의 몸은 섭취한 영양소를 동화하고 시간이 조금 더 지나면 간, 지방, 근육에 저장된 당을 쓰기 시작한다. 그리고 독소를 제거하고 소화계를 재생한다.

2016년 노벨의학상이 '오토파지', 즉 세포의 자가포식에 관해 연구한 일본인 오스미 요시노리에게 수여되었다. 오토파지는 외부에서 영양이 공급되지 못했을 때 세포가 세포질 일부를 소화해서 재생하는 현상이다.[255]

금식하면 살이 빠질 뿐만 아니라 제2형 당뇨병 환자의 인슐린 저항성이 개선되며 심혈관 질환의 위험이 줄어들고 세포의 노화를 막는다.

고래와 바다거북은 몇 달 동안 아무것도 먹지 않고 지내며 150년을 산다. 생쥐를 금식시키면 파킨슨병과 알츠하이머병과 같은 신경퇴행성 질환에 긍정적 역할을 한다는 것이 밝혀졌다.[255]

황당한 다이어트를 제외하고(예를 들면 영국인 의사 마이클 모슬리는 일주일에 닷새는 '정상적으로' 먹고 나머지 이틀은 500킬로칼로리 이하로 제한식을 하라고 권했다)[254], 가장 좋은 방법은 간헐식이다. 즉 하루 중 14시간 동안 아무것도 먹지 않는 것이다.

금식하지 않을 때는 아무리 몸에 좋은 음식이라 해도 먹는 양을 줄여야 한다. 식욕을 줄이고 포만감을 빨리 느끼게 하는 방법이 여럿 존재한다. 예를 들어, 식사 직전에 냉수를 마시면 좋다.

먹는 것은 대화를 나누는 것이므로 덜 먹으면 대화도 줄어든다. 말을 적게 하면 먹는 것을 줄이고 금식까지 하는 데 도움이 된다. 이것이 금식에 매우 효과가 좋은 호흡과 명상의 목표다.

때로는 말의 금식을 하자. 조용히 머물자. 그러면 다시 말할 때 대화를 즐길 수 있다.

긍정적인 삶과 지구를 위한 '긍정 요리'

앞에서 말한 모든 것이 적용된다면, 지구를 구하고 지구에서 잘 살아갈 기회가 아직 남아 있다. 개인의 기쁨과 건강, 그리고 지구의 건강에 좋은 것을 양립시킬 수 있다.

자신과 미래 세대를 위한 요리를 나는 '긍정 요리'라고 부르고 싶다.

앞에서 말한 내용을 적용하는 요리는 나와 타인, 그리고 지구를 위해 미식과 건강을 결합할 것이다. 그것은 사용된 식재료와 원산지에 관해 다 파악할 수 있는 유기농 채식 요리다. 또 다른 많은 예술처럼 과학과 창의력, 자연과 정교함을 결합한 요리다. 그것은 최고의 예술처럼 삶을 찬양하고 기억을 통해 과거에 대한 향수를 기쁨으로, 덧없는 것을 영원한 것으로 바꾸는 요리다.

그것은 누구나 그림을 그리고 색을 칠하고 노래를 하고 작곡을 하는 것처럼, 누구나 창조할 권리가 있는 요리다. 누구나 건강한 식재료를 자기 나름대로 섞어서 긍정적인 레시피를 만들 권리를 가져야 한다. 그러다가 틀릴 수도 있겠지만 보물 같은 요리법을 발견할 수도 있다. 그것은 완전한 예술이 되기 위해 누구나 할 수 있는 요리여야 한다.

보편적이고 긍정적이며 맛있고 건강한 미식은 대화와 기쁨이 넘치고 이타주의와 행복이 가득한 긍정적인 사회의 탄생에 기여할 것이다.

그리고, 그것은 특히 대화를 위한 특별한 순간에 새로운 대화의 의식에 포함될 요리일 것이다.

함께 대화하며 먹는 기쁨 되찾기

식사라는 것이 여전히 존재하는 국가에서는 그것을 지키는 노력이 매우 중요하다. 아이들과 아침을 나누는 시간, 동료나 친구와 점심을 함께하는 시간, 가족과 저녁을 먹는 시간을 지키는 것이 매우 중요하다. 그렇게 되면 너무 일찍 출근하는 것과 너무 늦게 퇴근하는 것이 구조적으로 사라질 것이다.

식사가 존재하지 않는 국가에서는 식사의 부활이 중요한 사회적 요구 중 하나가 되어야 할 것이다.

학교에서 아이들은 빵을 만드는 법뿐 아니라 빵을 먹으며 대화하는 법도 배워야 한다. 빵을 만드는 방법에 관해서뿐만 아니라 모든 것에 관해 이야기를 나눠야 한다. 식탁에서 대화를 나누는 기술도 가르쳐야 한다. 말해도 되는 것과 말하면 안 되는 것, 식탁 예절, 초대한 사람이 좋아할 만한 손님이 되는 법, 초대하고 싶은 손님이 되는 법도 말이다. 특히 아이들이 식탁에서 떠드는 것을 막지 않도록 부모를 교육해야 한다.

그뿐만 아니라 집과 아파트를 지을 때 식사할 텃밭을 가능한 한 유지해야 한다. 공동 식사 장소를 마련하는 것도 고려할 수 있다. 최고급 아파트에는 이미 그런 시설이 마련되어 있어서 거주민이 식당을 이용할 수 있다. 아파트 옥상에 텃밭을 마련해서 그곳에서 재배한 식재료로 요리를 한다면 이상적이다.

기업에서는 노동자들이 모두 모여 식사하는 시간을 많이 할애해줄 것을 노조의 우선 요구사항으로 두어야 할 것이다. 그렇게 되면 노동 조직이 궤도를 벗어나면서 공동 식사를 불가능하게 만들었고 노동자가 사무실에서 혼자 군것질하거나 회의하면서 끼니를 때울 수밖에 없게 되었음을 인지하게 될 것이다. 따라서 식사를 기준으로 노동 조직을 개편해야 한다. 이 의무사항은 사무실 설계 시 반드시 고려되어야 하며 사회법에 포함되어야 한다. 노동자가 동료들과 제대로 된 식사를 여유 있게 할 수 있는 기회를 만들어야 한다.

그런다고 해서 비용이 많이 드는 것도 아니다. 식사 시간과 식사의 본질이 다시 현실성을 갖는다면 노동 생산성은 개선될 것이다. 내 생각에는 가볍고 건강한 식사에서 꽃피는 창의성은 회의실에 모여 나쁜 가공식품을 먹을 때보다 훨씬 클 것이다.

사회법과 가족법은 여러 형태의 가족에게 식사 시간이 대화, 전수, 창의, 자아실현의 장소가 될 수 있도록 만들어져야 한다.

우리가 함께한 긴 여행의 끝에서 가장 중요한 사실을 이해했으리라 생각한다. 다른 수많은 책에서 인류의 많은 측면이 어떻게 변화해왔는지 살펴본 결과, 나에게 이보다 더 중요한 것은 없어 보인다. 그 무엇도 이보다 핵심적이고 필수적이지 않다. 그 무엇도 모든 것을 이보다 더 잘 집약하는 것은 없다.

따라서 모든 사람이 가능한 최선의 식사를 할 수 있게 하는 일이 시급하다. 각 문화권에 맞는 식사, 적당한 장소에서 누구나 사랑하는 사람들과 하루에 여러 번, 합리적인 시간 동안 나눌 수 있는 식사가 되어야 한다. 빠르게 흘러가는 부자연스러운 삶, 자멸적인 노마디즘, 조각난 노동, 분해된 삶이 우리에게 생각하지 못하게 하는 것, 즉 먹는 것의 의미와 지구를 구할 수 있도록 먹는 방법을 생각하는 식사가 가능해야 한다.

우리는 그것을 볼 수 있을까? 세계 농업의 조직을 뒤흔들고 모든 농민에게 생계 수단을 보장하면서 건강하게 생산하도록 할 수 있을까? 농식품 산업의 범죄와 같은 광기, 탐욕스러운 냉소주의를 제어할 수 있을까? 건강하게 먹고 대화를 나누며 삶을 살아갈 시간과 수단을 모두에게 줄 수 있을까? 잊힌 생물종을 다시 살릴 수 있을까? 인류의 유산을 보호할 수 있을까? 지구를 남용하고 약탈하고 파괴하는 것을 멈출 수 있을까? 대화하고 교류하고 웃을 시간을 되찾을 수 있을까?

아니면 아무거나 먹고 아무와도 대화를 나누지 않는 감시당하는 침묵에 만족해야 할까?

이 모든 것에 대한 대답은 인류의 역사, 그리고 각 개인의 역사 속에 있다. 그리고 우리의 명철함과 우리의 저항과 우리의 용기 속에도 있다.

식품과 관련된 과학 원리

맛

다양한 맛을 정의하는 개념이 정해지기까지 2,000년이 걸렸다.

아리스토텔레스는 일곱 개의 맛이 존재한다고 주장했다. 유쾌한 맛(단맛), 불쾌한 맛(쓴맛), 부드러운 맛, 짠맛, 톡 쏘는 맛, 떫은맛, 신맛이 있다는 것이다. 그의 정의는 거의 2,000년 동안 정설로 통했다. 그러다가 18세기 말에 니콜라 졸리클레르가 열 개의 맛을 분류했다. 무미, 텁텁한 맛, 순한 맛, 느끼한 맛, 끈적한 맛, 신맛, 짠맛, 매운맛, 씁쓸한 맛, 떫은맛이다. "물은 무미이고 밀가루는 텁텁하다. 설탕은 순하고 기름은 느끼하다. 고무는 끈적이고 식초는 시다. 소금은 짜고 겨자는 맵다. 담즙은 쓰고 오배자gallnut 씨는 떫다."[44] 따라서 단맛은 맛이 아니라 '순한 맛'의 한 형태였다. 1864년에 독일의 생리학자였던 아돌프 픽은 단맛, 짠맛, 쓴맛, 신맛을 네 개의 기본 맛으로 구분했고, 나머지 맛은 기본 맛을 합쳐 놓은 것이라고 주장했다. 1914년에 화학자 게오르그 콘은 이 네 가지 기본 맛을 명명하기 위해 '맛goût/taste'이라는 용어를 처음 사용했다. 1908년 일본의 과학자 이케다 기쿠나에는 다섯 번째 기본 맛을 구분하고, 이를 '감칠맛'으로 번역할 수 있는 '우마미'라고 불렀다.

따라서 기본 맛은 단맛(예: 자당), 짠맛(예: 염화나트륨), 쓴맛(예: 퀴닌), 신맛(예: 시트르산), 감칠맛(예: 글루탐산), 이렇게 다섯 가지다.

오늘날에는 뇌가 맛을 분석하는 방식이 조금 알려져 있다. 맛과 냄새를 느끼는 부분은 맛봉오리라 불리는 미세구조에 존재한다. 맛봉오리는 혀의 윗부분, 입천장, 인두, 식도의 윗부분의 세포에 분포하고 다섯 가지 '맛'을 느낀다. 인간은 1만 개의 맛봉오리를 가지고 있으며 그중 75퍼센트가 혀 윗부분에 있고 25퍼센트가 나머지에 분포한다.[13] 이 미각 수용체는 서로 다른 자극을 뇌에 보낸다. 그러고 나면 뇌가 복합적인 맛을 느낀다.

인간에게 필요한 음식량

인간의 몸에 들어오는 음식은 물, 에너지(칼로리나 줄 단위 사용), 특정 영양소, 이렇게 세 분류로 나뉜다.

물은 인체 구성 성분 중 가장 많은 부분을 차지한다(성인의 경우 평균 65퍼센트). 물은 우리 몸의 조직과 세포에 들어 있으며, 몸 안에서 일어나는 물질 교환에 관여한다. 물이 있기 때문에 영양소가 세포 밖에서 안으로 들어갈 수 있고 세포 안에서 생기는 쓰레기를 세포 밖으로 내보낼 수 있다. 이는 항상성에 의한 것이다. 혈액의 55퍼센트를 차지하는 혈장은 약 90퍼센트가 물이다. 물은 열용량—체온이 달라져도 변화가 적다—이 높아서 인체의 체온 조절에 꼭 필요하다. 물은 윤활제 구성 성분이기도 해서 뼈의 마찰을 줄이고 소화와 호흡 과정을 돕는다. 세계보건기구에 따르면 몸에서 10퍼센트의 물을 소실하면 치명적이다.[100, 164]

열량의 단위는 칼로리다. 칼로리는 물리적 단위였다. 1824년에 프랑스 과학자인 니콜라 클레망이 액체 상태의 물 1킬로그램의 온도를 1도 올리는 데 필요한 에너지의 양으로 열량을 처음 정의했다. 1킬로칼로리는 1,000칼로리와 같다. 이 단위는 미국의 화학자 윌버 올린 앳워터에 의해 영양학 분야에서 최초로 사용되었다.[117] 그는 1칼로리를 인체가 1톤의 무게를 1.43피트 들어 올리는 데 필요한 에너지로 정의했다. 인간의 영양 섭취량을 정량화하는 새로운 방식 덕분에 앳워터의 연구는 운동과학과 현대 영양학의 발전에 영감을 주게 된다. 열의 개념과 밀접하게 연관된 음식의 칼로리인 열량(그래서 이름에도 열이 들어간다)은 해당 음식이 세포의 대사 과정을 통해 '연소' 또는 '산화'되면서 배출되는 열의 양이다. 인체가 쓰지 않은 열량은 어쩔 수 없이 지방으로 바뀌어 몸속에 저장된다.[512] 성인 남성이 가만히 있을 때 일어나는 기초대사는 1초에 18칼로리를 사용한다. 인간은 하루에 평균 2,851칼로리(말라위 사람은 2,329칼로리, 프랑스인은 3,374칼로리, 미국인은 3,440칼로리)를 소모한다.

인간에게 꼭 필요한 영양소는 여섯 가지다. 우선 탄소, 수소, 질소, 산소로 만들어진 단백질의 주요 기능은 세포와 조직을 만들고 유지하는 것이다. 아미노산이 결합하면 인체가 필요로 하는 3만 종류의 단백질이 만들어진다. 아미노산에는 카복실기(-COOH)와 아민(NH 혹은 NH_2)이 있다. 단백질은 영양소의 이동 또는 저장처럼 인체의 기능에 필요한 수많은 현상에 관여한다. 또 인체 조직과 세포의 구성 성분이다. 그러나 인체는 단백질을 만드는 데 필요한 아미노산 20개 중 11개밖에 만들어내지 못한다. 나머지 9개는 음식 섭취로 얻어야 한다. 그 아미노산은 식물과 동물(모든 고기에는 인간에게 없는 아홉 개의 아미노산이 들어 있다)에 골고루 들어 있다. 달걀, 치즈, 닭고기, 정어리, 콩류, 병아리콩, 렌즈콩에도 단백질이 많이 들어 있다. 체중 75킬로그램인 남성의 몸에서 단백질은 11.5킬로그램을 차지한다. 프랑스의 국립식품환경산업보건안전청은 체중 75킬로그램의 건강한 성인은 매일 62그램의 동물성 혹은 식물성 단백질을 섭취하라고 권고한다.[192]

지방은 탄소, 수소, 산소로 구성된 '지방'산(예: '오메가')과 알코올의 결합으로 만들어진다. 지방이 하는 역할은 매우 다양하다. 예를 들어 에너지를 공급해 인체가 체온을 유지하도록 한다. 체중이 75킬로그램인 사람은 9.2킬로그램의 지방이 필요하다. 그 이상이 되면 심혈관 질환 발생 가능성이 증가한다.

천연 지방산(반추동물의 위에서 만들어지고 우유, 유제품, 육류에 들어 있다)과 달리[393, 394], 인공 지방산은 식물성 기름을 가공해서 만든다. 이런 지방산은 농식품 제품의 보존제로 사용된다. 예를 들어 페이스트리, 시리얼, 샌드위치, 피자 등에 들어간다. 이 지방산을 과도하게 섭취하면 심혈관 질환과 제2형 당뇨병에 걸릴 확률이 올라간다.

무기질은 세포액과 세포외액의 유지, 골격의 유지에 필요하다. 무기질 중 칼슘과 인은 뼈의 구성 성분이고 철과 칼륨, 나트륨은 신경 세포의 구성 성분이다. 미량 무기질(특히 구리, 불소, 아연)은 매우 많은 효소 작용에 관여하며, 특히 면역계와 호르몬 생성에 관여한다.[193]

1912년에 폴란드의 생화학자 카지미르 풍크가 발견한 비타민은 인체에서 일어나는 화학작용의 촉매제 역할을 한다. 비타민이 부족하면 질병을 일으키는 결핍 현상이 나타날 수 있다. 괴혈병은 비타민C가 부족할 때 걸릴 수 있다. 과일과 기름에 들어 있는 비타민도 있다. 육류에는 비타민B_{12}가 들어 있다. 생선, 호두, 씨앗, 녹색 잎채소에 들어 있는 트립토판(인간에게 필수적인 아홉 개 아미노산 중 하나)과 비타민 B_6은 세로토닌(성인의 행동과 기분 조절에 관여하는 신경전달 물질) 합성에 꼭 필요하다.[194] 우유, 치즈, 달걀, 생선에는 트립토판이 풍부하게 들어 있다. 비타민A는 신경 가

소성에 필요한 시냅스 형성에 관여하는 레틴산을 생성하는 데 필요하다.[195] 그래서 비타민A가 부족하면 조기 알츠하이머병에 걸릴 수 있다.

주로 당(자당, 과당, 갈락토스)과 녹말(글리코겐과 섬유)인 탄수화물은 탄소, 산소, 수소로 이루어져 있다. 탄수화물은 지방, 단백질과 함께 인체가 사용할 수 있는지 에너지원이다. 탄수화물 1그램이 연소하면 4칼로리를 낸다. 소화 과정에서 탄수화물은 포도당으로 변해서 세포와 근육이 사용할 수 있는 에너지를 만든다. 뉴런과 같은 세포들은 포도당이 있어야 제대로 기능할 수 있다. 인체는 공복 혈당을 0.7~1.2g/L로 유지하려고 한다.[512] 2007년에 실험실 쥐를 대상으로 수행된 프랑스 국립과학연구센터의 연구에 따르면 당의 중독성은 코카인만큼 강력하다.[94] 당을 섭취한 뇌는 기분에 관여하는 신경전달 물질인 도파민을 분비해 행복감을 느끼게 한다. 그래서 외로움을 느끼면 단 음식이 먹고 싶어진다.

효소는 인체가 직접 동화할 수 없는 음식을 분해해서 인체의 원활한 기능을 돕는다.

장

소화 과정에서 장이 수축하면 음식물이 장을 따라 내려간다.

장내 미생물은 10^{12}개에서 10^{14}개가 있고 총 무게는 약 2킬로그램이다. 장내 미생물은 지문처럼 사람마다 다르다. 음식과 환경에 따라 달라진다.

장내 미생물의 균형은 섭취한 음식에 따라 달라진다. 식이섬유(콩류, 통곡물, 감귤류, 견과류)와 프로바이오틱(요구르트, 멸균 처리되지 않은 치즈)을 많이 먹어야 한다.

장내 미생물의 기능과 품질이 떨어지면(세균 불균형) 자가면역 질환과 장 염증이 발생한다. 당뇨 및 비만과도 관련이 있다.[400,401]

장에서 분비하는 장액에는 효소가 들어 있는데, 음식물의 다양한 영양소를 합성해서 장벽을 통해 영양소가 흡수되도록 한다. 또 장에서 단백질이 아미노산으로 합성되고 지방이 지방산으로 합성된다.[400,401]

음식이 우리 뇌에 끼치는 영향

뇌는 체중의 2퍼센트밖에 차지하지 않지만 몸이 흡수하는 에너지의 20퍼센트를 소비한다. 뇌가 지적 활동을 많이 하면 그 비중은 더 높아진다.

단백질은 뇌의 성장과 세포 발달에 관여한다. 아미노산은 기분과 수면, 집중력, 체중을 조절하는 신경전달 물질의 합성에 관여한다. 오메가3과 오메가6은 뇌 건강에 필수적이다. 탄수화물은 뇌의 에너지 공급원이다.

뇌의 에너지원은 포도당이다. 혈당이 너무 낮으면 뇌 활동이 줄어들고 평소와는 다르거나 무모한 결정을 내리게 된다. 또 기분이 저조해지고 공격적인 행동을 할 수 있다. 따라서 음식은 나이에 상관없이 뇌 발달에 영향을 준다.

- 출생까지: 비타민 B_9와 비타민 B_{12}가 태아의 신경계 발달에 매우 중요한 역할을 한다.
- 출생 후 2년까지: 모유에는 세포의 생존과 뇌에 꼭 필요한 오메가3이 (우유보다 훨씬 더 많이) 들어 있다. 따라서 모유 수유는 대뇌피질 발달이 늦은 조산아일 경우 특히 권장된다. 애들레이드 대학교(오스트레일리아)의 연구[196]에 따르면 출생 후 2년 동안 먹은 것이 지능지수IQ에 영향을 미친다. 생후 모유만 먹고 그 후 몇 달 동안 신선한 과일과 채소를 먹은 아이는 여덟 살이 되었을 때 그러지 않았던 아이보다 지능지수가 1~2점 더 높다. 반대로 당과 지방을 너무 많이 섭취한 아이(주로 가공식품을 섭취한 것과 연관이 있다)는 여덟 살이 되었을 때 지능지수가 1~2점 낮다.
- 사춘기: 지방과 당을 지나치게 많이 섭취하면 기억과 공간 감각을 관장하는 뇌 영역인 해마의 기능이 떨어진다. 그러나 사춘기 아이들이 오메가3을 섭취하는 것은 좋을 수 있다.
- 성인: 단백질이 많은 음식은 집중력을 높인다. 건강하고 균형 잡힌 식사를 하면 우울증에 걸릴 확률이 줄어든다. 단 음식을 많이 먹으면 코카인 같은 마약을 했을 때와 같은 반응이 뇌에

서 일어난다. 외로움은 술, 마약, 지방과 당이 많은 음식에 의존하게 만든다.

무엇이 식욕에 영향을 끼칠까

'배고픔'은 먹어야 한다는 생리학적 신호다. 반대로 '식욕'은 특정 음식을 먹고 싶은 욕구다.

식욕에 영향을 주는 요소는 음식의 화학적 구성, 자극에 대한 느낌, 향, 질감, 먹을 때 나는 소리 등 매우 많다.

환경은 배고픔과 식욕에 역할을 한다. 냄새, 조명의 밝기, 음악은 먹는 양에 결정적인 영향을 끼친다. 옥스퍼드 대학교의 연구는 배경에 깔리는 소리에 따라 쓴맛을 느낄 수 있다고 밝혔다.[197] 코넬 대학교의 연구는 어두운 조명 아래에서 부드러운 음악을 들으면 먹는 양이 줄어든다고 증명했다. 접시와 음식이 같은 색일 때 더 많이 먹는다는 사실도 밝혔다.[399]

기후도 식생활에 영향을 준다. 추우면 열량이 더 많은 음식을 먹는다. 조지아 대학교의 연구에 따르면 기온이 내려가면 사람의 하루 섭취 열량은 200칼로리 늘어난다.

함께 모여 식사를 하면 비슷한 음식을 주문하는 경향이 있다.[399]

음식과 관련된 기억은 그 음식을 또 먹고 싶다는 욕구를 불러일으킨다. 혹은 음식과 관련된 특정 기억을 떠올리게도 한다. 마르셀 프루스트가 마들렌을 떠올린 유명한 사례처럼 말이다.

마지막으로, 음식은 사람의 성격을 크게 바꿀 수 있다. 벌집에 있는 애벌레를 어떤 방식으로 먹여 키우느냐에 따라 여왕벌이나 일벌로 키울 수 있다. 인간도 마찬가지다. 이에 관해서는 아직 많이 알려진 바가 없지만 말이다.

국제적 환경 목표와 관련된 식생활

1963년에 식량농업기구와 세계보건기구는 농산물 관련 규정인 국제식품규격[380]을 만들었다. 소비자의 건강을 보호하고 생산자, 유통업자, 소비자의 관계를 진흥하는 것이 목표다.

2016년 국제연합의 지속 가능 개발 목표의 두 번째 목표가 정해졌다. 그것은 "기아 종식, 먹거리보장과 영양 개선 달성 및 지속 가능한 농업 진흥"[190]이다.

2018년 5월 14일에는 세계보건기구가 가공 트랜스지방(불포화지방산) 퇴치를 위한 캠페인을 벌였다.

세계 10대 농식품 기업

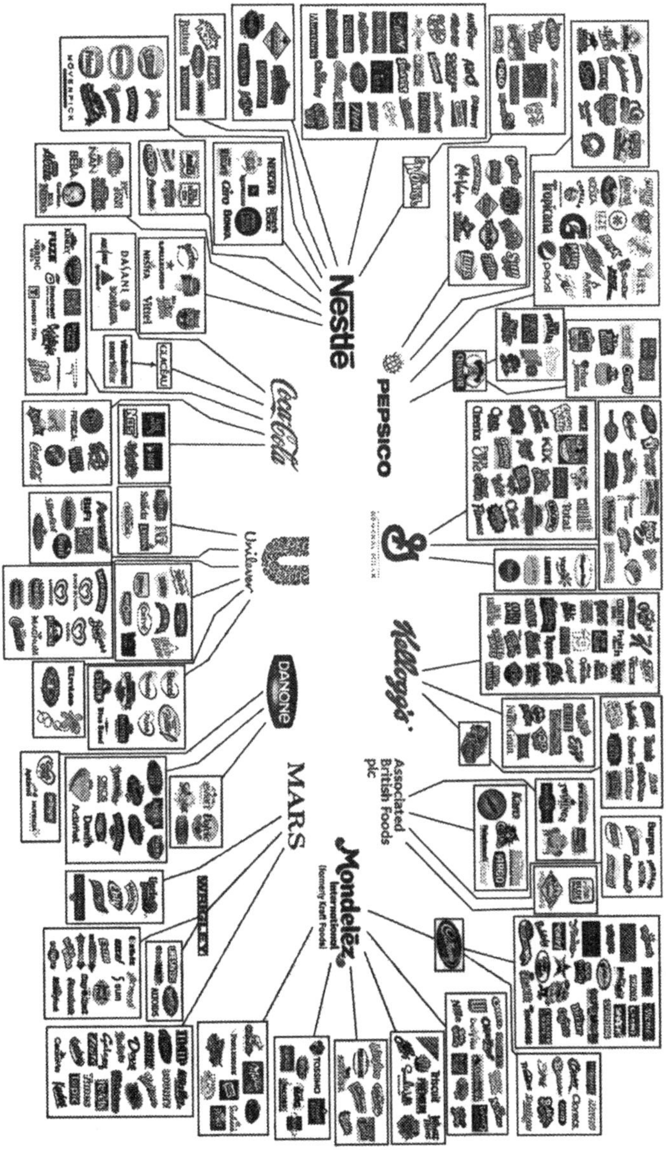

출처: 옥스팜의 GROW 캠페인 'Behind the Brands'

인류의 식생활에 따른 최대 인구

식생활 유형	식물성 칼로리	동물성 칼로리	동물성 칼로리 비중	최대 인구
재배 곡물 중 동물 사료용이 없는 농업 시스템	2,630	170	6%	1,060억 명
재배 곡물 전량이 동물 사료용인 농업 시스템	0	2,800	100%	21억 명
현 시스템	2,300	500	22%	70억 명
프랑스의 시스템	1,540	1,260	22%	41억 명

출처: 에르베 르 브라

1인당 평균 소비 열량의 출처

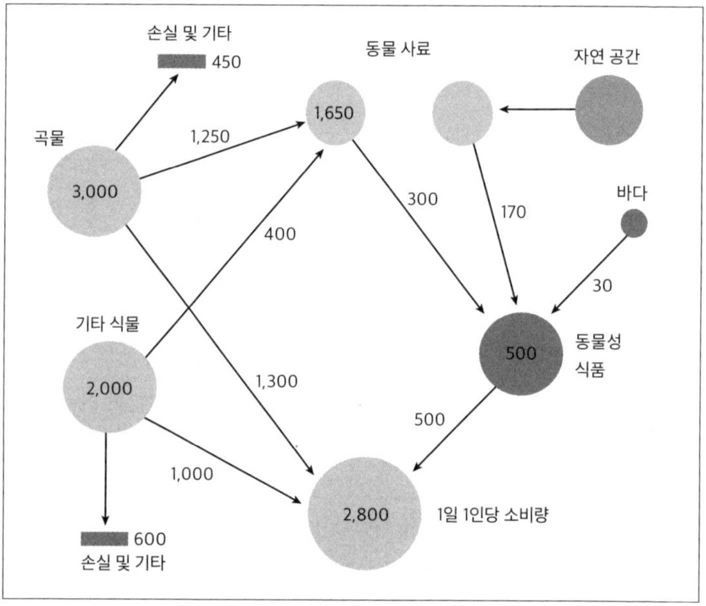

출처: 에르베 르 브라

참고자료

단행본

1 Albert (Jean-Marc), *Aux tables du pouvoir. Des banquets grecs à l'Élysée*, Armand Colin, 2009.

2 Albert (Jean-Pierre), Midant-Reynes (Béatrix) (dir.), *Le Sacrifice humain en Égypte ancienne et ailleurs*, Soleb, 2005.

3 André (Jacques), *L'Alimentation et la Cuisine à Rome*, Belles-Lettres, 2009.

4 Ariès (Paul), *Une histoire politique de l'alimentation. Du paléolithique à nos jours*, Max Milo, 2016.

5 Aristote, *Histoire des animaux*, Flammarion, 2017.

6 Attali (Jacques), *La Nouvelle Économie française*, Flammarion, 1978.

7 Attali (Jacques), *L'Ordre cannibale. Vie et mort de la médecine*, Grasset, 1979.

8 Attali (Jacques), *Au propre et au figuré. Une histoire de la propriété*, Fayard, 1987.

9 Attali (Jacques), *Une brève histoire de l'avenir*, Fayard, 2006.

10 Attali (Jacques), *Vivement après-demain!*, Fayard, 2016.

11 Attali (Jacques), *Histoires de la mer*, Fayard, 2017.

12 Bar (Luke), *Ritz and Escoffier: The Hotelier, The Chef, and the Rise of the Leisure Class*, Clarkson Potter, 2018.

13 Barman (Susan) *et al.*, *Physiologie médicale*, de Boeck, 2012.

14 Baudez (Claude-François), *Une histoire de la religion des Mayas. Du panthéisme au panthéon*, Albin Michel, 2002.

15 Bertman (Stephen), *Handbook to Life in Ancient Mesopotamia*, Oxford University Press, 2005.

16 Boutot (Alain), *La Pensée allemande moderne*, PUF, 1995.

17 Boyer (Louis), *Feu et flamme*, Belin, 2006.

18 Carling (Martha), *Food and Eating in Medieval Europe*, Bloomsbury Academic, 2005.

19 Courtois (Stéphane), *Communisme et totalitarisme*, Perrin, 2009.

20 Davies (Nigel), *Human Sacrifice in History and Today*, Hippocrene Books, 1988.

21 De Soto (Hernando), *Le Mystère du capital. Pourquoi le capitalisme triomphe en Occident et échoue partout ailleurs?*, Flammarion, 2005.

22 Dechambre (Amédée) *et al.*, *Dictionnaire encyclopédique des sciences médicales*, G. Masson et P. Asselin, 1876.

23 Despommier (Dickson), *The Vertical Farm: Feeding the World in the 21st Century*, Picador, 2010.

24 Dikotter (Frank), *Mao's Great Famine: The History of China's Most Devastating Catastrophe, 1958-62*, A&C Black, 2010.

25 Elias (Norbert), *La Civilisation des moeurs*, Pocket, 2003.

26 Evans (Oliver), *The Abortion of the Young Steam Engineer's Guide*, Fry and Kammerer, 1805.

27 Ferrières (Madeleine), *Histoire des peurs alimentaires. Du Moyen Âge à l'aube du XXe siècle*, Points, 2015.

28 Flandrin (Jean-Louis), Montanari (Massimo) (dir.), *Histoire de l'alimentation*, Fayard, 2016.

29 Freuler (Leo), *La Crise de la philosophie politique au XIXe siècle*, Librairie philosophique J. Vrin, 1997.

30 Gantz (Carroll), *Refrigeration: A History*, McFarland & Company, 2015.

31 Gardiner (Alan), *Egyptian Grammar: Being an Introduction to the Study of Hieroglyphs*, Oxford University Press, 1950.

32 Gernet (Jacques), *A History of Chinese Civilization*, Cambridge University Press, 1996.

33 Gernet (Jacques), *Daily Life in China on the Eve of the Mongol Invasion*, Stanford University Press, 1962.

34 Gimpel (Jean), *La Révolution industrielle du Moyen Âge*, Seuil, 2002.

35 Glants (Musya), Toomre (Joyce), *Food in Russian History and Culture*, Indiana University Press, 1997.

36 Guillaume (Jean), *Ils ont domestiqué plantes et animaux. Prélude à la civilisation*, Éditions Quae, 2010.
37 Hair (Victor), Hoh (Erling), *The True Story of Tea*, Thames & Hudson, 2009.
38 Hall (John Whitney), McClain (James), *The Cambridge History of Japan*, Cambridge University Press, 1991.
39 Harari (Yuval Noah), *Sapiens*. Une brève histoire de l'humanité, Albin Michel, 2015.
40 Hatchett (Louis), *Duncan Hines: How a Traveling Salesman Became the Most Trusted Name in Food*, University Press of Kentucky, 2001.
41 Hosotte (Paul), *L'Empire azteque. Impérialisme militaire et terrorisme d'État*, Economica, 2001.
42 Hurbon (Lnnec), *L'Insurrection des esclaves de Saint-Domingue (22-23 août 1791)*, Karthala, 2013.
43 James (Kenneth), *Escoffier: The King of Chefs*, Hambledon and London, 2002.
44 Jolyclerc (Nicolas), *Phytologie universelle, ou histoire naturelle et méthodique des plantes, de leurs proprietés, de leurs vertus et de leur culture*, vol. 1, Gueffier Jeune, 1799.
45 Klinenberg (Eric), *Palaces for the People: How to Build a More Equal and United Society*, Crown, 2018.
46 Kroc (Ray), *Grinding it Out: The Making of McDonald's*, St Martin's Paperbacks, 1992.
47 Le Bras (Hervé), *Les Limites de la planète*, Flammarion, 1994.
48 Levenstein (Harvey), *Paradox of Plenty: A Social History of Eating in Modern America*, University of California Press, 2003.
49 Lukaschek (Karoline), *The History of Cannibalism*, Thèse, Université de Cambridge, 2001, p. 16.
50 Macioca (Giovanni), *Les Principes fondamentaux de la médecine chinoise*, Elsevier Masson, 2018.
51 Mancuso (Stefano), *The Revolutionary Genius of Plants: A New Understanding of Plant Intelligence and Behaviour*, Atria Books, 2017.
52 Mancuso (Stefano), Viola (Alessandra), Temperini (Renaud), *L'Intelligence des plantes*, Albin Michel, 2018.
53 National Research Council, *Lost Crops of the Incas: Little-Known Plants of*

the Andes with Promise of World Wide Cultivation, National Academy Press, 1989.

54 Ozersky (Josh), *Colonel Sanders and the American Dream*, University of Texas Press, 2012.

55 Passelecq (André) (dir.), *Anorexie et boulimie. Une clinique de l'extrême*, De Boeck, 2006.

56 Pendergrast (Mark), *For God, Country and Coca-Cola: The Definitive Story of the Great American Drink and the Company That Makes It*, Basic Books, 2013.

57 Piouffre (Gérard), *Les Grandes Inventions*, First-Gründ, 2013.

58 Platon, *Le Banquet*, traduction inédite, introduction et notes par Luc Brisson, Flammarion, 2007.

59 Quenet (Philippe), *Les Échanges du nord de la Mesopotamie avec ses voisins proche-orientaux au IIIe millénaire (ca 3100-2300 av. J.-C.)*, Brepols, coll. 《Subartu, XXII》, 2008.

60 Rastogi (Sanjeev), *Ayurvedic Science of Food and Nutrition*, Springer Science & Business Media, 2014.

61 Römer (Paul), *Les 100 mots de la Bible*, PUF, coll. 《Que sais-je?》, 2016.

62 Roth (Robert), *Histoire de l'archerie. Arc et arbalète*, Les Éditions de Paris, 2004.

63 Saldmann (Frédéric), *Vital!*, Albin Michel, 2019.

64 Scholz (Natalie), Schröer (Christina) (dir.), *Représentation et pouvoir. La politique symbolique en France (1789-1830)*, Presses universitaires de Rennes, 2007.

65 Segondy, *La Bible*, Société biblique de Genève, 2007.

66 Sen (Colleen), *Food Culture in India*, Greenwood Publishing Group, 2004.

67 Skrabec (Quentin), *The 100 Most Significant Events in American Business: An Encyclopedia*, ABC-CLIO, 2012.

68 Smith (Andrew), *Savoring Gotham: A Food Lover's Companion to New York City*, Oxford University Press, 2015.

69 Snodgrass (Mary), *Encycopedia of Kitchen History*, Fitzroy Dearborn, 2004.

70 Stambaugh (John), *The Ancient Roman City*, John Hopkins University Press, 1988.

71 Stoddard (T.), *The French Revolution in San Domingo*, Houghton Mifflin

Company, 1914.
72 Thibault (Catherine), *Orthophonie et oralité. La sphère pro-faciale de l'enfant*, Elsevier-Masson, 2007.
73 Toussaint-Samat (Maguelonne), *Histoire naturelle et morale de la nourriture*, Le Pérégrinateur, 2013.
74 Walton (John), *Fish and Chips, and the British Working Class, 1870-1940*, Leicester University Press, 1992.
75 Wilson (Brian C.), *Dr. John Harvey Kellogg and the Religion of Biologic Living*, Indiana University Press, 2014.
76 Yang (Jisheng), *Stèles. La Grande Famine en Chine (1958-1961)*, Le Seuil, 2008.
77 Yogi (Svatmarama), *Hatha-Yoga-Pradîpika*, Fayard, 1974.

논문 및 기사

78 Cattelain (Pierre), 《Apparition et evolution de l'arc et des pointes de flèche dans la Prehistoire européenne (Paléo-, Méso-, Néolithique)》, *in* P. Bellintani et F. Cavulli (dir.), *Catene operative dell'arco preistorico. Incontro di Archeologia Sperimentale*, Giunta della Provincia Autonoma di Trento, 2006.
79 Badel (Christophe), 《Alimentation et société dans la Rome classique. Bilan historiographique (IIe siècle av. J.-C.-IIe siècle apr. J.-C.)》, *Dialogues d'histoire ancienne*, Supplément n° 7, 2012, p. 133-157.
80 Carré (Guillaume), 《Une crise de subsistance dans une ville seigneuriale japonaise au XIXe siècle》, *Bulletin de l'École française d'Extrême-Orient*, tome 84, 1997, p. 249-283.
81 Cécile (Michel), 《L'alimentation au Proche-Orient ancien. Les sources et leur exploitation》, *Dialogues d'histoire ancienne*, Supplément n° 7, 2012, p. 17-45.
82 Fumey (Gilles), 《Penser la géographie de l'alimentation (Thinking food geography)》, *Bulletin de l'Association de géographes français*, 84e année, t. 1, 2007, p. 35-44.
83 Georgoudi (Stella), 《Le sacrifice humain dans tous ses ètats》, Kernos, n° 28, 2015, p. 255-273.
84 Graulich (Michel), 《Les victimes du sacrifice humain aztèque》, *Civilisations*, n° 50, 2002, p. 91-114.

85 Marín (Manuela), 《Cuisine d'Orient, cuisine d'Occident》, *Médiévales*, n° 33, *Cultures et nourritures de l'occident musulman*, 1997, p. 9-21.

86 Métailié (Georges), 《Cuisine et santé dans la tradition chinoise》, *Communications*, n° 31, 1979, p. 119-129.

87 Nicoud (Marilyn), 《L'alimentation, un risque pour la santé? Discours médical et pratiques alimentaires au Moyen Âge》, *Médiévales*, vol. 69, n° 2, 2015, p. 149-170.

88 Plouvier (Liliane), 《L'alimentation carnée au Haut Moyen Âge d'après le *De observatione ciborum* d'Anthime et les *Excerpta* de Vinidarius》, *Revue belge de philologie et d'histoire*, tome 80, fasc. 4, 2002, p. 1357-1369.

89 Vitaux (Jean), 《Chapitre III - La table et la politique》, *in* J. Vitaux (dir.), *Les Petits Plats de l'histoire*, PUF, 2012, p. 79-112.

90 Bahuchet (Serge), 《Chasse et pêche au paléolithique supérieur》, *Sciences et nature*, n° 104, 1971, p. 21-30.

91 Kupzow (A.-J), 《Histoire du maïs》, *Journal d'agriculture traditionnelle et de botanique appliquée*, vol. 14, n° 12, décembre 1967, p. 526-561.

92 Néfédova (Tatiana), Eckert (Denis), 《L'agriculture russe après 10 ans de réformes: transformations et diversité》, *L'Espace géographique*, t. 32, avril 2003, p. 289–300.

93 Sanchez-Bayo (Francisco), 《Worldwide Decline of the Entomofauna: A Review of its Drivers》, *Biological Conservation*, n° 232, 2019, p. 8–27

94 Ahmed (Serge), 《Tous dépendants au sucre》, *Les Dossiers de la recherche*, n° 6, 2013, p. 34-37.

95 Rippe (James), Angelopoulos (Theodore), 《Sucrose, High-Fructose Corn Syrup, and Fructose, Their Metabolism and Potential Health Effects: What Do We Really Know?》, *Advances in Nutrition*, vol. 4, n° 2, 2013, p. 236-245.

96 Tours (Bernie de), 《Ketchup》, *Défense de la langue française*, n° 187, 1998, p. 8-9.

97 Brançon (Denis), Viel (Claude), 《Le sucre de betterave et l'essor de son industrie》, *Revue d'histoire de la pharmacie*, n° 322, 1999, p. 235-246.

98 Meyer (Rachel) *et al.*, 《Phylogeographic Relationships Among Asian Eggplants and New Perspectives on Eggplant Domestication》, *Molecular Phylogenetics and Evolution*, vol. 63, n° 3, 2012, p. 685-701.

99 Régis (Roger), 《Les banquets fraternels》, *Hommes et mondes*, vol. 12, n° 46, 1950, p. 66-72.

100 Jéquier (E.), Constant (F.), 《Water as an Essential Nutrient: The Physiological Basis of Hydratation》, *European Journal of Clinical Nutrition*, n° 64, 2010, p. 115-123.

101 Aiello (Leslie), Wheeler (Peter), 《The Expensive-Tissue Hypothesis, The Brain and the Digestive System in Human and Private Evolution》, *Current Anthropology*, vol. 36, n° 2, 1995.

102 Moulet (Benjamin), 《À table! Autour de quelques repas du quotidien dans le monde byzantin》, *Revue belge de philologie et d'histoire*, vol. 90, n° 4, 2012, p. 1091-1106.

103 Helfand (William), 《Mariani et le vin de Coca》, *Revue d'histoire de la pharmacie*, n° 247, 1980, p. 227-234.

104 Bonnain-Moerdijk (Rolande), 《L'alimentation paysanne en France entre 1850 et 1936》, *Études rurales*, n° 58, 1975, p. 29-49.

105 Roth (Dennis), 《America's Fascination With Nutrition》, *Food Review*, vol. 3, n° 1, 2000.

106 Despommier (Dickson), 《The Rise of Vertical Farms》, *Scientific American*, n° 301, 2009.

107 Leclant (Jean), 《Le café et les cafés à Paris (1644-1693)》, *Annales*, n° 6, 1951, p. 1-14.

108 GBD 2015 Disease and Injury Incidence and Prevalence Collaborators, 《Global, Regional, and National Incidence, Prevalence, and Years Lived With Disability For 310 Diseases and Injuries, 1990-2015: A Systematic Analysis For the Global Burden of Disease Study 2015》, *Lancet*, vol. 388, 2016, p. 1545-1602.

109 Hoek (Hans), 《Review of the Worldwide Epidemiology of Eating Disorders》, *Current Opinion in Psychiatry*, 2016.

110 Smink (Frédérique) *et al.*, 《Epidemiology of Eating Disorders: Incidence, Prevalence and Mortality Rates》, *Current Psychiatry Reports*, vol. 14, 2012, p. 406-414.

111 Wendel (Monica) *et al.*, 《Stand-Biased Versus Seated Classrooms and Childhood Obesity: A Randomized Experiment in Texas》, *American Journal*

of Public Health, vol. 106, 2016, p. 1849-1854.

112 Dornhecker (Marianela) *et al.*, 《The Effect of Stand-Biased Desks on Academic Engagement: An Exploratory Study》, *International Journal of Health Promotion and Education*, vol. 53, n° 5, 2015, p. 271-280.

113 Mehta (R.) *et al.*, 《Standing up for Learning: A Pilot Investigation on the Neurocognitive Benefits of Stand-Biased School Desks》, *International Journal of Environmental Research and Public Health*, vol. 13, 2016.

114 Ganzle (Michael), 《Sourdough Bread》, in Carl A. Batt (dir.), *Encyclopedia of Food Microbiology*, Academic Press, 2014.

115 Grijzenhout (Frans), 《La fête révolutionnaire aux Pays-Bas (1780-1806). De l'utopie à l'indifférence》, *Annales historiques de la Révolution française*, n° 326, 2001, p. 107-116.

116 Mac Con Iomaire (Máirtín), Óg Gallagher (Pádraic), 《Irish Corned Beef: A Culinary History》, *Journal of Culinary Science and History*, vol. 9, 2011, p. 27-43.

117 Hargrove (James), 《History of the Calorie in Nutrition》, *The Journal of Nutrition*, vol. 136, n° 12, 2006, p. 2957-2961.

118 Currie (Janet) *et al.*, 《The Effect of Fast Food Restaurants on Obesity and Weight Gain》, *The National Bureau of Economic Research Working Paper*, n° 14721, 2009.

119 Evans (C. E. L.), Harper (C. E.), 《A History of School Meals in the UK》, *Journal of Human Nutrition and Dietetics*, vol. 22, 2009, p. 89-99.

120 Lee (Hyejin), 《Teff, a Rising Global Crop: Current Status of Teff Production and Value Chain》, *The Open Agriculture Journal*, vol. 12, 2018, p. 185-193.

121 《Breastfeeding: Achieving the New Normal》, *The Lancet*, vol. 387, p. 404.

122 Courtois (Brigitte), 《Une brève histoire du riz et de son amélioration génétique》, *Cirad*, 2007, p. 13.

123 Hauzeur (A.), Jadin (I.), Jungels (C.), 《La fin du Rubané (Lbk). Comment meurent les cultures?》, *Collections du patrimoine culturel*, 2011, p. 183-188.

124 Ofer Bar (Yosef), 《Le cadre archéologique de la révolution du paléolithique supérieur》, *Diogène*, vol. 204, 2006, p. 3-23.

125 Gellert (Johannes F.), 《Études récentes de morphologie glaciaire dans la plaine de l'Allemagne du Nord entre Elbe et Oder》, *Annales de géographie*, t. 72, n°

392, 1963, p. 410-425.

126 Stansell (Nathan D.), Abbott (Mark B.), Polissar (Pratigya J.), Wolfe (Alexander P.), Bezada (Maximiliano M.), Rull (Valenti), 《Late Quaternary Deglacial History of the Merida Andes, Venezuela》, *J. Quaternary Sci.*, vol. 20, 2005, p. 801-812.

127 Burkart (J.), Guerreiro Martins (E.), Miss (F.), Zurcher (Y.), 《From Sharing Food to Sharing Information: Cooperative Breeding and Language Evolution》, *Interaction Studies: Social Behaviour and Communication in Biological and Artificial Systems*, vol. 19 (1/2), 2018, p. 136-150.

128 Barkan (Ilyse D.), 《Industry Invites Regulation: The Passage of the Pure Food and Drug Act of 1906》, *American Journal of Public Health*, vol. 75, n° 1, 1985, p. 18-26.

129 Peaucelle (Jean-Louis), 《Du dépeçage à l'assemblage. L'invention du travail à la chaîne à Chicago et à Detroit》, *Gérer et comprendre*, vol. 73, 2003, p. 75-88.

130 Poullennec (Gwendal), 《Le guide Michelin: une référence mondiale de la gastronomie locale》, *Journal de l'école de Paris du management*, vol. 89, n° 3, 2011, p. 37-42.

131 Aussudre (Matthieu), 《La Nouvelle Cuisine francaise. Rupture et avènement d'une nouvelle ère culinaire》, mémoire dirigé par Marc de Ferrière Le Vayer, Tours, IEHCA, 2014-2015.

132 Vieux (Florent) *et al.*, 《Nutritional Quality of School Meals in France: Impact of Guidelines and the Role of Protein Dishes》, *Nutrients*, vol. 10, n° 205, 2018.

133 Essemyr (Mats), 《Pratiques alimentaires: le temps et sa distribution. Une perspective d'histoire économique》, *in* Maurice Aymard *et al.*, *Le Temps de manger. Alimentation, emploi du temps et rythmes sociaux*, Éditions de la Maison des sciences de l'homme, 1993, p. 139-148.

134 Cordell (Dana), 《The Story of Phosphorus: Sustainability Implications of Global Phosphorus Scarcity for Food Security》, Thèse, Linköping University Electronic Press, 2010.

135 Janin (Pierre), 《Les "émeutes de la faim". Une lecture (géo-politique) du changement (social)》, *Politique étrangère*, volume de l'été, n° 2, 2009, p. 251-263.

136 Boisset (Michel), 《Les "métaux lourds" dans l'alimentation: quels risques pour les consommateurs?》, *Médecine des maladies métaboliques*, vol. 11, n° 4, juin

2017, p. 337-340.

137 Paddeu (Flaminia), 《L'agriculture urbaine à Détroit: un enjeu de production alimentaire en temps de crise?》, *Pour*, vol. 224, n° 4, 2014, p. 89-99.

138 Schirmann (Sylvain), 《Les Europes en crises》, *in* Sylvain Schirmann, *Crise, coopération économique et financière entre États européens, 1929-1933*, Comité pour l'histoire economique et financière de la France, 2000.

139 Thurner (Paul) *et al.*, 《Agricultural Structure and the Rise of the Nazi Party Reconsidered》, *Political Geography*, vol. 44, 2015, p. 50-63.

140 Fernández (Eva), 《Why Was Protection to Agriculture so High During the Interwar Years? The Costs of Grain Policies in Four European Countries》, 2009.

141 Finnsdóttir (Fífa), 《Man Must Conquer Earth: Three Stages of CCP Policies Resulting in Environmental Degradation in China and Characteristics of Contemporary Environmental Politics》, 2009.

142 Martin (Marie Alexandrine), 《La politique alimentaire des Khmers rouges》, Études rurales, n°s 99-100, 1985, p. 347-365.

143 Duchemin (Jacqueline), 《Le mythe de Prométhée à travers les âges》, *Bulletin de l'Association Guillaume-Budé*, n° 3, octobre 1952, p. 39-72.

144 Cruveillé (Solange), 《La consommation de chair humaine en Chine》, *Impressions d'Extrême-Orient*, n° 5, 2015.

145 DeWall (C. Nathan), Deckman (Thimothy), Gailliot (Mathew T.), Bushman (Brad J.), 《Sweetened Blood Cools Hot Tempers: Physiological Self-Control and Aggression》, *Aggress Behav*, vol. 37, n° 1, janvier-février 2011, p. 73-80.

146 Hallmann (Caspar A.), Sorg (Martin), Jongejans (Eelke), Siepel (Henk), Hofland (Nick), Schwan (Heinz), Stenmans (Werner), Müller (Andreas), Sumser (Hubert), Hörren (Thomas), Goulson (Dave), Kroon (Hans de), 《More Than 75 Percent Decline Over 27 Years in Total Flying Insect Biomass in Protected Areas》, *PLoS ONE*, vol. 12, n° 10, octobre 2017, p. 1-21.

147 Montanari (Massimo), 《Valeurs, symboles, messages alimentaires durant le Haut Moyen Âge》, *Médiévales*, n° 5, 1983, p. 57–66.

148 Graulich (Michel), 《Les mises à mort doubles dans les rites sacrificiels des anciens Mexicains》, *Journal de la Société des américanistes*, t. 68, 1982, p. 49–58.

149 Daubigny (Alain), 《Reconnaissance des formes de la dépendance gauloise》, *Dialogues d'histoire ancienne*, vol. 5, 1979, p. 145-189.

150 Abad (Reynal), 《Aux origines du suicide de Vatel: les difficultés de l'approvisionnement en marée au temps de Louis XIV》 *Dix-septième siècle*, vol. 4, n° 217, 2002, p. 631-641.

151 Duruy (Victor), 《Circulaire sur la fourniture d'aliments chauds aux enfants des salles d'asile》, *Bulletin administratif de l'Instruction publique*, t. 11, n° 212, 1869, p. 711-712.

152 Fiolet (Thibault) *et al.*, 《Consumption of uUltra-Processed Food and Cancer Risk》, *British Medical Journal*, février 2018.

153 Van Cauteren (D.) *et al.*, 《Estimation de la morbidité et de la mortalité aux infections d'origine alimentaire en France métropolitaine, 2008-2013》, *Santé publique et épidémiologie*, Universite Paris-Saclay, 2016.

154 Sidani (Jaime E) *et al.*, 《The Association Between Social Media Use and Eating Concerns Among US Young Adults》, *Journal of the Academy of Nutrition and Dietetics*, vol. 116, n° 9 2016, p. 1465-1472.

155 Saeidifard (F.), Medina-Inojosa (J. R.), Supervia (M.), Olson (T. P.), Somers (V. K.), Erwin (P. J.), Lopez-Jimenez (F.), 《Differences of Energy Expenditure While Sitting Versus Standing: A Systematic Review and Meta-Analysis》, *European Journal of Preventive Cardiology*, vol. 25, n° 5, 2018, p. 522-538.

보고서

156 Commission européenne, 《Global Food Security 2030 - Assessing trends with a view to guiding future EU policies》, 2015.

157 FAO, 《L'état de la sécurité alimentaire et de la nutrition dans le monde, 2018. Renforcer la résilience face aux changements climatiques pour la sécurité alimentaire et la nutrition》, Rome, 2018.

158 FAO, 《Perspectives de l'alimentation. Les marchés en bref》, 2017.

159 Insee, 《Des ménages toujours plus nombreux, toujours plus petits》, 2017.

160 Insee, 《Cinquante ans de consommation alimentaire: une croissance modérée, mais de profonds changements》, 2015.

161 Commission EAT -Lancet, 《Alimentation Planète Santé - Une alimentation

saine issue de production durable》, 2019.
162 Centre d'études et de prospective, 《Nanotechnologies et nanomatériaux en alimentation: atouts, risques, perspectives》, 2018.
163 Centre d'études et de prospective, MOND'Alim 2030, 《Les conduites alimentaires comme reflets de la mondialisation: tendances d'ici 2030》, 2017.
164 WHO, 《Water Requirements, Impinging Factors and Recommended Intakes》, 2004.
165 European Federation of Bottled Waters, 《Guidelines for Adequate Water Intake: A Public Health Rationale》, 2013.
166 Bühler Insect Technology Solutions, 《Insects to Feed the World》, 2018.
167 Market Research Report, 《Halal Food and Beverage Market Size Report by Product (Meat & Alternatives, Milk & Milk Products, Fruits & Vegetables, Grain Products), by Region, and Segment Forecasts, 2018-2025》, 2018.
168 Persistence Market Research, 《Global Market Study on Kosher Food: Pareve Segment by Raw Material Type to Account for Maximum Value Share During 2017-2025》, 2017.
169 EFSA, 《Risk Profile Related to Production and Consumption of Insects as Food and Feed》, 2015.
170 PR Newswire, 《Food and Beverages Global Market Report 2018》, 2018.
171 Anses, 《Avis de l'Agence nationale de sécurité sanitaire de l'alimentation, de l'environnement et du travail relatif à "la valorisation des insectes dans l'alimentation et l'état des lieux des connaissances scientifiques sur les risques sanitaires en lien avec la consommation des insectes"》, 2015.
172 FAO, 《Insectes comestibles: Perspectives pour la sécurité alimentaire et l'alimentation animale》, 2014.
173 OMS, 《Recommandations mondiales sur l'activité physique pour la santé》, 2010.
174 International Service for the Acquisition of Agri-biotech Applications, 《Situation mondiale des plantes GM Commercialisées: 2016》, 2016
175 FAO, 《Situation mondiale des pêches et de l'aquaculture》, 2004.
176 FAO, 《International Year of the Potato 2008: New Light on a Hidden Treasure, End-of-year Review》, 2008.
177 UFC-Que Choisir, 《Étude sur l'équilibre nutritionnel dans les restaurants

scolaires de 606 communes et établissements scolaires de France》, 2013.
178 Lloyd's, 《Realistic Disaster Scenarios. Scenario Specification》, 2015.
179 Agreste Primeur, 《Enquête sur la structure des exploitations agricoles》, 2018.
180 War on Want, 《The Baby Killer》, 1974.
181 Grand View Research, 《Functional Foods Market Analysis by Product (Carotenoids, Dietary Fibers, Fatty Acids, Minerals, Prebiotics & Probiotics, Vitamins), by Application, by End-Use (Sports Nutrition, Weight Management, Immunity, Digestive Health) and Segment Forecasts, 2018 to 2024》, novembre 2016.
182 FAO, 《Tackling Climate Change Through Livestock, a Global Assessment of Emissions and Mitigation Opportunities》, 2013.
183 FAO, 《Livestock's Long Shadow Environmental Issues and Options》, 2006.
184 FAO, 《Renforcer la cohérence entre l'agriculture et la protection sociale pour lutter contre la pauvreté et la famille en Afrique》, 2016.
185 World Wild Fund, 《Rapport Planéte vivante 2018: Soyons ambitieux》, 2018.
186 Muller (Adrian), Schader (Christian), El-Hage Scialabba (Nadia), Brüggemann (Judith), Isensee (Anne), Erb (Karl-Heinz), Smith (Pete), Klocke (Peter), Leiber (Florian), Stolze (Matthias), Niggli (Urs), 《Strategies for Feeding the World More Sustainably with Organic Agriculture》, 2017.
187 Global Nutrition Report, 《Nourishing the SDGs》, 2017.

인터넷 사이트

188 《Le 1er repas 100 % note à note en France par Julien Binz》: https://restaurantjulienbinz.com/1er-repas-100-note-a-note-francejulien-binz/
189 《Instagram: quand le réseau social s'invite dans nosassiettes》: https://marketingdigitalsdp3.wordpress.com/2017/09/24/instagram-quand-le-reseau-social-sinvite-dans-nos-assiettes/
190 《17 objectifs pour transformer notre monde》: https://www.un.org/sustainabledevelopment/fr/
191 《L'OMS préconise l'application de mesures au niveau mondial pour réduire la consommation de boissons sucrées》: https://www.who.int/fr/news-room/detail/11-10-2016-who-urges-global-action-tocurtail-consumption-and-

health-impacts-of-sugary-drinks
192 《Anses: les protéines》: https://www.anses.fr/fr/content/lesproteines
193 《Anses: les minéraux》: https://www.anses.fr/fr/content/lesmineraux
194 《Doper ses hormones du bonheur: la sérotonine》: https://lecanapecestlavie.fr/aliments-booster-niveau-de-serotonine/
195 《De la vitamine A pour protéger le cerveau âgé》: http://www.inra.fr/Grand-public/Alimentation-et-sante/Tous-les-dossiers/Cerveau-et-nutrition/Vitamine-A-pour-proteger-le-cerveau-age/(key)/4
196 《Children's healthy diets lead to healthier IQ》: https://www.adelaide.edu.au/news/print55161.html
197 《How sound affects our sense of taste》: https://www.troldtekt.com/News/Themes/Restaurants/Sound_and_taste
198 《La révolution néolithique》: https://www.scienceshumaines.com/la-revolution-neolithique_fr_27231.html
199 《Demain, des insectes et des microalgues dans nos assiettes?》: https://www.sciencesetavenir.fr/nutrition/demain-des-insecteset-des-microalgues-dans-nos-assiettes_116483
200 《Un robot-cuisinier étoilé》: https://www.ladn.eu/nouveauxusages/maison-2050/robotique-robot-cuisinie-reproduit-100-recettes-etoilees/
201 《La grande famine en Irlande au xixe siècle, une catastrophe meurtrière》: https://ici. radio-canada.ca/premiere/emissions/aujourdhui-l-histoire/segments/entrevue/55133/grande-famine-irlande-19e-siecle-grande-bretagne-laurent-colantonio
202 《Great Famine: FAMINE, IRELAND [1845-1849]》: https://www.britannica.com/event/Great-Famine-Irish-history
203 《The Irish Famine》: http://www.bbc.co.uk/history/british/victorians/famine_01.shtml
204 《Le monde à l'apogée égyptien. Égypte: la fin du nouvel empire》: https://www.herodote.net/Le_monde_a_l_apogee_egyptien-synthese-2019.php
205 《L'Égypte: Une civilisation multimillénaire》: https://www.clio.fr/CHRONOLOGIE/chronologie_legypte.asp
206 《Alimentation dans la Préhistoire》: https://www.hominides.com/html/dossiers/alimentation-prehistoire-nutrition-prehistorique.php

207 《Nos ancêtres étaient-ils cannibales ou végétariens?》: https://www.sciencesetavenir.fr/archeo-paleo/les-dents-des-hommes-prehistoriques-revelent-l-alimentation-carnivore-ou-vegetarienne-de-nos-ancetres_119384
208 《Orthorexie: la peur au ventre》: https://www.sciencepresse.qc.ca/blogue/2015/03/07/orthorexie-peur-ventre
209 《Orthorexie: quand l'envie de manger sainement devient une maladie》: https://www.nouvelobs.com/rue89/sur-le-radar/20170517.OBS9533/orthorexie-quand-l-envie-de-manger-sainement-devientune-maladie.html
210 《Le propulseur à la préhistoire》: https://www.hominides.com/html/dossiers/propulseur.php
211 《Les premières armes à la Préhistoire》: https://www.hominides.com/html/references/les-premieres-armes-de-l-homme-0782.php/
212 《Homo ergaster》: https://www.hominides.com/html/ancetres/ancetres-homo-ergaster.php
213 《Actualité du poivre dans le monde et en Côte d'Ivoire》: http://ekladata.com/ZGXOTq1FHF0Clp-j04K13CKvqRQ/Poivre2.pdf
214 《Une histoire riche et mouvementée》: http://www.cniptpommesdeterre.com/histoire/
215 《Histoire(s) de haricots》: https://www.graines-baumaux.fr/media/wysiwyg/HISTOIRE-DHARICOTS.pdf
216 《Le haricot au fil de l'histoire》: https://www.semencemag.fr/histoire-aricot-diversite.html/
217 《L'homme n'a pas créé le maïs tout seul》: http://archeo.blog.lemonde.fr/2014/02/13/lhomme-na-pas-cree-le-mais-tout-seul/
218 《Le maïs: son origine et ses caractéristiques》: https://www.gnis-pedagogie.org/mais-origine-et-caracteristiques.html
219 《L'histoire du maïs》: https://www.semencemag.fr/histoiremais.html
220 《Quand le chocolat a-t-l été decouvert?》: https://www.castelanne.com/blog/decouverte-chocolat/
221 《Taco Bell: About us》: https://www.tacobell.com/about-us
222 《The story of how McDonald's first got its start》: https://www.

smithsonianmag.com/history/story-how-mcdonalds-firstgot-its-start-180960931/

223 《The McDonald's Story》: https://corporate. mcdonalds.com/corpmcd/about-us/history.html

224 《Obesity and overweight》: http://www.who.int/news-room/fact-sheets/detail/obesity-and-overweight

225 《L'augmentation de la consommation de fructose responsable du syndrome métabolique?》: https://medicalforum. ch/fr/article/doi/fms.2006.05793/

226 《Le fructose, un additif problématique?》: https://lejournal.cnrs.fr/billets/le-fructose-un-additif-problematique

227 《How the sugar industry shifted blame to fat》: https://www.nytimes.com/2016/09/13/well/eat/how-the-sugar-industry-shiftedblame-to-fat.html

228 《Sielaff: History》: http://www.sielaff.com/en/company/about-us/history/

229 《Restaurer》: http://www.cnrtl.fr/etymologie/restaurerrestaurer

230 《Stauro, as, are》: http://www.dicolatin.com/XY/LAK/0/STAURER/index.html

231 《Grand Marnier: les Marnier Lapostolle, à l'origine d'un succès planétaire》: https://www.capital.fr/entreprises-marches/grand-marnier-les-marnier-lapostolle-a-l-origine-d-un-succes-planetaire-1109386

232 《Cooking with Lightning: Helen Louise Johnson's Electric Oven Revolution》: http://www.thefeastpodcast.org/26cookingwith-wires/

233 《A brief history of the microwave oven》: https://spectrum.ieee.org/tech-history/space-age/a-brief-history-of-the-microwave-oven

234 《The microwave oven was invented by accident》: http://www.todayifoundout.com/index.php/2011/08/the-microwave-oven-was-invented-by-accident-by-a-man-who-was-orphaned-and-never-finishedgrammar-school/

235 《L'invention de la pasteurisation》: https://www.histoire-pourtous.fr/inventions/2620-la-pasteurisation.html

236 《Kraft Heinz: A global powerhouse》: http://www.kraftheinzcompany.com/company.html

237 《How was ketchup invented?》: https://www.nationalgeographic.com/people-and-culture/food/the-plate/2014/04/21/how-wasketchup-invented/

238 《The Secret Ingredient in Kellogg's Corn Flakes Is Seventh-Day Adventism》: https://www.smithsonianmag.com/history/secret-ingredient-kelloggs-corn-flakes-seventh-day-adventism-180964247/
239 《La bataille du sucre》: https://www.napoleon.org/histoiredes-2-empires/articles/la-bataille-du-sucre/
240 《History of Lemonade》: https://web. archive.org/web/20151227070125/http://www.frontiercoop.com/learn/features/cooldrinks_lemonade.php
241 《Joseph Priestley》: http://www.societechimiquedefrance.fr/joseph-priestley-1733-804.html
242 《A brief history of lemonade》: https://www.wsj.com/articles/a-brief-history-of-lemonade-1502383362
243 《History of lemonade》: http://www.cliffordawright.com/caw/food/entries/display.php/id/95/
244 《The unlikely origin of fish and chips》: http://news.bbc.co.uk/2/hi/8419026.stm
245 《A brief history of chocolate》: https://www.smithsonianmag.com/arts-culture/a-brief-history-of-chocolate-21860917/?no-ist
246 《L'extractum carnis de Justus von Liebig》: https://www.fondation-lamap.org/sites/default/files/upload/media/minisites/projet_europe/PDF/liebHistfr.pdf
247 《Définition d'un tranchoir》: https://www.meubliz.com/definition/tranchoir/
248 《La période préislamique en Arabie》: http://www.ledernierprophete.info/la-periode-preislamique-en-arabie-1
249 《Mouvements à l'occasion des sucres》: http://lionel.mesnard.free.fr/Paris-revolution-1792-.html
250 《22 août 1791: Révolte des esclaves à Saint-Domingue》: https://www.herodote.net/22_aout_1791-evenement-17910822.php
251 《Les banquets civiques》: http://www.cosmovisions.com/$BanquetCivique.htm
252 《1900 predictions of the 1900 century》: https://abcnews.go.com/US/story?id = 89969
253 《Predictions of the year 2000》: http://yorktownhistory.org/wp-content/archives/homepages/1900_predictions.htm
254 《The UK's Hot New 5:2 Diet Craze Hits The U.S.》: https://www.forbes.com/

sites/melaniehaiken/2013/05/17/hot-newfasting-diet-from-europe-hits-the-u-s/#1c1d4b137327

255 《Can the science of autophagy boost your health?》: https://www.bbc.com/news/health-44005092

256 《L'eau, nouveau champ de bataille des géants du soda》: https://lexpansion.lexpress.fr/actualite-economique/l-eau-nouveauchamp-de-bataille-des-geants-du-soda_2031988.html

257 《A curious cuisine: Bengali culinary culture in Pre-modern Times》: https://www.sahapedia.org/curious-cuisine-bengali-culinary-culture-pre-modern-times

258 Food habits in India in last 19th century》: http://www.gandhitopia.org/profiles/blogs/food-habits-in-india-in-last-19th-centuary-2

259 《Vegetable and meals of Daimyo Living in Edo》: https://www.kikkoman.co.jp/kiifc/foodculture/pdf_18/e_002_008.pdf

260 《The meat-eating culture of Japan at the beginning of westernalization》: https://www.kikkoman.co.jp/kiifc/foodculture/pdf_09/e_002_008.pdf

261 《A peek at the meals of the people of Edo》: https://www.kikkoman.co.jp/kiifc/foodculture/pdf_12/e_002_006.pdf

262 《Food in Qing dynasty China》: https://quatr.us/china/foodqing-dynasty-china.htm

263 《Alicament》: https://www.novethic.fr/lexique/detail/alicament.html

264 《Alicament, aliment miracle?》: http://www.psychologies.com/Bien-etre/Prevention/Hygiene-de-vie/Articles-et-Dossiers/Alicament-aliment-miracle/4

265 《L'escroquerie des alicaments》: https://www.lepoint.fr/invites-du-point/laurent-chevallier/l-escroquerie-des-alicaments-04-6-012-469034_424.php

266 《Fast Food nation》: https://www.pbs.org/newshour/extra/2001/04/fast-food-nation/

267 《In-flight catering》: https://www.alimentarium.org/en/knowledge/flight-catering

268 《A brief history of airline food》: https://par-avion.co.za/a-brief-history-of-airline-food/

269 《Le vin Mariani, la boisson qui inspira Coca-Cola》: https://www.ouest-france.fr/leditiondusoir/data/895/reader/reader.html#!preferred/1/package/895/pub/896/page/9
270 《Escoffier in pictures》: https://www.bbc.co.uk/programmes/p0107wwq/p0107wsw
271 《Petite histoire du carême》: http://www.orthodoxa.org/FR/orthodoxie/traditions/histoireCareme.htm
272 《Sens, origines et histoire du Carême》: https://cybercure.fr/les-fetes-de-l-eglise/careme/jeune-abstinence/article/sens-origineet-histoire-du-careme/
273 《Avant et après la Révolution: les changements gastronomiques des Français》: https://www.canalacademie.com/ida6555-Avantet-pres-la-Revolution-les-changements-gastronomiques-des-Francais.html
274 《Le repas gastronomique des Français》: https://ich.unesco.org/fr/RL/le-repas-gastronomique-des-francais-00437
275 《La petite histoire de la ceféteria d'entreprise》: https://www.capital.fr/votre-carriere/la-petite-histoire-de-la-cafeteriadentreprise-1272063
276 《La cantine d'entreprise veut faire oublier la cantoche》: https://www.lemonde.fr/m-perso/article/2016/03/25/la-cantined-entreprise-veut-faire-oublier-la-cantoche_4890166_4497916.html
277 《09 février 1747: Le second mariage du Dauphin de France》: http://louis-xvi.over-blog.net/article-09-fevrier-1747-mariage-de-louisferdinand-dauphin-de-france-64334093.html
278 《L'entrevue du camp du Drap d'or (1520)》: https://www.histoire-pour-tous.fr/dossiers/3681-lentrevue-du-camp-du-drapdor-1520.html
279 《Les grands festins qui ont changé l'Histoire》: https://www.vanityfair.fr/actualites/diaporama/ces-repas-qui-ont-change-l-histoire/39060#un-mariage-gargantuesque-lunion-dhenri-iv-et-de-mariede-medicis-le-17-decembre-1600-1
280 《Percentage of US agricultural products exported》: https://www.fas.usda.gov/data/percentage-us-agricultural-products-exported
281 《Sothis》: https://www.egyptologue.fr/art-et-mythologie/divinites/sothis-
282 《Talleyrand et Antoine Carême: la gastronomie au service de la diplomatie》: http://www.leparisien.fr/politique/talleyrand-et-antonin-careme-la-

gastronomie-au-service-de-la-diplomatie-23-9-2018-899591.php
283 《The Pure Food and Drug Act》: https://history. house.gov/Historical-Highlights/1901-950/Pure-Food-and-Drug-Act/
284 《Règlement (UE) 2015/2283 du Parlement européen et du Conseil du 25 novembre 2015 relatif aux nouveaux aliments》: https://eur-lex.europa.eu/legal-content/FR/TXT/?uri=CELEX%3A32015R2283
285 《2017 Top 100 Food & Beverage companies of China》: https://fr.slideshare.net/FoodInnovation/2017-top-100-food-beveragecompanies-of-china-87734127
286 《What are the most important staple foods in the world?》: https://www.worldatlas.com/articles/most-important-staple-foods-inthe-world.html
287 《The 10 most important crop in the world》: https://www.businessinsider.com/10-crops-that-feed-the-world-2011-?IR=T
288 《Overall Context: Insects as Food or Feed》: http://ipiff.org/general-information/
289 《Sept insectes autorisés à partir du 1er juillet en aquaculture》: http://pdm-seafoodmag.com/lactualite/detail/items/sept-insectes-autorises-a-partir-du-1erjuillet-en-aquaculture.html
290 《Cancérogénicité de la viande rouge et de la viande transformée》: https://www.who.int/features/qa/cancer-red-meat/fr/
291 《Un cas atypique de variant de la maladie de Creutzfeld-Jacob》: https://www.lemonde.fr/sante/article/2017/01/24/un-cas-atypique-devariant-de-la-maladie-de-creutzfeldt-jakob_5068519_1651302.html
292 《Anorexie mentale》: https://www.inserm.fr/informationen-sante/dossiers-information/anorexie-mentale
293 《Grippe porcine》: https://www.grain.org/article/entries/767-grippe-porcine-mise-a-jour
294 《First Global Estimates of 2009 H1N1 Pandemic Mortality Released by CDC-Led Collaboration》: https://www.cdc.gov/flu/spotlights/pandemic-global-estimates.htm
295 《Directive 95/2/CE su Parlement europeen et du Conseil du 20 février 1995 concernant les additifs alimentaires autres que les colorants et les édulcorants》: https://eur-lex.europa.eu/LexUriServ/LexUriServ.do?uri=CO

NSLEG:1995L0002:19970404:FR:PDF
296 《Failure to lunch》: https://www.nytimes.com/2016/02/28/magazine/failure-to-lunch.html
297 《Eating occasions daypart: lunch》: https://www.hartman-group.com/acumenPdfs/lunch-daypart-compass-series-2015-4-6.pdf
298 《More than half of workers take 30 minutes or less for lunch, survey says》: http://rh-us.mediaroom.com/2018-9-0-More-Than-Half-Of-Workers-Take-30-Minutes-Or-Less-For-Lunch-Survey-Says
299 《Lunch breaks? Forget about it: 22 % of bosses believe lunch takers are lazy, survey finds》: https://www.fierceceo.com/human-capital/short-sighted-bosses-disinclined-to-see-workers-takelunch-breaks-survey
300 《Longer hours, differences in office culture and time zones trigger burnout among foreigners working in China》: http://www.globaltimes.cn/content/975875.shtml
301 《China Factory Workers Encouraged to Sleep on the Job》: https://www.nbcnews.com/business/careers/china-factory-workersencouraged-sleep-job-n266186
302 《China's tech work culture is so intense that people sleep and bathe in their offices》: https://www.businessinsider.fr/us/chinese-tech-workers-sleep-in-office-2016-5
303 《Herbalife's Nutrition At Work Survey Reveals Majority of Asia-Pacific's Workforce Lead Largely Sedentary Lifestyles, Putting Them at Risk of Obesity》: https://ir. herbalife.com/static-files/83f7f4c4-fbc4-65b-ba04-725a1a2dc4f
304 《Le phosphore: une ressource limitée et un enjeu planétaire pour l'agriculture du xxie siècle》: http://www.inra.fr/Chercheurs-etudiants/Systemes-agricoles/Toutes-les-actualites/Lephosphore-une-ressource-limitee-et-un-enjeu-planetaire-pour-l-agriculture-du-21eme-siecle
305 《Pénurie de phosphore, une bombe à retardement?》: https://www.sciencepresse.qc.ca/blogue/valentine/2014/02/19/penurie-phosphore-bombe-retardement
306 《Le secret de l'exceptionnelle longévité des habitants d'Okinawa enfin découvert?》: https://www.maxisciences.com/longevite/le-secret-de-l-

exceptionnelle-longevite-des-habitants-d-okinawa-enfin-decouvert_art31666.html

307 《Principes du régime Okinawa》: http://www.regime-okinawa.fr/regime-okinawa-nutrition.html

308 《In China, Possibly the Earliest Attempt at Writing》: http://www.historyofinformation.com/detail.php?entryid=1579

309 《Écriture cunéiforme》: http://classes.bnf.fr/dossiecr/spcune1.htm

310 《Ancient Romans preferred fast food》: http://www.abc.net.au/science/articles/2007/06/20/1956392.htm

311 《Fish, Chips and Immigration》: https://telescoper.wordpress.com/tag/joseph-malin/

312 《La naissance du vitalisme》: http://www.histophilo.com/vitalisme.php

313 《Improved electrical heating apparatus》: https://patents. google.com/patent/US25532

314 《Improved electric cooking stove》: http://pericles.ipaustralia.gov.au/ols/auspat/pdfSource.do; jsessionid=i58KgL-LQdEi0_fmiLVwewHRSNaMK8tjfalBaonPsLiTdChufpRm!352194497

315 《Nutrition: pourquoi a-t-n tant de mal à étiqueter la malbouffe?》: https://www.lejdd.fr/Societe/Sante/nutrition-pourquoia-t-n-tant-de-mal-a-etiqueter-la-malbouffe-3664964

316 《Le musée de la biscuiterie LU》: http://www.chateaudegoulaine.fr/le-musee-lu

317 《Les premières armes》, Frédéric Beinet: https://www.hominides.com/html/references/les-premieres-armes-de-l-homme-0782.php

318 《Le Paléolithique》: https://www.inrap.fr/le-paleolithique-10196

319 《Homo erectus》: https://www.universalis.fr/encyclopedie/homo-erectus/

320 《Le régime alimentaire de Néandertal: 80 % de viande, 20 % de végétaux》: https://www.hominides.com/html/actualites/alimentation-neandertal-carnivore-et-vegetarien-1032.php

321 《Néandertal, le cousin réhabilité》: https://lejournal. cnrs.fr/articles/neandertal-le-cousin-rehabilite

322 《À quoi ressemblaient vraiment les Néandertaliens et qu'avonsnous hérité d'eux?》: https://www.eupedia.com/europe/neanderthal_faits_et_mythes.

shtml
323 《L'épaule-catapulte de l'homme》: https://www.pourlascience.fr/sd/biophysique/lepaule-catapulte-de-lhomme-11695.php
324 《Comment Homo sapiens a conquis la planète》: https://www.pourlascience.fr/sd/prehistoire/comment-homo-sapiens-a-conquis-laplanete-8796.php
325 《Toumaï: Sahelanthropus tchadensis》: https://www.hominides.com/html/ancetres/ancetres-tumai-sahelanthropus-tchadensis.php
326 《Toumaï》: https://www.futura-sciences.com/planete/definitions/paleontologie-toumai-17044/
327 《Assurbanipal》: http://antikforever.com/Mesopotamie/Assyrie/assurbanipal.htm
328 《Assurbanipal le lettré》: https://www.lemonde.fr/ete-2007/article/2007/08/17/assurbanipal-le-lettre_945245_781732.html
329 《Origine et histoire de la tomate》: https://jardinage.lemonde.fr/dossier-73-tomate-origine-histoire.html
330 《Assurnasirpal II》: http://oracc.museum.upenn.edu/nimrud/ancientkalhu/thepeople/assurnasirpalii/index.html
331 《Cultes et rites en Grèce et à Rome》: https://www.louvre.fr/sites/default/files/medias/medias_fichiers/fichiers/pdf/louvre-cultesgrece.pdf
332 《Le repas de tous les jours, leur déroulement chez les Romains》: http://www.antiquite.ac-versailles.fr/aliment/alimen06.htm
333 《Cuisines d'Afrique noire précoloniale》: http://www.oldcook.com/histoire-cuisines_afrique
334 《CRISPR-Cas, une technique révolutionnaire pour modifier le génome》: https://www.museum.toulouse.fr/-/crispr-cas-unetechnique-revolutionnaire-pour-modifier-le-genome
335 《Women of the Conflict》: https://42265766.weebly.com/women-involved.html
336 《The factory that Oreo built》: https://www.smithsonianmag.com/history/factory-oreos-built-180969121
337 《How candy makers shape nutrition science》: https://apnews.com/f9483d554430445fa6566bb0aaa293d1
338 《Se conformer au nouveau tableau nutritionnel américain》: http://www.

processalimentaire.com/Qualite/Export-se-conformer-aunouveau-tableau-nutritionnel-americain-30003
339 《Étiquetage des denrées alimentaires》: https://www.economie.gouv.fr/dgccrf/Publications/Vie-pratique/Fiches-pratiques/Etiquetage-des-denrees-alimentaires
340 《États-Unis: la révolte des élèves contre les légumes obligatoires de la cantine》: https://www.nouvelobs.com/rue89/rue89-american-miroir/20140907.RUE0643/etats-unis-la-revolte-deseleves-contre-les-legumes-obligatoires-de-la-cantine.html
341 《Des parents mécontents de la cantine jouent aux "limaces" avec les paiements》: http://www.lefigaro.fr/actualite-france/2014/02/24/01016-0140224ARTFIG00203-des-parents-mecontents-par-lacantine-jouent-aux-limaces-avec-les-paiements.php
342 《Why Nestle is one of the most hated companies in the world》: https://www.zmescience.com/science/nestle-company-pollution-children/
343 《Le lait pour bébé, plaie des pays pauvres. 1,5 million de nourrissons meurent chaque année faute d'être alimentés au sein》: https://www.liberation.fr/planete/1998/05/25/le-lait-pour-bebe-plaiedes-pays-pauvres-15-million-de-nourrissons-meurent-chaque-anneefaute-d-etre_236961
344 《Ces biberons qui tuent》: https://www.monde-diplomatique.fr/1997/12/BRISSET/5061
345 《Le retour des émeutes de la faim》: https://www.scienceshumaines.com/le-retour-des-emeutes-de-la-faim_fr_22389.html
346 《1% des denrées alimentaires contaminées par des métaux lourds》: http://www.lafranceagricole.fr/actualites/environnement-1-des-denrees-alimentaires-contaminees-par-des-metaux-lourds-1,2,2403411581.html
347 《Sugar's bitter aftertaste》: https://www.fortuneindia.com/macro/how-sugar-influences-politics-in-india/102326
348 《Biocarburant》: https://www.connaissancedesenergies.org/fiche-pedagogique/biocarburant
349 《Les biocarburants: une filière pas si bio》: https://www.lexpress.fr/actualite/societe/environnement/les-biocarburants-unefiliere-pas-si-bio_2016120.html

350 《Tableau de bord biocarburants 2018》: http://www.panorama-ifpen.fr/tableau-de-bord-biocarburants-2018/
351 《Le mythe du sanglier gaulois》: http://nous-etions-gaulois.over-blog.com/2015/01/le-mythe-du-sanglier-gaulois-prefere-a-la-realite-du-chien-que-les-gaulois-mangeaient.html
352 《Histoire & vertus de l'ananas》: http://taxis.brousse.free.fr/ananas_histoire.htm
353 《Le repas gastronomique des Français》: https://ich.unesco.org/fr/RL/le-repas-gastronomique-des-francais-00437
354 《La restauration scolaire: évolution et contraintes réglementaires》: http://institutdanone.org/objectif-nutrition/la-restauration-scolaire-evolution-et-contraintes-reglementaires/dossier-la-restauration-scolaire-evolution-et-contraintes-reglementaires/
355 《A brief history of school lunch》: http://mentalfloss.com/article/86314/brief-history-school-lunch
356 《Nestlé, l'histoire d'un géant de l'agroalimentaire》: https://www.lsa-conso.fr/nestle-l-histoire-d-un-geant-de-l-agroalimentaire, 138832
357 《Du côté des bébés depuis 1881》: https://www.bledina.com/une-belle-histoire/
358 《Unilever History 1871-2017》: https://www.unilever.com/about/who-we-are/our-history/#
359 《Colonel Sanders Started With A Gas Station And A Shoot-Out》: https://knowledgenuts.com/2015/01/08/colonel-sandersstarted-with-a-gas-station-and-a-shoot-out/
360 《World Beef production》: https://beef2live.com/storyworld-beef-production-ranking-countries-247-06885
361 《Fritz Haber: l'homme le plus important dont vous n'avez jamais entendu parler》: https://blog.francetvinfo.fr/classe-eco/2018/02/10/fritz-haber-lhomme-le-plus-important-dont-vous-navez-jamais-entendu-parler.html
362 《The Ocean Is Losing Its Breath. Here's the Global Scope.》: https://serc.si.edu/media/press-release/ocean-losing-its-breathheres-global-scope
363 《Histoire de la politique agricole commune》: https://www.touteleurope.eu/

actualite/histoire-de-la-politique-agricole-commune.html
364 《Alimentation infantile: le marché de la baby food ne connaît pas la crise》: http://www.agro-media.fr/analyse/alimentation-infantile-marche-et-acteurs-de-l-alimentation-infantile-b-4699.html
365 《10 faits sur l'allaitement maternel》: https://www.who.int/features/factfiles/breastfeeding/fr/
366 《The Vegan Society》: https://www.vegansociety.com/news/media/statistics
367 《Sept algues comestibles et leurs bienfaits》: https://www.santemagazine.fr/medecines-alternatives/approches-naturelles/phytotherapie/sept-algues-comestibles-et-leurs-bienfaits-198753
368 《Que vaut vraiment le fonio, la céréale à la mode?》: https://www.ouest-france.fr/leditiondusoir/data/17221/reader/reader.html#!preferred/1/package/17221/pub/24760/page/9
369 《McDonald's championing research into insect feed for chickens》: https://www.feednavigator.com/Article/2018/03/27/McDonald-s-championing-research-into-insect-feed-for-chickens
370 《Les exosquelettes des insectes》: http://exosquelette1.e-monsite.com/pages/les-exosquelettes-des-insectes.html
371 《Innovafeed》: http://innovafeed.com/
372 《Les bienfaits des flavonoïdes》: https://www.futura-sciences.com/sante/actualites/medecine-bienfaits-flavonoides-22355/
373 《Alimentation des chimpanzés》: https://www.futura-sciences.com/planete/dossiers/zoologie-chimpanze-grand-singe-menace-1867/page/4/
374 《Ces animaux qui se soignent tout seuls》: https://lejournal.cnrs.fr/articles/ces-animaux-qui-se-soignent-tout-seuls
375 《Quand les insectes se soignent par les plantes》: http://www.humanite-biodiversite.fr/article/quand-les-insectes-se-soignentpar-les-plantes
376 《BioCultivator》: https://innovation.biomimicry.org/team/biocultivator/
377 《8 Finalists Join First-Ever Biomimicry Accelerator on Mission to Feed 9 Billion》: https://sustainablebrands.com/read/product-service-design-innovation/8-finalists-join-first-ever-biomimicry-accelerator-on-mission-to-feed-9-billion
378 《Les plantes se parlent grâce à leurs racines》: https://www.futurasciences.

com/planete/actualites/botanique-plantes-parlent-graceleurs-racines-71122/

379 《Étiquetage des denrées alimentaires》: http://www.fao.org/food-labelling/fr/

380 《Codex alimentarius: International food standards》: http://www.fao.org/fao-who-codexalimentarius/about-codex/en/#c453333

381 《FAO-Traditional crops-Moringa》: http://www.fao.org/traditional-crops/moringa/en/

382 《FAO-Cultures traditionnelles-Le pois bambara》: http://www.fao.org/traditional-crops/bambaragroundnut/fr/

383 《De la stevia, du tagatose ou du sucre? Les avantages et les inconvénients des édulcorants》: https://www.pharmamarket.be/be_fr/blog/conseils-pour-le-sucre-et-les-edulcorants

384 《Semences: la biodiversité en danger?》: https://www.lesechos.fr/17/11/2005/LesEchos/19542-44-ECH_semences-la-biodiversite-en-danger.htm

385 《Le monde protège désormais 15 % de ses terres, mais des zones cruciales pour la biodiversité restent oubliées》: https://www.iucn.org/fr/news/secretariat/201609/le-monde-prot%C3%A8ged%C3%A9sormais-15-de-ses-terres-mais-des-zones-cruciales-pourla-biodiversit%C3%A9-restent-oubli%C3%A9es

386 《Les sols sont en danger, mais la dégradation n'est pas irréversible》: http://www.fao.org/news/story/fr/item/357221/icode/

387 《La fertilité des sols part en poussière》: https://www.lesechos.fr/10/01/2016/lesechos.fr/021608908597_la-fertilite-des-sols-part-enpoussiere.htm

388 《Nicolas Appert, l'inventeur de la conserve》: http://www.savoirs.essonne.fr/thematiques/le-patrimoine/histoire-des-sciences/nicolas-appert-linventeur-de-la-conserve/

389 《Appert et l'invention de la conserve》: https://www.napoleon.org/histoire-des-2-empires/articles/appert-et-linvention-de-la-conserve/

390 《Retrait des produits phytopharmaceutiques associant en coformulation glyphosate et POE-Tallowamine du marché français》: https://www.anses.fr/en/node/122964

391 《Fertilisants organiques》: https://fertilisation-edu.fr/production-ressources/fertilisants-organiques.html

392 《Alimentation saine》: https://www.who.int/fr/news-room/fact-sheets/detail/healthy-diet

393 《Les acides gras trans》: https://www.anses.fr/fr/content/les-acides-gras-trans

394 《Les graisses cis et trans》: https://www.lanutrition.fr/biendans-son-assiette/aliments/matieres-grasses/huiles/les-graissescis-et-trans

395 《InnovaFeed lève 40 millions pour produire ses protéines d'insectes》: https://business.lesechos.fr/entrepreneurs/financer-sacreation/0600220354880-innovafeed-leve-40-millions-pour-produireses-proteines-d-insectes-325340.php

396 《Petite histoire du carême》: http://www.orthodoxa.org/FR/orthodoxie/traditions/histoireCareme.htm

397 《Sens, origine et histoire du carême》: https://cybercure.fr/les-fetes-de-l-eglise/careme/jeune-abstinence/article/sens-origineet-histoire-du-careme

398 《3 textes de cuisine dans un manuscrit de médecine de la Bibliothèque Nationale de Paris》: http://www.oldcook.com/medieval-livres_cuisine_liber_coquina#lib

399 《11 Ways The Environment Can Affect Your Appetite & How To Use It To Your Advantage》: https://www.bustle.com/articles/160463-1-ways-the-environment-can-affect-your-appetite-how-touse-it-to-your-advantage

400 《Le rôle de l'intestin grêle dans la digestion》: https://eurekasante.vidal.fr/nutrition/corps-aliments/digestion-aliments.html?pb= intestin-grele

401 《Microbiote intestinal (flore intestinale): une piste serieuse pour comprendre l'origine de nombreuses maladies》: https://www.inserm.fr/information-en-sante/dossiers-information/microbioteintestinal-flore-intestinale

402 《Quinoa 2013: année internationale》: http://www.fao.org/quinoa-2013/what-is-quinoa/distribution-and-production/fr/

403 《Histoire de la cuisine chinoise》: https://chine. in/guide/histoire-cuisine_3785.html

404 《Horror of a hidden chinese famine》: https://www.nytimes.com/1997/02/05/books/horror-of-a-hidden-chinese-famine.html?mtrref=en.wikipedia.org&mtrref=www.nytimes.com&gwh= 80A73637F90530474BA6D8D940D798FC&gw=pay

405 《Violences de masse en République populaire de Chine depuis 1949》: http://www.sciencespo.fr/mass-violence-war-massacre-resistance/fr/document/violences-de-masse-en-republique-populairede-chine-depuis-1949
406 《The Biafran War》: https://web.archive.org/web/20170214103207/http:/www1.american.edu/ted/ice/biafra.htm
407 《Un tiers des ménages français sont "flexitariens", 2 % sont végétariens》: https://www.lemonde.fr/planete/article/2017/12/01/un-tiers-des-menages-francais-sont-flexitariens-2-sont-vegetariens_5223312_3244.html
408 《L'évolution de l'agriculture et la différenciation entre les genressont-elles liées?》: http://archeoblogue.com/2017/antiquite-chinoise/levolution-de-lagriculture-et-la-differenciation-entre-les-genres-sontelles-liees/
409 《Les jaïns: Peace & véganisme》: https://lecanardcurieux.wordpress.com/2016/04/02/les-jains-peace-veganisme/
410 《La Révolution verte en Inde: un miracle en demi-teinte》: https://les-yeux-du-monde.fr/histoires/2233-la-revolution-verte-eninde-un-miracle-en-demi-teinte
411 《Indian farmers and suicide: How big is the problem?》: https://www.bbc.com/news/magazine-21077458
412 《Ampleur des pertes et gaspillages alimentaires》: http://www.fao.org/3/i2697f/i2697f02.pdf
413 《Ayurvedic global market outlook》: https://www.wiseguyreports.com/reports/3079196-ayurvedic-global-market-outlook-2016-022
414 《History of Tesco》: https://www.tescoplc.com/about-us/history/
415 《Genome News Network》: http://www.genomenewsnetwork.org/resources/timeline/1973_Boyer.php
416 《Flavr Savr Tomato》: https://biotechnologysociety.wordpress.com/2015/02/16/flavr-savr-tomato/
417 《Les insectes pollinisateurs, facteur le plus déterminant des rendements agricoles》: https://www.lemonde.fr/biodiversite/article/2016/01/25/les-insectes-pollinisateurs-facteur-le-plus-determinant-des-rendements-agricoles_4853077_1652692.html
418 《La fin des abeilles coûterait 3 milliards d'euros à la France》: https://www.lesechos.fr/23/11/2016/lesechos.fr/0211524182817_la-fin-des-

abeilles-couterait-3-milliards-d-euros-a-la-france.htm#formulaire_enrichi;;bouton_google_inscription_article
419 《Faut-il s'inquiéter de la disparition des insectes?》: https://www.la-croix.com/Sciences-et-ethique/Environnement/Faut-sinquieterdisparition-insectes-2017-0-1-200888476
420 《Au Mexique, l'impact de la taxe sur les sodas fait polémique》: https://www.lemonde.fr/economie/article/2017/11/14/au-mexique-limpact-de-la-taxe-sur-les-sodas-fait-polemique_5214624_3234.html
421 《Le Parlement estonien approuve une législation imposant une taxe sur les boissons sucrées》: http://www.euro.who.int/fr/countries/estonia/news/news/2017/06/parliament-in-estoniaapproves-legislation-taxing-soft-drinks
422 《Les superfruits, un concentré d'antioxydants》: https://blog.laboratoire-lescuyer.com/les-superfruits-un-concentre-antioxydants/
423 《Processed Superfruit Market》: https://www.futuremarketinsights.com/reports/processed-superfruits-market
424 《The Oasis Aquaponic Food Production System》: http://www.bridge-communities.org/oasis.html
425 《Un comportement altruiste chez les plantes》: http://ethologie.unige.ch/etho1.09/par.date/2010.05.26.htm
426 《La symbiose》: https://www.futura-sciences.com/planete/definitions/nature-symbiose-260/
427 《À Rennes, une imprimante 3D alimentaire fait des crêpes très design》: https://www.20minutes.fr/rennes/1998119-0170118-videorennes-imprimante-3d-alimentaire-fait-crepes-tres-design
428 《L'agriculture industrielle est majoritairement responsable de la disparition alarmante des forêts》: https://trustmyscience.com/nouvelle-etude-revele-role-agriculture-industrielle-disparition-forets/
429 《Découverte du plus ancien Homo sapiens hors d'Afrique》: https://www.lemonde.fr/sciences/article/2018/01/25/decouverte-en-israel-du-plus-ancien-homo-sapiens-hors-d-afrique_5247195_1650684.html
430 《Consommation de thé en Inde et en Chine》: http://www.indiablognote.com/article-l-inde-dans-l-histoire-du-the-36809263.html

431 《Apicius premier cuisinier》: http://agora.qc.ca/dossiers/Marcus_Gavius_Apicius
432 《Histoire des épices》: https://www.futura-sciences.com/planete/dossiers/botanique-epices-histoire-senteurs-epices-858/page/2/
433 《Les banquets romains》: https://amis-chassenon.org/71+les-banquets-romains.html
434 《Histoire du safran》: http://www.safrandustival.fr/le-safran/histoire
435 《La quête des épices, moteur de l'Histoire》: http://ericbirlouez.fr/files/CONFERENCE_La_Quete_des_Epices.pdf
436 《Histoire du fast-food White Castle》: https://www.rd.com/food/fun/white-castle-burger-facts/
437 《Biggest farms in the world》: https://www.worldatlas.com/articles/biggest-farms-in-the-world.html
438 《11 countries that kill over 25 million dogs a year》: https://foreverinmyheartjewelry.com/blogs/news/11-countries-that-kill-over-25-million-dogs-a-year
439 《L'UE reste en tête du commerce agroalimentaire mondial》: https://ec.europa.eu/luxembourg/news/lue-reste-en-t%C3%AAte-du-commerce-agroalimentaire-mondial_fr
440 《La consommation d'aliments ultra-transformés est-elle liée aux risques de cancer?》: https://www.inserm.fr/actualites-et-evenements/actualites/consommation-aliments-ultra-transformes-estelle-liee-risque-cancer
441 《Quels insectes comestibles mange-t-n en Amérique du Sud?》: http://www.insecteo.com/conseils/insectes-comestiblesmange-t-n-amerique-sud/
442 《Les insectes, incontournable de la gastronomie thaïlandaise》: https://www.geo.fr/voyage/incontournables-en-thailande-les-insectescomestibles-193085
443 《Feed》: https://www.feed.co/fr/
444 《Slant》: https://www.slant.co/
445 《Le monde selon Subway》: https://www.youtube.com/watch?v=QvwQH5e7A3A
446 《FAOSTAT》: http://www.fao.org/faostat/en/#data
447 《Goodbye mozzarella: du fromage sans lait pour des pizzas moins chères》:

https://www.nouvelobs.com/rue89/rue89-consommation/20120526.RUE0209/goodbye-mozzarella-du-fromage-sanslait-pour-des-pizzas-moins-cheres.html

448 《Les Français, champions du monde du temps passé à table》: https://fr.statista.com/infographie/13223/les-francais-championsdu-temps-passe-a-table/

449 《Enterra receives new approvals to sell sustainable insect ingredients for animal feed in USA, Canada and EU》: https://globenewswire.com/news-release/2018/02/21/1372806/0/en/Enterrareceives-new-approvals-to-sell-sustainable-insect-ingredients-foranimal-feed-in-USA-Canada-and-EU.html

450 《Sugar and sweetener yearbook tables》: https://www.ers.usda.gov/data-products/sugar-and-sweeteners-yearbook-tables/sugarand-sweeteners-yearbook-tables/#U.S.%20Consumption%20of%20Caloric%20Sweeteners

451 《Les États-Unis sont le premier pays consommateur de sucre》: https://www.aa.com.tr/fr/sante/les-%C3%A9tats-unis-sont-le-premier-pays-consommateur-de-sucre/75800

452 《India sees decline in per capita sugar consumption》: https://mumbaimirror.indiatimes.com/mumbai/other/india-sees-decline-inper-capita-sugar-consumption/articleshow/66336704.cms

453 《Raising concern about the safety of food, medicine》: http://www.pewglobal.org/2016/10/05/chinese-public-sees-more-powerfulrole-in-world-names-u-s-as-top-threat/10--2016--38-4-am-2/

454 《How Instagram transformed the restaurant industry for millennials》: https://www.independent.co.uk/life-style/food-and-drink/millenials-restaurant-how-choose-instagram-social-media-whereeat-a7677786.html

455 《First lab-grown hamburger gets full marks for "mouth feel"》: https://www.theguardian.com/science/2013/aug/05/world-first-synthetic-hamburger-mouth-feel

456 《Agroalimentaire: Bill Gates et Richard Branson misent sur la viande "propre"》: https://www.latribune.fr/entreprises-finance/industrie/agroalimentaire-bill-gates-et-richard-branson-misent-sur-laviande-propre-747891.html

457 《Regulation of cell-cultured meat》: https://fas.org/sgp/crs/misc/IF10947.pdf
458 《Catalogue officiel》: http://cat.geves.info/Page/ListeNationale
459 《Une "ruche de table" financée avec succès sur Kickstarter》: https://www.sciencesetavenir.fr/nature-environnement/agriculture/une-ruche-de-table-financee-avec-succes-sur-kickstarter_101282
460 《À Bruxelles, le lobby du sucre très énergique contre les taxes》: https://www.lepoint.fr/societe/a-bruxelles-le-lobby-du-sucretres-energique-contre-les-taxes-19-0-017-165834_23.php
461 《Oldest noodles unearthed in China》: http://news.bbc.co.uk/2/hi/science/nature/4335160.stm
462 《L'origine des pâtes ou la fin d'un mythe》: https://www.lalibre.be/lifestyle/food/l-origine-des-pates-ou-la-fin-d-un-mythe-51b8eae5e4b0de6db9c69694
463 《L'histoire des pâtes italiennes》: http://www.food-info.net/fr/products/pasta/history.htm
464 《La fascinante histoire de la baguette, "reine" des pains français》: https://www.epochtimes.fr/la-fascinante-histoire-de-la-baguette-reine-des-pains-francais-7739.html
465 《Qui a inventé la baguette de pain?》: https://www.caminteresse.fr/questions/la-baguette-nest-pas-si-vieille-que-ca/
466 《Le "décret pain", qui protège la baguette traditionnelle, fête ses 22 ans》: https://www.rtl.fr/actu/debats-societe/le-decret-painqui-protege-la-baguette-traditionnelle-fete-ses-22-ans-7779706523
467 《Réserve mondiale de semences du Svalbard: un million de graines déposées》: https://www.futura-sciences.com/planete/actualites/developpement-durable-reserve-mondiale-semences-svalbard-million-graines-deposees-13590/#xtor=RSS-8
468 《Cinq pesticides classés cancérogènes "probables" par l'OMS》: https://www.lesechos.fr/20/03/2015/lesechos.fr/0204242732661_cinq-pesticides-classes-cancerogenes-probables-par-l-oms.htm
469 《Le suicide de Vatel – la véritable lettre de Mme de Sévigné》: http://atelier-ecriture-lagord.over-blog.com/2018/01/la-veritablelettre-de-mme-de-sevigne.html

470 《09 février 1747: Le second mariage du Dauphin de France》: http://louis-xvi.over-blog.net/article-09-fevrier-1747-mariage-de-louisferdinand-dauphin-de-france-64334093.html
471 《The Guy who invented chewing gum—A life of many firsts》: http://www.truetreatscandy.com/the-guy-who-inventedchewing-gum-a-life-of-many-firsts/
472 《The story of instant coffee》: https://www.thespruceeats.com/instant-coffee-guide-764526
473 《Le Ritz: "Un chef-d'œuvre" selon *Le Figaro* de 1898》: http://www.lefigaro.fr/histoire/archives/2016/06/03/26010-20160603ARTFIG00284-le-ritz-un-chef-d-oeuvre-selon-le-figaro-de-1898.php
474 《Agriculture. La longue histoire de la chimie aux champs》: https://www.articles-epresse.fr/article/27239
475 《Lyophilisation》: https://www.universalis.fr/encyclopedie/lyophilisation/1-origine-et-developpement/
476 《Percentage of U.S. agricultural products exported》: https://www.fas.usda.gov/data/percentage-us-agricultural-productsexported
477 《Chine: contexte agricole et relations internationales》: https://agriculture.gouv.fr/chine-contexte-agricole-et-relations-internationales
478 《La Chine n'a jamais importé autant de soja》: https://www.lesechos.fr/19/06/2017/LesEchos/22468-152-ECH_la-chine-n-a-jamais-importe-autant-de-soja.htm
479 《Aperçu du marché-Chine》: http://www.agr.gc.ca/fra/industrie-marches-et-commerce/renseignements-sur-les-marchesinternationaux-de-lagroalimentaire/rapports/apercu-du-marchechine/?id=1530811718505
480 《La Chine exploite 10 millions d'hectares de terres agricoles hors de ses frontières》: http://www.leparisien.fr/espace-premium/fait-du-jour/10-millions-d-hectares-de-terres-cultivees-hors-de-leursfrontieres-30-06-2016-5926767.php
481 《Consommation mondiale de pizza》: https://www.planetoscope.com/Autre/1605-consommation-mondiale-de-pizzas.html
482 《Americans consume about 3 billion pizzas a year (and 15 other pizza facts)》: https://aghires.com/pizza-facts/

483 《Pizza: une consommation en repli》: https://www.avise-info.fr/alimentaire/pizza-une-consommation-en-repli
484 《Top 10 Wheat Producing States of India》: https://www.mapsofindia.com/top-ten/india-crops/wheat.html
485 《Top 10 Rice Producing States of India》: https://www.mapsofindia.com/top-ten/india-crops/rice.html
486 《L'alimentation représente 62,3% des dépenses totales des ménages congolais》: http://www.economico.cd/2018/05/10/lalimentation-represente-623-des-depenses-totales-des-menages-congolais/
487 《Unhealthy diet linked to more than 400,000 cardiovascular deaths》: https://newsarchive.heart.org/unhealthy-diets-linkedto-more-than-400000-cardiovascular-deaths/
488 《Qui mange encore de la viande en France?》: http://www.lefigaro.fr/conso/2015/10/26/05007-20151026ARTFIG00240-quimange-encore-de-la-viande-en-france.php
489 《Vegan food sales topped $3.3 bn in 2017》: https://www.livekindly.co/vegan-food-sales-3-3-billion-2017/
490 《Diabetes》: https://www.who.int/news-room/fact-sheets/detail/diabetes
491 《Nutrition, surcharge pondérale et obésité -Stratégie de l'Union européenne》: https://eur-lex.europa.eu/legal-content/FR/TXT/?uri=LEGISSUM%3Ac11542c
492 《Protect the last of the wild》: https://www.nature.com/articles/d41586-018-07183-6
493 《Les zones humides: pourquoi m'en soucier?》: https://www.ramsar.org/sites/default/files/151105_fiche_technique_1-4_fra_2.pdf
494 《Article R214-63》: https://www.legifrance.gouv.fr/affichCodeArticle.do?cidTexte=LEGITEXT000006071367&idArticle=LEGIARTI000006587902&dateTexte=&categorieLien=cid
495 《Changement climatique: un défi de plus pour l'agriculture en Afrique》: http://www.fondation-farm.org/zoe/doc/notefarm8_climatdefi_oct2015.pdf
496 《Composting with worms - Oregon State University》: https://www.google.com/search?q=oregon+worm+intestines+fertilizers&rlz=1C1CHBF_frFR813FR813&oq=oregon+worm+intestines+fertilizers&aqs=chrome..69i57.12081j

0j9&sourceid=chrome&ie=UTF-8

497 《The food free diet》: http://www.technoccult.net/tag/biohacking/

498 《On current trends, almost a quarter of people in the world will be obese by 2045, and 1 in 8 will have type 2 diabetes》: https://www.eurekalert.org/pub_releases/2018-05/eaft-oct052118.php

499 《La population mondiale au 1er janvier 2019》: http://economiedurable.over-blog.com/2018/12/la-population-mondiale-au-1er-janvier-2019.html

500 《Terres agricoles (% du territoire)》: https://donnees.banquemondiale.org/indicateur/ag.lnd.agri.zs

501 《Les chiffres-clés de la planète terre》: https://www.notre-planete.info/terre/chiffres_cle.php

502 《Agriculture; plantations; autres secteurs ruraux》: https://www.ilo.org/global/industries-and-sectors/agriculture-plantationsother-rural-sectors/lang-fr/index.htm

503 《Coca-Cola: la gamme》: https://cocacolaweb.fr/coca-cola/la-gamme/504. 《Le pain de mie: moelleux, pratique mais est-il vraiment bon pour notre santé?》: https://www.lesdelicesdalexandre.fr/pain-de-mie-moelleux-pratique-vraiment-sante/

505 http://www.bbc.com/future/story/20170114-the-125-year-oldnetwork-that-keeps-mumbai-going

506 《Pesticides: les pays les plus gros consommateurs》: https://www.futura-sciences.com/planete/questions-reponses/agriculture-pesticides-pays-plus-gros-consommateurs-10757/

507 《Il ne faut pas diaboliser le sucre》: http://sante.lefigaro.fr/actualite/2012/02/07/17237-il-ne-faut-pas-diaboliser-sucre

508 《L'éducation thérapeutique: une partie qui se joue à 4》: http://www.institut-benjamin-delessert.net/fr/prix/presentation/Leducationtherapeutique-une-partie-qui-se-joue-a-4/?displayreturn=true

509 《Le 〈lait〉 de cafard est bien plus nutritif qu'on ne l'imagine》: https://abonnes.lemonde.fr/big-browser/article/2016/07/27/le-lait-e-cafard-est-bien-plus-nutritif-qu-on-l-imagine_4975504_4832693.html

510 《Des ménages toujours plus petits. Projection de ménages pour la France métropolitaine à l'horizon 2030》: https://www.insee.fr/fr/

statistiques/1280856

라디오 방송

511 Jean-Noël Jeanneney, Florian Quellier, 《Le sucre, doux et mortel》, *Concordance des temps*, France Culture, 2018.

512 Nicolas Martin, Bernard Pellegrin, Anne-Françoise Burnol, 《Sucre: la dose de trop》, *La Méthode scientifique*, France Culture, 2017.

513 Marie Richeux, Claude Fischler, 《Le repas: manger ensemble》, *Pas la peine de crier*, France Culture, 2014.

514 Marie Richeux, Vincent Robert, 《Le repas: parler politique à table》, *Pas la peine de crier*, France Culture, 2014.

515 Jacques Attali, Stéphanie Bonvicini, Michel Serres, 《De quoi manger est-il le nom?》, *Le Sens des choses*, France Culture, 2017.

516 Jacques Attali, Stéphanie Bonvicini, Natacha Polony, 《Le sucré, le salé, et la fonction politique de l'alimentation》, *Le Sens des choses*, France Culture, 2017.

517 Jacques Attali, Stéphanie Bonvicini, Pierre Rabhi, 《Manger, boire et méditer》, *Le Sens des choses*, France Culture, 2017.

518 Jacques Attali, Stéphanie Bonvicini, Michel-Édouard Leclerc, 《Comment la distribution influe sur la production》, *Le Sens des choses*, France Culture, 2017.

519 Jacques Attali, Stéphanie Bonvicini, Edgar Morin, 《La planète doit-elle nourrir les hommes ou les hommes doivent-ils nourrir la planète?》, *Le Sens des choses*, France Culture, 2017.

520 Jacques Attali, Stéphanie Bonvicini, Frédéric Saldmann, 《Comment faudrait-il manger aujourd'hui pour tirer le meilleur de son corps et de son esprit?》, *Le Sens des choses*, France Culture, 2017.

521 Jacques Attali, Stéphanie Bonvicini, Pierre-Henry Salfati, Pascal Picq, 《Le sens religieux de la nourriture: cannibalisme et interdits religieux》, *Le Sens des choses*, France Culture, 2017.

522 Dorothée Barba, Véronique Pardo, Claude Fischler, Sophie Briand, 《Le futur à table!》, *Demain la veille*, France Inter, 2017.

523 Mathieu Vidard, Gilles Fumey, Christophe Lavelle, Daniele Zappala,

《L'alimentation de demain》, *La Tête au carré*, France Inter, 2017.
524 Francois-Régis Gaudry, Thierry Charrier, Bruno Fuligni, 《À la table des diplomates》, *On va déguster*, France Inter, 2016.
525 Gérald Roux, 《Les sacs plastique en Irlande》, C'est comment ailleurs?, France Info, 2 janvier 2017.

연설문

526 Guy Savoy, 《Le futur de la gastronomie française, l'un des plus grands patrimoines à l'échelle mondiale》, Institut de France, 2019.
527 Indra Nooyi, Discours prononcé à l'occasion du symposium international Noman E. Borlaug, Des Moines, Iowa, 2009.

광고

528 Mariani & Company, *La Coca du Pérou et le Vin Mariani*, 1878.

(6~19쪽 사진)

2 Peinture au mur d'un tombeau égyptien à Louxor, Thèbes, daté du xie siècle avant J.-C. (© Collection Christophel).

3 《La préparation des délices au riz》, section 3, détail, *Disputation sur le saké et le riz (Shuhanron emaki)* (Paris, Bibliothèque nationale de France, Manuscrits japonais 5343).

5 Léonard de Vinci, *La Cène*, vers 1495-497 (réfectoire du couvent Santa Maria della Grazie, Milan. Photo © Archives Alinari, Florence, Dist. RMN-Grand Palais/ Mauro Magliani).

6 Paul Véronèse, *Les Noces de Cana*, 1563 (musée du Louvre. Photo © RMN-Grand Palais [musée du Louvre]/image RMN-GP).

7 Pieter Aertsen, *Femme du marché à son étal*, 1567 (Berlin, Gemäldegalerie [SMPK]. Photo © BPK, Berlin, Dist. RMN-Grand Palais/Jörg P. Anders).

8 Giuseppe Arcimboldo, *L'Automne*, 1573 (musée du Louvre. Photo © RMN-Grand Palais [musée du Louvre]/Franck Raux).

9 Pieter Brueghel l'Ancien, *Le Mariage paysan*, 1567 (Vienne, Kunsthistorisches Museum. Photo © BPK, Berlin, Dist. RMN-Grand Palais/image BStGS).

10 Le Caravage, *Le Souper chez Emmaüs* (détail), 1601 (National Gallery, Londres. Photo © Archives Alinari, Florence, Dist. RMNGrand Palais/Raffaello Bencini).

11 Willem Van Aelst, *Raisins et pêches*, 1670 (musée du Louvre. Photo © RMN-Grand Palais [musée du Louvre]/Tony Querrec).

12 Juan Sánchez Cotán, *Coing, chou, melon et concombre*, vers 1602 (San Diego Museum of Art [États-Unis]/Gift of Anne R. and Amy Putnam/Bridgeman Images).

13 Floris van Schooten, *Nature morte au jambon*, milieu du xviie siècle (musée du

Louvre. Photo © RMN–Grand Palais [musée du Louvre]/Franck Raux).

14 Jan Vermeer, *La Laitière*, vers 1658-1660 (Amsterdam, Rijksmuseum. Photo © Rijksmuseum, Amsterdam, The Netherlands/Bridgeman Images).

15 Édouard Manet, *Le Déjeuner sur l'herbe*, 1863 (musée d'Orsay. Photo © RMN–Grand Palais [musée d'Orsay]/Herve Lewandowski).

16 Auguste Renoir, *Le Déjeuner des canotiers*, 1880-1881 (Washington, collection Phillips. © Iberfoto/Roger–Viollet).

17 Pablo Picasso, *Nature morte au citron et aux oranges*, 1936 (Centre Pompidou – Musée national d'art moderne—Centre de création industrielle. Photo © Centre Pompidou, MNAM–CCI, Dist. RMN–Grand Palais/image Centre Pompidou, MNAM–CCI. © Succession Picasso 2019).

18 Andy Warhol, *One Hundred Cans*, 1962 (© The Andy Warhol Foundation for the Visual Arts, Inc./Licensed by Adagp, Paris, 2019–Cliché: Banque d'images de l'Adagp).

19 Salvador Dalí, *Les Dîners de Gala* [1973], Paris–Cologne, Taschen, 2016, p. 104–105 (© Salvador Dalí, Fundació Gala–Salvador Dalí/Adagp, Paris, 2019).

찾아보기

ㅂ

ㅅ

ㅇ

ㅈ

ㅊ

ㅋ

ㅌ

ㅍ

ㅎ

음식과 관련해 저와 때로는 몇 년간 이어진 토론을 벌여준 모든 이에게 감사의 말을 전하고 싶습니다. 그들은 이드리스 아베르칸, 제레미 아탈리, 페르낭 브로델, 리샤르 C. 델르랭, 피에르 가네르, 에르베 르 브라, 미셸-에두아르 르클레르, 티에리, 마르크스, 에드가 모랭, 인드라 누이, 파스칼 피크, 나타샤 폴로니, 피에르 라비, 앙투안 리부, 프레데리크 살드만 박사, 피에르앙리 살파티, 기 사부아, 미셸 세르, 스테파노 볼피입니다. 그 외에 많은 요리사, 식당 주인, 농민, 기업가, 역사가, 의사에게도 감사합니다. 2017년 여름 프랑스 퀼튀르 채널에서 스테파니 봉비시니와 함께 음식에 관해 방송을 할 수 있게 해준 상드린 트레네에게도 고맙다는 말을 하고 싶습니다.

이 원고의 수많은 버전을 읽어주고 팩트 체크와 출처 확인, 참고자료 확인에 도움을 준 라파엘 아벤수르, 벨랄 벤 아마라, 캉탱 부아롱, 아델 가이요, 샤를 페팽, 피에르 플라스만, 토마 봉데르셰에게도 감사합니다.

마지막으로 세심한 교정과 작업 내내 격려를 아끼지 않았던 소피 드 클로제와 다인 페옐에게 감사의 인사를 전합니다.

코로나19가 사람들을 집에 가두었던 시절(벌써 기억이 가물가물하다), '확찐자'라는 말이 유행했던 것을 기억하는가? 코로나 '확진자'가 되어 강제 격리되었든, 감염이 두려워 자발적으로 격리했든, 우리는 어느 날 거울 앞에서 갑자기 확 쪄버린 자신을 발견하게 되었다. 몸을 움직이지 않으니 평소처럼 식사를 해도 살이 오를 수밖에 없었지만, 갑자기 '확찐자'가 된 데는 또 다른 원인이 있었다. 바로 '배달 음식'이다. 오죽하면 코로나19가 배달 음식 추세에 어떤 영향을 미쳤는지 진지하게 연구한 논문까지 등장했을까!*

코로나19는 끝났지만 우리는 여전히 배달 음식을 애용한다. 하마터면 인류를 멸종시킬 뻔했던 바이러스는 힘을 잃고 모습을 감춘 듯 보이지만 어쩌면 우리의 식생활 패턴을 바꾸어서 본래의 목적을 달성하기 위한 우회로를 찾은 것일지도 모른다. 우리는 빠

---

* 〈코로나 19 확진자수가 음식배달건수에 미치는 영향: 국민재난지원금과 사회적 거리두기의 매개 효과를 중심으로〉, 장석진·박정민·강주연, 《무역연구》 제18호 1권, 2022; 〈코로나 19 전후 정부 대응책과 식생활변화, 배달음식추세의 관계연구·수도권 배달음식업과 소비자를 중심으로〉, 장석진, 울산대학교, 2022.

르고 편리한 배달 음식만 찾다가 비만이 되어 고혈압과 당뇨, 심장질환으로 일찍 세상을 마감하게 되고, 바이러스는 소기의 목적을 달성하는 게 아닐까?

자크 아탈리의 《교양인이 알아야 할 음식의 역사》를 읽다보면 이런 생각이 자연스럽게 들 수밖에 없다. 아탈리는 인류의 역사를 되짚으며 음식이 인류에 어떤 영향을 미쳤는지 설명한다. 원시시대에 음식을 통해 에너지를 많이 흡수할 수 있게 되어 인간의 뇌가 발달할 수 있었고 사람이 사람을 잡아먹는 식인 풍습이 꽤 오랫동안 이어져왔다니 재미있고 신기하다. 1세기에 "밤에 너무 많이 먹으면 머리에 좋지 않다."는 설이 이미 돌고 있었다니 21세기 야식가들은 뜨끔할 만하다. 또 시간을 훌쩍 뛰어넘어 17세기로 가보면 루이 14세가 300명의 귀족이 바라보는 앞에서 식사를 했다는 것은 기괴하기까지 하다.

무시무시한 건 19세기로 들어서면서다. 자본주의가 탄생하면서 식사는 사회성 발달의 기능을 상실했고 음식의 질은 수직 낙하하기 시작했기 때문이다. 더 높은 생산성을 추구하는 자본주의는 생산은 하지 않고 먹으며 시간을 보내는 인간을 가만두지 않았다. 식사는 자본주의의 적이 되었다.

21세기에도 그 흐름은 변하지 않았다. 우리는 "일하는 자리에 그대로 앉아서 먹는" 인간, "더 많은 소비를 위해 더 혼자가 된" 인간, "화면 앞에 앉아 밥을 먹는" 인간이 되었다. 21세기 지구인은 혼자가 된 외로움을 달래기 위해 단 음식을 찾다가 비만이 된

부류와 음식이 자신의 건강을 위협하는 방식에 집중하는 부류로 양분된 듯하다. 문제는 그런 인간마저도 "사실은 외부에서 정해진 규범을 따를 뿐"이라는 것이다.

이 책을 읽다보면 거울을 들여다보는 느낌을 갖게 될 것이다. 오늘도 나는 유튜브를 보며 삼각김밥과 컵라면을 먹고 있는 건 아닐까? 아탈리는 그런 우리를 그냥 내버려두지 않는다. 환경 문제로나 건강 문제로나 고민스러운 음식과의 관계를 어떻게 정립해야 할지 구체적인 행동 방침도 알려주기 때문이다. 그의 말대로라면 "어두운 조명 아래에서 부드러운 음악을 들으면 먹는 양이 줄어든다."니, 오늘 당장 실천해보면 어떨까?

2024년 8월

합정동에서

교양인이 알아야 할 **음식의 역사**

인류는 무엇을 어떻게 먹어왔을까, 그리고 미래에도 그렇게 먹을 수 있을까

초판 1쇄 발행 | 2024년 9월 15일
지은이 | 자크 아탈리
옮긴이 | 권지현

펴낸곳 | 도서출판 따비
펴낸이 | 박성경
편　집 | 신수진 · 정우진
디자인 | 이수정
출판등록 | 2009년 5월 4일 제2010-000256호
주소 | 서울시 마포구 월드컵로28길 6(성산동, 3층)
전화 | 02-326-3897
팩스 | 02-6919-1277
메일 | tabibooks@hotmail.com
인쇄 · 제본 | 영신사

ISBN 979-11-92169-40-8 03900

책값은 뒤표지에 있습니다.

Cet ouvrage, publié dans le cadre du Programme d'aide à la Publication Sejong, a bénéficié du soutien de l'Institut français de Corée du Sud - Service culturel de l'Ambassade de France en Corée.
이 책은 주한프랑스대사관 문화과의 세종 출판 번역 지원프로그램의 도움을 받아 출간되었습니다.

AMBASSADE DE FRANCE EN RÉPUBLIQUE DE CORÉE
Liberté Égalité Fraternité
주한 프랑스 대사관 문화과